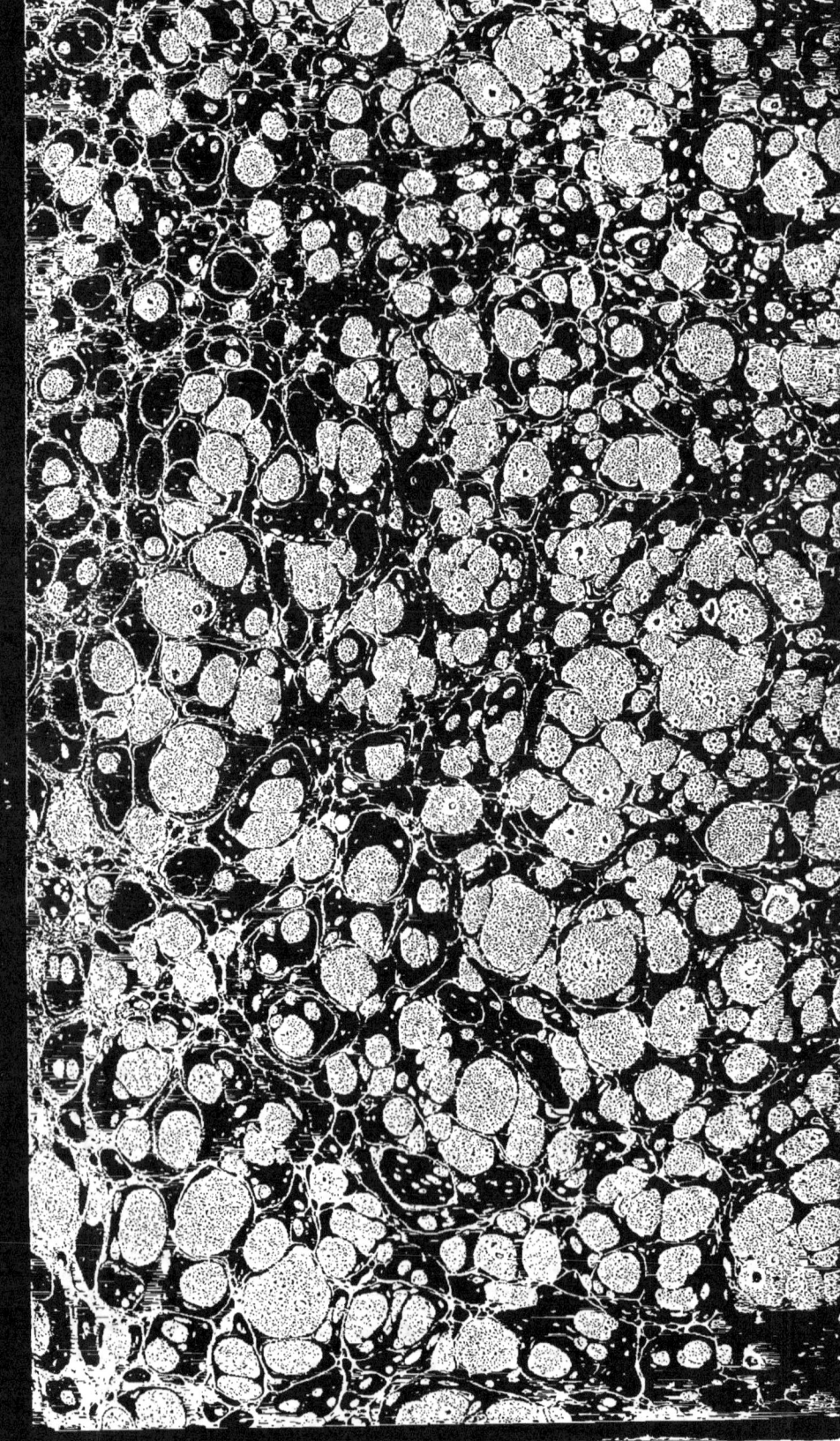

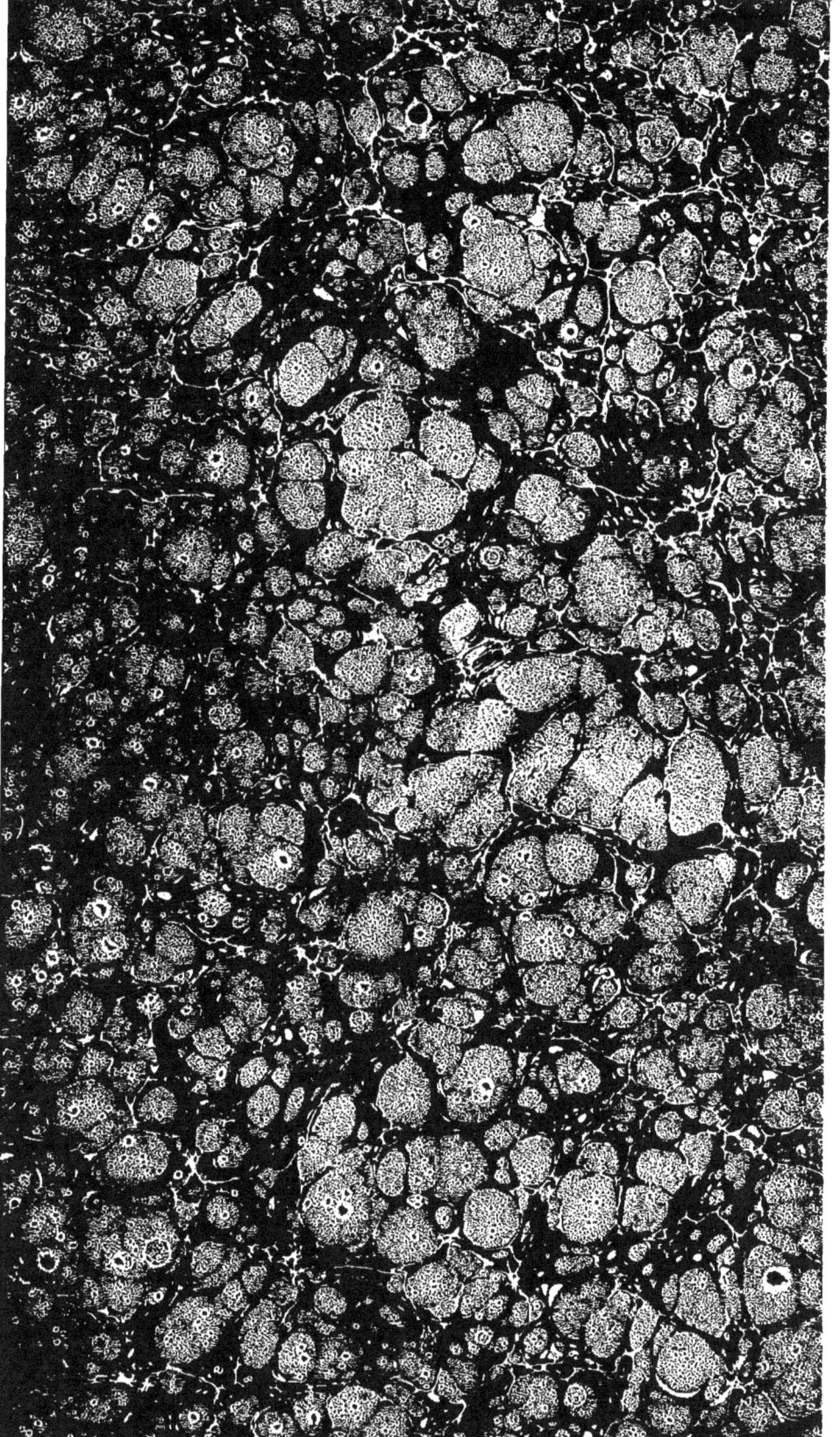

L'EUROPE

PENDANT

LE CONSULAT ET L'EMPIRE

DE NAPOLÉON.

PARIS — IMPRIMERIE D'AMÉDÉE GRATIOT ET Ce,
11, rue de la Monnaie

L'EUROPE

PENDANT LE CONSULAT ET L'EMPIRE

DE

NAPOLÉON

PAR

M. CAPEFIGUE

Tome Dixième.

PARIS

PITOIS-LEVRAULT ET C°, RUE DE LA HARPE, 81.

A l'Étranger

Dulau et Cie, à Londres.	Zeelt, à Amsterdam.
Rohrmann et Schweigerd, à Vienne.	Bellizard et Cie, à Saint-Pétersbourg.
Al. Duncker, à Berlin.	Jugel, à Francfort-sur-le-Mein.
Bocca, à Turin.	Brockhaus, à Leipzig.
Dumolard et fils, à Milan.	Artaria et Fontaine, à Mannheim.

1840.

L'EUROPE

PENDANT

LE CONSULAT ET L'EMPIRE

DE NAPOLÉON.

CHAPITRE I.

ÉNERGIE ADMINISTRATIVE DE L'EMPIRE FRANÇAIS.

État de l'opinion publique. — Les adresses. — Les moqueries sur Napoléon. — Affaissement de l'esprit national. — Force de la centralisation. — Premier travail de l'Empereur. — Organisation de l'artillerie. — Les canonniers de la marine. — Remonte de la cavalerie. — Offre de cavaliers par les départements. — Les gendarmes. — Les gardes d'honneur. — Organisation de l'infanterie. — Levées de conscrits. — Les cohortes. — Bans de la garde nationale. — Les finances. — Esprit du Corps législatif. — Ouverture de la session. — Mesures proposées. — Tableau mensonger de la France. — Dépouillement des communes et des hospices. — Budget de 1813. — Institution définitive de la régence. — Sénatus-consulte. — Marie-Louise régente. — Merveilleuse activité de l'Empereur. — Appauvrissement de la France.

20 Décembre 1812 au 15 Avril 1813.

Trois époques dans l'histoire paraissent résumer les plus énergiques efforts des gouvernements et des peuples pour résister à l'invasion étrangère : la première sous

Louis XIV, lorsque les puissances de l'Europe se lèvent dans une première coalition, contre la politique du grand roi qui vient de glorifier la France; la seconde se rattache à l'époque non moins énergique de la Convention avec ses quatorze armées; la troisième enfin est celle dont je vais tracer le tableau; elle commence après la campagne de Moscou pour se clore à la triste capitulation de Paris. Chacune de ces résistances fut marquée de son caractère particulier; sous Louis XIV c'est la noblesse qui se sacrifie dans sa personne, dans sa fortune; prodigue de son sang sur le champ de bataille, elle réussit à donner à la France ses frontières agrandies, son influence sur l'Italie et l'Espagne [1]. Sous la Convention, c'est un énergique mouvement de démocratie qui déborde sur l'Europe avec le drapeau de l'insurrection; celui-là produit encore des résultats; il nous donne la Belgique, les frontières du Rhin, garantit les Alpes et les Pyrénées; la noblesse avait tout sacrifié, fiefs, châteaux, patrimoine, pour accourir à la défense de la monarchie de Louis XIV; le peuple sous la Convention vint défendre la patrie, sans pain, sans souliers; il y a plus d'une analogie.

La dernière défense du territoire sous Napoléon n'est marquée d'aucun de ces caractères; l'administration seule résisté, le peuple est fatigué; il n'y a plus de multitude, aucun dévouement de gentilhomme; l'administration met en mouvement avec ses mille bras toute cette grande machine; et l'on remarquera que cette énergique action, qui s'opère sans noblesse et sans démocratie, s'éteint presque aussitôt; elle ne préserve plus nos frontières; bientôt vont venir les tristes jours

---

[1] Voyez mon livre sur Louis XIV, j'ai peint les tendances de la coalition sous Guillaume III. Il ne faut rien séparer en histoire.

de l'invasion : tant il est vrai que le gouvernement n'est pas tout dans un État ; il faut quelque chose de plus qu'une main puissante ; et c'est ce que Napoléon n'avait jamais voulu comprendre.

Au retour de sa campagne de Russie, l'Empereur peut voir que l'opinion s'est singulièrement altérée ; il y a fatigue dans les esprits ; les classes bourgeoises, les propriétaires, les commerçants, les salons comme le peuple, ont éprouvé une sinistre impression à l'aspect de tant de désastres ; on dit partout que « c'est le commencement de la fin ». Les ennemis de Napoléon sont nombreux ; il ne s'élève pas une si grande fortune au monde sans que tout autour grondent des rivalités jalouses : la France aussi commence à sentir qu'elle a fait assez de sacrifices pour cette comédie de rois et de dignitaires. Si les adresses arrivent de tous côtés pour féliciter l'Empereur, toutes rédigées par les préfets, souvent dictées par le cabinet impérial, elles ne sont que des formules qu'on impose à la signature des notables ; il n'y a que des âmes d'élite, quelques cœurs à la trempe républicaine, qui refusent de se rendre complices d'un enthousiasme officiel et mensonger ; ces adresses viennent de tous côtés, depuis Hambourg jusqu'à Rome, sous des formes tristement adulatrices, où le mot grand homme, grand Empereur, auguste dynastie, se trouvent à chaque phrase ; les préfets n'auraient pas permis autre chose.

La police, attentive à tous les écarts d'opinion, comprimait tous les sentiments généreux, et cependant l'opposition devenait si formidable qu'elle éclata même sur les théâtres ; quand un peuple en vient aux allusions, c'est qu'il est profondément aigri. Ainsi on fut obligé de défendre le *Tableau parlant*, parce qu'un couplet semblait dire que l'Empereur : « avait autrefois pour faire des conquêtes ce qu'aujourd'hui il n'avait plus. » *Le Déserteur* fut aussi prohibé dans la crainte d'allusions à celui qui avait laissé l'armée en Egypte et en Russie ; les calembours, les jeux de mots circulaient partout : rappellerai-je quelques-uns de ces futiles propos souvent bons à recueillir pour rendre l'esprit d'un temps [1] ? Ne disait-on pas : « que Napoléon était mauvais jardinier, car il avait laissé geler ses grenadiers et flétrir ses lauriers. » Des placards plus épouvantables étaient jetés dans Paris, et l'on en trouva un assez horrible pour dépasser même les bornes de la calomnie : on vit placardé au pied de la colonne de la place Vendôme un quatrain dans lequel on osait dire que « si le sang qu'avait fait verser Bonaparte pouvait tenir dans cette place, le tyran sur la colonne pourrait le boire sans se baisser. » Ainsi l'esprit de parti dans ses affreuses imprécations poursuivait l'homme qui avait pour mission de défendre la France.

Le travail de Napoléon à cette époque fut prodigieux : il avait tout à reconstituer dans l'armée ; c'était une

---

[1] Je donne ici ces fragments comme expression de l'esprit d'un temps ; les pamphlets ne doivent jamais se séparer de l'histoire d'une époque ; ils en font connaître un côté.

Quatrain placardé sur la colonne de la place Vendôme.

Tyran juché sur cette échâsse,
Si le sang que tu fis verser
Pouvait tenir en cette place,
Tu le boirais sans te baisser.

Un autre jour, on vit appliquée sur le mur du château des Tuileries qui regarde la cour, une immense affiche, sur laquelle les lettres avaient un pied de haut, et qui disait ce peu de mots : *Fonds à vendre... pas cher... fabrique de sires*. Une semblable était du côté du jardin.

Brunet, dans une pièce où une diligence ne pouvait pas passer sous une porte cochère, s'écriait : « Eh bien ! il faut jeter l'*impériale* bas. »

Et puis un autre était un dialogue entre deux hommes qui passaient sur le Carrousel. « Monsieur, pourriez-vous me dire quelles sont les statues que je vois sur ces pilastres ? — Oui, monsieur ; ce sont des victoires. —Ces femmes-là ?—Oui, monsieur.— Monsieur, je vous demande pardon ; des victoires n'ont jamais eu cette tournure-là... Des victoires !... Que diable, monsieur, venez-vous me conter là ?—Mais ce qui est, monsieur, et puis tenez... Vous voyez bien que ce sont des victoires, *elles tournent le dos à Napoléon.* »

« L'Empereur a perdu toute son argen-

œuvre herculéenne, s'étendant à toutes les branches du service¹. Toutes ses journées sont remplies par des travaux de cabinet, des conseils de ministres, des visites aux ateliers ou des revues militaires; Napoléon avait besoin de cette activité; c'était sa vie. Il fut admirablement secondé par l'administration tout entière, généraux, préfets, maires, conseils, tribunaux. Ce fut un grand legs d'énergie fait par la Révolution à l'Empire, que cette centralisation mettant par un coup de télégraphe toutes les forces de la France en jeu; l'autorité des préfets était si absolue, tellement incontestée, qu'on ne trouvait pas d'opposition; depuis la Vendée royaliste jusqu'aux Alpes républicaines, la même obéissance était acquise aux délégués de l'Empereur; un seul de leurs ordres était aussi impérieux qu'un décret de celui dont ils reflétaient l'image.

L'administration prêta donc un secours immense à l'esprit organisateur de Napoléon, et ce fut alors qu'on vit ce que peut la France quand on la remue dans ses fondements. La campagne de Russie avait tout dévoré, ressources militaires et financières; on n'avait

---

terie, disait encore un calembour; mais en revenant en France il a été tout étonné de retrouver tous *ses plats* au Sénat. »

« Bonaparte ne va plus à la chasse, parce que les jeunes gens s'étaient donné le mot pour annoncer qu'il devait y avoir une grande partie de chasse à Grosbois, et en faisant des arrangements pour aller la voir ils disaient : « que ce serait un plaisir de voir l'Empereur chasser (*chassé*). »

¹ Voici le journal du séjour de Napoléon à Paris. On ne peut trouver une vie plus occupée, plus travailleuse.

Décembre 1812.

Le 19.—L'Empereur passe la journée dans ses appartements intérieurs avec MM. Cambacérès, Savary, Clarke, Montalivet, etc.

Le 20. — L'Empereur reçoit sur son trône les félicitations du Sénat, du conseil d'Etat, à l'occasion de son retour.

Le 21.—A midi, l'Empereur préside un conseil d'administration intérieure, qui dure jusqu'à six heures du soir.

Le 22.—Conseil d'administration des finances.

Le 23.—Conseil des ministres.

Le 24, le 25 et le 26.—L'Empereur passe la plus grande partie du temps dans l'intérieur de son cabinet.

Le 27.—Continuation des réceptions : la cour royale de Paris, le collège électoral de Rome, le corps municipal de Paris, etc.

Le 28.—L'Empereur tient un conseil d'administration intérieure, à la suite du-

plus ni cavalerie, ni infanterie, ni artillerie; mais il restait la France, cette mère aux fortes mamelles, comme la Cybèle des anciens; un empire qui s'étendait sur un territoire depuis l'Illyrie jusqu'à Hambourg, avec une population de 50 millions d'âmes, et, au milieu de ces éléments, Napoléon put choisir et conduire.

Son premier soin fut l'artillerie, car les beaux parcs étaient restés sous la neige, et des 1,500 pièces de canon qui passèrent le Niémen, il n'en était pas revenu dix, servies par quelques centaines d'artilleurs. Le lendemain de son arrivée, Napoléon tint conseil avec les principaux administrateurs du génie et de l'artillerie, Dejean, Decaux, Chasseloup-Laubat, sur les moyens de pourvoir à ce défaut absolu de tous les parcs dans l'armée, car l'artillerie devait jouer un grand rôle à la prochaine campagne; plus l'infanterie était faible et composée de conscrits, plus il fallait que l'artillerie fût forte. Les arsenaux de Metz, de Strasbourg, d'Alexandrie, d'Anvers, pouvaient encore former un matériel assez considérable; mais des artilleurs, il en manquait; l'artillerie est un corps d'élite; on ne forme pas un pointeur dans un jour; et alors fut résolu le projet d'appeler sous les drapeaux

quel il visite le salon de peinture; les portes restent ouvertes.

Le 29.—A huit heures du matin, conseil des finances; à midi, conseil des ministres.

Le 30.—A huit heures du matin conseil d'administration; à midi conseil des ministres.

Le 31.—De neuf heures du matin à midi, conseil d'administration intérieure.

Janvier 1813.

Le 1er.— Audience du premier de l'an dans la salle du trône, messe et réception.

Le 2.—L'Empereur visite les travaux de l'entrepôt des vins, de la fontaine de l'Éléphant, de la Bourse, et divers ateliers de Paris. A son retour, messe et suite des réceptions du jour de l'an.

Le 3.—Le soir, à huit heures, conseil des affaires étrangères, composé de MM. Cambacérès, de Talleyrand, Maret, de Caulaincourt, de Champagny, d'Hauterive et Labesnardière.

Le 4. — A neuf heures du matin, conseil des subsistances, auquel sont appelés MM. de Montalivet, Savary, Regnauld de Saint-Jean-d'Angély, Réal, Dubois, Maret (frère du ministre) et Pasquier.

Le 5.—A dix heures du matin, conseil privé pour la rédaction d'un sénatus-consulte. Présents: Cambacérès, Talleyrand, Gaudin, Mollien, Lacépède, Garnier, le ma-

de l'armée de terre la forte artillerie de marine; dans l'état d'abaissement des flottes, elle était inutile à bord des escadres : que faisait ce personnel sur des vaisseaux qui ne sortaient pas des ports? On dut l'appeler à un service plus efficace. Rien de solide comme cette artillerie de marine, composée d'hommes de fatigue et d'énergie; ils manœuvreraient la pièce avec d'autant plus de dextérité qu'ils avaient fait depuis longtemps le service si difficile des sabords; on enrégimenta donc ces canonniers de la marine : depuis la révolution française on ne vit pas une artillerie plus formidable; seule, elle valait celle de la garde.

La cavalerie avait éprouvé des pertes aussi fatales que l'artillerie durant la campagne de Russie; de 85,000 cavaliers qui avaient passé le Niémen, cuirassiers, dragons, hussards, lanciers, chasseurs, chevau-légers, on n'avait pas ramené 800 hommes montés. Les chevaux ne manquaient pas dans des remontes qui devaient s'étendre au milieu de l'Allemagne, par toute la Confédération du Rhin, en Hollande, dans le Milanais; mais il fallait les dresser, équiper les hommes; un cavalier est presque

réchal Moncey et le général Duroc. A onze heures l'Empereur va présider le conseil d'État. A deux heures il sort accompagné de l'Impératrice et va chasser dans les bois de Meudon.

Le 6. — A neuf heures du matin, l'Empereur tient conseil de commerce, auquel assistent Gaudin, Montalivet, Decrez, Collin de Sussy, Regnauld de Saint-Jean-d'Angély et Chaptal. A une heure conseil des ministres.

Le 7. — A neuf heures et demie du matin, conseil des ponts-et-chaussées, auquel assistent MM. de Montalivet, Regnauld de Saint-Jean-d'Angely, Molé, de Chabrol.

Le 9. — L'Empereur va aux Français voir la tragédie d'*Hector*.

Le 10. — A dix heures du matin conseil privé, composé de Cambacérès, de Talleyrand, de Régnier, de Montalivet, de Lacépède, de Dejean, de Regnauld de Saint-Jean-d'Angély, de Defermont, et de Daru. Après la messe l'Empereur passe une revue sur la place du Carrousel. A cinq heures conférence avec Cambacérès et les présidents du conseil d'État, qui apportent le travail sur la régence.

Le 11. — Conseil d'administration intérieure, auquel assistent Savary, Montalivet, Collin de Sussy, Réal, Dubois, Maret (frère du ministre), Regnauld de Saint-Jean d'Angély et Daru.

Le 12. — L'Empereur préside le conseil d'État, depuis deux heures après midi

aussi long à former qu'un artilleur ; on ne met pas un homme à cheval pour l'improviser cuirassier, dragon ou lancier. Ici l'activité de Napoléon parut dans toutes ses merveilles : d'abord il retira de l'armée d'Espagne quelques vieux régiments de cavalerie ; ces cadres servirent à organiser de nouveaux escadrons ; on prit en même temps tous les officiers et sous-officiers de gendarmes qui étaient d'âge et en situation de servir ; on requit tous ceux de leurs chevaux qui pouvaient aller à la guerre, et on les paya un prix convenable ; on eut ainsi des chevaux dressés pour les escadrons ; et comme ces mesures purement militaires n'étaient pas encore suffisantes pour réorganiser la cavalerie, l'impulsion fut donnée par le ministre de l'intérieur, et l'on vit les cités, les corporations, le Sénat, le conseil d'État, les préfets, offrir partout des cavaliers montés : la ville de Paris vota un régiment de cinq cents hommes ; cela coûtait un million, mais qui aurait pu hésiter devant la volonté de l'Empereur ? Le mot d'ordre fut donné partout, et les villes, les

jusqu'à cinq heures; ensuite, conseil des finances composé de Gaudin, de Mollien et de Collin de Sussy. Le soir à neuf heures conseil du cabinet, auquel sont appelés les grands dignitaires, les ministres et les ministres d'État.

Le 13.—Conseil ordinaire des ministres. A quatre heures après midi conseil du commerce.

Le 14.—A deux heures, conseil des ponts-et-chaussées, composé de MM. de Montalivet, Molé, Regnauld de Saint-Jean d'Angély et de Chabrol.

Le 15. — A deux heures l'Empereur préside le conseil d'État jusqu'à cinq heures.

Le 16.—Conseil des travaux du génie depuis quatre heures jusqu'à six heures et demie du soir.

Le 17.—Après la messe, réception du corps de la ville de Paris, qui vient offrir 500 cavaliers montés.

Le 18. — A deux heures conseil des finances.

Le 19.—Chasse à Grosbois, l'Empereur va coucher à Fontainebleau, visite au pape. Séjour à Fontainebleau jusqu'au 27.

Le 28.—A deux heures, conseil des ministres. A quatre heures conseil des travaux publics.

Le 29. — L'Empereur préside le conseil d'État.

Le 30.—A deux heures conseil du génie, auquel l'Empereur fait appeler les généraux Clarke, Dejean, Chasseloup-Laubat, et le colonel Decaux.

Le 31.—Après la messe, audience et présentations.

autorités, les évêques même, vinrent offrir les contingents; on eut ainsi 15,000 cavaliers montés sous des officiers et sous-officiers tirés de vieux régiments et de la gendarmerie.

Enfin une dernière mesure, tout à la fois militaire et politique, créa quatre régiments de gardes d'honneur, formant un grand complet de 10,000 hommes, tous jeunes hommes de famille ; il fallait que les pères offrissent une certaine garantie à l'Empereur. Les préfets eurent ordre de les choisir parmi les jeunes fils de famille qui s'étaient tenus à l'écart, dans les races aristocratiques surtout ; on choisit dans la Vendée les noms les plus compromis, et le jeune Charette fut compris dans un des régiments des gardes d'honneur : c'étaient des otages et des auxiliaires à la fois ; le gouvernement avait sous sa main les fils de tous les grands propriétaires. Ces jeunes hommes étaient destinés à faire des officiers, et peut-être, au retour de la campagne, des gardes-du-corps, car l'idée n'était point abandonnée, l'ancienne maison rouge, les mousquetaires noirs reve-

Février 1813.

Le 1er. — A quatre heures conseil privé.

Le 2. — Conseil des finances.

Le 3. — Conseil des ministres.

Le 4. — Présentations.

Le 5 et le 6. — L'Empereur passe ces deux journées dans l'intérieur de son cabinet.

Le 7. — Après la messe, grande parade ; après la parade, conseil privé composé de Cambacérès, de Talleyrand, de Régnier, de Gaudin, de Maret, de Lacépède, de Laplace, de Regnauld de Saint-Jean-d'Angély, de Molé, des maréchaux Moncey et Ney.

Le 8. — Travail dans le cabinet.

Le 9. — A deux heures, l'Empereur préside le conseil d'État.

Le 10. — Conseil des ministres, ensuite conseil des finances.

Le 11. — Présentations à la cour.

Le 14. — Ouverture de la session du Corps législatif.

Le 19. — L'Empereur préside le conseil d'État.

Le 21. — Présentations à la cour.

Le 25. — L'Empereur passe en revue un corps de cavalerie arrivant d'Espagne.

Mars 1813.

Le 4. — L'Empereur préside le conseil d'État.

Le 6. — L'Empereur visite l'Hôtel-des-Invalides.

Le 7. — L'Empereur reçoit le serment de ses nouveaux aides-de-camp Drouot, De-

naient sur la scène, et l'uniforme de garde d'honneur, élégant et somptueux, signalait peut-être cette pensée. L'esprit militaire, inhérent à la jeune génération, devait servir la pensée de l'Empereur; il y avait bien de la répugnance dans les familles pour servir un système hostile à leur opinion; mais l'on ferait connaissance au feu, et le prestige de Napoléon était si grand! Il y a peu de trahisons sous le drapeau; nul n'eût osé déserter l'aigle. En résumé, toutes ces levées extraordinaires pouvaient fournir 40 ou 50,000 cavaliers pour le mois de juin au plus tôt; on n'espérait pas entrer en campagne avant cette époque. Il y avait bien là quelque illusion; la bonne cavalerie ne se fait pas si vite, et la campagne de Moscou lui avait porté un coup irréparable[1].

Pour l'infanterie, les ressources nationales étaient plus grandes et plus faciles; on avait sur-le-champ les cohortes du premier ban de la garde nationale. Cent mille hommes de ces cohortes tenaient garnison dans les places, comme une formidable réserve; c'étaient des hommes forts, presque tous de l'âge de vingt-deux à vingt-sept ans, sous de vieux officiers; exercés depuis

---

jean et Corbineau. Audience après la messe. Présentations. L'Empereur se rend à Trianon, où il reste jusqu'au 23.

Le 15.— L'Empereur se rend de Trianon au Champ-de-Mars pour y passer en revue plusieurs corps d'infanterie, de cavalerie et d'artillerie qui partent pour l'armée.

Le 23.— La cour revient aux Tuileries. Audience de congé aux membres du Corps législatif.

Le 28.— Réception diplomatique; présentation de nouveaux préfets. L'Empereur s'établit à l'Elysée, où il reste jusqu'au 7 avril.

Le 30.—Conseil de cabinet, l'Impératrice y prête serment comme régente.

Avril 1813.

Le 7.—L'Empereur se rend à Saint-Cloud et y reste jusqu'à son départ pour l'Allemagne.

Le 13.—Audience au prince de Schwartzenberg.

Le 15.—A quatre heures du matin, l'Empereur monte en voiture pour aller prendre le commandement de ses armées d'Allemagne.

[1] *De la formation de quatre régiments de gardes d'honneur.*

« Il est créé quatre régiments de gardes d'honneur à cheval, formant un complet de 10,000 hommes.

« Les hommes composant lesdits régi-

un an, ils manœuvraient avec une précision remarquable, comme une excellente infanterie[1]. En outre, l'Empereur avait fait lever depuis quatre mois la conscription de 1815, habillée déjà et sous les drapeaux : sans avoir la précision et la force des cohortes, les conscrits étaient pleins d'une ardeur naturelle aux Français ; ils étaient jeunes et prêts à marcher au feu. On pouvait faire ensuite un appel sur les classes antérieures, demander une nouvelle conscription comme réserve ; les armes ne manqueraient pas dans les arsenaux et aux manufactures de Saint-Étienne ; on ferait manœuvrer les conscrits en route. Et alors Napoléon improvisa ce mode merveilleux d'organiser les recrues en marche : l'itinéraire était fixé ; on partait d'un point en simple compagnie, on faisait l'exercice et les manœuvres de marche, les feux ; puis ces compagnies, toujours en route, se groupaient en bataillons, et successivement en régiments, en brigades, en divisions, toujours faisant l'exercice d'ensemble ; ainsi aucun retard n'était éprouvé ; un corps d'armée de conscrits se réunissait tout entier avec une certaine habileté de manœuvres. Parmi les hommes d'élite de l'infanterie, Napoléon choisit des recrues pour la garde, considérablement augmentée ; il avait besoin d'appuyer l'infanterie de ligne ; des régiments de tirailleurs furent organisés à Paris, et on y

---

ments devront s'habiller, s'équiper, et se monter à leurs frais.

« Ils auront la solde des chasseurs de la garde.

« Après douze mois de service dans lesdits régiments ils auront le grade de sous-lieutenant.

« Lorsqu'après la campagne il sera procédé à la formation de quatre compagnies de gardes-du-corps, une partie de ces compagnies sera choisie parmi les hommes des régiments des gardes d'honneur qui se seront le plus distingués.

[1] On fit demander par les cohortes de servir dans l'armée active. Voici un modèle de ces offres :

Lettre du général Molitor adressée au ministre de la guerre.

« Monseigneur, le 29ᵉ bulletin de la grande armée a excité au plus haut degré

invita les ouvriers mâles et robustes. La jeune garde, très augmentée, forma presque un corps d'armée, les états la portent à douze régiments; on voulait faire croire à l'ennemi que la garde était toujours là pour employer sa force morale; les corps d'élite devaient donner l'exemple à l'armée et l'appuyer dans les crises militaires : l'Empereur se rappelait-il qu'à la retraite de Moscou il n'y avait eu d'autre armée régulière que la garde?

Toutes ces mesures une fois préparées par Napoléon dans son cabinet et en conseil, il ne s'agissait plus que de les faire ratifier par le Sénat, et ceci était le résultat d'un discours de M. Regnauld de Saint-Jean d'Angely, d'un rapport de M. de Lacépède, et d'un vote au scrutin dans une même séance : l'Empereur fixait le chiffre, et le Sénat l'accordait par une simple formule[1]; telle était l'obéissance des préfets, l'empressement qu'ils apportaient dans l'exécution des ordres, que les contingents étaient souvent dépassés d'une moitié ou d'un tiers; ainsi les régiments des gardes d'honneur furent spontanément portés au grand complet; on prit tous les fils de grande famille sans exemption; tel grand propriétaire offrit six cavaliers montés pour sauver son fils; les préfets voulaient avoir des otages, leurs instructions étaient

---

l'ardeur des troupes de la 17 division, ainsi que leurs sentiments d'amour et de dévouement pour l'Empereur. Les 3e, 76e, 77e, 78e et 88e cohortes du premier ban de la garde nationale sollicitent, comme une faveur, d'être envoyées à la grande armée. Je transmets ci-incluse la requête de ces troupes, priant V. Exc. de la mettre sous les yeux de S. M. Cette prière n'a pas été la suite de délibérations, mais d'un mouvement libre et spontané, qui a électrisé en même temps tous les officiers, sous-officiers et soldats de ces belles cohortes. »

Signé, le général Molitor.

[1] *Sénatus-consulte du 11 janvier 1813.*
Art. 1er. 350,000 hommes sont mis à la disposition du ministre de la guerre, savoir : 100,000 formant les cent cohortes du premier ban de la garde nationale; 2° 100,000 des conscriptions de 1809, 1810, 1811 et 1812, pris parmi ceux qui n'auront pas été appelés à faire partie de l'armée active; 3° 150,000 hommes de la conscription de 1814.

précises, un pacte devait unir les grands noms à l'Empire français. Les cohortes de la garde nationale eurent jusqu'à 1,500 hommes; on mettait les récompenses à l'unisson du zèle. La conservation des arsenaux, des places fortes, fut confiée à des légions de garde nationale urbaine, partagées en quatre grandes divisions, dont on donna le commandement suprême à des sénateurs. On dut placer Toulon, Anvers, Brest, Rochefort, à l'abri d'un coup de main de l'Angleterre; le souvenir de l'expédition de Walcheren préoccupait vivement l'Empereur.

Tous ces grands mouvements militaires exigeaient des ressources financières bien au-delà du budget régulier; comme il fallait tout recréer dans le matériel de l'armée, on devait recourir aux moyens extraordinaires. L'Empereur avait entassé des millions dans les caves comme réserve : il ne croyait pas le moment assez impérieux pour employer ce trésor personnel; il n'y puisa que des avances indispensables et quelques grandes gratifications aux maréchaux pour exciter leur zèle; on dut recourir à des voies extraordinaires dans le budget, et au vote des députés. J'ai dit les attributions restreintes du Corps législatif dans la constitution impériale; Napoléon, plein de colère, les avait indiquées assez brus-

« 2. En exécution de l'art. précédent, les cent cohortes du premier ban cesseront de faire partie de la garde nationale, et feront partie de l'armée active. Les hommes qui se sont mariés avant la publication du présent sénatus-consulte ne pourront être désignés pour faire partie de la levée prise sur les conscriptions des années 1809, 1810, 1811 et 1812. Les 150,000 hommes de la conscription de 1814 seront levés dans le courant de l'année, à l'époque que désignera le ministre de la guerre. »

Sénatus-consulte du 3 avril 1813.
« Art. 1er. Une force de 180,000 hommes est mise à la disposition du ministre de la guerre, pour augmenter les armées actives, savoir, 10,000 hommes de gardes d'honneur à cheval; 80,000 qui seront appelés sur le premier ban de la garde nationale, 10,000 de la conscription de 1814, qui étaient destinés à la défense des frontières de l'Ouest et du Midi, et spécialement des chantiers d'Anvers, de Cherbourg, de Brest, de Lorient, de Rochefort et de Toulon. »

quement dans sa note de Valladolid : en plusieurs circonstances même il avait voulu supprimer cette dernière expression légale de la propriété ; le Corps législatif lui paraissait une superfétation coûteuse, inutile dans les temps calmes, dangereuse aux jours difficiles. M. de Fontanes avait cessé d'en avoir la présidence, pour prendre la toge de grand-maître de l'Université ; M. de Montesquiou-Fezensac présida dès lors le Corps législatif, et réunit à cette fonction celle de grand chambellan, comme pour exprimer le caractère d'obéissance et de domesticité que l'Empereur voulait imprimer à tous les corps politiques. Les sessions du Corps législatif se réduisaient à deux mois chaque année ; le ministre de l'intérieur y présentait un rapport sur l'état de l'Empire, avec des chiffres plus ou moins mensongers, d'où on concluait nécessairement la prospérité publique : enfin l'on passait à l'examen du budget, voté après quelques séances, sans aucun discours ; des boules noires ou blanches au scrutin, quelques légères remontrances silencieuses, des adresses pleines de dévouement et de respect, telles étaient les fonctions du Corps législatif.

Toutefois, depuis le renouvellement des dernières séries par cinquième, on s'était aperçu d'un certain esprit de résistance parmi quelques-uns des députés élus par les départements. Si la grande majorité donnait des votes silencieux, plusieurs des membres les plus éclairés exhalaient des plaintes secrètes ; l'inquiétude des opinions était passée dans le corps politique ; les députés importunaient ; les oppositions silencieuses de la chambre se manifestaient de temps à autre dans les scrutins. Si l'esprit de la Révolution française s'effaçait chaque jour des institutions impériales, d'autres tendances se produisaient parmi les membres des corps constitués; quelques-uns des députés se rattachaient à l'école philosophique dont j'ai parlé déjà, sous les inspirations de MM. Royer-Collard, Maine de Biran, Flaugergues, Camille Jordan. S'ils formaient une imperceptible minorité dans le Corps législatif, ils obtenaient du crédit par l'honneur de leur vie, leurs fortes études et leur fermeté politique. La seconde école se rapprochait plus intimement des institutions parlementaires de la Grande-Bretagne; les discussions de la Chambre des communes étaient alors si hautes, si brillantes, qu'il n'était point étonnant que des hommes de distinction pussent désirer pour la France une liberté si éclatante en Angleterre. Les deux fractions du Corps législatif, dont toutes les démarches étaient attentivement surveillées par la police de l'Empereur, gagnaient chaque jour en force et en considération dans l'opinion publique; on entourait M. Raynouard, M. Lainé, Clausel de Coussergues; on les considérait comme des espérances d'un meilleur avenir dans la représentation du pays. Napoléon ne les aimait pas; il les traitait de niais ou de factieux; mais la patrie souffrante ne ratifiait pas ce jugement du dictateur.

Cette année, le Corps législatif avait de puissants intérêts à discuter; on devait lui présenter des demandes nouvelles pour satisfaire à un budget considérablement agrandi. Napoléon avait pour habitude d'ouvrir en personne la session des députés [1], il aimait à jeter du haut de ce trône ses pensées à l'Eu-

---

[1] *Discours de l'Empereur à l'ouverture du Corps législatif* (14 février 1813).

« Messieurs les députés des départements au Corps législatif,

« La guerre rallumée dans le nord de l'Europe offrait une occasion favorable aux projets des Anglais sur la Péninsule. Ils ont fait de grands efforts. Toutes leurs espérances ont été déçues... Leur armée a échoué devant la citadelle de Burgos, et a

rope, imitant en cela les habitudes du parlement anglais, mais restreintes et modifiées par le despotisme ; là, dans toute la majesté de la couronne, il disait ses victoires du passé, ses espérances de l'avenir, et bientôt ses phrases méditées étaient le sujet de tous les commentaires publics en France et en Europe ; on interprétait chaque parole comme un espoir de paix ou comme une crainte de guerre. Mais à cette session, sa puissance morale est abaissée ; ce n'est plus en vainqueur qu'il se présente, mais en prince vivement éprouvé par la fortune, et qui vient demander l'appui de la nation, à l'aide de ses fautes et de ses malheurs. Triste condition des assemblées ! autant elles sont abaissées devant les heureux, autant elles sont implacables quand la dictature est malheureuse ; c'est ainsi qu'elles se vengent ; le Corps législatif vit donc s'accroître dès ce moment dans son sein les oppositions constitutionnelles.

L'Empereur vint au milieu des députés ; son front de bronze avait quelque chose d'assombri, de ferme et de résolu ; son discours, empreint d'une gravité historique, accusait l'Angleterre d'avoir rallumé la guerre dû, après avoir essuyé de grandes pertes, évacuer le territoire de toutes les Espagnes.

« Je suis moi-même entré en Russie. Les armées françaises ont été constamment victorieuses aux champs d'Ostrowno, de Polotsk, de Mohilow, de Smolensk, de la Moskowa, de Malo-Jaroslawetz. Nulle part les armées russes n'ont pu tenir devant nos aigles. Moscou est tombé en notre pouvoir.

« Lorsque les barrières de la Russie ont été forcées et que l'impuissance de ses armes a été reconnue, un essaim de Tartares ont tourné leurs mains parricides contre les plus belles contrées de ce vaste empire, qu'ils avaient été appelés à défendre. Ils ont en peu de semaines, malgré les larmes et le désespoir des infortunés Moscovites, incendié plus de quatre mille de leurs plus belles villes, assouvissant ainsi leur ancienne haine, et sous le prétexte de retarder notre marche en nous environnant d'un désert. Nous avons triomphé de tous ces obstacles ! L'incendie même de Moscou, où, en quatre jours, ils ont anéanti le fruit des travaux et des épargnes de quarante générations, n'avait rien changé à l'état prospère de mes affaires. Mais la rigueur excessive et prématurée de l'hiver a fait peser sur mon armée une affreuse calamité. En peu de nuits j'ai vu tout changer. J'ai fait de grandes pertes. Elles auraient brisé

dans le nord de l'Europe, elle seule avait forcé l'Empereur d'entrer en Russie ; nos armées constamment victorieuses avaient touché Moscou ; un essaim de Tartares avait incendié les plus belles cités de cet empire ; les déserts que l'on avait fait autour de nos soldats avaient retardé leur marche glororieuse, la rigueur prématurée de la saison était venue pour arrêter leurs triomphes; l'armée avait fait de grandes pertes qui auraient brisé le cœur de Napoléon s'il n'avait eu en vue les destinées de son peuple. Il déclarait donc qu'il maintiendrait l'intégrité du territoire du vaste Empire; si l'Angleterre propageait l'esprit de révolte contre les souverains, elle était elle-même menacée de périr sous cet esprit de vertige. Enfin Napoléon finissait sa harangue souveraine par cette déclaration effrayante pour la France épuisée : « qu'il maintiendrait la dynastie française en Espagne et l'intégrité de tous les États liés à son système ; il désirait la paix, mais la paix honorable et conforme à la grandeur de l'Empire ; il ne dissimulait pas que le pouvoir avait besoin de ressources considérables pour donner à l'état militaire du pays cette prépondérance qui devait appartenir à la grande nation. »

mon âme, si, dans ces grandes circonstances, j'avais dû être accessible à d'autres sentiments qu'à l'intérêt, à la gloire et à l'avenir de mes peuples.

« A la vue des maux qui ont pesé sur nous, la joie de l'Angleterre a été grande, ses espérances n'ont pas eu de bornes. Elle offrait nos plus belles provinces pour récompense à la trahison. Elle mettait pour condition à la paix le déchirement de ce bel Empire : c'était, sous d'autres termes, proclamer la guerre perpétuelle

« L'énergie de mes peuples, dans ces grandes circonstances, leur attachement à l'intégrité de l'Empire, l'amour qu'ils m'ont montré, ont dissipé toutes ces chimères, et ramené nos ennemis à un sentiment plus juste des choses.

« C'est avec une vive satisfaction que nous avons vu nos peuples du royaume d'Italie, ceux de l'ancienne Hollande et des départements réunis, rivaliser avec les anciens Français, et sentir qu'il n'y a pour eux d'espérance, d'avenir et de bien que dans la consolidation et le triomphe du grand Empire.

« Les agents de l'Angleterre propagent chez tous nos voisins l'esprit de révolte contre les souverains. L'Angleterre voudrait voir le continent entier en proie à la

Silencieusement écoutées, ces paroles de l'Empereur excitèrent de pénibles réflexions parmi les hommes graves : « Quoi? une armée immense était disparue, et il y avait à peine une larme pour ces nobles victimes! Napoléon parlait bien de la paix, comment serait-elle désormais possible s'il ne voulait rien céder? Plus fier après ses malheurs qu'au sein de la prospérité, il déclarait qu'il voulait même maintenir la ridicule dynastie de Joseph en Espagne, et l'intégrité de ce vaste amalgame de la Confédération; il ne voulait donner, ni la Hollande, ni l'Espagne, ni les Provinces Anséatiques; peut-être pas même l'Illyrie, ni le protectorat de la Confédération du Rhin, ni la médiation de la Suisse; et comment serait-il admis à traiter avec l'Angleterre, la Russie, la Prusse et l'Autriche? Est-ce qu'il n'allait pas tenir compte de ses malheurs en Russie? Cette terrible leçon serait perdue s'il ne voulait rien céder, rien rendre à l'Europe. Le mot de paix n'était qu'une vaine parole pour expliquer les secours que l'on allait demander à la patrie; c'était de la phraséologie et rien de plus, et, pour comble d'erreur, Napoléon semblait plus que jamais persister dans son système continental qui rendait impossible tout arrangement raisonnable. »

Mais le document le plus curieux de cette époque si

guerre civile, et à toutes les fureurs de l'anarchie; mais la Providence l'a elle-même désignée pour être la première victime de l'anarchie et de la guerre civile.

« J'ai signé directement avec le pape un Concordat qui termine tous les différends qui s'étaient malheureusement élevés dans l'église. La dynastie française règne et régnera en Espagne. Je suis satisfait de la conduite de tous mes alliés. Je n'en abandonnerai aucun; je maintiendrai l'intégrité de leurs États. Les Russes rentreront dans leur affreux climat.

« Je désire la paix : elle est nécessaire au monde. Quatre fois depuis la rupture qui a suivi le traité d'Amiens, je l'ai proposée dans des démarches solennelles. Je ne ferai jamais qu'une paix honorable et conforme aux intérêts et à la grandeur de mon Empire. Ma politique n'est point mystérieuse; j'ai fait connaître les sacrifices que je pouvais faire.

« Tant que cette guerre maritime durera, mes peuples doivent se tenir prêts à toute espèce de sacrifices; car une mauvaise paix nous ferait tout perdre, jusqu'à l'es-

extraordinaire, ce fut l'exposé de la situation de l'Empire lu par M. de Montalivet devant le Corps législatif. Lorsque la guerre était partout, lorsque le commerce était anéanti par le système continental, M. de Montalivet exposait des résultats incroyables et des contre-vérités inouïes : à l'entendre, la population avait grandi; pourtant la guerre avait dévoré trois millions d'hommes forts et braves; mais ce sang versé avait été fécond ! L'armée n'avait jamais été plus belle alors qu'elle était là couchée dans les steppes sous un linceul de neige. Aucune escadre ne pouvait sortir des grands ports; eh bien ! d'après cet exposé, jamais la marine n'avait été plus magnifique, même sous Louis XIV; le commerce intérieur, extérieur, les colonies, tout était dans une situation si brillante que l'encens de grâce devait s'élever au pied de la statue de Napoléon. L'agriculture manquait de bras : erreur encore d'après ce grand tableau; la terre fécondée produisait plus qu'aux époques des vastes travaux d'agriculture, même sous M. Turgot.

M. de Montalivet retraçait toutes les grandes œuvres entreprises par Napoléon, les chemins, les ports, les embellissements de Paris, et ici la vérité était plus entière; l'Empereur aimait les travaux publics, c'était son goût, et, dans ses grandes causeries avec M. Molé, il

---

pérance, et tout serait compromis, même la prospérité de nos neveux !

« L'Amérique a recouru aux armes pour faire respecter la souveraineté de son pavillon. Les vœux du monde l'accompagnent dans cette glorieuse lutte. Si elle la termine en obligeant les ennemis du continent à reconnaître le principe que le pavillon couvre la marchandise et l'équipage, et que les neutres ne doivent pas être soumis à des blocus sur le papier, le tout conformément aux stipulations du traité d'Utrecht,

l'Amérique aura mérité de tous les peuples. La postérité dira que l'ancien monde avait perdu ses droits et que le nouveau les a reconquis.

« J'ai besoin de grandes ressources pour faire face à toutes les dépenses qu'exigent les circonstances; mais moyennant différentes mesures que vous proposera mon ministre des finances, je ne devrai imposer aucune nouvelle charge à mes peuples. »

2*

avait révélé ses beaux desseins sur le monde; souvent le génie de Napoléon allait trop loin dans ses œuvres pour les destinées de son Empire. Les plus beaux travaux s'accomplissaient en dehors de l'ancienne France; le vieux territoire n'en profitait presque pas, et les dépenses furent absorbées par les départements réunis [1].

Le Corps législatif vit enfin le motif sérieux et le résultat de cet exposé de la situation de l'Empire; le budget en donna la mesure et la clef, il s'éleva cette année à des proportions exorbitantes. Les dépenses furent fixées à 1,150 millions, chiffre effrayant à comparer avec les budgets si modérés du Consulat; la guerre y était comprise pour plus de 500 millions en y joignant l'administration, dépense la plus forte; la marine, alors si inutile à l'État, y fut porté pour 167 millions; à quoi servaient ces escadres désarmées dans les ports? Dans tout ce budget la dette publique n'était notée que pour 65 millions, et avec ce chiffre si amoindri il était néanmoins impossible d'opérer un emprunt, tant le crédit inspirait peu de confiance. Ce n'est pas la grandeur de la dette qui effraie les prêteurs, mais le peu de soin d'un État à tenir ses engagements : comment aligner

---

[1] *Travaux divers.*
Depuis 1804 jusqu'au 1er janv. 1813.

Dépôts de mendicité,	12,000,000
Restauration des prisons,	6,000,000
Travaux de Napoléon - Ville (Vendée),	7,500,000
Primes de reconstruction des maisons et églises dans l'Ouest,	1,500,000
Etablissements thermaux,	1,500,000
Travaux de Rome,	2,000,000
Travaux de Napoléon (Morbihan),	1,100,000
Maisons d'orphelins,	1,200,000
Salle de spectacle de Strasbourg,	500,000
Travaux divers dans les départements,	115,808,550
Total.	149,108,550

Routes.
Depuis 1804 jusqu'au 1er janv. 1813.

Route du Mont-Cénis,	13,500,000
— du Simplon,	6,100,000
— de la Corniche,	6,500,000
— du Mont-Genèvre,	2,800,000
— de Césenne à Fénestrelle,	800,000
— du Lantaret,	1,800,000
— d'Alexandrie à Savone,	2,600,000
— de Ceva à Port-Maurice,	560,000
— de Gênes à Alexandrie,	150,000
— de Plaisance à Gênes,	300,000
— de Parme à la Spezzia,	2,000,000

cette immense dépense de 1 milliard 150 millions avec les revenus ordinaires qui ne dépassaient pas 960 millions? En détaillant ces produits, on trouvait la contribution foncière, centimes additionnels, portes et fenêtres, patentes pour 560 millions; et les contributions indirectes pour plus de 500, en y comprenant le droit sur le sel, le timbre et l'enregistrement.

On devait assurer des ressources pour ce budget : comment aligner la recette et la dépense sans trop charger la contribution foncière déjà portée à 33 centimes du principal? On dut donc recourir à des moyens extraordinaires, et sur la proposition de M. Defermont, on arrêta une disposition qui privait les communes et les hospices de leurs fonds de terre. Vieille propriété que celle des corporations municipales; elle venait des premiers municipes du moyen âge; les communaux étaient le patrimoine du pauvre, qui y menait paître ses bestiaux, y prenait le bois nécessaire pour se chauffer lui et sa famille, selon la coutume des temps antiques. Les fondations des hospices n'étaient pas moins sacrées, dons gratuits que les âmes pieuses faisaient aux malades pour leur subsistance, leur nourriture et le lit qui leur

— de Paris à Madrid, par Bayonne,	4,200,000		— de New-Diep,	1,500,000
			— du Havre,	6,300.000
— de Paris à Amsterdam,	4,300,000		— de Dunkerque,	4,500,000
— de Paris à Hambourg,	6,000,000		— d'Ostende,	3,600,000
— de Maëstricht à Wesel,	1,960,000		— de Marseille,	1,500,000
— de Paris à Mayence,	5,000,000		— de Saint-Valery,	200,000
— de Tournus à Chambéry,	100,000		— de Calais,	500,000
Routes diverses dans les départements,	218,814,549		— de Dieppe,	1,100,000
			— de Bayonne,	430,000
Total.	277,484,549		— de Cette,	900,000
Ports.			Divers travaux faits depuis 1804 dans des ports non désignés.	
Depuis 1804 jusqu'au 1er janv. 1813.				
Port de Cherbourg,	26,000,000			47,198,710
— d'Anvers,	18,000,000		Total.	117,328,710
— de Flessingue,	5,600,000			

servait de repos; il y avait de ces chartes qui remontaient aux XIIe et XIIIe siècles, époque des maladreries et des souffreteux.

Le budget proposa de vendre toutes ces propriétés au profit de l'État; les fonds versés dans la caisse des receveurs-généraux par tiers formeraient un revenu extraordinaire, porté au budget de cette année 1813 pour 149 millions[1]; en échange, le gouvernement donnait aux communes et aux hospices des rentes sur le grand livre équivalentes au revenu; on estimait la valeur des biens dont on s'emparait, et on les inscrivait pour pareille somme sur le trésor. Les communes et les pauvres, ainsi livrés à la hausse et à la baisse, ne furent plus à l'abri des crises du gouvernement; l'État ab-

---

[1] *Budget de l'exercice de 1813.*

Recette. — Contributions directes.

		Produits.
Contribution foncière en principal.	241,884,244	
Contribution personnelle et mobilière en principal.	37,322,978	
Centimes additionnels aux deux contributions ci-dessus.	22,428,384	340,696,656
Portes et fenêtres.	19,059,088	
Patentes.	20,001,962	

Contributions indirectes et autres produits.

Enregistrement et domaines.		170,000,000	206,000,000
Bois.		36,000,000	
Douanes.	Droits ordinaires.	100,000,000	150,000,000
	Droits sur les sels.	50,000,000	
Droits réunis.		150,000,000	220,000,000
Tabacs.		70,000,000	
Loterie.			15,000,000
Postes, déduction faite d'un million pour la construction d'un hôtel.			12,000,000
Sels et tabacs au-delà des Alpes.			9,000,000
Salines de l'Est.			3,000,000
Poudres et salpêtres.			500,000
Illyrie.			11,000,000
Recettes diverses et accidentelles.			3,803,344
Recettes extérieures.			30,000,000
Prélèvement sur le produit de la vente des biens des communes.			149,000,000
			1,150,000,000

sorbant les capitaux, faisait ainsi un emprunt forcé sur les pauvres et les malades.

Il est à remarquer dans l'histoire que toute grande secousse amène ces spoliations : la révolution de 1789 avait dévoré les biens du clergé et les deux milliards des propriétés foncières des émigrés; l'Empire usurpa les biens des communes et des hospices, et dans une crise plus récente on a vendu en masse les bois de l'État, si bien aménagés par la vieille monarchie. En temps de troubles rien n'est stable, et les choses vieilles et paternelles s'en vont; la fortune se fait mobile comme les idées politiques; le grand livre devient le fonds commun. Lorsque les constitutions de l'État ne reposent plus sur les mœurs, les usages, les traditions, mais sur

Dépense. — Dette publique. Crédits.

Perpétuelle { ancien crédit.	62,300,000	} 63,300,000	} 89,300,000	
{ nouveau créd.	1,000,000			
Idem de Hollande.		26,000,000		
Viagère.		16,000,000	} 17,000,000	151,000,000
Idem de Hollande.		1,000,000		

Pensions.

Civiles et militaires.	13,700,000	} 44,700,000	
Ecclésiastiques.	31,000,000		
Liste civile.			28,000,000

Ministères.

Grand juge.		29,000,000	
Relations extérieures { ordinaire.	8,500,000	} 17,500,000	
{ fonds de réserve.	9,000,000		
Intérieur { ordinaire.	16,600,000	} 59,000,000	
{ extraordinaire.	42,400,000		
Finances.		21,000,000	
Trésor impérial.		8,700,000	914,010,000
Guerre.		325,000,000	
Administration de la guerre.		260,000,000	
Marine.		167,000,000	
Cultes.		17,000,000	
Manufactures et commerce.		7,810,000	
Police générale.		2,000,000	
Frais de négociations.			8,500,000
Fonds de réserve.			48,190,000

Total. 1,150,000,000

une simple feuille de papier, tout descend à ce niveau.

Après le vote de ce lourd budget de l'Empire, le Corps législatif fut clos ; la session avait été encore plus courte que d'usage ; ouverte le 14 février, elle avait fini le 25 mars : tout juste quarante jours ; le budget fut son seul travail, et l'on courut à la hâte au vote. M. de Montesquiou se fit l'organe des députés dans l'adresse présentée à l'Empereur ; César le voulait ainsi : la parole du président fut encore splendide d'éloges pour le héros gardien des destinées de la France. « Si Dieu avait permis des catastrophes en Russie, c'était afin de mieux montrer les ressources de l'Empire et le zèle des sujets ; l'intégralité de la couronne serait maintenue ; on ne voulait qu'une paix glorieuse ; la reconnaissance du pays était infinie pour la profonde sollicitude de l'Empereur ; l'admirable tableau de nos grandes prospérités, présenté par M. de Montalivet, serait envoyé dans tous les départements ; l'ordre monarchique, si cher aux aïeux, était à jamais consolidé par la régence, il produirait de grands résultats. » L'Empereur répondit gravement, comme Auguste devant le Sénat : « Il allait bientôt partir pour se mettre à la tête de ses troupes. Dieu lui viendrait en aide ; bientôt de retour, il répondrait aux vœux de ses peuples qui appelaient le couronnement de l'Impératrice et du roi de Rome : « La pensée de cette grande solennité, ajouta-t-il, est dans mon cœur ; j'en presserai l'époque pour satisfaire les vœux de la France. »

Tous les actes des corps politiques tendaient en effet depuis trois mois vers la constitution de cette régence et le couronnement du roi de Rome[1], l'héritier du trône

---

[1] Les principaux articles du sénatus-consulte organique concernant la régence de l'Empire sont du 5 février 1813. « Le cas arrivant où l'Empereur mineur monte sur le trône sans que l'Empereur son père ait disposé de la régence de

impérial. La conspiration de Malet avait porté son coup; l'hérédité et la perpétuité faisait les frais de tous les discours d'apparat des grands corps; l'érudition s'était mise à la suite de la cour; on travailla au sein des académies à fouiller dans les ordonnances, les chartes des rois de France pour l'établissement et la constitution d'une régence. M. de Pastoret, tout récemment porté au Sénat, en fut le savant organisateur; on recueillit tous les documents de l'époque carlovingienne pour rechercher les cérémonies pompeuses de l'association de Louis-le-Débonnaire; on fouilla dans la collection des ordonnances du Louvre pour recueillir les actes des régences sous la troisième dynastie; les noms de Blanche de Castille, d'Anne d'Autriche flattaient l'orgueil de Marie-Louise; on compulsa, mais avec plus de ménagement et de répugnance, les beaux débats de l'Assemblée constituante à l'époque où la régence fut aussi discutée avec une solennité législative.

Dans les conseils privés tenus en présence de l'Empereur, l'acte de régence fut définitivement arrêté pour être ensuite présenté au Sénat; on pouvait en résu-

l'Empire, l'Impératrice mère réunit de droit à la garde de son fils mineur, la régence de l'Empire.

« L'Impératrice régente ne peut passer à de secondes noces.

« Au défaut de l'Impératrice, la régence, si l'Empereur n'en a autrement disposé, appartient au premier prince du sang, et, à son défaut, à l'un des autres princes français dans l'ordre de l'hérédité de la couronne.

« Une prince français assis sur un trône étranger au moment du décès de l'Empereur, n'est pas habile à exercer la régence.

« Tous les actes de la régence sont au nom de l'Empereur mineur.

« L'Empereur dispose de la régence, soit par acte de dernière volonté rédigé dans les formes établies par le statut du 30 mars 1806, soit par lettres-patentes.

« L'Impératrice régente nomme aux grandes dignités et aux grands offices de l'Empire et de la couronne, qui sont ou deviennent vacants durant sa régence.

« Si l'Empereur mineur décède laissant un frère héritier du trône, la régence de l'Impératrice ou celle du prince régent continue sans aucune formalité nouvelle.

« La régence de l'impératrice cesse si l'ordre d'hérédité appelle au trône un prince qui ne soit pas son fils.

« Le conseil de régence est composé du premier prince du sang, des princes du

mer ainsi les principes : l'Empereur mourant sans disposer de la régence, elle appartenait de plein droit à l'Impératrice mère ; sa position était trop grande, trop élevée pour ne pas la garder chaste ; elle ne pouvait donc passer à de secondes noces ; au défaut de l'Impératrice, le premier prince du sang était régent ; après lui on appelait les membres de la famille, puis les dignitaires. La régence, c'était la plénitude de l'autorité ; un conseil l'assistait, composé des princes du sang et des dignitaires délibérant sur les grands actes de la nation, tels que la paix et la guerre, le mariage de l'Empereur et la nomination des hautes fonctions dans l'État ; l'administration du domaine impérial appartenait à ce conseil ; en l'absence du souverain, la régence pouvait être déférée dans la même forme que pour la mort. Le sénatus-consulte établissait ensuite les formes du sacre et du couronnement de l'Impératrice et du prince impérial. On se crut dès lors bien forts, bien raffermis : on avait improvisé une régence comme une couronne, et l'on pensait ainsi lutter contre les opinions et les partis que la révolution n'avait point usés.

sang, oncles de l'Empereur, et des princes grands dignitaires de l'Empire.

« L'Empereur, soit par ses lettres-patentes, soit par son testament, ajoute au conseil de régence le nombre de membres qu'il juge convenable.

« Aucun des membres du conseil de régence ne peut être éloigné de ses fonctions par l'Impératrice régente ou le régent.

« Le conseil de régence délibère nécessairement à la majorité des voix : 1º sur le mariage de l'Empereur ; 2º sur les déclarations de guerre, la signature des traités de paix, d'alliance ou de commerce ; 3º sur toute aliénation ou disposition, pour former de nouvelles dotations, des immeubles ou des valeurs immobilières, composant le domaine extraordinaire de la couronne ; 4º sur la question de savoir s'il sera nommé, par le régent, à une ou plusieurs des grandes dignités de l'Empire, vacantes durant la minorité.

« En cas de partage, la voix de l'Impératrice ou du régent est prépondérante.

« La garde de l'Empereur mineur, la surintendance de sa maison et la surveillance de son éducation sont confiées à sa mère.

« Si l'Impératrice n'a pas prêté serment du vivant de l'Empereur, pour l'exercice de la régence, elle le prête dans les trois mois qui suivent le décès de l'Empereur.

CONSTITUTION DE LA RÉGENCE (5 FÉVRIER 1813). 27

Quand ces formes furent établies et solennellement ratifiées, l'Empereur prépara des lettres-patentes spéciales qui déféraient la régence à Marie Louise, avec des pouvoirs les plus étendus, acte tout à la fois de politique et d'affection. L'Impératrice présiderait le conseil des ministres et représenterait l'Empereur; désormais il y aurait unité dans la forme même du gouvernement. Mais à quoi tout cela pourrait-il servir? Au cas d'une attaque violente des partis, était-il probable qu'on tiendrait compte de l'Impératrice régente plus que de Cambacérès? Malet s'était-il occupé du roi de Rome, pauvre enfant dans son berceau d'or à Saint-Cloud? Quand les institutions ne sont pas dans les mœurs, dans les habitudes, qu'importent les mots, les sénatus-consultes et les formules légales? Qu'il arrivât une violente commotion, et Marie-Louise, régente, serait oubliée, comme l'archi-chancelier, comme le roi de Rome. Les constitutions n'ont jamais rien préservé; on n'improvise pas les monarchies et les principes; on ne décrète pas les gouvernements; ils existent et se perpétuent en vertu de certaines cou-

« Le serment que prête l'Impératrice est conçu en ces termes : « Je jure fidélité à l'Empereur. Je jure de me conformer aux actes des constitutions, et d'observer les dispositions faites par l'Empereur, mon époux, sur l'exercice de la régence ; de ne consulter dans l'emploi de mon autorité, que mon amour et mon dévouement pour mon fils et pour la France, et de remettre fidèlement à l'Empereur, à sa majorité, le pouvoir qui m'est confié. Je jure de maintenir l'intégrité du territoire de l'Empire ; de respecter et de faire respecter les lois du Concordat, et la liberté des cultes ; de respecter et de faire respecter l'égalité des droits, la liberté civile, et l'irrévocabilité des ventes des biens nationaux ; de ne lever aucun impôt, de ne lever aucune taxe que pour les besoins de l'État et conformément aux lois fondamentales de la monarchie ; de maintenir l'institution de la Légion d'honneur, de gouverner dans la seule vue de l'intérêt, du bonheur et de la gloire du peuple français. »

« L'Impératrice mère du prince héréditaire roi de Rome, pourra être sacrée.

« Le couronnement se fera dans la basilique de Notre-Dame, ou dans toute autre église désignée par les lettres-patentes.

« Le prince impérial roi de Rome pourra, en sa qualité d'héritier de l'Empire, être sacré et couronné du vivant de l'Empereur. »

tumes et des traditions empreintes dans les mœurs; quand ils n'ont pas ce fondement inébranlable, ils s'affaissent, passent et meurent comme l'arbre sans racine.

Or, ce qui était plus fort, plus puissant que les actes du Sénat, ce qui assurait la prépondérance et la supériorité de l'Empereur, c'était cette capacité immense, inouïe, qui se jouait avec les impossibilités dans les préparatifs d'une nouvelle campagne; cela tenait du prodige. Debout à 6 heures, l'Empereur travaillait comme un chef de division, comme un commis, à dicter les travaux du génie, la marche des troupes, les instructions pour reformer le matériel de l'armée; infanterie, cavalerie, tout recevait sa vaste impulsion. Le général Clarke fut en ce moment le bras le plus actif, le plus intelligent, de toute cette action militaire de Napoléon. Le cabinet de l'Empereur faisait merveille sous M. Daru, corps de fer, main de fer, tête de fer; on embrassait tout: subsistances, magasins, armements. La France se couvrait d'ateliers, et Napoléon, qui avait besoin de reconquérir sa popularité souveraine, multiplia dès ce moment ses courses à cheval au milieu même de Paris; on le voyait un jour à l'entrepôt des vins

Lettres-patentes.

« Napoléon, etc., etc.

« Voulant donner à notre bien-aimée épouse l'Impératrice et reine Marie-Louise des marques de la haute confiance que nous avons en elle, nous avons résolu de l'investir, comme nous l'investissons par ces présentes, du droit d'assister aux conseils du cabinet, lorsqu'il en sera convoqué pendant la durée de notre règne, pour l'examen des affaires les plus importantes de l'État; et, attendu que nous sommes dans l'intention d'aller incessamment nous mettre à la tête de nos armées pour délivrer le territoire de nos alliés, nous avons également résolu de conférer, comme nous conférons par ces présentes, à notre bien-aimée épouse l'Impératrice et reine, le titre de régente, pour en exercer les fonctions en conformité de nos intentions et de nos ordres, tels que nous les aurons faits transcrire sur le livre d'État; entendant qu'il soit donné connaissance aux princes grands dignitaires et à nos ministres desdits ordres et instructions, et qu'en aucun cas l'Impératrice ne puisse s'écarter de leur teneur dans l'exercice des fonctions de régente.

dont les bases étaient jetées, au grenier d'abondance, au Jardin-des-Plantes; une autre fois il visitait Vincennes, les manufactures, les barrières, les promenades; tout à coup il paraissait au milieu d'un groupe d'ouvriers, les interrogeait, leur distribuait ses largesses; il aimait ces cris de *Vive l'Empereur!* qui partout saluaient sa bonne venue au sein du peuple [1].

A travers ces dehors de grandeur la misère était profonde; à Paris même, la population diminuait dans des proportions effrayantes. En temps de paix, selon le recensement officiel, la population était de 650,000 âmes; en temps de guerre, elle descendit jusqu'au chiffre de 550,000. Un tiers des maisons n'est pas loué; le chiffre des ouvriers corporés est de 66,000 sur lesquels plus de la moitié sans travail; tout cela résulte de tableaux authentiques dressés par le préfet de police, M. Pasquier [2]. L'hiver a été rude; au printemps les murmures deviennent plus vifs; on distribue des secours, ils ne suffisent pas. Les rapports secrets du préfet du police disent que les cris de détresse sont grands dans tous les

« Voulons que l'Impératrice régente préside en notre nom le Sénat, le conseil d'État, le conseil des ministres et le conseil privé, notamment pour l'examen des recours en grâce, sur lesquels nous l'autorisons à prononcer, après avoir entendu les membres dudit conseil privé. Toutefois notre intention n'est point que, par suite de la présidence conférée à l'Impératrice régente, elle puisse autoriser par sa signature la présentation d'aucun sénatus-consulte, ou proclamer aucune loi de l'État, nous référant à cet égard au contenu des ordres et instructions mentionnés ci-dessus.

« Donné en notre palais de l'Elysée, le trentième jour du mois de mars, l'an 1813, et de notre règne le neuvième. »

Signé, Napoléon.

[1] 4 janvier 1812.
« Avant-hier S. M., accompagnée seulement par S. Exc. le grand-maréchal du palais, a fait le tour de la basilique de Notre-Dame, et du palais archiépiscopal de Paris. S. M. a visité ensuite les travaux du dépôt général des vins, la fontaine monumentale de l'Éléphant, la Bourse, etc. »

[2] Ce tableau est tiré des archives de la Préfecture de police :

		sans ouvrage
Boulangers,	1,600	300
Ébénistes,	2,800	2,000
Serruriers, Taillandiers, Machinistes,	4,000	1,200
Tailleurs,	3,500	1,200
Selliers, Carossiers,	800	400

faubourgs ; des placards sont affichés de tous côtés contre l'Empereur ; la répression violente serait inutile, elle ne ferait qu'agrandir le mal. Les notes du général Savary et de M. Pasquier à l'Empereur sont fort tristes ; on craint une sédition [1].

A ces ouvriers pourtant, il reste une ressource ; Napoléon forme des régiments de tirailleurs de la garde, il invite les travailleurs à prendre les armes, à s'y enrôler; mourir de faim ou mourir sur le champ de bataille, il n'y a plus à hésiter ; on court sous les drapeaux. La misère sert l'esprit public, elle fait des conscrits ; quand on ne trouve pas de pain à l'atelier, on le cherche dans les camps. La popularité de Napoléon a souffert de rudes échecs ; Paris n'est plus pour lui, les intérêts lui sont opposés et les opinions s'élèvent avec énergie contre sa dictature ; il y répond par un redoublement d'activité.

Avant tout il lui faut la guerre et la victoire ; il veut laisser l'intérieur tranquille, il veut calmer tous les ferments de discorde, même dans les consciences religieuses ; dans son voyage à Fontainebleau, il a emporté presque d'assaut le Concordat ; il sait les protestations

		sans ouvrage.			sans ouvrage
Joailliers,	200	100	Passementiers,	800	400
Bijoutiers,	2,200	1,800	Corroyeurs,	900	300
Ciseleurs,	500	150	Tissutiers de coton,	2,000	1,500
Doreurs,	600	200	Bottiers 300		
Orfèvres,	1,000	700	Cordonniers, 4,700	5.000	2,000
Faïenciers,	900	300	Tabletiers, Éventaillistes, etc.	11,000	3,000
Peintres,	1,200	300			
Papiers peints,	2,500	1,000			
Fondeurs en caractères,	200	100			
Graveurs sur bois,	200	150			
Imprimeurs en lettres,	2,500	600			
Imprimeurs en taille-douce,	200	100			
Imprimeurs sur toile,	400	200			
Planeurs, fond. en cuivre,	600	400			

[1] « Au faubourg Saint Antoine et autres quartiers les ouvriers entrent dans les boutiques, demandent du travail ou du pain ; les esprits s'échauffent, et en plein jour on affiche des placards injurieux contre l'Empereur. » (Note de M. Pasquier.)

et les répugnances du Pape; le Concordat n'était pas destiné à la publicité éclatante qu'on lui a donnée, en annonçant la pacification absolue de l'Église[1]. Non seulement le Concordat devient un acte public, mais l'Empereur s'occupe des intérêts du gallicanisme; un décret solennel organise l'Église de France; il croit calmer tous les scrupules; il revient aux anciens principes; les parlements connaissaient les appels comme abus, Napoléon les enlève au Conseil d'État pour les donner aux cours impériales. On dirait qu'il a besoin de prouver le calme de son esprit pour faire croire au calme de son Empire.

Cette universelle direction de toutes les parties de son gouvernement est un des orgueils de Napoléon; elle n'est au fond qu'un moyen de déguiser sa préoccupation qui se résume dans la guerre et dans les négociations diplomatiques. Pour la guerre, les mesures sont prises avec une précision, une activité qui ne laissent rien en souffrance. Reste maintenant à savoir dans quels rapports Napoléon se trouve avec les di-

---

[1] *Décret du 25 mars 1813.*

«Art. 1er. Le Concordat signé à Fontainebleau, qui règle les affaires de l'Église, et qui a été publié comme loi de l'État, le 13 février 1813, est obligatoire pour nos archevêques, évêques et chapitres, qui seront tenus de s'y conformer.

« 2. Aussitôt que nous aurons nommé à un évêché vacant, et que nous l'aurons fait connaître au Saint-Père, dans les formes voulues par le Concordat, notre ministre des cultes enverra une expédition de la nomination au métropolitain, et s'il est question d'un métropolitain, au plus ancien évêque de la province ecclésiastique.

« 3. La personne que nous aurons nommée se pourvoira par-devant le métropolitain, lequel fera les enquêtes voulues, et en adressera le résultat au Saint-Père.

« 4. Si la personne nommée était dans le cas de quelque exclusion ecclésiastique, le métropolitain nous le ferait connaître sur-le-champ; et dans le cas où aucun motif d'exclusion ecclésiastique n'existerait, si l'institution n'a pas été donnée par le Pape dans les six mois de la notification de notre nomination, aux termes de l'art. 4 du Concordat, le métropolitain, assisté des évêques de la province ecclésiastique, sera tenu de donner ladite institution.

« 5 Nos cours impériales connaîtront de toutes les affaires connues sous le nom d'*appels comme abus*, ainsi que de toutes celles qui résulteraient de la non-exécution des lois des concordats.»

vers cabinets de l'Europe. Ici est la question de vie et de mort : car c'est encore une formidable coalition que l'Empereur est appelé à combattre au nom de la patrie alarmée.

CHAPITRE V.

DIPLOMATIE DE L'EUROPE

APRÈS LA CAMPAGNE DE RUSSIE.

Le cabinet de Saint-Pétersbourg. — Impossibilité d'un rapprochement entre Alexandre et Napoléon. — Activité de la diplomatie russe. — L'Angleterre. — Ses prétentions. — Première idée de la France réduite à son ancien territoire et à sa vieille dynastie. — La Prusse. — Le roi Frédéric-Guillaume. — M. de Saint-Marsan à Berlin. — Dépêches et correspondances. — M. de Hardenberg. — Question d'alliance de famille. — Levées de troupes. — Fuite du roi. — Entrevue de Kalisch. — Traité d'alliance avec la Russie. — L'Autriche. — Attitude de M. de Metternich après les désastres de Russie. — Sa politique. — Première pensée de médiation armée. — M. Otto à Vienne. — Sa correspondance. — Mission de M. de Bubna. — Envoi de M. de Narbonne. — Voyage du prince de Schwartzenberg. — Adoption complète du système de médiation armée. — Les États de l'Allemagne. — La Bavière. — Le Wurtemberg. — La Saxe. — La Suède. — Négociations entre Bernadotte et Napoléon. — Correspondance. — Traité de subsides et de contingent. — Le Danemarck. — Proposition pour s'unir aux confédérés. — Cause du refus. — Mauvaise tournure des négociations françaises.

Janvier à Mai 1813.

L'irritation profonde qui s'était manifestée à la suite de l'expédition de Russie, ces incendies, ces massacres, ces combats acharnés ne permettaient pas un rapprochement entre les deux cabinets de Saint-Pétersbourg et de Paris. Aux yeux du peuple russe, la guerre contre Bonaparte était devenue un devoir sacré; noblesse et peuple, clergé et paysans se représentaient le chef des Français comme l'ange destructeur, le profanateur des églises¹ ; en supposant même que le Czar eût quelques propensions à se rapprocher de son ami de Tilsitt et d'Erfurth, la paix ne lui aurait pas été permise, car le peuple russe ne la voulait pas. Il y a de ces colères de multitude dont les pouvoirs sont obligés de subir l'influence, et ce n'était pas pour traiter avec Bonaparte que la Russie avait fait d'innombrables sacrifices; où trouver la possibilité d'aucunes démarches pacifiques? La paix que l'on avait refusée lorsque les Français étaient à Moscou, on la voulait bien moins aujourd'hui qu'ils avaient disparu dans une affreuse retraite, après une guerre d'extermination. Le succès des armées russes se précipitant de la Moskowa jusqu'à l'Oder était pour elles un mobile qui excitait leur courage et les rendait implacables; aucunes tentatives de paix ne furent essayées, et les deux cabinets restèrent dans la plus complète hostilité.

Il en était de même de l'Angleterre, si vivement exaltée par les succès récents; lord Castlereagh pouvait désormais expliquer en plein parlement la tenue ferme et heureuse de sa politique. En vain l'empereur Napoléon avait-il cherché à se rapprocher d'elle par quelques démarches secrètes. M. Labouchère s'était encore rendu à Londres; on avait insinué à Lucien, alors dans cette métropole,

---

¹ Tous les actes d'Alexandre se ressentent de cette irritation profonde de la Russie. Voici une de ses proclamations:

« Le monde entier sait de quelle manière l'ennemi a franchi les frontières de notre empire. Aucune des démarches, aucun des moyens auxquels nous avons eu recours en remplissant ponctuellement les stipulations des traités, aucune de nos tentatives pour écarter les effets d'une guerre meurtrière et destructive, n'ont pu lui faire renoncer au dessein qu'il avait formé, et dans lequel il a été inébranlable. Tandis qu'il énonçait le désir de la paix, il méditait la guerre. Enfin ayant rassemblé une armée considérable, qu'il a renforcée d'Autrichiens, de Prussiens, de Bavarois, de Wurtembergeois, d'Italiens, de Westphaliens, d'Espagnols, de Portugais et de Polonais, que la crainte et l'ignominie ont fait marcher à sa suite, il s'est mis en marche avec cette armée immense, et a pénétré dans l'intérieur de notre patrie. Le meurtre, l'incendie, la destruction, ont marqué tous ses pas. Les propriétés pillées, les villes et les villages incendiés, les ruines fumantes

qu'il pourrait rentrer en grâce s'il voulait se faire l'intermédiaire entre le cabinet de Londres et celui de Paris; toutes ces démarches furent repoussées. M. Labouchère eut ordre de quitter l'Angleterre sur-le-champ; on lui fit mille excuses pour son caractère personnel : « la mesure politique de son départ ne s'adressait qu'au représentant de la puissance hostile, à l'agent de Bonaparte ». En outre, lord Castlereagh déclara qu'il ne voulait plus négocier pour des cartels ou des échanges de prisonniers, et poussant plus loin encore cette rupture avec la France, le cabinet de Londres défendit les licences pour le transport des marchandises coloniales; ces licences étaient productives pour les manufactures anglaises lorsque le continent leur était fermé; mais maintenant que tout s'ouvrait pour elles, que la Russie et la Suède les accueillaient dans leurs ports, avec l'Espagne, les colonies et la Sicile, les débouchés se trouvaient de nouveau ouverts à son commerce, et la Grande-Bretagne, en défendant ces licences, préparait de nouvelles privations et de nouvelles misères pour les peuples soumis au joug de l'Empereur des Français, et par conséquent de nouveaux mobiles à la sédition.

Dès ce moment, lord Castlereagh paraît se rattacher

---

de Moscou, le Kremlin sauté en l'air, les temples et les autels du Seigneur détruits ; en un mot, tous les genres d'une cruauté et d'une barbarie inouïes, ont dévoilé les horribles desseins que cet esprit infernal avait depuis longtemps médités contre la Russie. Le grand et puissant empire russe, possédant tout en abondance, a réveillé dans le cœur de cet ennemi féroce l'envie et la peur. Le reste du monde ne lui suffisait pas, aussi longtemps que les champs fertiles de la Russie ne lui étaient pas asservis.

« Le cœur dévoré d'une haine et d'une jalousie infernales, il a médité sur les moyens de porter à la Russie un coup fatal, de détruire sa puissance, de la ruiner, et de dessécher jusqu'aux sources de sa prospérité. Il avait aussi espéré parvenir par les artifices et la flatterie à ébranler la fidélité de nos sujets, à ébranler la religion en profanant les temples de l'Éternel, et à frapper l'imagination par ses extravagances. Il avait fondé ces plans de destruction sur ses horribles espérances, et il est entré en Russie croyant la parcourir comme ces tempêtes du sein desquelles sortent la peste et la mort. »

avec sa ténacité habituelle à deux idées qui lui semblent logiques : traiter avec Napoléon, même dompté, n'est jamais, selon lui, qu'une trêve passagère, une suspension d'armes entre deux camps; Napoléon, c'est l'Empire avec sa vaste influence, il y est inhérent; si on lui dépèce une province, c'est comme si l'on arrachait un membre à ce colosse : de là résulte pour lord Castlereagh la conviction de cet axiome politique : « L'ancien territoire de la France sous la vieille dynastie. » L'Angleterre ne tient pas essentiellement aux Bourbons; elle n'a aucun goût pour eux, même elle a des raisons inflexibles pour les détester; les successeurs de Guillaume III ne pardonneront jamais aux successeurs de Louis XIV; la Révolution française a été un rendu de la révolte des colonies anglaises. Mais lord Castlereagh est un homme ferme et logicien[1]; puisque l'on veut ainsi réduire la France à son territoire de 1789, il lui faut la famille qui régnait à cette époque : l'Empire se lie à l'Empereur, la monarchie aux Bourbons, comme la République aux limites du Rhin avec un consul tel que Bernadotte ou Moreau. Lord Castlereagh apporte toutes ces convictions rationnelles dans la négociation nouvelle qu'il engage; s'il ne les exprime pas encore en parlement, il les rêve dans ses causeries intimes, et le colonel Pozzo di Borgo en porte l'inspiration sur le continent.

La Prusse paraît la plus immédiatement intéressée à prendre une attitude de négociation, car la guerre va se porter sur ses frontières; la convention militaire conclue entre les généraux d'Yorck et de Diébitsch, arrivée depuis quelques jours à Berlin, n'a point surpris M. de Hardenberg; elle a été accueillie avec enthousiasme au

---

[1] Lord Castlereagh a toujours été fort mal jugé; c'était un esprit d'une grande fermeté.

sein des universités, comme le signal d'indépendance et de liberté pour la monarchie de Frédéric-le-Grand ; ceux même qui pénètrent un peu le sens et l'esprit du cabinet savent que le général d'Yorck n'a point agi de sa propre impulsion; il n'a traité avec le comte de Diébitsch qu'avec la certitude ou la prescience d'être approuvé tôt ou tard par son gouvernement; le mouvement d'opinions est trop puissant en Prusse pour ne pas dominer l'esprit pacifique de Frédéric-Guillaume [1]; ce prince a été tellement battu par la fortune, si profondément secoué par les crises depuis dix ans, qu'il hésite devant une mesure énergique; il craint de compromettre les derniers débris de son héritage; pressé de toutes parts, il semble dire aux universités, au peuple, à la noblesse : « Vous voulez la guerre ? prenez garde, une fois qu'elle sera commencée, il faudra de grands sacrifices, il faudra s'y jeter corps et biens. »

M. de Hardenberg est l'intermédiaire entre le roi et son peuple; il n'est pas assez fort pour prendre une position neutre entre les Russes qui le pressent par Kœnigsberg

---

[1] Le roi fut d'abord très surpris de la défection du général d'Yorck, au moins se montra-t-il tel.
Dépêche de M. de Saint-Marsan à Berthier.
Berlin, le 5 janvier 1813.

« Le roi a été frappé et indigné de la défection du général d'Yorck. Ses premiers mots ont été : « Il y a de quoi prendre une attaque d'apoplexie. Que faut-il faire? » Le chancelier lui a proposé ce dont nous étions convenus et dont j'ai rendu compte dans ma dépêche d'hier, et le roi a décidé sur-le-champ :

« 1° Que le général Kleist serait nommé lieutenant-général commandant le contingent;

« 2° Que ce général ferait arrêter le général d'Yorck, s'il y a moyen, pour être traduit à Berlin ;

« 3° Qu'il conduira, s'il est possible, les troupes prussiennes aux ordres de S. M. le roi de Naples, et où ce prince indiquera;

« 4° Que M. de Hatzmer, son aide-de-camp, partira ce matin pour Kœnigsberg avec une lettre du roi pour S. M. Sicilienne : que S. M. sera priée de faire accompagner cet aide-de-camp par un officier français pour exécuter sa commission;

« 5° Que S. M. le roi de Naples sera aussi prié de faire mettre à l'ordre du jour de l'armée française le désaveu du roi et l'expression de son indignation;

« 6° Qu'un ordre pareil sera publié à Berlin, à Potsdam, en Silésie, à Colberg, Graudentz, et dans les gazettes;

« 7° Que si le général d'Yorck ne peut pas être arrêté, il sera jugé par contumace;

« 8° Que le prince d'Hatzfeld se rendra

et les Français qui maîtres des forteresses campent dans les rues de Berlin sous Augereau. Il temporise, il attend; il voudrait la guerre, mais pour la commencer il faut de grands moyens, et dans tous les cas M. de Hardenberg espère retirer de la crise politique et militaire le meilleur résultat possible.

Pour étudier cette situation si complexe, la France avait à Berlin un diplomate de distinction, M. de Saint-Marsan; ses bonnes manières, son goût et son aptitude, l'avaient fait grandement apprécier par le roi Frédéric-Guillaume; M. de Saint-Marsan, de l'école de M. de Talleyrand, avait souvent arrêté les écarts de l'autorité militaire par l'excellente tenue de ses relations, et personne mieux que lui n'était capable de juger et d'apprécier les convenances même d'une situation malheureuse[1]. En quittant sa cour de Wilna, M. Maret avait passé par Berlin, et sans prendre garde aux faits, sans apprécier les circonstances morales dans lesquelles se trouvait la Prusse, le ministre de Napoléon était arrivé à Paris tout engoué de l'idée que la Prusse plus que jamais était intimement liée au système français; il n'avait rien

de suite à Paris pour porter à S. M. l'Empereur l'expression des sentiments du roi et prouver ces mêmes sentiments à l'Europe entière par cette mission éclatante.

« J'ai l'honneur d'être, etc. »
De Saint-Marsan.

Lettre du roi de Prusse à Murat.

« V. M. aura vu dans ma dernière lettre que je n'étais pas sans inquiétude sur le corps du général d'Yorck; mais j'étais loin de m'attendre à ce qui est arrivé, ce qu'elle verra par le rapport ci-joint de cet officier, et par la déclaration y réunie. Cette mesure a excité mon indignation tout autant que ma surprise. Mon aide-de-camp, le major de Hatzmer, qui remettra la présente lettre à V. M., porte mes ordres au général de Kleist de prendre incessamment le commandement de mon corps d'armée, de destituer le général d'Yorck et de le faire arrêter. Je n'ai pas besoin de dire que je ne ratifie point la convention. Quant aux dispositions à prendre à l'égard des troupes, elles appartiennent, d'après le traité d'alliance, à S. M. l'Empereur, et maintenant à V. M., comme à son lieutenant. Elle voudra donc munir le général de Kleist de ses ordres, et les signifier au major de Hatzmer.

« Je suis avec la plus haute estime, de V. M., l'affectionné frère. »
Frédéric-Guillaume.

[1] Toute cette correspondance diplomatique sur les affaires de Prusse offre une grande curiosité.

aperçu au-delà. M. de Saint-Marsan voyait la situation avec plus de sagacité; sa correspondance révèle deux faits importants : 1° le roi Frédéric-Guillaume est dans les meilleures intentions à l'égard de la France, et ici il n'y a pas de doute, le roi hésite beaucoup avant de se déclarer pour la coalition; 2° le peuple prussien au contraire, et l'armée, sont en hostilité évidente avec le système de Napoléon. Or, M. de Hardenberg proposait, pour sortir d'embarras et par l'organe de M. Hatzfeld, envoyé à Paris auprès de l'Empereur, un système mixte, une manière de rapprochement entre les deux cours : ce serait d'abord une alliance de famille, une neutralité de territoire, quelques indemnités données à la Prusse, un peu de soulagement, et avant tout la remise des forteresses, de manière à ce qu'on pût assurer une certaine force morale au système royal de Frédéric-Guillaume, qui était de maintenir la paix et l'alliance avec Napolon.

Cette manière d'envisager la situation nouvelle de la France et de la Prusse était pleine de sagacité, et M. de Hardenberg indiqua comme complément cette propo-

---

Dépêches de M. de Saint-Marsan.
Berlin, le 7 janvier 1813.
« Le prince d'Hatzfeld partira après-demain pour se rendre à Paris auprès de S. M. l'Empereur, lui exprimer les sentiments du roi, l'assurer que si l'on peut retirer le corps du général d'Yorck, l'augmentation du contingent jusqu'à 30,000 hommes sera bientôt effectuée; que si le corps est perdu, S. M. n'en fera pas moins tous les sacrifices pour en former un nouveau de 20,000 hommes, qu'il est obligé par les traités de tenir au complet à la disposition de S. M. I. et R. »
De Saint-Marsan.
Berlin, le 12 janvier 1813.
« On a fait naître ici l'idée qu'il serait peut-être possible de conclure une alliance de famille entre la France et la Prusse par le mariage d'une princesse de la famille impériale avec le prince royal de Prusse. Cette idée, qui présente celle d'une union de tous les intérêts entre les deux puissances, union déjà naturelle sous le rapport de la grande politique, a dû faire impression sur l'esprit d'un ministre aussi éclairé que le baron de Hardenberg, et lui faire naître l'espérance de voir par là se consolider son ouvrage, et après avoir assuré l'existence de la Prusse par l'alliance politique avec la France, en obtenir la restauration par une alliance de famille qui détruirait entièrement tout soupçon et toute méfiance, engagerait la France à mettre la Prusse à sa place et à en former la barrière du Nord.

sition : « la Prusse placée entre la France et la Russie peut s'établir comme puissance intermédiaire et neutre. » En témoignage de sa bonne disposition, le général d'Yorck fut destitué publiquement, on désigna une commission militaire pour procéder à son jugement ; le général Kleist, qui avait maintenu ses troupes dans l'obéissance, dut prendre le commandement en chef ; la *Gazette de Berlin* s'exprima dans des termes très favorables pour le maintien de l'alliance avec la France.

Augereau lui-même, qui commandait à Berlin, ne douta pas de la bonne foi du roi de Prusse et de M. de Hardenberg, et il avait raison en ce sens que tous deux voulaient la paix. Mais pour que cette situation pût durer, pour que le roi Frédéric-Guillaume eût l'autorité suffisante dans l'intérêt de l'ordre et de la paix, on devait faire des concessions réelles à la Prusse, à sa prépondérance, à son amour-propre, et c'est ce que ne comprit pas Napoléon. Il demeura aussi orgueilleux après la ruine de sa grande expédition qu'alors qu'il abaissait la tête des souverains à Dresde ; il ne sentit pas que dans les crises il faut savoir faire des abandons et se couper

---

« Le roi d'abord n'a manifesté aucunement à son ministre s'il rejetait entièrement cette idée ou s'il l'adopterait en certain cas. Il n'a causé que vaguement des avantages qu'elle pourrait présenter. Le baron de Hardenberg n'a point insisté cette première fois. Dans un autre moment, le ministre a proposé de charger le prince de Hatzfeld de jouer un rôle passif, mais de tâcher de savoir si ce projet conviendrait à S. M. l'Empereur, et si en ce cas la Prusse pouvait espérer de revenir en partie à son ancienne splendeur. Le roi s'est borné à ne point désapprouver cette idée ; mais il était naturel qu'on voulût savoir davantage, et on a dû saisir toutes les occasions qui se sont présentées pour engager le roi à s'expliquer plus clairement sur son opinion. Il insista particulièrement pour qu'on prit bien garde de l'engager à rien avant qu'il eût pu donner des ordres, et jusqu'à ce qu'il eût pu connaître le résultat des premières démarches qu'on allait faire à Paris ; mais il a fini par avouer que, comme père de famille, il était peu disposé à contracter une alliance par des vues purement politiques, mais que cependant il ne balancerait pas, s'il voyait qu'il en résultât des avantages considérables, et de nature à placer la monarchie dans un rang plus élevé que celui où elle se trouve actuellement. »

De Saint-Marsan.

Dépêche du maréchal Augereau au maréchal Berthier.

Berlin, le 12 janvier 1813.

« J'ai reçu la lettre anonyme que V. A.

un bras au besoin; il n'offrait aucun accommodement au roi Frédéric-Guillaume, aucun soulagement à l'orgueil abaissé de ce pays qu'il avait foulé. L'influence politique échappa donc tout entière au roi, qui dut suivre les événements et les irritations de son peuple.

La diplomatie russe, au contraire, agit avec une habileté raffinée : dès que le comte de Wittgenstein est entré à Kœnigsberg, il essaie des négociations actives entre les deux cabinets de Saint-Pétersbourg et de Berlin : on passe tour à tour des caresses à la menace; le comte Wittgenstein, en rapport avec les sociétés secrètes d'Allemagne, déclare : « que si le roi Frédéric-Guillaume ne se décide pas activement, on saura bien se passer de lui, et que s'il ne veut pas sauver la Prusse, elle pourra bien se sauver toute seule; l'armée et le peuple, avec sa nationalité, arboreront l'étendard de la liberté nationale et de l'indépendance germanique. » Le Czar Alexandre écrit en termes pressants à Frédéric-Guillaume; il lui fait les plus nobles propositions : agrandissement de territoire, et prépondérance de la Prusse. Napoléon ne cède rien, Alexandre donne tout avec prodigalité : «la Prusse aura

m'a fait l'honneur de m'envoyer avec sa lettre du 7 courant, venant du prince d'Eckmuhl. Je fais fort peu de cas de lettres de ce genre. J'avais déjà écrit depuis plusieurs jours à tous les généraux, gouverneurs et commandants des places de se tenir sur leurs gardes, et de me faire des rapports sur tout ce qui pourrait survenir de nouveau.

« Je puis assurer V. A. que le roi et son premier ministre ne sont pour rien dans la capitulation du général d'York; elle en sera convaincue par les démarches que S. M. vient de faire auprès du roi de Naples. J'ai la plus grande confiance dans le dévouement que porte le roi de Prusse à S. M. l'Empereur, mais il faudrait aussi que l'on eût un peu plus de confiance en lui. Car, si l'on écoute toutes les dénonciations, il est des hommes pour qui il est un besoin d'intriguer, de brouiller et de dénoncer tout ce qui existe entre ciel et terre. Alors, si l'on y ajoute foi, je ne pourrai pas plus répondre de la tranquillité de la Prusse que du reste de l'Allemagne. Ce pays-ci n'est maintenu que par le calme de son souverain qui est parfaitement secondé par son premier ministre. Le reste ne voudrait voir que désordre; il faut la prudence et la sagesse d'un tel roi pour avoir maintenu l'ordre jusqu'à ce jour.

« Agréez, etc. »

Augereau, duc de Castiglione.

une ligne sur l'Elbe; le jour de l'indépendance est venu; elle trouvera son lot naturel dans un remaniement général : la Prusse est destinée à jouer le grand rôle dans la délivrance de la Germanie. » Au milieu de ces offres, Frédéric-Guillaume demeure dans une grande perplexité; le souvenir de 1806 lui reste au cœur; de toutes parts s'élèvent des cris contre les Français, et le roi hésite encore! Il a donné sa parole, il craint un retour de fortune : il se décide à armer. M. de Saint-Marsan et le maréchal Augereau, gouverneur de Berlin, commencent à s'effrayer des édits successifs qui ordonnent des levées par masses[1] dans toute la Vieille-Prusse.

C'est un enthousiasme universel parmi le peuple; la levée des chasseurs prussiens embrasse les jeunes hommes de dix-sept à vingt-quatre ans, sans distinction, gage donné aux sociétés secrètes, qui applaudissent à cette énergie. Le Tugend-Bund a fait entendre sa voix mystérieuse; la trompette sacrée a retenti, les universités se dépeuplent. Wittgenstein a fait distribuer 60,000 fusils des arsenaux pris sur les Français; les professeurs excitent les jeunes étudiants à prendre les armes, on s'équipe à ses frais; des universités entières s'exercent au maniement du fusil; l'uniforme est adopté; il est simple,

---

[1] L'édit du 3 février 1813 est d'une grande curiosité; il est véritablement adressé par le roi aux sociétés secrètes :

« Les dangers qui menacent aujourd'hui l'État exige une prompte augmentation de nos troupes, tandis que l'état de nos finances ne permet aucun surcroît de dépenses. L'amour de la patrie et de l'attachement à leur roi, qui ont toujours animé les peuples soumis à la monarchie prussienne, et qui se sont le plus fortement prononcés dans les cas de danger, n'ont besoin, pour être dirigés vers un but déterminé, que d'une occasion favorable à la brave jeunesse pour qu'elle puisse déployer le courage qui l'appelle dans les rangs des anciens défenseurs de la patrie, afin de remplir à côté d'eux le plus beau de ses devoirs envers le royaume.

« C'est dans cette vue que S. M. a daigné ordonner la formation de détachements de chasseurs destinés à être annexés aux bataillons d'infanterie, et aux régiments de cavalerie dont se compose l'armée, afin d'appeler au service militaire les classes des habitants du pays que les lois n'obligent point au service, et qui sont cependant assez fortunées pour s'habiller et s'équi-

d'une couleur verte et noire, en forme de redingotes courtes et serrées par une lanière de cuir ; sur sa tête l'étudiant porte la petite casquette, signe distinctif des universités ; les professeurs les plus graves, les érudits qui se sont occupés d'expliquer Euripide, de commenter Sophocle, ou bien ceux qui, remuant les plus hautes questions historiques, ont médité sur les mythes ou le sens moral du paganisme, tous ceux-là se placent comme les chefs des étudiants dans les rangs de l'armée active. Le roi Frédéric-Guillaume laisse se développer cet esprit national ; il le contemple avec un orgueil secret, sans oser le suivre encore, tant la guerre lui fait peur avant qu'elle puisse s'accomplir sur les plus larges proportions.

L'empereur Alexandre est pourtant arrivé au quartier-général du comte de Wittgenstein ; sa correspondance continue avec Frédéric-Guillaume ; il le presse, il l'invite à une entrevue personnelle : « Il faut, dit-il, que la nationalité allemande se lie avec la nationalité russe pour rejeter la France dans ses limites naturelles ; le roi peut-il encore hésiter lorsque toute la monarchie est levée pour venger les cendres de la reine Louise de Prusse[1] ? »

per à leurs propres frais, et pour servir l'État d'une manière compatible avec leur position relativement au civil, et afin de donner à des jeunes gens instruits l'occasion de se distinguer pour devenir un jour d'habiles officiers ou bas-officiers.

« Pour parvenir à ce but, S. M. a ordonné ce qui suit :

« Chaque bataillon d'infanterie et chaque régiment de cavalerie sera augmenté d'un détachement de chasseurs, et cela d'après les dispositions suivantes:

(Ici se trouve l'organisation de ces détachements, la manière dont ils seront composés, quel sera l'uniforme, et les avantages pour ceux qui en feront partie.)

« Ces dispositions souveraines sont portées, par ces présentes, à la connaissance du public, dans la ferme persuasion que l'esprit public bien connu de cette classe des habitants du pays les portera à entrer en foule dans ces détachements, pour contribuer à la défense de la patrie, et à réaliser ainsi ses justes espérances. »

Signé, Hardenberg.

[1] C'est pourtant à Breslau que fut rédigée la note suivante :

Note de M. de Hardenberg au comte de Saint-Marsan.

« Il est venu au roi l'idée que rien n'avancerait plus le grand œuvre qu'une trêve, d'après laquelle les armées russes et françaises se retireraient à une certaine distance, et établiraient des lignes de démar-

Dans cette incertitude, tout à coup Frédéric-Guillaume quitte Berlin pour se rendre à Breslau; on donna plusieurs motifs à cette retraite qui ressemblait à une fuite; on insinua dans la haute compagnie que l'on avait la certitude de sinistres projets contre le roi; on craignait qu'il ne fût enlevé par les Français, maîtres de la capitale; on ajoutait même qu'Augereau en avait reçu l'instruction et qu'il s'était refusé de l'exécuter. A Breslau, le roi Frédéric-Guillaume, rendu à sa pleine liberté, hâta le moment d'une entrevue personnelle avec l'empereur Alexandre; tous deux s'étaient vus dans des jours plus malheureux; ils s'entendirent sur quelques bases principales qui furent celles du traité de Kalisch. Depuis la guerre de Prusse, couronnée par Iéna, Alexandre avait conservé une influence considérable sur Frédéric-Guillaume si souvent éprouvé par la fortune; il l'avait soutenu par sa fermeté à Tilsitt et à Erfurth; jamais cette conduite ne fut oubliée à Berlin; elle relevait la possibilité d'une alliance permanente et d'une garantie réciproque des États pour le passé, le présent et l'avenir. Napoléon refusait tout; Alexandre offrait une large frontière, l'indépendance et la grandeur de la Prusse; y avait-il à hésiter? A Kalisch, l'empereur de Russie et le roi de Prusse entrèrent définitivement dans une alliance naturelle; cette alliance offensive et défensive était formellement

---

cation, en laissant un pays intermédiaire entre elles. S. M. I. serait-elle portée à entrer dans un engagement pareil? Consentirait-elle à remettre la garde des forteresses de l'Oder, de Pilau, de la place de Dantzick (pour celle-ci, conjointement avec des troupes saxonnes en conformité du traité de Tilsitt) aux troupes du Roi, et de retirer son armée derrière l'Elbe, moyennant que l'empereur Alexandre retirât toutes ses troupes derrière la Vistule? Le roi ordonne au général de Krusemarck et au prince de Hatzfeld de demander là-dessus les intentions de S. M. I. Il fait sonder également l'empereur Alexandre, comme sur une idée venant absolument de lui seul, et qui ne peut compromettre en rien les résolutions que S. M. l'Empereur, votre souverain, M. le comte, pourrait prendre à cet égard. Sa Majesté réglera d'après celles-ci, ses démarches ultérieures. »

Hardenberg.

dirigée contre l'Empereur des Français; la Russie devait fournir 150,000 hommes, la Prusse 80,000, avec faculté de porter ce contingent au double; des efforts secrets et persévérants devaient rattacher à la cause commune l'Autriche et obtenir des subsides de l'Angleterre [1]. Une clause stipulée rendait impossible désormais tout rapprochement entre la Prusse et Napoléon; dans les articles secrets de cette convention de Kalisch l'une et l'autre puissance contractante s'engageait à ne pas déposer les armes avant que la Prusse n'eût recouvré toutes les provinces démembrées dans la campagne de 1806, ce qui entraînait la chute du royaume de Westphalie et l'amoindrissement de la Saxe; Alexandre s'engageait même à donner à la Prusse une augmentation de territoire qui la placerait parmi les puissances de premier ordre. Par ce traité de Kalisch, base et fondement de toutes les relations spéciales entre la Prusse et la Russie, les deux puissances se donnent les mutuels témoignages d'une amitié qui doit traverser les temps et les révolutions. C'est à ce traité qu'il faut recourir lorsqu'on veut expliquer les événements postérieurs de l'histoire diplomatique; la Prusse fut destinée dès lors à servir d'avantgarde aux idées russes dans l'Occident.

La convention de Kalisch fut tellement secrète qu'elle

[1] Voici l'analyse du traité de Kalisch : l'alliance offensive et défensive conclue entre la Prusse et la Russie était dirigée contre l'Empereur des Français (art. 1 et 2); celle-ci devait fournir 150,000 hommes, et celle-là 80,000 (art. 3); les deux puissances ne devaient faire séparément ni paix, ni trêve (art. 6); elles devaient chercher à rallier à leur cause la cour de Vienne (art. 7), et traiter avec l'Angleterre (art. 8), afin qu'elle fournît des subsides à la Prusse; enfin les derniers articles portaient que le traité demeurerait secret pendant deux mois, et ne serait communiqué qu'à l'Angleterre, l'Autriche et la Suède. Dans les articles entièrement secrets de ce même traité, l'empereur de Russie promettait de ne point poser les armes tant que la Prusse ne serait pas reconstituée dans des proportions statistiques, géographiques et financières, non seulement conformes à l'état dans lequel elle était avant la guerre de 1806, mais supérieures encore par une extension territoriale qui lierait ses an-

resta ignorée¹ jusqu'au jour où, d'après les ordres de M. de Hardenberg, M. de Krusemarck dut signifier à M. Maret la déclaration de guerre de la Prusse. Quelques actes avaient signalé cette tendance belliqueuse, et le premier fut la sentence royale qui déchargea le général d'Yorck de toute accusation ². Le commandement lui fut non seulement rendu, mais Blücher, Bulow, Gneisenau, rentrèrent dans les rangs de l'armée prussienne alors agitée comme les flots de l'Elbe.

Le manifeste de la Prusse s'adressait à l'Europe; ce fut une longue exposition de griefs fort bien écrite, mais, au fond, qui ne prouvait pas grand'chose; mieux valait aller droit et franchement à la vérité: la Prusse se levait parce qu'elle était opprimée sous le joug le plus fatal, le plus dur, qu'une grande nation ait subi dans les décadences de l'histoire. M. de Krusemarck n'avait pas besoin de toutes ces subtilités d'écrivain pour autoriser les armements de sa nation: l'alliance de 1812 avec Napoléon avait été imposée par la nécessité; on n'avait eu aucun égard pour la Prusse; on l'avait traitée en vassale, et M. Maret, avec son ton cavalier, avait invité *son cher baron* à se hâter de signer, s'il ne voulait compromettre l'existence de son roi et de son pays.

---

ciennes provinces à la Silésie et donnerait une plus grande consistance à une monarchie dont la puissance deviendrait alors un rempart pour la Russie. »

¹ M. de Saint-Marsan se contente d'annoncer l'arrivée de l'empereur Alexandre à Breslau.

Breslau, le 17 mars 1813.

« L'empereur Alexandre est arrivé ici le 15, à cinq heures après midi. Au moment où j'allais faire partir pour Paris le courrier porteur de cette nouvelle, celui que V. E. m'a expédié le 6 mars m'a remis vos dépêches du même jour. Je venais d'écrire au baron de Hardenberg, pour lui demander un entretien afin de l'informer des dispositions favorables de Sa Majesté, lorsque j'ai reçu la note ci-jointe, qui est une déclaration de guerre en forme. Je me hâte de la porter à la connaissance de l'Empereur. »

De Saint-Marsan.

² C'est à ce moment que le général d'Yorck fut complétement rétabli dans ses grades; bien avant déjà il avait publié la déclaration suivante :

« D'après un article inséré dans quelques exemplaires de la *Gazette de Berlin*, le

Tout cela était connu; la monarchie de Frédéric n'avait donc pas à se justifier quand elle déclara la guerre; ses enfants glorieux, les compagnons de Schill, étaient au bagne de Cherbourg; on l'avait abaissée sous les pieds ! quoi d'étonnant qu'elle se relevât?

Le roi suivit ici un mouvement national; il hésita longtemps, mais l'image de la reine Louise demandait vengeance contre ceux qui l'avaient outragée, et il tira l'épée. Blücher, Gneisenau, Scharnhorst, reparurent dans les rangs de l'armée qui s'éleva subitement à 150,000 hommes, prêts à paraître sur le champ de bataille; de vieux cadres et d'officiers et de soldats existaient encore; les étudiants s'exerçaient dans les universités au nom de la patrie allemande. Ainsi, pour bien comprendre la rupture de la Prusse avec Napoléon, il ne faut pas lire le manifeste long et détaillé remis par M. de Krusemarck, ni la justification ampoulée de M. Maret, ni même les notes dictées par le cabinet de l'Empereur; les causes réelles de cette rupture vinrent de ce grand principe, à savoir : « qu'il ne faut pas pousser la victoire contre une nation malheureuse jusqu'à l'oppression, et les vaincus jusqu'au désespoir; en ce cas il n'y a plus d'alliance, il n'y

---

major et aide-de-camp de Hatzmer a été envoyé auprès du général-major de Kleist, pour lui porter l'ordre de me retirer le commandement général du corps royal prussien, et de s'en charger lui-même. M. de Hatzmer cependant n'est venu ni auprès de moi, ni auprès du général Kleist; par conséquent je continuerai sans hésiter à conserver le commandement général du corps, et à exercer les autres fonctions déterminées par l'ordre du cabinet du 20 décembre 1812. Car il est notoire que dans les Etats prussiens une gazette n'est point considérée comme une feuille officielle d'Etat, et que jusqu'à présent aucun général n'a reçu ses ordres par la voie des gazettes. Pour obvier à toute erreur, je considère comme nécessaire de publier cette déclaration. »

D'Yorck.

Kœnigsberg, le 27 janvier 1813.

Ordonnance qui acquitte le général d'Yorck.

« La justification que nous a fait parvenir le général d'Yorck, au sujet de la convention par lui conclue à Tauroggen avec M. de Diebitsch, général-major au service de S. M. l'empereur de Russie, ayant mis

a plus aucun rapport d'égalité, mais seulement des relations de vainqueurs à vaincus ; quand le joug pèse on le secoue ; l'alliance ne va pas plus loin ni plus haut. »

L'Autriche s'était placée par le traité d'alliance de 1812 dans une situation diplomatique à peu près équivalente à celle de la Prusse. Toutefois, comme je l'ai dit déjà, les forces de l'Autriche, sa position d'alliée de famille, avaient imprimé à sa politique un caractère plus important et plus libre. Le contingent autrichien, sous le prince de Schwartzenberg, dans la campagne de Russie, avait manœuvré non point comme les Prussiens sous un maréchal d'Empire, mais en conservant son caractère de nation. Il est incontestable que l'Autriche ne voulut jamais compromettre son armée pour Napoléon ; elle vit les désastres de Russie, non pas comme un renversement absolu de la dynastie de Napoléon, mais comme un moyen d'arrêter le conquérant, de limiter l'influence de l'Empire et même de reconstituer en Europe une pondération plus favorable à son propre système. Napoléon, dès son retour à Dresde, s'était adressé à l'empereur d'Autriche afin qu'il mobilisât un corps de 60,000 hommes, destinés à soutenir une campagne nou-

---

au jour la parfaite innocence du susdit général d'Yorck, et la commission établie pour examiner cette affaire, et composée de MM. Dierecke, lieutenant-général, de Schœler et de Sanitz, généraux-majors, ayant également jugé le maréchal d'York tout à fait exempt de reproche à cet égard, en ce qu'il n'avait été déterminé à accepter la susdite convention que par les circonstances qui avaient occasionné le retard du 10ᵉ corps d'armée dans ses positions devant Riga, et sa séparation du reste de ce corps, ainsi que par les conditions favorables qui lui furent offertes dans une situation aussi critique ; nous faisons connaître ce résultat à toute notre armée, en ajoutant qu'en considération de toutes ces circonstances, non seulement nous confirmons le susdit lieutenant général d'Yorck dans le commandement du corps d'armée qui était venu sous ses ordres, mais qu'en outre, pour lui donner une preuve de notre satisfaction et de notre confiance illimitée, nous lui confions encore le commandement en chef des troupes du général-major de Bulow. »

Signé, Frédéric-Guillaume.
Breslau, le 11 mars 1813.

velle, le premier point fut accordé; mais dans l'esprit du cabinet de Vienne, cette mobilisation d'une armée considérable ne fut pas destinée à soutenir exclusivement Napoléon ; M. de Metternich sut donner à sa position un caractère plus libre, plus puissant et plus fort.

Et à ce sujet, il est utile de remarquer la tendance que va prendre désormais la politique de l'Autriche[1]. La supériorité de M. de Metternich fut d'avoir compris le rôle immense que l'Autriche pouvait être appelée à jouer quand elle serait rendue à sa position naturelle. Jusqu'au ministère du comte de Stadion, le cabinet de Vienne s'était trop souvent présenté, comme une puissance active et guerroyante; la cour de Vienne avait attaqué la France en se posant dans une attitude de menace militaire et d'ambition armée. M. de Metternich modifia complétement cette situation diplomatique; il ne fit pas de l'Autriche un cabinet nécessairement actif et belliqueux, il le plaça au contraire en l'état de puissance passive et médiatrice. Voici comment M. de Metternich raisonna son large système : l'Autriche seule faisant la guerre n'était pas forcément prépondérante, tandis qu'en se plaçant entre deux peuples, ou entre deux systèmes hostiles, comme médiatrice, et en portant

---

[1] Pour suivre l'esprit de ces négociations de la France avec M. de Metternich, je crois indispensable de publier le texte des dépêches de M. Otto à M. Maret.

Vienne, le 16 décembre 1812.

« V. E. aura vu par ma dernière dépêche, combien on avait travaillé ici à exagérer les pertes que nous avons éprouvées. L'embarras du comte de Metternich était si visible que je ne puis l'attribuer uniquement à l'intérêt qu'il prend à nos succès. Il avait l'air de craindre pour l'alliance, et il s'est oublié plusieurs fois jusqu'à me dire que si l'Autriche prenait un autre parti, elle verrait en peu de temps plus de 50 millions d'hommes de son côté. Suivant lui, toute l'Allemagne, toute l'Italie se déclareraient pour elle. Une insinuation aussi étrange, aussi peu motivée, ne peut être due qu'aux propositions qui lui ont été adressées du dehors et à l'impression que lui avaient laissée les débats du conseil auquel il avait assisté. On croit nous faire une faveur particulière en refusant de prendre les armes contre nous, dans un moment où on nous suppose moins forts que les Russes. Je ne puis opposer à de pareils sentiments qu'une attitude calme et

son poids au milieu des conflits, elle prenait un rôle des plus influents dans les événements successifs ou de la paix ou de la guerre. Il est important de bien résumer ceci, parce que cette attitude, M. de Metternich la garde et la gardera toujours; l'Autriche ne fait pas la guerre, surtout elle n'en prend pas l'initiative; quand une question peut soulever des tempêtes, elle dit aux deux parties en hostilités : « Voyons, dites-moi vos griefs. Je suis trop forte pour rester indifférente dans un conflit européen; j'écouterai tout le monde, je chercherai à arranger vos différends, et si je ne le puis, je me déciderai pour celle des puissances dont la cause me paraîtra la plus juste et la mieux en rapport avec les intérêts de ma monarchie. » Tel a été, tel est, tel sera, le rôle de M. de Metternich dans toutes les questions européennes, et cette conduite, il ne s'en départit pas un seul moment à l'égard de Napoléon. Tous ceux qui l'ont jugé autrement ne l'ont pas compris.

Dès le désastre de Moscou, l'Autriche aurait pu prendre parti contre Napoléon, cela lui eût été facile, et lorsque la Prusse se trouvait si fortement ébranlée, l'Angleterre et la Russie se hâtèrent d'envoyer des agents au comte de Metternich pour l'entraîner dans la cause

---

la confiance dans la supériorité de la France, si justement acquise, et que des revers passagers ne pourraient lui ôter. On fait les plus grands efforts pour gagner l'Autriche; on offre l'Italie, les provinces Illyriennes, la suprématie de l'Allemagne, enfin le rétablissement de l'ancienne splendeur de la couronne impériale. »   Otto.

Vienne, le 28 décembre 1812.

« Quelque affligeant que soit le tableau de ce qui se passe ici, il est de mon devoir de vous le soumettre sans aucun déguisement.

« Il est peut-être sans exemple que les membres du gouvernement d'une grande puissance aient conçu l'idée d'abandonner un allié après un premier revers, pour joindre les drapeaux de son ennemi. C'est cependant dans ce sens que le plus grand nombre des hommes influents de ce pays ont osé se prononcer immédiatement après la nouvelle de la retraite de notre armée. On s'est empressé de circonvenir le cabinet par tous les moyens que l'intrigue et la corruption ont pu diriger contre la bonne foi. On lui a représenté que, la France n'ayant plus d'armée, il serait ab-

commune. Lord Castlereagh désigna pour une mission secrète à Vienne lord Walpole, diplomate actif, habile; les offres les plus brillantes furent faites à l'Autriche par le cabinet de Londres : « Elle reprendrait ses possessions en Italie, en Illyrie, et même la couronne impériale, si elle tenait à cette antique dignité. L'Autriche avait-elle besoin d'argent? on lui offrait non seulement des subsides, mais la garantie d'un emprunt qu'elle pourrait contracter avec des maisons de banque anglaises; le temps était venu pour elle de se prononcer, il fallait qu'elle ne laissât pas à la Prusse seule la délivrance de l'Allemagne. »

M. de Metternich écouta ces propositions sans se prononcer; il raisonna froidement la position, et afin de prouver qu'il n'était pas éloigné d'un système de médiation rationnelle, il désigna pour remplir une mission spéciale à Londres, M. de Wissemberg, ministre à Munich, un des hommes les plus pénétrés de son système : ses instructions furent courtes et droites : « Allez, écoutez, voyez ce que l'on offre, quelles conditions on pourrait faire, et proposez notre rôle de médiateur aux lords Castlereagh et Liverpool, c'est le moyen d'en finir. Que voudrait-on,

---

surde de vouloir soutenir la guerre tout seul contre le colosse russe ; que la cour de Berlin était hors d'état de continuer ses armements ; que la Bavière, le duché de Varsovie et la Saxe étaient épuisés d'hommes et d'argent ; que le nord de l'Allemagne était prêt à arborer l'étendard de la révolte ; qu'en conséquence, il était indispensable de rappeler le corps auxiliaire, de changer de système et de profiter d'un moment aussi favorable pour reprendre toutes les provinces perdues ; que plus de 50 millions d'hommes étaient prêts à se déclarer pour l'Autriche et à faire cause commune avec elle; que la France elle-même était à la veille d'une grande révolution, et que le moment était venu de rendre aux peuples leurs anciennes lois et leur indépendance.

« En se déchaînant contre la France, la faction n'a pas oublié d'attaquer, de toute manière, le premier partisan de l'alliance française, le comte de Metternich. Il ne se passe pas un jour qu'elle n'invente un nouveau moyen pour le décréditer, et elle annonce hautement qu'il sera remplacé par M. de Stadion. »

Otto.

que pourrait-on faire pour nous? donnez beaucoup d'espérances et prenez peu d'engagements. »

Lorsque lord Walpole offrait merveille à Vienne, au nom de lord Castlereagh, le comte de Stakelberg y arrivait également avec une mission secrète de la Russie; le cabinet de Saint-Pétersbourg voulait engager l'Autriche à prendre part à la lutte d'une manière active et immédiate; il disait de concert avec l'Angleterre : « que le temps était venu de délivrer l'Allemagne; la Prusse marchait haut, il ne fallait pas que l'Autriche lui laissât prendre les devants, ce serait la mort de son influence germanique. » A tout cela, M. de Metternich répondit, toujours avec beaucoup de sang-froid : « Vous ne pouvez faire la guerre ou la paix sans nous; je désire la paix : voyons quelles sont vos propositions. Soyez larges si vous voulez réellement en finir, je ne demande pas mieux que de servir le grand œuvre d'un rapprochement. » Et comme de M. Stakelberg insistait avec vivacité et enthousiasme sur des bases immenses pour la prépondérance russe, M. de Metternich lui dit en souriant : « Mon cher Stakelberg, vous êtes trop fier de vos récentes victoires; on dirait que vous n'y êtes pas accoutumé :

Vienne, le 3 janvier 1813.

« Le ministre m'a confirmé de nouveau que les mesures étaient prises pour rendre mobiles les troupes de la Gallicie et de la Transylvanie, et que M. le comte de Bubna a dû porter en France les détails de cet armement. Il pense toujours que cet officier-général sera agréable à Sa Majesté, et qu'il pourra remplir à Paris des fonctions diplomatiques, quoiqu'il n'ait été envoyé d'abord que pour porter une lettre.

« V. E. a pu voir, par tous mes rapports précédents, que la guerre actuelle est impopulaire en Autriche ; mais le gouvernement a eu assez de fermeté pour maintenir le système de l'alliance, et l'on peut dire que les derniers revers n'ont servi qu'à confirmer ses dispositions. Le rétablissement de la paix est actuellement le vœu le plus cher de l'Autriche. « Dites-nous franchement, m'a répété tout à l'heure le ministre, ce que vous voulez faire, et mettez-nous dans le cas d'agir envers vous comme un bon allié, et envers les autres comme une puissance indépendante. Croyez que nous sommes pénétrés du sens de l'alliance, et que nous pouvons vous rendre des services essentiels. »

Otto.

vous me faites l'effet d'un homme qui, placé dans une pièce obscure, et n'ayant jamais vu la lumière, l'aperçoit tout à coup et s'en trouve comme ébloui. Allons, plus de sagesse : voyons, que voulez-vous? » et M. de Metternich s'efforça d'entraîner la Russie dans un système de concession réciproque, modérée et réfléchie. Par ce rôle qu'il se créait, le ministre autrichien recevait les communications de la Russie et de l'Angleterre. Combien la position de l'Autriche avait grandi ! On admettait de toute part que rien ne pouvait se faire sans elle; tous la pressaient, la sollicitaient, afin qu'elle se prononçât favorablement pour leur système.

M. Otto représentait toujours Napoléon à Vienne ; élève et créature de M. de Talleyrand, il avait toutes les conditions et les formes nécessaires pour comprendre et apprécier M. de Metternich ; ses instructions se résumaient en ceci : « Donner un développement naturel à l'alliance entre la France et l'Autriche, en réglant un contingent militaire plus considérable, et résister ainsi à la Russie par un effort simultané; en un mot, couvrir de son manteau les malheurs instantanés de la France ; le génie de l'Empereur allait bientôt les réparer. » M. Otto parle dans ce sens à M. de Metternich en insistant pour que la cour de Vienne se prononce ; il

---

Vienne, le 8 janvier 1813.

« Ayant reçu hier au soir la dépêche que V. E. m'a adressée le 31 décembre, je me suis empressé de voir le ministre de grand matin, pour l'entretenir sur les questions très importantes qu'elle renferme.

« Il m'a dit d'abord, dans les termes les plus positifs, que la Russie est trop engagée avec l'Angleterre pour pouvoir traiter seule.

« Croyez ce que je vous dis, a-t-il ajouté : nous avons mille moyens de savoir ce qui se passe. Cajolés par tous vos ennemis, nous apprenons par l'un ce que l'autre nous avait caché, et nous sommes à même de comparer tant de rapports divers, que la vérité ne saurait nous échapper. Du reste, nous n'aurons avec l'Angleterre de relation directe que quand nous y serons autorisés par vous, et nous y mettrons les formes qui vous conviendront, en conservant néanmoins l'attitude d'une puissance qui agit spontanément. Qu'avez-vous à risquer? Nous compromettrons les ministres anglais envers la nation, et nous prendrons sur nous tout le blâme d'un non-succès. Malgré votre dernier revers, votre

trouve chez le chancelier d'État cette opposition calme, tempérée qui avait repoussé les propositions trop ardentes, trop incisives de l'Angleterre et de la Russie. M. de Metternich s'efforce de faire entendre à M. Otto : « que, toujours le même dans ses rapports de bienveillance avec la France, il ne voulait en rien briser la situation politique des deux cabinets; mais, ajoutait-il, à moins de fermer les yeux à la lumière, il est impossible de ne pas voir la modification survenue depuis six mois : quand l'Autriche a commencé la guerre de 1812, les hostilités se portaient au loin; maintenant le champ de bataille va toucher la monarchie autrichienne sur une frontière de cent lieues; son rôle change; il faut qu'elle arme pour faire respecter son territoire; elle ne renonce pas à l'alliance de la France, seulement en lui donnant un sens mieux en rapport avec la circonstance, elle intervient pour préparer le grand œuvre de la paix, » et M. de Metternich, sans prononcer encore le mot de médiation, laissait apercevoir que ce rôle était le plus fortement à sa convenance, et le mieux dans la situation des cabinets de l'Europe; M. de Metternich ne dissimulait pas qu'il envoyait à Paris M. de Bubna avec les mêmes instructions : « que voulait-on? la paix? Eh bien pour cela, il fallait être raisonnable. Si M. de

---

position est toujours la plus brillante. Ce n'est pas l'Empereur Napoléon qui a le plus besoin de la paix. S'il lui répugnait d'agir offensivement, il dépendrait de lui de rester pendant un an, pendant deux ans, sur la Vistule ; jamais les Russes ne franchiront cette barrière. Vous conserverez avec facilité l'attitude que vous avez eue avant la guerre; mais c'est l'Allemagne, la Prusse, la Pologne, et surtout l'Autriche qui souffrent de cet état de choses. Il est donc naturel que nous élevions la voix et que nous demandions la paix à hauts cris.

Aussitôt que l'Empereur nous aura fait connaître ses vues, nous les ferons valoir; car lui seul est intact, lui seul est en mesure de dicter la paix. Qu'il ait en nous une confiance entière; qu'il nous parle franchement, nous lui répondrons de même. » M. de Metternich a parlé pendant une demi-heure avec une effusion de cœur parfaite des intentions de l'Autriche, et de son entier dévouement à notre cause. »

Otto.

Vienne, le 11 janvier 1813.

« M. le comte de Metternich m'a prié ce

Weissemberg partait pour Londres, si le comte de Stadion allait rejoindre l'empereur Alexandre au quartier-général des Russes, M. de Bubna avait mission de se rendre auprès de l'Empereur des Français. Ce que voulait l'Autriche était simple : elle attendait, pour se déterminer naturellement, la marche des choses ; au lieu d'une alliance active, avec un contingent armé, elle offrait une autre alliance dans l'intérêt de la paix, se posant ainsi comme médiatrice pour résoudre et accomplir tous les différends. »

Il fallait que l'empereur Napoléon manquât de renseignements pour ne pas comprendre qu'un changement immense s'opérait dans ses rapports avec le cabinet de Vienne ; l'alliance active lui échappait ; M. de Metternich faisait prendre à sa monarchie une nouvelle attitude ; les explications de Napoléon avec le comte de Bubna furent impérieuses, saccadées ; l'Empereur semblait ne pas comprendre que sa force morale en Europe était amoindrie et perdue depuis sa campagne de Moscou ; ce fatal échec l'avait brisé, et lui ne voulait pas reculer d'un pas ; sa nature de fer ne comprenait pas qu'il est des circonstances où il faut faire des concessions larges, immédiates. M. Otto s'était associé aux idées pacifiques de M. de Metternich ; l'école de M. de Talleyrand, habile et souple,

---

matin de me rendre chez lui. Il venait de recevoir un courrier de Berlin qui lui a apporté tous les détails de la défection de l'armée prussienne, avec les lettres écrites de part et d'autre, soit pour justifier, soit pour blâmer cet étrange événement. « C'est la preuve, m'a dit le ministre, de ce que je vous ai dit souvent de la *græca fides* des Russes, et de la position embarrassante où se trouvent la plupart des souverains à l'égard de leurs troupes et de leurs peuples. » J'ai remarqué que le ministre d'Autriche à Berlin a transmis toutes les pièces officielles, les lettres du roi de Naples, du roi de Prusse, du maréchal Macdonald, du comte de Saint-Marsan ; enfin une infinité de détails qui n'ont pu lui être communiqués que par M. de Hardenberg. J'en dois conclure que la Prusse met une confiance entière dans le cabinet de Vienne, et qu'elle le consulte régulièrement sur la marche qu'elle doit suivre. En effet, M. de Metternich m'a dit souvent que la Prusse lui communique ses doléances, et qu'il a soin de la rassurer à ne pas dévier de son système. Il a paru craindre que la défection de l'ar-

savait se prêter aux concessions, temporiser pour arriver à des situations meilleures; elle savait faire la part aux circonstances, aux événements, et M. Otto avait compris toute l'importance d'une médiation politique offerte par l'Autriche et les sécurités qu'elle pouvait offrir. Les dépêches de M. Otto, rédigées dans ce sens, n'allaient pas à l'impatience des projets de Napoléon; il le rappela immédiatement de Vienne, et à l'homme d'affaires et de notions positives, il substitua l'homme de cour, le gentilhomme suranné le moins capable de résoudre une situation difficile, en un mot M. de Narbonne. L'Empereur, engoué de lui, le croyait propre à tout; aide-de-camp, officier d'ordonnance et diplomate, sans songer que les premières conditions d'un ambassadeur et d'un homme d'État, c'est de savoir les faits et les hommes.

M. de Narbonne, de grande maison, dut être parfaitement traité à Vienne; quoi d'étonnant? mais quand il s'agirait d'affaires, que pouvait-il comprendre et deviner? Pouvait-il pénétrer les mystères d'une négociation et s'élever jusqu'à la hauteur des idées de M. de Metternich? M. de Narbonne plairait, parce qu'il était d'une certaine élégance de formes, un spirituel conteur, un diseur de petits riens; mais jamais M. de Metternich ne le pren-

mée prussienne ne soit le signal d'une révolution, pour peu que les Russes profitent, avec leur astuce ordinaire, de la première impression qu'elle pourra faire en Allemagne et en Pologne. »

Otto.

Vienne, le 21 janvier 1813.

« Je sors de chez le ministre, que j'ai laissé extrêmement satisfait des nouvelles de Paris. Voici ses projets à l'égard de son agent en Angleterre.

« Il lui fallait un homme habile, discret, parlant la langue et connaissant à fond le système commercial de l'Europe; il a jeté les yeux sur M. de Weissemberg, ministre plénipotentiaire à Munich, le même qu'il eût voulu envoyer à Paris, s'il était assez marquant. Ce ministre est attendu ici; au bout d'un très court séjour, il partira pour Copenhague; il poussera vraisemblablement jusqu'à Gothenbourg pour y chercher les moyens de s'embarquer; arrivé en Angleterre, il remettra à lord Castlereagh une lettre de M. le comte de Metternich, informant le ministre anglais que l'Autriche, touchée des calamités qui pèsent sur l'Eu-

drait au sérieux; jamais il ne l'accepterait comme un de ces hommes avec lesquels on peut causer affaires. Il put donc agir à l'aise sans autre surveillance que celle d'un chevalier français émérite, pétillant d'amour dans l'âge avancé de la vie, s'occupant de bonnes fortunes, comme un cadet de mousquetaires.

Dans la pensée d'aller droit aux projets de Napoléon, M. de Metternich résolut d'envoyer à Paris, après M. de Bubna, le prince de Schwartzenberg, connu et spécialement estimé de l'Empereur; longtemps ambassadeur à Paris, il avait préparé le mariage de Marie-Louise et présidé ainsi à l'alliance de famille. Schwartzenberg venait de faire campagne à côté des Français, comme chef du contingent autrichien; on pouvait lui reprocher un peu de facilité pour les Russes, mais aucun manquement au devoir. Sa mission avait pour motif l'attitude que devait garder le corps auxiliaire autrichien au cas d'une nouvelle campagne; ce prétexte couvrait une nouvelle mission de confiance; Schwartzenberg devait persuader Napoléon : « que le seul rôle qui convenait désormais à l'Autriche était celui d'une médiation bienveillante. » M. de Metternich répétait dans ses réponses à M. de Narbonne : « Allons, mon cher duc, mettez-nous à

---

rope, a conçu le projet de travailler au rétablissement de la paix; qu'elle a sondé sur ce point important les dispositions de la France, qu'elle les a trouvées favorables à ses vues, et qu'elle fait en conséquence la même démarche auprès de la Grande-Bretagne; qu'étant de toutes les puissances de l'Europe celle qui pouvait être la moins intéressée aux conditions éventuelles d'une paix générale, et qui souffrait le moins de l'état actuel des choses, elle se croyait en droit d'inspirer assez de confiance pour faire agréer son intervention; que M. de Weissemberg était chargé de recueillir à ce sujet les intentions du gouvernement britannique, et que sa mission serait secrète tant qu'il conviendrait au ministère de la cacher au public. »

Otto.

Vienne, le 26 janvier 1813.

« M. de Stakelberg a eu une entrevue secrète avec M. le comte de Metternich. Le plénipotentiaire russe a commencé par une longue énumération des avantages remportés par son gouvernement, qui, après avoir repoussé les Français, se proposait, disait-

même de faire quelque chose qui puisse montrer notre attachement pour vous. » Le sens de ces paroles était visible, il s'agissait d'entraîner le cabinet des Tuileries à accepter l'Autriche comme médiatrice entre lui et la Russie; M. de Metternich préparait de longtemps cette voie active et féconde, parce que, dans ce rôle de médiation, son cabinet aurait acquis la prépondérance politique qu'il avait vue s'affaiblir. Ainsi, par la seule habileté de l'homme d'État, le rôle de l'Autriche était entièrement changé; naguère à la suite de Napoléon, elle se posait maintenant comme le centre autour duquel toutes les négociations devaient converger ; de sorte que de M. de Metternich allait dépendre la paix ou la guerre ; c'est un magnifique rôle dans toutes circonstances.

Au milieu de ces conflits qui agitaient les grandes puissances, que devenaient les États liés à Napoléon par la Confédération du Rhin? Pour eux la question devenait active ; le Niémen et la Vistule une fois franchis par l'armée d'Alexandre, la guerre cessait d'être exclusivement russe et polonaise pour devenir allemande, et il était du plus haut intérêt pour le Czar de soulever à l'aide de sa cause les gouvernements et les peuples de la Germanie. Quant aux peuples, l'esprit appartenait tout entier à la

il, de venir au secours des autres puissances et principalement de l'Autriche, et aider cette dernière à reconquérir ses provinces perdues. »

Otto.

Vienne, le 16 février 1813.

« Le prince de Schwartzenberg est arrivé hier ; l'intention est de le faire repartir de suite pour Paris, dans le double objet de faire connaître à Sa Majesté la position actuelle des choses, et de donner à l'Europe une preuve éclatante des dispositions de l'Autriche, en faisant paraître à la cour de France le commandant du corps auxiliaire se rendant près de son chef pour prendre ses ordres. Ce sont les propres paroles du ministre. »

Otto.

Vienne, le 20 mars 1813.

« M. le comte de Narbonne est arrivé ici le 17, et m'a remis les lettres de rappel que V. E. m'a fait l'honneur de m'adresser. Elles seront présentées demain, et dans la même matinée mon successeur remettra ses lettres de créance. »

Otto.

résistance ou au soulèvement contre Napoléon ; le Czar Alexandre s'était adressé à la nation allemande, il lui avait annoncé sa délivrance, ses généraux faisaient entendre des paroles libératrices, et la Russie prenait ainsi le rôle que l'Autriche avait essayé en 1809 lors de sa grande guerre sous M. de Stadion ; Wittgenstein, Winzingerode, Tettenborn, faisaient un appel à la nation germanique : « Aux armes! aux armes! » était le cri universel ; Alexandre déclarait qu'il ne voulait ni agrandissement, ni conquête. « La cause moscovite est gagnée, disait-il, mais celle de l'Europe est encore en suspens. » L'insurrection fut le grand mot, l'actif mobile ; on le jeta partout ; les peuples et les armées répondirent [1].

Les gouvernements suivaient-ils la même impulsion ? Qu'allaient faire les rois de Wurtemberg, de Bavière, de Saxe ? Aideraient-ils la cause commune avec la Russie, en abandonnant l'Empire français et la Confédération du Rhin ? Quelque hésitation était parmi eux ; ces trois monarques devaient leurs titres à Napoléon ; la Bavière s'était considérablement agrandie aux dépens de l'Autriche ; le Wurtemberg était devenu presque une grande

---

[1] *Proclamation de Kutusoff.*

« Lorsque l'empereur de toutes les Russies a été forcé de recourir aux armes pour défendre ses États, S. M. i. a prévu les importants résultats que cette guerre pouvait avoir pour l'indépendance de l'Europe. La persévérance la plus héroïque, les plus grands sacrifices, ont amené une suite de triomphes ; et lorsque le commandant en chef, le prince Kutusoff Smolenski, a conduit ses troupes victorieuses au-delà du Niémen, les mêmes principes n'ont pas cessé d'animer le souverain. Dans aucun temps la Russie n'a eu recours à l'artifice (trop souvent mis en œuvre dans les guerres de nos jours), d'exagérer par de faux récits les succès de ses armes. Mais avec quelque modestie qu'elle les exposât en ce moment, ils paraîtraient incroyables. Des témoins oculaires deviennent nécessaires pour prouver les faits à la France, à l'Allemagne, à l'Italie, avant que la marche lente de la vérité plonge ces contrées dans le deuil et la consternation. Il est en effet difficile de concevoir que dans une campagne de quatre mois, nous ayons fait à l'ennemi 150,000 prisonniers, pris neuf cents canons, quarante-neuf drapeaux, tous ses équipages et tous ses chariots. Il suffit de dire que des 300,000 hommes qui ont pénétré dans la Russie (sans y comprendre les Autrichiens), il n'en existe pas 30,000 qui revoient jamais leur patrie, quand bien même la fortune

puissance et la Saxe rivalisant avec la Prusse, excitait toutes ses jalousies. Ces royautés savaient bien que la victoire des grands cabinets amènerait un remaniement dans leurs États, et l'alliance de Napoléon pouvait seule les sauver ; ainsi leur tendance naturelle était pour l'Empereur. Très disposés pour lui, les rois pouvaient-ils compter sur l'appui de leurs peuples? la fermentation était partout; ils seraient abandonnés par leurs nations s'ils n'en suivaient pas l'énergique mouvement; la terre tremblait sous leurs pas, leurs armées étaient affiliées aux sociétés secrètes, nul ne pouvait en diriger les destinées; devaient-ils ne tenir aucun compte de l'opinion des masses?

En touchant le territoire germanique, les Russes s'étaient immédiatement occupés de l'Allemagne et de fraterniser avec le *Tugend-Bund;* Kutusoff, par un acte d'une autorité absolue, avait déclaré la Confédération du Rhin dissoute ; ce grand lien que Napoléon avait conçu, et M. de Talleyrand régularisé, une seule parole d'un général russe le brisait irrévocablement; ensuite s'adressant au nom de la nation slave, Kutusoff avait invité le peuple germanique à une confraternité libérale et enthousiaste,

les favoriserait. La manière dont l'Empereur Napoléon a repassé les frontières de la Russie ne peut plus être un secret pour l'Europe. Tant de gloire, tant d'avantages, ne peuvent cependant changer les dispositions personnelles de S. M. l'empereur de toutes les Russies. Les grands principes de l'indépendance de l'Europe ont toujours formé la base de sa politique; cette politique est fixée dans son cœur. Il est au-dessous de son caractère de permettre que l'on essaie d'engager les peuples à résister à l'oppression et à secouer le joug qui a pesé sur eux depuis vingt ans. C'est à leurs gouvernements à ouvrir les yeux sur la situation actuelle de la France. Des siècles peuvent s'écouler avant qu'il se présente une occasion aussi favorable ; et ce serait méconnaître la bonté de la Providence que de ne pas profiter de cette crise pour reconstruire le grand ouvrage de l'équilibre de l'Europe, et assurer par là la tranquillité publique et le bonheur des individus. »

Déclaration de Kutusoff.

« Au moment où je donne aux armées sous mon commandement l'ordre de passer les frontières prussiennes, l'empereur, mon maître, me charge de déclarer que cette démarche ne doit être considérée que comme la conséquence inévitable des opérations militaires.

« Fidèle aux principes qui ont dans tous les temps dirigé sa conduite, S. M. I. n'est

l'armée russe avait parlé à l'armée allemande; et comme on savait les hésitations des cabinets et des rois, un comité fut organisé pour constituer l'unité patriotique indépendamment des gouvernements; composé auprès d'Alexandre des représentants des quatre races saxonne, bavaroise, wurtembergeoise et hanovrienne, le but de ce comité était de restaurer la nationalité germanique, même en dehors des rois et s'ils s'y refusaient; tout prince qui accéderait à la cause commune recevrait la confirmation de sa souveraineté ou même un agrandissement territorial; tout prince fidèle à l'alliance de Napoléon pourrait être mis au ban de la nationalité germanique, et comme dans les anciennes diètes, le comité les exclurait de la couronne. Cette institution était destinée à effrayer les rois de Bavière, de Wurtemberg et de Saxe, pour les séparer définitivement de la Confédération du Rhin.

Le roi de Bavière, pénétré de la nécessité de se jeter dans la cause commune, en suivant l'Autriche, ouvrit des communications intimes avec le cabinet de Vienne; comme un satellite, il suivrait l'astre. Le roi de Wurtemberg attendait aussi la décision de l'Autriche, et tous

guidée par aucune vue de conquête. Les sentiments de modération qui ont toujours caractérisé sa politique sont toujours les mêmes après les succès décisifs que la divine providence a accordés à ses légitimes efforts. La paix et l'indépendance en seront le résultat. C'est la paix, c'est l'indépendance que S. M. offre, avec son assistance, à tous les peuples qui ont été forcés de s'armer contre lui, et qui abandonneront la cause de Napoléon, pour suivre celle de leurs véritables intérêts. Je les invite à profiter de l'heureuse occasion qu'ont fait naître pour eux les victoires des armées russes, et de s'unir à elles pour poursuivre un ennemi dont la fuite précipitée a manifesté la perte de sa puissance. C'est à la Prusse en particulier que s'adresse cette invitation. L'intention de S. M. I. est de mettre fin aux calamités qui l'oppriment, de manifester à son roi l'amitié qu'elle conserve pour lui, et de rendre à la monarchie de Frédéric son éclat et son étendue. L'empereur espère que S. M. P., animée des sentiments que doit produire cette déclaration franche, prendra le seul parti que demandent les vœux de son peuple et l'intérêt de ses États. »

Kutusoff.

Adresse aux Allemands.

« Lorsque les victorieux guerriers de la Russie, accompagnés de ceux de S. M. le

deux en espérant un meilleur avenir gardaient une neutralité bienveillante et armée. Quant au roi de Saxe, il restait dans l'alliance plus intime avec Napoléon : il lui devait beaucoup ; auxiliaire dévoué au système français, il savait que la Prusse et l'Autriche ne lui pardonneraient jamais l'appui qu'il avait prêté aux armées françaises, dans les jours d'abaissement pour les maisons de Brandebourg et de Habsbourg ; la Saxe, théâtre de la guerre, était destinée à un morcellement. La Prusse voyait un dédommagement naturel, *un ventre territorial* dans quelques-unes des positions de la Saxe ; l'armée, les sociétés secrètes la couvraient tout entière.

Quel parti avait à prendre Frédéric-Auguste ? Un moment prononcé pour la cause du peuple, il avait écouté et suivi l'impulsion de la Prusse ; il se ravisa et conçut quelques craintes. Enfin il se décida pour une politique expectante ; abandonnant Dresde, sa capitale, il craint de prendre l'initiative ; il attend de de meilleurs jours : caractère faible, vieilli, il négocie tout à la fois avec Napoléon et l'alliance ; il redoute tout, hésite sur tout ; il fuit l'Autriche de nouveau, il déserte la cause générale pour placer les Saxons dans les rangs de l'armée française. Le roi Frédéric-Auguste n'était plus

roi de Prusse, son allié, paraissent en Allemagne, S. M. l'empereur de Russie et S M. le roi de Prusse annoncent aux princes et aux nations de l'Allemagne le retour de la liberté et de l'indépendance. Ils ne viennent que dans l'intention de les aider à reconquérir ces droits inaliénables des nations, et d'accorder une protection puissante et une sécurité permanente à la régénération de ce vénérable empire.

« Ces deux armées mettant leur confiance en Dieu, et pleines de courage, avancent en espérant que tout Allemand, sans distinction, se joindra à elles.

« La Confédération du Rhin, ce joug insidieux que le perturbateur universel a imposé à l'Allemagne, après l'avoir démembrée et avoir obscurci son ancienne renommée, ne peut plus être tolérée, étant le résultat d'une force et d'une influence étrangères. Il faut qu'elle soit dissoute.

« Leurs Majestés n'accorderont leur protection qu'aux princes et aux peuples allemands qui seront engagés dans l'accomplissement de ce grand œuvre. »

Prince Kutusoff Smolenski.

maître de ses peuples, les plus fiers dans le Tugend-Bund ; s'il appartenait à la cause de Napoléon par le cœur et par les intérêts, les Saxons appartenaient à l'Allemagne par patriotisme. Tout fut donc suspendu jusqu'à la reprise des opérations militaires.

Mais pour que ces opérations prissent au nord, dans les villes anséatiques surtout, un développement offensif sur de larges bases, il fallait nécessairement la coopération de Bernadotte ; rien de décisif n'était possible sans cela : les Suédois, joints aux Prussiens, pouvaient faire une immense diversion sur les villes anséatiques, la Hollande et la Belgique ; une armée suédo-prussienne jetée sur l'Elbe devait porter une terrible atteinte à la puissance de Napoléon. Il était donc de la plus haute importance pour le cabinet de Paris d'éviter cette diversion, et afin d'y réussir, il devait négocier avec Bernadotte, le ramener si ce n'est à une coopération active, au moins à une neutralité armée ; renonçant aux insultes, aux menaces jetées à Bernadotte, il fallait user de beaucoup d'habileté et de ménagements [1] ; M. de Cabre était resté à Stockholm comme chargé d'affaires, et il avait agi avec tant d'imprudence que le baron d'Engerstroem se vit forcé de lui envoyer sur-le-champ ses passeports.

---

[1] Toute la négociation avec la Suède prenait alors le ton aigre d'une rupture.
Note de M. le baron d'Engerstroem à M. de Cabre, chargé d'affaires de France à Stockholm.

« Dès le moment où l'invasion de la Poméranie suédoise par les troupes françaises, contre la foi des traités et les engagements les plus solennels, donna la mesure des intentions de S. M. l'empereur Napoléon à l'égard de la Suède, le roi, justement étonné de cette agression inattendue, n'a fait que réitérer ses démarches pour en obtenir une explication franche et loyale, tandis que le gouvernement français n'y a répondu que par de nouveaux actes d'hostilité.

« S. M. a cru que, si la force donne des droits qu'attestent suffisamment les malheurs de nos temps, la cause de la justice et le sentiment de sa propre dignité peuvent aussi en réclamer quelques-uns.

« Elle n'a donc pas vu avec indifférence une de ses provinces occupées par la même puissance qui en avait garanti l'intégrité, les troupes que le roi y avait laissées déclarées prisonnières de guerre et comme telles amenées en France, ainsi que les déprédations continuelles de la part des

Qui sait? avec un peu d'habileté on eût ramené la Suède; la chose était d'autant plus réalisable que Bernadotte entrait avec quelque répugnance dans un plan contre la France; dans ces circonstances on devait lui faire un pont d'or; la Suède demandait la restitution de la Poméranie, une indemnité pour les bâtiments confisqués, l'indépendance de son pavillon; et de plus, elle voulait secouer ce joug dur et implacable que Napoléon faisait peser sur tous les états placés dans son alliance. Ce qu'il y eut donc de fâcheux après la fatale campagne de Moscou, c'est que Napoléon persista dans son orgueil, et qu'il voulut conserver la fière attitude de ses jours de prospérité; comme il menait de front la guerre d'Espagne et d'Allemagne, sans céder un seul village, de même il méprisa les moyens d'attirer à lui la Suède; et tandis que l'Angleterre stipulait des subsides, cédait la Norwége, offrait la Guadeloupe, pour obtenir l'assentiment de Bernadotte, Napoléon déclarait à la Suède, d'un ton brusque et impératif, qu'il ne ferait aucune concession. Ceci était plus qu'une faute; c'était un malheur.

Toutefois, avant de se décider pour une coopération active et armée, Bernadotte crut essentiel d'écrire une lettre personnelle à Napoléon, son vieux camarade.

---

corsaires français. Dès lors M. de Cabre ne pouvait plus être regardé comme agent d'une puissance amie, et ses relations diplomatiques avec le ministère du roi devaient cesser jusqu'au moment où il recevrait les éclaircissements qu'il avait demandés au cabinet des Tuileries.

« Plus de trois mois se sont écoulés depuis cette époque, et le gouvernement français continuant toujours le même silence, le roi a cru se devoir à lui-même et à son peuple de ne plus compter sur une explication que tant de faits au reste paraissent rendre illusoire.

« Le soussigné a reçu les ordres du roi son maître de déclarer à M. de Cabre que sa présence ici devenant absolument inutile dans les circonstances actuelles, S. M. désire qu'il quitte la Suède aussitôt que possible, et le soussigné a l'honneur de lui envoyer ci-inclus les passe-ports nécessaires pour son voyage. »

Le baron d'Engerstroem.
Réponse de M. de Cabre.

« Le soussigné chargé d'affaires de S. M. l'empereur des Français, roi d'Italie, fait observer que jamais il ne lui a été notifié, verbalement ou par écrit, que ses relations diplomatiques seraient suspendues jusqu'à ce qu'il eût répondu catégorique-

pour lui offrir une fois encore de se porter médiateur dans la grande querelle avec Alexandre. Napoléon avait cherché à brouiller Bernadotte avec le roi qui l'avait adopté, à séparer la cause du prince royal de celle de Charles XIII. Le bruit courait qu'il avait voulu le faire enlever de Stockholm par une intrigue diplomatique et une conspiration de palais; Napoléon avait, dit-on, prêté même la main à une restauration de Gustave, ce qui avait irrité profondément le parti qui avait élevé Charles XIII. Dans sa lettre à Napoléon, Bernadotte rappelait l'abandon des intérêts suédois, que lui l'Empereur avait fait dans les entrevues de Tilsitt et d'Erfurth : la Suède avait toujours respecté la France, la France avait abandonné la Suède; elle voulait interdire aux nations le droit qu'elles tiennent de la nature, c'est-à-dire la liberté du commerce. Alexandre était encore pour la paix, il la désirait sans déguisement; possesseur d'une belle monarchie, Napoléon devait en cicatriser les plaies. « Je suis né, ajoutait Bernadotte en terminant, dans cette belle France que vous gouvernez, Sire, sa gloire et sa prospérité ne peuvent jamais m'être indifférentes; mais, sans cesser de faire des vœux pour son bonheur, je défendrai de toutes les facultés de mon âme et les droits du peuple

ment aux éclaircissements demandés par le ministre suédois.

« Si S. M. suédoise, usant de ses droits de souverain, fait signifier au soussigné, officiellement et par écrit, qu'elle ne permettra pas plus longtemps son séjour en Suède, le soussigné, croyant alors ne céder qu'à la force, n'hésitera pas à profiter, dans le plus court délai possible, du passeport qu'il a l'honneur de renvoyer à M. le baron d'Engerstrœm, parce que jusque-là il lui est parfaitement impossible de s'en servir, et par conséquent de le garder. »

Aug. de Cabre.

2e *lettre de M. le baron d'Engerstrœm à M. de Cabre.*

« J'ai reçu la lettre que vous m'avez adressée, monsieur, je l'ai mise de suite sous les yeux du roi, et S. M. me charge de nouveau de vous répéter que votre présence à Stockholm ne saurait être tolérée plus longtemps. Votre caractère diplomatique ayant déjà cessé, vous vous trouvez, monsieur, dans la catégorie de tous les étrangers, et par conséquent soumis à exécuter les ordres que la police pourra vous donner. Le grand gouverneur, à qui il a été fait des rapports peu avantageux sur votre compte, a reçu

qui m'a appelé, et l'honneur du souverain qui a daigné me nommer son fils. Dans cette lutte entre la liberté du monde et l'oppression, je dirai aux Suédois : Je combats pour vous et avec vous, et les vœux des nations libres accompagneront nos efforts. En politique, Sire, il n'y a ni amitié ni haine; il n'y a que des devoirs à remplir envers les peuples que la Providence nous appelle à gouverner. Leurs lois et leurs priviléges sont des biens qui leur sont chers, et si, pour les leur conserver, on est obligé de renoncer à d'anciennes liaisons et à des affections de famille, un prince qui doit remplir sa vocation ne doit jamais hésiter sur le parti à prendre. Pour ce qui concerne mon ambition personnelle, j'en ai une très grande, je l'avoue, c'est celle de servir la cause de l'humanité, et d'assurer l'indépendance de la presqu'île scandinave. Pour y parvenir, je compte sur la justice de la cause que la loi m'a ordonné de défendre, sur la persévérance de la nation, et sur la loyauté de ses alliés [1]. »

A cette lettre que Napoléon nie avoir reçue, et qui fut pourtant envoyée, nulle réponse ne fut faite; on méprisa

l'ordre de vous faire quitter la capitale dans vingt-quatre heures. Un commissaire de police vous accompagnera jusqu'à la frontière, et de cette manière vous n'aurez plus besoin des passeports que vous m'avez renvoyés. » Le baron d'Engerstrœm.
Réponse de M. de Cabre.
« Je reçois à l'instant la lettre que vous m'avez écrite aujourd'hui, dans laquelle V. Exc., en m'annonçant pour la première fois que « mes fonctions diplomatiques ont cessé, » me prévient en même temps que je deviens soumis aux ordres de la police, et que le gouverneur a reçu des instructions pour me faire conduire à la frontière.

« Cette détermination du gouvernement suédois et la manière dont elle m'est communiquée me paraissent plus que suffisantes pour me justifier vis-à-vis de ma cour en abandonnant le poste que j'ai rempli avec honneur près de S. M. le roi de Suède. Je prie en conséquence V. Exc. de m'envoyer mes passe-ports, dont je compte profiter dans le plus court délai. »
Aug. de Cabre.
1 *Lettre de Bernadotte à Napoléon.*
« Toutes les relations ministérielles étant rompues, je m'adresse directement à V. M. pour lui rappeler la conduite loyale et franche de la Suède, même dans les temps les plus difficiles. Votre Majesté invoque ses

les propositions d'un vassal, on ne voulut rien entendre, rien écouter; il résulte même de la correspondance engagée entre le baron d'Engerstroem et M. de Cabre, envoyé à Stockholm, que quelque chose d'étrange s'était là passé, car M. de Cabre reçoit l'ordre de quitter la Suède dans les vingt-quatre heures, sous l'escorte d'un commissaire de police, et ce fut alors que la Suède se prêta définitivement aux propositions d'une intervention armée, active et militaire dans la coalition. Le plan qui fut proposé par lord Castlereagh, et apporté à Stockholm par sir Charles Stewart et le colonel Pozzo di Borgo, reposait sur les conditions suivantes : « On assurait de nouveau à la Suède la possession de la Norwége et la promesse de la Guadeloupe ; elle recevait comme subsides un million de livres sterling payables en traites immédiates, moyennant quoi Bernadotte s'engageait à entrer en campagne avec 30,000 Suédois ; par un article secret, ces 30,000 Suédois devaient être réunis à un corps russe de 20,000 hommes et à un corps prussien de 30,000 hommes et de 15,000 Hanovriens à la solde de l'Angleterre, qui, tous placés sous le commandement du prince royal,

droits à l'amitié du roi !.... Lorsque le roi, après avoir perdu la Finlande, écrivit à V. M. pour la prier de conserver à la Suède les îles d'Aland, elle lui répondit : «Adressez-vous à l'empereur Alexandre, il est grand et généreux.» Et, pour combler la mesure de son indifférence, elle fit insérer dans un journal officiel, au moment de mon départ pour la Suède, qu'il y avait un interrègne dans ce royaume pendant lequel les Anglais faisaient impunément le commerce. Le roi se détacha de la coalition de 1792, parce que cette coalition prétendait partager la France, et qu'il ne voulait point participer au démembrement de cette belle monarchie ; il fut porté à cet acte, monument de sa gloire politique, autant par attachement pour le peuple français que par le besoin de cicatriser les plaies de son royaume. Cette conduite sage et vertueuse, fondée sur ce que chaque nation a le droit de se gouverner par ses lois, par ses usages et par ses volontés, cette conduite est la même qui lui sert de règle dans ce moment. Votre système, Sire, veut interdire aux nations l'exercice des droits qu'elles tiennent de la nature, ceux de commercer entre elles, de s'entr'aider, de correspondre et de vivre en paix ; et cependant l'existence de la Suède est dépendante d'une extension de relations commerciales sans lesquelles elle ne peut se suffire.

« Je connais les bonnes dispositions de l'empereur Alexandre pour la paix. Les

devaient efficacement opérer au nord de l'Allemagne[1]. Quelques jours après, Bernadotte signait, sous la médiation de l'Angleterre, un traité avec les Cortès espagnoles et reconnaissait tous les actes des juntes dans la Péninsule; c'était la réalisation complète des plans de la Grande-Bretagne. L'adhésion de Bernadotte à l'action militaire des grandes puissances fut une des causes actives de la chute de Napoléon; en se montrant moins impérieux et moins fier, l'Empereur aurait pu l'éviter.

La Suède s'agrandissait aux dépens du Danemarck; la Norwége était arrachée au cabinet danois constamment placé sous la prépondérance de l'Empire français; s'y maintiendrait-il encore dans les circonstances nouvelles? A mesure que le succès faisait croire aux triomphes plus ou moins éclatants de la coalition, l'Angleterre ouvrait des négociations actives avec la cour de Copenhague; mais sa politique avait été là d'une telle cruauté qu'on ne l'écouta qu'avec méfiance et dépit; au commencement de 1813 elle s'y présenta de concert avec la Prusse et la Russie, en insinuant à M. de Kaas et à M. de Rosencrans, secrétaire d'État des affaires étrangères, que si le Danemarck voulait accéder à la Confédération

---

calamités du continent la réclament, et V. M. ne doit pas le repousser. Possesseur de la plus belle monarchie de la terre, voudrait-elle toujours en étendre les limites, et léguer à un bras moins puissant que le sien le triste héritage de guerres interminables? V. M. ne s'attachera-t-elle pas à cicatriser les plaies d'une révolution dont il ne reste à la France que le souvenir de sa gloire militaire et des malheurs réels dans son intérieur? Sire, les leçons de l'histoire rejettent l'idée d'une monarchie universelle, et le sentiment de l'indépendance peut être amorti, mais non effacé du cœur des nations. Que V. M. pèse toutes ces considérations, et pense réellement à une paix générale dont le nom profané a fait couler tant de sang. »

Traité de la Suède avec l'Angleterre.

« Art. 1er. S. M. le roi de Suède s'engage à employer un corps de 30,000 hommes dans une opération directe sur le continent, contre les ennemis communs des hautes parties contractantes. Cette armée agira de concert avec les troupes russes placées sous le commandement de S. A. le prince royal de Suède, conformément aux stipulations à cet effet déjà existantes entre les cours de Stockholm et de Saint-Pétersbourg.

« 2. Lesdites cours ayant communiqué

des États de l'Europe pour coopérer dans le nord de l'Allemagne, on lui assurerait des indemnités territoriales sur le continent, capables de compenser et au-delà la perte de la Norwége, possession onéreuse pour le Danemarck; on lui offrait, et bien secrètement, les villes anséatiques, quelques territoires enclavés de la Hollande, l'agrandissement du Holstein, et des subsides payés à raison de 30,000 livres sterling par mille hommes. Le Danemarck ne repoussa pas ces stipulations d'une manière absolue, seulement il voulait des conditions meilleures; en échange de la Norwége il demandait la Poméranie suédoise, les villes anséatiques, la restitution de toutes ses colonies et le paiement d'une indemnité pécuniaire pour la flotte brûlée en 1807.

Ces négociations se continuaient encore de la part de l'Angleterre, tandis que le ministre de France à Copenhague, M. Didelot, pressait le Danemarck de se prononcer pour l'alliance de Napoléon. La question était pressante, le roi avait à se décider sur-le-champ, et il cherchait en temporisant à s'assurer une meilleure position. Tout en signant un traité d'alliance défensive et offensive avec Napoléon, il ne renonça pas à négocier avec l'Europe; les troupes danoises agirent avec le ma-

à S. M. B. les engagements subsistants entre elles, et ayant formellement demandé que S. M. y accédât, S. M. le roi de Suède ayant, par les stipulations contenues au précédent article, donné une preuve du désir qui l'anime de contribuer aussi de son côté au succès de la cause commune, S. M. B. désirant en retour donner une preuve immédiate et non équivoque de sa résolution de joindre ses intérêts à ceux de la Suède et de la Russie, promet et s'engage, par le présent traité, d'accéder aux conventions déjà existantes entre les deux puissances, en tant que S. M. B., non seulement n'opposera aucun obstacle à l'annexation et réunion à perpétuité du royaume de Suède, mais encore qu'elle facilitera à cet égard l'exécution des vues de S. M. le roi de Suède, soit par ses bons offices, soit en y employant, s'il était nécessaire, la coopération navale, de concert avec les troupes suédoises et russes. Bien entendu néanmoins que l'on n'aura pas recours à la force pour effectuer la réunion de la Norwége à la Suède, à moins que S. M. le roi de Danemarck n'ait préalablement refusé de se joindre à l'alliance du Nord aux conditions stipulées dans les engagements exis-

réchal Davoust, mais dans l'intention de s'emparer des villes anséatiques et d'en profiter ; elles ne voulurent jamais aller au-delà. Les Danois, en armes sur le territoire de Hambourg, de Lubeck, intervenaient pour leurs intérêts; ils se refusèrent à passer l'Elbe dans la crainte de se compromettre avec l'Europe; ils se perdirent ainsi par un double jeu, le cabinet de Copenhague subit les conséquences d'une position fausse ; l'alliance rendue publique avec Napoléon le jeta dans une suite de mesures incertaines qui lui enlevèrent, ainsi qu'à la Saxe, un bon tiers de ses sujets.

C'est un triste fait à constater, mais depuis la révolution de 1789 tout ce qui s'est uni avec la France a été tôt ou tard sacrifié; tout ce qui a cherché un appui dans la protection de notre influence a trouvé à la fin une diminution de force : témoin le Danemarck et la Saxe qui les derniers restèrent fidèles à Napoléon ; et la Pologne elle-même, n'est-ce pas pour s'être fiée à des promesses de restauration qu'elle a disparu de la carte d'Europe? Qu'arrive-t-il? c'est qu'en toute circonstance on préfère l'alliance de l'Europe à la nôtre, parce qu'elle est plus utile.

En résultat, la diplomatie de l'Empire fut pour la

tants entre les cours de Stockholm et de Saint-Pétersbourg ; et S. M. le roi de Suède s'engage à avoir soin que cette réunion ait lieu avec tous les égards et la considération possibles, pour le bonheur et la liberté du peuple de Norwége.

« 3. Afin de donner plus d'effet aux engagements contractés par S. M. le roi de Suède dans le premier article du présent traité, lesquels ont pour objet des opérations directes contre les ennemis communs des deux puissances, et afin de mettre S. M. suédoise en état de commencer lesdites opérations sans perte de temps, et aussitôt que la saison le permettra. S. M. B. s'engage à fournir à S. M. le roi de Suède (indépendamment des autres secours que les circonstances générales pourront mettre à sa disposition) pour le service de la campagne de la présente année, ainsi que pour l'équipement, le transport et l'entretien de ses troupes, la somme d'un million sterling, payable de mois en mois à Londres, à l'agent qui sera autorisé par S. M. à la recevoir, de manière que le paiement de chaque mois n'excède pas la somme de 200,000 liv. sterl. jusqu'à parfait paiement du total. »

France très malheureusement conduite; jamais l'irascibilité du caractère de Napoléon ne se déploya dans des conditions plus déplorables; il ne sut rien obtenir; chargé de conduire des négociations difficiles, il se laissa tromper par la Prusse; il ne sut pas saisir la main de M. de Metternich quand il la tendait pour offrir sa médiation; Napoléon blessa Bernadotte, jeta la Suède dans la coalition. Avec le malheur, ce caractère est devenu trop fier, trop orgueilleux : autant il était souple et habile lorsque la fortune lui souriait, autant il se montre têtu, maladroit, barre de fer, lorsque la fortune abandonne ses aigles. Ce caractère semblait être jeté au moule de la victoire; le malheur l'aigrit au lieu de l'éclairer; ce n'est plus le Corse, l'Italien, c'est le stoïcien de l'antique Rome, il meurt et ne se ploie pas. Le prince de Serra-Capriola avait dit : « qu'il y avait en lui du renard et du lion; » le lion reste seulement, mais le lion blessé, qui court sur la balle et la baïonnette et veut dévorer la main qui l'a frappé.

CHAPITRE III.

PREMIÈRE PÉRIODE DE LA CAMPAGNE D'ALLEMAGNE.

Débris de la grande armée. — Impuissance de la réorganiser. — Démoralisation de Murat.— Il abandonne les camps à Posen.—Perplexité de Berthier. — Choix d'Eugène de Beauharnais. — Effectif de l'armée.— Marche des Russes. — Alexandre à Wilna, — à Varsovie. — Esprit de l'Allemagne. — Première apparition des Russes. — Les Cosaques de Czernicheff. — L'armée française au 28 avril. — Départ de Napoléon. — Sa puissante activité. — Réorganisation et répartition en corps. — Marche en avant. — Premiers combats d'avant-postes. — Bessières tué. — Surprise de Lutzen. — Les deux périodes de la journée. — Victoire incertaine. — Entrée à Dresde. — Retraite de l'armée alliée.— Bataille de Bautzen. — Prise des retranchements de Wurtschen. — Merveilles de cette campagne.

Décembre 1812 à juin 1813.

Je dois revenir un peu sur les temps! un sentiment douloureux m'oppresse lorsque la necéssité des événements historiques m'entraîne vers le lugubre tableau des malheurs de l'armée de France; cet inventaire de la mort empreint le cœur d'une fatale tristesse. Qu'est devenue cette armée naguère si puissante, si formidable? où sont allées ces masses de soldats, ces épais escadrons habitués au sourire et aux faveurs de la victoire? qui me dira leurs funérailles? où chercher le dernier mot de cette énigme de Dieu qui appelle tant de sanglants sacrifices autour d'un homme providentiel? Cependant il faut en suivre les traces, il faut raconter par quel miracle cette armée réduite en poussière est redevenue tout à coup victorieuse, comment le grand capitaine va porter une fois encore ses champs de bataille en Allemagne! Il faut dire l'étonnement de l'armée des alliés à la vue de cette création fabuleuse : Lutzen, Bautzen, Wurtschen, triple combat dont l'écho retentit dans la postérité !

Lorsque Napoléon quitta la direction suprême des débris que dans son orgueil il appelait la grande armée, le commandement, je l'ai dit déjà, fut déféré à Murat, la capacité stratégique la moins propre à diriger une retraite devenue un épouvantable désastre. Pour donner le nerf à la discipline, reconstituer la puissance morale de ces corps épars, il fallait une tête de grande capacité, douée d'une énergie supérieure, un général de la trempe de Ney, de Moreau, de Macdonald[1]. Quant à Murat, son élément n'était pas la retraite, il n'existait que par la victoire pompeuse, clinquante, avec des grelots dorés; il ne comprenait une bataille que comme une grande charge de cavalerie; le tableau désastreux de malheur et de décadence qui entourait la catastrophe de Russie n'allait ni à son talent ni à sa force morale; cette confusion lui paraissait le chaos; il n'avait pas la main assez ferme pour le débrouiller.

Hélas! il faut dire à sa justification, que peut-être il ne valait plus la peine de s'occuper en grand, de ces pauvres débris qui accouraient pêle-mêle aux frontières de la Prusse; ils étaient si démoralisés, en si complète dé-

---

[1] Murat, sans la séparation du général d'Yorck, aurait pu réunir derrière le Niémen sur la Pregel à l'époque du 5 janvier.
Le corps de Macdonald, 26,000
La division Heudelet réduite à 6,000
La division Destrez qu'on pouvait faire venir de Dantzick, 6,000
La division Marchand, Loison, 2,400
La brigade de cavalerie Cavaignac, 1,600
Total. 42,000
Indépendamment de ces 42,000 hommes, Murat aurait formé une réserve avec ce qu'on aurait pu réunir de la garde et des 2e, 3e, 4e et 9e corps.

bandade, que lorsqu'ils touchèrent Kœnigsberg, les Prussiens les prirent pour des soldats isolés qui s'en revenaient trouver leurs garnisons ; il n'y avait plus d'armée, on avait compté sur Macdonald, et les défections des généraux d'Yorck et de Massenbach, leur retour à la cause nationale allemande, avaient ôté au maréchal ses troupes d'élite, et sa retraite à lui-même était rendue bien difficile, poursuivi comme il l'était. Les corps de Victor et d'Oudinot n'existaient plus ; Reynier, séparé des Autrichiens, n'avait pu couvrir Varsovie, et il opérait son mouvement rétrograde de la Vistule à l'Elbe; ce n'était plus par milliers d'hommes que l'on comptait les corps d'armée, mais par groupes de 80 hommes ; la vieille garde était réduite à moins de 4,400 hommes, les corps naguère de 70,000 hommes avaient à peine 900 baïonnettes [1], et vingt régiments de cavalerie représentaient un escadron complet. On ne voyait que des hommes blessés, mutilés, subissant une gelée intense ou un dégel qui rendait les routes impraticables, et pour nature un sol couvert de neige, des forêts de sapins, la faim, les privations, et, ce qui est pis que tout cela, la contemplation de ce grand désastre, la perte du sentiment moral qui constitue la force d'une armée. Voilà

---

[1] *État officiel de l'armée française au retour de Russie, le 10 décembre.*

Vieille garde,	600	
Jeune garde,	1,000	
Cavalerie,		800
Corps de Wrède et division Loison,	2,300	200
1er, 2e, 3e, 4e et 9e corps,	300	
Total.	4,200	1,000

On peut se faire une idée des pertes de l'armée par l'état effectif de deux régiments de la garde :

Garde impériale. — 1er rég. de voltigeurs. *État du rég., le 16 décembre 1812.*

Présents sous les armes en quittant Smolensk. — 32 officiers, 427 soldats.

Perte depuis le départ de Smolensk. Tués sur le champ de bataille ; 3 officiers, 26 soldats.

Blessés qui, ne pouvant suivre l'armée, sont tombés entre les mains de l'ennemi, 2 officiers, 69 soldats.

Morts de froid et de misère, 103 soldats.

Laissés en arrière, soit gelés ou accablés

pourtant le fantôme que Murat ramenait du Niémen sur l'Elbe.

Arrivées sur les frontières prussiennes, un peu de soulagement vint à ces troupes; on trouva des vivres et des frères d'armes dans les garnisons; l'accueil des habitants révélait la satisfaction railleuse d'une nation qui se venge de ses vainqueurs si insolents et si fiers. Le paysan prussien se soulageait par l'insulte, de tous les maux qu'il avait naguère éprouvés. On croyait trouver l'appui d'une armée allemande pour soutenir la retraite; loin de là, on apprit la réunion du général d'Yorck à la cause nationale, et cela rendit le soldat encore plus abattu; il prévit bien la défection. Depuis quelque temps Murat était malade; lui habituellement si rose, si frais, ne montrait plus qu'un teint jaune et l'air abattu; vieilli de dix ans, il ne caressait plus son coursier à la belle crinière, l'alezan de sa prédilection; son sabre était suspendu comme une pesante armure, un mélange de bile et de sang se manifestait sur son visage[1]; il fut en effet atteint de la jaunisse. Les nouvelles qu'il recevait de Naples contribuaient à grandir

de fatigue et de maladie, et probablement faits prisonniers, 1 officier, 204 soldats.
Perte totale, 6 officiers, 402 soldats.
Restant sous les armes, 24 officiers, 25 soldats.
Garde impériale, 6ᵉ rég. de tirailleurs.
État du rég. le 16 décembre 1812.
Présents sous les armes en quittant Smolensk, 51 officiers, 300 soldats.
Pertes depuis le départ de Smolensk.
Restés sur le champ de bataille, 11 officiers, 13 soldats.
Blessés qui, ne pouvant suivre l'armée, sont tombés entre les mains de l'ennemi, 2 officiers, 52 soldats.
Morts de froid et de misère, 11 officiers, 24 soldats.

Laissés en arrière, soit gelés ou malades, et probablement faits prisonniers; 13 officiers, 201 soldats.
Perte totale: 37 officiers, 290 soldats.
Restant sous les armes: 14 officiers, 10 soldats.

[1] Toutes les pièces relatives au départ de Murat offrent de la curiosité.
Lettre du maréchal Berthier à Napoléon.
Posen, le 16 janvier 1813.
« Sire, un aide-de-camp du roi m'a apporté à midi une lettre de S. M. le roi de Naples, dont la copie est ci-jointe. J'ai engagé le roi à conserver le commandement de l'armée. Il m'a répondu qu'il était invariablement décidé. Je lui ai observé qu'il ne pouvait pas partir que le vice-roi ne fût

cette tristesse : Caroline gouvernait, et voulant imiter l'Impératrice Marie-Louise, elle s'était fait donner la régence ; sœur de Napoléon, fière de sa naissance, Caroline s'était complétement affranchie de son mari et n'administrait plus que par elle-même ou par ses favoris. Murat éprouva une vive jalousie de ces nouvelles que les Autrichiens lui transmirent; il voulut secouer une tutelle qui lui pesait; il s'ouvrit enfin à Berthier pour lui exprimer son désir de quitter l'armée : « il était malade, souffrant; il voulait revoir Naples, ce ciel était nécessaire pour rétablir sa santé altérée ; il avait fait assez de sacrifices, ses Napolitains s'étaient conduits en braves, que lui restait-il à accomplir? la retraite d'une division à peine était au-dessous de ses fonctions ; un général de second ordre était suffisant, il ne fallait pas un roi pour cela ! » Berthier voulut en vain empêcher cette désertion ; on se fâcha, on se disputa avec la familiarité des jours de la République. « Tu fais une faute, lui dit Berthier, ne suis-je pas malade, moi aussi? et je reste ! » — « C'est possible, répondit Murat, mais moi j'en ai assez ; s'il veut se perdre, qu'il se perde tout seul. Beauharnais, chargé de me surveiller en Italie, peut prendre le commandement : c'est le favori et le maître; ils pourront s'entendre. » Et Murat, sans plus tarder, fit ses préparatifs, et s'élançant au grand

arrivé, puisqu'il devait être ici dans la soirée.

« Malgré les instances du vice-roi, Sa Majesté a persisté à quitter le commandement. Le vice-roi ne voulait pas l'accepter; mais enfin, les voitures du roi étant prêtes, j'ai décidé le vice-roi à prendre provisoirement le commandement. Je l'ai assuré de mon zèle, malgré l'état souffrant dans lequel je suis. Votre Majesté sentira combien il est important qu'elle organise sa grande armée, qu'elle nomme par décret son lieutenant-général. Je me mets sous les ordres du vice-roi.

« Je présente à Votre Majesté l'hommage de mon profond respect.
  Signé, Alexandre.

Extrait d'une lettre de Napoléon à sa sœur Caroline Murat.

Fontainebleau, le 24 janvier 1813.

« Le roi a quitté l'armée le 8. Votre mari est un fort brave homme sur le champ de

DÉPART DE MURAT (8 JANVIER 1813). 77

train de ses chevaux de poste, il traversa la Gallicie, l'Autriche. Partout on l'accueillit en roi, et de ses conférences à Vienne vinrent peut-être les premiers pourparlers qui préparèrent la défection de Murat. Une dépêche de Berthier se hâta d'annoncer à Napoléon le départ si subit de Murat; le major-général s'exprimait en termes craintifs sur le résultat de la retraite. L'irritation de l'Empereur fut grande; il ne ménagea rien, il avait besoin d'expliquer par les fautes d'autrui le mauvais résultat de la campagne de Russie, et il n'hésita pas à dire que le départ de Murat avait puissamment contribué aux malheurs de cette fin de campagne. Ensuite il écrivit en termes furieux à sa sœur Caroline; il flétrit Murat, blessa son amour-propre, et dans un article du *Moniteur* il le dénonça comme un général sans talents, sans aucune force morale; ceci était vrai, mais dans les circonstances d'une crise militaire, ce fut encore une faute.

Après le départ de Murat, on délibéra au camp sur le choix d'un commandant en chef. Si l'on avait consulté le soldat sur le plus digne, le plus ferme, tous auraient répondu: « C'est Ney ». Dans toute cette campagne il s'était conduit en héros; tour à tour général et soldat, grand capitaine et grenadier. L'Empereur avait reconnu la grandeur de ses services en le décorant du titre de *prince de la Moskowa*[1], témoignage éternel de sa magnifique conduite;

---

bataille, mais il est plus faible qu'une femme ou qu'un moine quand il ne voit pas l'ennemi. Il n'a aucun courage moral. »
Extrait d'une lettre de Napoléon à Murat.
Fontainebleau, le 26 janvier 1813.
« Je ne vous parle pas de mon mécontentement de la conduite que vous avez tenue depuis mon départ de l'armée; cela provient de la faiblesse de votre caractère. Vous êtes un bon soldat sur le champ de bataille; mais, hors de là, vous n'avez ni vigueur, ni caractère. Je suppose que vous n'êtes pas de ceux qui pensent que le lion est mort. Si vous faisiez ce calcul, il serait faux! Vous m'avez fait tout le mal que vous pouviez; le titre de roi vous a tourné la tête; si vous désirez le conserver, conduisez-vous bien. »

[1] *Lettre de l'Empereur au Sénat.*
« Sénateurs, nous avons jugé utile de reconnaître par des récompenses éclatantes les services qui nous ont été rendus, spé-

l'Empereur aimait les titres qui rappelaient des victoires, ces souvenirs qui disaient les services de l'armée. Le duc d'Elchingen était donc prince de la Moskowa, double dignité emportée sur le champ de bataille. Berthier n'osa point faire ce choix si digne ; la hiérarchie pourprée du palais s'y opposait. Eugène de Beauharnais avait le pas ; dans les étiquettes de l'Empire, le vice-roi venait immédiatement après le roi. Eugène justifia dignement ce que l'Empereur attendait de lui ; il rétablit quelque ordre dans les rangs, quelque énergie dans la retraite, et l'armée entière le reconnut par le témoignage de sa confiance.

Que pouvait-il, Eugène, d'ailleurs, avec ses divisions confuses et amoindries? C'est à frémir de douleur quand on parcourt les états militaires de l'armée en retraite depuis le Niémen jusqu'à la Vistule, et surtout de la Vistule à l'Elbe ; il n'y avait plus ni ordre ni discipline. On reculait toujours ; à la droite de la retraite on était débordé par les Prussiens ; à la gauche les Autrichiens signaient une suspension d'armes avec les Russes et désarmaient les Polonais. Fuite inouïe dans l'histoire que celle d'une armée qui de la Moskowa est obligée de repasser l'Elbe, toujours poursuivie, toujours harcelée par un ennemi incessamment à cheval et sans jamais s'arrêter ; il y avait de quoi abîmer l'intelligence la plus

---

cialement dans cette dernière campagne, par notre cousin le maréchal duc d'Elchingen.

« Nous avons pensé d'ailleurs qu'il convenait de consacrer le souvenir, honorable pour nos peuples, de ces grandes circonstances où nos armées nous ont donné des preuves signalées de leur bravoure et de leur dévouement, et que tout ce qui tendrait à en perpétuer la mémoire dans la postérité était conforme à la gloire et aux intérêts de notre couronne.

« Nous avons en conséquence érigé en principauté, sous le titre de *principauté de la Moskowa*, le château de Rivoli, département du Pô, et les terres qui en dépendent, pour être possédé par notre cousin le maréchal duc d'Elchingen et ses descendants. »

Napaléon.

forte, la plus ferme! On laissa quelque garnison à Dantzick, à Spandau, à Thorn, à Torgau [1], dans toutes les places fortes; mais les débris de l'armée furent obligés de se replier au-delà de l'Elbe. Là commencèrent à venir pour elle les renforts dispersés qui se portaient à marches rapides au secours des débris de l'armée de Moscou, appui bien nécessaire si l'on ne voulait être refoulé sur le Rhin, car alors l'Allemagne pouvait se lever en masse pour secouer le joug de Napoléon.

Les désastres de l'armée française, le hideux spectacle qu'avait présenté cette fuite d'hommes épars, sans secours, macérés par la faim et la maladie, devaient naturellement encourager les Russes dans leurs mouvements sur les derrières et les flancs des Français. Ce fut un *hourra* retentissant au milieu de ces nations du Nord! Déjà l'imagination des chefs se représentait l'Allemagne soulevée, le Rhin franchi et une marche en avant sur la la France et Paris! Après le passage de la Bérésina, toute l'armée russe se dirigea du côté de Wilna; les Cosaques y pénétrèrent au moment même où les Français la quittaient; l'amiral Tschichakoff y fit son entrée triomphale, proclamant partout amnistie et pardon [2]. Kutusoff l'y suivit bientôt; tous avaient besoin de se réparer. A ce moment, les Russes avaient éprouvé bien des pertes; l'armée de Kutusoff, si considérable au combat de Krasnoë, réduite par les maladies, les privations,

---

[1] Murat dans sa retraite laissa 4,000 Bavarois et 2,000 Français, sous les ordres du général Poitevin, dans Thorn.
1,000 Français, 1.000 Saxons et 600 Polonais sous les ordres du général hollandais Daendels dans Modlin.
4,000 Polonais sous les ordres du général Hanzke dans Zamosc.

[2] *Rapport de l'amiral Tschichakoff à l'empereur Alexandre.*
Rukoni, le 29 novembre (11 décem.) 1812.
« Depuis le 17 (29) novembre je poursuis l'ennemi sans relâche. Pendant les premiers jours, notre marche a été souvent ralentie par la destruction des ponts; mais quelques heures ont toujours suffi pour les rétablir. Nos marches ont toujours été for-

la gelée, les fatigues, avait à peine 55,000 hommes; la masse de l'armée russe, en y comprenant Tschichakoff, Kutusoff, Sacken, comptait, au plus, 100,000 hommes sous les armes; cette armée pouvait les mener jusqu'au Rhin, et ce fut pour donner une nouvelle impulsion à ses généraux victorieux qu'Alexandre partit de Saint-Pétersbourg pour Wilna.

On était en plein hiver, au 22 décembre; toute cette armée moscovite salua son Czar par des hourras prolongés; les maux étaient grands, ils dépassaient même les récits que les bulletins anglais avaient publiés. Wilna rempli de malades comptait plus de 55,000 Français, ramassés pêle-mêle au couvent de Saint-Basile, vénérable asile que la guerre avait changé en hôpital; les malades mouraient par milliers, personne n'osait pénétrer dans ce temple de la mort. Un des beaux traits de la vie d'Alexandre fut sa visite aux malades français : il parcourut les chambrées, leur fit à tous distribuer des secours et des médicaments avec une humanité digne d'éloges, et, par une attention particulière et plus délicate encore, il désigna un de ses aides-de-camp d'origine française, M. de Saint-Priest, pour l'inspection et l'organisation de ces hôpitaux; on avait toujours la pensée de former une légion française comme une

cées; l'avant-garde, qui n'a pas perdu l'ennemi de vue, l'a souvent chassé des positions où il s'était établi pour passer la nuit. Chaque jour on lui a pris des canons et des prisonniers. Depuis le passage de la Bérésina jusqu'à Wilna, nous avons pris deux étendards, plusieurs généraux, quelques milliers de prisonniers, cent cinquante bouches à feu, plus sept cents caissons et fourgons, et une si grande quantité de voitures de bagages que la route en est obstruée en plusieurs endroits.

« L'arrière-garde de l'ennemi ayant été détruite, sa retraite s'opéra dans le plus affreux désordre; les soldats tombaient accablés de fatigue, et dans leur désespoir, ils se rendaient prisonniers; la perte de l'ennemi ne s'élève pas à moins de 30,000 hommes, la route est couverte de morts; de blessés, de gelés, de mourants. L'ennemi n'a rien pu emporter de Wilna; nous y avons trouvé beaucoup d'artillerie et d'immenses magasins. »

légion allemande, afin de proclamer les principes d'indépendance et de liberté.

De Wilna[1], l'armée russe se partagea en deux grandes divisions; l'une marcha directement sur Varsovie, l'autre sur Kœnigsberg, par le centre et le nord[2]. Nulle résistance ne fut opposée : les Polonais accueillirent les Russes avec un sentiment de crainte indicible; allaient-ils se venger? A Varsovie même, où Napoléon avait été reçu avec tant d'enthousiasme, il n'y eut aucune réaction; Alexandre avait défendu qu'on se souvînt des fautes du passé : l'humanité servait ici son habileté politique; le Czar visait déjà à constituer une Pologne sous son sceptre, et il fallait pour cela exciter le dévouement et l'enthousiasme des Polonais. Le grand-duché de Varsovie fut ainsi entièrement libre de Français et d'Autrichiens; les Russes accomplirent la grande conquête rêvée par Catherine II.

Au Niémen, l'armée russe s'arrêta devant les frontières prussiennes. On a vu que les événements avaient marché vite à la cour de Berlin; la guerre une fois déclarée contre la France, tous les mouvements militaires furent libres : une grande confraternité se manifesta entre les

---

[1] Napoléon écrit avec une grande vivacité à Berthier sur la trop prompte évacuation de Wilna :

« Mon cousin, je vois avec peine que vous ne vous soyez pas arrêté à Wilna sept ou huit jours, afin de profiter des effets d'habillement et de rallier un peu l'armée; j'espère que vous aurez pris position sur la Prégel. Nulle part il n'est possible d'avoir autant de ressources que sur cette ligne et à Kœnigsberg : j'espère que les généraux Schwartzenberg et Reynier auront couvert Varsovie. La Prusse se prépare à envoyer des renforts pour couvrir son territoire. »
Napoléon.

[2] En quittant Wilna le Czar publia l'ukase suivant :

« Par la grâce de Dieu, nous Alexandre Ier, etc.

« La Russie délivrée de ses nombreux ennemis, dont les desseins et les actions rivalisaient en atrocité, et leur destruction complète en six mois, et telle que la fuite la plus précipitée n'en a conduit qu'un très petit nombre hors de nos frontières, sont autant de faveurs divines répandues sur la Russie. De si grands événements vivront à jamais dans les annales du monde. En commémoration du zèle sans exemple, de la fidélité, du patriotisme et de

Russes et les Prussiens; Kutusoff, malade, venait d'abdiquer le commandement général ; il mourut quelques jours après, de fatigue et de mécontentement ; il voyait que le rôle des Moscovites finissait, et que le crédit des Allemands allait s'élever. Alexandre se réserva le titre de généralissime des Russes, donnant seulement à Wittgenstein la direction de la guerre. Wittgenstein portait un nom allemand, et la guerre prenant une direction tout à fait germanique, il pouvait mieux servir les desseins de la Russie. A ce moment la politique d'Alexandre est de soulever les peuples ; on multiplie les proclamations, les manifestes, aux Allemands, aux Polonais; on veut tout appeler à une grande nationalité; les habitants de Varsovie eux-mêmes s'adressent aux soldats polonais au service de Napoléon pour les rappeler sous les drapeaux de la patrie [1].

L'union des Prussiens et des Russes ne laissant plus à l'armée française aucun moyen de résistance, elle se replia rapidement sur l'Elbe. Eugène de Beauharnais en prit à Posen le commandement avec répugnance ; mais la nécessité lui en faisait un devoir; il se replie encore vers Francfort sur l'Oder, et fait

---

l'amour pour la religion, qui ont distingué la nation russe à l'heure de ses calamités, et pour montrer notre reconnaissance envers la Providence divine qui a sauvé la Russie de la ruine dont elle était menacée, nous nous proposons d'élever, dans notre première capitale, une église consacrée au nom du Sauveur Jésus-Christ : les détails seront publiés dans le temps convenable.

« Puisse Dieu bénir notre entreprise. »
　　　　　　　　Alexandre.
Wilna, 5 janvier 1813.

[1] *Adresse des habitants de Varsovie aux Polonais armés.*

« Soldats, l'expérience de plusieurs années nous a enseigné que Napoléon ne voulait ni notre bonheur, ni notre indépendance, et que son unique dessein était d'employer nos forces et la valeur de nos troupes à asservir d'autres nations, et établir ainsi sa domination sur tous les peuples. La grande nation russe a montré de quels sacrifices est capable une nation qui a le noble orgueil de renoncer

sa jonction avec quelques brigades de garnison; deux divisions, venues à marches forcées d'Italie, le rejoignent: il réunit ainsi 30,000 baïonnettes, mais cet effectif est trop faible pour se couvrir; la ligne de l'Oder est donc abandonnée, et l'ennemi s'en empare. Autour d'Eugène caracole Czernicheff avec ses myriades de Cosaques: brillant chevalier, il pousse au loin des masses de cavalerie, il a déjà paru aux portes de Berlin; on l'accueille partout avec enthousiasme, tandis qu'Eugène opère toujours sa retraite, par échelons, devant l'armée russe de Wittgenstein et de Winzingerode; il sème sa route de petites garnisons: à Spandau, à Glogau, à Stettin, à Custrin. Désormais, il n'y a plus que la ligne de l'Elbe qui puisse le protéger.

A l'Elbe sera le premier repos; Eugène va y trouver plusieurs corps qui s'organisent par les ordres de l'Empereur: c'est d'abord Lauriston qui, dans Magdebourg, a formé trois belles divisions, et les mène en personne; Victor arrive aussi, à marches forcées, de Mayence; Davoust a décidé les Bavarois et les Wurtembergeois à prendre une fois encore les armes pour la France; Reynier est venu de Varsovie sur Dresde. Ainsi Eugène sur

à tout pour conserver sa liberté et son indépendance. Elle a vaincu, elle s'est unie à nous; elle a fait plus que si elle avait vaincu nos armées: Alexandre et ses Russes ont gagné nos cœurs.

« Braves soldats qui combattez encore sous les bannières de Napoléon, qui combattez contre vos frères et contre les intérêts de l'Europe, abandonnez l'étendard du plus vil despotisme; retournez dans le sein de vos familles, revenez au milieu de vos frères armés, et prouvez que vous êtes dignes de vivre parmi nous, qui avons appris par une cruelle expérience que nous n'avons de bonheur à attendre que de la magnanimité du généreux Alexandre.

« Écoutez la voix de vos frères; accourez dans le sein de vos amis; revenez cultiver les champs de vos pères. Redevenez enfants de la patrie qui vous a donné le jour, et le soutien de vos familles; venez recevoir le prix de votre courage dans les rangs de la patrie, regagner l'affection de vos compatriotes en ne versant plus votre sang pour servir l'ambition d'un étranger.

l'Elbe peut déjà compter 50,000 hommes; la résistance devient possible et le mouvement rétrograde s'arrêtera, surtout si les Autrichiens massés à Cracovie veulent prêter secours et aide.

C'est donc sur l'Elbe que vont se suivre les grandes opérations militaires; l'espace a été franchi en rétrogradant de la Moskowa jusqu'à ce fleuve; il est urgent de tenir ferme sur ce point, car l'Allemagne est prête à échapper. Wittgenstein ne rappelle dans ses actes, dans ses manifestes, que la vieille loyauté germanique, il s'adresse à ses chers Allemands; Blücher s'attache à conquérir le cœur patriotique des Saxons, il leur parle le langage de la liberté : « tout ami de l'indépendance germanique sera traité comme un frère ; ceux qui s'abaisseront devant la tyrannie seront des traîtres à la patrie [1]. » Ainsi se manifeste l'insurrection dans la Germanie; si les Français reviennent au Rhin, ils ne reverront plus ni l'Elbe, ni l'Oder. La réaction est contre nous; les sociétés secrètes ac-

---

Nous vous rappelons au nom de notre sainte religion et de notre sainte patrie. »

Varsovie, 8 février 1813.

[1] Les alliés semaient partout des adresses aux peuples de la Germanie; voici comment s'exprimait le comte Wittgenstein :

Proclamation aux Allemands.

« Chers Allemands, qui ne faites pas partie des sujets de S. M. le roi de Prusse, n'avez-vous pas eu connaissance de la conduite des braves Prussiens? Comme ils ont accouru de toutes parts pour offrir leurs services! parce qu'il n'y a de condition compatible avec l'honneur que celle d'homme libre. Avec quels sentiments aurez-vous appris cet empressement à défendre la liberté germanique, vous, peuples de toutes les parties de l'Allemagne, qui êtes encore forcés de courber la tête sous le joug d'étrangers insolents? Vos cœurs ne s'élèvent-ils pas et ne brûlent-ils pas de participer à la délivrance de votre patrie, et de venger de si longues souffrances? Car, quel est le coin de l'Allemagne qui n'ait pas entendu les soupirs de ses enfants? quel est l'Allemand qui n'ait pas des parents à pleurer et à venger? Eh bien! le jour des pleurs est passé, celui de la vengeance est arrivé! Dieu était avec les Russes! Dieu sera avec vous! Je vous tends la main! au nom de mon puissant monarque, je vous invite fraternellement à vous joindre à lui, et vous informe que par ses ordres et à ses dépens il se lève à Berlin et dans les villes anséatiques plusieurs légions allemandes; Westphaliens, Bavarois, Saxons, Hessois, venez à nous sans distinction, il suffit que vous soyez Allemands et que vos cœurs soient à la patrie allemande. Hâtez-vous de nous joindre dans cette guerre sainte, car je vous le dis, nous triompherons!»

Comte Wittgenstein.

cueillent les Russes avec un sentiment de fraternisation ; les drapeaux se sont unis pour la délivrance de la patrie ; le roi de Prusse et Alexandre se sont pressé la main, et une marche en avant, sorte de *hourra* contre les Français, est décidée. Mais si l'Allemagne a salué ce noble esprit d'indépendance, elle a subi avec douleur le passage des Russes ; la vieille haine nationale se montre encore entre les Slaves et les Germains; les Cosaques surtout ont commis des excès ; les mœurs paisibles des Allemands s'effraient de l'aspect de ces sauvages du Nord ; les villes d'Allemagne sont remplies de troupes russes qui n'ont ni les habitudes, ni la propreté des nations germaniques. La discipline est rigoureuse, mais souvent mal observée ; les Français ont été insolents, mais aimables, gracieux, enjoués ; les Russes heurtent les usages, les préjugés, la vie paisible des Allemands, et c'est cette lutte de la liberté contre le bien-être qui retient encore quelques populations d'Allemagne prêtes à se prononcer contre les Français.

La ligne de l'Elbe sera-t-elle respectée par les Prussiens et les Russes réunis[1] ? le mouvement s'arrêtera-t-il

---

Proclamation de Blücher aux Saxons.
Buntzlau, 23 mars 1813.

« Saxons, les Prussiens entrent sur votre territoire en frères. Le Dieu des armées a fait éclater d'une manière terrible sa justice dans le nord de l'Europe, et l'ange de la mort a fait disparaître de cette terre 300,000 de ces étrangers qui, dans l'insolence de leur fortune, voulaient l'asservir. Nous marchons où le doigt de Dieu nous guide, pour assurer les anciens trônes et l'indépendance des nations.

« Saxons, vous êtes un peuple brave et éclairé. Vous savez que sans la liberté rien ne peut être cher à des âmes élevées ; vous sentez que la sujétion est avilissante. Vous ne voudrez plus être esclaves ; vous ne souffrirez plus un système de perfidie qui vous rend les instruments d'une ambition effrénée qui, pour satisfaire ses vues dépravées, vous demande le sang des enfants de la Saxe, tarit les sources de votre commerce, détruit votre industrie, enchaîne la presse, et fait de votre heureuse patrie le théâtre d'une guerre dévastatrice.

« Tout ami de l'indépendance germanique sera traité par nous comme un frère, nous ramènerons par la douceur dans le sentier de la justice ceux que la faiblesse égarera ; mais ceux qui s'abaisseront à être les vils instruments de la tyrannie de l'étranger, seront punis avec la dernière sévérité comme traîtres à la patrie allemande. » Blücher.

[1] L'union entre les Prussiens et les Russes était entièrement accomplie.

là? Eugène a pris position, les premiers soleils de mars brillent sur la gelée fondante ; on peut opérer avec plus d'ensemble et moins de souffrance ; le quartier-général de l'armée en retraite est à Leipsick ; elle s'appuie sur deux points, sa gauche à Magdebourg, sa droite à Dresde; et tandis que l'ennemi débouche par Berlin pour se répandre dans le Hanovre, la grande armée russe, dont Blücher forme l'avant-garde, marche droit sur Dresde. A Dresde le passage de l'Elbe doit s'opérer; Reynier seul s'y est concentré; toutes les rives sont couvertes de partisans, de Cosaques, de Prussiens ; on annonce que les Saxons n'hésitent plus à se prononcer pour la cause européenne ; les habitants de Dresde poussent un *hourra* de malédiction contre les soldats de Reynier ; un cri fatal se fait entendre dans les rues : « Hors d'ici les Français ! » Il faut encore une fois opérer sa retraite ; Davoust doit se porter sur Torgau ; le général Thielmann, qui commande les Saxons, déclare qu'il n'a pas d'ordres et refuse l'entrée de la forteresse.

Ainsi, sur ce point, l'Elbe est au pouvoir de l'ennemi. A l'autre extrémité, vers l'embouchure, le fleuve est encore aux Russes, maîtres de tout son cours par cette grande enjambée de Moscou à Dresde. Une insurrection éclate; Hambourg arbore l'étendard de l'indépendance [1];

Ordre du jour.
Berlin, 20 mars 1813.

« S. M. le roi de Prusse a bien voulu joindre à mon corps toutes ses troupes commandées par le général d'Yorck.

« Le commandement de guerriers aussi justement distingués ne peut que me flatter et m'honorer, et assurer le succès de la cause que je sers de mon épée.

« Nobles guerriers prussiens, marchons ensemble pour atteindre l'objet le plus grand pour lequel aient jamais été réunies des armées. Nous avons le bonheur de servir deux princes qui ont tiré l'épée pour le bonheur et l'indépendance de leurs peuples, et pour le salut de l'Europe. »

Comte Wittgenstein.

[1] *Proclamation aux Hambourgeois.*

« Hambourgeois, vous avez renversé les autorités établies par le gouvernement français, même avant l'entrée des troupes russes sur votre territoire, et rétabli vos anciens magistrats. Cet acte énergique, par lequel a commencé votre délivrance, et par lequel vous avez donné un noble exemple à toute l'Allemagne, vous rend

les troupes légères du général Tettenborn et les Cosaques de Wittgenstein se sont répandus dans les villes anséatiques. Czernicheff toujours plus hardi se précipite sur le flanc et le dos des Français et soulève la Westphalie. Eugène est réduit à une défensive périlleuse, il est partout entouré; que va-t-on faire? D'après les instructions de Napoléon, Eugène arrête son mouvement rétrograde et prend rudement l'offensive au centre, et tandis que l'ennemi le débordait de droite et de gauche par deux ailes très étendues, lui menace hardiment Berlin. Le 5 avril, aux premières verdures du printemps, un combat acharné est livré; Eugène est obligé de rentrer dans Magdebourg, sa position devient de plus en plus insoutenable; il écrit mille dépêches à l'Empereur : « Napoléon doit marcher s'il ne veut que l'armée française soit réduite à mettre bas les armes; acculé sur l'Elbe, il ne peut plus tenir, il lui faut un coup d'éclat. »

Cette position désespérée, Napoléon l'a bien sentie; il est temps de paraître, il est temps de rétablir la balance et de faire cesser enfin le mouvement offensif des alliés, car il ne reste plus pour barrière que le Rhin. Si l'on se résout à cette nouvelle fuite, l'Allemagne lui échappe; il compte encore dans ses rangs les Bavarois, les Wurtembergeois, les Westphaliens; si Eugène est obligé de se replier sur le Rhin, il faut renoncer à tout jamais à ce renfort; combien n'est-il

dignes de l'appui de mon auguste monarque et de l'estime de la nation russe. Vous ne nous avez pas guidés dans une nouvelle ville française, mais dans une ancienne ville allemande, et c'est comme Allemands que nous vous saluons nos frères. Votre joie en nous voyant au milieu de vous nous a fait une vive et profonde impression. Mais votre bonheur ne sera assuré, et vos cœurs, braves frères allemands, ne seront parfaitement satisfaits, que lorsque vous aurez aidé à délivrer la patrie allemande. Courez donc aux armes! que tout homme qui sent l'ignominie et l'oppression s'arme! armez-vous tous pour la cause de la patrie et la justice. Aux armes! aux armes! le grand œuvre de la délivrance n'est point achevé, et jusqu'à ce qu'il le soit, un Allemand fidèle ne doit pas goûter de repos.»

Hambourg, 7 (19) mars 1813.
Le baron Tettenborn.

pas essentiel de marcher en toute hâte ! Le 15 avril tout se prépare ; Napoléon est à Saint-Cloud depuis un mois ; c'est dans ce palais que, la carte sous les yeux, il a médité et tracé son plan de campagne ; le voilà nuit et jour sur les statistiques d'Allemagne ; il en connaît mieux que le dernier paysan les petits villages, les rivières, les gués, les bois ; instruit de tout, maître de son mouvement, le soir du 14 avril il annonce son départ pour le lendemain [1]. A une heure du matin les voitures sont dans la cour de Saint-Cloud, et au signal de Duroc les postillons partent à la course de cinq lieues à l'heure ; le 16, Napoléon était à Mayence déjà ; il s'y arrête, passe en revue les corps qui tous se dirigent vers la grande armée : là, se déploient les cohortes déjà solides, l'artillerie de marine, admirables soldats ; ces belles troupes défilent, conscrits, vieux cadres, soldats d'Espagne, jeunes hommes de 17 ans, officiers des campagnes de Moreau et d'Italie.

Le temps presse, car les colonnes légères de Tettenborn, les Cosaques de Czernicheff, ce brillant officier, favori d'Alexandre, que Napoléon a fait poursuivre par le télégraphe,

---

[1] *Maison de l'Empereur à l'ouverture de la campagne de 1813.*

Le général Duroc, grand-maréchal du palais.

Le général Caulaincourt, grand-écuyer.

Les généraux Lebrun, Mouton, Durosnel, Hogendorp, Bernard, Corbineau, Drouot, Flahaut et Dejean, aides-de-camp ; les généraux Kosakousky et Pac, aides-de-camp polonais.

Le colonel Gourgaud, 1er officier d'ordonnance.

Les capitaines : Athalin, de Mortemart, de Lauriston, Desaix, Bérenger, Laplace, Pretet, Pailhou, de Caraman, de Saint-Marsan et d'Aremberg, officiers d'ordonnance.

M. de Turenne, premier chambellan, maître de la garde-robe.

M. de Beausset, préfet du palais.

M. de Canouville, maréchal-des-logis du palais.

MM. de Mesgrigny, Van Lennesp et Montaran, écuyers.

MM. Fain et Mounier, secrétaires du cabinet.

MM. Prévost et Jouanne, premiers commis du cabinet.

M. Lelorgne-Dideville, secrétaire interprète.

Le capitaine Wonzowitch, Polonais, interprète.

M. Bacler d'Albe, directeur du bureau topographique.

Les capitaines Lameau et Duvivier, ingénieurs-géographes.

Les pages Devienne, Saint-Perne, Mortarieu et Ferreri.

M. Peyrusse, payeur des voyages.

ont paru jusqu'à Cassel et Erfurth, il n'y a plus de retard ; Napoléon dirige son armée vers la Saale ; les mouvements des Cosaques sont tellement offensifs qu'ils enlèvent des brigades entières de conscrits presque au Mein ; la grande armée alliée est dans les environs de Gotha, les défections commencent, un bataillon de la Saxe ducale a passé aux ennemis. Ce désordre sur notre ligne doit cesser ; Napoléon s'arrête à Erfurth, organise, prépare tout avec son infatigable activité ; la vieille garde arrive en poste, la jeune garde offre douze régiments déjà au grand complet. Nuit et jour Napoléon travaille, il n'a point amené avec lui M. Maret ; il veut le laisser à Paris avec les ambassadeurs et le prince de Schwartzenberg ; c'est M. de Caulaincourt qui sera chargé de la partie diplomatique dans la campagne, de la correspondance avec les princes et les ambassadeurs : Napoléon a repris sa confiance en lui, il le sait fort agréable à l'empereur Alexandre ; M. de Narbonne est à Vienne, tout s'engage pour la partie diplomatique entre MM. de Caulaincourt, de Narbonne et de Metternich. Entre eux se poursuit la grande négociation qui doit avoir pour but l'alliance de l'Autriche.

Le 28 avril, Napoléon peut enfin compter les corps qu'il a sous sa main pour prendre l'offensive. Vingt nouvelles divisions d'infanterie ont été formées bien ou mal dans cette improvisation, offrant un complet de 80,000 hommes [1] ; Ney reçoit le 3ᵉ corps, Bertrand ob-

---

[1] *Tableau des nouvelles divisions d'infanterie, formées pendant les mois de février, mars et avril 1813, pour réorganiser les corps de la grande armée.*

En février.

A Magdebourg,	division Maison,	5ᵉ corps.
A Munster,	division Puthod,	5ᵉ corps.
A Osnabrück,	division Lagrange,	1ᵉʳ corps.
A Francfort,	{ division Rochambeau, division Souham,	} 5ᵉ corps.

tient le 4ᵉ qu'il a amené d'Italie ; le maréchal Marmont, revenu d'Espagne, commande le 6ᵉ; enfin le 12ᵉ est aux ordres d'Oudinot ; c'est à la tête de ces troupes et de la garde que Napoléon s'empresse d'opérer ; au fond il n'a pas dix mille vieux soldats. La garde est redevenue formidable, son artillerie s'élève à deux cents pièces de canon, Napoléon s'en réserve le commandement; sous lui est Soult, qui arrive d'Espagne comme Marmont ; Napoléon lui donne la vieille garde, car il le sait rude et fort organisateur. Mortier commande la jeune garde ; Bessières, la cavalerie ; cette armée, mélange de vétérans et de conscrits, est pleine d'une ardeur immense ; les généraux sont de premier ordre, les officiers de fière trempe, les sous-officiers même très exercés. On va voir ce que peut la puissance de bons cadres ; ces renforts n'ont jamais vu le feu, mais ils comptent de bons sous-officiers, des officiers et des généraux de premier ordre, et ils feront bien leur devoir. La cavalerie fait un grand vide, on en manque absolument ; elle n'est point en ligne encore.

En mars.

Sur l'Adige,	division Morand, division Pery, division Pacthod, division Lorencez,	amenées d'Italie par le général Bertrand, 4ᵉ et 12ᵉ corps.
A Francfort,	division Girard, division Brénier, division Ricard.	3ᵉ corps.

En avril.

A Mayence,	division Leval, division	2ᵉ corps.
A Hanau,	division Compans, division Bonnet,	6 corps.
Dans le pays de Bade et dans la Hesse,	division Marchant.	
En Wurtemberg,	division Franquemont.	
En Bavière,	division Raglowitch.	

Le 29 avril, telle est la puissance organisatrice de Napoléon, qu'il compte quatorze corps en marche, sans y comprendre la garde impériale; ses lieutenants sont: Vandamme, Victor, Ney, Lauriston, Marmont, Reynier, Poniatowski, Augereau, Bertrand, Rapp, Macdonald, Oudinot, Davoust, Saint-Cyr; enfin Mortier, Duroc, Soult et Bessières pour la vieille et jeune garde ; avec cela la noble France peut reprendre l'offensive en Europe. Dieu la préserve de nouvelles calamités [1] !

A Erfurth commence la véritable campagne par grandes manœuvres, et c'est dans cet art qu'excelle Napoléon ; il a de jeunes troupes, des conscrits en masse, peu de cavalerie ; il n'a d'autres corps d'élite que les canonniers de la marine, les vétérans de la garde, et quelques régiments retirés d'Espagne ; par contre, toute cette armée compte de bons sous-officiers et des officiers d'une remarquable aptitude ; on pourrait dire qu'ils enlèvent les soldats, ils les poussent, et leur exemple fait tout ; depuis le colonel jusqu'au sergent, tout est vieux soldat, les conscrits sont dans les rangs, le vétéran est en serre-file, et cela protége les opérations ; il en résultera sans doute une perte énorme d'officiers-géné-

---

[1] *État de la grande armée en 1813.*
1er corps organisé à Wesel commandé par le général Vandamme. Divisions Dumonceau, Dufour et Lagrange.

2e corps organisé à Mayence et sur la Saale, le maréchal Victor. Divisions Dubreton et Teste.

3e corps organisé à Francfort, le maréchal Ney. Divisions Souham, Girard, Brenier, Ricard, Marchand.

4e corps organisé en Italie, le général Bertrand. Divisions Morand, Peri, Franquemont.

5e corps organisé à Magdebourg. Le général Lauriston, divisions Puthod, Maison, Rochambeau.

6e corps organisé à Hanau, le maréchal Marmont, divisions Compans et Bonnet.

7e corps organisé à Torgau, le général Reynier. Divisions Lecoq, Durutte, augmenté ensuite des divisions Marchand et Sahrer.

8e corps organisé en Lusace, le maréchal Poniatowski, divisions Dombrowski et Rosnicki.

9e corps organisé à Wurtzbourg, le maréchal Augereau, les divisisions Léfol et...

10e corps, garnison de Dantzick, le général Rapp.

11e corps organisé sur l'Oder, le maréchal Macdonald. Divisions Gérard, Fressinet, Charpentier.

raux et même d'officiers ; mais tous les rangs seront conservés, car ils conduisent de braves jeunes hommes ; ainsi à peine la campagne de Moscou a-t-elle privé Napoléon de sa vieille armée qu'il en crée par miracle une nouvelle. Cette première partie de la campagne d'Allemagne, à peine de vingt jours, est le résultat de ce miracle ; elle détermine dans ce court espace de temps le mouvement rétrograde des alliés sur toute la ligne. Il est vrai que ceux-ci, privés de leurs renforts[1], se sont aventurés au-delà de l'Elbe ; trop confiants dans l'insurrection allemande, ils n'ont pas cru aux prodiges de l'Empereur, à ce génie qui saisit et embrasse tout ; ils ne s'imaginaient pas qu'après le grand désastre de la Russie, il se trouverait un homme assez fort, assez grand pour jeter au bout de trois mois 250,000 hommes au-delà du Rhin avec une artillerie plus redoutable que celle de la précédente campagne.

Au confluent de la Saale, à peu de distance du champ de bataille d'Iéna, l'armée que conduisait Napoléon fit sa jonction avec les débris de la campagne de Russie sous les ordres d'Eugène ; l'Empereur aimait ces souvenirs

---

12ᵉ corps organisé en Italie, le maréchal Oudinot. Division Pacthod, ensuite Gruyère et Lorencez.

13ᵉ corps, du côté de Hambourg, le maréchal Davoust. Divisions Loison, Pescheux et Thiébault.

14 corps organisé à Dresde, le maréchal Saint-Cyr. Divisions Claparède et Razout.

Garde impériale. Vieille garde le maréchal Soult ; divisions Friant, Curial et Dumoustier. Jeune garde, le maréchal Mortier ; divisions Barrois, Rognet et Boyeldieu.

Cavalerie de la garde, le maréchal Bessières ; grenadiers à cheval, le général Guyot ; dragons, le général Ornano ; chasseurs, le général Lefebvre-Desnouettes ; lanciers, le général Kraminski.

[1] *Force de l'armée alliée sur l'Elbe en avril.*

L'armée de Kutusoff, dont Winzingerode formait l'avant-garde, et qui était à Dresde le 20 avril ; compte	50,000
Les Prussiens de Blücher montent à	25,000
L'armée de Wittgenstein, qui arrive de Berlin sur l'Elbe	20,000
Les Prussiens de Bulow et d'Yorck	50,000
Total.	145,000
Renforts qui arrivent sur les derrières, Prussiens sur l'Oder	25,000
Russes sur la Vistule	75,000
Total.	245,000

et ces rapprochements; le champ de bataille d'Iéna retentissait dans l'armée comme une belle victoire. Il y eut donc à Iéna une noble fraternisation des deux camps; les débris de l'armée de Russie, qui avaient tant souffert, purent dire aux jeunes conscrits les privations qu'ils avaient subies, les défaites qui les avaient humiliés. L'esprit de vengeance retentit partout, il fallait laver les aigles de l'outrage des ennemis; ces champs d'Allemagne, au mois d'avril, étaient beaux de cultures; l'abondance était sous la tente. Napoléon, qui voulait conserver ses alliances et ramener les Allemands, avait recommandé aux généraux, aux officiers de bien traiter les paysans; tout était payé avec exactitude, les napoléons d'or circulaient dans les cités comme dans les campagnes. Les journées printanières commençaient, on était au mois de mai; des batailles sous le soleil devaient plaire aux jeunes conscrits, tout fiers, tout joyeux : le moral de l'armée était tout à fait rétabli.

Le plan de l'Empereur était de marcher vite sur Leipsick afin de frapper et d'étonner les alliés; à Leipsick il était à cheval sur trois routes : Berlin, Dresde et Prague; en marchant sur Berlin [1], il pouvait se venger immédiatement de la Prusse, frapper un coup théâtral, dater une fois encore ses décrets de Potsdam ; en s'emparant de Dresde, il déterminait les Saxons à conserver son alliance; en même temps il se rendait maître du cours de l'Elbe, l'ennemi devait repasser le fleuve ; enfin en

---

[1] Le roi de Prusse avait pris entièrement parti pour la coalition; voici comment il parlait à son armée.

Adresse du roi de Prusse à son armée.

« Vous avez souvent exprimé le vœu de combattre pour la liberté et l'indépendance de votre patrie. Le moment est arrivé, il n'est pas un Prussien qui ne le sente. Tous courent volontairement aux armes. Ce mouvement spontané est pour l'armée un appel auquel elle répondra. La patrie a le droit de vous demander ce que les autres sujets offrent volontairement.

« Voyez les sujets abandonnant tout ce

ayant les yeux fixés sur Prague, il pouvait maintenir l'Autriche dans l'alliance, et amener une réponse favorable de M. de Metternich. Le son des tambours, le bruit de l'artillerie, les fanfares des trompettes annoncèrent donc la marche en avant sur la route de Leipsick ; l'Empereur s'y détermina, quoique la cavalerie ne fût point encore arrivée, tant il était pressé de prendre sa revanche.

Les premiers coups se donnèrent à Weissenfels ; la division d'avant-garde du général Souham eut l'honneur de croiser la première le fer avec l'ennemi. Elle se trouve en présence d'une division de cavalerie russe ; les soldats sont impatients de s'élancer la baïonnette au bout du fusil ; Souham donne l'exemple, l'artillerie retentit, et les boulets rebondissent ; on n'a pas de cavalerie, les forts escadrons russes s'avancent et chargent ; Souham se forme en plusieurs carrés, démasque les pièces, elles sont si bien servies que la cavalerie russe est mise en pleine déroute ; les jeunes et nobles soldats arrivent donc à Weissenfels. Ce n'est pas le seul labeur de ce commencement de campagne ; le 1er mai au matin on signale une forte arrière-garde ennemie sur les hauteurs de Poserna ; l'Empereur l'examine et la suit de sa longue-vue ; c'est un défilé que le général Winzingerode veut défendre avec du canon et de l'infanterie : « Enlevez cette position, dit-il encore à la division Souham, c'est le couronnement de la jour-

---

qui leur est cher pour aller exposer leurs vies en défendant la patrie. Vous avez le sentiment de vos devoirs comme sujets et comme soldats. Que dans les jours de combat ou dans les temps de troubles, chacun de vous conserve l'esprit de modération et de discipline. Que dans tous les moments l'intérêt de la patrie soit seul écouté.

« Ayez toujours présent à l'esprit l'exemple que vous ont donné les Russes qui combattent à nos côtés : ils se sont confiés en leur souverain, en la justice de leur cause, et Dieu leur a donné la victoire ! »

Frédéric-Guillaume.

née d'hier. » A ces mots la jeune infanterie s'avance avec la même ardeur, elle n'a derrière elle pour la soutenir que deux régiments de cavalerie, le 10ᵉ hussards au brillant uniforme et les dragons badois; derrière Souham, les divisions Marchand et Gérard s'échelonnent en carrés de manière à former comme un brillant échiquier de baïonnettes reluisantes d'acier : il y avait de l'ardeur à ce point qu'elle débordait ; l'artillerie ennemie fait un feu effrayant, les boulets labourent les rangs, brisent les colonnes, le combat est acharné ; Bessières sans cavalerie est un corps privé d'âme ; il la cherche sur le champ de bataille qu'il parcourt comme désœuvré ; à ce moment un boulet rebondit, ricoche et vient le frapper au milieu du corps ; il est brisé et tombe ! C'était encore un vieux de l'armée d'Italie ; la cavalerie de la garde était habituée à le voir, à le saluer, lui à la coiffure poudrée de l'ancien régime ; on le couvre d'un manteau, on l'emporte ; quelle fatalité ! quel présage ! il mourut de la mort de Turenne. Depuis seize ans il n'avait point quitté Napoléon. Tous ces braves allaient préparer au-delà du sépulcre une place pour l'âme de leur Empereur ; au moins ils ne survivaient pas au grand œuvre de l'Empire [1].

Le pas de charge ne fut point arrêté, en avant ! en avant ! L'ennemi prend la route de Lutzen, on le pour-

---

[1] *Lettre de Napoléon a la maréchale Bessières.*

« Ma cousine, votre mari est mort au champ d'honneur. La perte que vous faites et celle de vos enfants est grande sans doute, mais la mienne l'est davantage encore. Le duc d'Istrie est mort de la plus belle mort et sans souffrir ; il laisse une réputation sans tache, c'est le plus bel héritage qu'il ait pu léguer à ses enfants. Ma protection leur est acquise. Ils hériteront aussi de l'affection que je portais à leur père. Trouvez dans toutes ces considérations des motifs de consolation pour alléger vos peines, et ne doutez jamais de mes sentiments pour vous. Cette lettre n'étant à autre fin, je prie Dieu, ma cousine, etc. » Napoléon.

96 L'EUROPE PENDANT LE CONSULAT ET L'EMPIRE.

suit ; c'est un piége qu'il tend, car alors il déploie une immense cavalerie et une artillerie formidable. L'affaire prenant ainsi de larges proportions, l'Empereur se vit obligé de faire donner la garde : l'ennemi, devant ces vieilles et profondes colonnes, cède du terrain et se met une fois encore en retraite vers Lutzen. Dans ce champ de bataille de Lutzen qui vit les fastes de Gustave-Adolphe, et où s'élève un tombeau, simple pierre sépulcrale, l'armée française s'est donné rendez-vous ; des masses arrivent par tous les côtés [1].

Nous sommes au 2 mai, l'armée est en marche sur Leipsick, s'avançant par plusieurs voies ; ses masses sont trop considérables pour se grouper en un seul corps de bataille. Lauriston est en tête près de Leipsick où se fait entendre une vive canonnade. Les efforts doivent se porter là ; l'Empereur veut frapper d'étonnement l'Allemagne, et retenir les Saxons, il lui faut Leipsick. Blücher et Wittgenstein s'efforcent d'absorber son attention sur ce point ; ils vont tenter une intrépide attaque de flanc au milieu de ces divisions séparées en pleine marche ; on veut surprendre l'Empereur dans ce tumulte d'organisation qui suit son arrivée au camp. L'ennemi avait des masses considérables d'infanterie,

---

[1] L'armée française qui va combattre à Lutzen est composée :
Des 5 divisions du maréchal Ney,
Des 2 divisions du maréchal Marmont,
Des 3 divisions du maréchal Macdonald,
et de la 1re division du quatrième corps.
Total. 11 formant 70,000
Il faut y ajouter la garde et la cavalerie qui présentaient 15,000
————
Total. 85,000
Quant aux alliés, leur armée présentait :

Russes.
Armée de Wittgenstein 15,000
Armée de Winzingerode 15,000 } 60,000
Grande armée de Tormassoff 30,000
Prussiens.
Armée de Blücher 30,000
Corps d'Yorck, moins la division } 45,000
Kleist qui était restée à Leipsick.
————
Total. 105,000
Les deux tiers seulement prirent part à l'action, ce qui fait que leur effectif était de 82,300 hommes sur le champ de bataille.

une cavalerie immense ; il devait donc offrir bataille à de bonnes conditions. Déjà l'Empereur aperçoit Leipsick, la résistance paraît sérieuse, l'armée pleine d'impatience a les yeux fixés sur son Empereur, lorsqu'on entend tout à coup une vive canonnade : plus de cent vingt pièces d'artillerie ébranlent le sol, un nuage de fumée obscurcit le ciel ; des feux rougissent l'horizon ; d'où vient ce bruit inattendu sur le flanc droit de l'armée? L'Empereur étonné se retourne, braque sa lunette : « Qu'est-que cela ? s'écrie-t-il ; voilà des colonnes profondes, noires, prolongées ; elles viennent à nous ; suis-les. Ney, c'est à ton corps qu'elles en veulent. » Et à ces paroles le maréchal part au grand galop pour prendre le commandement de la droite qui paraît vivement pressée par l'ennemi.

C'est donc une véritable surprise, le développement d'un plan calculé dans des proportions savantes, hardies, de la part de Blücher et de Wittgenstein [1] ; ils ont trompé Napoléon, lui dont le coup d'œil était si rarement en défaut; ils ont simulé une vraie défense de Leipsick pour tomber avec rapidité sur son flanc. Il faut changer tout à coup le champ de bataille ; au lieu de

---

[1] J'ai pour habitude de contrôler les bulletins français par les récits des alliés. On peut ainsi s'éclairer par les pièces.

Bulletin russe.

Du champ de bataille, le 21 avril (3 mai) 1813.

« Lorsque l'Empereur Napoléon fut arrivé à son armée, tout indiqua qu'il avait l'intention de prendre immédiatement l'offensive. En conséquence, les armées russe et prussienne avaient été réunies entre Leipsick et Altenbourg, et avaient pris une position centrale. Dans ces entrefaites, le général en chef, comte de Wittgenstein, s'était convaincu par des reconnaissances que l'ennemi, après s'être concentré debou-Chise chait avec toutes ses forces par Mersebourg et Weissenfels, et qu'il envoyait en même temps un corps considérable sur Leipsick. Le comte Wittgenstein se décida sur-le-champ à profiter du moment que ce corps ne pourrait pas coopérer avec le corps principal de l'armée française et attaquer celle-ci avec toutes ses forces. A cet effet, il était nécessaire de dérober ses mouvements, et dans la nuit du 1er au 2, il ordonna au corps russe sous les ordres du général de cavalerie Tormassoff de le joindre. Par cette réunion, il se trouva en force pour tomber en masse sur l'ennemi, sur un point où ce dernier ne pouvait croire qu'il n'avait affaire

s'étendre et de s'avancer sur Leipsick, l'armée va pirouetter sur la droite pour faire face à l'ennemi ; des ordres sont envoyés, Macdonald doit revenir à la hâte, Marmont et Bertrand accourir au pas de course ; tous sont à plusieurs lieues de distance, et pendant ce temps l'ennemi s'avance. Les divisions qui marchent sur Leipsick doivent, par une conversion à droite, rétrograder et se reformer ; c'est une belle manœuvre, un changement de front sur une ligne de plusieurs lieues ; ce sont de jeunes troupes qui l'exécutent, et on dirait des vétérans ; pas un de ces soldats n'est en retard, pas un seul bataillon ne se met en désordre ; la précision la plus ferme préside à ce mouvement sous le feu de l'artillerie ennemie.

Cependant les colonnes profondes qu'on voyait à l'horizon s'avancent en jetant des torrents de boulets ; c'est toute l'armée alliée ; Alexandre et Frédéric-Guillaume la conduisent en personne. Wittgenstein, qui a succédé à Kutusoff, mène les Russes ; il veut marquer sa bonne venue par une victoire. Les Prussiens n'ont pas manqué à l'appel, et, tandis que Kleist défend Leipsick par une résistance simulée, Blücher soutient Wittgen-

---

qu'à un détachement dont l'objet était d'inquiéter son flanc. L'action commença. Les généraux Blücher et d'Yorck l'engagèrent. Les opérations eurent lieu entre l'Elster et la Luppe. Le village de Gross-Gorschen était la clef et le centre des opérations de l'ennemi. La bataille commença par l'attaque de ce village. L'ennemi sentait toute l'importance de ce point, et voulut s'y maintenir. Il fut emporté par l'aile droite du corps sous les ordres du général Blücher ; et en même temps son aile gauche poussa en avant, et chargea le village de Klein-Gorschen. De ce moment tous les corps arrivèrent successivement, et prirent part à l'action qui devint géné- rale. Le village de Gross-Gorschen fut disputé avec une opiniâtreté sans exemple. Il fut pris et repris six fois à la baïonnette, mais le courage des Russes et des Prussiens l'emporta enfin, et ce village et celui de Klein-Gorschen, restèrent aux armées combinées. Le centre de l'ennemi fut rompu et il abandonna le champ de bataille. Il ramena des colonnes fraîches qui venaient de Leipsick, et qui étaient destinées à soutenir son flanc gauche. Quelques corps tirés de la réserve et qui étaient sous les ordres du lieutenant-général Kanownitzin, furent envoyés contre ces colonnes, et là, vers le soir, s'engagea un nouveau combat, qui fut aussi

stein avec son intrépidité habituelle. Ces colonnes, précédées par des nuées d'escadrons, se précipitent et sabrent tout jusqu'au village de Veissenfels ; la masse entière de l'armée alliée opère sur le corps de Ney ; on s'y bat avec acharnement. Le village de Kaya, centre de la position, est attaqué, pris et repris ; la défense est héroïque : on voit ces jeunes conscrits tomber sous le coup de la mitraille, brisés, fauchés comme les gerbes de blé dans la moisson. Les Prussiens de Blücher, un instant maîtres de la victoire, font entendre des hourras ; le corps de Ney est en désordre.

Napoléon voit que la bataille est perdue; il arrive au grand galop, l'épée à la main : « Braves jeunes gens, s'écrie-t-il, la patrie vous regarde et vous hésitez! » Les conscrits se reforment, se groupent et tombent mitraillés. L'instant est décisif. « La garde ! la garde ! » répète Napoléon, et ces masses d'hommes d'élite se rangent en bataillons carrés entre Lutzen et Kaya. Il faut reprendre à tout prix ce village, centre de la position ; la garde s'avance grave, sérieuse, coquettement parée ; pas un seul cri ; le courage ferme, silencieux, le devoir mêlé au sentiment de la supériorité. La garde est au milieu de la mi-

---

très opiniâtre ; mais l'ennemi fut également repoussé à ce point.

« Tout était préparé pour renouveler l'attaque au lever du soleil ; des ordres avaient été envoyés au général Miloradowitch, qui était avec tout son corps à Zeist, de joindre la grande armée au point du jour, la présence d'un corps de troupes fraîches avec cent pièces d'artillerie ne laissant aucun doute sur l'issue de la journée. Mais, vers le matin, l'ennemi fit un mouvement sur Leipsick, se repliant toujours sur son arrière-garde. Cette manière de refuser le combat que nous offrions donna lieu de croire que l'ennemi tâcherait de manœuvrer pour gagner l'Elbe ou se porter sur les communications des armées combinées. Dans cette supposition, il fallut opposer manœuvre à manœuvre, et en occupant un front entre Colditz et Rochlitz, nous nous assurâmes tous les avantages de cette nature, sans trop nous éloigner des points propres à une attaque offensive.

« Dans cette mémorable journée l'armée prussienne s'est battue d'une manière faite pour fixer l'admiration de ses alliés. Les gardes du roi se sont couverts de gloire. Les Russes et les Prussiens ont rivalisé de courage et de zèle sous les yeux de leurs deux souverains, qui n'ont pas quitté un instant le champ de bataille. L'ennemi a

traille; elle marche sans déformer ses rangs; ses feux commencent à bout portant, le village est abordé! Au bruit infernal de toute cette artillerie succède un silence profond : Kaya est repris par les Français.

Cependant les Russes de Wittgenstein débouchant par la plaine de Lutzen, y trouvent l'infanterie de marine, 6,000 hommes de bonnes troupes. Le corps de Ney n'est plus qu'une masse confuse; le maréchal veut en vain le rallier; à ses côtés est frappé son chef d'état-major Gouré; Girard, Brenier, Guillot, Gruner, tombent sur le champ de bataille. Les généraux ont tous l'épée à la main, ils ne s'épargnent plus; il s'agit de l'honneur de la France : « le moment est venu de vaincre ou de mourir, » comme l'a dit le général Girard; c'est un combat corps à corps; la noblesse prussienne, les fils des universités, croisent le fer avec les jeunes conscrits de vingt ans à peine. Lutzen fut une bataille de jeunes hommes, un combat d'étudiants et de conscrits. Aujourd'hui que leur vie est mûre et avancée, ils s'en souviennent encore à Berlin; c'était la fleur de toute la génération scientifique, avec les professeurs dans les rangs : là, pour la première fois, on vit s'élancer les

---

perdu seize canons, et nous avons fait 1,400 prisonniers, l'ennemi n'a enlevé à l'armée alliée aucun trophée. Notre perte en tués et en blessés peut monter à 8,000 hommes; celle de l'armée française est estimée à 12 ou 15,000.

« Au nombre des blessés sont le général de cavalerie Blücher, les lieutenants-généraux Kanownitzin et Scharnhost; leurs blessures ne sont pas dangereuses. L'ennemi n'ayant que peu de cavalerie, s'est efforcé de garder les villages, dont le terrain était inégal et rompu; ce qui fait que la journée du 2 mai a été un combat continuel d'infanterie. Une grêle non interrompue de balles, de boulets, de mitraille et de grenades, a été maintenue par les Français pendant une bataille qui a duré dix heures, »

Lord Cathcart, qui avait assisté à la bataille, adressa la dépêche suivante à lord Castlereagh.

Dresde, le 6 mai 1813.

« Mylord,

« Mes dernières dépêches ont informé votre seigneurie de l'arrivée du chef de la France, et de la concentration de ses forces près d'Erfurth et vers la Saale, et de celle des alliés sur l'Elster.

« J'ai l'honneur de vous transmettre aujourd'hui les relations officielles que les gouvernements russe et prussien ont pu-

BATAILLE DE LUTZEN (2 MAI 1813).

chasseurs volontaires de la Prusse, les fils de la noblesse, de la bourgeoisie, de dix-sept à vingt-quatre ans ; ces jeunes gens aux blonds cheveux, à la taille élégante, tombaient par centaines sous les feux de la mitraille. A leurs côtés étaient les volontaires noirs, en souvenir de la reine Louise de Prusse.

La position importante de Kaya, attaquée et défendue avec acharnement, est couverte de morts ; les pertes de l'armée française sont immenses ; les rangs croulent sous la mitraille ; à chaque moment des troupes fraîches entrent en ligne. L'Empereur est là, debout sur le champ de bataille, tout le monde peut le voir; les boulets pleuvent à ses côtés ; sa lorgnette braquée sur la droite, il attend le général Bertrand ; un peu plus loin le vice-roi arrive en ligne à marches forcées, tandis que le maréchal Macdonald enlève à la baïonnette les villages sur la droite de l'ennemi. Par cette marche en éventail les forces françaises deviennent supérieures à celles des alliés, ainsi enlacés entre tous ces corps qui les pressent ; ils avaient espéré surprendre, et ils se trouvent entourés. Mais, en étendant ses ailes, l'Em-

---

bliées de l'action générale qui a eu lieu, le 2 du présent, entre les deux armées, à la suite de laquelle les alliés sont restés en possession du champ de bataille et des positions dont ils avaient délogé l'ennemi dans le cours de la journée.

« Dans la soirée du 1er l'ennemi paraissait avoir de grandes masses de forces entre Lutzen et Weissenfels, et à la nuit tombante, l'on aperçut une forte colonne se portant vers Leipsick, où il devint bien évident qu'il avait l'intention de marcher.

« L'avant-garde de l'armée du comte Wittgenstein avait été engagée, dans la même soirée, à l'est et au nord de Lutzen;

la cavalerie qui en faisait partie eut ordre de rester sur le terrain pour amuser l'ennemi dans la matinée, mais de se retirer peu à peu. En même temps les différentes colonnes de l'armée reçurent l'ordre de passer l'Elster à Pegau, et de se porter en avant, en suivant le cours d'un ruisseau, qui, ayant sa source près de l'Elster, court au nord-ouest et se jette dans la Saale; le but de ce mouvement, que le terrain favorisait, était de tourner la droite de l'ennemi, entre Weissenfels et Lutzen, tandis que son attention était dirigée sur sa gauche, placée entre Lutzen et Leipsick.

« Aussitôt que LL. MM. virent les troupes arrivées dans les positions qui leur étaient

pereur a dégarni son centre, et au centre est la victoire; les alliés veulent donc reprendre Kaya à tout prix. L'attaque est brillante; là tombent le prince de Mecklembourg-Strelitz, le prince de Hesse-Hombourg, le valeureux patriote Scharnhost; Blücher est blessé à l'épaule. Cette attaque a réussi, le centre des Français se débande encore ; ce n'est plus qu'une foule confuse que la mitraille laboure. Napoléon s'en aperçoit et se précipite au galop de son cheval sur ce centre : « Où allez-vous ? où fuyez-vous ? » et il arrête cette jeunesse valeureuse, mais abîmée; ces cris sont inutiles, le village de Kaya est au pouvoir des alliés.

Ici donc est le moment suprême, car la bataille est perdue ; l'Empereur doit faire donner sa réserve ; il la tient pour les instants décisifs ; il a sous la main seize bataillons de la jeune garde, troupes fraîches et solides; il les forme en ligne ; et les appuie par six bataillons de la vieille garde ; une batterie de huit pièces doit prendre le village de Kaya en écharpe ; ces masses d'infanterie se meuvent, se groupent par grandes colonnes et marchent au pas de charge sur le village entouré de feu et de fumée. Napoléon s'est placé au milieu de la batterie, pour

destinées, toute l'armée marcha à l'ennemi.

« Le pays est nu et ouvert, le terrain sec et léger, mais entrecoupé de collines et de vallées, et sillonné de ravins et de ruisseaux, les premiers n'étant perceptibles que lorsqu'on en est tout près.

« L'ennemi, placé derrière un long rideau, et dans une chaîne de villages dont Gorschen est le principal, son front couvert par un ravin, et sa gauche par un ruisseau assez considérable pour flotter des bois, attendit l'approche des alliés à peu de distance.

« Il avait une quantité immense d'artillerie de 12, et de plus fort calibre, distri-buée sur toute la ligne et dans les villages ; les batteries dans la plaine étaient soutenues par des masses d'infanterie en carrés solides.

« Le plan d'opération que l'on adopta après avoir vu la position de l'ennemi, fut d'attaquer le village de Gorschen avec de l'infanterie et de l'artillerie, et, en même temps, de percer la ligne de l'ennemi, à la droite des villages, par une forte colonne de cavalerie, afin de couper les troupes dans les villages de tout secours.

« La cavalerie de réserve prussienne, destinée à cette attaque, avança à la charge et se conduisit avec la plus grande bravoure; mais la grêle de mitraille et de

en suivre tous les mouvements; les alliés la couvrent de mitraille, qu'importe? Les canonniers de la garde font un feu formidable et écrasent les batteries russes et prussiennes. Mortier s'élance à la tête de la jeune garde, c'est sa glorieuse famille; un boulet tue son cheval; il tombe et roule dans la poussière épaisse; Dumoustier le remplace, il tombe à son tour; tous deux, dégagés de leurs chevaux, se relèvent l'épée à la main, et c'est à pied, à la tête des colonnes, qu'ils engagent une nouvelle lutte; Kaya est repris, les aigles brillent sur les maisons en ruines au milieu de l'incendie; l'ennemi fuit encore; la bataille est gagnée!

Mais quelle bataille! Voyez ce champ de Lutzen, ce village incendié! il est tout couvert de cadavres, d'armes, de chevaux; une belle génération est là brisée sous la faux de la mort; le nombre des officiers tués au champ d'honneur est effrayant; c'est qu'il a fallu payer d'exemple, le jour est venu de vaincre ou de mourir; on a dû enseigner aux jeunes conscrits comment on tombait pour la France. A Lutzen, il fallait voir ces nobles jeunes hommes marcher au feu avec l'intrépidité de soldats aguerris, ils couraient plutôt qu'ils n'avançaient; ils n'avaient pas la

---

balles à laquelle elle fut exposée en arrivant au ravin, lui ôta toute possibilité de pénétrer; et l'ennemi paraissant déterminé à se maintenir dans les villages à tout prix, la bataille prit le caractère le plus meurtrier d'attaque et de défense, les postes étant à différentes reprises pris, perdus et repris.

« La cavalerie fit plusieurs efforts pour rompre la ligne de l'ennemi, et se comporta avec un ordre et un sang-froid exemplaires sous un feu destructif; dans quelques-unes de ces charges elle réussit à pénétrer dans les carrés, et tailla l'infanterie en pièces.

« Bien avant dans la soirée, Bonaparte ayant rappelé ses troupes de Leipsick et rencontré ses réserves, attaqua, avec sa gauche la droite des alliés, soutenant ce mouvement par le feu de plusieurs batteries volantes.

« La vivacité de ce mouvement rendit nécessaire de faire changer de front sur la droite aux brigades les plus près. Comme toute la cavalerie avait eu ordre de se porter de la gauche à la droite, de tourner les colonnes d'attaque de l'ennemi et de les charger, je n'étais pas sans espoir de voir la ruine de Bonaparte et de toute son armée; mais avant que la cavalerie n'ar-

solidité passive de la vieille infanterie, ce caractère grave et solennel qui fait recevoir la mort de face, sans sourciller; mais l'ardeur impétueuse de braves jeunes gens qui veulent honorer leurs aigles et grandir leur renommée. Le champ de bataille était couvert de débris; on perdit plus de 15,000 hommes frappés par la mitraille; les pectacle fut affreux, et quel résultat avait-on obtenu? A vrai dire, Lutzen ne fut qu'une surprise sanglante et fortement repoussée; Napoléon voulut en relever l'importance aux yeux de son armée pour grandir son moral; il parla donc à ses jeunes conscrits : « il était content d'eux! dans cette nouvelle bataille ils avaient ajouté un grand éclat à leurs aigles; il plaçait (et cela était, hélas! bien exagéré), il plaçait la bataille de Lutzen au-dessus d'Austerlitz, d'Iéna et de Friedland : » dans cette solennelle proclamation, l'Empereur dissertant sur la politique, déclamait contre les mauvais sujets allemands qui prêchaient l'anarchie et la sédition. C'était ici une phrase contre les patriotes et les sociétés secrètes [1].

Le jour même, ordre fut donné de marcher sur Dresde; Leipsick était déjà au pouvoir des Français par suite de la bataille; on voulait profiter de l'élan moral que le succès de Lutzen avait donné à l'armée pour raffermir l'al-

rivât il devint tellement nuit, qu'il était impossible de rien distinguer, excepté le feu des canons.

« Les alliés demeurèrent en possession des villages disputés et de la ligne que l'ennemi avait occupée.

« On donna l'ordre de renouveler l'attaque le lendemain, mais l'ennemi ne l'attendit pas, et on ne jugea pas à-propos de le poursuivre, vu l'état de la cavalerie en général.

« Les deux souverains sont restés sur le champ de bataille toute la journée.

« Les troupes russes de toutes les armes ont pleinement rempli l'attente que j'avais formée de leur bravoure et de leur fermeté, et l'esprit d'émulation et de patriotisme qui anime l'armée prussienne mérite les plus grands éloges.

« J'ai l'honneur d'être, etc. »
      Cathcart.
1 *Napoléon à l'armée.*
« Soldats! je suis content de vous. Vous avez rempli mon attente. Votre bonne volonté et votre valeur ont suppléé à tout. Le mémorable jour du 2 mai, vous avez

MARCHE SUR DRESDE (5 MAI 1813).

liance de la Confédération du Rhin et la foi de ses drapeaux; il fallait la déterminer à rester sous nos aigles. Le succès de Lutzen semblait surtout décisif, car il nous donnait momentanément la Saxe; quand l'Allemagne nous échappait, quelle œuvre immense que de retenir les Saxons! On marche droit sur Dresde en même temps que les alliés opèrent leur retraite; ils n'ont pas laissé de prisonniers; et comment l'Empereur aurait-il pu les suivre? il n'avait pas de cavalerie. Ramenés sur l'Elbe, les alliés manœuvrent dans la direction de Dresde, où se trouvent le Czar Alexandre et le roi de Prusse; le vaste et beau pont de Dresde est encombré déjà de leurs troupes, lorsque le 8 mai, six jours après la bataille de Lutzen, les baïonnettes resplendissantes des divisions de la grande armée se montrent sur les verts coteaux qui dominent les clochers et les monuments publics de Dresde; et ce fut là que l'Empereur put contempler une fois encore ce beau parc de Marcollini, l'objet de ses prédilections. Les magistrats viennent au-devant de lui; Napoléon leur parle avec une grande sévérité; Dresde avait reçu avec enthousiasme Alexandre et Frédéric-Guillaume, de jeunes filles avaient semé des fleurs

---

battu et mis en déroute l'armée russe et prussienne, commandée par l'empereur Alexandre et le roi de Prusse. Vous avez ajouté un nouvel éclat à la gloire de mes aigles. Vous avez montré de quoi le sang français est capable. La bataille de Lutzen sera mise au-dessus de celles d'Austerlitz, d'Iéna, de Friedland et de la Moskowa. Dans la dernière campagne l'ennemi n'a trouvé de refuge contre nos armes qu'en suivant les usages féroces de ses barbares ancêtres. Des armées de Tartares ont détruit ses campagnes, ses cités, la sainte Moscou elle-même. Elles sont arrivées dans nos régions, précédées de tous les mauvais sujets et déserteurs de l'Allemagne, de la France et de l'Italie, pour prêcher la révolte, l'anarchie, la guerre civile et l'assassinat. Ils sont devenus les apôtres de tous les crimes. Ils voulaient allumer un incendie général entre la Vistule et le Rhin, afin, selon l'usage des gouvernements despotiques, de mettre des déserts entre nous et eux. Les insensés! ils connaissaient bien peu l'attachement des Allemands pour leurs souverains, leur sagesse, leur caractère réfléchi, et leur bon sens. Ils connaissaient bien peu la puissance et la bravoure des Français.

« Dans une seule bataille, vous avez dé-

sous leurs pas¹; des bals ornés de guirlandes cueillies au bord de l'Elbe avaient signalé la joie de la délivrance de la Saxe; l'Empereur ne peut expliquer ces égarements; « il pardonne aux habitants de Dresde à cause de leur souverain vénérable; » il leur parle avec une colère si grande que les magistrats en frissonnent. On voit qu'il veut faire impression².

Tandis que les Français s'établissent sur la rive gauche de l'Elbe dans les faubourgs de Wilsdruff et Friédérichstadt, naguère si brillants, le corps russe de Miloradowitch avait pris position sur la rive droite de la ville, dans le beau quartier de Neustadt, de la porte Noire à la porte Blanche; les maisons sont crénelées, l'artillerie se déploie en grandes batteries; Miloradowitch développe un feu meurtrier, le pont est coupé, une arche s'écroule sous la mine. Alors l'Empereur mande auprès de lui le colonel des marins de la garde, il faut passer le fleuve; il se souvient du Danube! Des radeaux sont construits sous le feu le plus meurtrier de l'ennemi; ces vieux loups de mer traversent sur la rive droite aussi ferme que s'ils allaient à la grande rade de

concerté tous ces complots parricides. Nous chasserons ces Tartares dans leurs affreuses régions, qu'ils n'auraient jamais dû quitter : qu'ils restent dans leurs climats glacés, le séjour de l'esclavage, de la barbarie et de la corruption, où l'homme est dégradé au rang de la brute. Soldats, vous avez bien mérité de l'Europe civilisée; l'Italie, la France, l'Allemagne vous rendent grâce.

« De notre camp impérial à Lutzen, le 3 mai 1813. » Napoléon.

¹ « A l'entrée des souverains alliés à Dresde, les spectateurs se pressaient en foule sur la grande route de Bautzen. A la porte de la ville, on avait érigé deux colonnes unies par des festons de fleurs. Des demoiselles vêtues de blanc, portant des corbeilles de fleurs, formaient une double haie, et après que deux d'entre elles eurent présenté des vers aux monarques, toutes répandirent des fleurs sur leur passage. »

(Récit d'un témoin oculaire.)

² Voici ce que Napoléon dit à la députation de Dresde :

« Vous mériteriez que je vous traitasse en pays conquis. Je sais tout ce que vous avez fait pendant que les alliés occupaient votre ville; j'ai l'état des volontaires que vous avez habillés, équipés et armés contre moi avec une générosité qui a étonné l'ennemi lui-même. Je sais quelles insultes vous avez prodiguées à la France, et combien

Brest ou de Toulon; quatre-vingts pièces de la garde tirent sur Neustadt, la rupture du pont est un obstacle, les voltigeurs jettent des planches, des échelles, courent au pas de charge; le combat est au milieu de Dresde, entre les deux cités que l'Elbe sépare. J'ai parcouru naguère ces rues paisibles, remplies par une riche population, et nulle trace ne reste de ce combat de géants!

Les boulets et les obus voltigent sur le sommet des maisons; au soir, ils ressemblent aux étoiles du ciel; les vitres se brisent aux détonations de cette bruyante artillerie; ce n'est qu'après des efforts inouïs que les Russes évacuent Neustadt et ses maisons crénelées; Dresde est donc au pouvoir de Napoléon. Le voilà dans ce palais Marcollini, qui a vu sa bonne et sa mauvaise fortune! le voilà sur l'Elbe qui formera désormais sa ligne d'opérations; son premier soin est de se mettre en communication avec le roi de Saxe qui a fui sa capitale. Il doute si Frédéric-Auguste persistera dans l'alliance! Il faut qu'il le pressente, qu'il le pénètre; le temps est arrivé où tout doit prendre parti, les événements se pressent avec tant d'activité! Il vient d'en-

---

d'indignes libelles vous avez à cacher ou à brûler aujourd'hui. Je n'ignore pas à quels transports hostiles vous vous êtes livrés lorsque l'empereur Alexandre et le roi de Prusse sont entrés dans vos murs. Vos maisons nous présentent les débris de vos guirlandes, et nous voyons encore sur le pavé le fumier des fleurs que vos jeunes filles ont semées. Cependant je veux tout pardonner. Bénissez votre roi, car il est votre sauveur. Qu'une députation d'entre vous aille le prier de vous rendre sa présence. Je ne pardonne que pour l'amour de lui. Aussi bien vous êtes déjà assez pu- nis! vous venez d'être administrés par le baron de Stein, au nom de Kutusoff, et vous savez maintenant à quoi vous en tenir sur les beaux sentiments des alliés. Je ne vous demande pour mes troupes que ce que vous avez fait pour les Russes et les Prussiens, je veillerai même à ce que la guerre vous cause le moins de maux qu'il sera possible, et je commence par vous donner un gage de ma clémence. C'est le général Durosnel, mon aide-de-camp, qui sera votre gouverneur. Le roi lui-même le choisirait pour vous! Allez. »

voyer son jeune officier d'ordonnance, M. de Montesquiou, près le roi de Saxe, pour le ramener au palais Marcollini. Le roi accourt avec sa loyauté et sa bonté allemandes; des explications s'engagent. Napoléon exagère le succès de Lutzen, les renforts qui lui arrivent de tous les côtés, les heureux résultats que peut avoir une campagne. A son tour le roi de Saxe ne dissimule pas l'esprit anti-français de son armée et de ses peuples : les sociétés secrètes dominent partout, elles entraînent son gouvernement; il n'y a pas moyen de résister, il faut des victoires, et puis encore des victoires à Napoléon ; l'esprit allemand n'est plus favorable à la Confédération du Rhin. L'Empereur le rassure : « il ramène des triomphes sous ses drapeaux, » il est fier, il a rétabli la force morale de ses armes, témoin Lutzen.

Ces conférences ne se bornent point là, la Saxe pour le moment lui est assurée, et le concours du roi lui semble acquis; il accable le vieux souverain de prévenances; il veut ramener à lui les Allemands, et c'est alors qu'arrive à Dresde le comte de Bubna : que vient-il faire? quelle est sa mission? Officiellement, il apporte une lettre autographe de l'empereur d'Autriche en réponse à une autre lettre de Napoléon ; en réalité, le comte de Bubna est chargé par M. de Metternich de quelques ouvertures pour la paix : « La guerre fatigue les gouvernements et les peuples; l'Autriche s'est expliquée avec tous, elle ne peut rester dans le sens limité de l'alliance de 1812; le théâtre de la guerre se portant sur ses frontières, elle doit prendre un parti; elle a signé une suspension d'armes bien secrète avec les généraux russes ; M. de Nesselrode et M. de Lebzeltern ont arrêté une véritable convention militaire qui suspend de plein droit les hostilités; les Autrichiens et les Russes ne s'attaqueront pas¹. » C'est toujours sa médiation que propose le cabinet de Vienne, médiation amicale, qui amènera une trêve, un congrès et la paix ; c'est le même langage qu'a tenu le prince de Schwartzenberg, laissé à Paris auprès de M. Maret. M. de Bubna n'est point opposé à l'alliance de la France; mais il pense comme M. de Metternich que cela ne peut plus suffire ; les positions et les choses sont changées ; la médiation seule est convenable ; elle doit amener un bon résultat, tout le monde le sent et le dit. On s'explique chaleureusement.

Napoléon a des lettres de M. Maret qui lui mande le résultat de ses conférences avec le prince de Schwartzenberg; l'Autriche repousse l'alliance pure et simple. M. Maret, dans un sens d'étiquette et de cour (car il est devenu homme de cour), rappelle l'union de famille ; le prince de Schwartzenberg s'écrie avec un peu de brusquerie militaire : « Ce mariage, la politique l'a fait faire, la politique peut.... », et il n'achève pas. Ces mots indiquent la situation.

Sur l'ordre de l'Empereur, M. Maret vient lui-même

---

¹ Ce document tout à fait secret commence les rapports entre l'Autriche et les alliés.

Note échangée entre M. le comte de Nesselrode et M. le chevalier de Lebzeltern, à Kalisch, le 7 (19) mars 1813, tenant lieu de convention.

« L'armée de S. M. l'empereur de Russie poussera des corps vers les flancs droit et gauche du corps autrichien qui occupe aujourd'hui, sur la rive gauche de la Vistule, la ligne que lui a assignée le dernier armistice.

« Le général russe commandant les corps ci-dessus exprimés dénoncera l'armistice au général commandant autrichien et motivera explicitement cette dénonciation par l'impossibilité dans laquelle se trouvent les alliés de laisser sur leurs flancs et à leur dos un foyer de mouvements et d'insurrections, tel que l'offre l'armée polonaise sous M. le prince Poniatowsky.

« Cette dénonciation aura lieu vers les premiers jours d'avril (N. S.).

« Les deux corps russes s'avanceront avec une force sinon majeure, du moins égale à celle du corps autrichien, fort de trente mille hommes.

« M. le lieutenant-général baron de Frimont recevra l'ordre de préparer et d'effectuer sa retraite sur la rive droite de la Vistule ; il conservera des postes à Cracovie, à Opatowice et Sandomir.

« La retraite à peu près consommée, les

à Dresde pour rendre compte de la négociation autrichienne, elle le préoccupe et l'inquiète; Napoléon n'est pas éloigné d'accepter les paroles de M. de Bubna ; l'Autriche propose un armistice et une négociation à part sous sa médiation ; l'Empereur, qui la désire, fait les premières démarches auprès des alliés[1] ; lui, naguère l'impétueux vainqueur, demande un armistice par l'organe de M. de Bubna ; que les choses sont changées depuis le temps où Napoléon imposait la loi aux ennemis! Maintenant les alliés temporisent; on retarde toute réponse ; ils veulent essayer encore les chances d'une bataille. Ce n'est pas en vain qu'ils ont construit un camp retranché ; à Lutzen, la victoire est, selon eux, restée indécise, car il n'y a pas eu de ces grands succès qui décident du sort des empires; les alliés ont voulu surprendre l'armée française en marche; maintenant ils l'attirent sur un terrain qu'ils ont eux-mêmes choisi et profondément étudié.

A quelques lieues de Dresde, par la route de Bischoffwerda, se trouve le bourg de Bautzen, sur la petite rivière de la Sprée, où se voient tant de jolis hameaux, et ces bois coupés de montagnes qui font de Bautzen comme

---

généraux autrichien et russe conviendront de nouveau d'une suspension d'armes, sans terme fixe, et à quinze jours de dénonciation, laquelle portera que les Autrichiens conserveront les villes de Cracovie et de Sandomir et le poste d'Opatowice avec un rayon convenable, comme tête de pont sur la rive gauche du fleuve devant ces trois ponts. La présente transaction restera à jamais secrète entre les deux cours impériales, et ne pourra de part et d'autre être communiquée qu'à S. M. le roi de Prusse uniquement. »

Signé, le comte de Nesselrode.
Le chevalier de Lebzeltern.

[1] *Lettre de M. de Bubna à M. de Stadion.*
Dresde, le 18 mai 1813.

« Il m'est très agréable de porter à la connaissance de V. Exc. que, malgré le bonheur qui vient d'accompagner ses armes, l'Empereur des Français n'a paru disposé à la paix, et désire que les plénipotentiaires que les puissances belligérantes jugeront à propos de nommer se réunissent aussitôt que possible à Prague, ou dans tout autre endroit, entre les séjours des puissances belligérantes. Dans la conviction que V. Exc. aurait rencontré les mêmes dispositions dans LL. MM. l'empereur de Russie et le roi de Prusse, je m'empresse de vous en-

une grande corbeille de myrtes et de fleurs. Entre Bautzen et Weissemberg se voit un petit bourg, qui prend le nom de Wurtschen, situé entre des ravins et des monticules, propre à la formation d'un camp retranché. Là, les alliés avaient tracé une ligne de fortifications qui commençait au célèbre monticule de Hohkirch sur la gauche, et venait aboutir à la Sprée; ce camp, calqué encore sur les lignes de Torres-Vedras, couvrait Wurtschen et formait comme un second front de bataille après le village de Bautzen et la Sprée; ces deux lignes, séparées à peine par trois lieues de distance, offraient une position formidable qu'il fallait enlever pour déployer ensuite ses colonnes; le monticule de Hohkirch fortement retranché devenait le point d'appui de cette position formidable; des redoutes s'élevaient les unes sur les autres à travers un terrain coupé. Si l'on veut opérer, il faut s'emparer de ce camp retranché; là devront se porter les efforts de Napoléon.

A Dresde, tandis qu'il négocie avec le roi de Saxe et le comte de Bubna, l'Empereur passe en revue tous les renforts; ils arrivent nombreux; de vieilles troupes rem-

gager, M. le comte, à faire votre possible pour déterminer et accélérer le départ des plénipotentiaires pour le congrès. S. M. m'a paru partager l'opinion des alliés, et regarde la paix générale comme le moyen de tranquilliser réellement le monde. Elle y verrait donc avec plaisir un plénipotentiaire de l'Angleterre et de l'Amérique. Elle consent à admettre un des insurgés espagnols, si l'on pensait qu'il fût possible d'amener l'Angleterre à la paix. S. M. m'a paru également disposée pour une paix continentale, et par conséquent à envoyer des plénipotentiaires ainsi que ses alliés, aussitôt qu'on connaîtra les dispositions de la Russie et la Prusse.

« Le congrès une fois arrêté, si les puissances belligérantes voulaient conclure un armistice ou une suspension d'armes, l'Empereur m'a paru aussi disposé à s'y prêter.

« Ayant l'honneur d'informer V. Exc. de ces dispositions de l'Empereur des Français, roi d'Italie, je pense qu'elle voudra intervenir près des souverains alliés, s'ils trouvent ces armistices à leur convenance, pour que les ouvertures d'usage en pareil cas soient faites en conséquence aux avant-postes français.

« En même temps j'ai l'honneur de prévenir V. Exc. que je me rends à l'instant à Vienne pour quelques jours, et que je re-

plissent le vide des conscrits ; on vient de recevoir la grosse cavalerie de Latour-Maubourg, des colonnes successivement arrivées d'Espagne et d'Italie se massent et passent l'Elbe avec une grande précision de manœuvres ; Napoléon a tracé tous les itinéraires. Toute son attention se porte sur le village de Bautzen ; il veut en débusquer les alliés ; et cependant il ne renonce point à l'idée d'un armistice ; il le propose encore [1], il en a besoin, il sent que tout dépend d'une bataille, et qu'il n'est pas assez fort pour continuer la grande guerre sur des proportions si vastes avec des éléments si limités. Il reconnaît tous les bords de la Sprée, son coup d'œil aperçoit la position formidable des alliés ; la Sprée est défendue par des mamelons ; sur le derrière, à une lieue de distance, se voit un camp retranché où s'élèvent des ouvrages hérissés de canons [2] ; les alliés veulent tenter la fortune ; maîtres du choix de la position, ils n'ont rien omis pour la rendre redoutable. Il est d'autant plus certain pour l'Empereur que les Russes et les Prussiens veulent combattre, qu'aucune réponse n'est faite

viendrai incessamment à mon poste.
« Je prie V. Exc. d'agréer, etc. »
Signé, le comte de Bubna.

[1] *Lettre de l'Empereur à M. de Caulaincourt.*

« M. le duc de Vicence, étant résolu d'aviser à tous les moyens de rétablir la paix ou générale ou continentale, nous avons proposé la réunion d'un congrès, soit à Prague, soit en tout autre lieu intermédiaire au séjour des puissances belligérantes. Nous espérons que ce congrès conduira promptement au rétablissement de la paix, dont tant de peuples éprouvent le besoin. Nous nous sommes, en conséquence, déterminé à conclure un armistice en suspension d'armes avec les armées russe et prussienne pour tout le temps que durera le congrès.

« Voulant prévenir la bataille qui, par la position qu'a prise l'ennemi, paraît imminente, et éviter à l'humanité une effusion de sang inutile, notre intention est que vous vous rendiez aux avant-postes où vous demanderez à être admis auprès de l'empereur Alexandre pour lui faire cette proposition, et négocier, conclure et signer toute convention militaire ayant pour but de suspendre les hostilités. C'est à cet effet que nous vous écrivons cette lettre close pour en faire usage, si elle vous est demandée, et en formes de pleins pouvoirs.

« Sur ce, je prie Dieu qu'il vous ait, etc. »
Signé, Napoléon.

[2] Sir Charles Stewart, commissaire anglais auprès de l'armée alliée, écrit sur les batailles de Bautzen et de Wurtschen les dépêches suivantes à son gouvernement ; ce

NAPOLÉON DEVANT BAUTZEN (19 MAI 1813).

à ses propositions d'armistice ; il lui faut la victoire, mais, d'après l'aspect de la ligne ennemie, elle sera sanglante et disputée.

L'Empereur l'étudie profondément cette ligne, et son génie improvise une vaste et belle conception stratégique. De face l'attaque sera rude, car l'ennemi a une position bien appuyée, et on doit la lui enlever de vive force ; l'important est donc de déborder le camp retranché, de le tourner silencieusement, sans qu'on puisse avoir le moindre soupçon de la manœuvre qui s'opère ; au moment même du plus grand acharnement, lorsque l'ennemi fera face à l'attaque de front, Ney devra apparaître sur le flanc droit de la position et l'enlever au pas de course ; cette stratégie rendra presque inutiles ces formidables batteries, elles s'abaisseront comme le camp retranché de Drissa que les Russes avaient élevé en commençant la campagne de 1812. Les ordres sont donc donnés avec une remarquable précision ; Ney fera un mouvement simulé sur la route de Berlin avec 60,000 hommes des corps de Lauriston et de Reynier, puis il viendra prendre à revers le camp retranché. Napoléon se réserve la direction de l'attaque par le front ; il traverse la ligne à cheval, et partout les troupes le saluent ; lui seul a conçu le grand dessein de la journée ; l'armée a tellement confiance en lui qu'elle examine à peine ce

---

documents sont d'une haute curiosité.

« Au quartier-général de Wurtschen, le 20 mai 1813, six heures du soir.

« Mylord, arrivant à l'instant de l'avant-garde du général Miloradowitch, je puis apprendre à V. S. qu'aujourd'hui l'ennemi a fait une attaque vigoureuse dans l'intention de s'emparer de la ville de Bautzen. Il essaya une fausse attaque sur notre gauche, mais la véritable était sur la droite du général Miloradowitch. Le corps du général Kleist fut porté en avant pour le soutenir, et les généraux Miloradowitch et Kleist résistèrent à l'attaque avec la plus grande bravoure. J'ai été témoin oculaire de deux brillantes charges de la cavalerie légère russe, ainsi que de l'excellente conduite de toutes les troupes qui ont eu part à l'action. Le général Miloradowitch rentrera ce soir dans la position.

formidable aspect des retranchements ; elle sait bien que son Empereur a quelques projets secrets qui la sauveront des périls. En cette journée les deux grands lieutenants de l'Empereur sont Ney qui opérera sur la gauche, et puis le maréchal Soult, qui guidera l'attaque de front ; ces deux capacités militaires doivent tout voir, tout diriger sous Napoléon.

Il faut d'abord passer la Sprée qui borde la position, l'appuie et la soutient. Le 20 mai, à l'aurore, tout s'ébranle, tout s'agite sous la tente ; un coup de canon tiré à droite annonce qu'Oudinot a commencé l'attaque, et traverse la Sprée aux cris de *vive l'Empereur!* Il a jeté rapidement un pont, il refoule devant lui les Russes de Gortshiakoff, et bientôt on voit reluire ses baïonnettes au milieu d'une touffe de bois sur les collines qui séparent Bautzen de la Bohême. Macdonald attaque de face le pont de pierre vis-à-vis de Bautzen ; il appuie Oudinot et se trouve aux prises avec les Russes de Miloradowitch ; à quelque distance une salve d'artillerie signale que Marmont, jetant un pont de chevalets, se précipite sur le corps prussien du général Kleist. Rien de de beau comme l'aspect de cette manœuvre ; la rivière de la Sprée voit ces trois corps traverser ses eaux avec une merveilleuse précision : la garde les appuie en réserve ;

« Il paraît, d'après ce qui s'est passé aujourd'hui, que l'ennemi se propose de faire un grand effort sur ce point. »

J'ai l'honneur d'être, etc.

Charles Stewart, lieutenant-général.

A lord Castlereagh.

Au quartier-général, à Goldberg en Silésie, le 24 mai 1813.

« Mylord,

« L'armée alliée sous les ordres du comte Wittgenstein a été attaquée dans sa position en avant de Wurtschen et de Hochkirck, le 21 du présent, à la pointe du jour, par l'armée ennemie, commandée par Bonaparte en personne.

« Il paraît qu'il avait réuni toutes ses forces pour tenter cet effort, et qu'il n'avait pas envoyé de forts détachements sur d'autres points, comme on l'avait présumé.

« Le terrain choisi par les alliés pour arrêter l'ennemi sur les grandes routes de Silésie et de l'Oder, était formé à la gauche par une chaîne de montagnes qui sé-

à sa tête èst Mortier, l'épée à la main, tandis que le maréchal Soult, qui dirige ce mouvement, se place sur une hauteur pour en contempler toutes les parties. Ce n'est d'abord qu'une bataille d'artillerie; les canonniers de marine se distinguent contre les artilleries prussienne et russe : pendant huit heures cette manœuvre se développe comme s'il s'agissait d'un simple exercice.

Le soleil est en plein, rien n'est accompli! La division Compans s'élance au pas de course, et, par un brillant coup de main, enlève le village de Bautzen; la division Bonnet la suit et s'empare des hauteurs qu'occupe Kleist. Partout la bataille fait des progrès rapides; Macdonald presse les Russes, et Oudinot le soutient; on grimpe les ravins sous la mitraille ennemie au milieu des tirailleurs : sur toutes ces hauteurs naguère couvertes par l'ennemi, où l'on voyait des masses de troupes aux uniformes verts, noirs, sous les aigles de Prusse et de Russie, l'on aperçoit maintenant les mille baïonnettes scintillantes, des uniformes français; Bautzen et toute la ligne de la Sprée sont à nous; belle veille de bataille! beau succès obtenu! Les Prussiens et les Russes déploient une grande valeur, l'action se continue vigoureuse aux environs de Bautzen;

---

parent la Lusace de la Bohême, et que le maréchal Daun traversa en marchant à la bataille de Hochkirck.

« Quelques hauteurs qui commandaient la position, sur lesquelles on avait construit des batteries, près du village de Jackowitz, et séparées de la chaîne des montagnes par des ruisseaux et un terrain marécageux, formaient l'appui du flanc gauche de la position. Au-delà, et en front, plusieurs batteries avancées, défendues par de l'infanterie et de la cavalerie, avaient été construites sur un rideau qui se prolongeait sur le bas-fond près de la Sprée. La position s'étendait ensuite à la droite : par des villages qui étaient fortement retranchés, à travers les grandes routes qui conduisent de Bautzen à Hochkirck et à Gorlitz; de là, en front du village de Burschwitz jusqu'à trois ou quatre hauteurs très élevées, de forme conique et presqu'à pic, qui ont un aspect imposant; les collines ainsi que le terrain élevé de Kreckwitz étaient fortifiés par des batteries, et étaient regardés comme la droite de la ligne.

ici des feux bien nourris d'artillerie font trembler le sol, là des charges à fond de cavalerie viennent éclater sur nous ; c'est une bataille rangée de premier ordre. Enfin l'ennemi se retire sur son camp retranché de Wurtschen. Il n'y a jusqu'ici qu'un premier acte du drame accompli ; les grandes funérailles de la veille n'ont point suffi ; il faut celles encore du lendemain. Le soleil du 21 mai va voir quelque chose de plus hardi et de plus fier.

On se repose au bivouac, la terre est couverte de morts, et néanmoins une glorieuse gaieté règne dans les rangs, la victoire est revenue battre ses nobles ailes, au son d'une musique retentissante. Ce qu'on a fait aujourd'hui est plus beau qu'à Lutzen, cela tient du prodige ; les manœuvres ont été exécutées avec la grandeur des premiers temps des guerres d'Italie. Napoléon est orgueilleux de ses conscrits ; ce n'est plus là l'armée de Moscou, c'est quelque chose de plus jeune, de plus français : plein de satisfaction, il passe cette nuit à compléter ses plans. Au point du jour il est à cheval ; à cinq heures, à l'aurore, la bataille s'annonce sur une échelle aussi formidable. De loin, on peut voir la disposition de l'ennemi au milieu du camp retranché : les Prussiens sont massés dans l'attitude la plus imposante ; on reconnaît

« Le terrain dans le centre était favorable pour la cavalerie, à l'exception de quelques parties marécageuses et inégales qui auraient empêché ses opérations. On avait construit des flèches et jeté des retranchements, à des intervalles bien calculés, sur la plaine, et sur leur front était un ruisseau profond et bourbeux qui couvrait la droite de la position.

« A l'extrémité de la droite le terrain était plat et boisé, entrecoupé par des chemins qui conduisent vers le Bober et l'Oder.

« Le corps du général Barclay de Tolly était posté là, et doit être considéré plutôt comme un corps manœuvrant placé pour prévenir toute attaque sur la droite et les derrières des aliés que comme un corps immédiatement en position. L'étendue de toute la ligne pouvait être de 3 à 4 milles anglais. Les différents corps l'occupaient dans l'ordre suivant. Les corps des généraux Kleist et d'Yorck en échelons et en réserve sur la droite ; ceux du général Blücher, du comte Wittgenstein, et du général Miloradowitch étaient en ligne sur la gauche : tous les gardes et grenadiers, et

BATAILLE DE WURTSCHEN (21 MAI 1813).

les gardes à leur taille élevée, à leur uniforme brillant : la garde impériale de Napoléon est derrière le mamelon où elle se déploie ; géant aux mille bras, il semble menacer cet autre géant qui se tient derrière les murailles du camp retranché.

Les Russes se sont portés à droite sous le prince Eugène de Wurtemberg et Miloradowitch, ils veulent ressaisir les hauteurs que les Français ont enlevées ; la mitraille éclate sur leur tête. L'Empereur, fatigué d'une nuit laborieuse, s'était placé sur la pente d'un ravin, au milieu des batteries de Marmont, son noble compagnon d'Égypte, et là, enveloppé de son manteau, il dormait en attendant que les grands résultats de la bataille fussent obtenus. C'était son habitude, car il avait cette faculté immense de dormir et de se reposer à volonté ; ce corps de fer n'avait rien de réglé ; il pouvait après toute une nuit passée sans sommeil se placer les bras accoudés sur une chaise, et là dormir aussi bien que sous les lambris dorés. Il sommeillait donc, l'Empereur, au milieu des batteries, comme Turenne sur l'affût d'un canon ; ses pensées devenues plus claires, il traçait plus tranquillement les ordres, et reprenait plus de sang-froid : après les grands rêves, les grandes choses. Il avait recommandé

toute la cavalerie russe, étaient postés en réserve dans le centre.

« Dès le commencement de l'action, l'ennemi se montra déterminé à presser sur les flancs des alliés. Il avait jeté un corps très considérable dans les montagnes sur notre gauche, favorable à sa manière de faire la guerre ; mais le général Miloradowitch s'y était attendu et avait détaché le prince Gorshicoff et le comte Offermann avec dix bataillons de troupes légères et un corps considérable de Cosaques avec leur artillerie sous le colonel Davidoff pour occuper les hauteurs.

« Après une tiraillade très vive de ce côté, et une canonnade éloignée sur notre droite, l'ennemi commença à développer ses forces et à porter ses colonnes d'attaque dans leurs positions.

« On pouvait alors distinguer Bonaparte sur un point élevé dirigeant les mouvements. Il déploya en front de la ville de Bautzen ses gardes, sa cavalerie et ses lanciers, et montra de fortes colonnes d'infanterie sur l'esplanade devant la ville, portant en avant plusieurs brigades d'artillerie avec lesquelles il occupa quelques hauteurs avantageuses entre Bautzen et

à Marmont de le réveiller au cas où il surviendrait quelque épisode.

Il se passait en effet quelque chose de bien nouveau et de bien décisif; on entendait à gauche un bruit formidable d'artillerie; il semble qu'une armée nouvelle s'avance au pas de charge : « Qu'est-ce donc? se demande-t-on avec étonnement, qui peut ainsi faire trembler la terre sous nos pas? » On vient de tous côtés demander à l'Empereur le sens de cette énigme. Lui, tout joyeux, tire sa montre, écoute la direction des feux, puis s'écrie en fredonnant : « Messieurs, la victoire est à nous ! » Que se passait-il? quel prodige avait-il donc encore enfanté? quel résultat avait conçu cet homme extraordinaire? Ce bruit immense que l'on entendait, ce mouvement d'artillerie qui retentissait à travers mille éclairs, c'est Ney, qui, à la tête de 60,000 hommes, vient prendre à revers la position de Wurtschen. On le croyait sur la route de Berlin, aventuré dans une expédition séparée. Rien de tout cela; l'Empereur avait tracé sa direction pour l'amener à point nommé sur le champ de bataille : il arrivait donc à marches forcées, refoulant devant lui les Russes de Barclay de Tolly et les Prussiens du général d'Yorck. C'était une de ces surprises, un de ces

---

notre position et qui étaient favorables à l'attaque qu'il méditait.

« Ces démonstrations annonçaient un effort dans cette direction, et en conséquence on fit des dispositions pour opposer à l'ennemi le corps de Blücher et notre cavalerie ; mais un feu plus considérable, et une canonnade plus vive sur notre droite, ne laissa plus de doute sur le point principal de l'attaque. Des colonnes d'attaque, sous la protection d'un feu considérable, se mirent en mouvement de la gauche de l'ennemi, tandis que d'autres filaient pour gagner notre droite, et le général Barclay de Tolly, pressé par des forces supérieures sous le maréchal Ney et le général Lauriston, et malgré la résistance la plus courageuse, fut obligé d'abandonner les villages de Klutz et de Cannerwitz.

« Quand on s'aperçut que le général Barclay de Tolly était pressé par des forces si supérieures, le général Blücher eut ordre de se porter sur sa droite et d'attaquer l'ennemi en flanc. Le général Blücher fut ensuite soutenu par les généraux Kleist et d'Yorck, et il s'engagea un combat meurtrier.

mouvements qui décident du sort d'une bataille ; 60,000 hommes qui prenaient à revers le camp retranché et l'attaquaient à la droite. Blücher aperçoit le péril, l'alarme est dans le camp retranché ; que faire pour repousser cette attaque si vive, si imprévue? Le corps de Kleist, séparé de Blücher, accourt au-devant de Ney, et Blücher lui-même fait volte-face pour le contenir.

Alors l'Empereur a vu qu'il est temps de couronner la bataille. Il profite du désordre que l'arrivée impétueuse de Ney a jeté dans le camp ; une marche en avant est poussée avec un enthousiasme indicible ; c'est une charge à la baïonnette des corps de Soult, de Marmont, de Macdonald, de Bertrand. Qui pourrait résister à ce torrent? Ney venait par la gauche et ces braves troupes de face. Quelle confusion! quel désordre dans le camp retranché! On voit les vieux régiments prussiens se reformer avec peine ; ils sont brisés aussitôt que formés ; les divisions de Blücher et de Kleist, rompues de tout côté, fuient en désordre devant ces masses qui pénètrent de tous côtés dans les retranchements. La bataille est gagnée, la victoire est complète, et les fanfares retentissent au sommet des retranchements. C'est dans ce camp retranché que Napoléon établit sa tente ; les grenadiers y forment leurs carrés et tous saluent leur César victorieux!

« L'ennemi ayant obtenu un avantage momentané, en conséquence du mouvement du général Barclay de Tolly, il ne perdit pas de temps pour redoubler d'efforts, et il renouvela son attaque sur notre flanc gauche, et assaillit les batteries qui couvraient les hauteurs coniques et celles de Kreckwitz sur notre droite. Il s'empara de celles-ci et d'une de nos batteries, qui lui donna, à un certain point, la clef de la position, en ce qu'elle commandait le terrain bas sur la droite et au centre de la position. Les alliés sur tous les autres points soutenaient le combat sans être ébranlés ; mais il fut bientôt démontré que l'ennemi avait non seulement des forces supérieures sur tous les côtés, mais encore les moyens de prolonger sa marche de flanc sur notre droite, et de menacer ainsi nos communications et nos derrières.

« Les considérations que je viens de détailler furent les seules qui engagèrent les alliés à changer leur position à cinq heures

Les batailles de Bautzen et de Wurtschen sont peut-être les faits d'armes les plus mémorables dans les fastes, de Napoléon. A Lutzen, il n'y eut que de l'intrépidité; l'Empereur, surpris en marche, improvisa un plan de bataille ; mais on n'aperçut aucun de ces éclairs de génie qui distinguent les grands capitaines. A Bautzen, c'est un plan tout entier qui se développe ; le passage de la Sprée est le premier acte de ce drame qui s'exécute avec une grande unité. Au-delà de la Sprée commence l'attaque du camp retranché, et l'arrivée subite de Ney sur le champ de bataille est une des idées militaires les mieux conçues; elle fut imitée plus tard à Waterloo par Blücher et Bulow. L'arrivée soudaine d'un corps de troupes fraîches sur un champ de bataille jette une confusion immanquable, et Napoléon l'employa ici avec sa supériorité habituelle. Mais ce que l'on ne manqua pas d'observer, c'est que cette fois encore, l'ennemi laissa peu de prisonniers; non seulement la cavalerie manque pour les poursuivre, mais les alliés ont juré de vaincre ou de mourir, ils ne se rendent plus.

C'est au milieu de ce camp de Wurtschen, sur les trophées de bataille, au retentissement des hymnes de victoire, que Napoléon, toujours plein des idées romaines, improvise, la nuit même, un magnifique décret

du soir, après avoir défendu depuis la pointe du jour tous les points du champ de bataille d'une manière admirable.

« La conduite magnanime de S. M. I. et du roi de Prusse a fait la plus grande impression sur tous ceux qui les entouraient; ils n'ont pas un instant quitté le champ de bataille.

« Quand il fut résolu de faire prendre à l'armée une autre position, les troupes se mirent en marche à sept heures du soir pour se porter entre Weissenberg et Hochkirch. Les corps des généraux de Tolly, d'Yorck, de Blücher et de Kleist se mirent en marche, de leur droite sur Weissenberg ; ceux de Wittgenstein et de Miloradowitch, de leur gauche sur Hochkirch. La retraite se fit en échelons et couverte par la cavalerie. Le corps du général Kleist formait l'arrière-garde d s corps qui marchaient sur Weissenberg ; le général Miloradowitch couvrait la retraite des troupes qui marchaient sur Hochkirch ; le soir l'armée atteignit les nouvelles positions. »

J'ai l'honneur d'être, etc.

Charles Stewart, lieutenant-général.

de reconnaissance et de dévouement à l'armée; il veut que sur le mont Cénis, à l'endroit le plus élevé des Alpes, les générations puissent lire un jour ces paroles solennelles : « L'Empereur Napoléon, du champ de bataille de Wurtschen, a ordonné l'érection de ce monument, comme un témoignage de sa reconnaissance envers ses peuples de France et d'Italie. Ce monument transmettra d'âge en âge le souvenir de cette grande époque, où, en trois mois, 1,200,000 hommes ont couru aux armes pour assurer l'intégrité du territoire de l'Empire français [1] ! »

[1] Décret du 22 mai 1813.

CHAPITRE IV.

ARMISTICE DE PLESSWITZ.

CONGRÈS DE PRAGUE.

Développement des opérations militaires. — Derniers feux de l'ennemi.— Mort de Duroc. — Réponse des alliés à la proposition d'armistice. — Discussion des bases. — Signature et conclusion. — Intervention de l'Autriche. — Véritable mobile de l'armistice. — Était-il possible d'arriver à la paix? — Angleterre. — Russie. — Prusse. — Autriche. — Le comte de Bubna à Dresde. — La médiation. — Premières difficultés de l'Empereur.—Arrivée du comte de Metternich. — Audience de Napoléon. — Grande et solennelle conférence. — La médiation acceptée. — Fixation du lieu pour le congrès. — Désignation des plénipotentiaires. — MM. de Humboldt et d'Anstett, — Caulaincourt et Narbonne.— Question de formes sur les conférences. — Notes écrites. — Projet du médiateur. — Projet des belligérants. — Rupture du congrès. — Fin de l'armistice.

22 mai au 10 août 1813.

La bataille de Bautzen, l'admirable manœuvre qui avait débusqué les alliés du camp retranché de Wurtschen, étaient des faits d'armes d'une nature remarquable, et l'Empereur n'était pas un homme à laisser des succès sans résultat. A peine reposée de ses fatigues, l'armée se mit à la poursuite de l'ennemi qui opérait sa retraite avec calme et méthode; sur l'ordre de l'Empereur,

Oudinot fait un mouvement vers la gauche et se porte sur la route de Berlin, tandis que la masse de troupes que dirige Napoléon en personne se met à la poursuite de l'ennemi dont la retraite est couverte par des troupes d'élite sous Miloradowitch. Le terrain est propre à la défense; les alliés le disputent pied à pied; des milliers de boulets se croisent, jamais feux d'artillerie aussi nourris n'avaient labouré les rangs; il faut que chacun paie de sa personne. L'Empereur, toujours à l'avant-garde pour activer les mouvements, trouve encore Miloradowitch dans une position fortifiée à Reichenbach; les accidents multipliés de terrain jettent une sorte de pittoresque dans le déploiement des colonnes; ici, c'est l'infanterie saxonne avec les habits bleus comme le ciel qui s'engage et se forme dans un défilé; là, les lanciers de la garde à l'uniforme brillant et rouge; plus loin, les cuirassiers et les dragons de Latour-Maubourg; on voit toutes ces troupes se déployer en mille replis dans des chemins qui serpentent. A Reichenbach survient un engagement de cuirassiers et de lanciers; on échange encore des boulets qui frisent la terre et rebondissent; l'un d'eux vient encore d'atteindre un vieux de l'armée d'Italie, le général Bruyère; elles sont irréparables les pertes qui se succèdent alors, car presque tous les généraux sont obligés de mettre l'épée en main pour diriger de simples bataillons; il faut qu'ils montrent aux jeunes soldats que la mitraille ne fait pas peur et qu'il y a vingt ans qu'ils la saluent.

En présence de cette poursuite acharnée, Miloradowitch continue sa retraite. Il est midi, Napoléon déploie ses colonnes avec intrépidité; l'ennemi tient toujours; l'Empereur s'irrite de tant de persévérance; il veut à tout prix obtenir quelques résultats qui puissent couronner Wurtschen; on le voit inquiet; il court bride abattue sur toute l'étendue de la ligne, accompagné d'une brillante escorte ; son beau cheval blanc caracole à l'éclat du soleil ; les chasseurs de sa garde le précèdent au milieu des flots de poussière que soulèvent les cavaliers pressés. Derrière lui se trouvent les officiers généraux qui l'accompagnent habituellement, Caulaincourt, Mortier, Duroc ; et comme il a besoin de lever quelques plans du génie, le général Kirgener est placé à côté du grand-maréchal ; on étudie les positions ; çà et là Napoléon s'arrête, place sa longue-vue sur l'épaule d'un vieux guide d'Égypte ou d'Italie, et parcourt les points les plus éloignés du terrain.

À cet aspect, Miloradowitch recommande à l'artillerie de tirer sur le groupe ; trois boulets partent et sifflent en déchirant l'air ; le second va frapper un gros arbre, le brise et ricoche sur le général Kirgener ; il est tué raide, puis de cette noble poitrine il rebondit encore et vient atteindre le grand-maréchal Duroc aux entrailles [1] ; il tombe comme Bessières, mais sans expirer sur le coup : on l'enveloppe d'un manteau funèbre, et comme le maréchal Lannes, il est transporté dans une maison voisine : est-il quelque espoir de guérison ? un brave sera-t-il perdu pour la patrie ? Pendant ce temps, l'Empereur, vivement préoccupé, s'élançait toujours pour reconnaître l'ennemi et préparer encore la victoire. Quelque chose

---

[1] Napoléon dicta dans son bulletin quelques paroles touchantes sur la mort de Duroc.

« Le 22 juin, à 7 heures du soir, le grand-maréchal du palais, duc de Frioul, étant sur une petite éminence avec le duc de Trévise et le général Kirgener, tous trois à une distance suffisante du feu, un des derniers boulets tirés par l'ennemi tomba tout près du duc de Trévise, et blessa le grand-maréchal dans la partie inférieure, et tua le général Kirgener. Le grand-maréchal sentit tout de suite que sa blessure était mortelle, et il expira douze heures après. Aussitôt que les postes furent placés, et que l'armée eut pris ses bivouacs, l'Empereur alla voir le duc de Frioul ; il le trouva parfaitement maître de lui et du plus grand sang-froid. Le duc tendit la main à l'Empereur qui la pressa de ses lèvres : « Toute ma vie, dit le duc, a été consacrée à votre service, et je ne la re-

de triste se révèle sur sa figure; il n'a plus la même foi dans sa destinée. Le matin on l'avait entendu dire au grand-maréchal : « Duroc, la fortune ne nous sert pas aujourd'hui! » Et Duroc avait répondu : « C'est vrai, Sire. » Une empreinte de fatalité se faisait remarquer sur son front; il courait donc, l'Empereur, lorsqu'il se retourne et ne voit plus derrière lui que Caulaincourt et Mortier : que sont devenus les deux autres compagnons de sa fortune? Il s'enquiert, lorsqu'il voit arriver vers lui l'aide-de-camp Charles Lebrun, tout pâle, échevelé, qui ne put dire que ces paroles : « Sire, le grand-maréchal est frappé à mort. » — « Duroc! s'écrie l'Empereur, ce n'est pas possible! Mais il était tout à l'heure derrière moi. » Et une pâleur subite vint encore altérer les traits de Napoléon, si blêmes, si rembrunis.

En vain on lui demande des ordres, il ne veut plus, il ne peut plus en donner. « A demain, à demain; tout est fini pour aujourd'hui; » et on le voit au milieu des carrés de sa garde, au pied de sa tente, dans la plus profonde agitation; il se promène, s'arrête, et reste plus d'une heure sur une chaise, la tête penchée dans ses mains. Que de pensées durent rouler dans son imagination ardente! quel retour sur sa vie passée, quand les brillants jeunes hommes, Muiron, Desaix, Duroc, Bessières, Junot, caracolaient

---

grette que parce qu'elle eût pu vous être de quelque utilité. — Duroc, dit l'Empereur, il y a une vie à venir; c'est là que vous allez m'attendre et que nous nous retrouverons encore. — Oui, sire, mais ce ne sera que dans trente ans, quand vous aurez triomphé de vos ennemis et réalisé toutes les espérances de la patrie. J'ai vécu en honnête homme; je n'ai rien à me reprocher. Je laisse une fille ; V. M. lui tiendra lieu de père. » L'Empereur, saisissant la main droite du grand-maréchal, demeura un quart d'heure la tête appuyée sur sa main dans un morne silence. « Ah! sire, cria le grand-maréchal, quittez-moi; ce spectacle vous afflige. » L'Empereur, s'appuyant sur le duc de Dalmatie et le grand-écuyer, quitta le duc de Frioul sans pouvoir proférer d'autres paroles que celles-ci : « Adieu donc, mon ami. » S. M. retourna dans sa tente et ne voulut recevoir personne de toute la nuit. »

autour de lui aux plaines de Milan, sur le Mincio ou le Pô! Le cortége des morts grandissait au milieu des pensées fantastiques qui se révèlent dans cette sombre rêverie; il restait encore une place, et celle-là serait bientôt pour lui ; quand ses compagnons de gloire, les anciens de l'armée d'Italie, étaient ainsi moissonnés par la mort, leur chef, leur général devait venir les joindre ; que pouvaient être ces ombres sans lui dans l'empire des fantômes? Les aides-de-camp du tombeau appelaient aussi leur général en chef, et, l'écharpe funèbre autour du bras décharné de ces cadavres, faisait voir qu'un autre mort, au crâne plus large, apparaîtrait l'épée à la main sous ce grand suaire dont Kléber et Desaix, Lannes, Bessières et Duroc tenaient les coins ensanglantés.

Il fut tiré de cette sombre rêverie par le chirurgien Yvan qui lui dit : «que Duroc désirait lui faire ses derniers adieux.» L'Empereur prend le bras du maréchal Soult et de Caulaincourt, s'appuie pesamment, car ses jambes tremblent, sa tête est abaissée à ce point que les vieux de la garde s'écrient en le voyant passer : « Pauvre homme! il a perdu un de ses enfants!» L'Empereur monte péniblement l'escalier, s'approche du lit et presse la main de Duroc toute suante de fièvre: le grand-maréchal peut à peine parler, ses yeux sont ternes; la mort vient. Il lui fait quelques recommandations, il révèle sa faiblesse d'amour pour une femme dans ses jours de folie et de joie, et sa tendresse pour un noble et unique enfant; c'est une rose sur le cyprès qui bientôt ornera sa tombe[1].
« Duroc, lui dit Napoléon, d'un ton solennel et religieux ;

---

[1] *Décret du 7 juin* 1813.
« Voulant donner à la mémoire du duc de Frioul, décédé sans laisser d'hoirs mâles, une preuve éclatante du souvenir que nous conservons de ses services, nous transmettons à sa fille le duché de Frioul, etc., etc.»
Décret du 12 *août* 1813.
« Voulant donner à la jeune duchesse de

Duroc, il est une autre vie, où bientôt nous nous retrouverons. » A mesure que l'infortune approche, le langage de Napoléon prend quelque chose de grave et de catholique : il redevient l'homme aux croyances fortes et puissantes; il pense à l'autre vie, à l'éternité, sorte de postérité religieuse qui se sépare de l'orgueil; cette autre vie, Napoléon l'invoque au lit d'un mourant. Duroc expira quelques instants après les derniers adieux de son Empereur et de son ami [1].

Cependant ces coups de la mort si répétés avaient fait une profonde impression sur l'esprit de l'armée; ces combats devenus comme des massacres, ces acharnements d'homme à homme, cette lutte de nations, tout cela fatiguait officiers et soldats, et tous désiraient la paix. Les généraux surtout se voyaient décimés; ce n'est pas sans but que Napoléon, en rédigeant son bulletin, mit dans la bouche du général Girard, blessé à mort, ces belles paroles : « Le moment est venu pour tout ce qui a du cœur, de vaincre ou de mourir. » C'était un appel à la fermeté de l'armée, car l'esprit des généraux s'était relâché, tous appelaient la fin de cette lutte acharnée, et il fallait que la fatigue fût bien grande pour que le cri de paix même partît du milieu d'une armée victorieuse : on devait saisir les premières ouvertures pour demander un congrès. Dès l'arrivée du comte de

---

Frioul une nouvelle preuve de notre bienveillance, nous nommons le comte Molé, conseiller en notre conseil d'État, son tuteur spécial pour la conservation des biens de la dotation et l'emploi le plus utile des revenus qui excéderont les dépenses d'éducation et d'entretien de la jeune duchesse de Frioul.»

[1] Après que Duroc eut cessé de souffrir, l'Empereur ordonna que son corps soit transporté à Paris, pour y être déposé sous le dôme des Invalides. Il voulut acheter de ses propres deniers la maison où Duroc était mort, et chargea le pasteur du village de placer à l'endroit où fut le lit du maréchal une pierre monumentale qui dirait à la postérité : « Ici, le général Duroc, duc de Frioul, grand-maréchal du palais de l'Empereur Napoléon, frappé d'un boulet, a expiré dans les bras de son Empereur et de son ami.»

Bubna à Dresde, Napoléon avait adressé publiquement aux alliés une demande d'armistice. C'était avant les batailles de Bautzen et de Wurtschen; cette communication, restée sans réponse était néanmoins parvenue aux alliés; ceux-ci résolurent avant toute démarche de tenter une fois encore le sort des armes. M. de Caulaincourt s'était même présenté aux avant-postes pour demander à être admis auprès de l'empereur de Russie; le comte de Nesselrode, tout en le félicitant personnellement, déclara que le Czar ne pouvait le recevoir, et que désormais toute communication devait être faite par l'intermédiaire de l'Autriche. L'épreuve de la victoire ne fut pas favorable aux alliés dans les batailles de Bautzen et de Wurtschen; et alors les réponses furent adressées par les cabinets au quartier-général de Napoléon, comme si le retard était la suite d'un malentendu [1]. Le comte de Stadion représentait l'Autriche auprès de l'empereur de Russie et du roi de Prusse; il fut l'intermédiaire actif qui détermina toutes les parties à cette suspension d'armes. Le comte de Stadion écrivit à Berthier pour le

---

[1] *Dépêche de M. le comte de Nesselrode à M. de Caulaincourt.*

« S. M. l'Empereur vient d'apprendre l'arrivée de V. Exc. aux avant-postes. Quel que soit le plaisir que S. M. I. aurait eu à vous revoir et à vous exprimer les sentiments qu'elle vous conserve personnellement, elle regrette que les circonstances dans lesquelles elle se trouve s'opposent à ce qu'elle puisse vous admettre à son quartier-général. Je dois, d'après ses ordres, vous inviter à lui faire parvenir par l'entremise du cabinet autrichien la communication dont V. Exc. pourrait être chargée. S. M. l'Empereur s'étant prêté aux offres de médiation de la cour de Vienne, lui a fait connaître le but auquel tendent ses efforts actuels et sa manière d'envisager les questions qui pourraient être agitées dans la situation présente des affaires, ce ne serait donc que par cette voie qu'il lui sera possible de recevoir toute ouverture que votre cour aurait à lui faire.

« Agréez, etc. »

Le comte de Nesselrode.

A Wurtschen, ce 8 (20) mai 1813.

Lettre de M. le comte de Nesselrode à M. de Caulaincourt.

« Au moment où j'allais faire partir la lettre ci-jointe, le combat s'est engagé. Je n'ai pu par conséquent l'adresser qu'aujourd'hui à V. Exc.

« J'ai l'honneur de lui renouveler, etc. »

Ce 9 (21) mai 1813.

Le comte de Nesselrode.

féliciter de la démarche pacifique de l'empereur Napoléon [1]; l'armistice pourrait préparer les voies à une conciliation générale et à une paix désirée; il ne s'agissait plus dès lors que d'envoyer aux avant-postes des officiers chargés de poser les limites et les bases d'une grande suspension d'armes, objet d'une longue et vive discussion : quelle serait la ligne adoptée par chacune des armées belligérantes? L'Elbe pour la France et l'Oder pour les alliés paraissaient les deux points naturels; les ennemis ne voulurent pas y consentir absoment. Il y fut porté des modifications par les commissaires, MM. de Schouwaloff et de Kleist pour la Russie et la Prusse [2], et M. de Caulaincourt pour la France. L'armistice fut arrêté et conclu dans un sens favorable à la paix; un commencement de négociations paraissait même d'un très bon augure pour la suite des démarches relatives à un congrès final. Tout le monde était-il également de bonne foi?

Dans l'état des esprits, ces symptômes furent accueillis avec enthousiasme; l'armistice mettait fin à tant de sang versé! La boucherie était affreuse : dans le terme de vingt jours, 60,000 cadavres étaient devenus la pâture

---

[1] *Lettre de M. le comte de Stadion au maréchal Berthier.*
22 mai 1813.

« M. le général comte de Bubna m'a informé par une lettre du 18 de ce mois des intentions que S. M. l'Empereur des Français lui a fait connaître, relativement au moyen d'amener une négociation pour la paix, et je me suis empressé de la communiquer à l'empereur de Russie et au roi de Prusse. LL. MM. ayant trouvé dans l'opinion que l'Empereur Napoléon a énoncée sur cet objet, qu'il pense qu'un armistice pourrait préparer les voies à cette négociation, elles m'ont déclaré qu'elles sont disposées à entrer toujours dans tous les arrangements que cet objet exigerait, et à envoyer aux avant-postes des officiers munis de pouvoirs.

« Je m'estimerais trop heureux, si ces premières paroles que j'ai l'avantage de porter entre les puissances en guerre pouvaient bientôt être suivies d'autres qui achemineraient à un état de paix, qui tient tant à cœur à mon auguste maître. »

Le comte de Stadion.

[2] *Pouvoirs donnés par le général Barclay de Tolly aux généraux chargés de négocier l'armistice.*

« S. M. l'empereur de toutes les Russies et S. M. le roi de Prusse s'étant décidés à conclure, entre leurs armées et celles de

des corbeaux dans un espace de moins de vingt lieues. La démoralisation des généraux français ne permit pas tous les résultats qu'on aurait pu obtenir dans l'armistice ; on subit de mauvaises conditions, en se pressant trop ; l'excuse était l'espérance de la paix, et, en tous cas, un délai paraissait indispensable pour remplir les vides que la mort avait faits dans les rangs ; les belligérants avaient besoin de leurs renforts. L'armistice devait durer du 4 juin au 20 juillet, et les puissances devaient mutuellement s'en dénoncer la fin six jours d'avance[1], ce qui portait la suspension des hostilités à cinquante jours ; c'était tout ce qu'il fallait pour l'arrivée des renforts à chacune des puissances engagées ou pour conclure les bases d'un traité d'après le vœu et sous la médiation de l'Autriche.

Pour se faire une juste idée des résultats que pouvait avoir cet armistice, en ce qui touche la paix, il faut examiner les intérêts et les opinions de toutes les puissances alors en lice. Deux sortes de traités pouvaient résulter de l'armistice : l'un, purement continental, entre la Prusse, la Russie, l'Autriche et Napoléon ; l'autre, plus grand, plus général, qui entraînerait la paix maritime avec l'An-

---

S. M. l'Empereur Napoléon un armistice pendant lequel la puissance qui s'est chargée de la médiation de la paix fera entendre les propositions qui doivent servir de base à cette œuvre salutaire, nous avons en conséquence chargé et autorisé, comme nous chargeons et autorisons par les présentes, LL. EE. MM. les lieutenants-généraux comte de Schouwaloff et de Kleist, au nom de LL. MM., en notre qualité de commandant en chef des armées combinées, à négocier, arrêter, conclure et signer, avec celui ou ceux qui seront nommés pour cet effet de la part de S. M. l'Empereur Napoléon, et munis de pouvoirs, l'armistice en question. Promettons, sur notre parole, et en notre qualité de commandant en chef, d'accomplir et de faire exécuter tous les articles d'armistice qui d'un commun accord auront été signés entre lesdits plénipotentiaires. En foi de quoi nous avons signé les présents pleins pouvoirs, et y avons apposé le cachet de nos armes.»

En notre quartier-général, le 16 (28) mai 1813. Barclay de Tolly.

[1] *Armistice de Plesswitz en date du 4 juin.*

« Art. 1er. Les hostilités cesseront sur tous les points à la notification du présent armistice.

« 2. L'armistice durera jusqu'au 8 (20) juillet inclus, plus six jours pour le dénoncer à son expiration.

gleterre. Dans la première hypothèse, c'était ne rien finir; une paix continentale était imparfaite; la France n'en serait pas soulagée; aucune sécurité pour ses intérêts : que pouvait être une paix continentale, lorsque l'Angleterre, depuis quinze ans, était la cause active de toutes les guerres européennes? Le point de vue d'une paix générale pouvait seul être examiné; or, dans l'état des esprits, Napoléon était trop fort encore pour que l'Angleterre consentît à traiter avec lui; les bases de la paix n'auraient jamais pu se concorder entre elles. Le cabinet de Londres devait naturellement demander de trop grandes concessions : l'abandon de la Hollande, d'Anvers, de l'Espagne, du golfe Adriatique, et Napoléon n'était pas assez abattu par l'infortune pour admettre tout d'un coup ces bases.

Lord Cathcart auprès de l'empereur de Russie, sir Charles Stewart près le roi de Prusse, étaient les surveillants chargés par l'Angleterre de suivre toutes les phases des mouvements de la coalition; ils rendaient compte à lord Castlereagh des moindres incidents de la campagne. On attendait lord Aberdeen, et la ferme théorie de ce diplomate se résumait dans l'axiome de lord Castlereagh :

« 3. Les hostilités ne pourront, en conséquence, recommencer que six jours après la dénonciation de l'armistice aux quartiers-généraux respectifs.

« 4. La ligne de démarcation entre les armées belligérantes est fixée ainsi qu'il suit. (Ici les villes et points déterminés.)

« L'Elbe, jusqu'à son embouchure, fixe et termine la ligne de démarcation entre les armées belligérantes, à l'exception des points indiqués ci-après.

« L'armée française gardera les îles et tout ce qu'elle occupera dans la 32e division militaire le 27 mai (8 juin) à minuit.

« Si Hambourg n'est qu'assiégé, cette ville sera traitée comme les autres villes assiégées. Tous les articles du présent armistice qui leur sont relatifs lui sont applicables.

« 5. Les places de Dantzick, Modlin, Zamosck, Stettin et Custrin, seront ravitaillées.

« 9. Des officiers d'état-major seront nommés de part et d'autre pour rectifier de concert la ligne générale de démarcation, sur les points qui ne seraient pas déterminés par un courant d'eau, et sur lesquels il pourrait y avoir quelques difficultés.

« 10. Tous les mouvements de troupes seront réglés de manière à ce que chaque

9*

« Il faut délivrer le continent », c'est-à-dire abîmer la prépondérance de l'Empire français sur l'Europe.

La Russie n'avait pas plus d'intérêt que l'Angleterre à conclure la paix; dans la guerre, elle avait tout à gagner et rien à perdre; sa position territoriale la plaçait en dehors des coups de fortune; la guerre cessait d'être moscovite, pour devenir allemande. La Russie avait fait trop de sacrifices pour ne pas prendre un dédommagement; le grand-duché de Varsovie était à sa convenance; elle avait beaucoup souffert et perdu, elle voulait maintenant beaucoup gagner. Ne fallait-il pas aussi faire la part des haines de l'armée russe? En supposant même qu'Alexandre eût voulu se rapprocher de Napoléon, il ne le pouvait pas; l'esprit de son armée le lui interdisait; il n'était plus le maître à la tête des siens; quand un pays s'est sacrifié, il est tout naturel qu'il cherche à faire prévaloir son esprit et son intérêt. On avait vu récemment une preuve de cette situation hostile de l'empereur Alexandre envers Napoléon. Avant l'armistice, M. de Caulaincourt avait écrit à M. de Nesselrode pour obtenir une audience personnelle du Czar [1]; M. de Nesselrode répondit par un refus : tout devait être désormais traité en commun.

La Prusse, également placée dans une situation où

---

armée occupe sa nouvelle ligne le 31 mai (12 juin). Tous les corps ou parties de l'armée combinée qui peuvent être au-delà de l'Elbe ou en Saxe, rentreront en Prusse.

« 11. Des officiers de l'armée française et de l'armée combinée seront expédiés conjointement, pour faire cesser les hostilités sur tous les points, en faisant connaître l'armistice. Les commandants en chef respectifs les muniront des pouvoirs nécessaires.

« 12. On nommera de part et d'autre deux commissaires officiers-généraux, pour veiller à l'exécution des stipulations du présent armistice. Ils se tiendront dans la ligne de neutralité à Neumarck, pour prononcer sur les différends qui pourront survenir. »

Signé, Caulaincourt, duc de Vicence.
Le comte de Schouwaloff.
De Kleist.

[1] *Billet de M. de Caulaincourt à M. le comte de Nesselrode.*

« J'ai reçu la lettre que vous m'avez fait l'honneur de m'écrire le 20 de ce mois; je

un traité de paix était difficile, élevait très haut ses prétentions; elle le devait, parce que, comme la Russie, elle avait beaucoup souffert et préparé d'immenses sacrifices; le roi s'était décidé malgré lui à la guerre, mais une fois commencée, on irait jusqu'au bout[1]. Dans les traités secrets, on était parti d'une base alors incontestée, la reconstruction de la Prusse; on voulait grouper sous le sceptre de la maison de Brandebourg des territoires considérables, de nature à lui assurer une certaine prépondérance en Allemagne; on lui donnerait l'extension territoriale nécessaire pour l'établir comme grande puissance, avec une frontière sur l'Elbe et sur le Rhin, ce qui était l'anéantissement de la confédération formée par Napoléon. L'Angleterre portait le plus vif intérêt aux destinées de la Prusse; elle voulait lui assurer une certaine prépondérance en Germanie, afin d'y grandir elle-même ses intérêts commerciaux.

L'Autriche, qui n'avait pris qu'une part très indirecte à la dernière guerre, devait avoir plus de tendance pour la paix. Indépendamment des intérêts de famille qui pouvaient lui faire désirer la conservation de la couronne sur la tête de Napoléon, il y avait encore quelques motifs spéciaux qui avaient frappé au plus haut point l'esprit plein de sagacité de M. de Metternich. Le mouvement belliqueux de l'Allemagne donnait une prépondérance d'opinions presque exclusive à la Prusse au

n'étais et ne suis chargé d'aucune ouverture diplomatique, mais je devais, en profitant de l'audience que S. M. aurait daigné m'accorder et si elle avait été disposée à éviter la bataille, lui proposer un armistice. Je continue à être chargé de la même commission. Aujourd'hui que l'on est d'accord sur l'ouverture d'un congrès, et d'après ce que vous voulez bien me dire de personnel, j'ose me flatter qu'il n'y a plus d'objection à ce que l'empereur Alexandre m'accorde l'honneur de lui faire ma cour.
« Agréez, etc. »
Le duc de Vicence.
Codlitz, 25 mai 1813.
[1] Le véritable esprit de la Prusse sur l'armistice se révèle dans ce document:
Proclamation du roi de Prusse.
« L'ennemi a proposé un armistice: je l'ai, de concert avec mes alliés, accepté

détriment de l'Autriche ; le cabinet de Berlin s'était placé à la tête d'un mouvement patriotique en Allemagne, tandis que l'Autriche restait en arrière. Et puis M. de Metternich ne voyait pas sans crainte toutes les sociétés secrètes de la Germanie semer l'esprit libéral et presque républicain au milieu des populations ; on devait prendre des mesures de concert pour empêcher un débordement de toutes ces forces, de toutes ces idées, contre les gouvernements monarchiques établis. En tous cas, le cabinet de Vienne ne pouvait plus rester indifférent, il fallait qu'il prît un parti : se mettre avec Napoléon, c'était se perdre en Allemagne ; si la paix n'était point faite, l'Autriche devait se joindre à la coalition contre l'Empereur des Français ; c'était l'inflexible nécessité de sa conduite ; sans cela, le cabinet de Berlin anéantissait toute l'influence autrichienne en Allemagne.

Quant à lui, le grand Empereur pouvait-il désirer la paix? L'aigle se laisserait-elle couper sa puissante envergure? Blessée dans son vol audacieux, pourrait-elle encore lancer la foudre? Non ; moralement la paix lui était interdite ; on lui demandait des sacrifices, et l'Empereur, consentant au moindre morcellement de territoire, était perdu. Il pouvait tomber, mais il ne devait pas déchoir ; il pouvait faire crouler l'édifice sur lui-même, mais le vendre, le céder, le morceler, cela n'était point possible. Que signifiait donc l'armistice ? Le

jusqu'au 20 de juillet. Cela a été fait afin de donner à la force nationale, que mon peuple a déployée d'une manière si méritoire, le temps d'acquérir toute sa vigueur ; une activité sans relâche, des efforts soutenus conduiront à ce but. Jusqu'ici l'ennemi nous a surpassés en forces, nous n'avons pu recouvrer que notre honneur national : nous devons profiter de ce court intervalle, et devenir assez forts pour reconquérir à la fin notre indépendance. Soyez fermes dans votre résolution ; ayez confiance en votre roi, continuez les efforts que vous avez faits jusqu'ici, et nous atteindrons le but sacré auquel nous aspirons.

« De notre quartier-général d'Ober-Groditz, près de Schweidnitz, le 5 juin 1813. » Frédéric-Guillaume.

voici : les puissances alliées, comme la France, avaient besoin d'appeler leurs renforts sous les drapeaux; on voulait de part et d'autre se donner le temps de les réunir, multiplier les moyens d'imprimer au plan de campagne un plus large développement; un mois était nécessaire et on le prenait. Une seule puissance avait un intérêt immédiat à la paix, c'était l'Autriche, parce qu'elle y gagnait une grande prépondérance comme médiatrice, indépendamment de ce que tout le monde lui ferait des concessions pour la décider à prendre parti; position admirable que fit M. de Metternich à sa monarchie. Dès cet instant l'Autriche devenait prépondérante à ce point que toutes les parties intéressées répondaient à chaque demande : « Adressez-vous à l'Autriche, elle seule tient les bases de toutes les négociations. »

L'armistice, au reste, produisit un bon effet sur l'armée ; on avait besoin d'un peu de repos et l'on le trouvait. Le délai était court, et on voulut l'employer ; l'Autriche, sans perdre de temps, se mit en mesure de préparer les voies d'un congrès qu'elle offrait dans une ville de ses domaines. M. de Metternich persista plus que jamais dans ce rôle de médiation armée, seule position actuelle pour l'Autriche, avec la ferme volonté pourtant, si Napoléon n'acceptait pas la paix dans les conditions raisonnables et impartiales, de se joindre aux alliés dans le but de délivrer l'Allemagne et l'Italie du joug qui pesait sur elles; l'Autriche ne pouvait faire autrement sans se perdre, et d'ailleurs elle avait des profits à faire sur les débris épars de l'Empire français ! Dans cet objet, le comte de Stadion résidait auprès des souverains alliés ; ennemi personnel de Napoléon, chef des sociétés secrètes, le comte de Stadion pouvait résumer parfaitement la partie hostile des idées de M. de Metternich. Sincèrement l'Autriche voulait la paix, mais en profitant de la situation abaissée que la campagne de Moscou avait faite à la France; évidemment l'Empereur n'était plus après ces désastres ce qu'il était en 1811.

Le comte de Bubna, toujours auprès de Napoléon [1], suivait une ligne parallèle à celle du comte de Stadion. M. Maret n'avait pas compris le sens et la portée de cette médiation armée; la tactique de Napoléon depuis son avénement au pouvoir avait eu constamment pour objet la séparation des alliés; il l'avait suivie en 1805, en 1807 et 1809, dans ses plus célèbres campagnes; il essaya après la victoire de Lutzen des négociations personnelles avec Alexandre, lui offrant, s'il voulait traiter seul, la Pologne, la Valachie et la Moldavie, un accroissement de territoire et de populations; par ce moyen, l'Autriche et la Prusse étaient livrées à Napoléon, et il se faisait fort d'en venir à bout. Au lieu de répondre à ces ouvertures intimes dont M. de Caulaincourt s'était chargé au nom de Napoléon, l'empereur Alexandre s'était hâté de les communiquer au baron de Hardenberg et au comte de Stadion, comme gage de sa sincérité: « Vous voyez, avait-il dit, s'il est possible de traiter avec cet homme rusé; il sait bien que tant que nous serons réu-

---

[1] *Note de M. Bubna à M. Maret.*
Dresde, le 11 juin 1813.

« Le soussigné a eu l'ordre de se rendre de nouveau auprès de S. M. I. de France, pour donner suite aux ouvertures de paix que le cabinet de Vienne s'est empressé de faire aux puissances belligérantes.

« C'est avec une véritable satisfaction que S. M. I. et R. a été informée, par le retour du soussigné à Vienne, des dispositions pacifiques manifestées par S. M. l'empereur Napoléon. La médiation de l'Autriche ayant été acceptée par les cours de Russie et de Prusse, S. M. I. d'Autriche s'empressera de porter à la connaissance de S. M. l'Empereur des Français les bases de pacification proposées par les puissances, et elle a chargé le soussigné d'exprimer le vœu d'être informée également des bases que croira devoir mettre en avant S. M. I. de France pour en faire le plus utile usage près des cours alliées susdites. »

Le comte de Bubna.

nis, il ne pourra rien ; mais une fois séparés, il nous brisera l'un après l'autre. » Les alliés se montrèrent de plus en plus bienveillants pour l'Autriche, voulant définitivement l'attirer à eux. M. de Stadion communiqua ces notes à M. de Metternich qui se préparait lui-même à toutes les chances en massant de grandes armées derrière les montagnes de la Bohême.

A Dresde, M. Maret s'obstinait à ne point comprendre le sens d'une médiation impartiale et armée offerte par l'Autriche ; le ministre de Napoléon raisonnait toujours dans les stipulations de l'alliance de 1812 : l'Empereur voulait bien faire des offres particulières à l'Autriche, lui assurer des avantages personnels, l'Illyrie, le Tyrol, un agrandissement en Pologne, mais sa médiation, il ne l'accepterait qu'à la dernière extrémité ; il voulait avoir à la face des amis ou des ennemis. Possesseur de notes très exactes sur la situation militaire de l'Autriche, il savait que l'armée de Bohême comptait seule plus de 180,000 baïonnettes ; si on pouvait parvenir à les neutraliser, il viendrait bientôt à bout des Russes et des Prussiens. Ainsi M. de Caulaincourt cherchait à détacher la Russie pour avoir bon marché des Prussiens et des Autrichiens, et M. Maret s'efforçait par un double jeu de gagner l'Autriche contre les Russes. Efforts impuissants ! tous les cabinets paraissaient parfaitemenent unis ; le comte de Bubna n'ayant point réussi à déterminer tout à fait la France à accepter la médiation armée de l'Autriche, M. de Metternich n'hésita plus à se rendre de sa personne à Dresde[1], afin d'agir auprès de Napoléon, dans un dernier effort de conciliation générale ; il pourrait voir et juger

---

[1] Dès son arrivée à Dresde, M. de Metternich avait voulu exactement déterminer le sens de son intervention.

Note de M. de Metternich à M. Maret, relativement à l'alliance.

« Le soussigné, ministre d'État et des af-

par lui-même les dispositions de l'Empereur des Français.

Avant de partir, M. de Metternich dut se rendre compte du sens précis de la négociation qu'il allait entamer; il n'est pas douteux que Napoléon allait lui offrir des avantages considérables pour détacher l'Autriche ou au moins pour la faire rester neutre, c'était son jeu. M. de Metternich établit sa mission sur d'autres bases; il s'était fortement attaché à la pensée de la médiation impartiale et armée, en tirant tous les avantages possibles de ce rôle qui allait à son caractère; si Napoléon n'acceptait pas, l'Autriche ne pouvant rester indifférente, prendrait part à la coalition sans retard; elle jetterait 200,000 hommes dans la balance, et ici M. de Metternich serait soutenu par l'esprit de l'Allemagne et de l'armée qui voulait se battre; à Vienne on s'était rapproché des Bavarois, des Wurtembergeois; l'Autriche prenant parti, ceux-ci suivraient sa ligne sans hésiter, le prince de Schwartzenberg commandait en chef les grandes masses d'hommes qui se groupaient au-delà des montagnes de la Bohême. La démarche personnelle que M. de Metternich voulut tenter auprès de Napoléon avait pour but de l'entraîner à reconnaître la médiation de l'Autriche; l'armistice finissant bientôt, chacun avait intérêt à le faire ajourner pour grandir ses moyens.

M. de Metternich part donc de Prague pour Dresde

faires étrangères de S. M. l'empereur d'Autriche, a reçu les deux Notes que S. Exc. M. le duc de Bassano lui a fait l'honneur de lui adresser ce matin.

« L'attitude du médiateur ne peut sans doute se concevoir sans la plus entière indépendance. Si l'indépendance politique de l'Autriche ne peut être affectée par l'esprit de l'alliance du 14 mars 1812, alliance purement défensive et fondée directement sur la conservation de la paix du continent, et sur le désir du rétablissement de la paix maritime, il n'en est cependant pas de même de la lettre de ce traité.

« Le soussigné ne pouvant que se référer à sa Note du 22 juin, et répondant à celle en date de ce jour de M. le duc de Bassano, propose à S. Exc. d'écarter, dans un moment aussi important pour l'humanité, toute discussion sur les articles particuliers du traité du 14 mars 1812, et de placer la réserve relative audit traité dans une dé-

en toute hâte; il arrive au palais Marcollini, se fait annoncer sur-le-champ, l'Empereur était dans son cabinet près de ses cartes, suivant avec un compas les marches et les contremarches des alliés. A peine a-t-il aperçu M. de Metternich, qu'il prend son air caressant et l'introduit avec une bienveillance marquée. « Vous voilà donc, Metternich! soyez le bienvenu; mais, si vous voulez la paix, pourquoi venir si tard? Nous avons déjà perdu un mois, et votre médiation devient presque hostile à force d'être inactive. Il paraît qu'il ne vous convient plus de garantir l'intégrité de l'Empire français. » M. de Metternich fit ici un signe d'étonnement, comme pour indiquer que les circonstances étaient bien changées. « Eh bien, soit! continua Napoléon, pourquoi ne pas me l'avoir déclaré plus tôt? Que ne me le faisiez-vous dire franchement à mon arrivée de Russie par Bubna, ou plus récemment par Schwartzenberg? Peut-être aurais-je été à temps de modifier mes plans; peut-être même ne serais-je pas rentré en campagne. En me laissant m'épuiser par de nouveaux efforts, vous comptiez sans doute sur des événements moins rapides. Ces efforts hardis, la victoire les a couronnés. Je gagne deux batailles; mes ennemis affaiblis sont au moment de revenir de leurs illusions; soudain vous vous glissez au milieu de nous; vous venez me parler d'armistice et de médiation, vous leur parlez d'alliance,

claration commune à l'Autriche et à la France, telle que pourrait être celle que le soussigné a l'honneur de joindre ici en projet.

« Le soussigné saisit cette occasion, pour renouveler, etc. »

Dresde, le 28 juin 1813.

Metternich.

« La qualité de médiateur emportant la plus entière liberté et n'admettant aucune obligation qui pourrait se trouver en opposition avec les intérêts de l'une ou l'autre des parties intervenantes, LL. MM. II. et RR. l'Empereur des Français, roi d'Italie, et l'Empereur d'Autriche, roi de Hongrie et de Bohême, animés d'un égal désir de concourir, par tous les moyens en leur pouvoir, au rétablissement le plus prompt de la paix; savoir, S. M. l'empereur d'Autriche par l'offre qu'elle a faite de sa mé-

et tout s'embrouille. Sans votre funeste intervention, la paix entre les alliés et moi serait faite aujourd'hui. »

Napoléon engageait mal ici la question ; on ne peut concevoir qu'ayant un si grand intérêt à ménager l'Autriche, il se hâta de l'insulter : l'habitude du commandement militaire n'avait pas donné à son esprit le respect pour les positions indépendantes, et c'était un grand tort ; M. de Metternich, un peu surpris de cette brusque sortie, répondit : « Votre Majesté sait que jusqu'ici l'Autriche est restée dans le rôle de médiation impartiale, elle ne peut pas demeurer dans une situation de neutralité ; la guerre est à ses portes ; il faut qu'elle prenne un parti, et son seul vœu est de prouver à Votre Majesté le désir sincère de la paix du monde ; le soin que l'Autriche a pris de procurer l'armistice constate assez cette volonté. » Napoléon l'interrompit brusquement : « Quels ont été jusqu'à présent les résultats de cet armistice? Je n'en connais point d'autres que les deux traités de Reichenbach, que l'Angleterre vient d'obtenir de la Prusse et de la Russie. On parle aussi d'un traité avec une troisième puissance ; mais vous avez M. de Stadion sur les lieux, Metternich, et vous devez être mieux informé que moi à cet égard. Convenez-en : depuis que l'Autriche a pris le titre de médiateur, elle n'est plus de mon côté ; elle n'est plus impartiale, elle est ennemie! Vous allez vous déclarer

---

diation aux puissantes belligérantes, et S. M. l'Empereur des Français par l'acceptation de la médiation de l'Autriche ; leursdites majestés impériales ne voulant, d'un autre côté, aucunement préjuger, par le fait de la médiation, contre l'existence de l'alliance établie entre elles par le traité du 14 mars 1812, sont convenues, d'un commun accord, de déclarer que les stipulations dudit traité qui affecteraient l'impartialité du médiateur seront suspendues pour tout le cours des négociations, se réservant expressément de faire revivre lesdites stipulations, sauf les modifications que, d'un commun accord, elles jugeraient devoir y apporter ensuite de la pacification qui, dans le moment actuel, fait le premier objet des soins de LL. MM. II. »

quand la victoire de Lutzen vous a arrêtés; en me voyant encore à ce point redoutable, vous avez senti le besoin d'augmenter vos forces, et vous avez voulu gagner du temps. Aujourd'hui, vos 200,000 hommes sont prêts; c'est Schwartzenberg qui les commande; il les réunit en ce moment, ici près, là, derrière le rideau des montagnes de la Bohême. Et parce que vous vous croyez en état de dicter la loi, vous venez me trouver! La loi! et pourquoi ne vouloir la dicter qu'à moi seul? Ne suis-je plus celui que vous défendiez hier? Si vous êtes médiateurs, pourquoi du moins ne pas tenir la balance égale? Je vous ai deviné, Metternich, votre cabinet veut profiter de mes embarras, et les augmenter autant que possible pour recouvrer tout ou partie de ce qu'il a perdu. La grande question pour vous est de savoir si vous pouvez me rançonner sans combattre, ou s'il vous faudra vous jeter décidément au rang de mes ennemis; vous ne savez pas encore bien lequel des deux partis doit vous offrir plus d'avantages, et peut-être ne venez vous ici que pour mieux vous en éclaircir. Eh bien! voyons, traitons, j'y consens, que voulez vous? » Et il prit une carte, un compas et la plaça sous sa main [1].

Cette nouvelle sortie de Napoléon indiquait encore qu'il se faisait des fausses idées sur la mission de M. de Metternich. Ce n'était point exclusivement pour elle que l'Autriche intervenait, mais pour exercer une médiation au nom de tous; Napoléon lui offrait un traité et des avantages particuliers avec plus ou moins de sincérité; le cabinet de Vienne savait bien qu'il tirerait un meilleur parti d'un remaniement européen; aussi M. de Metternich devait ramener la situation à des termes plus génériques. « Le

---

[1] J'ai dû rectifier une grande partie de cette conversation; les paroles de Napoléon et les réponses de M. de Metternich ont été prises à une source authentique.

seul avantage, répliqua-t-il, que l'empereur, mon maître, soit jaloux d'acquérir, c'est l'influence qui communiquerait aux cabinets de l'Europe l'esprit de modération, le respect pour les droits et les possessions des États indépendants qui l'anime lui-même. L'Autriche veut établir un ordre de choses qui, par une sage répartition de forces, place la garantie de la paix sous l'égide d'une association d'États indépendants. » Ces généralités indiquaient un remaniement absolu de l'Europe, un but vaste et générique; Napoléon fit le semblant de ne pas le comprendre. « Parlez plus clair, dit l'Empereur en l'interrompant, et venons au but : mais n'oubliez pas que je suis un soldat qui sais mieux rompre que plier. Je vous ai offert l'Illyrie pour rester neutre ; cela vous convient-il? Mon armée est bien suffisante pour amener les Russes et les Prussiens à la raison, et votre neutralité est tout ce que je demande. »

Ainsi qu'on le remarque, M. de Metternich veut généraliser les questions, préparer un congrès européen, et Napoléon les spécialise et les résume en un simple traité de neutralité particulière à l'Autriche; il veut la détacher de la coalition comme il a naguère chargé M. de Caulaincourt de détacher la Russie. « Ah! Sire, reprend vivement M. de Metternich, pourquoi Votre Majesté resterait-elle seule dans cette lutte? pourquoi ne doublerait-elle pas ses forces? Vous le pouvez, Sire ! car il ne tient qu'à vous de disposer entièrement des nôtres. Oui, les choses en sont au point que nous ne pouvons plus rester neutres ; il faut que nous soyons pour vous ou contre vous. » L'Empereur l'interrompit encore : « Eh bien ! que voulez-vous? » M. de Metternich reprit en exposant que la réunion d'un congrès paraissait d'autant plus indispensable, qu'on pourrait y aborder toutes les questions de prépondérance européenne ; on ne devait pas se dissimuler que l'Empire français dans son organisation actuelle, la tête aux villes anséatiques et les pieds aux provinces Illyriennes, avec le protectorat de l'Allemagne et la médiation de la Suisse, était un obstacle au rétablissement de l'équilibre politique. « Quoi ! s'écria l'Empereur, non seulement l'Illyrie, mais la moitié de l'Italie et le retour du pape à Rome ! et la Pologne, et l'abandon de l'Espagne ! et la Hollande, et la Confédération du Rhin, et la Suisse ! Voilà donc ce que vous appelez l'esprit de modération qui vous anime ? Vous ne pensez qu'à profiter de toutes les chances, vous n'êtes occupé qu'à transporter votre alliance d'un camp à l'autre, pour être toujours du côté où se font les partages, et vous venez me parler de votre respect pour les droits des États indépendants! Au fait, vous voulez l'Italie, la Russie veut la Pologne, la Suède veut la Norwége, la Prusse veut la Saxe, et l'Angleterre veut la Hollande et la Belgique. En un mot, la paix n'est qu'un prétexte. Vous n'aspirez tous qu'au démembrement de l'Empire français !... Et pour couronner une telle entreprise, l'Autriche croit qu'il lui suffit de se déclarer ! Vous prétendez ici, d'un trait de plume, faire tomber devant vous les remparts de Dantzick, de Custrin, de Glogau, de Magdebourg, de Wesel, de Mayence, d'Anvers, d'Alexandrie, de Mantoue, de toutes les places les plus fortes de l'Europe, dont je n'ai pu obtenir les clefs qu'à force de victoires ! Et moi, docile à votre politique, il me faudrait évacuer l'Europe, dont j'occupe encore la moitié, ramener mes légions la crosse en l'air derrière le Rhin, les Alpes et les Pyrénées, et souscrivant à un traité qui ne serait qu'une vaste capitulation, me livrer comme un sot à mes ennemis, et m'en remettre pour un avenir douteux à la générosité de ceux-là mêmes dont je suis aujourd'hui le vainqueur! Et c'est quand mes drapeaux flottent aux bouches de la Vistule et sur les rives de l'Oder, quand mon armée triomphante est aux portes de Berlin et de Breslau, quand de ma personne je suis ici à la tête de 300,000 hommes, que l'Autriche, sans coup férir, sans même tirer l'épée, se flatte de me faire souscrire à de telles conditions?... Sans tirer l'épée! Cette prétention est un outrage! Et c'est mon beau-père qui accueille un tel projet! c'est lui qui vous envoie! Dans quelle attitude veut-il donc me placer en présence du peuple français? Il s'abuse étrangement s'il croit qu'un trône mutilé puisse être en France un refuge pour sa fille et son petit-fils! » Puis s'animant jusqu'à la colère, Napoléon s'écrie : « Ah! Metternich! combien l'Angleterre vous a-t-elle donné pour vous décider à jouer ce rôle contre moi?... »

A ces paroles outrageantes si brusquement jetées, M. de Metternich rougit, mais se contint. Habitué à toutes les insolences de cet homme superbe pendant son ambassade à Paris, il devait au moins le croire assez vivement secoué par l'infortune, pour garder quelques ménagements envers le ministre d'une puissance qui disposait de 200,000 baïonnettes : à qui jetait-il ses paroles insolentes? Quel était l'homme d'État qu'il insultait? Celui précisément qui pouvait apporter tout le poids d'une grande et forte médiation dans la position si difficile de l'Empereur. Mais alors il était irrité. Il voulait laisser une grande impression, et, par un mouvement animé, il laissa tomber son chapeau. Dans les formes de respect et de convenance envers un souverain, M. de Metternich aurait dû le ramasser; il le laissa sur le parquet, montrant ainsi qu'il avait compris tout ce qu'il y avait de blessant pour la dignité humaine dans des paroles aussi dures. Il y eut un instant de silence; Napoléon lança son chapeau d'un coup de pied hors de son chemin et redevint caressant. M. de Metternich se contint dans les formes d'une grande tenue politique, et resta complétement froid; l'Empereur venait à lui, s'irritait, se calmait; tour à tour colère et empressé, il lui offrait l'Illyrie, une fraction de la Pologne, et M. de Metternich se bornait toujours à lui répondre « que ce n'était pas de l'intérêt personnel de l'Autriche qu'il s'agissait, mais de la constitution forte, stable de l'équilibre européen; pour arriver à ce but, il fallait admettre, comme l'avaient fait déjà la Prusse et la Russie, la médiation armée de l'Autriche, la prépondérance qui résulterait d'un système calme et réfléchi. Ce ne fut pas sans peine que M. de Metternich en obtint la promesse de Napoléon; il avait passé plus de huit heures dans ce tête à tête violent, il n'en pouvait plus de lassitude; l'Empereur l'avait caressé par tous les côtés; il l'avait laissé, repris, à ce point même qu'il l'enferma sous clef dans son cabinet pendant près d'une heure avant de le congédier. M. de Metternich demeura dans cette longue prison morale et matérielle, jusqu'à ce qu'enfin Napoléon accepta la médiation offerte par l'Autriche.

Sur cette donnée s'ouvrirent, à Dresde, les conférences du ministre autrichien avec M. Maret, toujours préoccupé de l'alliance de 1812. M. de Metternich déclara : « qu'il ne pouvait plus être discuté sur ces bases; ce qui s'était fait alors cessait de s'appliquer à la situation; l'armistice allait expirer; dans quelques jours encore on aurait la guerre, et l'Autriche devait prendre son parti si on ne l'acceptait pas comme médiatrice armée. » Enfin cette double condition de la médiation armée et du prolongement de l'armistice fut admise par M. Maret[1] ; une convention spéciale, signée entre lui et M. de Metternich, établit : « que le cabinet de Vienne interviendrait comme médiateur impartial entre les puissances belligérantes; un congrès serait réuni pour délibérer sur les questions de paix et de guerre. » A son tour l'Autriche se tenait forte d'obtenir la prolongation de l'armistice jusqu'au 10 août, et pendant ce délai on ouvrirait des conférences, soit à Gitschin, soit à Prague, pour discuter les bases d'une paix générale.

M. de Metternich avait à faire admettre les mêmes principes par les alliés. Ceux-ci avaient trop d'intérêt à ménager l'Autriche pour ne pas aller au-devant des vœux du médiateur; celui que Napoléon venait de blesser imprudemment était caressé par l'Europe entière. Les alliés firent quelques difficultés sur la prolongation de l'armistice ; mais le comte de Stadion leur démontra combien, en toutes les hypothèses, ce retard était utile pour tous : puisque l'Autriche voulait prendre un parti, il fallait épuiser toutes les formes, tous les usages de négociations; dans un mois tout serait prêt. Si Napoléon n'acceptait pas les conditions du médiateur, l'Autriche quitterait son rôle impartial pour entrer en campagne.

---

[1] Cette médiation donna lieu à une convention spéciale le 30 juin 1813.

« Art. 1er. S. M. l'empereur d'Autriche offre sa médiation pour la paix générale ou continentale.

« 2. S. M. l'Empereur des Français accepte ladite médiation.

« 3. Les plénipotentiaires français, russes et prussiens se réuniront avant le 6 juillet, dans la ville de Prague.

« 4. Vu l'insuffisance du temps qui reste à courir jusqu'au 20 juillet, terme fixé pour l'expiration de l'armistice par la convention signée à Plesswitz, le 4 juin, S. M.

l'Empereur des Français s'engage à ne pas dénoncer ledit armistice avant le 10 août, et S. M. l'empereur d'Autriche se réserve de faire agréer le même engagement à la Russie et à la Prusse.

« 5. La présente convention ne sera pas rendue publique.

« Elle sera ratifiée et les ratifications en seront échangées à Dresde dans le terme de quatre jours. »

Fait et signé à Dresde, le 30 juin 1813.

Le duc de Bassano,
Le comte de Metternich.

PROLONGATION DE L'ARMISTICE (26 JUILLET 1813). 147

Toutes les éventualités étaient prévues; avant d'arriver à la guerre forte, nationale, il fallait passer par trois concessions : l'armistice, la médiation et la réunion d'un congrès; et, lorsque toutes les voies de conciliation seraient épuisées, on se déterminerait sans scrupule pour l'état de guerre, et on la mènerait dans les plus larges proportions. MM. de Nesselrode et de Hardenberg adhérèrent donc à toutes les bases développées par le comte Stadion ; ils avaient un si grand intérêt à se rattacher l'Autriche ! Ce fut avec grande peine que la diplomatie fit subir à l'armée prussienne et russe cette prolongation d'armistice [1]; pleine d'ardeur, elle voulait encore en venir aux mains. L'influence personnelle des souverains dut intervenir.

Tous les préliminaires étant ainsi réglés, aucune difficulté ne pouvait désormais s'opposer à la réunion d'un congrès. On avait à déterminer le choix d'une ville neutre ; L'empereur François II était à Gitschin : désirait-on que les conférences y fussent fixées? Prague paraissait plus convenable à M. de Metternich ; la ville était grande et belle, les commodités s'y rencontraient, et le ministre « serait trop heureux d'accueillir les plénipotentiaires fran-

---

[1] *Pièces sur la prolongation de l'armistice.*
Neumarck, le 11 juillet 1813.
« Nous avons l'honneur de vous prévenir que S. A. le prince vice-connétable major-général nous instruit que S. M. l'empereur d'Autriche ayant offert sa médiation, et l'ouverture des négociations à Prague le 12 courant, et la prolongation de l'armistice jusqu'au 10 août, afin qu'il y ait un intervalle de quarante jours entre les négociations et leur terme, S. M. l'Empereur et Roi a accédé à cette proposition.
« Nous sommes donc autorisés, messieurs, à vous proposer qu'il soit signé entre vous et nous une convention relative à la prolongation de l'armistice jusqu'au 10 août. »
Signé, Flahaut, Dumoustier.
Neumarck, le 11 juillet 1813.
« Nous avons reçu la lettre que vous nous avez fait l'honneur de nous adresser aujourd'hui à deux heures de l'après-midi. N'ayant aucun ordre ou autorisation quelconque qui ait rapport à l'important objet dont vous nous donnez connaissance, nous devons nous borner à vous assurer que nous nous empresserons sans perte de temps d'envoyer votre lettre à S. E. M. le général en chef. »
Le comte de Schouwaloff.
Le baron de Krusemarck.

çais avec son hospitalité gracieuse. » Ce lieu plut à Napoléon, il l'accepta. Pour que l'unité la plus absolue régnât dans le congrès de Prague, M. de Metternich déclara que lui-même représenterait la puissance médiatrice et se tiendrait personnellement en correspondance avec MM. de Nesselrode et de Hardenberg. Napoléon, appelé à choisir ses plénipotentiaires, mit de côté M. Maret, si médiocre au milieu d'une réunion de diplomates si marquants, et il lui préféra MM. de Caulaincourt et de Narbonne. M. de Caulaincourt était placé là comme une galanterie pour Alexandre; Napoléon savait toute l'amitié que le Czar avait pour lui; ce serait comme un gage de paix. M. de Narbonne était précédemment ambassadeur à Vienne, M. de Metternich devait trouver quelque satisfaction à traiter de concert avec lui; c'étaient, au reste, deux hommes bien nés, d'une loyauté à l'épreuve; ce choix fut généralement approuvé.

M. de Metternich, en offrant Prague pour la tenue du congrès, insista sur le choix immédiat des plénipotentiaires russes et prussiens. Le Czar et le roi de Prusse s'y prêtèrent avec un extrême empressement;

Lettre de M. de Metternich à M. de Bubna.
Prague, le 12 juillet 1813.

« Je reçois dans le moment où j'allais expédier le présent courrier, la note que S. E. le duc de Bassano m'a adressée le 9 juillet. Pour ne pas arrêter la présente expédition, je me réserve d'avoir l'honneur de lui répondre officiellement demain. Je vous prie de le prévenir toutefois que, d'après un courrier qui m'est arrivé la nuit dernière de Reichenbach, les cours de Russie et de Prusse ont reconnu officiellement le terme du 10 août prochain comme terme des négociations, et qu'elles ne dénonceront point, de leur côté, l'armistice avant cette époque. Il est tout simple que ce qui peut avoir trait à une prolongation d'armistice dans les formes militaires, est du ressort de la commission à Neumarck. »
Metternich.

Lettre de M. de Metternich à M. Maret.
Prague, le 15 juillet 1813.

« Désirant accélérer par toutes les mesures en notre pouvoir la plus prompte réunion des négociateurs à Prague, je m'empresse de prier V. E. de porter à la connaissance de S. M. l'Empereur des Français les déclarations officielles des 29 juin (11 juillet), et 11 juillet courant, que je viens de recevoir par un courrier expédié de Trachenberg le 11 juillet, lesquelles portent de la part de S. M. I. de

chaque désir de l'Autriche était à ce moment accompli, parce qu'on voulait la décider absolument pour l'alliance. M. d'Anstett dut représenter la Russie, M. de Humboldt la Prusse, et, par une bizarrerie qu'on ne s'explique pas, Napoléon élève presque aussitôt des discussions sur le choix de ces plénipotentiaires. « M. d'Anstett, dit-il, est un Français réfugié, un de ses sujets rebelles ; c'est donc une insulte qu'on lui fait, comme si la Russie n'avait pas dans ses rangs cent autres émigrés français, les Richelieu, les Langeron, les Lambert, les Saint-Priest. La loi avait dénationalisé les émigrés, de quoi se plaignait-on? M. d'Anstett était devenu Russe, que pouvait être une telle chicane lorsqu'il s'agissait d'obtenir un résultat de médiation et de paix générale? Napoléon ne se tient plus; il fait insérer le plus étrange article dans les journaux allemands, et, selon sa mauvaise habitude, il insulte et flétrit tout ce qui n'est pas dans son intérêt. On était censé écrire des bains de Tœplitz la lettre suivante : « Le titre de plénipotentiaire à un congrès, qui doit influencer sur la postérité la plus reculée, eût pu et eût nécessairement flatté l'orgueil des anciennes familles russes ; il a été accordé à un étranger. On demande, on désire savoir si le plénipotentiaire russe d'Anstett est le

---

toutes les Russies, par l'organe de S. E. M. le secrétaire d'État comte de Nesselrode, et de la part de S. M. le roi de Prusse, par S. E. M. le chancelier baron de Hardenberg, l'acceptation la plus formelle de la prolongation de l'armistice jusqu'au 10 août. »
    Signé, Metternich.

Lettre de M. de Metternich à M. Maret.
    Gitschin, le 3 juillet 1813.
« Je fais passer à M. le comte de Bubna deux lettres autographes de S. M. I. et R. apostolique, dont l'une en réponse à celle de S. M. l'Empereur des Français, en date du 30 juin, et l'autre porte ratification de la convention du 10. Cet officier-général s'adressera à V. E. pour la présentation desdites lettres et pour les faire parvenir à leur haute destination, suivant que V. E. le trouvera le mieux convenir.

« S. M. s'est fait un plaisir d'accéder au désir de l'Empereur relativement au lieu des négociations, et elle a donné sur-le-champ des ordres afin que tout soit préparé à Prague pour la réception des négociateurs. »
    Metternich.

même d'Anstett né à Strasbourg, dont le père était commis dans l'intendance d'Alsace[1]. On peut se rappeler que quelques talents ordinaires procurèrent à cet individu la situation de copiste dans les bureaux de la légation russe à Vienne; que, s'élevant rapidement par son assiduité, le comte Razumowski le fit secrétaire de légation, et qu'il devint l'intermédiaire secret de l'ambassadeur anglais Adair; qu'il sut se servir adroitement de l'influence anglaise et de la puissance russe; qu'il a reçu en différentes occasions des sommes considérables, mais toujours au-delà de ses mérites; et que, d'après cette crainte que les émigrés ont toujours de ne pas se montrer assez ingrats envers le pays qu'ils ont trahi, il a paru indifférent aux véritables intérêts de la Russie, et a peu justifié la bonté de son nouveau souverain. Les combinaisons des cabinets sont souvent fondées sur des motifs qu'il ne serait ni avantageux ni honorable d'approfondir; mais les princes sont naturellement engagés à maintenir la majesté royale dans son intégrité. C'est l'avilir que d'en confier la représentation à des individus que l'opinion publique condamne ou qu'elle n'estime pas; peu d'étrangers ont été appelés, en France, au timon des affaires publiques; l'orgueil national les repousse, et l'État n'en est que mieux servi. Que

---

[1] Aussi les notes de M. d'Anstett sont pleines d'une amère fierté.

A M. de Metternich.

« Le soussigné a reçu avec la note d'hier la copie de l'office remis le même jour, par les plénipotentiaires français à M. le plénipotentiaire médiateur, et dont S. E. a bien voulu lui donner communication, conformément à la marche ouverte et impartiale qu'elle a constamment suivie. Il est une dignité en affaires et dans la discussion d'intérêts majeurs, dont il n'est point permis de s'écarter, quelle que puisse être la provocation. La Russie sait ce qu'elle se doit à elle-même, et le soussigné ne relèvera ici ni les fausses assertions, ni les formes de la pièce française dont chaque paragraphe est ou une inculpation contre la puissance médiatrice ou une injure pour la Russie, une contradiction ou un faux-fuyant.

« Il profite de cette occasion, etc. »

Signé, D'Anstett.

Prague, le 26 juillet (7 août) 1812.

peut-on attendre d'un homme qui n'a pas de patrie[1] ? » Cette insulte profonde, M. d'Anstett s'en souvint, et il jouissait alors de la plus haute confiance du Czar Alexandre.

Quant à M. de Humboldt, le plénipotentiaire prussien, si l'on ne peut lui jeter ces injures grossières, le cabinet de Napoléon lui impute une autre incapacité qui tient à l'étiquette : M. de Humboldt (c'était pourtant le grand naturaliste), M. de Humboldt, selon M. Maret, n'a pas un nom suffisant; il n'est pas assez titré pour aller de pair avec MM. de Caulaincourt et de Narbonne, et c'est M. Maret, d'une naissance et d'une illustration si haute, qui fait toutes ces chicanes ; elles vont si loin que presque la moitié du temps de l'armistice se passe à de pareilles niaiseries : la nouvelle cour a d'incroyables susceptibilités; elle est devenue d'une aristocratie singulière ; des gentilshommes comme M. Maret n'admettent pas M. de Humboldt !

Le premier installé à Prague, M. de Metternich attend les plénipotentiaires français. MM. d'Anstett et de Humboldt presque aussitôt arrivés, communiquent leurs pouvoirs ; on les trouve en règle, on les écoute, on les reçoit. M. de Metternich s'entend sur tous les points avec eux et particulièrement dans cette hypothèse « que si les efforts de l'Autriche sont vains pour la paix, elle se déclarera favorable à l'alliance, et fera la guerre. » Des deux plénipotentiaires français, M. de Narbonne arrive seul et ses pouvoirs sont très limités. « M. de Caulaincourt, dit-on, en aura de plus étendus », et on l'attend en vain. M. Maret se plaint toujours du manque d'étiquette; on n'a pas assez d'égards pour les plénipotentiaires de Napoléon

---

[1] Extrait du *Journal des Bouches-de-l'Elbe*. Ainsi dans le même congrès Napoléon avait outragé M. de Metternich et le plénipotentiaire russe.

qui est allé voir l'Impératrice à Mayence sans laisser les pleins pouvoirs pour un traité. M. de Metternich justifie MM. de Humboldt et d'Anstett; ils sont déjà vieillis dans la diplomatie, et lui, premier ministre d'Autriche, n'a pas d'objections contre eux. Puis, comme il s'agit d'affaires, on doit passer sur ces puérilités. M. Maret n'a aucun ménagement dans ses notes; elles restent dures, souvent impolies, avec des assertions injurieuses jusqu'à ce point de dire : « que les alliés agissent avec mauvaise foi. » MM. de Humboldt et d'Anstett se plaignent de ces formes étranges. M. de Metternich est obligé d'intervenir pour ramener un peu de convenance dans les notes de M. Maret qui traite du haut de sa grandeur même M. de Humboldt.

Une seconde question s'élève : il s'agit de savoir si l'on procédera par conférences, comme dans le congrès d'Utrecht, ou bien par mémoires écrits, comme dans celui de Teschen. M. de Metternich préfère ce dernier mode, il est plus court et il donne une plus grande prépondérance et une liberté plus absolue à la puissance médiatrice[1]. La forme est simple : les plénipotentiaires écriront des mémoires communiqués à M. de Metternich, qui lui-même les transmettra aux parties intéressées, et ce ne sera qu'après que les points seront convenus que les plénipotentiaires pourront se voir et s'entendre.

---

[1] *Note de M. de Metternich aux plénipotentiaires français.*

« Le soussigné, ministre d'État et des affaires étrangères de S. M. I. et R. apostolique, invite les plénipotentiaires à se concerter avec lui sur le mode à adopter pour les négociations.

« Il ne s'en présente que deux : celui des conférences et celui des transactions par écrit. Le premier, où les négociateurs s'assemblent en séances réglées, retarde par les embarras d'étiquette, par les longueurs inséparables des discussions verbales, par la rédaction et la confrontation des procès-verbaux et autres difficultés, la conclusion, bien au-delà du temps nécessaire ; l'autre, qui a été suivi au congrès de Teschen, d'après lequel chacune des cours belligérantes adresse ses projets et propositions en forme de note au plénipotentiaire de la puissance médiatrice, qui les communique à la partie adverse, et transmet de même et dans la même forme la réponse à ces projets et propositions, évite tous ces inconvénients. L'extrait ci-joint en copie fera connaître à LL. EExc. MM. le duc de Vicence et le

MM. d'Anstett et de Humboldt admettent ce mode, parce qu'il peut amener plus facilement une solution. Napoléon le repousse. M. Maret trouve l'occasion de faire un cours diplomatique ; le voilà plongé dans l'histoire ; il en revient à son thème chéri du congrès d'Utrecht ; il parle, il s'agite, et, pendant ce temps, l'armistice se dévore ; on arrive jusqu'au terme, et rien n'a été fait. M. de Metternich presse une solution quelconque, car il faut prendre un parti. MM. d'Anstett et de Humboldt, qui ont agi avec beaucoup de condescendance, lui disent : « Vous voyez, il n'y a pas moyen de traiter », et c'est à ce moment qu'arrive M. de Caulaincourt avec des pouvoirs plus étendus.

Dans cette situation du congrès de Prague, il était naturel pourtant de résumer les prétentions réciproques en un projet de traité. Le médiateur commence à s'entendre avec la Russie et la Prusse ; il faut en finir ; les bases deviennent communes, et tellement arrêtées entre les trois cabinets de Vienne, de Saint-Pétersbourg et de Berlin, que si la France ne les accepte pas on lui fera la guerre à outrance sans déposer les armes ; c'est maintenant à Napoléon à les accepter ou bien à subir la guerre ; le médiateur les trouve justes et rationnelles, et M. de Metternich les fixe lui-même. Les voici : dissolution du duché de

---

comte de Narbonne la marche qu'on a observée dans cette occasion.

« Sans préjuger les instructions que LL. EExc. les plénipotentiaires de France peuvent avoir reçues sur un objet sur lequel l'Autriche a déjà d'avance fixé l'attention de leur cour, le soussigné a l'honneur de proposer de son côté ce mode, par le double motif de l'avantage énoncé plus haut, et de la brièveté du temps fixé pour la durée des négociations. La cour médiatrice se trouve surtout portée à préférer cette voie abrégée, par la considération que les hautes puissances actuellement en négociations sont les mêmes dont les plénipotentiaires ont été réunis pour le congrès de Teschen. Le comte de Metternich.

Prague le 29 juillet 1813.

Note de M. d'Anstett à M. de Metternich.

« Le soussigné, conseiller privé, plénipotentiaire de S. M. l'empereur de toutes les Russies, a reçu la note sous la date d'hier, par laquelle S. Exc. M. le comte de Metternich, ministre d'État, des conférences et des affaires étrangères, lui propose, en qualité de médiateur, les deux modes à adopter

Varsovie, partagé entre la Prusse, la Russie et l'Autriche (dernier morcellement de la Pologne ; la France portait malheur à cette pauvre nation). Les villes anséatiques, Hambourg, Lubeck, seraient déclarées indépendantes ; on reconstruirait la Prusse avec une frontière sur l'Elbe ; on céderait à l'Autriche les provinces illyriennes ; on proclamerait l'indépendance des États les uns des autres ; ainsi plus de Confédération du Rhin, plus de protectorat. A ces conditions, la paix était facile ; mais on laissait entrevoir que pour un traité avec l'Angleterre il fallait admettre l'indépendance de la Hollande et de l'Espagne, conditions essentielles pour tout rapprochement sérieux avec la Grande-Bretagne ; jamais l'Angleterre ne signerait un traité qui laisserait l'arsenal d'Anvers à la France.

Le terme fatal de l'armistice est le 10 août. Napoléon hésite jusqu'au soir ; ces conditions lui paraissent dures, insoutenables : quoi ! après trois batailles gagnées, on voulait l'abaisser à ce point (la France du Rhin et l'Italie lui paraissaient un abaissement) ! On le presse, il ne veut pas répondre. L'armistice va se terminer, tout se passe sans résultat. Sur l'insistance de tous, une réponse est donnée : Napoléon admet qu'il n'y aura plus

---

pour les négociations actuelles. Le soussigné accepte d'abondance le second, c'est-à-dire celui de la forme écrite, comme le seul en effet qui puisse remédier à la perte d'un temps précieux passé dans une vaine attente.

« Les résultats que M. le comte de Metternich se promet d'ailleurs d'une forme de négociation qui a été créée, pour ainsi dire, par les mêmes puissances dont les plénipotentiaires sont rassemblés aujourd'hui, sont trop désirables pour que le soussigné n'en accepte pas l'augure avec la plus vive satisfaction.

« Il s'empresse d'offrir ici à S. Exc. M. le comte de Metternich les témoignages de sa plus haute considération. »

Prague le 18 (30) juillet 1813.

D'Anstett.

Note de M. de Humboldt à M. de Metternich.

« Le soussigné a vu par la note que S. Exc. M. le comte de Metternich, ministre d'État et des affaires étrangères de S. M. l'empereur d'Autriche, lui a fait l'honneur de lui adresser en date d'hier, en sa qualité de médiateur, quel est le mode que S. Exc. propose d'adopter pour les négociations qui vont s'ouvrir dans le moment présent. Il rend parfaitement justice aux raisons qui engagent S. Exc. à préférer celui des tran-

du duché de Varsovie; mais Dantzick sera ville libre avec ses murailles rasées; on indemnisera le roi de Saxe par des territoires en Silésie et en Bohême. Il consent à céder les provinces illyriennes, mais sans Trieste, c'est-à-dire le corps sans l'âme. Il ne veut pas abandonner la Confédération du Rhin; il pose la garantie de l'intégrité du Danemarck, celle de l'Espagne, de la Hollande et de l'Italie. Ces conditions arrachées à l'Empereur diffèrent trop des bases posées par M. de Metternich pour être admises; M. de Caulaincourt les porte à Prague; il n'y arrive que le 11, le terme fatal est le 10, et M. de Metternich lui annonce que MM. de Humboldt et d'Anstett ont attendu jusqu'au 10 au soir. En quittant Prague, ils ont écrit au médiateur que, leur mission étant finie, ils étaient désormais sans pouvoirs [1].

Par le fait, le congrès est dissous; l'Autriche est donc obligée de prendre une attitude, et cela s'explique par la position dans laquelle elle s'était placée; toute neutralité pour elle devenait impossible. Quand les plénipotentiaires de Napoléon faisaient tant de difficultés sur les mots, M. de Metternich était allé aux choses; dans les conférences avec MM. d'Anstett et de Humboldt il

---

sactions par écrit à celui des conférences, et trouve le premier, ainsi qu'il a été employé au congrès de Teschen, et que les formes en sont exposées plus en détail dans l'annexe de la note de S. Exc. M. le comte de Metternich, entièrement conforme aux circonstances actuelles et à la médiation dont S. M. I. et R. apostolique a bien voulu se charger. Il l'est également aux instructions que le soussigné a reçues de sa cour, aussi sur ce point en particulier.

« Il n'hésite donc point de déclarer, en vertu des pouvoirs dont il est muni, qu'il accepte le mode des transactions par écrit et par des pièces adressées à la cour médiatrice, proposé pour les négociations présentes.

« Le soussigné profite avec empressement de cette occasion pour réitérer à S. Exc. M. le comte de Metternich l'assurance de sa haute considération. »

Signé, de Humboldt.

[1] *Note de M. d'Anstett à M. de Metternich.*

« Le terme final de la médiation et des négociations ouvertes à Prague étant révolu avec la journée du 10, le soussigné a l'ordre exprès de déclarer formellement que ses pleins pouvoirs cessent dès ce moment.

« Sur le point de quitter cette ville, il ne

avait réglé les bases de la paix demandée à Napoléon; il avait exigé de la Prusse et de la Russie des concessions écrites, elles y avaient accédé à regret et par déférence pour l'Autriche. Mais à son tour M. de Metternich s'était engagé, si Napoléon n'acceptait pas ces bases, à prendre fait et cause pour l'alliance. Or, jusqu'au 10, terme fatal, l'Empereur n'avait fait aucune concession; l'Autriche devait tenir son engagement et se déclarer pour les alliés.

Dans cette prévision, M. de Metternich avait adopté d'avance toutes les mesures, comme si la rupture devait avoir lieu, et ce n'était là que prévoyance. L'Autriche jugeant que l'Empereur repousserait les bases proposées, il est possible, que M. de Metternich ait donné ordre de préparer les moyens de soutenir le *casus belli*. Tout cela ne veut pas dire que l'Autriche n'ait joué un rôle pacifique que pour mieux tromper; elle désirait vivement la paix, nécessaire pour arrêter le développement de la Prusse, comprimer les sociétés secrètes et balancer l'accroissement de la Russie. Lorsque M. de Metternich vit à Prague qu'il était impossible de s'entendre, il dut se décider à se joindre à la coalition, car l'esprit allemand poussait l'Autriche, et M. de Metternich n'était pas plus

---

saurait le faire sans s'acquitter du devoir sacré d'offrir à S. Exc. M. le comte de Metternich les expressions de sa vive reconnaissance des marques de confiance et de bonté dont il a bien voulu l'honorer personnellement.

« Quant à l'impartialité, à la noblesse, à l'esprit de conciliation, à la pureté des principes que S. Exc. a manifestés en sa qualité de médiateur, il n'appartient pas au soussigné d'anticiper à cet égard sur les témoignages que les cours alliées s'empresseront de faire parvenir à S. Exc. M. le comte de Metternich. Il se borne à lui renouveler ceux de sa très haute considération. »

Prague, le 29 juillet (10 août) 1813, à minuit.   Signé, d'Anstett.

Note de M. de Metternich aux plénipotentiaires français.

« Le soussigné, ministre d'État et des affaires étrangères de S. M. I. et R. apostolique, plénipotentiaire de la cour médiatrice, a l'honneur de transmettre à LL. EExc.

maître des opinions de l'armée que Frédéric-Guillaume ne pouvait arrêter l'élan des sociétés secrètes.

Quant à Napoléon il ne faut pas lui faire un crime de ces retards et des obstacles qu'il mit à la paix : il était fier, si fier! toutes concessions étaient en dehors de sa nature; âme de fer, il se raidissait contre la fortune. Habitué à imposer la paix, son esprit ne pouvait se ployer à ces conditions que l'Europe en armes voulait lui imposer comme gage de réconciliation et de paix; c'est une destinée qu'il ne pouvait comprendre. Il n'est pas étonnant que le congrès de Prague n'aboutit à aucun résultat, cela devait être; nulle des parties contractantes, si ce n'est l'Autriche, n'avait intérêt à terminer les différends. Les Prussiens et les Russes voulaient se battre, Napoléon à son tour voulait essayer la fortune : en pareil cas la paix est toujours impossible. Et d'ailleurs mille causes extérieures appelaient un mouvement de guerre; il faut maintenant expliquer les causes qui dominaient les événements et les hommes à l'époque de ce congrès; en politique, il y a toujours la scène publique et l'énigme que le temps seul peut révéler; cette énigme peut être maintenant mise au jour; l'histoire veut la vérité!

MM. le duc de Vicence et le comte de Narbonne, plénipotentiaires de S. M l'Empereur des Français, roi d'Italie, copie des offices qu'il vient de recevoir de la part de MM. les plénipotentiaires de S. M. l'empereur de toutes les Russies, et de S. M. le roi de Prusse, par lesquels ils lui déclarent que le terme de l'armistice étant écoulé, ils regardent le congrès réuni pour la négociation de la paix comme dissous.

« C'est avec un vif regret que le soussigné voit finir en conséquence ses fonctions de médiateur, sans emporter, d'un stérile essai d'arriver au résultat satisfaisant de la pacification des puissances belligérantes, une autre consolation que celle de n'avoir négligé de son côté aucun moyen pour consommer une œuvre aussi salutaire.

« Le soussigné saisit avec empressement l'occasion de cette dernière communication officielle pour offrir à LL. Exc. les assurances de sa parfaite considération. »

Prague, le 11 août 1813.

Le comte de Metternich.

CHAPITRE V.

SITUATION DES PARTIES BELLIGÉRANTES

PENDANT LE CONGRÈS DE PRAGUE.

Alexandre et Frédéric-Guillaume au quartier-général. — Esprit des armées russe et prussienne. — Développement de l'insurrection. — Les étudiants d'Allemagne. — Le poëte Kœrner. — Opposition au système de paix. — Lord Cathcart. — Sir Charles Stewart. — Conventions de Reichenbach. — Fixation de subsides. — Application éventuelle à l'Autriche. — Le comte de Stadion. — Voyages du colonel Pozzo di Borgo. — Sa mission près de Bernadotte — Négociations d'Alexandre avec Moreau. — Arrivée du général sur le continent. — Ses conférences avec Bernadotte. — Son passage en Prusse. — Le général Jomini. — Nouvelles d'Espagne. — Bataille de Vittoria. — Effet produit sur les alliés. — Déclaration de guerre de l'Autriche. — Napoléon à Dresde. — Idée d'appeler M. de Talleyrand. — Fouché mandé. — Sa mission. — Voyage de Napoléon à Mayence. — Organisation de son armée.

Juin à septembre 1813.

Les interminables difficultés du congrès de Prague cachaient pour les alliés, comme pour l'Empereur Napoléon, un désir de préparer les événements de la guerre dans des proportions plus énergiques et plus menaçantes. Nul n'avait confiance dans les résultats diplomatiques du congrès; la Russie et la Prusse y avaient consenti comme une concession aux volontés de l'Autriche, qui se posait médiatrice armée, et Napoléon lui-même n'avait accepté des négociations rationnelles que comme un moyen d'attirer à lui M. de Metternich et le cabinet de Vienne. Le congrès de Prague était donc une caresse donnée à l'Autriche, une manière pour elle de sortir de l'alliance française sans compromettre sa bonne foi, ou bien d'amener la paix signée sous sa prépondérance. Aussi, pendant la durée des conférences de Prague, les parties belligérantes n'avaient pas cessé un moment leurs préparatifs militaires et les négociations diplomatiques favorables à leur intérêt.

Le Czar Alexandre et le roi Frédéric-Guillaume vivaient dans la plus grande intimité; la Prusse tout à fait dans les bras de la Russie, y trouvait un appui ferme, solide, et une confiance pleine de loyauté; forte et profonde alliance qui reposait sur les véritables intérêts; la Russie n'avait rien à demander à la Prusse, rien à lui envier; entre elles il ne pouvait y avoir qu'un partage des terres conquises en Pologne et sur la Vistule; aucune rivalité de position ou de gloire; la Prusse servait d'avant-garde à la Russie, et la Russie de point d'appui à la Prusse[1]. Les deux souverains se communiquaient donc leurs plans militaires, leur diplomatie la plus secrète; ils n'avaient rien à se dissimuler ou à se cacher dans leurs négociations, parce qu'ils marchaient de concert. On cimenterait bientôt par des alliances de famille cette union qui, née dans le malheur, devait se développer plus puissante aux jours de prospérité. Dans le présent comme dans l'avenir, la Prusse ne devait jamais se séparer de la Russie; seulement l'esprit calme des Allemands tempérerait la fougue souvent trop impétueuse de la race russe et slave.

Les deux armées russe et prussienne vivaient aussi dans la plus grande intimité; les anciennes rivalités

[1] Depuis, la situation respective de la Prusse et de la Russie a peu varié; c'est toujours l'alliance naturelle et de famille.

s'oubliaient parce qu'il fallait avant tout sauver la patrie allemande. Le Czar Alexandre avait eu le soin de mettre en rapport la fraction germanique de son état-major, les comtes de Wittgenstein et de Winzingerode, spécialement, avec les généraux patriotes de la Prusse, Blücher et Gneisenau ; ils marchaient de concert à un but commun, la délivrance de l'Allemagne, et plus tard l'on verrait si l'esprit de liberté ferait irruption au-delà du Rhin. L'impétuosité belliqueuse de l'armée russe subissait avec peine les retards amenés par le congrès de Prague ; elle n'y voyait au reste qu'un moyen de préparer les renforts pour continuer les hostilités sur une plus vaste échelle, et l'on pouvait s'en convaincre par les difficultés qu'avait éprouvées dans le camp de Blücher, de Wittgenstein et de Barclay de Tolly, la prolongation de l'armistice. Ce n'était qu'à leur plus grand regret que les armées coalisées avaient consenti à la suspension d'armes et à l'inaction après les combats : on murmurait de tant de retards [1].

L'armée prussienne surtout était animée d'un esprit d'irritation et d'enthousiasme ; formée comme par enchantement, elle comptait près de 200,000 hommes sous les armes, l'élite de la Prusse. L'esprit fervent des

---

[1] Aussi ce fut avec une joie indicible que la fin de l'armistice fut dénoncée. *Lettre du général en chef Barclay de Tolly au maréchal Berthier.*

Reichenbach, 29 juillet (11 août) 1813.

« Monsieur le major-général des armées françaises.

« Les négociations entamées à Prague pour le rétablissement de la paix entre les cours alliées et la France n'ayant pas produit le résultat qu'on en attendait, j'ai ordre d'annoncer la fin de l'armistice conclu à Plesswitz le 23 mai (4 juin) et prolongé à Neumarck le 14 (26) juillet. Conformément aux stipulation de cette convention, je charge mon aide-de-camp de porter cette déclaration au quartier-général de l'armée française, et d'annoncer en même temps que les hostilités recommenceront le 15 (27) août, de la part des armées russe, prussienne et suédoise. Je regrette infiniment que les circonstances m'aient imposé la tâche de remplir un devoir si pénible ; je saisis, cependant, cette occasion de vous renouveler l'assurance de ma haute considération.

Signé, Barclay de Tolly.

universités ne s'était pas attiédi ; loin de là, l'étudiant devint alors un homme à part, avec une mission de patrie et de gloire ; les grandes études le portent aux grandes choses, on le voit dans les rangs de l'armée, une carabine sur le dos ; à dix-huit ans il doit porter les armes s'il veut recevoir la benédiction de son père et le baiser de la jeune fille allemande : ces jeunes hommes fuient la paix. Naguère, au temps du joug des Français, on les voyait à l'entour de poêles ardents entonner les chants de la patrie ; maintenant sous les armes aux bords de la Saale ou de l'Oder, ils obéissent à leurs professeurs, comme s'ils étaient encore dans les universités d'Iéna ou de Leipsick. Où est-il donc Kœrner, l'étudiant poëte ? Croyez-vous qu'il se soit retiré sous le toit paternel, excitant les autres, se préservant luimême ? Non, Kœrner est sur le champ de bataille, au bivouac, sous la tente, et c'est en chœur militaire qu'il entonne la chasse guerrière de Lutzow.

« Qu'est-ce qui court dans le feuillage des bois ? Qu'est-ce qui s'élance de montagnes en montagnes ? Silence ! c'est l'embuscade nocturne....... J'entends un cri de hourra ! la fusillade éclate : ils tombent ces soldats mercenaires ; et quand vous demandez quels sont ces noirs chasseurs, c'est la chasse sauvage, c'est la chasse guerrière de Lutzow. — Des bras noirs et robustes fendent le fleuve et saisissent la rame ennemie, et quand vous demandez quels sont ces noirs nageurs, c'est la chasse sauvage, la chasse guerrière de Lutzow. — Qu'est-ce qui meurt à la lumière du soleil, couché sur un lit d'ennemis palpitants ? La mort s'empreint dans les convulsions de sa figure et menace ses compagnons ; mais les braves n'ont pas peur de la menace de la mort, ils n'ont pas peur, la patrie est sauvée ! Et quand vous demandez quels sont ces noirs mourants, c'est la chasse sauvage, c'est la chasse guerrière de Lutzow. — C'est la chasse sauvage, la chasse allemande aux bourreaux et aux tyrans. Ne pleurez donc pas nos morts, ô vous qui nous aimez! la patrie est libre et l'aurore de la liberté touche à son midi. Qu'importe que nous ayons payé cela de notre sang? on dira de siècle en siècle : C'était la chasse sauvage, la chasse guerrière de Lutzow. »

Poëte et soldat, ce que Kœrner chante, c'est la liberté; la flamme du mousquet, c'est le feu du ciel qui l'annonce; le sang, c'est la pourpre qui embellit cette grande image de la patrie. Il est blessé : qu'importe? les approches de la mort n'ont rien pour lui de triste; l'amour, la liberté, anges du ciel, voltigent autour de son noble front. Le voilà pendant l'armistice sentinelle aux bords de l'Elbe, il demande à grands cris le champ de bataille, et il le trouvera bientôt avec la mort dans la grande bataille de Dresde, en composant son beau chant de *l'Épée*. Ainsi était l'esprit de l'Allemagne : pouvait-on songer à une trêve, à une paix durable, quand cet enthousiasme se montrait dans tous les rangs? En vain la diplomatie faisait le semblant de l'espérer! Quand les peuples sont prononcés pour la guerre, il faut bien que les gouvernements la subissent : c'est un feu qui brûle la tête et le cœur.

Cet esprit enthousiaste de l'Allemagne, la diplomatie anglaise l'avait parfaitement saisi; la Grande-Bretagne s'était fait représenter auprès des souverains par des hommes d'une grande intelligence, avec ce sens calme, réfléchi, qui distingue les membres de son cabinet. Lord Cathcart, qui suivait Alexandre au quartier-général, avait conquis sur l'esprit du Czar un certain ascendant; Alexandre savait bien que l'on ne pouvait triompher qu'avec l'Angleterre, parce qu'elle seule avait la disposition de larges subsides, indispensables dans la guerre. Sir Charles Stewart tenait le même rang d'ambassadeur auprès du roi de Prusse; frère de lord Castlereagh, admis à ses confidences, il en suivait les instructions avec une grande ténacité. Le comte d'Aberdeen était également attendu au quartier-général, avec sir Charles Gordon, et sir T. Lamb, qui accompagnaient sa légation[1]; le comte d'Aberdeen, diplomate d'une tenue très ferme comme l'école de Pitt, était l'ami de lord Castlereagh, l'homme d'État le mieux informé de tout ce qui se passait sur le continent.

Au quartier-général des alliés jamais peut-être il ne se trouva une réunion de diplomates aussi distingués; pour la Prusse, M. de Hardenberg, esprit éminent, qui avait passé à travers toutes les phases de la Révolution française et l'avait si hautement jugée; et avec lui, le baron de Humboldt, d'une si remarquable renommée. Pour la Russie, c'était le comte de Nesselrode, esprit fin, élégant, et avec les formes françaises, voué aux grandes études de l'école allemande, habile comme la diplomatie russe; puis le général Pozzo di Borgo, si capable, si actif, si intelligent; sans compter encore M. d'Anstett, le comte Rasumowsky et le comte de Lieven, alors ambassadeur à Londres. L'Autriche avait aussi deux hommes éminents, les comtes de Metternich et de Stadion. Et c'était à toutes ces têtes de puissance et de force diplomatique que Napoléon opposait le médiocre M. Maret, et à ses côtés deux hommes de bonne tenue, mais

---

[1] Lord Aberdeen se rend près de l'empereur d'Autriche, chargé d'une mission spéciale; il sera accompagné de son frère l'honorable M. Gordon, et de l'honorable T. Lamb. On ajoute qu'il assistera au congrès en qualité de ministre britannique. Dans ce cas il faudra renouveler l'armistice, car lord Aberdeen ne peut être à Prague à la mi-août. (*The Times*.)

d'une portée d'esprit très limitée, MM. de Caulaincourt et de Narbonne. Ce n'était donc pas seulement les armées que Napoléon avait à vaincre, mais une réunion de négociateurs éminents, habitués aux grandes affaires, capables de les suivre et de les apprécier; et pendant la guerre, c'est quelque chose qu'une grande et forte diplomatie.

Ce conseil diplomatique qui suivait l'empereur Alexandre et le roi de Prusse avait à traiter les intérêts les plus puissants pendant la tenue du congrès de Prague. Tandis que M. de Metternich tentait une médiation presque impossible dans l'état d'irritation des esprits, lord Cathcart et sir Charles Stewart signaient avec la Russie et la Prusse des traités de subsides [1]. Ces deux gouvernements avaient montré la plaie de leurs finances, immense après l'année 1812. Pour mettre de grandes masses de troupes en mouvement, il fallait des moyens extraordinaires, des subsides presque illimités; les pays où les armées manœuvraient étaient appauvris par des guerres ruineuses, et il ne fallait pas vexer les peuples par des contributions excessives : comment donc arriver à un taux de subsides tel qu'on pourrait répondre aux nécessités d'une guerre active? Ainsi à Prague

---

[1] *Traité entre l'Angleterre et la Russie.*

« Art. 1er. S. M. l'empereur de toutes les Russies, fermement décidé à continuer la présente guerre avec toute la vigueur possible, s'engage à employer toujours 160,000 hommes effectifs de toutes armes de ses troupes, non compris les garnisons des places fortes, à des opérations actives contre l'ennemi commun.

« 2. Pour concourir de son côté au même but de la manière la plus efficace et la plus immédiate, S. M. le roi de la Grande-Bretagne s'engage à mettre à la disposition de l'empereur de toutes les Russies, pour l'année 1813, les sommes suivantes :

« 1,333,334 livres sterling, payables à Londres.

« L'Angleterre se charge de l'entretien de la flotte russe, et de ses équipages qui se trouvent dans les ports de la Grande-Bretagne, dépense qui est évaluée à 500,000 livres sterling.

« 3. La somme de 1,333,334 livres sterling sera payable de mois en mois, de manière qu'elle sera acquittée tout entière au 1er janvier 1814.

« 4. Pour subvenir au défaut d'espèces métalliques qui se fait tous les jours sentir davantage dans la circulation du continent, pour combiner dans cette grande lutte tous les moyens qui peuvent en assurer le

on parlait de la paix, et lord Cathcart signait avec le comte de Nesselrode une convention remarquable dans l'histoire diplomatique qui fixait le contingent de la Russie à 160,000 hommes, non compris les garnisons des places fortes; l'Angleterre s'engageait à payer un subside de 1,333,334 livres sterling (trente millions de francs), payables de mois en mois, de manière que toute la somme fût acquittée au mois de janvier 1814. En outre, l'Angleterre se chargeait de l'entretien de la flotte russe, et on créait pour cinq millions de livres sterling d'un papier fédéral ayant cours forcé dans tous les États de l'alliance, garanti par la Russie, la Prusse et l'Angleterre; on admettait ce principe, grave dans ses conséquences, à savoir : que des officiers ou commissaires anglais suivraient les armées coalisées pendant toute la durée de la campagne.

Un traité semblable était conclu avec M. de Hardenberg pour la Prusse[1], et signé de sir Charles Stewart; moyennant un subside fixé à 666,666 livres sterling, la Prusse s'engageait à entretenir une armée de 80,000 hommes sous les armes. D'autres conventions additionnelles étaient arrêtées à Londres entre lord Castlereagh et le

---

succès, les deux hautes parties contractantes, d'accord avec S. M. le roi de Prusse, sont convenues de créer des effets au porteur sous la dénomination de papier fédératif.

« 5. Le gouvernement britannique s'étant chargé de la flotte russe au moyen de la somme de 500,000 livres sterling énoncée dans l'article 2, S. M. l'empereur de toutes les Russies consent par contre à ce que S. M. B. emploie ladite flotte dans les mers d'Europe, de la manière qu'elle jugera la plus utile aux opérations contre l'ennemi commun.

« Les deux hautes parties contractantes agiront dans le plus parfait concert quant aux opérations militaires, et se communiqueront franchement ce qui concerne leur politique. Elles s'engagent surtout réciproquement à ne point négocier séparément avec leurs ennemis communs, à ne signer ni paix, ni trêve, ni convention quelconque autrement que d'un commun accord.

« Fait à Reichenbach, le 3 (15 juin) 1813. »
  Cathcart.
  Charles, comte de Nesselrode.
  Jean d'Anstett.

[1] *Traité entre l'Angleterre et la Prusse.*
« Art. 1er. Le but de la guerre est de rétablir l'indépendance des États opprimés par la France : les deux hautes parties contractantes s'obligent par conséquent à di-

comte de Lieven, ambassadeur de Russie ; on se donnait les marques de la plus vive et de la plus profonde intimité dans une cause commune.

Parmi ces traités, une clause dut paraître bien significative pour les résultats ultérieurs ; il fut secrètement stipulé en présence du comte de Stadion : « que dans le cas où l'Autriche se déciderait pour la coalition, un subside de douze cent mille livres sterling lui serait assuré par l'Angleterre. » Pour en comprendre l'importance il faut se rappeler qu'en ce moment le congrès de Prague réuni avait pour mission de rétablir la paix entre les puissances belligérantes. Tandis que l'Autriche se déclarait médiatrice impartiale, on posait le cas possible où elle prendrait fait et cause pour les alliés : un subside annuel de douze cent mille livres sterling lui était accordé, et on fixait par des articles plus secrets encore le mode d'exécution, avec la faculté de créer un papier fédéral garanti par les puissances signataires. Ainsi l'Autriche avant la conclusion du congrès de Prague prévoyant le cas d'une rupture, faisait d'avance ses conditions avec l'Angleterre, et prenait ainsi ses précautions. On disait bien que le comte de Stadion avait outrepassé ses pou-

---

riger toutes leurs opérations vers ce but, et comme, pour l'atteindre, il est essentiel de reconstruire la Prusse dans les proportions nécessaires, et d'empêcher que la France n'occupe désormais des places fortes dans le nord de l'Allemagne, ou y exerce une influence quelconque ; S. M. le roi du royaume uni de la Grande-Bretagne et de l'Irlande s'engage à coopérer efficacement à cette fin. Par contre S. M. le roi de Prusse, qui dans ses transactions avec la Russie, a déjà mis expressément en réserve les droits de la maison de Brunswick-Lunebourg sur le Hanovre, coopérera de toutes ses forces à faire restituer tant à cette auguste maison qu'à la maison ducale de Brunswick, leurs états héréditaires.

« 2. En conséquence de l'article ci-dessus, les deux hautes parties contractantes sont convenues de s'aider réciproquement de tous les moyens que la Providence a mis à leur disposition, et S. M. le roi de Prusse s'engage à entretenir en campagne 80,000 hommes, sans compter les garnisons des places fortes.

« 3. L'Angleterre de son côté promet de mettre à la disposition de S. M. le roi de Prusse, pour l'année 1813, les sommes suivantes :

« 666,666 et deux tiers livres sterling, payables à Londres de mois en mois, de

voirs en signant un tel acte, mais il était impossible que dans une résolution aussi grave, sur un point aussi extraordinaire, un ministre se fût permis la signature d'une convention qui ne serait pas ratifiée par son gouvernement; et en effet, elle le fut. Ce traité conditionnel ne sortait pas du système de M. de Metternich, se résumant toujours en ces paroles : « La paix générale, sur des bases raisonnables; et si l'Autriche ne peut obtenir cette paix offerte à Napoléon, alors elle sera forcée de se décider pour l'alliance; la convention de subsides aura son exécution et deviendra publique. »

A côté de cette diplomatie officielle des cabinets, il s'en trouvait une autre plus active, remuante et voyageuse qui cherchait à entraîner les gouvernements incertains, à les enlever à l'influence de Bonaparte pour leur faire adopter la cause commune; elle avait ses agents secrets auprès du roi de Saxe, et à défaut du roi auprès de son armée; le général Thielmann était tout entier dans les idées de l'alliance; l'Autriche faisait travailler sous main le roi de Bavière, prince toujours plein d'incertitude et qui ne savait point encore le parti pour lequel il se dessinerait; ses tendances étaient pour l'alliance, il s'y trouvait plus à l'aise qu'avec Napoléon opprimant les Bavarois fatigués comme les Saxons; Winzingerode entretenait une correspondance suivie avec le roi de Bavière. Auprès du roi de Wurtemberg le Czar Alexan-

---

manière que cette somme soit acquittée tout entière au 1er janvier 1814.

(Suit l'engagement pour le papier fédératif, dans les mêmes termes que pour la Russie.)

« 7. La marine anglaise coopérera partout où elle le pourra à la défense des États prussiens, à l'avancement des expéditions militaires pour la cause commune, et à la protection du commerce de la Prusse.

« 8. Le présent traité sera communiqué incessamment à la Russie, la Suède et l'Autriche.

« 9. Il sera ratifié dans le plus court délai possible.

« Fait à Reichenbach, le 14 juin, l'an de grâce 1813. »

Charles Stewart, lieutenant-général
Charles-Auguste, baron de Hardenberg.

dre faisait agir les intérêts de famille, et des agents secrets étaient accrédités près la cour de Stuttgard ; il n'y avait pas jusqu'au grand-duc de Bade qui ne fût travaillé favorablement pour l'alliance. Le protectorat de Napoléon sur l'Allemagne tendait à sa ruine.

Or, dans cette diplomatie, féconde en ressources, l'agent le plus habile, le général Pozzo di Borgo, venait d'être désigné pour une mission secrète auprès de Bernadotte ; parti en toute hâte à travers les bivouacs français [1], sa mission, des plus importantes, avait pour objet de calmer les scrupules du général patriote, devenu prince royal, de l'amener sur le champ de bataille d'Allemagne. Les efforts militaires de Bernadotte s'étaient restreints jusqu'ici à la Suède sans s'étendre au-delà de la Poméranie ; il fallait l'entraîner plus loin, au milieu des camps alliés. Pozzo di Borgo était capable de décider Bernadotte ; tous deux patriotes, ils devaient se comprendre. Charles Stewart se joignit à la mission du général Pozzo di Borgo ; on décida le prince royal par des promesses favorables à la Suède et à la France ; il fut arrêté « que Bernadotte se rendrait au quartier-général des souverains pour examiner et discuter le plan de campagne » ; car on avait confiance dans sa capacité stratégique. Formé à l'école de Bonaparte, il pouvait certainement fournir des notes essentielles sur sa tactique et la composition de l'armée impériale ; on conférerait à Bernadotte le commandement d'une armée de plus de 80,000 hommes, composée de Suédois, de Russes, de Prussiens, d'Hanovriens et d'une brigade anglaise, et il manœuvrerait au nord de la Prusse pour couvrir Berlin. On mit ainsi à profit l'ar-

---

[1] Le comte Pozzo di Borgo m'a dit plus d'une fois, avec son admirable improvisation italienne, les peines de sa mission auprès de Bernadotte.

mistice et le congrès de Prague pour décider Bernadotte à entrer en ligne. Il fallut toute la chaleur du général Pozzo di Borgo, les promesses de sir Charles Stewart pour déterminer le prince royal à une démarche si décisive; il y avait dans Bernadotte une certaine répugnance à prendre les armes contre ses anciens frères de batailles, il n'était pas devenu tout à fait Suédois; il le disait par dépit et orgueil, mais c'était en vain ; le sang de la patrie bat si fort, si fort, qu'on ne peut le méconnaître.

A ce moment arrivait aussi sous la tente une illustration militaire du premier ordre, un général proscrit par Bonaparte sous le Consulat, son rival de gloire et de batailles, le général Moreau. Quelle cause amenait deux républicains si fermes dans les rangs de l'armée ennemie? Pour se l'expliquer, il faut étudier l'esprit de l'époque et les caractères véritables de la campagne de 1813. Il est constant qu'avec plus ou moins de sincérité, les cabinets de l'Europe se levaient pour l'indépendance et la liberté des États contre la dictature de Napoléon : en Espagne, les Cortès ; en Italie, les carbonari ; en Allemagne, les sociétés secrètes. Les nations en avaient assez du despotisme sous le grand soldat; ces pensées étaient partout répandues comme une vérité. madame de Staël et Benjamin Constant parlaient cette langue aux nations, et une circonstance digne de remarque, Schlegel, l'ami commun, était sous la tente de Bernadotte comme faiseur de manifestes, et chargé de l'entraîner dans la cause des peuples contre Napoléon; Bernadotte croyait donc suivre une impulsion patriotique; et ce fut dans ces idées qu'une négociation s'ouvrit avec Moreau, proscrit aux États-Unis; sa correspondance avec le Czar Alexandre, les instructions de M. de Svinine qui fut envoyé à New-York, constatent que deux choses furent bien entendues, à savoir : « que la France serait maintenue dans les limites que la République lui avait faites ; ensuite que, par la voie du Sénat et des corps politiques, on laisserait la France maîtresse du choix de son gouvernement, une fois la tyrannie de Bonaparte renversée ; à la cause impériale succéderait la cause de la patrie. » Bernadotte et Moreau devaient se présenter aux bords du Rhin, faire un appel à l'armée fatiguée, au drapeau tricolore ; Moreau pas plus que Bernadotte, Malet ou Lahorie n'étaient liés aux Bourbons, on put bien le faire croire après coup, pour imprimer un caractère royaliste à la conspiration de Malet et à l'œuvre de Moreau ; mais il ne s'agissait jusqu'alors que de donner l'impulsion à un mouvement national qui partirait du Sénat et du peuple, à une réaction contre le 18 brumaire et le sacre impérial qui avait orné d'une couronne la tête du Consul.

Quand ces bases eurent été arrêtées et convenues, Moreau ne fit plus aucune difficulté de se rendre sur le continent ; à bord du navire américain *l'Annibal*, on le traitait avec le plus grand respect [1], comme l'espérance des peuples et la pensée d'une restauration libérale. Débarqué à Stralsund [2], sa première visite fut pour Bernadotte ; les deux vieux généraux de Sambre-et-Meuse échangèrent quelques souvenirs du passé, quelque espérance de l'avenir, la haine pour Bonaparte s'exalta au plus haut point dans la tête de ces deux républicains : « Bonaparte seul avait soulevé l'Europe contre la

---

[1] Gottenbourg, 27 juillet. « Le navire américain *l'Annibal* est arrivé ici de New-York, en trente jours, ayant à bord le général Moreau avec sa suite. »

[2] Stralsund, 13 août. « Le général Moreau est arrivé ici le 6. Quand il a débarqué on lui a rendu les honneurs militaires comme général en chef français, et on lui a témoigné tous les intérêts que ses malheurs, sa renommée et ses vertus inspirent à tous les hommes de bien. »

On avait cherché à imprimer un caractère royaliste à son voyage par l'envoi de M. Hyde de Neuville.

France, il fallait briser ce despote. » La difficulté devint plus grave entre eux lorsqu'on eut à examiner ce qu'on ferait du gouvernement de la France après la chute de Bonaparte; Moreau, franchement républicain, voulait qu'on la constituât avec les conditions de la démocratie: on abolirait l'Empire, le Sénat serait l'instrument de la chute de Napoléon, on reviendrait aux idées de 1792, aux formes de la constitution des Cortès ou de la charte de Sicile; on établirait enfin la liberté telle qu'une nation éclairée est digne de la comprendre. Bernadotte, qui avait goûté du pouvoir et de la royauté, penchait pour la constitution d'une monarchie, dans l'espérance que l'empereur Alexandre soutiendrait ses prétentions royales; ne l'avait-il pas promis à Abo?

En tout point la haine fut commune contre Bonaparte; il n'y eut pas un moment d'hésitation; on dut renverser son pouvoir. Les deux généraux se quittèrent avec un peu de froideur, Bernadotte craignait d'être effacé par Moreau; l'éclat de ce nom retentissait partout; être proscrit par Bonaparte était alors un grand titre aux yeux de l'Allemagne. On ne peut dire l'enthousiasme qui éclata sur son passage dans la Prusse; les patriotes lui tressèrent des couronnes civiques, les jeunes filles semaient sa route de fleurs; les étudiants récitaient des chansons à sa louange. A Berlin [1], on le porta en triomphe; on semblait lui dire : « Honneur à toi ! noble patriote, tu nous délivreras du tyran ! »

---

[1] Berlin, 12 août.
« Le général Moreau est arrivé ici, le 10 au soir, accompagné de son aide-de-camp, le colonel-adjudant Rapatel, et du conseiller de légation russe près des États-Unis d'Amérique, Svinine. Le peuple s'assembla devant la maison où il logeait, et manifesta par ses acclamations les sentiments qu'il éprouvait. Hier, le général a fait une visite aux princes de la famille royale qui se trouvent en ce moment à Berlin, et aux généraux Bulow, Tauenzien et Oppen. A midi, le général s'est mis en route pour le quartier-général russe et prussien. »

Au camp d'Alexandre, Moreau fut accueilli avec des démonstrations de joie bien vives ; le Czar, le comblant d'attentions et de prévenances, le fit son aide-de-camp général ; il le caressa comme il avait flatté Bernadotte lors de l'entrevue d'Abo. « Général Moreau, lui dit Alexandre, je connais vos opinions, je ne les gênerai en rien ; la France doit se prononcer, montrer son pouvoir, et je la laisse pleinement libre. » Moreau se mit à l'œuvre en étudiant les positions de l'armée française et les forces de l'armée russe ; il était suivi de son aide-de-camp Rapatel, le confident de ses pensées, l'ami de son enfance. Moreau avait une statistique parfaitement renseignée de tous les généraux qui pouvaient suivre sa bannière et servir sa fortune. Voici son plan : « On lèverait une légion française sous le drapeau tricolore comme il y avait une légion allemande, les prisonniers détenus en Russie en formeraient le noyau ; un état militaire fait par Alexandre constatait que 55,000 prisonniers français étaient prêts à prendre du service sous Moreau, et ils l'avaient offert aux gouverneurs des provinces. Les généraux et les officiers français en disgrâce envieraient l'honneur de s'enrôler dans cette légion ; Lecourbe allait vendre ses propriétés pour passer au service en Russie. Sur le Mein, cette armée prendrait le nom de sénatoriale, et marcherait contre Napoléon, comme au temps de Rome l'armée du sénat combattait contre César ! Des mécontentements réels s'élevaient dans l'armée française si fatiguée ; tous les jours des déserteurs importuns passaient à l'alliance ; et en ce moment arrivait, comme transfuge du camp français, le général le plus fort dans la stratégie écrite, Jominy, Suisse de naissance, ami du colonel Laharpe (le précepteur d'Alexandre). Jominy ne se fit aucun scrupule de passer de l'état-major du maréchal Ney au quartier-général de l'ennemi; il y était venu pour aider les alliés de ses connaissances stratégiques et de sa science militaire. Ainsi, comme général d'action, Bernadotte; comme tacticien, Moreau; comme théoricien, Jominy[1]; voilà les capacités diverses que les alliés attiraient à eux pendant la durée du congrès de Prague.

Les événements, hélas! ne favorisaient que trop les ennemis de Napoléon; aux premiers jours de l'armistice de Plesswitz, l'on reçut au quartier-général les dépêches de lord Wellington annonçant la funeste issue de la bataille de Vittoria[2]; les aigles françaises s'étaient voilées. Ces sinistres nouvelles affaiblissaient déplorablement l'influence de la France dans la Péninsule; Vittoria n'était pas loin de la frontière; Joseph Bonaparte avait donc été rapidement refoulé depuis Madrid jusqu'à la Biscaye. Toute la faute n'était point aux généraux qui commandaient les armées de France; après les désastres de Russie, on avait retiré d'Espagne les meilleures troupes, la cavalerie surtout, et les cadres les plus complets des bataillons, afin de créer une nouvelle armée. De là s'était suivi l'affaiblissement des forces qui appuyaient la couronne de Joseph; on les remplaça par des conscrits; l'absence des vieux cadres fit un grand

---

[1] 18 août 1812.
« Le général de division français Jominy, chef de l'état-major de l'armée commandée par le maréchal Ney, a passé aux alliés, le 15 du mois, et s'est rendu au quartier-général russe en passant par l'armée du général Blücher. Il a confirmé le rapport que l'intention de Napoléon était d'attaquer l'armée qui couvre Berlin. »

[2] Dépêche de lord Wellington, adressée au comte Bathurst, 22 juin 1813.
« Mylord,
« L'armée de l'ennemi, commandée par Joseph Buonaparte, ayant sous lui le maréchal Jourdan, prit une position dans la nuit du 19 de ce mois, en front de Vittoria; sa gauche étant appuyée sur les hauteurs qui se terminent à Puebla d'Arlanzon, et s'étendant de là à travers la vallée de Zadora. Les Français occupaient avec la droite de leur centre une colline qui commandait la vallée de Zadora; la droite de leur armée était postée près de Vittoria, et était destinée à défendre le passage de la Zadora dans le voisinage de cette ville. Ils avaient une ré-

vide; les armées anglaises, parfaitement renseignées sur l'état d'appauvrissement des Français, n'hésitèrent pas à prendre une vigoureuse initiative ; lord Wellington se dirigea sur Salamanque, et de là sur Madrid.

Bientôt cette capitale s'insurgea et Joseph fut obligé de partir encore une fois; la masse innombrable de fourgons encombrait les routes, embarrassait la marche ; les pillards transportaient même les magnifiques galeries de tableaux, les Velasquez et les Murillos qui ornaient naguère les églises et les palais de Madrid. L'armée française fit sa retraite à marches forcées sur Burgos, et de Burgos à Vittoria. Là, lord Wellington lui offrit bataille; Jourdan, qui avait la prétention de singer le duc de Berwick, comme lieutenant du nouveau et ridicule Philippe V, accepta le défi ; l'armée française d'Espagne fut accablée par une irrévocable et fatale défaite. La malhabileté de Jourdan, la décrépitude de sa stratégie, aidèrent les Anglais ; les généraux Foy et Clausel n'arrivèrent que tardivement sur le champ de bataille, et ce fut un tort. Tant il y a que cette défaite si complète devint bientôt un pêle-mêle dont rien n'approche ; tous les bagages, les fourgons pleins d'or et de chefs-d'œuvre de peinture tombèrent au pouvoir de lord Welling-

---

serve sur les derrières de leur gauche, au village de Gomecha.

« En conséquence, nous attaquâmes l'ennemi hier, et je m'estime heureux d'avoir à communiquer à Votre Seigneurie que l'armée alliée sous mes ordres a remporté une victoire complète, ayant chassé l'ennemi de toutes ses positions, pris cent cinquante et une pièces d'artillerie, quatre cent quinze caissons, tous ses bagages, ses provisions, son bétail, son trésor, etc., et ayant fait un nombre considérable de prisonniers.

« La nature du terrain n'a pas permis à la cavalerie d'être généralement engagée, mais les officiers-généraux, commandant les différentes brigades, placèrent les corps sous leurs ordres respectifs tout près de l'infanterie afin de la soutenir, et ils ont mis la plus grande activité à la poursuite de l'ennemi.

« J'envoie cette dépêche par mon aide-de-camp le capitaine Freemantle, que je recommande à la protection de V. S., il aura l'honneur de mettre aux pieds de S. A. R., les drapeaux du 4e bataillon du 100e

ton qui les restitua aux Cortès. La perte de la bataille de Vittoria était si grave qu'elle ne permit plus l'occupation de l'Espagne; il fallut l'évacuer jusqu'aux Pyrénées. Joseph, l'objet des risées de l'armée, esprit simple et candide, avait pris tellement sa royauté au sérieux que dans la lettre qu'il écrivait à lord Wellington pour demander un peu de répit, il signait encore *Moi, le roi*. Pitié pour cette pauvre tête! Joseph, durant la fuite, tomba dans un fossé, et les soldats français raillèrent à l'aise sa majesté souveraine dans la poussière ; il ne dut la vie qu'à la compassion d'un voltigeur qui lui offrit la crosse de son fusil pour le retirer. La bataille de Vittoria, je le répète, rendait désormais toute occupation des Français en Espagne impossible; Suchet devait se retirer sur les Pyrénées orientales; la guerre cessait d'être espagnole, pour devenir française; l'ancien territoire de la monarchie de Louis XIV devait se défendre : situation bien triste pour la patrie et pour l'Empereur.

La nouvelle du désastre de Vittoria, arrivée au quartier-général des alliés, allait être un nouvel obstacle à toute solution dans le congrès de Prague ; la fortune tournait contre Napoléon ; elle marche vite contre un homme quand elle le prend, elle lui brise les os, le crâne elle lui dévore les entrailles. On disait : l'Espagne touche

---

régiment, et le bâton de maréchal du général Jourdan, pris par le 87e régiment. »
Wellington.
Lettre du prince régent à lord Wellington.
Carlton-House, 3 juillet 1813.
« Mon cher lord, votre gloire est au-dessus de tous les éloges et de toutes mes récompenses ; je ne sais point d'expressions qui puissent la louer dignement. Je sens que je n'ai qu'à offrir au ciel mes ferventes prières pour qu'il conserve à mon pays et à moi le général qu'il lui a donné. Parmi les trophées de gloire que vous m'avez envoyés est le bâton de maréchal du général ennemi: je vous envoie en retour celui d'Angleterre. L'armée anglaise verra avec enthousiasme entre vos mains le prix des exploits que l'univers admire. Qu'une santé non interrompue, que de nouveaux lauriers distinguent toujours votre illustre carrière ; tels sont les vœux ardents et constants, mon cher lord, de votre sincère et fidèle ami, G. P. R. »

à sa délivrance; il faut redoubler d'activité pour que l'Allemagne le soit bientôt aussi : à quoi bon une paix lorsque lord Wellington attaque la France par les Pyrénées, et va renouveler la guerre du prince Noir dans la Guyenne? » La position des commissaires anglais près des alliés grandissait ainsi; non seulement le cabinet de Londres fournissait des subsides à la coalition, mais encore il prenait une part active et armée aux succès communs. L'Angleterre, vieille rivale, toucherait la première le territoire de cette noble France, naguère si grande. Le succès de lord Wellington influa sur la résolution de l'Autriche, qui avait joué son rôle de médiatrice jusqu'au bout : la paix qu'elle avait offerte à Napoléon, elle l'aurait obtenue des alliés par son influence; après les nouvelles d'Espagne, l'Autriche dut avoir plus de tendance à se déclarer en faveur des alliés. Il était convenu que des feux seraient allumés depuis Prague jusqu'à Trachenberg au moment où M. de Metternich prononcerait le mot de *guerre*, et cela fut strictement suivi; les souverains et les ministres alliés étaient dans une grange au milieu de la nuit, lorsqu'ils furent réveillés en sursaut par ces feux étincelants : la nouvelle de l'adhésion de l'Autriche arriva rapidement aux alliés; tous ne se tinrent plus de joie, il leur semblait qu'ils avaient atteint déjà le but de leurs efforts; à leurs yeux l'appui de l'Autriche à la coalition devait amener la chute de Bonaparte [1].

La déclaration de guerre de l'Autriche, comme celle de la Prusse, était l'œuvre de Gentz [2]; le cabinet de Vienne

---

[1] Le comte Pozzo qui était dans cette réunion diplomatique m'a raconté que tous les diplomates s'embrassèrent avec joie en apprenant que l'Autriche s'était prononcée pour l'alliance.

[2] Voici comment était terminée la déclaration de guerre de l'Autriche, adressée à M. de Narbonne :

« Le retard de l'arrivée de MM. les plénipotentiaires français au congrès, sous des

voulait montrer : « que dans toute l'étendue de cette négociation de Prague il n'avait rien négligé pour la paix; après avoir rempli son devoir de médiateur, il ne se déterminait qu'à la dernière extrémité à la guerre, sans renoncer à l'espérance d'amener la paix entre les puissances belligérantes. » La réponse de Napoléon dictée à M. Maret était encore une de ces déclamations qui lui firent tant de tort dans les négociations diplomatiques; son style blessant insultait tout le monde, souverains et ministres; il n'y avait rien d'impartial dans ces exposés de motifs généralement écrits par M. Maret; c'était de la colère. Or ce qu'il faut encore remarquer, c'est que ni la déclaration de l'Autriche, ni la réponse de Napoléon ne disaient encore le véritable et dernier mot des cabinets; l'Autriche avait désiré la paix, mais dans ce moment elle croyait la guerre favorable pour s'assurer une position en Europe; tous les cabinets la caressaient à l'envi, tous lui faisaient des offres; elle se prononçait pour les alliés parce que la cause allemande l'exigeait ainsi; jusque sur le Rhin la guerre était germanique, et il ne fallait pas en laisser la direction exclusivement à

prétextes que le grand but de sa réunion aurait dû faire écarter, l'insuffisance de leurs instructions sur les objets de forme qui faisaient perdre un temps irréparable, lorsqu'il ne restait que peu de jours pour la plus importante des négociations; toutes ces circonstances réunies ne démontraient que trop que la paix, telle que la désiraient l'Autriche et les souverains alliés, était étrangère aux vœux de la France; et qu'ayant accepté pour la forme, et pour ne pas s'exposer aux reproches de la prolongation de la guerre, sa proposition d'une négociation, elle voulait en éluder l'effet, ou s'en prévaloir peut-être uniquement pour séparer l'Autriche des puissances qui s'étaient déjà réunies avec elle de principe, avant même que les traités eussent consacré leur union pour la cause et de la paix et du bonheur du monde.

« L'Autriche sort de cette négociation dont le résultat a trompé ses vœux les plus chers, avec la conscience de la bonne foi qu'elle y a portée, plus zélée que jamais pour le noble but qu'elle s'était proposé, elle ne prend les armes que pour l'atteindre de concert avec les puissances animées des mêmes sentiments. Toujours également disposée à prêter la main au rétablissement d'un ordre de choses, qui, par une sage répartition de forces, place la garantie de la paix, sous l'égide d'une association d'États indépendants, elle ne négligera rien pour parvenir à ce résultat.

la Prusse; cela ne pouvait être sans exposer l'influence de la maison de Habsbourg sur la Germanie. N'avait-elle pas renoncé déjà, par les traités, à la vieille couronne impériale?

Si les alliés supportaient avec impatience la trêve que l'Autriche imposait dans l'intérêt de la paix, Napoléon, avec sa prévoyance habituelle, apercevait bien à son tour qu'une grande guerre seule pouvait décider sa vaste querelle avec l'Europe. En cédant sur l'armistice, il avait voulu répondre à quelques plaintes, à quelques maussaderies de plusieurs généraux qui se mettaient à contrôler tous ses desseins. La force morale l'abandonnait; la mort de Bessières et de Duroc l'avait considérablement affecté; on semblait lui jeter à la face ces deux cadavres, en lui disant: « Faites la paix. » Les succès de Lutzen, de Bautzen et de Wurtschen n'avaient que faiblement raffermi le courage moral des officiers-généraux; on déclamait contre son ambition insatiable et ces guerres incessantes qui avaient l'Europe pour théâtre. Dans le fait, Napoléon n'avait consenti à l'armistice que pour grandir ses ressources; il avait retiré d'Espagne près de 50,000 hommes de vieille trempe, parmi lesquels 6,000 de la garde impériale : deux divisions de cavalerie, les dragons de Milhaud; toutes ces troupes arrivaient du Gua-

---

« En déclarant, d'ordre de l'empereur, à M. le comte de Narbonne que ses fonctions d'ambassadeur viennent à cesser de ce moment, le soussigné met à la disposition de S. E. les passeports dont elle aura besoin pour elle et pour sa suite.

« Les mêmes passep rts seront remis à M. de la Blanche, chargé d'affaires de France à Vienne, ainsi qu'aux autres individus de l'ambassade.» Metternich.
Prague, le 12 août 1813.

Extrait de la réponse de M. Maret.

« Depuis le mois de février, les dispositions hostiles du cabinet de Vienne envers la France étaient connues de toute l'Europe. Le Danemarck, la Saxe, la Bavière, le Wurtemberg, Naples et la Westphalie ont dans leurs archives des pièces qui prouvent combien l'Autriche, sous les fausses apparences de l'intérêt qu'elle prenait à son allié et de l'amour de la paix, nourrissait de jalousie contre la France. Le soussigné se refuse à retracer le système de protestations prodiguées d'un côté, et d'insinuations répandues de l'autre, par lequel le cabinet de Vienne compromet-

dalquivir sur le Rhin, comme les légions de Rome qui venaient, sous leurs centurions et leurs tribuns, des villes d'Égypte et de Syrie sur les côtes de la Calédonie indomptée. Toutes les ressources de la France étaient mises en activité; on ne rencontrait partout que des bataillons de marche; deux mois d'armistice pouvaient grossir les légions de la patrie et relever le courage moral de de l'armée; la paix viendrait si elle le pouvait; mais la guerre seule, forte et active, était en ce moment le but et la préoccupation de l'Empereur. La paix, il ne voulait la conclure qu'avec des conditions impossibles, l'intégralité de l'Empire depuis Hambourg jusqu'à l'Illyrie.

Sa diplomatie, quoique fort secondaire d'esprit et de pensée, était en grande activité pour seconder ses plans militaires auprès des princes de la Confédération du Rhin; l'Empereur surtout ne voulait pas renoncer à ce protectorat allemand, et loin même de l'abdiquer, il avait ouvert des négociations intimes avec la Bavière, la Saxe, le Wurtemberg et Bade, tâchant par tous les moyens de maintenir les liens prêts à se dissoudre, car il n'ignorait pas que la Prusse, l'Autriche et la Russie travaillaient sous main ces gouvernements prêts à s'affranchir de leur protecteur impérieux; l'Europe reconnaissait leurs titres, l'intégrité de leur territoire. Ainsi l'autorité

tait la dignité de son souverain, et qui, dans son développement, a prostitué ce qu'il y a de plus sacré parmi les hommes, un médiateur, un congrès et le nom de la paix.

« Si l'Autriche voulait faire la guerre qu'avait-elle besoin de se parer d'un faux langage et d'entourer la France de pièges mal tissus qui frappaient tous les regards.

« Si le médiateur voulait la paix, aurait-il prétendu que des transactions si compliquées s'accomplissent en quinze ou vingt jours? Était-ce une volonté pacifique que celle qui consistait à dicter la paix à la France en moins de temps qu'il n'en faut pour conclure la capitulation d'une place assiégée?

« L'Autriche, ennemie de la France, et couvrant son ambition du masque de médiatrice, compliquait tout et rendait toute conciliation impossible. Mais l'Autriche, s'étant déclarée en état de guerre, est dans une position plus vraie et plus simple. L'Europe est ainsi plus près de la paix; il y a une complication de moins. »

Le duc de Bassano.

Dresde, le 13 août 1813.

de Napoléon s'effaçait dans tous ces cabinets qui naguère étaient à ses pieds pour saluer sa fortune. L'Europe se vengeait un peu de l'abaissement des têtes couronnées à Dresde alors que le nouveau Charlemagne les faisait attendre dans son antichambre. Le corps diplomatique français en Allemagne, médiocrement composé, blessait souvent les souverains et les ministres par ses allures de légèreté et d'insolence ; presque partout il échoua [1].

Pour se consoler de ces disgrâces, Napoléon reçut par le baron du Kaas, ministre de Danemarck, la pleine assurance de la ratification de son traité avec la cour de Copenhague [2]; les alliés avaient trop exigé de ce cabinet en lui demandant la Norwége, dans le but de satisfaire Bernadotte et les Suédois, et de les indemniser pour la perte de la Finlande. La cour de Copenhague ne vit d'autre moyen pour préserver son intégrité que de se jeter dans les bras de Napoléon ; les troupes danoises se mirent sous les ordres de Davoust, le rigoureux gouverneur de Hambourg et de la trente-deuxième division militaire ; cette armée fut d'un puissant secours pour soutenir l'aile droite dans la campagne que l'Empereur allait ouvrir contre l'Europe ; sur l'Elbe, les troupes danoises aidèrent Davoust dans ses opérations contre les villes anséatiques.

A Dresde, il fallait voir l'incessante activité de Napo-

---

[1] A cette époque, l'Empereur était représenté :
à Francfort, par M. Hédouville, frère du général ;
A Munich, par le comte Mercy d'Argenteau ;
A Stuttgard, par M. Latour-Maubourg ;
A Cassel, par M. Reinhard ;
A Carlsruhe, par le comte de Nicolaï;
A Darmstadt, par M. de Vandeul ;
A Wurtzbourg, par M. Germain ;
A Weymar, par M. de Saint-Aignan ;
A Copenhague, par M. Alquier ;
A Dessau, par M. de Rumigny, auditeur.

[2] Dans le traité d'alliance et de garantie réciproque, signé à Copenhague, le 10 juillet 1813, par M. Alquier pour la France, et M. Niels Rosenkrantz, pour le Danemarck, la France s'engageait à déclarer la guerre à la Suède, et le Danemarck à la Russie, à la Suède et à la Prusse, dans les vingt-quatre heures qui suivraient la rupture de

léon, son travail infatigable pour la guerre comme pour les relations extérieures; il eut le mystère de certaines défections qui plus tard éclatèrent; ainsi Murat avait demandé par M. de la Vauguyon de se faire représenter au congrès de Prague comme roi de Naples indépendant; Louis voulait aussi un représentant en sa qualité de roi de Hollande; Jérôme cherchait à faire ses conditions, et Joseph lui-même s'était adressé à M. de Metternich. Ces monarques improvisés croyaient de bonne foi à leur souveraineté; tous ces mimes n'admettaient pas que le grand drame de Napoléon une fois joué, leur comédie était finie, à eux. L'Empereur, irrité au plus haut point, manda Murat à l'armée pour rendre compte de sa conduite; Joachim s'excusa et offrit de réparer son passé par ses services; il prit le commandement de la cavalerie.

Quant à lui, Napoléon, il visitait Dresde [1], les forêts qui l'environnaient et les positions de l'Elbe; incessamment debout, il travaillait jusqu'à quatorze heures par jour, non seulement à l'organisation de son armée, mais encore aux soins les plus assidus de son gouvernement. Il avait eu l'intention d'appeler au congrès de Prague M. de Talleyrand; cette pensée heureuse, il ne la suivit pas, et ce fut une faute. M. de Talleyrand était pour les alliés l'expression d'un système de modération

l'armistice de Plesswitz. On se garantissait réciproquement l'intégrité des territoires en Europe et dans les colonies.

[1] « A Dresde, la journée de l'Empereur se passait de la manière suivante : jusqu'à huit heures du matin tout était tranquille, à moins que quelques courriers ne fût arrivé, ou que quelque aide-de-camp n'eût été appelé inopinément. A neuf heures, il y avait lever auxquels pouvaient assister tous ceux qui avaient rang de colonel. Les autorités civiles et militaires du pays y étaient admises. Les frères et les neveux du roi de Saxe, les ducs de Weymar et d'Anhalt-Dessau y venaient aussi quelquefois. Après le lever, Napoléon déjeunait; après le déjeuner la parade, Napoléon n'avait que cent pas à faire pour s'y rendre. Quand il arrivait il mettait pied à terre. Les troupes défilaient devant lui et le saluaient par les cris accoutumés... Le comte de Lobau recevait les ordres et comman-

qui pouvait faire croire au désir sincère de conclure une paix sérieuse; la diplomatie de l'Europe eût traité volontiers avec M. de Talleyrand; la position qu'il aurait prise au congrès de Prague aurait été supérieure ou au moins égale à celle de M. de Metternich; elle serait devenue comme un centre autour duquel on se serait rallié. Ce premier instinct de l'Empereur fut combattu par M. Maret qui se jetait partout avec son dévouement aux étroites pensées. M. de Talleyrand n'aurait accepté le poste de plénipotentiaire qu'avec le portefeuille des affaires étrangères, et M. Maret, par suite, aurait été obligé de donner sa démission, ce qu'il ne voulait pas. Une seconde faute fut de laisser M. de Talleyrand prendre une position à Paris, s'y faire l'organe de tous les mécontents et favoriser l'espoir d'un renversement politique. Il y a de ces hommes qu'il ne faut pas laisser en dehors des affaires; quand ils ne travaillent pas pour un gouvernement, la force des choses les entraîne à travailler contre; ils ont besoin d'une œuvre. Tant pis pour les pouvoirs qui n'emploient pas leur importance et leur activité.

Par contre, l'Empereur manda Fouché à Dresde; il lui ordonnait de se rendre immédiatement auprès de lui, et, après sa disgrâce, ce fut une circonstance qui fit singulièrement réfléchir l'ancien ministre de la po-

---

dait les évolutions; dès que la cavalerie avait commencé à défiler, Napoléon rentrait pour travailler. Lorsque Napoléon était rentré au palais tout était tranquille jusqu'au soir. Le dîner n'avait lieu que très tard, à sept ou huit heures. Il dînait souvent seul avec Berthier, à moins qu'il n'y eût quelques convives de la famille royale de Saxe; le soir, plusieurs fois par semaine, il y avait spectacle dans l'orangerie: on avait fait venir de Paris Fleury, mesdemoiselles Mars et Bourgoin; mademoiselle Georges et Talma y furent aussi appelés. Outre la comédie et la tragédie, il y avait des jours réservés pour la troupe italienne de Dresde. Les billets d'entrée étaient distribués par le comte de Turenne, premier chambellan. Après dix heures, la tranquillité était rétablie. Napoléon travaillait alors avec ses secrétaires. »

(Récit d'un témoin oculaire.)

lice : Que voulait-il de lui ? Allait-il le nommer son plénipotentiaire à Prague ? c'était peu probable. L'esprit de l'Empereur n'était pas favorable aux révolutionnaires ; il avait d'ailleurs désigné MM. de Narbonne et de Caulaincourt, noms aristocratiques : voulait-il de nouveau lui confier la police ? c'était bien tard.

Fouché vint à Dresde, et, sur la route, il causa, s'entretint avec tout le monde ; il recueillit bien des plaintes, bien des soupirs, et il reconnut que les opinions avaient singulièrement marché contre Napoléon, même dans les camps. Tout le monde, généraux et fonctionnaires, s'exprimait hautement contre lui, sans tenue, sans ménagement; Augereau fut même presque brutal dans sa manière de juger l'Empereur, et cependant il gouvernait Mayence[1]. Au palais Marcollini, lorsqu'il eut son audience, Fouché remarqua un visible changement dans les manières de l'Empereur : il était devenu aristocrate au dernier degré. Sans prendre garde qu'il avait à sa face un vieil ami de Robespierre, un proconsul sanglant des jours de la démocratie, il n'employa avec lui que les formules des vieux rois de France : « *Mon cousin, M. le duc*[2]. » On causa de tout, et Na-

---

[1] *Texte de la conversation d'Augereau avec Fouché :*

« J'ai des lettres du quartier-général, dit Augereau, et, après cette horrible boucherie, point de résultat, point de canons, point de prisonniers. Dans un pays entrecoupé, on trouvait l'ennemi retranché partout, et disputant le terrain avec avantage ; nous avons même été maltraités au combat de Reichenbach. Et notez que dans ce court début de la campagne, un boulet a emporté Bessières en-deçà de l'Elbe, et un autre boulet a renversé Duroc à Reichenbach : Duroc, le seul ami qu'il eût ! Le même jour, Bruyères et Kirgener tombent aussi sous des boulets perdus. Quelle guerre ! ajoutait Augereau, quelle guerre ! Nous y passerons tous ! Que veut-il faire maintenant à Dresde ? Il ne fera pas la paix ; vous le connaissez encore mieux que moi ; il se fera cerner par 500,000 hommes ; car croyez bien que l'Autriche ne lui sera pas plus fidèle que la Prusse. Oui, s'il s'obstine, s'il n'est pas tué, et il ne le sera pas, nous y passerons tous. »

[2] *Extrait de la conversation de Fouché :*

« Instruit que l'Empereur était de retour au palais Marcollini, dans Friederichstadt, je m'empressai d'aller me présenter à son audience. Il me fit entrer dans son cabinet, je le trouvai soucieux : « Vous venez tard, M. le duc ? me dit-il. — Sire, j'ai fait toute

poléon l'entretint de ses espérances d'une belle campagne, les agrandissant afin de donner le change à Fouché : « il espérait des victoires prochaines et une paix glorieuse. » Fouché le laissa dire, se bornant à des généralités sur la nécessité impérative d'en finir par un traité européen qui embrasserait l'Angleterre surtout. L'Empereur coupa court à cette audience, en lui disant : « M. le duc, je vous ai nommé au gouvernement de l'Illyrie ; vous partirez sur l'heure, en passant par Prague. Si vous y voyez Metternich, vous pourrez le sonder et m'en rendre compte. » Envoyer Fouché en Illyrie, c'était l'exiler dans une terre lointaine qui échappait déjà à la domination de l'Empereur. Il venait de s'y passer des choses étranges : le pauvre Junot, gouverneur-général, était devenu fou à lier ; il était marqué au ciel que la génération des aides-de-camp du général Bonaparte s'en allait : Bessières et Duroc frappés par le canon, et Junot qui courait tout nu sur un char, à la manière antique. Les bulletins qui arrivaient de Laybach donnaient les plus bizarres et les plus déplorables détails sur le gouverneur qui terminait ses lettres par cette formule : « Sur ce, que Dieu et sainte Cunégonde vous ait en sa

la diligence possible pour me rendre aux ordres de V. M. — Que n'étiez-vous ici lors de mon grand débat avec Metternich ! vous l'auriez pénétré. — Sire, ce n'est pas ma faute. — Ces gens-là, sans tirer l'épée, voudraient me dicter des lois ; puis, de vos deux amis, Bernadotte et Metternich, l'un me fait une guerre ouverte, l'autre une guerre sourde. — Mais, sire !... — Voyez Berthier ; il vous communiquera les résumés de ma chancellerie et vous mettra au fait de tout ; vous viendrez ensuite me donner vos idées sur cette maudite négociation autrichienne qui m'échappe : il nous faut toute votre habileté pour la retenir. Je ne veux rien pourtant qui compromette ma puissance et ma gloire ! Ces gens-là sont si âpres ! Ils voudraient, sans se battre, de l'argent, et des provinces que je n'ai acquises qu'à la pointe de l'épée. J'y ai mis bon ordre, quant au premier point ; Narbonne nous a éclairé ; vous verrez ce qu'il en pense. Mûrissez vos idées ; je vous attends sous deux jours. »

Lorsque Fouché retourna au palais Marcollini, Napoléon lui dit en terminant son audience : « Je puis encore leur livrer dix batailles, et une seule me suffit pour les désorganiser et les écraser. Il est fâcheux, M. le duc, qu'une fatale disposition au découragement domine ainsi les

sainte et digne garde. » On devait remplacer Junot par un homme habile au moment même où ces provinces échappaient à l'Empire français.

Fouché accepta la mission, qui, selon lui, ne devait pas être longue. Il vit que c'en était fait de l'homme; sa chute lui paraissait inévitable; tôt ou tard il faudrait arriver à l'abdication, et, avec cette légèreté quelquefois bien réfléchie que Fouché mettait dans ses actes, il s'ouvrit à M. de Metternich, lors de son passage à Prague, sur les projets ultérieurs dont le Sénat pourrait être l'instrument : « l'Europe se levant contre Napoléon, sa ruine était certaine ; d'après Fouché, il fallait songer à l'avenir, et une régence était ce qui serait le plus sûr et le plus efficace : Marie-Louise en serait le sommet, l'Autriche le soutien. On ferait des pensions à la famille Bonaparte, en la forçant de voyager. Une régence serait composée d'hommes de toutes les couleurs, depuis M. de Talleyrand, lui, Fouché, jusqu'à M. de Montmorency ; on donnerait de grandes dotations aux généraux, et la France serait réduite aux limites du Rhin. » Ce plan fut communiqué à M. de Metternich, qui le prit comme

---

meilleurs esprits ; la question n'est plus dans l'abandon de telle ou telle province ; il s'agit de notre suprématie politique, et pour nous l'existence en dépend Si ma puissance matérielle est grande, ma puissance d'opinion l'est bien davantage ; c'est de la magie : n'en brisons pas le charme. Pourquoi tant d'alarmes ? Laissons se produire les événements. Quant à l'Autriche, personne ne doit s'y tromper ; elle veut profiter de ma position pour m'arracher de grands avantages ; au fond j'y suis presque décidé. Voilà ma politique, et j'entends que vous me serviez de tous vos moyens. Je vous ai nommé gouverneur-général de l'Illyrie, et c'est vous, vraisemblablement, qui en ferez la remise à l'Autriche. Partez ; passez à Prague ; nouez-y vos fils pour la négociation secrète, et de là dirigez-vous à Gratz et sur Laybach, d'où vous suivrez les affaires ; allez vite, car ce pauvre Junot, que vous remplacez, est décidément fou à lier, et l'Illyrie a besoin d'une main sage et ferme. — Je suis tout prêt, sire, à répondre à la confiance dont vous m'honorez ; mais si j'osais, je vous ferais observer que l'un des principaux mobiles de la négociation secrète serait, sans aucun doute, indépendamment de la rétrocession des provinces, la perspective de la régence, telle que l'a organisée V. M. dans toute sa latitude. — Je vous entends ; eh bien ! dites tout ce que vous voudrez là-dessus, je vous donne carte blanche. »

mémoire, en répondant d'une manière vague : « que tout dépendait des chances de la guerre. »

Il était curieux de voir alors comme chaque puissance caressait l'Autriche. Fouché s'ouvrait à M. de Metternich sur la possibilité d'une régence, et Napoléon partait de Dresde pour voir Marie-Louise à Mayence. Ce voyage n'était pas une pure galanterie ; très empressé auprès de l'Impératrice, Napoléon avait son dessein de la faire intervenir personnellement, afin de se donner un appui à la cour de Vienne ; elle devait écrire à l'archiduc Charles, pour atténuer l'influence de M. de Metternich et du comte de Stadion. Napoléon avait ses partisans à Vienne ; par le moyen de l'Impératrice, il pouvait arriver jusqu'au cœur de François II ; il ne négligeait rien pour soutenir sa cause. Il resta quelque temps à Mayence, seconde base de ses opérations pour y organiser ses magasins ; ses conscrits y recevaient des armes ; puis les passant en revue, il les dirigeait sur les divers corps d'armée. A Mayence, il était entre la France et l'Allemagne ; il voyagea de l'Elbe au Rhin ; toutes les positions furent visitées avec un grand soin, car il ne croyait pas à la paix ; ses pensées se portaient vers la guerre, non plus contre un seul peuple ou contre un seul gouvernement, mais contre l'Europe tout entière : nations, empires, royautés !

CHAPITRE IV.

DEUXIÈME ÉPOQUE DE LA CAMPAGNE DE 1813.

Plan militaire des alliés. — Les conférences de Trachenberg.—Choix du général en chef. — L'empereur Alexandre, Barclay de Tolly, Moreau. —Préférence donnée à l'Autriche. — Schwartzenberg. — La grande armée de Bohême. — Blücher, armée de Silésie. — Bernadotte, armée du nord. — Plan de Napoléon. — La ligne de l'Elbe. — Position du centre. — Dresde. — Oudinot sur Berlin. — Davoust, villes anséatiques. — Ney. — Macdonald. — Premier mouvement contre Blücher. — Marche de l'armée de Bohême. — Retour de Napoléon à Dresde. — Les trois grandes journées de Dresde. — Retraite des alliés. — Mort de Moreau. — Le dernier chant du poëte Kœrner. — Echec d'Oudinot à Gross-Beeren.—Macdonald et la bataille de la Katzbach.— Défaite de Kulm. — Vandamme prisonnier. — Développement du plan des alliés. — Négociations de l'Autriche avec la Bavière. — Les Bavarois et les Wurtembergeois passent à la cause allemande. — Impossibilité pour Napoléon de rester à Dresde. — Son vaste plan pour le nord de l'Allemagne. — Conseils timides. — Retraite sur Leipsick. — La position des armées. —Première idée de la bataille *des nations*. — Napoléon et la cause européenne. — Les Saxons. — Les batailles par journées. — Les trois jours de Leipsick. — Retraite et fuite. — Manœuvre des Bavarois sur le Mein. — Bataille de Hanau. — Napoléon à Mayence.

Juillet à novembre 1813.

Les négociations diplomatiques n'étaient qu'un moyen de préparer avec plus de sécurité le développement des forces militaires de chacune des puissances engagées dans la guerre ; ces forces sous la tente des alliés étaient immenses, et il fallait surtout les mettre en action avec énergie. Dans les campagnes précédentes, ce qui manquait aux confédérés c'était l'unité de plan, la force et la volonté d'exécution; presque toujours leur stratégie était fautive; en Italie, en Allemagne, en Pologne, plus d'une erreur avait servi les victoires de la République et de Napoléon; tantôt elle venait d'une confusion dans les armées, de la division des généraux, de la lourdeur des mouvements, tantôt elle avait son origine dans les jalousies des nations, des peuples coalisés. Il était fort difficile en effet de mettre un peu d'ordre, un peu d'ensemble dans des rangs composés de soldats et de peuples appartenant à des races diverses et conservant l'empreinte de leur origine.

La vaste ligue qui marchait contre Napoléon, de combien de peuples n'était-elle pas composée? Prussiens, Autrichiens, Russes, Suédois, sans compter les troupes asiatiques que Bennigsen amenait sur le champ de bataille. Que de caractères, de races et de capacités diverses et à qui donnerait-on la préférence? quel serait le chef choisi pour conduire ces armées? Les alliés pendant l'armistice signé avec Napoléon fixèrent un lieu de réunion pour examiner les opérations de la campagne; Bernadotte paraissait insister pour la reprise immédiate des hostilités; il ne fallait pas laisser se refroidir l'enthousiasme et le dévouement des peuples [1]. Trachenberg

---

[1] Lord Cathcart écrivait à lord Castlereagh pour l'informer de cette conférence de Trachenberg :

« Je vous transmets quelques particularités relatives à la conférence que le prince royal de Suède a eue avec l'empereur de Russie et le roi de Prusse, et à laquelle a assisté le comte de Stadion. S. A. R. a fortement insisté auprès de LL. MM. pour la reprise des hostilités; il leur a représenté que les sujets des deux états étaient disposés à les aider de tous leurs moyens et de toutes leurs ressources; que si après avoir excité en eux un si vif enthousiasme, on souffrait que leur ardeur se ralentît, il serait difficile et peut-être impossible de reproduire le même esprit, au cas qu'il devînt nécessaire; ce qui devait nécessairement avoir lieu, car une paix faite dans les circonstances actuelles ne pouvait en aucune manière être permanente. Il était impossible de douter des sentiments de l'Alle-

fut le rendez-vous militaire, et l'on devait examiner les points d'attaque, le développement des lignes et dans quelles limites le mouvement des alliés se développerait.

L'empereur de Russie, le roi de Prusse assistèrent en personne aux conférences de Trachenberg et avec eux les généraux Barclay de Tolly, Wittgenstein, Winzingerode, Blücher, Bulow, Pozzo di Borgo; mais l'homme qui exerça la plus haute influence sur la résolution militaire de Trachenberg, ce fut Bernadotte : lui, qui traçant hardiment le plan offensif, fixa les bases de la campagne et la méthode stratégique qui devait être employée contre Napoléon. Il résulta des conférences une sorte de résumé écrit des opérations, curieux document qui révèle la pensée d'ensemble des alliés. On convint d'aller toujours directement sur la ligne de Napoléon ; la plus grande force des alliés devait se porter sur le point où une démonstration serait faite par les Français [1]. L'armée de Silésie devait opérer de manière à se joindre à l'armée de Bohême ; l'armée de Bernadotte manœuvrerait pour se réunir sur l'Elbe ; si Napoléon prenait l'initiative en

---

magne, ni du désir concentré de toutes les nations de saisir la première occasion qui pourrait s'offrir de se délivrer de l'oppression sous laquelle elles gémissaient. Quant à lui, il était prêt à sacrifier pour la cause commune tout son temps, tous ses efforts, et même sa vie, pourvu que les deux monarques fussent déterminés à persister de tout leur pouvoir et de toutes leurs forces. Il espérait les entendre exprimer cette résolution avec la même franchise et la même candeur avec lesquelles il venait de leur parler. En réponse au prince de Suède, l'empereur de Russie et le roi de Prusse lui ont donné les gages les moins équivoques de leur ferme résolution de continuer la guerre à tout événement. »

Convention signée à Trachenberg le 12 juillet 1813, comme base pour les opérations de la campagne.

« Il a été convenu d'adopter pour principe général que toutes les forces des alliés se porteront toujours où les plus grandes forces de l'ennemi se trouveront, de là il s'ensuit :

« 1º Que les corps qui doivent agir sur les flancs, et à dos de l'ennemi, diviseront toujours la ligne qui conduit le plus directement sur la ligne d'opérations de l'ennemi.

« 2º Que la plus grande force des alliés doit choisir une position qui la mette à même de faire face partout où l'ennemi voudra se porter. Le bastion saillant de la Bohême paraît donner cet avantage.

Bohême, Bernadotte devait se placer sur ses derrières et opérer contre lui; et quant à l'armée de Bennigsen avec ses divisions russes du Danube, ses Tartares et ses Baskirs, il devait faire sa jonction sur l'Oder en arrivant de la Pologne à marches forcées. Les bases posées par le congrès de Trachenberg furent fidèlement suivies après la rupture de l'armistice.

Mais à côté de la question stratégique s'en présentait une autre non moins grave, le choix d'un général en chef; chacune des armées avait un commandant supérieur, chacune des nations un général qui les conduisait. Ainsi, pour les Russes, Barclay de Tolly avait succédé à Wittgenstein presque immédiatement après l'ouverture de la campagne, c'était l'officier de confiance pour Alexandre, le ministre de la guerre que le vieux Kutusoff avait remplacé dans la campagne de Moscou. L'état-major de l'empereur de Russie était brillant et nombreux; là venait d'arriver Moreau, considéré comme la capacité la plus avancée, la seule peut-être qu'on pût opposer à Bonaparte; après lui, Jomini, dont la réputation était européenne, et à chaque

---

« Suivant ces maximes générales, les armées combinées doivent donc être, avant l'expiration de l'armistice, aux points ci-dessus énoncés, savoir :

« Une partie de l'armée alliée en Silésie, forte de 95 à 100,000 hommes, se portera quelques jours avant la fin de l'armistice, par les routes de Landshut et de Gratz, sur Zoung, Bunzelau et Brandeis, pour se joindre, dans le plus court délai, à l'armée autrichienne, afin de former avec elle, en Bohême, un total de 200 à 220 mille combattants.

« L'armée du prince royal de Suède, laissant un camp de 15 à 20,000 hommes contre les Danois et les Français, en observation vis-à-vis de Lubeck et de Hambourg, se rassemblera avec une force à peu près de 70,000 hommes dans les environs de Trauenbruczen, pour se montrer au moment de l'expiration de l'armistice vers l'Elbe, et passera ce fleuve entre Torgau et Magdebourg, en se dirigeant de suite sur Leipsick.

« Le reste de l'armée alliée en Silésie, fort de 50,000 hommes, suivra l'ennemi vers l'Elbe; cette armée évitera d'engager une affaire générale, à moins qu'elle n'ait toutes les chances de son côté. En arrivant sur l'Elbe, elle tâchera de passer ce fleuve entre Torgau et Dresde, afin de se joindre à l'armée du prince royal de Suède; ce qui fera monter celle-ci à 120,000 combattants; si cependant les circonstances exigeaient

instant on attendait Lecourbe. L'empereur Alexandre désirait donc se conserver la direction de la campagne pour en donner une large part à Moreau, et en faire ainsi l'homme important des opérations. Mais l'Autriche fit quelques vives représentations à ce sujet; M. de Metternich déclara rester étranger à ce qu'il appelait l'*intrigue Moreau* : la situation de famille depuis le mariage de l'archiduchesse ne permettait pas qu'on pût songer à un projet de renversement. Comme les Autrichiens donnaient un accroissement de force décisif, on n'avait rien à leur refuser : toutes les puissances avaient intérêt à caresser l'Autriche ; l'empereur Alexandre accepta donc, après quelques difficultés, le feld-maréchal prince de Schwartzenberg, comme général en chef des armées alliées. Ccette déférence constatait tout ce que l'on devait à l'Autriche qui à son tour était aise d'avoir le commandant suprême à sa disposition, afin de dominer la guerre et la diplomatie de la campagne en lui donnant au besoin ce caractère calme et modéré qui convenait à sa politique.

D'après le plan rédigé à la suite de la convention de Trachenberg, les alliés durent se partager en trois gran-

de renforcer l'armée alliée en Bohême, avant que l'armée de Silésie se joigne à celle du prince royal de Suède, alors l'armée de Silésie marchera sans délai en Bohême.

« L'armée autrichienne, réunie à l'armée alliée, débouchera, d'après les circonstances, ou par Egra et Hoff, ou dans la Saxe, ou dans la Silésie, ou du côté du Danube.

« Si l'empereur Napoléon, voulant prévenir l'armée alliée en Bohême, marchait à elle pour la combattre, l'armée du prince royal de Suède tâchera, par des marches forcées, de se porter aussi vite que possible sur les derrières de l'armée ennemie ; si a contraire l'Empereur Napoléon se dirigeait contre l'armée du prince royal, l'armée alliée prendrait une offensive rigoureuse, et marcherait sur les communications de l'ennemi pour lui livrer bataille ; toutes les armées combinées prendront l'offensive, et le camp de l'ennemi sera sur le rendez-vous.

« L'armée de réserve russe, sous les ordres du général Bennigsen, s'avancera de la Vistule, par Kalisch, vers l'Oder, dans la direction de Glogau, pour être à portée d'agir suivant les mêmes principes, et de se diriger sur l'ennemi, s'il reste en Silésie, ou de l'empêcher de tenter une invasion en Pologne. »

des armées, chacune avec sa destination. La première, confiée à Bernadotte, se composait de Suédois, de Prussiens, de Russes, d'Allemands et d'Hanovriens spécialement; l'Angleterre avait aussi son contingent militaire sous le général Walmoden; des commissaires étaient attachés à ce corps d'armée, le baron de Vincent pour l'Autriche, Pozzo di Borgo pour la Russie, sir Charles Stewart pour l'Angleterre. La seconde armée, qui prenait le titre d'armée de Silésie, placée sous les ordres de Blücher, se formait spécialement de la jeunesse ardente de la Prusse, de tous ceux qui, par esprit de patriotisme, s'étaient levés en Allemagne; Blücher devait opérer de manière à se réunir avec la grande armée de Bohême sous le prince de Schwartzenberg. Cette troisième armée, la principale, tenait le centre des opérations; autour d'elle devaient converger plusieurs corps d'alliés ainsi qu'il avait été convenu à Trachenberg[1]. Unité, activité, devinrent la devise de l'alliance; les puissances se lièrent par une confraternité de sentiments; chaque corps fut composé de nations diverses qui toutes s'unirent par une sorte de franc-maçonnerie politique et libérale.

---

[1] *Force des alliés à la reprise des hostilités.*
Russes.

Barclay de Tolly, général en chef.

		Infant.	Caval.
Général Wittgenstein.	{ Prince Eugène de Wurtemberg. Prince Gorstgakoff. }	20,000	5,000
Général Miloradowitch.	{ Général Rajewski. Général Yermoloff, Gardes. }	18,000	10,000
Général Laugeron.	{ Général Czerbatoff. Général Saint-Priest. Général Alsufieff. Général Kopcewitz. }	50,000	10,000
Général Sacken.	{ Général Lieven. Général Neveroski. Général Woronzow. }	18,000	5,000
Général Winzingerode.	{ Général Laptiew. Général Czernicheff. }	9,000	10,000
	Total.	115,000	40,000

En face de cette grande ligue de rois et de peuples, Napoléon, toujours à Dresde, avait étudié tous les accidents de son champ de bataille. La position de l'Elbe, quoiqu'un peu avancée, lui parut la meilleure, à lui, le génie aventureux; Dresde devenait son centre d'action; en vain lui faisait-on observer que par la marche de Bernadotte, il pouvait être coupé de Leipsick (la route de France); il n'était pas général de retraite. Cette position en avant, appuyée sur Magdebourg et Torgau, lui paraissait admirable, parce que, de son centre, il pouvait tomber à l'improviste, de droite et de gauche, sur l'armée ennemie qui se présenterait la première à ses coups; à Dresde, il pourrait s'élancer selon son choix et la nécessité sur Schwartzenberg, Blücher ou Bernadotte; remarquable combinaison qui suppléait par l'activité à l'absence de forces égales. D'après sa méthode si grande, si large, Napoléon avait tracé la marche de chacun des corps de son armée; à l'extrémité nord, Davoust uni aux Danois

Prussiens.
Blücher général en chef.
Les gardes, généraux Avensleben et Laroche.   6,000   1,500
1ᵉʳ corps, général Yorck.   36,000   6,000
2ᵉ — général Kleist.   30,000   3,000
3ᵉ — général Bulow.   34,000   6,500
4ᵉ — général Tauenzien.   44,000   8,000
Réserve de cavalerie, général Rœder.   5,000

Total.   150,000   30,000

Suédois.
Le maréchal Stedincke.   20,000   5,000

Allemands à la solde anglaise.
Le général Valmoden.   25,000   5,000

Autrichiens.
Le prince de Schwartzenberg, général en chef.
1ᵉʳ corps, général Colloredo.   20,000   2,000
2ᵉ — général Chasteler.   15,000   2,000
3ᵉ — général Giulay.   20,000   2,000
4ᵉ — général Klenau.   25,000   3,000
Réserve, prince de Hesse-Hombourg.   20,000   8,000
Corps détaché, général Bubna.   10,000   3,000

Total.   110,000   20,000

T. X.

devait opérer par les villes anséatiques et s'appuyer sur le corps d'Oudinot s'avançant vers Berlin, et c'est dans cette capitale que les deux maréchaux se donnaient un rendez-vous de victoire, après avoir écrasé Bernadotte. Macdonald marcherait sur Blücher en Silésie, et lui, Napoléon, se réservait d'abîmer celui des corps qui se présenterait. Ainsi cette position de Dresde, tant critiquée, il la choisit comme pivot; il n'oublie pas qu'il ne peut opposer que 310,000[1] hommes à l'effectif des masses considérables des alliés qui comptent 600,000 hommes en y comprenant la réserve de Bennigsen avec le ban de l'Asie où se groupent les Baskirs aux casques dorés, aux carquois remplis de flèches qui fendent l'air avec la rapidité d'un trait lancé par les Parthes.

Napoléon prit l'initiative des hostilités; il voulait en frappant un coup rapide et prompt, relever l'opinion à Paris qui avait besoin de ces éblouissements que donne la victoire. La prise de Berlin lui paraissait un suc-

Récapitulation.

Russes.	155,000
Prussiens.	180,000
Suédois.	25,000
Allemands-Anglais.	30,000
Autrichiens.	130,000
Total	520,000

Le général Bennigsen amenait en outre de Pologne une réserve de 80,000 hommes.

[1] *Force de l'armée de Napoléon à la reprise des hostilités.*
Infanterie.

Garde impériale.		25,000 hom.
1er corps,	le général Vandamme.	20,000
2e —	le maréchal Victor.	20,000
3e —	le maréchal Ney.	25,000
4e —	le général Bertrand.	20,000
5e —	le général Lauriston.	20,000
6 —	le maréchal Marmont.	15,000
7e —	le général Reynier.	20,000
8e —	le prince Poniatowsky.	10,000
9e —	le maréchal Augereau (hors de ligne).	
10e —	le général Rapp à Dantzick (id.).	

SITUATION DES BELLIGÉRANTS (AOUT 1813).

cès digne de préparer un *Te Deum* à Notre-Dame, après la trêve; le maréchal Oudinot eut ordre de précipiter son mouvement vers cette capitale de la Prusse, si souvent occupée par les Français; et pour cela il fallait livrer bataille à Bernadotte s'avançant du nord de l'Allemagne pour couvrir Berlin. Lui-même, Napoléon, résolut d'empêcher la réunion de l'armée de Silésie sous Blücher à l'armée de Bohême sous Schwartzenberg; il décida une marche en avant vers Macdonald pour écraser Blücher. Le vieux Prussien avait ordre d'amuser et d'entraîner Napoléon au dehors de sa ligne; pendant ce temps la grande armée de Bohême se porterait sur Dresde, et une fois maître de cette position, toute la stratégie de l'Empereur était compromise; il lui fallait abandonner l'Elbe et sa ligne fortifiée. Le rusé Blücher simula donc sa retraite précipitée, et tandis que s'opérait ce faux mouvement, la grande armée de

11e	—	le maréchal Macdonald.	20,000
12e	—	le maréchal Oudinot.	20,000
13e	—	le maréchal Davoust.	30,000
14e	—	le maréchal Gouvion Saint-Cyr.	15,000
		Total.	260,000

Cavalerie.

Garde impériale, le général Nansouty.			5,000
1er corps, le général Latour-Maubourg.			10,000
2e	—	le général Sébastiani.	5,000
3e	—	le général Arrighi.	6,000
4e	—	le général Kellermann.	4,000
5e	—	le général Milhaud, hors de ligne).	
Cavalerie légère attachée aux divers corps d'armée.			10,000
		Total.	40,000

Réserve de l'artillerie, troupes du génie.   10,000
1250 bouches à feu dont 200 appartenant à la garde impériale.

Récapitulation.

Français.	260,000
Italiens.	15,000
Polonais.	15,000
Allemands.	20,000
Total.	310,000

Schwartzenberg s'avançait, refoulant tout de ses grandes masses.

La ville de Dresde, à travers ses beaux jardins, ses prairies, ses corbeilles de fleurs, sur l'Elbe, est placée de manière à ce qu'elle puisse servir de point fortifié; le fleuve la partage et deux ponts la joignent. Le faubourg de Pirna est une véritable forteresse; le grand jardin qui le couronne peut être lui-même largement et fortement défendu; les deux ponts jetés sur l'Elbe séparent Dresde de Neustadt, qui forme comme une ville à part, le plus joli séjour de l'Allemagne. En quittant Dresde pour poursuivre l'armée de Blücher, Napoléon en laissa le commandement à Gouvion Saint-Cyr, dont il savait toute la fermeté militaire; son corps ne comptait pas plus de 18,000 hommes, et c'est avec ces forces restreintes qu'il devait résister à la grande armée de Bohême déployant autour de lui une force effective de près de 200,000 baïonnettes. L'attaque serait vive, rapide, enthousiaste, et comment Gouvion Saint-Cyr pourrait-il résister à ces masses qui voulaient Dresde à tout prix? Aussi, lorsque les premières colonnes de l'ennemi brillèrent sur les hauteurs qui environnent l'Elbe[1], lorsqu'on vit ces masses d'habits bleus, blancs et verts se grouper par mille baïonnettes, l'alarme se répandit dans Dresde. Tous les avant-postes se replièrent et le faubourg de Pirna devint le premier camp retranché de Gouvion Saint-Cyr. Si les

---

[1] En face de Dresde, Schwartzenberg publia l'ordre du jour qu'on va lire.

« Le grand jour est arrivé! braves guerriers! notre patrie compte sur vous. Jusqu'à ce jour, toutes les fois qu'elle vous a fait un appel, vous avez répondu à sa confiance.

« Tous les efforts de notre empereur pour rétablir la paix, dont l'Europe a tant besoin, et pour fixer sur des bases solides la tranquillité et la prospérité de l'Empire, qui sont inséparables de la paix et de la prospérité de nos voisins, n'ont produit aucun effet. Ni la constante patience, ni les représentations pacifiques, ni la confiance sans bornes que les autres puissances plaçaient dans les conseils et les mesures de l'empereur; en un mot, rien n'a pu

alliés avaient vivement attaqué cette même journée, comme Moreau le conseillait, Dresde tombait en leur pouvoir, et Napoléon, complétement compromis, était refoulé de sa ligne de l'Elbe. Le maréchal Gouvion Saint-Cyr avait prévenu en toute hâte le major-général Berthier : « Toute l'armée de Bohême est autour de Dresde, avait-il écrit; que l'Empereur arrive sur-le-champ s'il ne veut que la ville soit prise de force. » Les opérations des alliés marchent avec une certaine rapidité; le maréchal Gouvion Saint-Cyr résiste héroïquement; les dernières hauteurs sont enlevées, les collines voisines sont garnies de Cosaques, leurs lances brillent à côté des baïonnettes. Encore un peu de temps et il faudra capituler ; la présence de l'Empereur devient donc indispensable ; il doit ramener l'armée imprudemment conduite à la poursuite de Blücher; Dresde est le point principal qu'il faut absolument sauver; si l'on avait affaire à un autre général qu'au prudent Schwartzenberg, la ville serait déjà tombée au pouvoir des alliés. On a déjà trop hésité.

Tout est triste à Dresde ; le soldat ne voit point encore son Empereur; il se défend; mais a-t-il espoir de sauver les positions? Les forts épuisent leur artillerie, les munitions deviennent rares. Dans cette extrémité, voici venir Napoléon : il accourt la bride au cou de son cheval, son œil

---

ramener le gouvernement français à des termes de modération et de raison.

« Le jour où l'Autriche s'est hautement déclarée en faveur de la cause de l'ordre et de la justice, elle prit aussi l'engagement de combattre pour le premier des biens.

« Nous n'entrons pas seuls dans la lutte. Nous avons avec nous tout ce que l'Europe a de grandeur et d'activité à opposer au puissant ennemi de sa paix et de sa liberté : l'Autriche, la Russie, la Prusse, la Suède, l'Angleterre, l'Espagne, toutes ces puissances réunissent leurs efforts pour atteindre le même but, pour obtenir une paix solidement établie et durable, une distribution raisonnable de forces entre les différentes puissances, et l'indépendance de chaque État particulier.

« Ce n'est pas contre la France, mais

méditatif parcourt les rues de Dresde, les forêts, les hauteurs qui la couronnent : il est suivi de l'élite de ses soldats, des cuirassiers de Latour-Maubourg, de l'infanterie de Victor ; les premières colonnes de la garde impériale défilent au son d'une musique militaire ; ces troupes ont vu Dresde avec acclamations, leur fier regard se fixe sur les collines couvertes de l'armée alliée ; c'est au moment où Saint-Cyr, au désespoir, se défend en héros, que l'Empereur traverse au galop le grand pont de Dresde ; ses belles troupes le suivent et le saluent de leurs cris, la bataille devient imminente ; les alliés n'ont plus affaire seulement à Saint-Cyr, mais à la partie la plus noble, la plus forte de l'armée de Napoléon. Cette armée bivouaque dans les rues de Dresde ; on voit çà et là des régiments couchés sur les dalles des bords de l'Elbe ; les ponts, les rues, tout est encombré d'artillerie, de voitures et de caissons.

L'ennemi ignore pourtant que Napoléon est à Dresde ; Schwartzenberg est persuadé que la ville sera enlevée par un dernier effort ; ses mouvements sont lents comme toutes les manœuvres de l'armée autrichienne : s'il avait attaqué la veille, la cité était à lui et Napoléon compromis ; tout est changé par une seule journée : l'Empereur est là. Ce fut donc aux hourras mille fois répétés que la grande armée de Schwartzenberg descendit des collines qui environnent Dresde, pour se porter sur ses murailles.

---

contre le pouvoir dominateur de la France hors de ses limites, que cette grande alliance a été formée.

« L'Espagne et la Russie nous ont prouvé ce que peuvent faire la constance et la résolution des peuples. L'an 1813 montrera ce que peut effectuer la force réunie de tant de puissants États. Dans une guerre aussi sacrée nous devons plus que jamais pratiquer ces vertus par lesquelles nos armées se sont fait remarquer dans tant de guerres précédentes.

« Un dévouement sans bornes pour notre monarque et pour notre patrie ; de la magnanimité dans les succès comme dans les revers ; de la détermination et de la constance sur le champ de bataille ; de la modération et de l'humanité envers le

Chaque colonne épaisse et brillante est précédée de cinquante pièces d'artillerie, qui font trembler le sol. Dresde est couvert de boulets et d'obus, Saint-Cyr résiste; mais le torrent impétueux emporte les palissades: les grenadiers hongrois, aux formes martiales, et les chasseurs du loup, légers et hardis, enlèvent les batteries. Hourra! hourra! des corps de Prussiens et de Russes s'établissent dans le faubourg de Pirna : les feux redoublent, et l'on commence à entendre ce cri que les alliés prennent déjà pour mot d'ordre et de ralliement : Paris! Paris! signal de vengeance, qui déjà fermente dans les cœurs, car les Français n'ont-ils pas en d'autre temps visité Berlin et Vienne? c'est réaction. Le moment est décisif : on ne peut laisser l'ennemi arriver jusqu'à Dresde; l'Empereur ordonne enfin de prendre l'offensive, il veut annoncer qu'il est là ; la garde apparaissant tout à coup comme la tête de Méduse, avec ses hauts bonnets à poils et sa tenue martiale, annonce la présence de Napoléon; il n'y a plus de doute, il est à Dresde. Les colonnes des alliés s'arrêtent étonnées, le mouvement offensif est suspendu, la retraite sonne ; l'ennemi n'ose plus attaquer à l'improviste ces corps d'élite qui leur opposent la pointe de leurs baïonnettes d'acier.

Ce n'est pas tout; l'Empereur profite de ce premier étonnement pour marcher vigoureusement à son tour. Murat, avec sa brillante cavalerie, attaquera l'aile gauche

---

faible : telles sont les vertus dont nous devons toujours donner l'exemple.

« Frères d'armes ! j'ai passé dans vos rangs toutes les années que j'ai dévouées au service de ma patrie. Je connais, j'honore parmi vous, les braves gens qui ont conquis une paix glorieuse et ceux qui suivent leurs traces. Je compte sur vous ! Je suis choisi parmi vous par notre monarque, et sa bonté m'a placé à votre tête. Sa confiance et la vôtre font ma force.

« L'Empereur restera avec nous : car il nous a confié ce qu'il a de plus cher; l'honneur de sa nation, la protection de notre patrie, la sécurité et le bien-être de notre postérité.

« Soyez reconnaissants, guerriers, de ce que vous marchez devant Dieu, qui n'a-

de l'ennemi, tournera les colonnes d'Autrichiens, les broyant sous les pieds des chevaux; Victor, lui, essaiera une attaque de face, ferme et forte. Murat, ce brillant chevalier, paraît donc sur les flancs des colonnes, Victor les pousse la baïonnette dans les reins; Marmont, Ney, Mortier, Saint-Cyr marchent la tête haute, à la face des Russes et des Prussiens. Napoléon est partout avec sa garde, prêt à se porter sur un point du champ de bataille plus spécialement menacé. Tout s'ébranle comme un seul homme; un torrent de pluie inonde les bivouacs, le temps est affreux, les arbres sont vivement secoués par l'ouragan, les soldats tiennent à peine sur un terrain fangeux; les chevaux glissent et se refoulent.

Il est six heures, Napoléon debout, sa longue vue à la main, examine les positions des alliés, et qu'importe la pluie qui tombe par torrents? son chapeau est tellement défoncé que ses deux ailes pendent sur ses épaules; il veut tout voir par lui-même, et surtout le mouvement de Murat; la brillante cavalerie se montre déjà sur les hauteurs pour tourner les Autrichiens que Victor attaque de face; à Saint-Cyr appartient l'honneur de refouler les Prussiens, à Mortier et à la garde reste la noble tâche de vaincre les Russes; ils sont rejetés de position en position. Le temps continue à être sombre, le brouillard est très épais; l'éclat sonore de quelques milliers de pièces d'artillerie dissipe les nuages; le soleil paraît, et laisse voir les deux camps. Ici Napoléon trempé d'eau, en frac vert, sans ordres, sans décorations, et sur une éminence; presqu'en face se

bandonnera pas la cause de la justice, sous les yeux d'un monarque, dont les sentiments paternels et la tendresse vous sont connus. A la vue de vos compatriotes reconnaissants, et de l'Europe entière qui attend de vos exploits un bonheur inappréciable après de si longues souffrances, rappelez-vous qu'il vous faut vaincre pour répondre à cette attente. Combattez en Autrichiens, et vous serez vainqueurs. »

Charles, prince de Schwartzenberg,
feld-maréchal.

déploie, brillant, le quartier des alliés, un groupe d'officiers-généraux entourent Alexandre ; le roi de Prusse est à ses côtés. L'Empereur, en voyant cet état-major, ordonne à une batterie de la garde de tirer dessus bien juste : des masses de boulets viennent labourer la terre aux pieds d'Alexandre ; des officiers-généraux sont blessés, et ce qui excite la plus vive, la plus attentive inquiétude dans ce groupe d'officiers, c'est que le général Moreau vient d'avoir les deux cuisses emportées : on dit que Napoléon l'avait aperçu au bout de sa longue vue, et, reconnaissant son rival de gloire, l'ennemi de sa vie politique, il avait ordonné lui-même à la garde de frapper juste ; duel d'artillerie entre deux généraux de premier ordre. Le pointeur habile ne manqua pas son coup ; Moreau tomba dans les bras d'Alexandre, et conservant son sang-froid, il fut transporté hors du champ de bataille sans donner le moindre signe de douleur. Un billet qu'il écrivit le soir à sa femme indique le plus profond stoïcisme ; il se termine par ces mots : « Ce coquin de Bonaparte est toujours heureux[1] ! » Hélas ! il ne le fut pas longtemps.

---

[1] *Lettre de Moreau à sa femme.*

« Ma chère amie,

« A la bataille de Dresde, il y a trois jours, j'ai eu les deux jambes emportées d'un boulet de canon. Ce coquin de Bonaparte est toujours heureux.

« On m'a fait l'amputation aussi bien que possible. Quoique l'armée ait fait un mouvement rétrograde, ce n'est nullement par revers, mais par décousu, et pour se rapprocher du général Blücher.

« Excuse mon griffonage. Je t'aime et t'embrasse de tout mon cœur.

« Je charge Rapatel de finir. »
V. M.

« Madame.

« Le général me permet de vous écrire sur la même feuille où il vous a tracé quelques lignes.

« Depuis le moment où il a été blessé, je ne l'ai pas quitté, et ne le quitterai pas jusqu'à sa parfaite guérison. Nous avons les plus grandes espérances, et moi qui le connais, je puis dire que nous le sauverons. Il a supporté l'amputation avec un courage héroïque, sans perdre connaissance. Il n'a eu qu'un léger accès de fièvre, lorsque la suppuration s'est établie, et elle a diminué considérablement.

« Vous devez me pardonner tous ces dé-

Murat développait son mouvement avec un admirable courage; il se précipite sur la cavalerie autrichienne; il guide du bout de son sabre les carabiniers, les cuirassiers; l'artillerie fait des vides profonds dans les rangs autrichiens, des colonnes entières se sont rendues prisonnières : une grande déroute se montre, le désordre apparaît; il n'y a que trois heures de bataille et les alliés fuient : c'est un combat de géants.

Les Autrichiens ont surtout souffert : leurs colonnes de prisonniers traversent Dresde comme pour rassurer les habitants ; on voit de longues files de ces habits blancs, comme aux beaux jours d'Austerlitz : c'est un dernier sourire de la fortune. Le soir seulement, Napoléon apprit que la batterie de la garde avait visé juste : Moreau avait été frappé; on avait cru un moment que c'était le prince de Schwartzenberg, et, dans ses idées de fataliste, Napoléon s'était rappelé ce bal brillant où tout avait fini par un incendie et par des désastres affreux, sorte de festin de Balthazar: «Schwartzenberg a purgé la fatalité, s'écria Napoléon. » Un collier d'or au cou d'un beau lévrier de chasse fit enfin connaître que Moreau avait été frappé: ce lévrier est à lui, il vient d'Amérique, il pousse de lugubres japements; sur son collier on lit : « J'appartiens au général Moreau. » Plus de doute, le général républicain, le rival de l'Empereur n'existe plus ; comme l'a

tails ; ils sont aussi douloureux pour moi à tracer qu'ils le seront pour vous à lire : j'ai eu besoin de courage depuis quatre jours, et en aurai besoin encore. Comptez sur mes soins, sur mon amitié, et tous les sentiments que vous m'avez inspirés l'un et l'autre, pour le servir. Ne vous alarmez pas ; je ne puis vous dire d'être courageuse, je connais votre cœur.

« Je ne laisserai pas passer une occasion sans vous donner de ses nouvelles. Le médecin vient de m'assurer, que, si cela continue d'aller ainsi, dans cinq semaines il pourra aller en voiture.

« Adieu, madame, et respectable amie ; je suis bien malheureux.

Laun, 30 août 1813.

écrit Moreau dans son indifférence de la mort : « Ce coquin de Bonaparte est toujours heureux ! [1] »

Dresde est délivré. Le mouvement offensif s'étend sur toute la ligne ; le plan des alliés est compromis ; plus de 15,000 prisonniers sont tombés au pouvoir de Napoléon. L'Empereur a jeté le corps de Vandamme en avant pour leur couper la retraite; tandis qu'il les poursuivra sans répit, Vandamme les recevra sur ses baïonnettes ; l'armée de Bohême est désormais impuissante pour accomplir aucun mouvement offensif. La bataille de Dresde est une belle suite de conceptions ; l'Empereur s'est retrouvé tout entier comme aux journées d'Austerlitz et de Wagram. Les alliés n'agirent pas avec cette activité que Moreau avait conseillée ; Schwartzenberg était trop lourd, trop prudent pour lutter contre le génie hardi de Bonaparte ; si, au lieu de s'arrêter si longtemps devant Dresde, il eût attaqué avec impétuosité le maréchal Saint-Cyr, il l'eût forcé à quitter la ville, et c'en était fait des manœuvres de Napoléon. Les alliés attendirent trop longtemps ; l'Empereur put revenir avec

---

[1] *Lettre de l'empereur de Russie à madame de Moreau.*

« Madame,

« Lorsque l'affreux malheur qui atteignit à mes côtés le général Moreau me priva des lumières et de l'expérience de ce grand homme, je nourrissais l'espoir qu'à force de soins on parviendrait à le conserver à sa famille et à mon amitié. La Providence en a disposé autrement. Il est mort comme il a vécu, dans la pleine énergie d'une âme forte et constante. Il n'est qu'un remède aux grandes peines de la vie, celui de les voir partager. En Russie, madame, vous trouverez partout ces sentiments, et s'il vous convient de vous y fixer, je rechercherai tous les moyens d'embellir l'existence d'une personne dont je me fais un devoir sacré d'être le consolateur et l'appui. Je vous prie, madame, d'y compter irrévocablement, de ne me laisser ignorer aucune circonstance, où je pourrais vous être de quelque utilité, et de m'écrire toujours directement. Prévenir vos désirs sera une jouissance pour moi. L'amitié que j'avais vouée à votre époux, va au-delà du tombeau, et je n'ai d'autre moyen de m'acquitter, du moins en partie, envers lui, que ce que je serai à même de faire pour assurer le bien-être de sa famille. Recevez, madame, dans ces tristes et cruelles circonstances, ces témoignages et l'assurance de tous mes sentiments. »

Toëplitz, 16 septembre 1813.
Alexandre.

ses troupes d'élite et prendre à son tour l'offensive dans une de ces combinaisons stratégiques les plus fortes, les plus admirables. Là où les alliés devaient recueillir d'immenses fruits, Napoléon les battit et les brisa [1]. Dresde s'ouvrit comme un vaste foyer qui lança mille feux; ses portes sont devenues célèbres par le passage de belles troupes qui s'élancèrent sur les vertes collines, couronnés par leurs masses innombrables. Rien ne put résister à ce premier choc; le coup conçu par Schwartzenberg fut manqué. Quelle perte pour le quartier-général que celle de Moreau! Il aurait donné plus d'ensemble, plus d'activité aux opérations de la campagne; c'est à lui qu'on devait cette pensée militaire : « de porter toujours les grandes masses là où se trouvait l'Empereur, de converger vers le centre, pour l'enlacer sous la masse des armées qui marcheraient droit sur lui; enfin d'opérer par tiroirs, de manière à attirer Napoléon sur un point tandis qu'on le tournerait de l'autre. »

Moreau mourut sans se plaindre; son âme calme, son

---

[1] Pour faire comprendre toute la grandeur de cette affaire de Dresde, je donne l'état officiel des différentes armées.

Armée arrivant devant Dresde sous le prince de Schwartzenberg.

Aile droite. Le général Barclay de Tolly.	Le général Wittgenstein.	20,000	
	Le général Kleist.	30,000	55,000
	Cavalerie du général Pahlen.	5,000	
Centre. Le prince de Schwartzenberg.	Armée autrichienne.	55,000	
	Réserve d'infanterie.	46,000	120,000
	Réserve de cavalerie.	19,000	
Aile gauche, armée de Klenau.			25,000
		Total.	200,000

Force du 14ᵉ corps sous Saint-Cyr dans Dresde.

Le général Clarapède.		
Le général Bonnet.	15,000 hom.	
Le général Razout.		
Westphaliens.	3,000	
	Total.	18,000

esprit froid, subit sa destinée avec un stoïcisme digne des temps antiques. Peut-être quittait-il la vie sans regret; sa position était bien fausse au milieu des armées étrangères. En vain disait-il, pour se justifier, « qu'il ne combattait pas la France, mais Bonaparte », les coups qu'il portait n'étaient-ils pas toujours dirigés contre les anciens compagnons de sa gloire? les batailles qu'il livrait n'allaient-elles pas amener les armées ennemies sur nos frontières? Pourtant la vie de Moreau eût été utile à la France. Que serait-il advenu s'il était resté au camp des alliés? la liberté y eût gagné. L'idée de la délivrance européenne dominait toutes les autres; on faisait la guerre surtout à Napoléon, les armées alliées s'appelaient *des nations*, et Moreau, sur les rives du Rhin, aurait rappelé les promesses d'Alexandre sur l'intrégralité de la France et les limites de 1792. Il ne faut

Composition de l'armée française défendant Dresde le 26 août.
Gauche; des bords de l'Elbe à la barrière de Pirna; le maréchal Ney.

Infanterie de la jeune garde.	12,500
Le maréchal Murat, cavalerie de la garde, sous le général Nansouty.	5,000
1er corps de cavalerie, sous Latour-Maubourg.	12,000
Centre, le maréchal Gouvion Saint-Cyr.	
14e corps.	17,000
Vieille garde en réserve.	6,000
Droite, le maréchal Mortier.	
Jeune garde.	12,500
Total	65,000

Composition de l'armée française combattant sous les murs de Dresde, le 27 août.
Aile gauche, le maréchal Ney.

Jeune garde sous Mortier.	20,000
Cavalerie de la Garde sous Nansouty.	5,000
Centre, l'Empereur.	
14e corps, maréchal Saint-Cyr.	15,000
6e corps Marmont.	15,000
Réserve de la vieille garde.	5,000
Réserve d'artillerie.	5,000
Aile droite, Murat.	
2e corps, Victor.	20,000
1er corps de cavalerie Latour-Maubourg.	10,000
Total.	95,000

jamais juger par les idées usuelles les circonstances extraordinaires des nations. Aux temps d'émotions vives, quand de grands principes agitent la société, l'idée de patrie s'efface, il n'y a plus de vivant que les passions. Les partis fraternisent plus avec l'étranger qui partage leurs opinions, qu'avec le gouvernement qui les combat ou les comprime; au XVIe siècle, on se divisait en catholiques et en réformés, et chacun de ces partis ne se faisait aucun scrupule d'appeler à son aide les lansquenets d'Allemagne ou les soldats d'Espagne, car toutes les fois qu'une cause se rattache à certains principes, ces principes sont tout. Or les alliés avaient dit : « L'Europe doit être indépendante et libre, Napoléon est le seul obstacle ; sa dictature est odieuse, il faut la briser ; la France adoptera le gouvernement de son choix, nous n'en voulons pas à sa nationalité. » Ainsi parlaient les alliés, et il n'est pas étonnant que le parti républicain modéré, madame de Staël, Benjamin Constant, Bernadotte et Moreau, vinssent ainsi se ranger sous le drapeau de la cause européenne.

A cette bataille de Dresde[1] fut aussi frappé le jeune et noble étudiant poëte dont j'ai rappelé les chants patriotiques, Koerner, de noble mémoire; il fut blessé parmi les étudiants, la carabine en main, sur les bords de l'Elbe. Quelques heures avant que la balle vint le frapper à la poitrine, il avait composé un de ces poétiques chants

---

[1] *Extrait des dépêches de sir Charles Stewart sur la bataille de Dresde.*
« Le 27 août, l'ennemi se retira dans les faubourgs et dans la ville de Dresde, et une attaque générale eut lieu sur les redoutes qui défendaient Dresde, mais il fut impossible de pénétrer dans la ville avant la chute du jour, et l'ordre fut donné pour la retraite. L'ennemi fit sortir un corps de 30,000 hommes sur une des ailes des alliés. La perte des alliés dans l'attaque est évaluée à moins de 4,000 hommes : la perte est principalement tombée sur les Autrichiens. Une bataille plus générale a eu lieu le 28 au matin. Bonaparte a attaqué les alliés avec au moins 130,000 hommes. La pluie qui ne cessa de tomber ne permit pas à l'infanterie des deux armées de prendre

populaires en Allemagne, hymne à la nationalité germanique, c'est le beau *Dialogue du Chevalier et de l'Épée* : « Dis-moi, ma bonne épée, l'épée de mon flanc, pourquoi l'éclair de ton regard est-il aujourd'hui si ardent? Tu me regardes d'un œil d'amour, ma bonne épée, l'épée qui fait ma joie. Hourrah ! » — « C'est que c'est un brave chevalier qui me porte; voilà ce qui fait ma joie. Hourra ! » — « Oui, mon épée, oui, je suis un homme libre, et je t'aime du fond du cœur; je t'aime comme si tu m'étais fiancée; je t'aime comme ma maîtresse chérie. Hourrah ! » — « Et moi, je me suis donnée à toi; à toi ma vie, à toi mon âme d'acier ! Ah ! si nous sommes fiancés, quand me diras-tu : Viens, viens ma maîtresse chérie? Hourrah ! » — « Aux heures de l'aurore, au beau matin des noces, quand la trompette sonnera les airs de fête, quand le canon retentira, viens alors, dirai-je, viens, mon amour ! Hourrah ! » — « O beau jour ! ô douces étreintes ! que je l'attends avec impatience ! O mon ami ! dis-moi de venir. Je suis belle et vierge; c'est pour toi que je me réserve. Hourrah ! » — « Mon amie, ma belle amie d'acier, pourquoi tressaillir ainsi dans le fourreau? pourquoi cette colère et cette ardeur de bataille? Mon épée, qui te fait tressaillir ainsi? Hourrah ! » — « Pourquoi je tressaille dans le fourreau? c'est que j'aspire au jour du combat, c'est que j'ai soif de sang. Voilà, cavalier, voilà pourquoi

---

part à l'action. La bataille se borna à une forte canonnade des deux côtés, et à plusieurs charges brillantes des cavaleries autrichienne, russe et prussienne; l'ennemi continua ses efforts jusqu'au soir, et en apercevant l'inutilité mit fin à l'action. On estime la perte des alliés à 6 ou 7,000 hommes: celle de l'ennemi doit être beaucoup plus considérable. Dans la soirée du 28, les alliés se retirèrent dans le meilleur ordre; et brûlent de se mesurer de nouveau avec l'ennemi. C'est avec une profonde douleur que l'on a appris, que, vers le milieu de la journée du 28, le général Moreau a eu les jambes emportées par un boulet de canon, au moment où il parlait à l'empereur de Russie. »

je tressaille dans le fourreau! Hourrah! » — « Patience, mon amour! Demeure, demeure encore. Patience, jeune fille, reste dans ta chambrette, bientôt je te dirai de venir! Hourrah! » — « Ah! ne me fais pas longtemps attendre! Que je voie le champ de bataille, que je voie ce jardin d'amour semé de roses sanglantes! comme la mort s'y épanouit! Hourrah! » — « Viens donc, viens, ô toi qui fais la joie du cavalier; viens, ma fiancée, viens, mon épouse, je vais te mener dans la demeure de mes pères. Hourrah! » — (L'épée hors du fourreau. « Je suis libre! Ah! que cet air est pur! Salut, danse des noces! Vois comme mon acier brille au feu du soleil! c'est la joie de l'amour qui lui donne cet éclat. Hourrah! » — (Le cavalier à ses compagnons.) « Et nous, marchons, mes amis! En avant! cavaliers allemands! Votre cœur tarde bien à s'échauffer! Allons! prenez votre maîtresse dans vos bras. Hourrah! Elle est trop longtemps blottie à votre gauche, à droite maintenant! C'est de la main droite que Dieu veut que les amants se fiancent! Allons! embrassez votre fiancée, pressez ses lèvres d'acier sur vos lèvres. Allons! et honte à qui délaissera sa maîtresse. Hourrah! Et toi, chante, mon amour, chante; va, laisse pétiller l'éclat de tes yeux, voici le matin des noces. Hourrah! Ma belle fiancée, ma fiancée d'acier! Hourrah! »

Il récitait les chants de gloire, le noble jeune homme, lorsqu'il tomba sous la balle ennemie; la patrie allemande ne se relèverait-elle pas de son linceul de mort? ce bouillant cavalier, cette brillante épée ne seraient-ils que les fiancés de son imagination fantastique? Tout n'était point perdu pour la cause allemande et des succès inattendus venaient la consoler des pertes que le génie de Napoléon lui avait fait éprouver.

BATAILLE DE GROSS-BEEREN (25 AOUT 1813). 209

Le plan de campagne de l'Empereur reposait sur l'action diverse et combinée des corps d'armée, déployés comme un vaste éventail autour de Dresde; on se rappelle qu'Oudinot désignait Berlin du bout de sa glorieuse épée; il fallait frapper et étonner par la prise de cette capitale; un *Te Deum* devait l'annoncer à Paris, inquiet de la rupture de l'armistice. Oudinot allait trouver à sa rencontre l'armée de Bernadotte [1], s'avançant avec cent mille baïonnettes composées de nations diverses, Russes, Prussiens, Suédois, Allemands; ainsi l'avait décidé le congrès militaire de Trachenberg; l'armée des alliés au Nord devait suivre le cours de l'Elbe jusqu'à Dresde. Le but du prince royal était d'empêcher tout à la fois la prise de Berlin et la jonction du corps d'Oudinot avec celui de Davoust qui déjà ne pouvait plus compter sur les Danois; leur coopération était faible, incertaine. Bernadotte accourait à marches forcées sur Oudinot, pour se jeter entre Berlin et le corps que dirigeait le maréchal; on était dans les environs du village de Gross-Beeren; Bernadotte avait quitté Charlottembourg pour se porter sur Potsdam; sa ligne développait près de 90,000 hommes; il fallait

---

[1] En entrant en campagne Bernadotte avait voulu faire connaître le but et le sens de la guerre contre Napoléon. Il disait :

« Soldats, sans les événements extraordinaires qui ont donné aux douze dernières années une funeste célébrité, vous ne vous trouveriez pas sur le sol de l'Allemagne ; mais vos souverains ont senti que l'Europe était une grande famille, et qu'aucun des États qui la composent ne pouvait être indifférent aux maux qu'une puissance conquérante infligerait à l'un de ses membres. Ils sont aussi convaincus que lorsqu'une puissance semblable menace d'attaquer et de subjuguer toutes les autres, il ne doit exister qu'une seule volonté parmi les nations qui sont déterminées à éviter la honte de l'esclavage.

« Dès ce moment vous fûtes appelés des rives du Volga et du Don, des rivages de la Grande-Bretagne et des montagnes du Nord, pour vous réunir aux guerriers allemands qui défendent la cause de l'Europe.

« C'est donc dans ce moment que toute rivalité, tous préjugés nationaux, toutes antipathies doivent disparaître devant le grand objet de la délivrance des nations.

« L'empereur Napoléon ne peut vivre en paix avec l'Europe à moins que l'Europe ne lui soit asservie ; sa présomption lui fit entraîner 400,000 braves gens à sept cents milles de leur pays ; des malheurs contre

donc livrer bataille. Gross-Beeren devint le point central; enlevé par le général Bertrand, pris par Bulow, il fut repris par Reynier; mais, par la trahison des Saxons, il se fit un vide immense au milieu de leurs rangs, et les alliés purent se précipiter dans les intervalles et couper l'armée d'Oudinot en deux. Dès ce moment on vit une grande déroute, les Français s'éparpillèrent sur les routes de Berlin et de Dresde. Gross-Beeren eut les résultats les plus déplorables pour l'ensemble des opérations de l'Empereur; l'armée d'Oudinot fut abimée; une portion de la garnison de Magdebourg accourue pour l'appuyer fut prise par les Prussiens; Davoust dut renoncer désormais à communiquer avec Oudinot, et le plan de campagne fut manqué. Après cette grande trouée les alliés purent opérer librement sur l'Elbe; le nord de l'Allemagne fut à la disposition de Bernadotte dont les troupes se portèrent sur le point central de Dresde pour opérer de concert avec la grande armée de Schwartzenberg [1], et tourner la position de l'Empereur.

Lorsque Napoléon fut appelé par le mouvement of-

---

lesquels il ne daigna rien prévoir vinrent les assaillir, et 300,000 Français périrent sur le territoire d'un grand empire, dont le souverain avait fait toute espèce d'efforts pour rester en paix avec la France.

« On devait espérer qu'un malheur, si terrible effet de la vengeance divine, eût porté l'Empereur des Français à adopter un système moins meurtrier; et qu'instruit, enfin, par l'exemple du Nord et de l'Espagne, il eût renoncé à l'idée de subjuguer le continent, et eût consenti à ce que le monde fût en paix; mais cet espoir a été déçu, et la paix que tous les gouvernements désirent, que tous les gouvernements ont proposée, a été rejetée par l'Empereur Napoléon.

« Soldats! c'est donc aux armes qu'il nous faut avoir recours pour conquérir le repos et l'indépendance. Les mêmes sentiments qui animèrent les Français en 1792, et les portèrent à se réunir pour combattre les armées qui étaient entrées sur leur territoire, doivent exciter votre valeur contre ceux qui, après avoir envahi le sol qui vous a vus naître, retiennent encore dans leurs chaînes vos frères, vos femmes et vos enfants. » Charles-Jean.

[1] Voici le propre bulletin de Bernadotte sur le combat de Gross-Beeren.

« L'ennemi attaqua le général Thumen à Trebbin, le 22 au matin.

« Le village de Gross-Beeren, contre lequel le 7ᵉ corps français et une grosse ca-

BATAILLE DE LA KATZBACH (30 AOUT 1813).

fensif de la grande armée de Bohême à se porter au secours de Dresde, il avait abandonné Macdonald en face de Blücher qui opérait en Silésie à la tête de 90,000 hommes pour accomplir également sa jonction avec l'armée de Schwartzenberg. Le maréchal Macdonald n'était pas en forces pour résister au développement de si grandes masses; Napoléon en se portant sur Dresde lui avait enlevé une partie de ses divisions; généralement l'Empereur ne s'inquiétait que du point sur lequel il marchait en personne.

Dans ce moment, Blücher plein d'ardeur avait cessé de simuler son mouvement rétrograde en se portant en colonnes sur Macdonald. L'attaque de Blücher fut impétueuse; sa cavalerie tomba par masses sur le premier corps; l'armée de Macdonald, surprise en marche avant qu'elle pût se former en ligne, se mit en désordre, et Blücher, le plus intrépide, le plus actif des généraux prussiens, en profita. A la Katzbach, les Français se défendirent pied à pied; Lauriston fit des prodiges, les Prussiens voulurent effacer leur souvenir d'Iéna, et les jeunes étudiants se battirent en désespérés; un hourra de cavalerie prussienne obligea Macdonald à se

---

valerie se dirigeaient, fut pris. Le corps du duc de Reggio marcha sur Ahrendorff. Par l'occupation du village de Gross-Beeren, l'ennemi se trouvait à mille toises du centre du camp. Le général Bulow eut ordre de l'attaquer; ce qu'il exécuta avec la décision d'un habile général. Les troupes marchèrent avec le calme qui distingua les soldats du grand Frédéric dans la guerre de sept ans. La canonnade fut vive pendant quelques heures. Les troupes avancèrent sous la protection de l'artillerie, et se précipitèrent à la baïonnette sur le 7e corps, qui s'était déployé dans la plaine, et qui marchait hardiment sur le camp. Il y eut plusieurs charges de cavalerie contre le corps du duc de Padoue, qui font beaucoup d'honneur au général prussien Oppen. Le général Winzingerode était à la tête de la cavalerie russe, et le comte Woronzow à la tête de l'infanterie. Le maréchal comte Stedinck, en front de la ligne suédoise, avait sa cavalerie en réserve.

« Jusqu'ici les résultats de l'affaire de Gross-Beeren sont vingt-six canons, trente caissons, une grande quantité de bagages, et 1,500 prisonniers, au nombre desquels il y a 40 officiers.

« L'ennemi s'est retiré au-delà de Trebbin, qui est déjà occupée par deux régiments de

retirer au milieu des plaines et des routes coupées [1]. Ainsi Bernadotte refoule Oudinot, et Blücher rejette Macdonald; le plan de campagne des alliés se développe dans de larges proportions; Blücher et Bernadotte vont faire leur jonction avec l'armée de Bohême; l'idée de Moreau reçoit sa complète exécution; de grandes masses se trouveront désormais réunies sur le même point pour opérer simultanément.

Mais cette armée de Bohême vers laquelle toutes ces forces pirouettent, Napoléon n'a-t-il pas lancé sur elle ses foudres à Dresde? brisée par d'admirables efforts, qu'est-elle alors devenue? Sa destruction complète tient aux manœuvres de Vandamme qui se porte sur le dos des alliés; s'il réussit, le plan de Napoléon va grandir dans des proportions gigantesques; il ne sera plus question de l'armée de Bohême; Vandamme a l'ordre de la briser; Murat la harcelle avec sa belle cavalerie; les Autrichiens connaissent son sabre étincelant, son aigrette flottante. On fera des masses de prisonniers, on aura réduit cette armée à ne plus compter dans le mouvement militaire de la campagne. Ainsi raisonne Napoléon.

Cosaques. Les généraux Bulow, Tauenzien et O'Rourke sont à la poursuite de l'ennemi, ainsi que toute la cavalerie russe.

« Le prince royal a trouvé parmi les prisonniers des officiers et des soldats qui avaient servi sous ses ordres, et qui ont versé des larmes de joie en revoyant leur ancien général.»

[1] *Proclamation de Blücher.*

« La Silésie est délivrée de la présence de l'ennemi. C'est à votre valeur, frères et soldats de l'armée russe et prussienne que je commande, c'est à vos efforts et à votre patience à supporter les fatigues et les privations, que je dois le bonheur d'avoir arraché cette belle province à la rapacité de l'ennemi.

« A la bataille de la Katzbach, l'ennemi s'est avancé sur nous avec présomption. Vous êtes sortis de derrière les hauteurs, et avec la rapidité de l'éclair, vous avez marché à lui. Vous avez dédaigné de faire feu, et vous l'avez attaqué à la baïonnette, et l'avez précipité des bords escarpés de la Neiss et de la Katzbach dans ces deux rivières rapides.

« Rendons grâces au Dieu des armées, dont le bras a combattu pour nous; prosternons-nous devant lui pour lui rendre grâce de cette victoire éclatante. Terminons

BATAILLE DE KULM (30 AOUT 1813).

Cependant on n'a point de nouvelles de Vandamme : où se trouvait-il alors à travers ces défilés de Bohême qui à chaque instant lui barraient le passage ? Vandamme marche toujours, s'avance intrépidement ; il trouve comme barrière la belle division des grenadiers d'Ostermann ; ils ont juré de mourir plutôt que de laisser leurs Thermopyles ; deux régiments de la garde russe suffisent ainsi pour arrêter toutes les divisions françaises. Cet héroïsme avait laissé le temps aux colonnes alliées de se réunir et de se grouper, et Vandamme fut alors menacé d'un danger imminent. Aventuré au milieu de la grande armée de Bohême, à la tête de ses 20,000 hommes d'élite, il venait de s'ouvrir un passage lorsqu'il trouva dans sa retraite le corps de Kleist. Vandamme se défendit bravement, la mêlée fut vive, sur un terrain glissant où les hommes et les chevaux se refoulaient[1]. Vains efforts : pressé, entouré de la masse des alliés, il fut obligé de mettre bas les armes ; les généraux Guyot et Haxo restèrent aussi prisonniers. Vandamme fut conduit à Prague ; et comme il avait fait peser sur les Allemands un joug insupportable, on lui prodigua l'outrage. Les insultes de l'ennemi durent lui faire moins d'impression que la douleur du mal irré-

---

nos prières par trois hourras, et que ce soit le signal pour marcher de nouveau à l'ennemi. »

Blücher.

Extrait d'une lettre écrite par un officier d'état-major du général Blücher.

Brecktelshaff, 30 août, à minuit.

« Nous avons remporté aujourd'hui une victoire. L'ennemi attaqua avec impétuosité; nos colonnes se portèrent rapidement de derrière les hauteurs. La bataille fut un moment indécise. Nous fîmes avancer de nouveaux corps de cavalerie et enfin nos masses d'infanterie attaquèrent l'ennemi à la baïonnette et le culbutèrent dans la Katzbach. Le général russe Sacken nous soutint admirablement. L'attaque de la position du corps de Langeron fut déconcertée par notre attaque sur les derrières de l'ennemi. Nous avons pris beaucoup d'artillerie : il est minuit, et nous n'en avons pas encore un état exact. Cette bataille s'appelle la bataille de la Katzbach.

[1] *Bataille de Kulm.*

Rapport daté de Toëplitz en Bohême, 30 août 1813, huit heures du soir.

parable qu'il avait fait à la campagne de son Empereur, auquel tout le succès de la bataille de Dresde échappait à la fois. L'armée de Bohème ralliée pouvait recommencer ses opérations sur Dresde, tandis que Blücher et Bernadotte se prêteraient bientôt la main pour une tentative en avant sur l'Elbe. Et puis les réserves de Bennigsen arrivaient à marches forcées; on avait vu luire sur l'Oder les casques dorés des Baskirs, leurs carquois et leurs lances. En face de ces forces immenses, Napoléon pouvait-il encore raisonnablement tenir la ligne de l'Elbe, et n'était-il pas menacé d'être débordé de tout côté?

Lui seul à Dresde, environné de péril, conçut un projet aussi grand, aussi hardi que celui qu'il avait dicté à Moscou, lorsqu'il voulut marcher sur Saint-Pétersbourg. Ici, à Dresde, Napoléon veut remonter l'Elbe, écraser Bernadotte, et en s'emparant de Berlin se porter sur toutes les places fortes de la Vieille-Prusse qui ont garnison française et les débloquer. Avec une armée ainsi agrandie et fortifiée, il tombera sur les flancs de l'ennemi, sur ses derrières, et les poussera s'il le faut jusqu'à la Vistule et en Pologne. Ce plan, comme tous ceux qu'il avait conçus sur de vastes proportions, fut vivement combattu par ses lieutenants; il est trop hardi, il les éloigne trop des frontières et de Paris, la ville des palais, le rêve de tous. « Il nous livre au premier coup de for-

« L'armée des alliés a défait et¹ battu complétement aujourd'hui le corps du général Vandamme. Ce général a été fait prisonnier ainsi que le général Haxo, aide-de-camp de l'Empereur des Français, et les généraux Guyot et Hembrodt. Le prince de Reuss, aussi général français, a été tué. Quarante pièces de canon, soixante chariots de munitions, et 5,000 prisonniers ont été déjà amenés au quartier-général. Le reste de ce corps qui était composé de 30,000 hommes a été tué ou dispersé. Ce grand résultat a été obtenu en attaquant l'ennemi de tous côtés avec vigueur, et les troupes alliées ont montré la plus grande bravoure.

« L'habileté du général Kleist, et la résistance héroïque du comte Ostermann, la veille, ont beaucoup contribué à cette victoire complète. »]

tune; on ne peut pas raisonnablement le suivre. » Voilà ce que disent les généraux ; ils se battent, mais pour revoir les frontières du Rhin, Strasbourg et Mayence; ils n'ont plus aucun désir de s'avancer. Triste armée! on dirait depuis Moscou que les généraux français ne comprennent plus que la retraite. Il y a dégoût de toute conception hardie, découragement pour les vastes projets ; le soldat reste seul avec son héroïsme pour son Empereur; les maréchaux, et Berthier surtout, murmurent; ils vieillissent; devenus trop riches, ils ont besoin de leur oreiller du soir dans leur hôtel de la rue de Lille ou de l'Université [1].

Le hardi projet de Napoléon avait d'autant plus de portée que, déplaçant le théâtre de la guerre, du centre au nord de l'Allemagne, il rendait impuissante la défection des Bavarois. Dès que l'Autriche avait pris une part active à la coalition, elle avait cherché à conquérir la haute main sur le mouvement allemand; la cour de Vienne négociait avec la Bavière et le Wurtemberg pour les attirer vers elle. Ces deux cabinets avaient encore des troupes au service de Napoléon, et depuis que les événements s'étaient dessinés plus nettement, ils avaient pris un caractère neutre; il s'agissait donc de les faire passer de cette attitude neutre à un mouvement hostile contre la France. Et ce fut ici la tâche de M. de Metternich; entre lui et M. de Mongélas il fut dit: « qu'on s'entendrait sur le Tyrol; la Bavière le cédait sans répugnance, car les sympathies des montagnards

---

[1] Dans une lettre interceptée de M. Maret à sa femme, on trouve ces paroles : « Le génie de l'Empereur ne l'abandonne pas, même dans cette situation critique; mais les généraux manquent. »

Berthier, dans une lettre à un de ses secrétaires, à Paris, fait un tableau déplorable de l'armée française, et dit qu'il n'y a que la paix qui puisse sauver la France.

étaient pour l'Autriche; la Bavière conservant son titre royal recevrait une indemnité sur le Rhin, compensation facile à opérer dans la situation que la conquête allait faire aux grandes puissances; chacune trouverait son lot dans le dépècement du vaste Empire de Napoléon. Les mêmes stipulations furent arrêtées pour le Wurtemberg, « qui s'engageait à joindre ses troupes à celles des alliés dans une campagne énergiquement poursuivie contre les Français. »

Ces déterminations de la Bavière et du Wurtemberg, passant de l'alliance à la neutralité, puis à l'état hostile, étaient signalées à Napoléon depuis le commencement de la campagne, et son vaste plan qui portait le théâtre des combats au nord de l'Allemagne n'avait pour objet que de chercher un meilleur terrain. Dès que l'armée française ne se déterminait pas à se porter au nord de l'Allemagne, la ligne de l'Elbe n'était plus tenable; après la défection des deux cabinets de Munich et de Stuttgard, on était cerné sur la route même qui conduisait aux frontières de France. De tous côtés s'élevèrent des objections contre la persistance de l'Empereur à garder la ligne de l'Elbe. On disait: « Le Wurtemberg, la Bavière et Bade même vont se prononcer contre nous; par ce moyen, ils nous coupent la ligne du Rhin, et se plaçant sur nos flancs, sur notre dos, ils nous serrent par tous les côtés. C'est comme à la Bérésina, les choses se préparent de manière à ce qu'une nouvelle armée d'ennemis nous pressant de ses colonnes, nous attendra au passage; en cas de revers, nous sommes perdus; entourés au nord, au midi, c'est la même manœuvre qui nous ferma les portes de la Russie dans la dernière campagne; le bon sens indique la nécessité d'un mouvement rétrograde; au lieu de rêver des projets de conquête sur Berlin, il faut éviter que les alliés ne marchent sur Paris. »

Ainsi raisonnait-on déjà sous la tente de l'Empereur : le besoin de repos dominait parmi les chefs de l'armée française; ils ne savaient pas que le prestige une fois détruit, l'Empire était perdu. Faites de Napoléon un être raisonnable, il perdait cette teinte poétique qui l'avait fait grand aux yeux des contemporains et de l'histoire : avait-il été raisonnable à Austerlitz, à Wagram, à Lutzen même, sublime improvisation de stratégie? Il fallait à un génie extraordinaire des choses extraordinaires; si vous le teniez dans l'ordre vulgaire, il était perdu. Le plan hardi de Napoléon sur Berlin rendait bien moins décisive la défection de la Bavière et du Wurtemberg; une excursion au nord de l'Allemagne permettait de retrouver les forces de l'Empire français comme un appui, depuis Hambourg jusqu'en Hollande; c'était la même idée, je le répète, que celle d'une pointe sur Saint-Pétersbourg après l'incendie de Moscou; elle aurait évité la Bérésina. Le Wurtemberg et la Bavière ne pouvaient prêter appui aux alliés dans une guerre au nord de l'Allemagne; au midi ils étaient au contraire une force. Napoléon trouvait Davoust à Hambourg, Rapp à Dantzick [1], comme il aurait trouvé Macdonald à Riga en opérant sur Saint-Pétersbourg après la campagne de Moscou.

---

[1] Sous le général Rapp chargé de la défense de Dantzick, le général Lepin commandait l'artillerie; les généraux Campredon et Richemond le génie; la cavalerie était sous les ordres du général Cavaignac; les marins sous le contre-amiral Dumanoir. Les généraux Grandjean, Bachelu, Heudelet et Franceschi étaient à la tête de l'infanterie, composée de deux divisions françaises et de divers bataillons napolitains, westphaliens, francfortois, bavarois et polonais. Un bataillon d'élite était composé de tous les hommes de la garde qu'on avait pu réunir. »

La même hésitation amena un résultat aussi fatal; les généraux ne voyaient que Leipsick et la route des frontières; tout ce qui les rapprochait de la France était comme un succès pour eux. Ce mal du pays avait en 1812 entraîné l'armée de Moscou à Smolensk; Napoléon dut suivre l'impulsion de ses lieutenants démoralisés. Ney et Berthier furent les maréchaux avec lesquels il discuta le plus longuement les plans des opérations militaires, et tous deux furent d'accord de se concentrer sur Leipsick pour éviter d'être débordés. L'ordre fut donné d'abandonner la ligne de l'Elbe, et tous les corps prirent leur marche par la route de Freyberg. C'était s'exposer à bien des chances, car alors l'armée alliée se précipitait par le nord, le midi et le centre sur Leipsick, où devait aussi se faire la jonction des Bavarois; Schwartzenberg, Blücher, Bernadotte, avaient tous pris cette direction dans les limites que le congrès de Trachenberg avait fixées en suivant ce principe stratégique : « se porter en masse, par le chemin le plus court, sur l'ennemi commun. » Toutes les routes, toutes les traverses de Leipsick furent encombrées de troupes alliées, et leurs colonnes profondes vinrent se heurter sur les murailles de la ville. Déjà commençait cette coutume parmi les ennemis de se poser comme nations plutôt que comme des armées[1]; les peuples marchaient

---

[1] On voit le caractère saint et national que les alliés veulent donner à cette guerre.

Ordre du jour de Schwartzenberg.

« L'époque la plus importante de la guerre sainte est arrivée. Braves guerriers, préparez-vous au combat! Le lien qui unit tant de nations puissantes dans la plus juste comme dans la plus grande des causes, va se resserrer et devenir indissoluble sur le champ de bataille.

« Russes! Prussiens! Autrichiens! vous combattez tous pour la même cause, vous combattez pour la liberté de l'Europe, pour l'indépendance de vos enfants, pour l'immortelle renommée de vos noms. Tous pour chacun! et chacun pour tous! A ce signal le combat sacré commence. Soyez-y fidèles au moment décisif, et la victoire est à vous. »

Charles, prince de Schwartzenberg.

en armes; ces batailles qu'on allait livrer n'étaient plus des drames en un seul acte qui commençaient le matin et finissaient le soir, dans des proportions limitées; on comptait alors par journées; les batailles duraient trois ou quatre jours; suspendues le soir, on les recommençait le lendemain. A Austerlitz, à Wagram, quelques heures avaient suffi pour vaincre; à Dresde, à Leipsick, il avait fallu trois ou quatre jours, et l'acharnement ne s'était pas ralenti. On commença aussi à donner le nom de *batailles des nations* à ces grandes querelles qui s'agitaient entre les peuples et le dictateur que l'Europe saluait naguère.

Napoléon, d'après l'avis de ses maréchaux, s'était donc porté sur Leipsick, et cette marche rétrograde fut saluée comme un succès; le 15 octobre il arriva devant Leipsick par Duben; depuis plusieurs jours Marmont et Augereau amenaient les vieilles troupes d'Espagne organisées à Mayence pour soutenir la retraite de Napoléon, comme les corps d'Oudinot et de Victor derrière la Bérésina à la campagne de 1812. A peine l'Empereur a-t-il étudié les positions pour couvrir sa retraite, que déjà le canon se fait entendre; les corps russes et prussiens arrivent en toute hate; on aperçoit la tête des colonnes autrichiennes se déployant sur l'horizon. On arrive haletant à Leipsick, et il faut déjà se défendre[1]; les

---

[1] Armée française à la bataille de Leipsick, le 16.

A la droite, dans la vallée de la Pleiss.
8ᵉ corps, Poniatowsky,	8,000
4ᵉ corps, Augereau,	8,000
5ᵉ corps cavalerie, général Milhaud,	3,500

Au centre, entre Wachau et Gossa.
2ᵉ corps, Victor,	15,000
5ᵉ corps, Lauriston,	10,000
1ᵉʳ corps cavalerie, Latour-Maubourg,	6,000
4ᵉ corps cavalerie, Kellermann,	3,000
Jeune garde, Oudinot,	8,000

Réserve de la garde impériale.
Vieille garde, Friant et Curial,	4,000
Cavalerie de la garde, Nansouty,	4,000

A la gauche, entre Holzhausen et Gross-Possna.
11ᵉ corps, Macdonald,	15,000
Jeune garde, Mortier,	8,000
2ᵉ corps cavalerie, Sébastiani,	4,000
Total,	96,000

alliés ne laissent aucun relâche ; ils semblent avoir emprunté l'activité que Napoléon déployait à d'autres époques; ils débouchent par toutes les routes de Leipsick : au midi, Schwartzenberg lance une de ses divisions vers l'Estler pour couper la retraite vers la France; à la gauche on attend Bennigsen qui n'a pas encore pris part aux combats avec ses réserves asiatiques ; en dernière ligne, Blücher et Bernadotte arrivent par le nord; le torrent presse et déborde de tout côté. C'est encore la tactique de Dresde que Napoléon veut suivre ; comme il est en forces très inférieures, il prendra Leipsick pour centre, et ses colonnes déployées de droite et de gauche s'appuieront sur les faubourgs, les portes et les retranchements. Cette manœuvre, qui a si bien réussi à Dresde, réussira-t-elle encore? A Leipsick les alliés n'ont-ils pas des forces doubles, et leur impétuosité n'a-t-elle pas quelque chose de plus vigoureux ?

Il règne depuis quelque temps dans l'armée ennemie une audace qui tient à la certitude de la force et de la victoire. C'est Schwartzenberg qui engage la bataille; Napoléon attend et n'attaque plus, fatal apprentissage pour lui que de garder la défensive ! Tous les corps des alliés se portent d'abord sur Wachau, avec une impétuosité si vive que les avant-postes sont obligés de plier devant une attaque si formidable. L'Empereur lui-même, un moment forcé de refuser bataille, rétrograde, hésite, se reforme. A un signal donné, l'infanterie d'Augereau s'élance sur les Autrichiens; la vieille cavalerie, récemment arrivée d'Espagne, charge à fond, et met les Allemands en déroute ; les alliés, étonnés de tant de résistance, hésitent à leur tour; Napoléon met cet instant à profit; c'est à la jeune garde qu'est réservé l'honneur de briser l'ennemi ; l'infanterie de Victor, d'Augereau, formée en colonnes serrées, soutient l'attaque ; des feux d'artillerie font trembler le sol, la victoire est incertaine ; nobles adversaires, ils se disputent et s'arrachent le terrain. Alors on entend au loin un grand tumulte, c'est Blücher qui arrive sur le champ de bataille ; si Schwartzenberg a été obligé à la retraite, Blücher a obtenu quelques succès. A la face des Prussiens, Poniatowski fait merveille ; Wachau est à nous, les alliés ont fait des pertes immenses ; c'est un combat de géants !

Napoléon médite déjà de percer leur centre, et de les refouler sur la pointe des baïonnettes. La cavalerie de Murat, étincelant au loin, sabre et renverse ; Latour-Maubourg et Kellermann chargent avec un indicible élan. « Allez, dignes héros, vous versez votre sang pour la patrie ! » Quelle perte ne faisons-nous pas ! Latour-Maubourg a la cuisse emportée, le général Maison est tombé grièvement blessé ; les alliés profitent d'un moment d'hésitation, ils chargent, et les Cosaques de la garde russe reprennent un parc d'artillerie de vingt-quatre pièces de canon. Dénombrer les ennemis est impossible, leurs myriades s'agitent comme les fourmis du sol et les grues qui fendent les nuages. Ici la furieuse charge des cuirassiers de Latour-Maubourg ; plus loin, une masse de colonnes autrichiennes s'élance au pas de charge et pousse des cris si terribles, que la plaine en a retenti. Bianchi refoule tout devant lui ; les Autrichiens viennent au secours des Russes dans ce grand pêle-mêle ; Schwartzenberg, qui veut se montrer manœuvrier à la face même de Napoléon, fait tout attaquer de droite et de gauche ; la mêlée est sanglante, générale; le soir aucun succès décisif. Voilà pour la bataille de Wachau [1].

Maintenant il faut suivre le combat de la Partha. La Partha coule au nord de Leipsick, et c'est Blücher qui arrive; il a devant lui Marmont et Ney : les Prussiens temporisent, amusent leurs adversaires, car ils attendent Bernadotte. A Marmont et Ney, Blücher oppose Sacken, Yorck et Langeron; il se fait des prodiges. Le soir les pertes sont telles, que Ney, le brave des braves, est obligé de se replier. A Lindenau, le général Bertrand a pris position; il est resté maître, et c'est immense; car la route de France est libre : Bertrand a eu l'honneur de préparer les voies à son Empereur s'il veut regagner le Rhin avec ses légions accablées. Il s'est fait des prodiges parmi ces hommes prodigieux, et Poniatowski a osé de si grandes choses, que sur le champ de bataille il reçoit le bâton de maréchal de France. De toute cette journée il ne ressort aucun résultat; l'armée s'est ouvert un passage, et voilà tout; elle va rétrograder jusqu'à Mayence, et l'on considère cela comme un succès. Sa position est encore formidable, les ailes sont protégées par la Partha et la Pleiss; Leipsick est comme un camp retranché; l'ennemi doit l'enlever de vive force s'il veut couronner sa victoire en nous refoulant sur le Rhin. A chaque moment ses forces s'accroissent : Bernadotte, Colloredo et Bennigsen viennent former une autre ligne autour de nous. Napoléon commence à comprendre tout ce que cette attaque peut avoir de formidable; il est fier, il doit sauver avant tout son armée, peut-être en est-il déjà à sauver son Empire. Dans un de ces furieux engagements qui se développent autour de Leipsick,

[1] Ce récit de la bataille de Leipsick diffère essentiellement des bulletins, mais il est recueilli sur les rapports authentiques des généraux français et alliés.

l'armée s'est emparée de M. de Merfeldt. M. de Merfeldt est tout à la fois négociateur et général : à sa personne se rattachent des souvenirs ; plénipotentiaire à Campo-Formio, il avait vu commencer la grande lutte de la maison d'Autriche contre Napoléon ; maintenant prisonnier, on le traite avec une sorte de déférence ; on va le renvoyer sur parole, et l'Empereur le voit et le charge d'une négociation intime. Les conditions qu'il a refusées à Prague, aujourd'hui Napoléon les accepte. « Vous voyez comme on m'attaque, dit-il, vous voyez comme je me défends ; je veux la paix, qu'on le sache bien ; vous craignez jusqu'au sommeil du lion, vous voulez lui arracher les griffes, lui couper la crinière : prenez garde, l'Autriche et la France ont des intérêts communs contre la Russie ; si vous réduisez l'Empire à n'être plus rien, comment arrêterez-vous le débordement des Russes? Voici donc ce que je propose : je renonce à la Pologne, à l'Illyrie, à la Confédération du Rhin ; est-ce assez d'un seul trait ? L'Italie restera indépendante ; quant à l'Espagne, à la Hollande et aux villes anséatiques, je n'y tiens que pour en faire un moyen de négocier la paix maritime avec l'Angleterre. Ces conditions conviennent-elles à mon beau-père? Alors qu'on arrête un armistice ; j'offre pour cela d'évacuer sur-le-champ l'Allemagne et de me retirer derrière le Rhin. » M. de Merfeldt accueillit respectueusement ces paroles de paix, et quitta le camp de Napoléon pour porter ces propositions aux alliés.

A ce moment les forces de l'alliance étaient si démesurément grandies, leurs moyens étaient si considérables, qu'ils ne voulaient plus admettre qu'une seule condition, la France du Rhin ; plus de prépondérance au dehors, plus de protectorat, de médiation : on donnaît les Alpes, le Rhin, les Pyrénées et l'Océan, les limites naturelles; quant à la circonscription de l'Europe, les alliés se la réservaient seuls. Dans la sombre journée du 17 octobre, il se fait comme une suspension d'armes; tout le monde en a besoin, les alliés pour développer leurs forces et organiser leurs réserves, Napoléon pour étudier ses positions en préparer sa retraite sur Hanau; à tout prix il faut s'assurer des défilés de la Saale et rester maîtres des hauteurs.

Ces ordres à peine donnés, le canon gronde; la fatale journée du 18 commence! L'Empereur vient d'évacuer Wachau, ses ruines silencieuses sont aussitôt occupées par l'armée alliée, qui débouche de tous côtés; ce dragon à mille têtes se montre couvert de feu, avec un ordre parfait. La grande armée autrichienne attaque les Polonais de Poniatowsky; les Russes de Barclay de Tolly entourent Murat, Victor et Augereau; les Prussiens, l'armée russe de Bennigsen et les Cosaques de Platoff se précipitent sur Macdonald; quant à la rivière de la Partha, Blücher et Bernadotte se disposent à la franchir, en refoulant Ney et Marmont. Au début de la journée, la bataille devient ainsi générale; on voit briller le courage individuel, Augereau redevient le vieux soldat d'Italie; Marmont, l'épée à la main, charge comme un grenadier. Hélas! comment résister à ces myriades d'hommes soulevés comme les flots par la tempête? La plaine fourmille de ces masses brillantes de baïonnettes; c'est le combat *des nations*, c'est la bataille des peuples : chacun se fait tuer pour sa patrie; l'Allemagne veut rester libre et briser le protectorat du superbe Empereur; la Hollande, l'Espagne, l'Italie, vont aussi reconquérir leur nationalité primitive. La bataille de Leipsick est comme le grand choc de Fontenay sous les fils de Louis-le-Débonnaire; elle dissout le grand empire de Charlemagne; elle en éparpille les débris.

Quoi d'étonnant dès lors que les Saxons aient abandonné l'armée de Napoléon pour courir à leur nationalité? Seuls de tous les peuples de la Germanie ils étaient restés dans les rangs français; les sociétés secrètes les dominaient par l'idée de patrie, et un peu d'instinct aurait suffi pour comprendre qu'on voulait en vain les retenir au milieu de la bataille; les Saxons ne cherchaient qu'une occasion pour se jeter dans les rangs de leurs frères : eux aussi désiraient la liberté de l'Allemagne ; passer à la patrie n'était pas une désertion; devant eux ils voyaient des hommes qui parlaient leur langue, des frères aux cheveux blonds, aux yeux bleus, de l'Elbe et de l'Oder; ils n'hésitèrent point à leur serrer la main, comme le soir autour de longs tuyaux de poêles quand retentit le chant patriotique. Toute l'armée saxonne et la cavalerie wurtembergeoise délaissèrent le drapeau français pour aller à celui de l'Allemagne; ces troupes furent accueillies avec enthousiasme dans les rangs des alliés; elles arrivaient tardivement, mais enfin, comme le disait le chant de Kœrner : « Hourra! hourra! venez à nous, vous tous qui aimez la liberté [1]! »

Cette fatale désertion des troupes allemandes laisse un large vide au centre de l'armée française; Napoléon s'élance aussitôt vers ce centre; il le fait appuyer par toutes

[1] Cette défection des Saxons était préparée par des actes et des insinuations nationales des sociétés secrètes.

« Saxons! levez-vous! et courez aux armes pour la grande cause de votre patrie : vous avez vu comme vos frères allemands ont combattu pour cette cause, et comme Dieu a béni leurs efforts. Votre patrie a été le théâtre de nouveaux exploits, qui ont ajouté à la gloire de l'Allemagne. Jusques ici vous n'y avez nullement participé. Le courage qu'a montré votre armée n'a été qu'en faveur de l'oppresseur et de l'oppression.

« Rappelez-vous les anciens temps, lorsque vous étiez les premiers à prendre part à tous les mouvements de la nation allemande pour la patrie, pour la liberté et la religion. »

les réserves de la garde. L'engagement va prendre un caractère singulier ; deux rivaux vont encore croiser le fer ; à Dresde, Bonaparte atteint Moreau d'un boulet qui le brise ; ici, il est à la face de Bernadotte, heureux et Gascon. Après des prodiges, la trouée des Saxons est remplie ; la vieille garde rétablit l'unité sur le champ de bataille. Si l'attaque a été formidable, la défense a été magnifique ; les alliés ont souffert plus que nous-mêmes. Cette journée, toute remplie de beaux faits d'armes retentissant dans l'histoire, se termine par des feux redoublés d'artillerie ; on rivalise dans cet échange de boulets qui viennent sillonner les deux lignes. Jamais peut-être les champs de bataille n'avaient vu un tel jeu des grands parcs : les canonniers les pointent avec un admirable sang-froid, et près de Napoléon 12 pièces sont tout entières démontées en un seul instant par les Suédois et les Prussiens [1].

Et tous ces héroïques efforts ne sont plus pour la victoire, mais pour s'assurer une retraite sur le Rhin ; l'aigle n'espère plus battre des ailes sur les capitales ; secouée par la tempête, elle veut revoir son nid sur la cime des sept montagnes. Avec son coup d'œil admirablement juste, Napoléon vit bien que la journée du lendemain serait tellement

---

[1] Pour se faire une idée exacte de la bataille de Leipsick ou *des Nations*, comme l'appellent les Allemands, il faut en lire et comparer les divers bulletins.

Extrait des dépêches de sir Charles Stewart sur la bataille de Leipsick.

Leipsick, 19 octobre 1813.

« L'Europe enfin touche à sa délivrance, et l'Angleterre peut anticiper d'avance le triomphe et recueillir, conjointement avec ses alliés, la gloire à laquelle ses efforts inouïs et constants dans la cause commune lui donnent de si justes droits.

« La victoire du général Blucher, du 16, a été suivie, le 18, par une victoire remportée par toutes les forces combinées, sur l'armée de Bonaparte, dans les environs de Leipsick.

« La perte totale de plus de cent pièces de canon, 60,000 hommes et d'un nombre immense de prisonniers, la désertion de toute l'armée saxonne, ainsi que des troupes de Bavière et de Wurtemberg, consistant en artillerie, cavalerie et infanterie, et plusieurs généraux parmi lesquels sont Reynier, Vallery, Brun, Bertrand et Lauriston, font partie des fruits de cette glorieuse journée. La prise d'assaut de Leip-

RETRAITE DE LEIPSICK (18 OCTOBRE 1815). 227

décisive qu'aucun espoir ne resterait pour la retraite si la bataille était perdue ; les nations qui combattaient contre le dictateur étaient trois fois plus nombreuses que les prétoriens qui suivaient César et sa fortune. Le soir on se décida donc pour la retraite ; il lui fallait un motif pour ne pas démoraliser le courage, et ce motif fut puisé dans les rapports des généraux Sorbier et Dulauloy qui attestaient l'extrême amoindrissement des munitions d'artillerie. « On n'avait plus que 16,000 coups de canon à tirer; séparé du grand parc, on ne pouvait s'approvisionner qu'à Erfurth. » L'Empereur prit donc ce prétexte pour justifier le mouvement rétrograde que déjà il avait décidé. La position de Leipsick n'était plus tenable ; séparé de la route de France, Napoléon se voyait à la disposition des alliés ; un jour, deux jours, il pouvait encore résister brillamment ; mais sa perte était certaine.

Ce ne fut donc pas le manque de munitions, mais l'étude approfondie des périls de l'armée qui le détermina dans sa marche en arrière sur le Rhin. A huit heures du soir, des ordres sont silencieusement donnés ; on rentre dans Leipsick pour préparer toutes les mesures que commande une opération si grave. Augereau commence le mouvement vers Erfurth ; ses troupes, belles encore de tenue, défilent par le faubourg de Lindenau. Ney fait re-

sick ce matin, des magasins, de l'artillerie, des provisions de la place, du roi de Saxe, de toute sa cour, de la garnison et de l'arrière-garde de l'armée française, de tous les blessés de l'ennemi, dont le nombre surpasse 30,000, le danger imminent que Bonaparte a couru d'être pris, ayant fui de Leipsick à neuf heures, et les alliés y étant entrés à onze heures : la déroute complète de l'armée française qui cherche à se sauver dans toutes les directions, et qui est toujours entourée : tels sont les autres sujets de triomphe. »

Bulletin autrichien.
Leipsick, 19 octobre 1813.

« A sept heures du matin, l'attaque générale recommença, et l'ennemi fut obligé de se retirer dans Leipsick. Là, il chercha à gagner du temps pour pouvoir faire retirer ses troupes, son artillerie, son bagage, et à cet effet envoya un parlementaire, offrant de livrer le reste des troupes saxonnes, à condition que Leipsick ne serait pas attaquée, et que la garnison française et tout ce qui appartenait à l'armée pourrait se retirer librement.

15*

plier ses régiments, il est suivi par Lauriston et Poniatowsky, destinés à former l'arrière-garde. Ainsi tous les faubourgs de Leipsick sur la route de France sont encombrés de troupes; il y a déjà un peu de confusion, et ce qu'on s'explique à peine, c'est que, dans l'idée d'une retraite, des ponts volants n'aient pas été construits sur l'Elster; c'était le travail de quelques heures.

Poniatowsky soutient l'arrière-garde; le poste est difficile; il faut qu'il donne la bonne venue à son bâton de maréchal de France. Le vieux Leipsick est crénelé; les Français sont massés au faubourg de Lindenau. Dans cette position, Napoléon devait sentir l'importance de s'assurer le cours de l'Elster; le seul grand pont de Leipsick soutient cette périlleuse retraite, et, je le répète, il est inconcevable que le génie n'ait pas construit des ponts volants sur une rivière de vingt-cinq toises. Ceci est une omission si étrange qu'on a justement demandé si Napoléon n'a pas sacrifié le bras pour sauver le corps. Sa grande préoccupation est de faire miner le pont de l'Elster; il craint de tomber au pouvoir de l'ennemi; il ne veut pas rendre son épée à Bernadotte; il ne veut pas rester captif à la face de ces princes qui seraient pour lui implacables

---

« Cette proposition fut rejetée. Les alliés étaient déjà maîtres des faubourgs; l'ennemi voulait continuer à défendre la ville, sur laquelle les alliés faisaient pleuvoir leur feu. Les troupes saxonnes qui étaient dans la place tournèrent subitement leurs armes contre les Français; le désordre devint général; chacun ne songea qu'à sa sûreté personnelle, et les alliés furent maîtres de la ville.

« Ce soir, huit régiments d'infanterie polonaise ont quitté les drapeaux de l'ennemi et ont passé aux alliés.

« L'empereur d'Autriche a nommé le prince de Schwartzenberg commandeur en chef de l'ordre de Marie-Thérèse. L'empereur de Russie lui a conféré l'ordre de Saint-Georges, de la première classe, et le roi de Prusse l'ordre de l'Aigle noir.

« L'empereur d'Autriche a donné la grande croix de l'ordre de Marie-Thérèse au général Blucher, qui, par l'énergie et la sagesse qu'il a développées dans les opérations les plus difficiles dans le cours de la campagne, a si fort contribué au glorieux résultat de ces batailles; et la croix de commandeur du même ordre au général Gneisenau, quartier-maître-général du général Blucher.

« L'armée combinée se met en mouvement pour poursuivre l'ennemi. »

dans leur victoire. Le pont de l'Elster est miné, et comment se fait-il que cette opération si grave, dont la sûreté de toute l'armée dépend, il la confie à un simple officier du génie, et cet officier à un caporal de sapeurs? Il y a ici un grand mystère; Napoléon veut avant tout se préserver d'une captivité abaissée; coûte que coûte, il faut en sacrifiant le pont se donner un moyen de retraite, et s'assurer la route de la France; pour tous ou pour lui seul, qu'importe?

Les troupes alliées vont tenter un grand et dernier effort sur Leipsick : la ville est à eux; les soldats valeureux de l'Empereur des Français ne se battent plus que pour s'assurer une retraite, mais ils se défendent bien. Macdonald, chargé de conduire l'arrière-garde, doit résister le plus longtemps possible, afin de laisser à l'armée entière le temps de franchir l'Elster; et, chose étrange, lorsque ces dispositions sont faites, Napoléon en sûreté sur l'autre rive s'endort d'un sommeil profond dans un moulin; il est sauvé, et il semble que cela suffise. « Il dort profondément, dit un de ses secrétaires, son admirateur enthousiaste, au bruit des soldats et des caissons qui défilent sur les routes et des coups de canon qui retentissent de tous côtés [1]. » Le temps était parfaitement choisi pour le sommeil d'un général en chef; il ne se réveilla qu'à l'explosion du pont de l'Elster. Le bulletin dit qu'un sapeur mit le feu aux mines [2], sans ordre, à la vue des pre-

---

[1] M. Fain.
[2] Je donne l'extrait du bulletin de Napoléon qui explique à sa manière, le désastre de l'armée et la cause de sa ruine :

« A six heures du soir, l'Empereur fit ses dispositions pour le lendemain ; mais, à sept heures, les généraux Sorbier et Dulauloy, commandants de l'artillerie de l'armée et des gardes, vinrent à son bivouac et lui dirent qu'on avait consommé 95,000 boulets dans cette bataille, que les munitions en réserve étaient épuisées, et qu'il ne restait plus que 16,000 boulets qui suffisaient à peine pour une canonnade de deux heures, après quoi il n'y aurait plus de munitions pour les événements ultérieurs ; que, dans cinq jours, l'armée avait consommé plus de 220,000 boulets, et qu'on ne pouvait en tirer que de Magdebourg ou d'Erfurth. Cet état de choses rendait néces-

mières colonnes ennemies. Quoi! cette tâche, pourtant immense, était confiée à un simple caporal! La grande et impartiale histoire peut-elle aveuglément adopter de tels motifs! Napoléon ne pouvait se sauver qu'en faisant sauter le pont; dans ce pêle-mêle, il pouvait être pris, lui, l'Empereur, par les ennemis. Voyez comme tout cela est parfaitement ménagé : l'Empereur dort durant trois heures pendant une retraite dont tous les moments étaient si précieux; il dort et il n'est réveillé que par l'explosion. Que d'innocence, que de candeur dans ce récit! Aussi Bernadotte, dans son orgueilleux bulletin, daté de Leipsick, ne peut s'empêcher de s'écrier : « Il est inconcevable qu'un homme qui a commandé dans trente batailles rangées, et qui s'est fait une grande réputation militaire en s'appropriant la gloire des anciens généraux français, se soit décidé à concentrer son armée dans une position aussi désavantageuse : l'Elster et la Pleiss sur ses derrières, un terrain marécageux à traverser et un seul pont pour passer une armée de 100,000 hommes et 3,000 chariots de bagages. Chacun se demande : Est-ce là ce grand capitaine qui a fait trembler l'Europe? »

La terrible explosion s'est fait entendre, l'armée française est séparée en deux, Macdonald, Lauriston, Reynier, Poniatowsky sont encore dans Leipsick ; ces braves hommes, acculés sans espoir de retraite, songent tous à vendre chèrement leur vie; la masse confuse des plus

---

saire un mouvement prompt sur un de nos deux grands dépôts. L'Empereur se décida pour celui d'Erfurth, par la même raison qui l'avait engagé à venir à Leipsick, pour pouvoir apprécier la défection de la Bavière. Il ordonna de faire passer par le défilé de Lindenau le bagage, les parcs et l'artillerie; il donna le même ordre pour la cavalerie et les différents corps de l'armée, et se rendit à l'hôtel de Prusse, dans le faubourg de Leipsick, où il arriva à neuf heures du soir. Cette circonstance obligea l'armée française à renoncer aux fruits des deux victoires dans lesquelles elle avait si glorieusement battu des troupes si supérieures en nombre, et les armées de tout le continent. Le duc de Tarente et le prince Poniatowsky furent chargés de tenir les faubourgs et de les défendre assez longtemps pour donner le temps au pont de

faibles se dirige vers l'Elster et cherche à le passer à la nage; le lit en est bourbeux et profond; nouvelle Bérésina, la rivière engloutit tout ce qui ne sait pas nager. Les plus intrépides au contraire restent dans la ville, se barricadent dans les maisons, font feu de toutes parts; hélas! comment résister à des masses innombrables qui s'agitent? Tout ce qui n'a pu fuir tombe au pouvoir de l'ennemi par capitulation; 25,000 hommes sont prisonniers, 250 pièces d'artillerie sont le trophée des vainqueurs.

Parmi ceux qui s'étaient précipités vers l'Elster pour ne pas tomber aux mains des alliés, se trouvaient deux maréchaux de France, Macdonald et Poniatowsky; sans hésiter Macdonald se jette dans les eaux, son cheval est vigoureux, il sait lui même nager; les flots semblent le respecter, le voilà sur la rive opposée : « Allons, vieux et noble soldat, tu pourras servir encore ta patrie ! » Poniatowsky, plus malheureux, se défend en brave, il tient tête à des masses d'ennemis; son beau cheval de Mecklembourg, blessé à la cuisse, s'élance dans l'Elster rapide et grossi par les pluies, Poniatowsky lui-même blessé n'a plus la force de diriger son coursier; il tombe et roule dans les eaux bourbeuses : quelques heures après on ne rapporta plus que son cadavre. Ainsi mourut le dernier des Poniatowsky, célèbre parmi les races de Pologne : ses traits révélaient son origine tartare, il n'avait rien d'élevé dans la physionomie, il était court, trapu et déjà très avancé dans

déboucher, et alors de passer eux-mêmes le défilé vers onze heures.

« Le 19, à neuf heures et demi, l'Empereur partit pour Lindenau, pour y attendre l'évacuation de Leipsick et voir les dernières troupes passer les ponts avant de se mettre en marche. L'ennemi apprit bientôt que la plus grande partie de l'armée avait évacué Leipsick, et qu'il n'y restait plus qu'une forte arrière-garde. Il attaqua vivement le duc de Tarente et le prince Poniatowsky; il fut repoussé plusieurs fois, et notre arrière-garde effectua sa retraite pendant qu'on défendait les faubourgs. Mais les Saxons qui étaient restés dans la ville tirèrent, des remparts, sur nos troupes, ce qui les obligea d'accélérer leur retraite et occasionna quelque désordre.

« L'Empereur avait ordonné aux ingénieurs de placer des fougasses sous le

la vie, car il touchait à sa cinquante-unième année. Comme il fut grand par le courage on le poétisa, on l'embellit; l'image de Poniatowsky devint une relique des beaux faits d'armes; il fut moins chanté pour lui-même que parce qu'il était le symbole de la Pologne, vierge sainte et captive; on en fit un jeune homme aux traits élégants, à la taille magnifique, lui presque vieillard déjà : ainsi se manifeste l'amour des peuples; ce qui est grand, ils le font beau.

Au milieu de tous ces désastres, Napoléon marchait rapidement par la route d'Erfurth. Bien du désordre s'était mis dans ses colonnes, et, comme pendant la retraite de Moscou, la garde seule conservait un aspect imposant; le reste formait des masses confuses; les aigles à peine indiquaient les régiments. Oudinot soutient la retraite, et Bertrand ouvre la marche; déjà les ennemis nous entourent de toutes parts dans leur incessante activité; tant que l'Allemagne verra un soldat français, pour eux la tâche ne sera pas remplie; aussi Giulay, Blücher, poursuivent Napoléon qui précipite ses colonnes vers Mayence, sa grande place d'armes. Erfurth est le lieu de ralliement général; il n'y a pas un moment à perdre; partout on fait sauter les ponts, on coupe les routes. Oudinot s'est illustré par la fermeté de son caractère; c'est le même homme qu'à la sombre retraite de 1812.

On touche Erfurth, c'est un point de repos pour l'armée

---

grand pont qui est entre Leipsick et Lindenau, afin de le faire sauter au dernier moment, et de retarder la marche de l'ennemi pour donner le temps de filer. Le général Dulauloy avait confié cette opération au colonel Montfort. Ce colonel, au lieu de rester sur le lieu pour diriger et donner le signal, donna ordre à un caporal et à quatre sapeurs de faire sauter le pont au moment où l'on apercevrait l'ennemi. Le caporal, homme ignorant, et ne comprenant pas bien la nature du service dont il était chargé, mit le feu aux fougasses et fit sauter le pont au premier coup qu'il entendit tirer des remparts.

« Une partie de l'armée était encore de l'autre côté avec un parc de quatre-vingts pièces d'artillerie et quelques centaines de chariots. L'avant-garde qui approchait du pont le voyant sauter, le crut au pouvoir

harassée : de là au Rhin la distance n'est pas longue ; Napoléon espère saluer bientôt Francfort et Mayence. Des obstacles l'attendent; traqué de tous côtés par l'armée ennemie qui s'avance de Leipsick au pas de course, de nouveaux adversaires se présentent pour lui refuser passage; les Bavarois et le général de Wrède, réunis à la cause nationale de l'Allemagne, veulent payer leur bonne venue; ils se hâtent de se rendre à marches forcées de l'Inn jusqu'à Wurtzbourg ; là, ils pourront se placer comme une barrière d'artillerie et de baïonnettes pour séparer Napoléon des frontières du Rhin. Les ennemis se jettent sur les communications de l'Empereur, comme cela s'était vu quand Wittgenstein et l'amiral Tschichakoff se donnèrent rendez-vous vers Borisow. La position devient de plus en plus difficile; Blücher déborde par Eisenach, les Cosaques remplissent de leurs plucks la route de Gotha ; les alliés veulent ainsi envelopper l'armée en retraite de leurs grands bras ; Erfurth deviendra un nouveau Leipsick : il faudra s'ouvrir un passage !

Avec quels tristes débris cette opération pourra-t-elle être tentée ? De tous les corps d'armée qui ont pris part à la campagne, il n'en reste plus que cinq : ceux de Victor, de Marmont, d'Augereau, de Bertrand et de Macdonald ; trois sont restés captifs dans les murs de Leipsick. Par une imprudence inouïe on a laissé Saint-Cyr à Dresde ; Davoust

de l'ennemi. Un cri de frayeur gagna de rang en rang : « L'ennemi est sur nos talons et les ponts sont détruits. » Les malheureux soldats se dispersèrent et tâchèrent de se sauver comme ils purent. Le duc de Tarente passa la rivière à la nage.

« Il n'est pas possible en ce moment de constater les pertes occasionnées par ce malheureux événement, mais on les évalue à 12,000 hommes et plusieurs centaines de chariots. Le désordre qu'il a produit dans l'armée a changé l'état des affaires. L'armée française, quoique victorieuse, arrive à Erfurth comme une armée battue. Il est impossible de décrire les regrets de l'armée de la perte de Poniatowsky et des autres braves. La profonde douleur de l'Empereur se conçoit aisément de voir les fruits de tant de fatigues et de travaux s'évanouir par une négligence. L'armée française, après tant de brillants succès, a perdu son attitude victorieuse. »

est toujours à Hambourg. On ne s'explique pas cet éparpillement de forces dans les périls d'une situation si grave ; c'est que l'idée de Napoléon est toujours la conquête, la marche en avant et jamais la retraite, il ne laisse rien en arrière sans esprit de retour; il ne comprend pas les précautions les plus vulgaires; il n'abandonne pas l'espérance de ressaisir son pouvoir sur l'Allemagne ; il pense moins à la France du Rhin qu'à ses conquêtes, à Mayence et Strasbourg qu'à Torgau et Magdebourg [1].

Cette retraite, il faut la surveiller attentivement, car elle devient périlleuse, à mesure qu'elle s'approche des frontières; l'armée se concentre ; on quitte Erfurth par la route de Gotha; Macdonald et Victor ouvrent la marche; Sébastiani les suit avec sa cavalerie, et parmi les plus fringants escadrons on aperçoit les gardes d'honneur composés de nobles et jeunes hommes qui vont faire leurs premières armes. Au centre se trouvent Marmont, Bertrand, Ney et Augereau; Mortier soutient la retraite et autour de l'Empereur brillent les régiments de la vieille garde qui se maintiennent dans leur fermeté et leur sang-froid. Cette troupe marche, s'avance, décidée à tout briser sur la route ; il lui faut saluer le Rhin ; il faut qu'elle s'ouvre un passage comme un torrent impétueux, car la France est là devant ses yeux; elle en voit les clochers et les drapeaux flotter au vent. Cette armée s'engage sans hésiter dans les défilés de la Thuringe; la voici à Fulde, en face de la vieille abbaye, où furent écrites les annales de Charlemagne et le récit de sa défaite à Roncevaux. Aucun ennemi ne s'est présenté; on écoute de tous côtés, on éclaire la route ; sous la protection de cadres bien formés, la masse confuse des soldats se précipite vers la

---

[1] C'est ce que lui reprochent les tacticiens de l'école moderne.

France. On marche, puis on marche encore, jusqu'à ce que des éclaireurs annoncent que les Bavarois sont en force devant Hanau, étroit passage pour atteindre le Rhin; on ne peut l'éviter si l'on veut gagner Francfort et de là Mayence. Les Bavarois offrent la bataille; les sociétés secrètes leur ont donné mission de s'emparer de l'Empereur; le Tugend-Bund a déclaré qu'il fallait en finir avec le tyran.

En avant de Hanau est un bois profond et épais, les Bavarois le remplissent de troupes légères, il faut les en débusquer; on jette quelques volées d'artillerie sur l'avant-garde, elle se replie. Puis 5,000 hommes que formaient les corps de Macdonald et de Victor s'engagent dans le bois en tirailleurs, comme à un fantastique rendez-vous de Robin Hood ou de la chasse noire de Lutzow; sanglant gibier que celui qu'abattent ces carabines; les balles rebondissent dans les feuilles et brisent les petites branches comme si elles étaient hachées par la grêle. Le bois est conquis, et au moment où la cavalerie légère de Sébastiani s'élance, elle aperçoit 40,000 Bavarois rangés en ligne protégés par quatre-vingts bouches à feu [1]. De Wrède qui les mène, méritera bien du Tugend-Bund et de la cause patriotique s'il peut prendre Napoléon captif et l'amener, comme le grand empereur Charlemagne fut pris et mené en un sac par Maugis, ainsi qu'il est narré aux chroniques de Saint-Denis.

Derrière nous le bois, devant nous l'ennemi, et après l'ennemi, une rivière. L'Empereur n'a autour de lui encore que 10,000 hommes : la garde est là;

---

[1] Armée austro-bavaroise, commandée par le général de Wrède.

Bavarois.
3 divisions d'infanterie, 30,000
1 — de cavalerie, 10,000

Autrichiens.
2 — d'infanterie, 16,000
1 — de cavalerie, 6,000

62,000

Drouot met ses pièces en batterie : quinze d'abord, cinquante ensuite. La vieille garde paraît la première; le général Curial la mène, elle débouche du bois la baïonnette au bout du fusil. Les Bavarois se précipitent sur les pièces et font une charge de cavalerie à fond; les canonniers se défendent la carabine en main avec une rare intrépidité. A ce moment les dragons de la garde s'élancent, et un combat à outrance s'engage avec les cuirassiers bavarois; Sébastiani avec les gardes d'honneur, sa cavalerie légère, fait une charge brillante sur les Cosaques et la ligne bavaroise est enfoncée. De Wrède s'était imaginé qu'il n'avait affaire qu'à quelques débris d'une armée, et l'armée tout entière est là; il essaie quelques charges sans résultat. D'ailleurs, n'a-t-il pas affaire à des hommes au désespoir? et à quels hommes! Il leur faut une route sur Francfort, il la leur faut; qui pourrait la disputer à ces vieux cuirassiers et aux dragons de la garde et à ces jeunes hommes même aux bannières flottantes qui composent les gardes d'honneur; ces troupes sont comme un boulet lancé par une forte batterie; elles trouveront passage. Hanau n'est pas une victoire, mais une trouée; aussi Napoléon s'occupe-t-il moins de tourner les Bavarois et de faire quelques prisonniers que de continuer la route vers Francfort; son but est de revoir Mayence, ses maisons rougeâtres et ses clochers élancés[1]!

A Mayence, sur la ligne du Rhin, il pourra reformer l'armée; c'était la pensée de tous, le plan de campagne qu'on lui a conseillé en ouvrant la guerre de 1813. Lui

---

[1] Napoléon veut donner le change à l'opinion; il espère faire croire à des succès en envoyant les drapeaux à l'impératrice.
Lettre de Napoléon à Marie-Louise.
Francfort, le 1ᵉʳ novembre 1813.
« Madame et très chère épouse, je vous envoie vingt drapeaux pris par mes armées dans les batailles de Wachau, de Leipsick et de Hanau : c'est un hommage que j'aime à vous rendre; je désire que vous voyez en cela une marque de satisfaction de votre conduite pendant la régence que je vous ai confiée. » *Signé*, Napoléon.

qui a compris toute la puissance morale des événements sent bien qu'il est perdu restreint dans ces limites : que va devenir le grand Empereur sans le grand Empire ? Les frontières de la vieille monarchie sont une risée pour lui, roi d'Italie, protecteur de la Confédération du Rhin, médiateur de la Confédération suisse, avec ses préfets à Hambourg, à Trieste, à Barcelone ; ses rois en Hollande, en Westphalie, à Naples, en Espagne ; Napoléon empereur de l'ancienne France c'est le condamner au ridicule ! C'était dire à l'aigle : « Ne vole que comme le faucon féodal ; » c'était dire au lion : « Coupe ta crinière et condamne-toi, comme le chevreuil timide, à bondir dans la forêt. » Il y a des âmes qui ne respirent à l'aise qu'avec la grande brise de l'Océan ; il y a des génies qui sont perdus le jour où ils n'ont plus l'univers pour théâtre et le monde pour domaine.

CHAPITRE VII.

GOUVERNEMENT DE L'EMPIRE ET SITUATION DE PARIS.

PENDANT LA CAMPAGNE DE 1813.

État de l'opinion publique. — Réveil des partis. — Organisation royaliste en France. — Démarches de Louis XVIII. — Voyage de M. le comte d'Artois. — Projet du duc de Berry sur la Normandie. — Préoccupation des fonctionnaires sur les Bourbons. — Démarches de M. de Talleyrand. — Les républicains. — Les patriotes. — Rapprochement avec les royalistes. — Marie-Louise. — Actes de la régence. — Voyage à Mayence et à Cherbourg. — Sénatus-consulte pour la conscription. — Irritation des esprits. — Les formes de la police. — Direction de l'esprit public. — Empreinte de tristesse sur Paris et la France. — La résistance des provinces. — Les conscrits réfractaires. — La révolte dans les régiments de gardes d'honneur. — Idée de faire disparaître Napoléon comme Romulus. — Distractions. — Théâtres. — Littérature. — Modes. — Commencement des chansons politiques. — *Le Roi d'Yvetot* de M. de Béranger. — Les journaux. — Insultes aux étrangers.

Mai à Novembre 1813.

Pendant la durée de cette campagne de 1813, l'opinion publique n'avait cessé d'être vivement inquiétée par l'aspect des événements; c'est une grande plaie pour un gouvernement lorsqu'on n'a plus foi en lui; il a beau redoubler ses protestations de force et de triomphe, il est déchu dans l'idée des peuples. Ainsi était le système impérial depuis la campagne de Moscou et la conspiration de Malet; on n'avait plus confiance dans les bulletins. Autrefois le cri retentissant de victoire se faisait entendre, des *Te Deum* à Notre-Dame venaient réjouir la population; depuis le vingt-neuvième bulletin tout était flétri et tombait en décadence [1]; on commentait chaque phrase des récits de l'Empereur, on était passé à un système de trop grand scepticisme; ce qui était exactement vrai, on ne le croyait plus. En vain la police multipliait les pompes, les ovations; on faisait réciter les nouvelles de l'armée en plein théâtre: tout cela ne rendait pas la foi qu'on avait perdue; on n'avait plus de prestige, et que reste-t-il au pouvoir lorsqu'il n'a plus cette auréole de croyance et de supériorité.

La tendance naturelle des partis est de beaucoup s'agiter quand les circonstances deviennent difficiles; à mesure que le pouvoir impérial perdait dans l'esprit public, les opinions qui lui étaient hostiles grandissaient considérablement; il était naturel, par exemple, que les Bourbons vinssent se présenter une fois encore sur l'horizon politique; il commençait à s'établir un sentiment assez généralement admis, c'est que la paix ne pouvait se trouver qu'au fond du sépulcre de Napoléon; et cette paix durable, continue, objet de tous les vœux, les Bourbons seuls pouvaient l'amener. De là résultait une certaine force dans le parti royaliste; quand une opinion dans la société, même en minorité, possède en elle-même ou un principe de conservation, ou la paix, ou la liberté, tôt ou tard cette opinion doit devenir puissante; c'est la loi intime et naturelle des intérêts d'aller à ce qui les protége. Ainsi se présentaient les Bourbons; après une guerre de vingt années, ils se posaient comme le symbole de la pacification générale, comme des souverains doux après un régime de fer; ils allaient offrir l'abolition des droits-réunis et de la con-

[1] Cependant Marie-Louise multipliait les Te Deum après les dépêches de l'Empereur. Il y en eut pour Lutzen, Bautzen et Wurtschen.

scription, les deux fléaux des peuples. Ces causes ne donnaient-elles pas un grand crédit à leur puissance morale? Si leur souvenir était perdu pour la génération nouvelle, tous les hommes de cinquante ans alors avaient vu la fin du règne de Louis XVI et gardaient mémoire des bienfaits de la paix.

A aucune époque les agences royalistes ne s'étaient entièrement effacées dans les provinces de France; quoiqu'agissant plus ou moins activement dans des conditions plus ou moins visibles, on les rencontrait partout [1]; au midi, depuis la Provence jusqu'à la Guienne, et du centre jusqu'à la Flandre. Ces agences en correspondance soit avec Louis XVIII, soit avec M. le comte d'Artois, durent se réveiller actives au moment où les malheurs venaient arracher à Napoléon le prestige de la victoire; sans conspirer ouvertement, elles rappelaient aux masses les avantages d'un gouvernement paternel et la possibilité d'une restauration. La Vendée était éteinte comme guerre civile; plus d'un paysan breton, plus d'un vieux chouan servaient avec fidélité sous les aigles, ce qui n'empêchait pas l'espèce de conspiration morale dont je viens de parler; à Bordeaux, à Nantes, à Caen, partout des réunions de gentilshommes désiraient et préparaient le retour des Bourbons [2].

---

[1] Instructions données par M. de Blacas aux agents de Louis XVIII :

« Le roi que vous voulez servir a l'équité de Saint-Louis, la munificence de François 1er, la magnanimité d'Henri IV, et toute la politesse de Louis XIV. Tel est le prince que vous pouvez concourir à replacer sur le trône de ses ancêtres. En me chargeant de vous offrir une mission, le roi n'a pas entendu vous jeter dans des intrigues politiques; il s'agit moins de nouer une conspiration contre Bonaparte, que de faire connaître aux Français, et surtout aux principaux conseillers de l'usurpateur, les intentions généreuses de mon maître. Si vous les disposez à voir tomber cet homme avec indifférence, ils se défendront sans énergie. Le passage du despotisme à la puissance légitime sera à peine sensible. C'est le vœu du roi ; et c'est à vous qu'il daigne confier l'accomplissement d'un vœu si digne du descendant de Henri IV. »

Le comte de Blacas-d'Aulps.

[2] A Bordeaux surtout cette association était puissante.

Louis XVIII restait paisiblement à Hartwell; mais le comte d'Artois, plus actif, avait un moment quitté l'Angleterre pour se rendre par la Suède dans la Baltique; Bernadotte lui refusa l'autorisation de passer outre [1], et ce refus s'explique par les projets qu'avaient conçus les patriotes exilés, de concert avec l'empereur Alexandre, pour l'établissement d'un ordre de choses en France, soit républicain, soit monarchique, sous un chef militaire ou civil. M. le comte d'Artois fut obligé de revenir en Angleterre sans espérance de trouver appui dans la coalition de l'Europe; l'idée des Bourbons n'était complète que dans la pensée de lord Castlereagh, le rigoureux logicien de l'école de Pitt.

Cependant l'activité des fils de M. le comte d'Artois, les ducs d'Angoulême et de Berry, demandait à se montrer sur le théâtre de la guerre [2]. D'après les données certaines, la Guienne et la Normandie pouvaient prêter appui à un mouvement royaliste; le duc d'Angoulême à Bordeaux, M. le duc de Berry à Caen, devaient soulever une insurrection. Ce projet hardi aurait échoué devant la fermeté inflexible des autorités impériales; si à la fin de 1813 le duc de Berry était débarqué à Caen, il n'est pas douteux qu'arrêté, jugé, le sort du duc d'Enghien lui aurait été réservé! la police avait la pensée de l'attirer par un guet-apens, afin de le saisir; le prince, prévenu, ne tenta pas cette périlleuse aventure. Quant à M. le duc d'Angoulême,

---

[1] A l'époque où Moreau était à l'armée alliée, M. le comte d'Artois se rendit d'Angleterre, par mer, dans la Baltique, et Bernadotte refusa de le laisser descendre à terre : il s'en retourna en Angleterre. Bernadotte ne lui avait refusé le passage que parce qu'il voulait être favorable au général Moreau. » (Notes du général Savary.)

[2] Londres, 10 août 1813. — « S. A. R. Monsieur, frère du roi Louis XVIII, et le duc d'Angoulême sont de retour en Angleterre. »

son apparition en Guienne ne pouvait avoir quelques résultats que lorsque le duc de Wellington franchirait les frontières de France ; on tenterait là une insurrection au nom des Bourbons, comme on l'avait fait en Hollande au nom des princes d'Orange. Chose à remarquer! cette idée des Bourbons préoccupe singulièrement tous les fonctionnaires publics du régime impérial; l'Empereur lui-même s'en inquiète, il n'aperçoit pas un homme appartenant par sa famille, par ses antécédents, à l'ancien régime, qu'il ne l'interroge sur les Bourbons ; il en sait et en veut savoir toutes les particularités; il a l'air d'en parler avec mépris, et il revient sans cesse sur eux. C'était sa conversation habituelle avec M. Pasquier [1], avec M. de Lavalette surtout; il considère Louis XVIII comme un homme fort et persistant; Napoléon sait tout ce qui se passe à Hartwell, il juge déjà l'influence de M. de Blacas sur l'esprit du roi, il s'enquiert et s'informe; on dirait que lui, fils de la Révolution, fondateur d'une dynastie, reconnaît la puissance des traditions et des principes ; à plusieurs reprises on l'a entendu s'écrier : « Si j'étais seulement mon petit-fils, je m'en tirerais. »

Cette prévision sur le retour de l'ancienne dynastie est assez commune parmi les dignitaires ; dans le Sénat, le général Savary et le ministre de la marine, Decrez, en paraissent principalement occupés : Savary, parce qu'il sait le mouvement des opinions ; Decrez, parce que, plus immédiatement en rapport avec l'Angleterre, il suit attentivement tout ce qui s'y passe et l'opinion intime des ministres anglais. Louis XVIII, qui apprécie toujours

---

[1] Je tiens ces détails de plusieurs personnes avec lesquelles l'Empereur aimait à causer dans les réceptions du soir.

avec un grand instinct la marche des opinions, a multiplié ses agents en France; il donne à tous des pleins pouvoirs et des blancs-seings pour gagner les fonctionnaires individuellement. Le texte en est fort curieux parce qu'il constate qu'au mois de décembre 1813 chacun avait pris ses garanties et ses sûretés. Le roi y déclare : « que, voulant faire connaître à ses sujets les sentiments dont il est animé, il charge de donner en son nom à M...... (le nom reste en blanc et doit être rempli) toutes les assurances qu'il peut désirer [1]. » Toutes les défaillances venaient s'abriter sous les promesses de meilleurs jours, et l'on se confiait volontiers aux assurances de Louis XVIII et à sa parole royale.

M. de Talleyrand, toujours en avant dans les prévoyances de changements politiques, comprenait instinctivement que la cause de Bonaparte était perdue. On ne résiste pas impunément à toute l'Europe liguée; il savait que la République et l'Empire n'avaient jamais vu toutes les puissances unies dans une même coalition; les unes après les autres étaient venues se faire battre sans intelligence, sans énergie. Aujourd'hui au contraire, le lien était indissoluble, l'Europe entière marchait contre la France; l'épuisement du pays était complet, il n'y avait plus aucune force, aucune

---

[1] *Lettre de sauvegarde.*

« Le roi ne voulant négliger aucune occasion de faire connaître à ses sujets les sentiments dont il est animé, me charge de donner, en son nom, à M.... toutes les assurances qu'il peut désirer. S. M. sait tout ce que M.... peut faire pour son pays, non seulement en contribuant à le délivrer du joug qui l'opprime, mais en secondant un jour de ses lumières l'autorité destinée à réparer tant de maux. Les promesses du roi ne sont au reste que la suite des engagements qu'il a pris à la face de l'Europe, et qui ne lui laissent qu'à oublier les erreurs, récompenser les services, étouffer les ressentiments, légitimer les rangs, consolider les fortunes, à n'occasionner, en un mot, que la paisible transition des calamités et des alarmes présentes au bonheur et à la sécurité à venir. »

Hartwell (comté de Buckingham). 1er décembre 1813.

Signé, le comte de Blacas-d'Aulps.

ressource : d'où il résultait nécessairement la chute rapide de Bonaparte ; prévue comme une nécessité, pour un esprit de l'ordre de M. de Talleyrand, ce ne pouvait être qu'une question de temps. Il s'était mis en rapport, par son oncle le cardinal de Périgord, grand-aumônier de Louis XVIII, avec le roi qui avait pour lui quelque répugnance. Mais, comme avant tout ce prince voulait une restauration, et que M. de Talleyrand pouvait lui servir d'instrument essentiel, il se garda de le mépriser ; prince habile, il se servait de tous les moyens pour arriver à son but. D'un autre côté, M. de Talleyrand avait gardé de nombreuses relations avec madame de Staël, et par conséquent avec Bernadotte, Benjamin Constant, et le parti que je pourrais appeler les monarchistes de 91, parti très puissant auprès de l'empereur Alexandre, et qui conservait des relations avec le Sénat de Paris.

Les républicains, confondus sous le titre de patriotes, voyaient bien qu'ils ne pouvaient plus actuellement reconstruire l'œuvre d'un Consulat ; c'eût été un résultat difficile ; et au milieu de tant d'incidents bizarres, il eût été plus bizarre encore de voir une ligue de rois armés pour rétablir une république ; cela ne pouvait être ; tous pensaient donc qu'il fallait arriver à une monarchie pondérée, à un système qui donnerait la liberté de la tribune et de la presse : quelle serait la dynastie préférée ? ici l'on se divisait naturellement ; les hommes habiles et prévoyants entraient presque tous dans l'idée de lord Castlereagh, à savoir : qu'il n'y avait de logique précise que dans cet axiome : « le vieux territoire, la vieille dynastie ; restauration de principes, restauration de race. » Mais les esprits qui s'égaraient en mille conjectures songeaient à Moreau et à Bernadotte pour en faire des rois, ou bien à une révolution de 1688; la mort de Moreau changea bien des plans. Bernadotte avait moins de crédit que le général qui tombait sous les murs de Dresde. Tant il y a que, dans cette campagne de 1813, les partis se préparèrent à toutes les éventualités du sort; on n'avait plus foi en Napoléon; patriotes et royalistes s'étaient confondus dans un même sentiment; les idées et les esprits s'étaient tellement bouleversés que les forces royalistes servaient aux républicains, et les principes républicains aux royalistes.

Cette union des idées, ce mélange, ce chaos se révèle dans un témoignage curieux et piquant : c'est le chant de *la Marseillaise* appliqué aux triomphes des Russes et à la restauration des Bourbons [1]. Singulière destinée de ce chant terrible, qui me paraît le passage de ce noble et galant courage des Français à l'héroïsme sombre et sauvage de l'époque révolutionnaire; *la Marseillaise* fut donc chantée en l'honneur des Russes. On disait dans ces étranges couplets : « Braves soldats de la Russie, vrais enfants de la liberté, marchez à la délivrance des peuples; tant que l'Europe serait assujettie au sceptre de Napoléon, il fallait dresser l'acier sanglant pour détruire

---

[1] Voici cet étrange chant :
Air de *la Marseillaise*.
Braves soldats de la Russie,
Vrais enfants de la liberté !
Qui déployez pour la patrie
L'étendard de la loyauté,
Et remplis d'un noble courage,
Vous hâtez de sacrifier
Vos biens, plutôt que de plier
Sous le fardeau de l'esclavage,
Marchez ! Russes, marchez; ne vous arrêtez pas,
Volez, volez, où les succès couronneront vos bras.

Ce n'est pas assez que la France
Ait senti le poids de vos coups ;
Il faut poursuivre la vengeance
Et s'armer d'un juste courroux !
Tant que l'Europe assujettie
Gémit sous son sceptre sanglant,
Il faut lever l'acier tranchant,
Pour détruire sa tyrannie.
Marchez ! Russes, etc.

Et vous qui vivez dans les peines,
Arrosant vos champs de vos pleurs,
Germains ! foulant aux pieds vos chaînes

sa tyrannie. » On appelait les peuples à se lever et à se joindre aux Russes. La dernière de ces strophes s'adressait aux Français : « peuple d'esclaves, seraient-ils toujours enchaînés? le temps était venu de se délivrer de ces entraves pour rétablir la liberté, et avec la liberté la race des Bourbons, afin que de bienfaisantes lois pussent effacer les disgrâces. » Il y a dans ce chant un bizarre assemblage d'idées, un monstrueux accouplement qui révèle le véritable esprit du mouvement de 1814.

Au milieu de cette agitation des âmes, la régence restait confiée à Marie-Louise. Cette princesse s'était ployée à cette nécessité avec une résignation germanique ; la jeune archiduchesse n'était point sans crainte, entourée de ces hommes qui pouvaient la garder comme otage, surtout depuis la rupture de l'Autriche. Plus d'une fois le souvenir de Marie-Antoinette dut venir à son esprit ; de tous ces honneurs dont on la fatiguait, sa tante en avait joui avant elle, et quelques années plus tard, hélas! elle portait sa tête sur l'échafaud! Marie-Louise n'était-elle pas en présence des mêmes révolutionnaires? D'après l'étiquette du palais, Cambacérès, chaque matin, lorsqu'il y avait conseil des ministres, devait lui dire après trois grands saluts : « Madame, on vous attend au conseil. » Et alors l'archi-chancelier, pâle et blême, la précédait.

Joignez-vous à vos défenseurs.
Que des Français le chef perfide
Sente à son tour le désespoir
Et se repente enfin de voir
Les maux de son règne homicide!
Marchez, peuples, marchez ; aux Russes joignez-vous,
Volez, volez, et les succès couronneront vos coups.

Peuple français, peuple d'esclaves,
Seras-tu toujours enchaîné?
Délivre-toi de tes entraves,
Et réclame ta liberté.
Des Bourbons rappelle la race
Au trône de tes anciens rois,
Et que de bienfaisantes lois
Viennent effacer ta disgrâce!
Et vous, nobles Bourbons, daignez combler nos vœux!
Volez, volez, pour remonter au rang de vos aïeux!

Quoique la tête de Marie-Louise fût froide et son esprit peu étendu, plus d'une fois elle dut se rappeler qu'un conventionnel vint dire aussi à Marie-Antoinette : « Veuve Capet, le tribunal révolutionnaire t'attend. » Et il se trouvait précisément que parmi ces ministres et conseillers en habit de velours, il y avait plus d'un ami et d'un camarade de ces mêmes juges qui avaient condamné sa tante; aujourd'hui seulement ils étaient brodés d'or; mais quelquefois, sous les ornements, la laideur est plus hideuse; et y a-t-il quelque chose de plus affreux qu'un spectre empanaché avec un manteau de pourpre et des anneaux de diamants?

La jeune Impératrice, résignée avec docilité à tout ce que l'on exigeait de sa personne, revenait de Mayence; elle fut heureuse encore de s'éloigner de Paris pour faire un voyage à Cherbourg [1]; on lui réserva le spectacle de la dernière pierre posée à cette vaste construction due à Louis XVI; elle se montra joyeuse parce qu'elle n'avait aucune affaire à régler; sa compagnie se composait de ses dames d'honneur, de la maréchale Lannes qu'elle aimait beaucoup; elle ne s'occupait plus d'affaires, de conseils. On lui rendit partout des honneurs infinis, partout elle se montra affable, tant elle craignait d'être dénoncée comme *l'Autrichienne* des jours de 93 par les mêmes hommes, seulement un peu plus raffinés! Elle revint à Paris dans les derniers jours d'août pour présider assidûment le conseil des ministres, et l'on remarqua qu'elle ne voulut signer aucune condam-

---

[1] Paris, 12 août 1813.
« On fait de grands préparatifs à Cherbourg pour la réception de l'Impératrice. Il est déjà arrivé un grand nombre d'étrangers. Il paraît que la cérémonie de l'ouverture de ce port sera très brillante.
« On suppose que le départ de S. M. l'Impératrice pour Cherbourg aura lieu le 19 ou le 20 de ce mois; une partie de ses équipages et de sa suite sont déjà partis. »

nation à mort. C'était bonté de cœur allemand, une de ces vieilles traditions de la maison de Habsbourg. Les ministres donnaient de la publicité aux moindres actes de bienfaisance de Marie-Louise [1], car elle avait besoin de gagner un peu de popularité au milieu du pays où elle demeurait étrangère.

Dans ce moment de crise, l'Empereur exigea qu'elle se rendît au Sénat pour demander une levée d'hommes ; c'était avant Leipsick, à ce moment où la Bavière et le Wurtemberg, prononcés contre nous, menaçaient les frontières du Rhin. Marie-Louise vint au Sénat avec toutes ses pompes; comme on voulut préparer une grande impression sur le peuple, l'Impératrice dut faire une déclaration de principes, un acte de nationalité pour se rattacher à la France; sa harangue fut courte, et pleine de convenance. Spectacle curieux que cette jeune femme de vingt-deux ans à peine, qui portait la parole en face de ces vieux sénateurs, consciences usées et révolutionnaires! Elle déclara la gravité des circonstances [1] : « l'Angleterre et la Russie avaient entraîné l'Autriche et la Prusse dans leur cause ; la régente ne dissimulait pas que l'intention

---

[1] Voici un échantillon de ces publications louangeuses de la police :

« Dans les villes par lesquelles S. M. a passé, on a partout rendu à l'auguste voyageuse les honneurs qui lui étaient dus. A son passage par Dormans (petite ville de Champagne), à une heure de l'après-midi du 23, Sa Majesté donna des preuves de cette bonté qui captive tous les cœurs, et qu'elle montre dans toutes les circonstances : elle daigna accepter un panier de fleurs, et un panier de cerises qui, dans ce pays, sont, dit-on, égales à celles de la vallée de Montmorency. Une jeune enfant, fille de M. Varoquier, maître de poste de Dormans, chargée de complimenter Sa Majesté, s'acquitta de cette mission honorable avec toutes les grâces naïves de son âge. Sa Majesté l'écouta avec intérêt, et lui donna une montre enrichie de perles, et ornée de son chiffre. Les acclamations de vive l'Empereur! vive l'Impératrice! vive le roi de Rome! suivirent la voiture de Sa Majesté. Les maisons de la ville étaient ornées de guirlandes de fleurs. La beauté du temps complétait le charme de cet heureux jour. »

[1] Séance solennelle du 7 octobre 1813.
Discours de l'Impératrice.

« Sénateurs, les principales puissances de l'Europe, révoltées des prétentions de l'Angleterre, avaient l'année dernière réuni leurs armées aux nôtres pour obtenir la paix du monde et le rétablissement des

des puissances était de porter les armes sur le territoire français; hélas! elle connaissait mieux que personne ce que la patrie avait à redouter si les Français se laissaient vaincre; avant de monter sur le trône, elle avait appris ce que ses peuples pouvaient faire de noble et de grand; associée aux pensées de l'Empereur, elle savait de quels sentiments il serait agité sur un trône flétri et sous une couronne sans gloire. » Ce discours se résumait en un sénatus-consulte demandant un appel de 280,000 conscrits; consommation d'hommes effrayante, et c'était une jeune femme, une impératrice que l'on chargeait d'une pareille mission! M. de Lacépède répondit à la courte harangue de Marie-Louise, en termes d'enthousiastes flatteries; les conscrits furent votés presque dans la même séance, et l'Impératrice régente eut la triste satisfaction d'arracher des myriades de jeunes hommes du sein de leurs mères : il fallait ainsi l'associer à tous les actes du gouvernement, bons ou mauvais, et la compromettre avec l'Europe.

Ces efforts créaient-ils quelque puissance morale à Marie-Louise? aucunement; elle restait toujours comme étrangère au milieu du pays. On se consolait de tout en France par l'épigramme, par la plaisanterie acérée, par ces pointes qui au sein de cette génération insouciante

---

droits de tous les peuples. Aux premières chances de la guerre, des passions assoupies se réveillèrent. L'Angleterre et la Russie ont entraîné la Prusse et l'Autriche dans leur cause. Nos ennemis veulent détruire nos alliés pour les punir de leur fidélité; ils veulent porter la guerre au sein de notre belle patrie pour se venger des triomphes qui ont conduit nos aigles victorieuses au milieu de leurs États. Je connais, mieux que personne, ce que nos peuples auraient à redouter s'ils se laissaient jamais vaincre! Avant de monter sur le trône où m'ont appelée le choix de mon auguste époux et la volonté de mon père, j'avais la plus grande opinion du courage et de l'énergie de ce grand peuple; cette opinion s'est accrue tous les jours par tout ce que j'ai vu se passer sous mes yeux. Associée depuis quatre ans aux pensées les plus intimes de mon époux, je sais de quels sentiments il serait agité sur un trône flétri et sous une couronne sans gloire.

faisaient le délassement même des hommes sérieux. Marie-Louise parlait le français avec l'accent germanique, cela s'explique (comme si un Français parlait jamais le pur et noble allemand); eh bien pourtant cette difficulté était devenue un sujet de risée, on se moquait de ce qu'en parlant de l'Empereur, elle l'appelait toujours *mon anche*; et comme elle ne connaissait pas le véritable sens des mots, il lui arrivait d'étranges méprises. Ainsi un jour que l'Empereur avait dit dans un moment de vivacité que François II était une *ganache*, les mauvais plaisants prétendaient que Marie-Louise demandant l'explication de cette épithète, on lui avait répondu que cela voulait dire homme grave et sérieux. Or, les pamphlets racontaient que l'Impératrice avait dit à Cambacérès : « Je vous remercie, monsieur, vous êtes une ganache à laquelle je puis me confier. » Et Cambacérès étonné avait salué profondément. En plein Sénat elle avait dit encore : « Sénateurs, la France est heureuse d'être gouvernée par des ganaches comme vous. » Tout cela était-il vrai ou supposé, peu importe ! il ne fallait pas moins en conclure que l'esprit public s'amusait aux dépens de la jeune Impératrice, qui exécutait soumise les ordres de son époux. Cette opposition, toujours implacable aux jours de déca-

---

« Français, votre Empereur, la patrie et l'honneur vous appellent. »

Réponse de M. de Lacépède.

« Madame, avant de proposer au Sénat des mesures relatives au projet de sénatus-consulte qui vient d'être présenté, j'ai l'honneur de prier V. M. I. et R. de daigner me permettre de lui offrir, au nom de mes collègues, l'hommage respectueux de tous les sentiments dont nous sommes pénétrés en voyant Votre Majesté présider le Sénat, et en entendant les paroles mémorables qu'elle vient de proférer du haut de son trône !

« Avec quelle reconnaissance, avec quel soin religieux nous en conserverons à jamais le souvenir ! »

Voici le sénatus-consulte qui résulta de cette séance :

« 280,000 conscrits seront mis en activité de service et à la disposition du ministre de la guerre; savoir : 120,000 sur la classe de 1814 et années antérieures; 160,000 sur la conscription de 1815. »

dence, attaquait même ce pauvre enfant dont l'adulation avait entouré le berceau. On continuait à poursuivre la dynastie impériale jusqu'à sa source, et l'on parla d'une affreuse calomnie écrite sur l'hospice des Enfants-Trouvés, où l'on avait placé ces mots : « Palais du roi de Rome[1] ! »

L'état des esprits était profondément irrité; après Moscou on commençait à parler haut; dans les jours de malheur de la campagne d'Allemagne, on fut plus implacable encore. Des pamphlets circulaient partout, la police n'était plus maîtresse de l'esprit public; il y a des temps où la persécution même grandit ceux qu'elle atteint; c'est l'époque de la décadence d'un gouvernement, et l'on en était arrivé là. Certes, on ne pouvait refuser au général Savary une grande velléité de répression, un luxe de police inimaginable; il avait tout à sa disposition, la gendarmerie, les prisons d'État, un espionnage grandement monté; eh bien ! telle était l'énergie de l'opposition, la puissance de ses moyens, qu'elle échappait à tous les actes des autorités. La correspondance des préfets est remarquable à cette époque; on voit qu'une grande inquiétude est dans les esprits; je ne parle pas seulement des fonctionnaires qui, placés aux extrémités de l'Empire, étaient sous le coup des insurrections, mais des autorités à la tête des départements du centre qui depuis la Révolution française obéissaient à tous les pouvoirs sans résistance. Ces correspondances

---

[1] Les quolibets qu'on faisait circuler à Paris étaient nombreux.

« Quand le prince de Schwartzenberg remit à Bonaparte la lettre de l'empereur d'Autriche, au moment où S. M. Corse se disposait à partir pour l'armée, elle reçut le ministre autrichien en présence de l'archiduchesse Marie-Louise. En lisant la lettre, il donna quelques signes de mécontentement, et après avoir achevé, il dit à Maret : *«Quelle ganache!»* L'archiduchesse demanda à M. de Champagny ce que signifiait le mot *ganache*. Celui-ci répondit que c'était l'équivalent de *tête forte*. Quelques jours après le Sénat étant venu complimenter l'archiduchesse, quand elle eut

annonçaient la fatigue des esprits, le découragement des masses.

La préoccupation des préfets était la levée de la conscription, le but de toute leur sollicitude ; agenouillés devant tous les désirs de l'Empereur, il n'était sorte de vexation qu'ils ne fissent subir aux malheureux habitants : voulait on sauver son fils, il fallait acheter des hommes de 8 à 9,000 francs; les familles aliénaient leurs propriétés pour protéger la vie d'un premier né; sacrifice impuissant! deux ou trois ans après on appelait encore votre fils! Les campagnes étaient dépeuplées. Si une famille avait un réfractaire, les tribunaux implacables la condamnaient à une amende de 1,500 francs, on mettait des garnisaires chez le père et la mère jusqu'à ce que l'on retrouvât l'enfant qu'ils avaient voulu sauver ; on vendait leurs propriétés par expropriation, sans respecter le patrimoine : les préfets, proconsuls implacables, exécutaient les ordres de César contre le prétorien qui se cachait aux Marais-Pontins pour ne pas joindre l'enseigne militaire. Nulle pitié, nulle considération! les conscrits déserteurs étaient jetés au boulet; on en voyait de longues files sur les routes, dans les bagnes, avec leurs habits bruns, leurs bonnets en laine grossière, les yeux baissés, le visage amaigri ; ils portaient la chaîne comme les voleurs : tout cela montait la tête à ces jeunes réfractaires, ils formaient des bandes armées dans les montagnes, engageant des combats corps à corps avec la gendarmerie;

---

prononcé sa réponse au Sénat en corps. elle s'adressa aux sénateurs qu'elle connaissait plus particulièrement : «Messieurs, la France est bien heureuse d'être gouvernée par des ganaches comme vous. »

On a affiché au palais des Tuileries l'annonce suivante :

« On donnera ce soir au théâtre de l'Impératrice *le Déserteur*, suivi du ballet des *Cosaques* dans lequel on a introduit un fandango sur l'air des *Folies d'Espagne*.

On fait circuler une caricature représentant le roi de Rome pleurant : sa gouvernante lui dit : « Sire, qu'est-ce donc qui fait pleurer Votre Majesté ? » La petite majesté répond : « On a battu papa. »

et déjà commençaient à se former des armées de déserteurs qui parcouraient les landes et les montagnes.

Dans les régiments même, le mécontentement était extrême parmi les conscrits, qu'on exerçait avec une indicible activité, en employant ces façons prussiennes que Bonaparte général, Consul, avait tant proscrites autrefois; la plupart de ces jeunes conscrits restaient dans les hôpitaux; à peine avaient-ils la force de tenir leurs armes. Il y eut plus d'un complot qui se liaient à la prise d'armes des réfractaires réfugiés dans les Cévennes, les Alpes, les Apennins ou le Jura; jeunes hommes nourris par les populations, appuyés sur la sympathie de tous, proscrits par les autorités. La France à cette triste époque offrait un fatal aspect; le système prohibitif avait exigé un déploiement de rigueur inouïe pour les douanes; les tribunaux spéciaux institués contre la contrebande frappaient, punissaient, et les malheureux contrebandiers étaient envoyés au bagne. Les droits-réunis moissonnaient ce que les douanes avaient épargné, par l'application de lois demi-barbares; les tribunaux n'étaient employés qu'à la répression de ces délits souvent qualifiés crimes, et le trésor les poursuivait avec une rigueur inflexible. Là, ventes à l'encan, expropriation forcées; ici autoda-fé des marchandises anglaises; plus loin on adjugeait sur la place publique les débris du mobilier d'un pauvre contribuable, et cela sans pitié et sans résistance!

Il fallait que les tribunaux fissent la volonté de l'Empereur, et de temps à autre il leur appliquait de sévères leçons; témoin la cassation d'un verdict du jury décrétée par Napoléon en personne, dans l'affaire de l'octroi d'Anvers[1]. Quel exercice absolu de la dictature! Un jury prononce un acquittement, et l'Empereur, de son autorité suprême, le fait casser par le Sénat. Il prend soin d'en développer les motifs : « le jury, dit-il, a été corrompu; » cela est possible, mais n'est-ce pas ici blesser la souveraineté de la justice dans ce qu'elle a d'indépendant et de saint, dans la sentence même des juges qui ont prononcé l'acquittement? C'est un avertissement que Napoléon veut donner à la justice, un avis pour qu'elle reste ferme dans ses décisions favorables au trésor; si les tribunaux lui échappent, s'ils cessent d'être implacables, son gouvernement peut être arrêté, et l'Empereur ne le souffre pas.

Quand la dictature ne veut plus aucune résistance, sa destinée est de périr par l'armée qui est sa force, et déjà des murmures éclatent dans ses rangs. On a tenu secret tant qu'on l'a pu un complot de gardes d'honneur qui s'est manifesté à Tours; là se trouvent les têtes ardentes de la Vendée, des gentilshommes dévoués aux Bourbons; on les a forcés à marcher sous l'aigle, ils cherchent à s'en venger. Dans ce régiment se trouvent le fils de Charette et d'autres jeunes gens de famille, aux âmes fortes et tenaces; dans le Midi, au Nord, partout enfin les régiments des gardes d'hon-

---

[1] *Sénatus-consulte du 28 août qui annule une déclaration donnée le 14 juillet par le jury.*

« Art. 1er. La déclaration donnée le 24 juillet dernier par le jury, en faveur des nommés Werbrouck, Lacoste, Biard et Petit, traduits devant la cour d'assises de Bruxelles comme accusés d'être auteurs ou complices des dilapidations commises dans la gestion et l'administration de l'octroi d'Anvers, ainsi que l'ordonnance d'acquittement prononcée par suite de cette déclaration, sont annulées, conformément au § 4 de l'article 55, titre 5, de l'acte des constitutions de l'Empire, du 16 thermidor an X.

« 2. En conséquence la cour de cassation est chargée de renvoyer ces accusés devant une autre cour impériale, qui prononcera sur ladite accusation en sections réunies et sans jury.

« 3. Seront poursuivis devant la même cour et dans les mêmes formes, les prévenus du crime de corruption qui a eu lieu dans le procès criminel dont il s'agit. »

neur renferment le principe d'une insurrection militaire[1]; leur plan est toujours celui des chouans ou des républicains, enlever et faire disparaître Napoléon. A Tours, on a tiré un coup de pistolet à bout portant sur M. de Ségur, le colonel du premier régiment. Des plaintes s'élèvent partout, même du milieu des officiers supérieurs; tous s'attachent à la face impériale pour la briser; on tentera sur lui ce que les Romains accomplirent contre Romulus, on le fera disparaître dans une tempête, sauf à le diviniser après; qu'est-il devenu? on l'ignore; est-il tombé, comme Desaix, sous une balle connue? ou bien, comme Charles XII et Gustave-Adolphe, est-ce un complot des grands qui en a fini avec lui? Ces choses-là se disent parmi les plus ardents de l'armée; on a des palais, des femmes, des amantes, et on est forcé de les délaisser pour courir des aventures; depuis vingt ans on se bat, chaque campagne enlève dix ou douze vieux officiers généraux d'Italie et d'Égypte. Il se montre un ramollissement indicible dans la discipline; comme il y a fatigue de la guerre, on veut en finir avec celui qui en est comme l'expression. Dans un tumulte militaire qui

---

[1] « Le premier de ces corps des gardes d'honneur, organisé à Tours par le comte Philippe de Ségur, son colonel, s'était recruté, en partie, dans la Vendée et la Bretagne. Le nom même de Charette y était inscrit; et les traditions de la guerre civile se mêlaient dans quelques esprits aux souvenirs de famille. Des chants et des propos imprudents, sur leur route jusqu'à Tours, éveillèrent la surveillance. Il s'y était formé une association qui se fixa à une idée principale, la perte de l'Empereur. Par leur titre de gardes d'honneur, ils supposaient qu'ils feraient un jour son escorte, et il était comme arrêté entre eux qu'une fois en campagne, dans quelque marche ou rencontre à l'écart, on saisirait l'occasion la plus favorable pour l'enlever, c'était l'expression des plus scrupuleux. M. Louis de Larochejacquelein fit un voyage à Tours. Il eut des communications avec le jeune Charette et d'autres gardes d'honneur, parents ou amis. Ceux-ci continuaient leur association et cherchaient même à l'étendre.

« Le ministre de la police, Savary, prit enfin le parti d'y mettre ordre. Dans une lettre confidentielle à M. de Ségur, et sans lui faire part de ses motifs, il indiqua les noms de plusieurs gardes qui devaient être envoyés en poste à Paris, séparément, sans éclat; chacun avec un seul gendarme. Après leur interrogatoire, nouvel ordre d'en envoyer encore un autre. M. de Ségur, étonné de ces mesures, mais fidèle à s'y conformer, chargea un

pourra s'y reconnaître? La paix! la paix! est le cri unanime, et c'est une circonstance curieuse que de le voir éclater dans les rangs des soldats[1].

La société, ainsi fatalement occupée, a-t-elle encore quelques loisirs pour les lettres et les délassements littéraires? Étrange époque que celle de l'Empire! au temps même le plus difficile, quand le canon s'approche, le théâtre semble être devenu une religion pour Paris; Babylone, sur le foyer ardent, boit dans les coupes d'or, ses femmes aux cheveux semés de pierreries enlacent des couronnes de roses pour ce peuple oublieux de toute chose; cette génération du xviiie siècle, qui reconnaît à peine Dieu, dresse des autels, répand de l'encens pour un mime célèbre ou une actrice à la mode. Le théâtre, c'est la littérature retentissante; on parlait autant de Talma, de mademoiselle Mars, de mademoiselle Bourgoing que de l'Empereur, d'Elleviou et de Martin que des bulletins de la grande armée; on se berçait avec de douces choses, aux refrains de *Cendrillon,* aux chants de madame Saint-Aubin. Sur la grande scène, *Hector* soutenait sa vogue inexplicable. *Hector*, tragédie mé-

---

officier de lui envoyer ce garde après la parade. Mais il arriva qu'on le fit sortir des rangs à la parade même, ce qui fut remarqué. Les jeunes associés, ne le voyant plus revenir, en prirent de l'ombrage. Après quelques colloques très animés deux coururent chez le colonel et lui demandèrent avec hauteur ce qu'était devenu leur camarade. Sur la réponse ferme de M. de Ségur l'un d'eux lui tira un coup de pistolet, presqu'à bout portant, mais sans l'atteindre. » (Note de police de M. Desmarest.)

[1] « La campagne de Russie a été le tombeau de l'influence prodigieuse que l'Empereur exerçait sur son armée. Les maréchaux, ceux du moins que l'Empereur avait faits si riches, songèrent à l'avenir, et de sourdes conspirations commencèrent à sillonner les rangs de l'armée. Le duc de V... me racontait un jour que, se trouvant, après la funeste bataille de Leipsick, à Buttelsladt près Veymar, à portée du quartier-général du maréchal Ney, il fut lui rendre visite: le maréchal le retint à souper. Le prince de la Moskowa s'exprimait dans les termes les plus amers sur *la folie de l'Empereur* (ce sont ses expressions), qui avait compromis par entêtement, dans une seule campagne, la plus belle armée qui ait jamais existé. Il en vint à émettre nettement l'opinion qu'il fallait songer à l'interdire. Sur l'observation du général que Napoléon n'était pas un homme facile à interdire, le

diocre, dont le souvenir est effacé, offrait des allusions faciles et enthousiastes pour les courtisans; n'y avait-il pas les adieux du héros troyen au fils d'Ilion en deuil? L'Empereur, partant pour l'armée, tenait son enfant dans ses bras, l'Impératrice avait les yeux baignés de larmes : n'étaient-ce pas les adieux d'Hector? La police avait dès lors encouragé la pièce et fait son succès. *Ninus II* avait aussi son côté de médiocrité, le luxe d'acteurs et de mise en scène corrigeait le vide déclamatoire et sentencieux; quand Talma acceptait un rôle, une pièce avait de prodigieuses destinées; elle s'élevait à une certaine grandeur.

On murmurait dans les comités secrets quelques vers de la tragédie sur les *Etats de Blois,* une seule fois jouée à la cour et défendue par la police impériale; Napoléon avait craint que cette pièce ne fût un sujet d'allusion; et puis il y avait une grande raison, une raison majeure selon lui, c'est que les Guises de la maison de Lorraine étaient parents de l'Impératrice, et que M. Raynouard ne les épargnait pas : combien donc l'Empereur était aux petits soins et aux petites idées avec Marie-Louise! On trouvait là des vers retentissants comme dans *les Templiers*, de ces sentences qu'on appelait libérales;

---

maréchal reprit vivement : « *Quand je dis interdire, j'entends tout.* »
(Note attribuée à M. Réal.)
« La défection morale de certains officiers principaux de l'Empereur date de ses malheurs en Russie. Elle prit un caractère de résistance et d'humeur sombre après la bataille de Dresde, Napoléon eut alors l'idée de faire dans la Saxe le pivot de toutes ses opérations, laissant tenter aux ennemis le chemin de la France, s'ils l'osaient, tandis que lui-même occuperait leurs derrières, en s'appuyant sur les places de l'Elbe, de la Prusse. C'est, je crois, par une manœuvre de ce genre que le Grand Frédéric laissa prendre et brûler sa capitale, pour tenir en arrière la campagne et dicter ensuite la paix à la coalition ennemie.

« Mais Napoléon vit trop qu'il serait mal secondé; la terrible expérience de Russie était trop récente, et l'audace de sa nouvelle conception ne parut à plusieurs de ses compagnons qu'un éternel adieu à la France et à leurs familles. Un jour, à Dessaw, M. Fain, venant travailler au cabinet, entendit un maréchal qui proférait, au

enfin une assemblée délibérante sur la scène au milieu d'une dictature qui n'en voulait pas. Les *États de Blois* ne purent paraître au Théâtre-Français. Ce fut un malheur pour M. Raynouard, car les rôles auraient été pris par les artistes de premier ordre; Talma, Lafond, Duchesnois, Bourgouin, et les allusions politiques auraient été saisies avec un enthousiasme d'opposition [1].

L'Opéra était absorbé par *les Abencerages*, pièce à grandes danses et à grands chants, avec Dérivis, Nourrit, Lavigne, madame Albert; et dans la danse Milon, l'éternel Vestris, Clotilde, le vieil Amour; et Bigottini si renommée; et tant d'autres nymphes, Fanny Bias, Gosselin et Marelié cadette. A l'Opéra-Comique les pièces abondaient par milliers et Martin vieillissait; on avait Ponchard, Gavaudan, Chénard, et déjà même madame Boulanger, on y faisait de grandes roulades sur le troubadour : « les belles qui le payaient d'un peu d'amour. » Tous ces gens-là chantaient les seigneurs, les reines, les princesses, et croyaient dégénérer en ne faisant que les marquis et les marquises. Les petits théâtres multipliaient leur répertoire, comme pour dis-

---

milieu d'un groupe rassemblé là pour l'ordre, les plus sinistres pronostics. Le secrétaire, frappé de l'impression que pouvaient en recevoir des officiers venus des divers corps d'armée, crut devoir en prévenir l'Empereur, pour qu'il congédiât au plus tôt une pareille audience. Napoléon se contenta de lui répondre : « Que voulez-vous! ils sont devenus fous. » Plusieurs d'entre eux, mus sans doute par des impressions plus décisives, se fixèrent à l'idée de *le faire disparaître!* C'était le mot; et en effet, il s'agissait de le frapper au fond de quelque défilé ou d'un bois écarté, de creuser eux-mêmes un trou et d'y ensevelir son corps sans qu'on pût en découvrir la moindre trace. Telle fut peut-être la fin de Romulus. »

(Notes de M. Desmarets.)

« Des personnes arrivant du continent, et qui ont été à portée d'être bien informées, assurent que, dans cette campagne, il est parti deux coups de fusil des rangs de l'armée française, qui malheureusement n'ont pas atteint Bonaparte contre qui ils étaient dirigés. Les Français commencent à comprendre que la mort de Bonaparte est le seul moyen d'avoir la paix. »

(*The Times.*)

[1] Napoléon disait en parlant de la représentation des *États de Blois* :

« M. Raynouard a manqué tout à fait son

traire le peuple des malheurs de la patrie. Au Vaudeville on faisait de l'amour précieux, des rébus, des charades ; aux Variétés la scène était absorbée par Brunet, Potier et Tiercelin ; la Gaîté se jetait dans le mélodrame religieux avec *le Lévite d'Ephraïm* ; l'Ambigu-Comique offrait de vous abîmer dans les *Mines de Pologne*, redoutables souterrains, catacombes de la liberté. Ames tendres des faubourgs, vous aviez *les Amours d'Henriette et d'Adhémar* ; pauvres amants, que Dieu vous protége et vous bénisse! Au Cirque, se donnaient les scènes militaires ; Murat n'était pas plus beau que les Franconi de l'époque.

La littérature abondait, mais généralement médiocre; dans cette année 1813, plus de quatre mille ouvrages furent publiés; il y eut cent quatre-vingt-trois volumes de poésie, belle récolte pour les poëtes, lorsqu'une toute petite *Maison des champs* vous faisait entrer à l'Académie; on ne pouvait désirer une abondance plus stérile ; et comment concevoir quelque chose de grand et de haut sans la liberté qui vivifie les œuvres de l'imagination? Dans ce nombre prodigieux d'ouvrages, la philosophie avait la plus petite place, car Napoléon n'aimait pas ces œuvres vagues, ces dissertations qui n'aboutissent à rien. La pauvre politique marche de pair avec elle; les almanachs ont le dessus, innocentes produc-

---

affaire ; il ne montre ici d'autre talent que celui de la versification ; tout le reste est mauvais, très mauvais : sa conception, ses détails, son résultat sont manqués ; il viole la vérité de l'histoire ; ses caractères sont faux ; sa politique est dangereuse, et peut-être nuisible. Cette circonstance me confirme, ce que du reste chacun sait très bien, qu'il est une énorme différence entre la lecture et la représentation d'une pièce. J'avais cru d'abord que celle-ci pouvait passer : ce n'est que ce soir que j'en ai vu les inconvénients : les éloges prodigués aux Bourbons sont les moindres ; les diatribes contre les révolutionnaires sont bien pires. Raynouard a été faire du chef des Seize le capucin Chabot de la Convention. Il y a dans la pièce pour tous les partis, pour toutes les passions ; si je la laissais donner à Paris, on pourrait venir m'apprendre que cinquante personnes se sont égorgées dans le parterre.»

tions qui ne peuvent vous compromettre avec le gouvernement[1].

Au sein de cette riche stérilité, il faut distinguer quelques œuvres d'une nature remarquable : la première, la *Description de l'Egypte* avec ses monuments; beau travail commandé par l'Empereur à son retour de la grande expédition d'Orient; l'Égypte l'avait vivement frappé, il en gardait un profond souvenir; Bonaparte aimait cette époque parce qu'elle se liait à sa gloire et à sa jeunesse. A côté des monuments de l'Égypte, on pouvait placer les ruines de Pompeï dessinées par M. Mazois. Il avait fait revivre l'ancienne cité, abîmée sous des torrents de cendres, avec ses voies larges, ses *balnea*, ses *tabernæ*, ses théâtres, ses cirques, ses forums; ce n'était pas de l'histoire, mais de l'érudition chaude comme le soleil de Naples. L'antiquité était ainsi grandement étudiée; on aimait ces travaux plus peut-être que ceux de l'histoire nationale qu'on délaissait, sans doute comme trop vulgaire; les encyclopédistes étaient trop fiers, trop universels pour rester seulement Français et s'absorber dans la patrie. Les études historiques n'étaient point nées encore, et M. de Sismondi faisait seul quelque bruit par son

---

[1] *Notice générale de tous les ouvrages imprimés déposés à la direction de l'imprimerie pendant l'année* 1813.

Nature des ouvrages.	Nombre des ouvrages.
Sciences et arts.	506
Belles-lettres, littérature.	679
Poésie.	183
Théologie.	9
Mathématiques.	81
Histoire.	118
Agriculture.	25
Médecine.	157
Grammaire.	145
Philosophie.	7
Dévotion.	573
Politique.	17
Législation, jurisprudence.	365
Éducation.	115
Géographie, voyages.	58
Romans, contes.	178
Almanachs.	563
Catalogues.	215
Éphémères.	363
Total.	4,360

Histoire de la Littérature du Midi; l'ombre de Muratori dut presser la main de M. de Sismondi et lui dire : « Tu as fouillé mes entrailles, mais l'esprit du xviiie siècle ne t'a pas permis de me comprendre, moi, vieux professeur et bibliothécaire de Modène. »

Au milieu des choses qui ont la prétention d'être sérieuses, il en est quelquefois de gaies qui ont aussi une portée grave; et dirai-je que tel est le sens que je donne à une des premières chansons de M. de Béranger, *le Roi d'Yvetot*, publiée au mois de mai 1813? C'était l'époque où Napoléon soutenait tous les rois de sa création, et où lui-même conquérant bouleversait le monde; M. de Béranger nous présentait le roi d'Yvetot : « se levant tard, se couchant tôt; couronné par Jeanneton d'un simple bonnet de coton. » Tandis que l'Empereur donnant quelques minutes à ses repas, restait la nuit dans son cabinet et travaillait à remuer et à briser le monde, le roi d'Yvetot « faisait ses quatre repas, et sur un âne pas à pas parcourait son royaume. » Napoléon entourait sa personne glorieuse d'une garde étincelante de baïonnettes; pour toute garde le roi d'Yvetot n'avait rien qu'un chien; si l'Empire était accablé d'impositions, lui, le pauvre roi, demandait sur chaque muid un pot d'impôt; « il ne levait de bans que pour tirer quatre fois l'an au blanc; il n'agrandit pas ses États, c'était un voisin commode, et le peuple qui l'enterra pleura. » N'y avait-il pas là la plus sanglante satire du gouvernement impérial? elle se révélait à toutes les strophes, et qui ne reconnaissait ici la plume spirituelle, vivement éprouvée par l'aspect d'une société sous la tyrannie?

Plaisirs, jeux, modes, tout cela faisait un peu oublier la guerre, car les modes dans la décadence de l'Empire étaient aussi une préoccupation. Voulez-vous savoir quel était alors le costume d'une Parisienne? Des chapeaux de gros de Naples faits en forme de schakos, avec une visière si peu abaissée que le nez devait être à peine caché (c'est le *Journal des Modes* qui le dit). Elle portait des douillettes avec le dos plissé et une large coulisse froncée; les redingotes étaient extrêmement courtes et laissaient voir au-dessous deux étages de broderies; c'est ce qu'on appelait le costume à la Nina; des ganses de perles d'acier rattachaient les vêtements, et le jaune serin dominait. En soirée les femmes avaient des toques de cachemire blanc, ponceau et amaranthe. Les plus élégantes portaient à la ville des carriks à dix, vingt collets très courts, et toujours les éternelles broderies en festons à plusieurs étages. L'hortensia dominait sur toutes les couleurs. Pour les hommes, la mode était les habits larges des épaules, à manches plus grandes encore, avec des gigots très montés; l'habit excessivement court et carré, des collets très hauts, des culottes courtes jaunes, des bottes à revers dont la tige était plissée; une canne toute tordue et à bec; un chapeau de feutre énorme ou excessivement petit; des cheveux coupés ras, mais au devant quelques petites mèches qui tombaient sur le front; telle était la toilette de ville d'un homme élégant. Le soir l'habit à la française, la culotte courte, les bas de soie, les souliers à boucles pointus, le claque à ganse, et les gants vert pomme comme suprême bon ton. Chaque soir en loge à la pièce en vogue, l'élégant visait à être remarqué, et il le fallait sous peine de perdre sa qualité de beau; un feuilleton du jour faisait toute sa lecture, et le succès de la presse était alors incroyable: le *Journal de l'Empire* tirait à 25,000 exemplaires; la *Gazette de France* égalait presque ce nombre, et le *Journal de Paris*, si innocent, était très lu et très goûté, même pour ses éphémérides; alors un rien faisait un succès, et *les Hermites* de M. de Jouy, dus à la collaboration d'un homme d'esprit, M. Merle, contribuaient à la publicité des journaux. On fit des *Hermites* pour tous les quartiers de Paris, et cela obtint une vogue inouïe; on s'arrachait ces causeries, ces peintures de mœurs; on voulut faire des *Hermites* sur toute chose; quand une idée piquante est mise en circulation, tout le monde s'en empare et la fait sienne.

Le but des journaux sous l'Empire fut surtout de servir d'instruments à la police; ils faisaient l'esprit public; Napoléon les employait comme moyen d'action diplomatique, et souvent cela lui fit tort; car, ne sachant pas se contenir, il faisait insulter les ministres, les souverains étrangers, les hommes dont il avait à se plaindre. Faute grave de sa politique, il va maintenant la sentir; l'infortune le met aux prises avec ceux-là même dont il a méconnu le caractère et insulté l'indépendance. Plus d'une fois il dut se repentir de ses impatiences italiennes et du dévouement mal éclairé de quelques-uns de ses serviteurs; il allait avoir à traiter avec M. de Metternich, qu'il avait accusé d'être l'agent salarié de l'Angleterre; avec M. d'Anstett, qu'il appelait *le nommé d'Anstett;* avec Pozzo di Borgo, qu'il avait flétri et proscrit; avec M. de Stadion, l'agitateur, le factieux, comme il le nommait. Tous ces hommes apparaîtraient dans les congrès et c'était là une difficulté de plus pour sa situation militaire et politique.

CHAPITRE VIII.

LES ARMÉES ALLIÉES. PROPOSITIONS DE FRANCFORT.

Les souverains après Leipsick. — Entrevues et conférences. — Traité pour la division des pays conquis. — Idée autrichienne.— Les limites du Rhin. — Opinion de la Prusse et de l'Allemagne sur l'Alsace et la Lorraine.— L'Angleterre. — La Russie. — Résumé des conférences. — Envoi du général Pozzo di Borgo en Angleterre. — Ouverture du parlement. — Préparatifs du voyage de lord Castlereagh sur le continent. — Délivrance de l'Allemagne. — Chute du royaume de Westphalie. — Insurrection des villes anséatiques et de la Hollande, — de l'Illyrie. — Propositions à Murat. — Situation d'Eugène. — M. de Metternich à Francfort. — Conférences avec M. de Saint-Aignan. — Bases d'une proposition. — Dépêches de M. de Saint-Aignan. — Réponses de M. Maret, — Impatience des alliés. — Négociations avec la Suisse et le Danemarck.

Novembre et décembre 1813.

La victoire des *Nations* aux plaines de Leipsick, lugubres funérailles pour la France, suscita de vifs transports au milieu des armées alliées; tous ces peuples groupés sous un commun étendard triomphaient pour la patrie; les rois et les princes voyaient s'accroître subitement leur influence; la Russie sortait de la lutte comme un colosse de dix coudées. L'Angleterre arrivait à la vaste idée de Pitt, le soulèvement universel contre la Révolution française et la dictature de Napoléon; l'Autriche pouvait reprendre ses possessions domaniales en Allemagne, en Italie, et ajouter de grandes terres à sa monarchie ; la Prusse allait réparer ses malheurs de dix ans et devenir enfin une puissance du premier ordre ; il n'était pas même jusqu'à Bernadotte qui ne donnât à la Suède comme larges indemnités pour la Finlande perdue : la Norwége, la Guadeloupe et les colonies restituées. On ne peut dire les témoignages mutuels de joie que se prodiguèrent les souverains sur la belle place de Leipsick, lorsque le lendemain de la bataille ils passèrent la revue de leurs troupes ; tous s'embrassaient avec effusion ; leurs pensées semblaient devenir communes ; Alexandre et Frédéric de Prusse ne formaient plus qu'une seule personne. Bernadotte fut accueilli avec un empressement marqué ; il eut tous les honneurs des rois [1] ; il avait rendu de grands services à la bataille des *Nations*, et dans les banquets publics il fut placé au même rang que les monarques. Tout fut commun dans les armées, les diplomates se pressèrent la main ; l'Angleterre était là représentée par les lords Cathcart et Aberdeen, sir Charles Stewart et Robert Wilson ; la Russie par les comtes de Nesselrode, de Rasumowsky, d'Anstett et le général Pozzo di Borgo ; l'Autriche par les comtes de Metternich et de Stadion ; la Prusse par les barons de Hardenberg et de Humboldt ; on ne pouvait trouver une réunion plus éclatante de capacités.

Les conquêtes étaient si vastes, si rapides, qu'il fallut immédiatement établir une commission de gouverne-

---

[1] Aussi Bonaparte ne se tient plus de colère ; il lance mille injures à la face de Bernadotte. Il fait écrire au *Moniteur :*

« Le prince de Suède a depuis quelque temps publié des proclamations qu'on peut à la lettre appeler des pamphlets. Il est inconcevable que ce prince oublie le rang auquel il a été élevé, au point de signer des proclamations sorties du cerveau d'un Kotzebüe, d'un Schlegel, d'un Stein, d'un Goldsmith. On se demande avec étonnement : n'est-il pas ce prince de Ponte-Corvo, que le gouvernement français avait désigné pour en faire un maréchal et qu'il a depuis comblé de faveurs et de présents ? N'est-il pas le même maréchal qui, à Hambourg, en Hanovre, à Elbing, imposa des fortes contributions pour remplir ses coffres

ment pour administrer les terres conquises; on conserva l'esprit de la ligue commune et de l'alliance; le choix des commissaires fut tout patriote, sorte de réunion allemande prise au sein des sociétés secrètes pour la gestion des États conquis auxquels une souveraineté n'avait pas encore été assignée, tels que la Saxe, la Westphalie, le Hanovre, les villes anséatiques. Une détermination de ce conseil souverain de l'Allemagne plaça le roi de Saxe parmi les princes vaincus et dépouillés, quoique le plus vieux roi de la race germanique; il fut provisoirement privé de ses États parce qu'il ne s'était pas joint à la coalition; félon et traître, il avait suivi les ennemis de la patrie, et Napoléon leur chef; il fallait un exemple, et le patriote Stein, agissant au nom de la Prusse, mit le séquestre sur ses États. Frédéric-Auguste dut en attendant résider à Berlin; la Prusse était aise de s'arrondir par le démembrement de la Saxe qui lui donnerait de belles provinces; l'administration du pays conquis fut entièrement allemande, sans aucun caractère étranger.

Au point où les choses étaient arrivées, toutes les questions changeaient de nature. Depuis huit mois la campagne avait pris trois caractères différents; dans la première période jusqu'au Niémen elle était restée purement moscovite; à la Vistule elle devint polonaise, à l'Oder, germanique; cette trilogie complétement achevée, il fallait maintenant commencer sur le Rhin une cam-

particuliers? N'est-il pas ce Bernadotte, ce violent jacobin, qui, pendant son ambassade à Vienne, déploya le drapeau tricolore, ce qui occasionna son expulsion de cette capitale? N'est-il pas ce Bernadotte dont la France méprise les principes, et qui ne doit qu'à l'indulgence et à la protection de l'Empereur Napoléon de ne pas ramper aujourd'hui dans la poussière? Oui, c'est le même homme, lui qui doit son élévation au trône de Suède à l'admiration que les succès et le pouvoir de la France avaient excitée en Suède, et qui ne serait jamais assis sur ce trône sans la protection et le consentement de la France. Nous sommes choqués de voir l'ingratitude, la dégradation et le mépris pour tout ce qui est honnête, portés à cet excès. »

pagne française. Après la *bataille des Nations* on pouvait considérer le territoire allemand comme parfaitement délivré; les Français, par une retraite rapide, s'étaient réfugiés derrière le Rhin; on paraîtrait sur les rives du grand fleuve à la fin d'octobre; nul obstacle ne pouvait plus s'y opposer, les chevaux de Mecklembourg et de l'Ukraine se mireraient également aux eaux du Rhin. Mais arrivés à ces limites, les opinions des coalisés devaient se diviser et perdre quelques-uns de leurs points de rapprochement et d'unanimité. Dans cette grande lutte contre la France, tous n'avaient plus les mêmes intérêts; plusieurs idées allaient se heurter sur lesquelles nécessairement chacun des coalisés devait faire des sacrifices. Sur le Rhin l'Autriche était complétement désintéressée; pour elle la question était plutôt italienne que française, elle n'avait rien à demander à la France; qu'on lui fît une large part en Lombardie, un beau lot de fiefs dans la Toscane et dans la Méditerranée, de bons ports sur l'Adriatique, Venise et Trieste; elle n'exigeait rien de plus, rien de moins. D'ailleurs l'esprit modéré et plein de convenance de M. de Metternich tenait compte de l'alliance de famille; à ce moment il n'avait et ne pouvait avoir aucun dessein de renverser Napoléon; les intérêts de la monarchie passaient avant ses injures personnelles[1]. La France dans les limites du Rhin lui paraissait un poids nécessaire dans l'équilibre européen.

L'idée russe admettait également les limites du Rhin; on pouvait dire même que des engagements à ce sujet avaient été pris à l'entrevue d'Abo avec Bernadotte et dans les lettres écrites par le Czar au général Moreau. Mais, à l'opposé de l'Autriche, le cabinet russe n'avait

---

[1] M. de Metternich n'avait voulu prendre aucun engagement avec Moreau.

aucune propension pour maintenir la dynastie de Bonaparte; un esprit de vengeance était au cœur des Russes, ils marchaient contre l'homme qui avait brûlé Moscou la sainte, et dévasté leur territoire. Alexandre eût donc préféré au gouvernement de Napoléon la substitution de toute autre forme qui aurait plus parfaitement répondu à ses engagements envers Moreau et Bernadotte. Pour cela il serait entré volontiers en campagne au-delà du Rhin, et le cri de ralliement de ses armées, les hourra: *Paris! Paris* [1]! ne lui laissait pas la liberté de faire autrement; il ne pouvait plus retenir la jeune génération d'officiers qui voulaient voir ce Paris merveilleux dont on entretenait leur enfance!

L'opinion de la Prusse était bien plus avancée : son cabinet était tout entier sous les influences de l'esprit patriote et des sociétés secrètes. Or, l'idée allemande devenait très impitoyable, très exigeante à l'égard de la France. Il était passé dans ces têtes de jeunes étudiants enthousiastes que tout ce qui parlait la langue du pays, comme l'avait dit Arndt, tout ce qui redisait les beaux sons de l'idiome germanique devait tôt ou tard se réunir à la mère commune; d'où ils concluaient que l'Alsace et la Lorraine devaient revenir à leur antique nationalité et faire partie de ce mystérieux tout allemand, sainte et belle patrie; c'étaient deux fleurons ôtés de la couronne mystique, deux pierres précieuses qu'il fallait rattacher au diadème : « Germania! Germania! tout ce qui est à toi doit te revenir; le temps secoue le vieux chêne, mais ses feuilles reverdissent! » Et c'est à l'aide de ce symbole que la Prusse espérait les provinces Rhénanes : « Le Rhin, ce fleuve majestueux, disaient les patriotes, était tout alle-

---

[1] Depuis Lutzen, ce hourra de *Paris!* se faisait entendre dans les rangs des alliés.

mand, de sa source à l'extrémité on ne parlait qu'une même langue; sa crinière humide ne devait arroser que les terres germaniques; car ses blonds enfants venaient d'une même origine; les vieux châteaux sur les montagnes étaient des souvenirs nationaux qu'il ne fallait pas laisser à l'étranger, les vins du Rhin devaient s'engloutir aux tonnes de Heidelberg. Les Allemands devaient passer sur la rive gauche pour achever les conquêtes de ces provinces que le formulaire appelait *avulsa imperii*, et replacer le gonfalon de la nationalité sur la cathédrale de Strasbourg, œuvre des pauvres ouvriers du Rhin [1]. »

L'Angleterre résumait les conditions de son programme aux propositions suivantes : « il faut réduire la France à son ancien territoire de 1789; la Grande-Bretagne ne peut admettre absolument les rives du Rhin dans leur longueur, et cela se conçoit. Anvers est compris dans ces limites, et jamais l'Angleterre ne souffrira que ce vaste chantier demeure dans les mains de la France. » Le comte d'Aberdeen n'avait pas des pouvoirs suffisants pour adopter une résolution complète et absolue, et M. de Metternich suggéra l'idée d'inviter lord Castlereagh à se rendre sur le continent. Rien ne pouvait se finir et se conclure sans la présence du ministre anglais, l'âme de la coalition. Le général Pozzo di Borgo fut chargé par l'empereur Alexandre de se rendre auprès de lord Castlereagh à Londres et de le convaincre de l'impérative nécessité de sa présence sur le continent : on avait besoin de la fermeté de son caractère pour maintenir dans la plus étroite intimité les liens de la coalition, et achever l'œuvre de la conquête ou de la paix; et, en attendant, M. de Metternich résuma

[1] Cette opinion des Allemands sur l'Alsace est à noter, même dans nos relations actuelles de diplomatie.

quelques idées, dont les bases seraient offertes à l'Empereur Napoléon comme ultimatum avant d'ouvrir toute négociation ultérieure. M. de Metternich s'était décidé à cette démarche pour convaincre Napoléon de deux choses, à savoir : que les liens de la coalition étaient indissolubles, et que l'Autriche faisait de sincères efforts pour maintenir la dynastie impériale ou la régence sous Marie-Louise; elle ne voulait point de bouleversement.

L'Europe attentive avait les yeux fixés sur le parlement anglais dont la session s'ouvrait au mois de novembre; les plus hauts intérêts devaient naturellement se rattacher aux paroles du prince régent et au compte rendu des subsides, tel que lord Castlereagh devait l'exposer devant les Communes. L'Angleterre avait joué un si grand rôle dans toute cette coalition ! seule des puissances, elle avait soutenu depuis vingt ans la cause européenne contre Napoléon; elle arrivait à son triomphe; après la *bataille des Nations*, elle parvenait complétement à ses fins contre l'Empire, au-delà même de ses espérances. Le prince régent, la joie sur le visage, vint en personne ouvrir le parlement[1] : « Il annonçait les splendides succès que la divine Providence accordait à ses armes; en Espagne, le talent du maréchal marquis

---

[1] *Discours du prince régent à l'ouverture du parlement anglais, le 4 novembre 1813.*

« Mylords et messieurs,

« C'est avec le plus profond regret que je me vois encore dans la nécessité de vous annoncer la continuation de la malheureuse indisposition de S. M.

« Les grands et splendides succès dont la divine Providence a daigné bénir les armes de S. M. et celles de ses alliés, dans le cours de cette année, ont eu les plus importantes conséquences pour l'Europe.

« En Espagne, la victoire glorieuse et décisive remportée près de Vittoria a été suivie de la marche des forces alliées sur les Pyrénées et de la déroute de l'ennemi dans toutes ses tentatives pour regagner le terrain qu'il avait été contraint d'abandonner, de la prise de Saint-Sébastien et enfin de l'établissement de l'armée alliée sur la frontière de la France.

« Dans cette série d'opérations brillantes, vous aurez observé avec la plus grande satisfaction l'habileté et le talent consommé du maréchal marquis de Wellington, et la fermeté et le courage invincible déployés

de Wellington avait complétement réussi; en Allemagne, le plan présomptueux et conquérant du chef des Français avait été renversé; presque toute son armée avait péri; il fallait applaudir à la conduite des puissances alliées de l'Angleterre;» le prince demandait pour elles des subsides de guerre et le vote de parlement, pour assurer les voies et moyens de l'année; il annonçait l'union récente du gouvernement anglais et du cabinet autrichien. Mais la phrase la plus remarquée, celle qui dut vivement exciter l'attention de toute l'Europe, fut celle-ci : « Je ne puis que déplorer profondément la continuation de cette longue guerre, et de tous les maux que l'insatiable ambition du chef de la France a depuis si longtemps infligés à l'Europe. Nulle idée d'exiger de la France des sacrifices d'aucune espèce, incompatibles avec son honneur ou ses justes prétentions comme nation, ne sera jamais de ma part, ou de celle de Sa Majesté, un obstacle à la paix. Le rétablissement de ce grand bienfait, sur des principes de justice et d'égalité, n'a jamais cessé d'être une de mes plus vives sollicitudes; mais je suis fermement convaincu qu'il ne peut s'obtenir que par la continuation des efforts qui ont déjà

par les troupes des trois nations réunies sous son commandement.

« L'expiration de l'armistice dans le nord de l'Europe, et la déclaration de guerre de l'Autriche contre la France, ont été heureusement accompagnées d'un système d'union cordiale et de concert entre les puissances alliées.

« Les effets de cette union ont même surpassé les espérances qu'on en avait conçues.

« Les efforts de l'ennemi pour pénétrer dans le cœur des territoires autrichien et prussien ont été frustrés par les victoires signalées remportées sur les armées françaises en Silésie, à Kulm et à Dennewitz.

« Ces succès ont été suivis d'un plan d'opérations combiné avec tant de jugement, et exécuté avec tant de sagesse, tant de vigueur et d'habileté, qu'elles ont eu pour résultat, non seulement l'avortement de tous les projets que le chef de la France avait si présomptueusement annoncés au renouvellement des hostilités, mais la prise et la destruction de la plus grande partie de l'armée sous son commandement immédiat.

« Les annales de l'Europe n'offrent point d'exemple de victoires aussi splendides et aussi décisives que celles qui ont été récemment remportées en Saxe.

« Lorsque la persévérance et la bra-

délivré une si grande partie de l'Europe de la domination de l'ennemi. » Ainsi l'Angleterre, loin d'être opposée à la paix générale du monde, la souhaitait ardemment ; on ne voulait exiger de la France « aucun sacrifice incompatible avec son honneur et ses justes prétentions comme peuple ». L'Autriche dut applaudir à tout ce qu'avait de modéré et de calme cette phrase ; elle disait suffisamment qu'un congrès pouvait encore s'ouvrir et se continuer dans des proportions équitables.

A ces paroles du prince régent, lord Castlereagh vint ajouter d'autres explications. Son discours était comme un éloge de toutes les puissances intéressées dans la guerre contre la France ; le ministre rendait compte aux communes de l'emploi des sommes que le parlement avait votées de confiance : on avait donné à la nation espagnole près de 2 millions de livres, le Portugal en avait reçu autant, la Sicile 400 mille, la Suède un million. Toutes ces puissances avaient rempli largement leurs obligations : la Suède surtout s'était fait remarquer ; le prince royal avait donné à son nom un lustre brillant. La Russie avait fait tout ce qui était pos-

voure développées par les forces alliées de toute nation engagées dans cette lutte ont élevé au plus haut degré de gloire leur réputation militaire, je suis persuadé que vous vous joindrez à moi pour applaudir à la conduite des souverains et des princes qui dans cette cause sacrée d'indépendance nationale se sont si éminemment distingués comme chefs des armées de leurs nations respectives.

« Avec une telle perspective devant vous, je suis convaincu que je peux compter avec toute confiance sur vos dispositions à me mettre en état de fournir l'assistance nécessaire pour supporter un système d'alliances qui, devant en grande partie son origine aux vues magnanimes et désintéressées de l'empereur de Russie, et secondé par l'énergie des autres puissances alliées, a produit le changement le plus important dans les affaires du continent.

« J'ai la confiance que vous verrez avec une satisfaction particulière le renouvellement de nos anciennes liaisons avec le gouvernement autrichien, et qu'appréciant tout l'avantage de l'accession de cette grande puissance à la cause commune, vous serez disposés, autant que les circonstances le permettront, à me fournir les moyens d'aider S. M. I. à poursuivre vigoureusement la guerre.»

sible sur le théâtre de la guerre ; Alexandre avait voulu inviter le dominateur de la France à des conditions équitables, il n'y avait point réussi. La Prusse avait vu l'esprit de sa nation se réveiller; une armée était née spontanément, elle fournissait plus de 200,000 hommes sous les armes[1]. « Je dois en même temps rendre justice aux talents et aux services signalés du général Scharnorst, ajoutait lord Castlereagh, qui a été tué à la bataille de Lutzen. Après sa mort, sa place a été supérieurement remplie par le général Gneisenau ; l'un et l'autre ont prouvé ce que leur pays pouvait effectuer, et le dernier a fait voir qu'on n'a pas négligé de mettre à profit le temps de l'armistice. Pendant sa durée, il a formé soixante-dix bataillons, dont cinquante ont combattu glorieusement sous le général Blücher. Je puis affirmer que, même dans les plus beaux temps du grand Frédéric, l'armée prussienne n'a jamais été plus nombreuse, mieux disciplinée et mieux préparée à des opérations militaires que dans le moment actuel. En effet, l'armée prussienne proprement dite n'a jamais été si forte ; quoique nouvellement levée, elle a combattu vaillamment les troupes exercées de la France. Je suis très convaincu qu'on voudra soutenir de tels efforts. Quant

---

[1] *Extrait du discours de lord Castlereagh dans la séance du parlement, le 14 novembre 1813.*

« Je dois rendre compte de l'emploi des sommes qu'à la fin de la dernière session le parlement a si libéralement confiées au gouvernement. On a donné à la nation espagnole, en argent et munitions de guerre, deux millions de livres sterling. Le Portugal en a reçu autant ; la Sicile, quatre cent mille livres ; la Suède, un million. On avait voté un crédit de cinq millions, et je suis bien aise de pouvoir dire que cette somme suffit pour couvrir toutes les dépenses auxquelles la Grande-Bretagne s'était engagée pour le soutien de la cause commune. Une grande partie de cette somme est déjà partie pour le continent ; une autre partie a été promise aux personnes chargées de soigner les munitions : je ne fais mention ici que de quatre cent mille sabres et d'autant de fusils qui ont été envoyés sur le continent, indépendamment de ce qui a été transporté en Espagne.

« Il me reste à indiquer les besoins futurs du continent. La Suède appelle la première notre attention. Le million qu'elle a reçu a couvert les dépenses de la couronne

à la réunion de l'Autriche à la cause de la liberté, il ne peut régner, à cet égard, qu'une seule opinion. On croit peut-être que les subsides que nous lui avons payés ont été proportionnés à la grandeur du service qu'elle a rendu en se déclarant pour la cause commune; mais les efforts que nous avons faits ne nous ont pas permis de rendre toute justice à l'importance de la démarche de l'Autriche. La somme par laquelle cette puissance doit être soutenue doit être d'un million sterling, avec cent mille fusils et différentes munitions. Si la guerre se prolongeait au-delà du 1er mars 1814, une nouvelle convention serait arrêtée. » Ce discours au parlement, écouté avec enthousiasme, glorifiait l'Angleterre, et les Communes votèrent libéralement une masse énorme de subsides pour soutenir la guerre. On était à la veille de la paix, d'une paix glorieuse qui donnerait à la Grande-Bretagne une prépondérance absolue sur le continent, objet de ses désirs depuis l'origine de la Révolution française; c'était une vigoureuse lutte entre l'Angleterre et Napoléon; le colosse abattu, on donna tout de confiance, impôts, emprunts, subsides de guerre; l'esprit public a cet orgueil en Angleterre de tout sacrifier pour la patrie.

Au milieu de ces débats parlementaires, le général

---

de Suède pour ses armées jusqu'au mois d'octobre. Dans la première convention de subsides, il avait été stipulé qu'elle serait renouvelée; l'ordre en a été donné, mais les vents contraires sont cause que je n'ai pas encore reçu la nouvelle convention. Il est probable qu'il faudra encore un million à ce royaume. Je ne crois pas qu'on puisse faire une observation sur l'utilité de ces subsides, qui nous a été prouvée par l'expérience d'une année. La Suède a fourni le nombre complet de troupes auquel elle s'était engagée; ces troupes, avec celles du général Walmoden, que l'Angleterre soudoie, ont procuré à la cause commune un renfort de 50,000 hommes. Comme le prince royal a déclaré qu'il oubliait l'intérêt particulier de la Suède en faveur de la cause commune, comme il remplit cette promesse dans toute son étendue, que dans les glorieux événements qui se sont passés sur le continent, son nom a été couvert d'un éclat brillant; comme il s'est engagé à faire tous ses efforts pour faire exécuter le plan convenu, quel qu'il fût; comme il en a lui-même dressé trois, dont chacun était

Pozzo di Borgo arrivait à Londres porteur d'une lettre autographe d'Alexandre destinée au prince régent; « le Czar le remerciait des efforts que l'Angleterre avait faits pour la cause européenne; la tenue d'un congrès paraissant inévitable, il invitait le prince régent à envoyer le secrétaire d'État des affaires étrangères sur le continent, puisqu'il ne pouvait pas y venir lui-même, afin de se réunir aux comtes de Nesselrode et de Metternich et au baron de Hardenberg, qui tous trois représentaient leurs souverains. Il fallait donner un caractère énergique aux opérations diplomatiques. » Le général Pozzo di Borgo fut parfaitement accueilli par lord Castlereagh; ils s'étaient vus dans des temps plus difficiles, lorsque la Grande-Bretagne avait à lutter seule contre l'Empereur des Français; alors Pozzo di Borgo était proscrit et lord Castlereagh dans la position la plus difficile en face de son pays.

Maintenant, au contraire, tout était brillant, les affaires de l'Europe avaient grandi et Napoléon était abaissé. Après des pourparlers de quelques jours, lord Castlereagh, au milieu d'un repas splendide, annonça qu'il quittait l'Angleterre et qu'il se rendait sur le continent porteur d'une lettre du prince régent pour l'empereur Alexandre. La joie la plus vive éclata parmi les convives; on savait

---

de nature à être adopté; comme avec une armée telle que la sienne, composée en grande partie de recrues ou de troupes de diverses nations, il a eu de grands succès contre les meilleures troupes françaises, je ne doute pas que tous les membres ne souhaitent que les rapports avec la Suède soient renouvelés. Avec cette armée, et soutenu par le général expérimenté dont le nom ne peut jamais être prononcé qu'avec gloire (je parle de Blücher), le prince royal avant de passer l'Elbe a déjà fait beaucoup de mal à l'ennemi. Il ne lui a pas été possible de tourner ses forces vers Hambourg; mais il ne faut pas oublier qu'en combinant ses marches avec celles des alliés, au lieu de diviser ses forces, le prince royal a essentiellement contribué aux succès.

« Je dois fixer maintenant votre attention sur la Russie et la Prusse, deux puissances à l'égard desquelles il faut que nous fassions les plus grands efforts. On leur a accordé cinq millions de livres sterling; comme c'est d'elles que dépend surtout le résultat de la guerre actuelle, le gouvernement a cru devoir leur allouer cette somme.

que l'arrivée de lord Castlereagh auprès des alliés devait hâter le grand œuvre de la pacification. Sa mission était de s'entendre sur toutes les éventualités d'un congrès pour finir la guerre actuellement engagée.

Cette guerre allait devenir purement française, car le vaste Empire de Napoléon n'était plus qu'une ombre qui se dépeçait et tombait avec son système fédératif; la Confédération du Rhin était dissoute; il n'en existait plus trace, et un acte officiellement émané de la cour de Vienne annonça la ruine de cet édifice, étranger aux mœurs et aux habitudes des Allemands. «La Confédération du Rhin a cessé d'exister. Les membres qui la composaient l'ont abandonnée. Les cours de Wurtemberg, de Wurtzbourg, de Hesse, de Saxe, de Nassau, d'Anhalt, et les autres maisons princières, ont suivi l'exemple de la Bavière. Elles ont toutes renoncé à un joug étranger, et se sont réunies à la cause de l'Allemagne. Tous les États de la Confédération dissoute s'empressent à l'envi des uns des autres d'adopter de grandes mesures pour faire rentrer l'Allemagne dans ses droits, et la rendre indépendante. Tous suivent, à cet égard, l'exemple énergique de la Bavière; partout le peuple court aux armes. Dans quelques semaines l'Allemagne aura plus de forces sur pied qu'elle n'en a jamais eu.

Il est vrai qu'avant l'armistice, les troupes de ces deux puissances paraissaient n'être pas au complet; mais la marche accélérée des Russes et les fatigues qu'elle occasionne ne permirent pas à tous les renforts d'arriver à temps. La forte armée de réserve ne put être sur-le-champ transportée sur un théâtre si éloigné. Mais la Russie a fait tout ce qui a été possible. Aussi l'empereur Alexandre, en signant l'armistice, a eu les plus grands égards pour notre pays et pour d'autres puissances. Il n'a rien négligé pour porter le dominateur de la France à des conditions de paix équitables. Cette démarche était nécessaire pour convaincre son propre peuple, et surtout l'Autriche, qu'il n'était pas possible d'avoir la paix sans faire de nouveaux et de plus grands sacrifices. Le résultat de cette sage conduite fut que l'Autriche se détermina à prendre part aux efforts nécessaires pour obtenir une paix juste. Dans l'intervalle, la Russie employa la plus grande activité et promptitude, et fit arriver son armée de réserve dans le moment où elle devint décisive. Depuis, elle a remplacé cette réserve

Tous les contingents seront au grand complet. La landwerh et le landsturm seront organisés ; tous sont animés du même esprit, et sont convaincus que c'est seulement par des efforts que l'indépendance et la tranquillité peuvent être conquises, que des sacrifices momentanés ne sont pas des sacrifices réels quand ils ont pour objet des intérêts si chers. Des nations animées de cet esprit ne peuvent succomber, et l'Allemagne, après bien des années de souffrance, sera encore replacée au rang des nations. »

Les empires fondés par Napoléon dans la Germanie tombaient aussi en poussière; le royaume de Westphalie était bouleversé par l'apparition de quelques Cosaques; Jérôme, ses ministres, M. Siméon, le général Salha, se réfugiaient en toute hâte au-delà du Rhin; les employés français, impitoyables exécuteurs des droits-réunis et de la conscription, étaient poursuivis, et comme dans le moyen âge, les paysans les chassaient à coups de fourche. Ces royautés s'effaçaient par un coup de théâtre; nées à la suite d'un grand drame, elles finissaient comme une comédie. On n'épargna même pas le prince primat, le premier auteur de la Confédération ; et quoique son origine fût très antique parmi les familles de Souabe, on le punit, comme le roi de Saxe, de son attachement à Napoléon.

sur ses frontières par de nouvelles levées qu'elle a faites. Après avoir sauvé son empire, l'empereur de Russie étendit sa sollicitude sur les pays voisins, et donna ses généraux et ses troupes pour les délivrer : libre de toute méfiance et de tout orgueil, il renonça généreusement au droit de les diriger, et les subordonna aux généraux de ses alliés, pour coopérer à la grande cause.

« La gloire de la Prusse n'est pas moins grande. Lorsqu'on commença à négocier avec cette puissance, on ne crut pas qu'elle pourrait fournir des forces considérables ; mais ce qui caractérise cette guerre, c'est que le pays qui avait le plus souffert s'est relevé avec le plus d'éclat. L'esprit de la nation s'est éveillé ; il sut triompher de toutes les difficultés, renouvela l'époque la plus glorieuse de l'histoire de la Prusse, et fit naître une armée qui sut se placer à côté de celles des plus puissants empires. Il est de mon devoir de déclarer que dans ce moment la Prusse fournissait plus de 200,000 hommes. »

Au nord de l'Allemagne les villes anséatiques se délivraient avec la même énergie de l'occupation française. Si le maréchal Davoust était encore à Hambourg pour maintenir la cité dans une obéissance inflexible, la campagne et les villes du second ordre secouaient le joug d'une manière violente; le drapeau tricolore était foulé aux pieds. Partout se relevait le pavillon libre des anciennes cités de la Baltique, si célèbres au moyen âge par leur franchise et leur commerce; comme en Allemagne, les fonctionnaires français étaient forcés d'abandonner leur position, et fuyaient au loin, poursuivis par les clameurs des masses.

De Hambourg l'insurrection gagna la Hollande[1] soumise au même système. Cette insurrection des Pays-Bas était depuis longtemps préparée par l'Angleterre, les mécontentements extrêmes de ces peuples étaient retenus et corrigés par la douceur de leur caractère et le besoin de repos; ces contrées n'osaient pas ces soulèvements qui n'arrivent qu'à de très longs intervalles chez les nations du Nord, comme les grands coups de tête de la réforme et des anabaptistes; on était tranquille en Hollande par habitude; on souffrait, mais avec calme. Ce

---

[1] Je donne ici toutes les pièces de l'insurrection hollandaise.

Londres, 21 novembre 1813.

« Lundi dernier, 15 du présent mois, une contre-révolution a éclaté dans les Provinces-Unies; le peuple d'Amsterdam s'est levé en corps, proclamant la maison d'Orange sur l'ancienne acclamation *Orange-Boven*, en arborant universellement la cocarde orange.

« Cet exemple a été immédiatement suivi par les autres villes des provinces de Hollande et d'Utrecht, Harlem, Leyde, Utrecht, La Haye, Rotterdam, etc.

« Les autorités françaises ont été destituées, et un gouvernement temporaire a été établi et proclamé au nom du prince d'Orange, et jusqu'à l'arrivée de Son Altesse Sérénissime, composé des membres les plus respectables de l'ancien gouvernement, et principalement de ceux qui n'ont pas été employés sous les Français. »

« *Orange-Boven!* La Hollande est libre. Les alliés avancent sur Utrecht. Les Anglais ont été invités. Les Français fuient de toutes parts. La mer est ouverte, le commerce revit. L'esprit de parti a cessé. Ce que nous avons souffert est pardonné et oublié. Des hommes considérés et im-

fut donc à l'instigation de l'Angleterre que le soulèvement des Pays-Bas s'étendit au loin ; la dynastie d'Orange avait conservé de grands souvenirs en Hollande; il suffit de quelques actes, de quelques proclamations, pour que le peuple insurgé tout entier accourût au-devant de ses anciens souverains. *Orange-Boven!* tel fut le cri des cités de La Haye, d'Utrecht, d'Amsterdam, si antiques, si industrieuses. La révolution fut complète et le pavillon français renversé du haut des hôtels-de-ville si riches des peintures de Rubens ; ces départements que Napoléon avait décrétés, ces divisions du Zuyderzée et des Bouches-du-Rhin, qui ne tenaient ni au sol ni à l'esprit du peuple hollandais, tout cela disparut dans le naufrage, comme si les Français n'y avaient jamais paru. Les travaux de la secrétairerie d'État, toutes ces organisations improvisées étaient des feuilles de papier volantes que la tempête emportait ; l'Océan se retira sans laisser des épaves. M. Lebrun, gouverneur-général de la Hollande, était un esprit trop éclairé pour faire la moindre résistance, et il adopta lui-même la fameuse devise : *Orange-Boven !* phrase de ralliement pour les partisans de l'ancienne dynastie.

portants sont appelés au gouvernement. Le gouvernement invite le prince à reprendre la souveraineté. Nous nous joignons aux alliés pour forcer l'ennemi à demander la paix. Le peuple aura un jour des réjouissances aux frais du public, mais tout pillage, tout excès sera réprimé. Chacun rend grâce à Dieu. L'ancien temps est revenu. *Orange-Boven !* »

« Au nom de S. A. S. le prince d'Orange, Léopold, le comte de Limburg-Stirum, gouverneur de La Haye.

« Comme nous touchons au moment d'une heureuse restauration, je donne avis à tous les habitants de La Haye, que leurs vœux seront bientôt accomplis, et qu'un gouvernement provisoire sera immédiatement établi, pour pourvoir à tout, jusqu'à ce que S. A. S. paraisse au milieu de nous.

« En même temps j'invite tous les bons citoyens à veiller au maintien de la paix et de l'ordre. Je promets aux dernières classes un jour de réjouissances aux frais du public, mais je notifie à un chacun que quiconque pillera sera puni avec la plus grande sévérité. »

Proclamation du vice-amiral Kikkert.

« Hollandais, dans cette crise importante le devoir de tout Hollandais, sur tous les

Ainsi au nord, l'Empire tombait dans une grande dissolution : ce corps se brisait et mourait au premier coup de baguette ; comme il n'avait aucun principe de vie intime, il avait à peine effleuré le sol. Au midi, la même destinée lui était réservée : la dislocation commençait par l'Illyrie et le Tyrol, qui se mettaient aussi en insurrection. A peine Fouché avait-il touché les cités de ce grand fief avec la mission de le gouverner, qu'il avait bien vu que sa destinée était d'échapper à Napoléon ; l'Autriche avait ses partisans, et au premier jour une insurrection populaire éclaterait dans l'Illyrie. Laybach était en feu ; Fouché n'avait rien fait pour calmer cette irritation des masses, il les avait laissées agir et s'exprimer contre l'Empire français ; et que pouvait-il empêcher ? L'insurrection gronde à peine que quelques proclamations des généraux autrichiens suffisent pour soulever le peuple ; et là, comme en Hollande et dans les villes anséatiques, les employés sont expulsés violemment. Les Autrichiens s'avancent vers le Tyrol et l'Italie ; tout est pour eux, la religion, le commerce, la liberté. Eugène défend pied à pied le terrain ; mais le peuple s'insurge, et il est obligé de prendre incessamment sur l'Adige des positions toujours abandonnées ; l'Italie va proclamer son indépendance,

points, de toutes les classes, est de se rallier autour du gouvernement des Provinces-Unies, pour sauver sa chère patrie.

« Mon choix n'est pas douteux : j'abjure à jamais l'Empereur des Français.

« J'accepte le poste qui m'a été offert, de commandant en chef de la défense du Maëse.

« Accourez à moi, vous tous qui êtes encore au service de la France, vous tous qui pouvez encore et qui voulez vous réunir sous notre pavillon.

« Accomplissez donc un vœu depuis longtemps formé : quittez le pavillon français que toute l'Europe déteste.

« Nous ne combattons plus pour un tyran qui nous épuisait, qui faisait couler le sang de nos enfants pour assouvir son ambition, et qui depuis tant d'années a fait de la guerre un passetemps. Non ! nous combattons pour notre pays, pour nos parents, pour nos femmes, pour nos enfants. Notre cause est juste ; elle est sacrée ; la cause de la patrie est la cause de Dieu ! »

Rotterdam, 25 novembre 1813.

A. Kikkert, vice-amiral.

les cloches de Rome salueront à pleine volée le saint-père, les riches plaines de l'Arno n'auront plus à subir le triste fléau de la conscription et des droits-réunis[1].

Mais ce qui dut vivement frapper dans cette grande dissolution, ce furent les mouvements militaires de Murat, qui n'annonçaient que trop qu'il venait de prendre ses précautions et ses mesures avec l'Europe. Ceci datait de loin. On a vu qu'au retour de la campagne de Russie, Murat, abandonnant l'armée pour son royaume, avait traversé l'Autriche et Vienne : là il avait reçu déjà quelques insinuations de M. Metternich sur la possibilité d'un grand établissement en Italie. Arrivé dans le royaume de Naples, Murat s'était trouvé enveloppé du parti anglais que conduisait lord Bentinck ; comme l'Europe connaissait Joachim, on le prenait par ses vanités : « l'Italie était sa cause et sa destinée, celle de Napoléon n'était qu'un accident ; il pouvait se créer un État indépendant, se donner une meilleure frontière, et ses liaisons avec les carbonari pouvaient placer sur sa tête la couronne lombarde ». Ces espérances devaient flatter Murat, alors violemment irrité par les paroles amères que Napoléon avait lancées contre lui. Il avait fait depuis sa paix. Certes on ne pouvait lui reprocher d'avoir manqué de courage et d'énergie dans la belle campagne de 1813 ;

---

[1] Fouché écrit une curieuse dépêche à l'Empereur sur la situation de l'Italie.

« Je suis arrivé à Rome. Ici, comme dans toute l'Italie, le mot d'*indépendance* a acquis une vertu magique ; sous cette bannière se rangent sans doute des intérêts divers, mais tous les pays veulent un gouvernement local ; chacun se plaint d'être obligé d'aller à Paris pour des réclamations de la moindre importance. Le gouvernement de la France, à une distance aussi considérable de la capitale, ne leur présente que des charges pesantes sans aucune compensation. Conscription, impôts, vexations, privations, sacrifices, voilà, se disent les Romains, ce que nous connaissons du gouvernement de la France. Ajoutons que nous n'avons aucune espèce de commerce, ni intérieur ni extérieur ; que nos produits sont sans débouchés, et que le peu qui nous vient du dehors, nous le payons un prix excessif. »

brillant dans les batailles, il y retrouva de nobles jours. Après le carnage de Leipsick, Murat quitta une fois encore le camp de Napoléon pour se rendre à Naples; il fut sur sa route circonvenu par l'Autriche, qui lui rappela le langage qu'elle avait tenu lors de son passage à Vienne. Comme en ce moment M. de Metternich avait un grand intérêt à s'assurer l'alliance ou la neutralité de Murat en Italie, il conclut d'abord un traité de garantie mutuelle. Murat, en portant ses armées dans les marches, s'engageait à laisser les Autrichiens agir librement et presque simultanément avec lui; il pouvait coopérer avec eux dans les États Romains, à Florence, dans la Toscane; on lui assurait l'intégrité de ses états et le plein exercice de sa souveraineté. En conséquence de cette convention, Murat, organisant d'une manière forte l'armée napolitaine, la porta directement sur Rome, où Fouché se trouvait réfugié comme gouverneur-général.

Rome devint le centre de mille intrigues, et à cette époque une négociation parallèle vint également offrir de grandes chances à Murat. M. de la Vauguyon était à Rome, on savait tout son crédit sur l'esprit de Joachim; il commandait sa garde, comme l'homme de sa confiance. Un matin, on dérange M. de la Vauguyon [1], deux étrangers demandent à lui parler sur-le-champ et en secret; il les reçoit: tous deux ont l'accent anglais; que demandent-ils? Immédiatement l'un des

---

[1] Voici le récit de cette conférence si curieuse.

« M. de la Vauguyon passa dans son cabinet et donna ordre qu'on introduisît les deux individus qui paraissaient si pressés. Il vit en effet deux hommes d'une apparence ordinaire; l'un d'eux était assez petit et ce fut lui qui porta la parole: « Je vous ai fait demander, M. le général, avec quelque insistance, dit-il au duc avec un accent qui le lui fit reconnaître pour Anglais, parce que mes moments sont précieux, et que j'en ai fort peu à demeurer ici. Mais il me fallait vous entretenir, puisque je ne puis avoir aucune nouvelle du roi Joachim.. Je suis le général Bentinck. Général, continua-t-il, le roi Joachim se conduit mal avec mon gouvernement. Il sait ce qu'il peut attendre de lui et il devrait agir avec plus de franchise et de

deux se nomme, c'est lord Bentinck en personne ; ce qu'il vient faire, il le résume en peu de mots : il propose à M. de la Vauguyon « la reconnaissance de Murat comme roi de Naples, un million de livres sterling de subsides, et 25,000 hommes siciliens et anglais pour marcher en Italie et s'en assurer la possession. » Voilà donc Murat devenu comme Bernadotte un roi à subsides et appelé à jouer un rôle dans la coalition : ce qui flattait sa vanité et sa faiblesse, c'était cette reconnaissance de sa couronne royale au moment où tant d'autres étaient abaissées : Jérôme et Joseph voyaient leur sceptre se briser. Murat n'hésite plus, il signe son traité avec l'Autriche sous l'influence de Caroline Bonaparte, sa femme, qui représente le parti autrichien à la cour. Le voilà donc à la tête d'une armée; il sort des Etats napolitains, se répand sur Rome et la Toscane ; les autorités françaises fuient en Italie comme en Hollande; les carbonari se lèvent en masse : plus de conscription, plus de droits-réunis ; l'insurrection devient générale, et les préfets surtout sont obligés de se cacher sous les vêtements les plus grossiers pour échapper à la fureur du peuple. On se moque dans des lazzis de cette grande duchesse de Toscane, qui passait sa vie avec ses préfets à lever des conscrits bons pour le service.

Eugène de Beauharnais voit que l'Italie va lui échapper ; il la défend, et quoique esprit un peu limité, il

loyauté, et surtout de diligence. Dans la crise où se trouve l'Europe en ce moment, il est d'urgence que la question de l'Italie soit promptement décidée. 25,000,000 en argent, 25,000 hommes de troupes, votre roi accepte-t-il ces propositions et avec elles l'offre de l'amitié de mon gouvernement ? L'alliance de la Grande-Bretagne, il doit le savoir, lui procure celle de tous les autres rois de l'Europe. Mais qu'il se hâte ; de qui veut-il tenir sa puissance? de l'Angleterre ou de l'Autriche ? Général, il faut qu'il prenne un parti... La démarche que je fais en ce moment vous prouve d'abord mon estime personnelle pour votre caractère en venant ainsi à me confier à votre loyauté, et le prix que j'attacherai à faire réussir ce qui est si heureusement commencé. »

s'aperçoit qu'il n'a plus aucune chance pour la recouvrer dans le présent ou l'avenir. La Bavière saisit cette occasion pour lui faire quelques ouvertures qui placent Eugène de Beauharnais dans une situation parallèle à celle de Murat; qui sait? on pourra lui assurer un lot en Italie, il obtiendra une principauté indépendante. Tout cela est vague; Eugène demande qu'on s'explique; les archives diplomatiques prouvent qu'il ne fut pas aussi franc que semblent le constater ses lettres de famille ; les offres qu'on lui fait ne lui paraissent pas suffisantes et assez clairement exprimées, voilà tout : « n'est-ce pas un leurre que cette couronne d'Italie qu'on lui offre? » Quant à ses lettres intimes, sont-elles bien authentiques? Elles indiquent qu'il refusa tout ; généralement bien pensées, bien écrites, il en est une au roi de Bavière qui constate une résignation au malheur ; il y avait dans Eugène un cœur élevé, un sentiment d'indépendance et de grandeur qu'on ne peut méconnaître. Plus tard il fit des démarches auprès des alliés dans le congrès de Châtillon.

Du côté de l'Espagne, l'Empire s'écroulait encore ; les départements réunis de la Catalogne en complète insurrection étaient évacués par l'armée de Suchet. Joseph

---

[1] On doute à Munich de l'authenticité de cette lettre :

Lettre d'Eugène Beauharnais au roi de Bavière.

« Sire, j'ai reçu les propositions de V. M. ; elles m'ont paru sans doute fort belles, mais elles ne changeront pas ma détermination. Il faut que j'aie joué de malheur lorsque j'ai eu l'honneur de vous voir, puisque vous avez gardé de moi la pensée que je pouvais, pour un prix quelconque, forfaire à l'honneur. Ni la perspective du duché de Gênes, ni celle du royaume d'Italie, ne me porteraient à la trahison. L'exemple du roi de Naples ne peut me séduire. J'aime mieux redevenir soldat que souverain avili. L'Empereur, dites-vous, a eu des torts envers moi ; je les ai oubliés, je ne me souviens que de ses bienfaits. Je lui dois tout, mon rang, mes titres, ma fortune, et, ce que je préfère à tout cela, je lui dois ce que votre indulgence veut bien appeler ma gloire. Je le servirai tant qu'il vivra, ma personne est à lui comme mon cœur. Puisse mon épée se briser entre mes mains, si elle était jamais infidèle à l'Empereur et à la France.

« Je me flatte que mon refus apprécié m'assurera l'estime de V. M. »

Eugène Beauharnais.

avait quitté les Pyrénées, et, roi fugitif, il venait habiter Paris avec Jérôme, chassé de son royaume comme lui. Le philosophe aurait pu dire : « Tirez le rideau, la pièce est finie ! » Tous ces rois de théâtre disparaissaient ; le roi d'Yvetot, chanté par Béranger, avait désormais plus de crédit qu'eux tous refoulés vers Paris. Le maréchal Soult défendait pied à pied les Pyrénées occidentales ; le territoire était à peine entamé, chaque rocher était le théâtre d'un combat, et Roncevalles avait vu les chevaliers d'un autre Charlemagne, des Rolands à la hache d'armes. A côté de la retraite si désastreuse de Leipsick, ce fut un véritable modèle que le mouvement rétrograde du maréchal Soult ; retraite sérieuse, disputée, à la façon de Moreau. On ne pouvait plus parler de l'Espagne pour les Bonaparte, et l'armée du maréchal Wellington allait pénétrer la première sur le territoire français. Sainte patrie, l'ennemi te presse et te darde de toutes parts ! Les Anglais vont envahir la Guienne comme à l'époque du Prince-Noir !

C'était au milieu de ces circonstances, de ces accidents de révolution ou de guerre, que toute la diplomatie des alliés arrivait à Francfort [1], sept lieues à peine de Mayence et de ce grand fleuve du Rhin que les

---

[1] *Dépêche du comte d'Aberdeen, datée de Francfort, le 7 novembre 1818.*

« Milord, S. M. I. a fait son entrée publique à Francfort hier matin. L'empereur Alexandre et sa suite sont allés à sa rencontre à quelque distance de la ville. S. M. reçut les clefs de la ville des premiers magistrats, à la porte de Hanau, et se rendit ensuite à cheval par les rues principales à l'église cathédrale, où il fut chanté un *Te Deum*. Comme j'accompagnais S. M. dans cette occasion, j'ai vu de près l'enthousiasme avec lequel elle a été reçue. Les rues, les fenêtres et les toits des maisons étaient remplis de spectateurs qui semblaient rivaliser entre eux dans leurs démonstrations de joie : il était impossible de se méprendre sur la sincérité et l'émotion de cœur qui les inspiraient.

« Ce sentiment affectueux des habitants se manifestait hautement en voyant le souverain qui, il y a vingt-un ans, avait été couronné dans leurs murs, reparaître comme leur libérateur. Le soir, les deux empereurs allèrent au théâtre, où ils furent reçus avec des acclamations ; tous les passages de la pièce qui avaient quelque rapport à leurs efforts pour la cause de l'Eu-

Français venaient de franchir en désordre. A Francfort, les souverains furent accueillis comme des libérateurs; ville de commerce et d'argent, comme Hambourg et Bâle, Francfort désirait la fin du système continental et la liberté des transactions; les coalisés mettaient un terme à un système oppresseur, ils proclamaient l'ancienne constitution germanique, et Francfort, la cité de Charlemagne, devait y trouver avantage.

Une fois dans la ville impériale et libre, les conférences entre les ministres des grandes puissances deviennent plus fréquentes ; M. de Metternich semble croire que son système prévaudra enfin, il se résume en cette proposition: « laisser l'Empire à Napoléon avec les frontières naturelles, le Rhin, les Alpes, l'Océan, la Méditerranée »; ce plan est d'autant plus avantageux qu'il évite une campagne au-delà du Rhin; et, puisqu'on était fort, pourquoi ne tenterait-on pas une première démarche auprès de l'Empereur des Français ? Il fallait le convaincre : 1° que les liens qui unissaient les puissances coalisées étaient indissolubles et que rien ne pouvait les briser; 2° que, lorsque les alliés présentaient des bases d'un traité, il fallait les accepter comme préliminaires de toutes négociations ultérieures; 3° qu'en aucun cas les hostilités ne pourraient être suspendues qu'après l'ac-

---

rope, furent applaudis avec transport.

« Si je me plais à retracer ces circonstances, je n'éprouve pas moins de bonheur à informer V. S. de la continuation des succès des alliés, et des acquisitions essentielles qui ont récemment été faites par l'accession de différents princes à la cause commune. Les états de Hesse-Darmstadt, de Nassau et de Bade se sont respectivement adressés à S. M. I. Ils ont renoncé à la Confédération du Rhin, et, en implorant la médiation de S. M. auprès des puissances alliées, ont exprimé le désir de faire partie de l'alliance. D'autres États de moindre importance ont suivi la même marche, et je crois que je peux maintenant féliciter V. S. sur la complète dissolution de cette Confédération formidable, instituée par Bonaparte, dans le double dessein d'en faire un boulevard imprenable de la France dans le cas d'une invasion étrangère, ou dans ses mains l'instrument de la subjugation du reste de l'Europe. »

J'ai l'honneur d'être, etc.

Aberdeen.

ceptation complète et positive des préliminaires posés par l'alliance elle-même. Si cette conviction pouvait pénétrer dans l'âme de Napoléon, rien ne s'opposait plus à ce qu'on traitât avec lui dans un lieu neutre.

On en saisit l'occasion avec empressement. M. de Saint-Aignan, parent de M. de Caulaincourt, était ministre de France à Weimar[1]; lors du passage des empereurs d'Autriche et de Russie, M. de Saint-Aignan fut pris et considéré comme prisonnier de guerre, destiné à être envoyé en Bohême. M. de Saint-Aignan écrivit au prince de Schwartzenberg et au comte de Metternich pour réclamer contre ce procédé; immédiatement le prince répondit à M. de Saint-Aignan par le comte de Parr, et insista pour qu'il se rendît chez M. de Metternich. M. de Saint-Aignan y vint en effet, et le ministre autrichien fut d'un grand empressement; il répéta plusieurs fois que « tous voulaient la paix, mais franchement; plus de ruses, plus de faux-fuyants; il fallait s'expliquer avec sincérité. » Quelques jours après, M. de Saint-Aignan mandé à Francfort, lieu des conférences entre les plénipotentiaires, put

---

[1] Les pièces sur la négociation de M. de Saint-Aignan expliquent la véritable cause diplomatique de la chute de Napoléon; je les donne en entier.

Rapport de M. de Saint-Aignan.

« Le 26 octobre, étant depuis deux jours traité comme prisonnier à Weymar, où se trouvaient les quartiers-généraux de l'empereur d'Autriche et de l'empereur de Russie, je reçus ordre de partir le lendemain avec la colonne des prisonniers que l'on envoyait en Bohême. Jusqu'alors je n'avais vu personne, ni fait aucune réclamation, pensant que le titre dont j'étais revêtu réclamait de lui-même, et ayant protesté d'avance contre le traitement que j'éprouvais. Je crus cependant, dans cette circonstance, devoir écrire au prince de Schwartzenberg et au comte de Metternich pour leur représenter l'inconvenance de ce procédé. Le prince de Schwartzenberg m'envoya aussitôt le comte de Parr, son premier aide-de-camp, pour excuser la méprise commise à mon égard, et pour m'engager à passer soit chez lui, soit chez M. de Metternich. Je me rendis aussitôt chez ce dernier, le prince de Schwartzenberg venant de s'absenter. Le comte de Metternich me reçut avec un empressement marqué; il me dit quelques mots seulement sur ma position, dont il se chargea de me tirer, étant heureux, me dit-il, de me rendre ce service, et en même temps de témoigner l'estime que l'empereur d'Autriche avait conçue pour le duc de Vicence; puis il me parla du congrès, sans que rien de ma part eût provoqué cette conversation. « Nous voulons sincè-

voir M. de Metternich qui lui répéta les mêmes paroles dans des termes aussi pacifiques : « Tout le monde veut la paix, personne n'attaque et ne veut ébranler la dynastie de l'Empereur ; la coalition n'a pour but que de rétablir un équilibre profond et durable entre les grandes puissances. »

Le 9 novembre, à dix heures du soir, M. de Saint-Aignan était chez M. de Metternich ; quelques instants après arrive le comte de Nesselrode, qui lui exprime des opinions très pacifiques, en termes bienveillants pour Napoléon. M. de Metternich ajoute : « Vous pouvez considérer ceci comme commun à M. de Hardenberg, qui le ratifie pleinement. » Alors parut lord Aberdeen, et, en le présentant à M. de Saint-Aignan, M. de Metternich ajouta : « Vous pouvez continuer à vous expliquer devant milord. » Tout cela se fit dans les meilleurs termes. De cette conférence résulta une note écrite, pour ainsi dire, sous la dictée de M. de Metternich, avec l'approbation des autres plénipotentiaires ; conçue dans des termes ar-

---

rement la paix, me dit-il, nous la voulons encore, et nous la ferons ; il ne s'agit que d'aborder franchement et sans détours la question. La coalition restera unie. Les moyens indirects que l'Empereur Napoléon emploierait pour arriver à la paix ne peuvent plus réussir ; que l'on s'explique franchement, et elle se fera. »

« Après cette conversation, le comte de Metternich me dit de me rendre à Toëplitz, où je recevrais incessamment de ses nouvelles, et qu'il espérait me voir encore à mon retour. Je partis le 27 octobre pour Toëplitz ; j'y arrivai le 30, et le 2 novembre je reçus une lettre du comte de Metternich, en conséquence de laquelle je quittai Toëplitz le 5 novembre, et me rendis au quartier-général de l'empereur d'Autriche à Francfort, où j'arrivai le 8. Je fus le même jour chez M. de Metternich. Il me parla aussitôt des progrès des armées coalisées, de la révolution qui s'opérait en Allemagne, de la nécessité de faire la paix. Il me dit que les coalisés, longtemps avant la déclaration de l'Autriche, avaient salué l'empereur François du titre d'empereur d'Allemagne ; qu'il n'acceptait point ce titre insignifiant, et que l'Allemagne était plus à lui de cette manière qu'auparavant ; qu'il désirait que l'Empereur Napoléon fût persuadé que le plus grand calme et l'esprit de modération présidaient au conseil des coalisés ; qu'ils ne se désuniraient point, parce qu'ils voulaient conserver leur activité et leur force, et qu'ils étaient d'autant plus forts qu'ils étaient modérés ; que personne n'en voulait à la dynastie de l'Empereur Napoléon ; que l'An-

rêtés entre les ministres des cabinets, elle constatait, à savoir : l'indissolubilité de l'union intime entre les puissances, qui ne traiteraient jamais que pour une paix générale ; les souverains coalisés étaient d'accord de conserver la France dans ses limites naturelles : le Rhin, les Alpes et les Pyrénées ; l'Allemagne libre ; la Confédération dissoute ; l'Espagne sous Ferdinand VII avec l'ancienne dynastie ; l'Autriche avec une frontière en Italie ; et le restant de cette Italie indépendant de la France ; la Hollande également libre, et, au moyen de ces conditions, l'Angleterre s'engageait à reconnaître tous les principes qui pourraient faire revivre la liberté du commerce et de l'industrie dans un traité définitif.

Ces conditions, si larges dans l'état d'abaissement où se trouvait Napoléon, avaient été ménagées par M. de Metternich, qui voulait laisser à la France ses limites naturelles et sa dynastie impériale ; mais elle devait trouver des difficultés pour les ratifications à Londres et à Berlin. Le comte d'Aberdeen s'était trop engagé dans la conférence ; jamais le parlement ne ratifierait un traité

gleterre était bien plus modérée qu'on ne pensait ; que jamais le moment n'avait été plus favorable pour traiter avec elle ; que si l'Empereur Napoléon voulait réellement faire une paix solide, il éviterait bien des maux à l'humanité et bien des dangers à la France, en ne retardant pas les négociations ; qu'on était prêt à s'entendre ; que les idées de paix que l'on concevait devaient donner de justes limites à la puissance de l'Angleterre, et à la France toute la liberté maritime qu'elle a droit de réclamer, ainsi que les autres puissances de l'Europe ; que l'Angleterre était prête à rendre à la Hollande indépendante ce qu'elle ne lui rendrait pas comme province française ; que ce que M. de Mer*elot avait été chargé de dire de la part de l'Empereur Napoléon pouvait donner lieu aux paroles qu'on me prierait de porter ; qu'il ne me demandait que de les rendre exactement, sans y rien changer ; que l'Empereur Napoléon ne voulait point concevoir la possibilité d'un équilibre entre les puissances de l'Europe ; que cet équilibre était non seulement possible, mais même nécessaire ; qu'on avait proposé à Dresde de prendre en indemnité des pays que l'Empereur ne possédait plus, tels que le grand-duché de Varsovie ; qu'on pouvait encore faire de semblables compensations dans l'occurrence actuelle.

« Le 9, M. de Metternich me fit prier de me rendre chez lui à neuf heures du soir. Il sortait de chez l'empereur d'Autriche, et me remit la lettre de Sa Majesté pour l'Impératrice. Il me dit que le comte de Nesselrode allait venir, et que ce

qui laissait à la France les chantiers et la flotte d'Anvers. Au reste, ces propositions toutes provisoires ne suspendaient même pas les hostilités. On proposait de neutraliser une ville pour la tenue du congrès; l'examen de simples préliminaires, comme on en avait déjà signé dans les crises diplomatiques, n'engageait en rien les opérations ultérieures de la guerre. Sur tout cela M. de Metternich demandait une réponse prompte et catégorique.

M. de Saint-Aignan partit lui-même en courrier pour remettre cette note à Napoléon; il fallait une réponse précise et les cabinets l'exigeaient impérieusement. M. Maret répond aussitôt par de vagues déclarations: dans sa note de quelques lignes, il ne parle que du choix et de la ville neutralisée pour le congrès, et, à ce sujet, il descend dans de véritables détails de police. Quant aux propositions si nettes, si précises, de M. de Metternich, M. Maret les élude par des généralités : « Une paix fondée sur l'indépendance de toutes les nations, tant sous le point de vue continental que sous le point de vue mari-

serait de concert avec lui qu'il me chargerait des paroles que je devais rendre à l'Empereur, il me pria de dire au duc de Vicence qu'on lui conservait les sentiments d'estime que son noble caractère a toujours inspirés.

« Peu de moments après, le comte de Nesselrode entra; il me répéta en peu de mots ce que le comte de Metternich m'avait déjà dit sur la mission dont on m'invitait à me charger, et ajouta qu'on pouvait regarder M. de Hardenberg comme présent et approuvant tout ce qui allait être dit. Alors M. de Metternich expliqua les intentions des coalisés telles que je devais les rapporter à l'Empereur. Après l'avoir entendu, je lui répondis que, ne devant qu'écouter et ne point parler, je n'a-

vais autre chose à faire qu'à rendre littéralement ses paroles, et que pour en être plus certain, je lui demandais de les noter pour moi seul et de les lui remettre sous les yeux. Alors le comte de Nesselrode ayant proposé que je fisse cette note sur-le-champ, M. de Metternich me fit passer seul dans un cabinet, où j'écrivis la note ci-jointe. Lorsque je l'eus écrite, je rentrai dans l'appartement; M. de Metternich me dit : « Voici lord Aberdeen, ambassadeur d'Angleterre; nos intentions sont communes : ainsi nous pouvons continuer à nous expliquer devant lui. » Il m'invita alors à lire ce que j'avais écrit : lorsque je fus à l'article qui concerne l'Angleterre, lord Aberdeen parut ne l'avoir pas compris, je le lus une seconde fois. Alors il

time, a été l'objet constant des désirs et de la politique de l'Empereur. » Était-ce là répondre à la question des limites, au texte de la note commune? Une telle conduite dut surprendre M. de Metternich, qui avait fait tant d'efforts pour amener l'Angleterre à des conditions raisonnables. Il s'inquiète et ne peut s'empêcher de faire entendre ceci à M. Maret : « Dans la lettre de V. E., il n'est fait aucune mention des bases. Elle se borne à exprimer un principe partagé par tous les gouvernements de l'Europe, et que tous placent dans la première ligne de leurs vœux. Ce principe, toutefois, ne saurait, vu sa généralité, remplacer des bases. LL. MM. désirent que S. M. l'Empereur Napoléon veuille s'expliquer sur ces dernières, comme seul moyen d'éviter que, dès l'ouverture des négociations, d'insurmontables difficultés n'en entravent la marche. »

On voit ici que M. de Metternich s'efforce de retenir le résultat qu'il a obtenu si favorable à la paix; il craint que l'Empereur Napoléon, comme à Prague, ne laisse encore échapper une circonstance de se rappro-

---

observa que les expressions *liberté du commerce et droits de la navigation* étaient bien vagues; je répondis que j'avais écrit ce que le comte de Metternich m'avait chargé de dire. M. de Metternich reprit qu'effectivement les expressions pouvaient embrouiller la question, et qu'il valait mieux en substituer d'autres. Il prit la plume et écrivit que l'Angleterre ferait les plus grands sacrifices pour *la paix fondée sur ces bases*.

« J'observai que ces expressions étaient aussi vagues que celles qu'elles remplaçaient; lord Aberdeen en convint et me dit : « Qu'il valait autant rétablir ce que j'avais écrit; qu'il réitérait l'assurance que l'Angleterre était prête à faire les plus grands sacrifices; qu'elle possédait beaucoup, qu'elle rendrait à pleines mains. »

« Le reste de la note ayant été conforme à ce que j'avais entendu, on parla de choses indifférentes.

« Le prince de Schwartzenberg entra, et on lui répéta ce qui avait été dit. Le comte de Nesselrode, qui s'était absenté un moment pendant cette conversation, revint, et me chargea de la part de l'empereur Alexandre, de dire au duc de Vicence qu'il ne changerait jamais sur l'opinion qu'il avait de sa loyauté et de son caractère, et que les choses s'arrangeraient bien vite s'il était chargé d'une négociation.

« Je devais partir le lendemain matin, 10 novembre; mais le prince de Schwartzenberg me fit prier de différer jusqu'au soir.

cher des alliés : que d'efforts ne faut-il pas pour arrêter les armées devant le Rhin? Les Allemands, les Russes, ont des haines à venger; il faut qu'ils aillent saluer la capitale de ce peuple géant qui tant de fois a salué les autres capitales; la sagesse seule des plénipotentiaires ne peut pas retenir cette fougue des nations qui murmurent contre la dictature de Bonaparte. Quelle faute donc de ne pas accepter la France du Rhin, lorsqu'on avait tant perdu et si peu gardé! La destinée aveugle poursuit ici Napoléon.

L'action des alliés ne se ralentit pas un seul moment; on négocie partout; si l'on se résoud à passer le Rhin, il ne faut rien laisser derrière soi; toute l'Europe doit marcher avec une fermeté indicible; quand il s'agit de la cause générale, il n'y a plus de neutralité, et les négociations les plus actives commencent dans la Suisse afin d'opérer une révolution contre le grand médiateur Napoléon qui dominait à Berne comme à Zurich. Pour cela il suffit d'un mouvement politique favorisé par les grandes puissances; les anciennes familles des can-

n'ayant pas eu le temps d'écrire au prince de Neufchâtel.

« Dans la nuit, il m'envoya le comte Voyna, un de ses aides-de-camp, qui me remit sa lettre, et me conduisit aux avant-postes français. J'arrivai à Mayence le 11 au matin. »

Saint-Aignan.

Note écrite à Francfort, le 9 novembre, par M. de Saint-Aignan.

« Le comte de Metternich m'a dit que la circonstance qui m'a amené au quartier-général de l'empereur d'Autriche pouvait rendre convenable de me charger de porter à S. M. l'Empereur la réponse aux propositions qu'elle a fait faire par M. le comte de Mervelot. En conséquence, M. le comte de Metternich et M. le comte de Nes-selrode m'ont demandé de rapporter à Sa Majesté :

« Que les puissances coalisées étaient engagées par des liens indissolubles, qui faisaient leur force, et dont elles ne dévieraient jamais;

« Que les engagements réciproques qu'elles avaient contractés leur avaient fait prendre la résolution de ne faire qu'une paix générale; que lors du congrès de Prague, on avait pu penser à une paix continentale, parce que les circonstances n'auraient pas donné le temps de s'entendre pour traiter autrement; mais que depuis, les intentions de toutes les puissances et celles de l'Angleterre étaient connues; qu'ainsi il était inutile de penser soit à un armistice, soit à une négociation

tons, expulsées ou proscrites reprendront leur pouvoir dans les conseils ; la Suisse se décidera pour la ligue européenne; il le faut, la paix du monde l'exige, c'est une condition de la guerre qui se poursuit contre Bonaparte ; un mouvement aristocratique à Berne fera rentrer la Suisse sous l'influence spéciale de l'Autriche, et c'est dans ce sens qu'agissent les agents de M. de Metternich, tandis que le colonel Laharpe, le général Jominy préparent les voies à l'influence russe ; si la clef des montagnes est nécessaire aux armées coalisées, la Suisse la donnera librement; le Rhin sera franchi à sa source. Ainsi, quand on a dit que le passage des troupes alliées sur le territoire helvétique fut une violation d'une neutralité, on se trompe; ce fut la suite d'une négociation sérieuse avec les conseils de Berne. Tout fut volontairement réglé; les protestations n'ont jamais existé, elles furent inventées par quelques écrivains de Napoléon qui avaient besoin de montrer que tout s'était fait par violence.

Quand l'Europe entière se levait, les alliés durent apprendre avec joie à Francfort que le dernier gouverne-

qui n'eût pas pour premier principe une paix générale ;

« Que les souverains coalisés étaient unanimement d'accord sur la puissance et la prépondérance que la France doit conserver dans son intégrité, et en se renfermant dans ses limites naturelles, qui sont le Rhin, les Alpes, et les Pyrénées ;

« Que le principe de l'indépendance de l'Allemagne était une condition *sine qua non*; qu'ainsi la France devait renoncer, non pas à l'influence que tout grand État exerce nécessairement sur un État de force inférieure, mais à toute souveraineté sur l'Allemagne; que d'ailleurs c'était un principe que Sa Majesté avait posé elle-même, en disant qu'il était convenable que les grandes puissances fussent séparées par des États plus faibles ;

« Que du côté des Pyrénées, l'indépendance de l'Espagne et le rétablissement de l'ancienne dynastie étaient également une condition *sine qua non* ;

« Qu'en Italie, l'Autriche devait avoir une frontière qui serait un objet de négociation ; que le Piémont offrait plusieurs lignes que l'on pourrait discuter, ainsi que l'état de l'Italie, pourvu toutefois qu'elle fût, comme l'Allemagne, gouvernée d'une manière indépendante de la France, ou de toute autre puissance prépondérante ;

« Que de même l'État de Hollande serait un objet de négociation, en partant toujours du principe qu'elle devait être indépendante ;

« Que l'Angleterre était prête à faire les plus grands sacrifices pour la paix fondée sur ces bases, et à reconnaître la liberté

ment fidèle à Napoléon l'abandonnait pour se joindre à la cause commune. Dans un conseil des souverains on avait posé nettement cette question : « Le Danemarck devait-il suivre la bonne ou mauvaise fortune de Bonaparte, tomber ou s'élever avec lui? Ou bien préfère-t-il marcher de concert avec l'Europe? » Dans cette alternative y avait-il un moment à hésiter? La cour de Copenhague n'obtint pas les conditions qu'elle aurait pu s'assurer après la campagne de Russie en 1812. Pressé entre deux insurrections, celle des villes anséatiques et le soulèvement de la Hollande, le Danemarck n'eut d'autre parti à prendre que d'entrer dans la coalition; il joignit dès lors ses troupes à ce mouvement universel qui grondait autour de la France.

Paris! Paris! devint le hourra général de toutes ces armées; il fallut un grand calme aux souverains et aux hommes d'État pour empêcher les représailles d'une invasion qui se présentait avec tous les caractères d'un mouvement universel de peuples. Dans l'esprit des vieux Russes, le Kremlin en cendres devait se refléter dans l'in-

du commerce et de la navigation, à laquelle la France a droit de prétendre ;

« Que si ces principes d'une pacification générale étaient agréés par Sa Majesté, on pourrait neutraliser, sur la rive droite du Rhin, tel lieu qu'on jugerait convenable, où les plénipotentiaires de toutes les puissances belligérantes se rendraient sur-le-champ, sans cependant que les négociations suspendissent le cours des opérations militaires. »

Saint-Aignan.

A Francfort, le 9 novembre 1813.
Lettre de M. Maret à M. de Metternich.
Paris, le 16 novembre 1813.

« Monsieur, M. le baron de Saint-Aignan est arrivé hier lundi, et nous a rapporté, d'après les communications qui lui ont été faites par V. E., que l'Angleterre a adhéré à la proposition de l'ouverture d'un congrès pour la paix générale, et que les puissances sont disposées à neutraliser, sur la rive droite du Rhin, une ville pour la réunion des plénipotentiaires. Sa Majesté désire que cette ville soit celle de Mannheim. M. le duc de Vicence, qu'elle a désigné pour son plénipotentiaire, s'y rendra aussitôt que V. E. m'aura fait connaître le jour que les puissances auront indiqué pour l'ouverture du congrès. Il nous paraît convenable, monsieur, et d'ailleurs conforme à l'usage, qu'il n'y ait aucune troupe à Mannheim, et que le service soit fait par la bourgeoisie, en même temps que la police y serait confiée à un bailli nommé par le grand-duc de Bade. Si l'on jugeait à propos qu'il y eût des piquets de cavalerie, leur force devrait être égale de

cendie des Tuileries. Pour les Prussiens, humilier Napoléon, c'était venger leur reine Louise; pour les Autrichiens, ils voulaient voir Paris, puisque les armées françaises avaient vu deux fois Vienne; et quant à l'Angleterre, toujours froide, toujours diplomatique, elle n'apercevait en tout cela que la ruine d'un grand ennemi, la destruction des arsenaux; elle tiendrait enfin la flotte d'Anvers. Tous ces desseins de bouleversement du vaste Empire français arriveraient-ils à leur fin de dévastation? A l'Europe armée, un grand peuple ne va-t-il pas opposer son énergie? Nos revers sont-ils réparables? La dictature de Napoléon va-t-elle se retremper dans le sentiment du pays, et la France jettera-t-elle encore une fois ses quatorze armées à la face d'une nouvelle coalition?

part et d'autre. Quant aux communications du plénipotentiaire anglais avec son gouvernement, elles pourraient avoir lieu par la France et par Calais.

« Sa Majesté conçoit un heureux augure du rapport qu'a fait M. de Saint-Aignan de ce qui a été dit par le ministre d'Angleterre.

« J'ai l'honneur d'offrir à V. E. l'assurance de ma haute considération. »

Le duc de Bassano.

Réponse de M. de Metternich.

« Le courrier que V. E. a expédié de Paris le 16 novembre est arrivé ici hier.

« Je me suis empressé de soumettre à LL. MM. I. et à S. M. le roi de Prusse, la lettre qu'elle m'a fait l'honneur de m'adresser.

« LL. MM. ont vu avec satisfaction que l'entretien confidentiel avec M. de Saint-Aignan a été regardé par S. M. l'Empereur comme une preuve des intentions pacifiques des hautes puissances alliées. Animées d'un même esprit, invariables dans leur point de vue, et indissolubles dans leur alliance, elles sont prêtes à entrer en négociation, dès qu'elles auront la certitude que S. M. l'Empereur des Français admet les bases générales et sommaires que j'ai indiquées dans mon entretien avec le baron de Saint-Aignan.

« Le choix de la ville de Manheim semble ne pas présenter d'obstacles aux alliés. Sa neutralisation, et les mesures de police, entièrement conformes aux usages, que propose V. E., ne sauraient en offrir dans aucun cas. »

Agréez, etc.

Le prince de Metternich.

Francfort, le 25 novembre 1813.

CHAPITRE IX.

NAPOLÉON EN FACE DES POUVOIRS ET DE LA FRANCE.

L'Empereur à Paris. — Dictature. — Levée arbitraire de l'impôt. — Convocation du Corps législatif. — Sénatus-consulte qui attribue le choix du président à l'Empereur. — Rapport dicté à M. Molé. — Modification au *Moniteur*. — Changement de ministère. — M. Molé grand-juge. — M. de Caulaincourt aux relations extérieures. — Le Sénat. — Présidence de M. Lacépède. — Opposition. — Réunion de Républicains. — Projet de déchéance contre Napoléon rédigé par l'abbé Grégoire. — Esprit des députés. — Parti patriote. — Majorité de résistance. Opposition partout. — Première pensée de déclarer la guerre nationale. — Communication diplomatique au Sénat et au Corps législatif. — Influence de M. de Talleyrand. — Traité avec les infants d'Espagne et Ferdinand VII. — Délivrance du pape. — Conférences des députés. — L'avocat Régnier, président. — Altercation avec M. Lainé. — Partie secrète de la négociation. — Rapport de M. Lainé. — Colère de l'Empereur. — Dissolution du Corps législatif. — Belles et énergiques paroles de Napoléon. — Son esprit monarchique. — Levée de la garde nationale de Paris. — Choix des officiers. — Envoi dans les départements de commissaires extraordinaires. — Caractère que l'on veut donner à la résistance. — Théâtres. — L'opéra de *l'Oriflamme*.

Novembre 1813 et janvier 1814.

Le séjour de l'Empereur Napoléon à Mayence s'était prolongé au-delà d'une semaine; il avait donné ses derniers ordres pour la réorganisation de l'armée éparse et dispersée sur les routes de Francfort. Mayence, grande place d'armes, était alors devenue comme une nécropolis. La mort, sur son cheval de feu, l'arc en main, lançait ses flèches empoisonnées à travers l'horizon embrasé. Des fièvres ardentes s'étaient manifestées parmi ces masses d'hommes qui arrivaient exténués de besoin dans les villes du Rhin; partout les funérailles et les glas du sépulcre se faisaient entendre; l'épidémie moissonna autant de soldats que le fer de l'ennemi. Les belles villes du Rhin, Cologne, Coblentz, Bonn, cités si nobles, devinrent comme de grandes tombes, et le Rhin roula des cadavres jusque dans les eaux de la Baltique. Le séjour de Napoléon à Mayence fut aussi motivé par le désir d'apprendre les nouvelles de Paris; il voulait préparer le terrain à son retour; il voulait savoir l'esprit des pouvoirs, la situation des partis, et pénétrer, sans illusions, les dangers de la patrie.

Il partit pourtant la nuit; ses chevaux, dans leur course rapide, le ramènent dans ses palais; il vient fixer sa résidence à Saint-Cloud. La saison est déjà rigoureuse, qu'importe? il sera plus à l'aise en dehors de Paris et de ses regards; il ne sera point sous les yeux d'une population irritée. A Saint-Cloud, il a osé le 18 brumaire; ce palais lui plaît par ses souvenirs et ses grandes ombrées. L'Impératrice et le roi de Rome s'y trouvent; il a besoin du calme pour méditer les moyens de sauver la France. Devant le conseil privé qu'il convoque aussitôt, il ne déguise pas ses pertes : « la seconde grande armée est dévorée, il lui faut de nouveaux sacrifices; il ne s'agit plus de faire des conquêtes, mais de défendre le territoire menacé; c'est la guerre nationale qu'on doit déclarer à l'Europe, si l'on veut l'arrêter dans son mouvement offensif. » Ce conseil se compose des ministres secrétaires d'État, de M. de Talleyrand, de M. Molé; on y communique les rapports de M. de Saint-Aignan, on en discute les bases. Pour traiter, il faut que la France soit en mesure ; il est impérativement nécessaire de demander des sacrifices à tous, et, comme couronnement, il lui faut la dictature absolue.

Les premiers actes de cette dictature ne tardent pas : il faut avoir de l'argent ; il n'y en a plus au trésor. Il prend alors généreusement 30 millions sur ses masses d'or enfouies aux Tuileries pour les premières dépenses. Il fait ainsi son offrande à la patrie ; il pense qu'il faut que tous les contribuables concourent à grandir les ressources financières de la France. A Gotha, il a convoqué le Corps législatif pour le 2 décembre ; ce terme est un peu long pour pourvoir à l'urgence ; Napoléon, de son propre chef et comme dictateur, publie un décret qui augmente les impôts sur les portes et fenêtres et sur le sel [1] ; c'est la toute-puissance qui s'exerce dans sa plénitude : il règne, gouverne et impose. Ces ressources seront promptes ; l'impôt est le seul moyen qui existe pour le gouvernement impérial. Il n'est pas possible de recourir à un emprunt ; nul ne voudrait donner son argent à un pouvoir en décadence ; les actions de la Banque sont côtées à 504 fr., le 5 pour 100 à 45 ; les banquiers ne prêteraient pas 100 fr. au Trésor. Le despotisme peut tout, excepté inspirer la confiance en ses propres œuvres.

---

[1] *Décret du 11 novembre 1813.*

« Art. 1ᵉʳ. Il sera perçu 30 centimes additionnels au principal de la contribution foncière, des portes et fenêtres et des patentes de 1813. Lesdits centimes seront payables par tiers, dans les mois de novembre et décembre 1813 et janvier 1814.

« 2. La contribution personnelle et la partie de la contribution mobilière qui se perçoit par des rôles, seront perçues en principal au double pour l'année 1813.

« 3. A compter de ce jour, il sera perçu deux nouveaux décimes par kilogramme, et 10 centimes par addition, tant aux perceptions de la régie des droits réunis non assujetties au décime de guerre, qu'aux tarifs des octrois autres que ceux par abonnement et cotisation.

« 4. Le droit sur le sel sera perçu sur les sels existants dans les magasins.

« 5. Nonobstant les dispositions de l'article précédent, la régie des sels au-delà des Alpes ne pourra vendre le sel au-dessus de 60 centimes par kilogrammes. »

Voici maintenant l'action des corps politiques. Dès qu'il apprend l'arrivée de l'Empereur à Saint-Cloud, le Sénat vient le complimenter. Son président est M. de Lacépède; esprit docile, conscience assouplie, avec lui l'opposition n'est pas à craindre; homme purement scientifique, il n'a jamais conçu en politique une idée élevée et indépendante; pénétré des mystères de la société humaine, l'a-t-il prise en mépris à ce point de s'abdiquer corps et âme? Orateur du Sénat, M. de Lacépède n'a que des phrases louangeuses, admiratives, pour l'Empereur[1]. Dans sa harangue, « il frémissait des dangers que S. M. I. avait courus; la trahison des alliés seule avait amené les revers de l'armée; si le congrès de Prague n'avait point abouti à une heureuse fin, c'était la faute des plénipotentiaires et de l'Autriche surtout. Puisque l'étranger ne voulait pas la paix, les Français montreraient dignement qu'aucune nation n'avait jamais compris mieux qu'eux l'honneur de la patrie et le dévouement au souverain. » A ces paroles d'un enthousiasme courtisan, le front de l'Empereur se rembrunit; il est des époques où l'éloge devient une censure; le cœur se rend toujours justice, l'âme humaine se dénonce. Napoléon ne déguisa rien dans sa réponse au Sénat; il avoua « qu'en 1812 l'Europe tout entière marchait avec la France, et qu'aujourd'hui la France avait à se défendre contre toute l'Europe. Il avait besoin de dire

---

[1] *Discours de M. de Lacépède.*

« Sire, la pensée du Sénat a constamment accompagné Votre Majesté au milieu des mémorables événements de cette campagne; il a frémi des dangers que Votre Majesté a courus.

« Les efforts des ennemis de la France ont en vain été secondés par la défection de ses alliés, par des trahisons sans exemple, par des événements extraordinaires et des accidents funestes. Votre Majesté a tout surmonté, elle a combattu pour la paix.

« Avant la reprise des hostilités, Votre Majesté a offert la réunion d'un congrès où toutes les puissances, même les plus petites, seraient appelées, pour concilier tous les différends, et pour poser les bases

que si de grandes circonstances s'étaient présentées, elles n'étaient pas au-dessus de la patrie et du monarque. »

Ces communications du Sénat et de l'Empereur aboutissaient toujours à des levées d'hommes; on en consommait par cent mille, et cette boucherie commençait à soulever une forte minorité de boules noires. M. de Talleyrand voyait grandir son influence dans le Sénat; on l'entourait comme une capacité d'espérance. M. de Talleyrand, toujours grave, toujours mesuré dans ses termes, donnait des paroles à tous et des confidences à personne. En tout ce qui se passait, pour lui, il ne voyait qu'un résultat bien certain, la ruine inévitable de l'empire de Napoléon, et dans cette crise, le Sénat pouvait et devait devenir l'instrument d'une grande reconstruction sociale et politique. C'est dans ces idées qu'il travaillait avec ses amis intimes; il caressait le parti républicain qui se groupait autour de Lanjuinais, l'abbé Grégoire, Garat, Destutt-Tracy; et Sieyès lui-même n'était pas en dehors de ses cajoleries. Deux vieux abbés, roués du Directoire, avaient su se comprendre à demi-mots. A mesure que les revers se succédaient, les sénateurs se montraient plus hostiles à l'Empire. Le plus ferme, le plus déclamateur, c'était l'abbé Grégoire. A travers les phases diverses de la Révolution, on ne pouvait lui refuser un certain courage; c'était un de

---

d'une paix honorable à toutes les nations.

« Vos ennemis, Sire, se sont opposés à la réunion de ce congrès. C'est sur eux que retombera tout le blâme de la guerre.

« Votre Majesté, qui connaît mieux que personne les besoins et les sentiments de ses sujets, sait que nous désirons la paix. Cependant tous les peuples du continent en ont un plus grand besoin que nous, et si, malgré le vœu et l'intérêt de plus de 150,000,000 d'hommes, nos ennemis, refusant de traiter, voulaient, en nous imposant des conditions, nous prescrire une sorte de capitulation, leurs espérances fallacieuses seraient déjouées! Les Français montrent par leur dévouement et par

ces esprits étroits, entêtés, qui se seraient sacrifiés à une idée ; or, l'une de ses confidences les plus intimes, quand vous aviez sa foi, c'était la lecture d'un projet de sénatus-consulte qu'il avait rédigé depuis un an déjà ; il prononçait la déchéance de Napoléon Bonaparte, motivée en détail et fondée tout entière sur la constitution même du 18 brumaire. M. de Talleyrand, qui le connaissait bien, le laissait aller en avant comme un casse-cou ; il lui paraissait fort piquant d'ailleurs, à lui qui était lié déjà avec Louis XVIII et le parti royaliste, de faire servir cet acte de déchéance provoqué par les régicides à ses desseins de restauration. L'abbé Grégoire en était trop fier pour ne pas lire sa déchéance anti-napoléonienne en petit comité, et l'on attendait une circonstance favorable pour le mettre en action. Faire prononcer la déchéance de Napoléon par le Sénat, n'était-ce pas le projet Malet qui devait alors porter des fruits plus mûris ?

Toute la force du gouvernement se résumait en des levées de conscrits ; il trouvait dans le Sénat une machine admirable pour satisfaire cette consommation d'hommes incroyable depuis 1812 ; 1,100,000 conscrits avaient été appelés, et Napoléon croyait indispensable d'en faire lever encore 500,000. Un mois à peine s'était écoulé depuis que Marie-Louise allait au Sénat demander en personne 250,000 conscrits ; quelques jours après, 50,000 furent encore levés exclusivement

---

leurs sacrifices qu'aucune nation n'a jamais mieux connu ses devoirs envers la patrie, l'honneur et son souverain. »

Réponse de Napoléon.

« Sénateurs, j'agrée les sentiments que vous m'exprimez.

« Toute l'Europe marchait avec nous il y a un an : toute l'Europe marche aujourd'hui contre nous : c'est que l'opinion du monde est faite par la France ou par l'Angleterre. Nous aurions donc tout à redouter sans la puissance et l'énergie de la nation.

« La postérité dira que, si de grandes et critiques circonstances se sont présentées, elles n'étaient pas au-dessus de la France et de moi. »

dans les départements méridionaux, pour la défense des Pyrénées et des provinces du Midi envahies; aujourd'hui l'Empereur en demandait par masses sur onze années antérieures depuis l'origine même de la conscription. L'histoire ne présentait pas d'exemple d'un conquérant qui, pour régner sur le monde, eût fait une telle saignée au genre humain[1]. Ces 300,000 conscrits durent être pris dans dix classes différentes, de telle sorte que l'on y trouvait des hommes de trente-trois ans. Il fallait défendre la patrie, et l'excuse de l'Empereur était l'envahissement du territoire.

M. Regnauld (de Saint-Jean d'Angely) ne dissimula plus rien dans sa harangue : « il fallait se lever, parce que les coalisés rêvaient le partage de la France; le jour où leur drapeau impie se leverait, la patrie disparaîtrait comme une ombre sanglante. Il fallait donc rejeter les ennemis loin de notre sol, c'était le devoir de tous; la destinée de la Pologne était réservée à la noble nation de France. Le partage! le partage! et le subirait-elle? Non, tous les sacrifices seraient faits par les défenseurs de la patrie. Le sénatus-consulte qui ordonna cette levée fut motivé sur ce que les frontières du midi et du nord étaient franchies, et celle des Alpes menacée. L'aveu était dur, il fallait le faire. Le Sénat vota sans désemparer les 300,000 conscrits, qui formeraient des armées de réserve placées à Bordeaux, à Metz, à Turin et à

---

[1] *Séance du 12 novembre 1813.*
Extrait du discours de M. Regnauld pour un appel de trois cent mille conscrits.
« Que feraient-ils s'ils avaient franchi le Rhin ou l'Escaut, les Alpes ou les Pyrénées? Je ne demande pas quelle justice, je demande quels ménagements la France en pourrait espérer ?

« La réponse, messieurs, est dans les documents de l'histoire.

« A la fin du règne de Louis XV l'Europe croyait avoir une balance, les couronnes une garantie, la civilisation un boulevard : le trône de Pologne existait.

« Une coalition impie se forma. Un triumvirat de rois osa se confier son ambition, en désigner la victime, marquer chaque

Utrecht. Le Sénat parlait encore de l'inviolabilité de l'Empire, et les noms de Turin et d'Utrecht, insérés à dessein, indiquaient que l'Empereur se refusant à toute concession comprenait le Piémont et la Hollande dans ses domaines; il était incorrigible dans sa puissance altière. Trente boules noires protestèrent.

Si l'esprit du Sénat grandissait pour l'opposition, le Corps législatif prenait également une attitude plus en rapport avec le mécontentement des provinces; les nouvelles qui arrivaient de partout constataient le découragement des âmes et le besoin de paix et de repos. Sans être précisément dangereux, le Corps législatif pouvait donner des embarras à la dictature; la tribune était bruyante : on savait qu'une fraction était liée à une opposition républicaine, l'autre déguisait certains partisans des Bourbons, et la grande majorité suivait le penchant de tous les corps, qui est toujours de s'agrandir et d'accroître leurs prérogatives à mesure que le pouvoir s'affaiblit. Comme on ne voulait pas subir l'opposition trop violente du Corps législatif, et une tribune dénonçant nos faiblesses à l'Europe, l'Empereur se décida à les mettre tout entiers dans ses mains; d'après les constitutions, le Corps législatif choisissait parmi ses membres les candidats à la présidence, et l'Empereur y nommait de son autorité souveraine. Dans son conseil privé, Napoléon résolut de

part dans la proie commune, et la Pologne, d'abord démembrée, disparut entièrement, quelques lustres après, du nombre des couronnes européennes!

« Quels amers regrets n'a pas éprouvés, quels honteux reproches n'a pas essuyés a France, dont la faiblesse souffrit cet attentat politique, qui a amené depuis des résultats si grands, si remarquables!

« Hé bien ! ma question est résolue par ces reproches, par ces regrets.

« La Pologne, avilie, partagée, détruite, opprimée, est une leçon terrible et vivante pour la France, menacée par les mêmes puissances qui se sont disputé les lambeaux de la monarchie polonaise.

« Les mânes de Poniatowsky, les mânes du dernier roi des Polonais, si misérable-

changer tout cela, il se réserva le choix du président du Corps législatif qu'il nommerait sans contrôle et sans présentation parmi ses dignitaires.

Un sénatus-consulte fut préparé, et, pour en exposer les motifs, l'Empereur désigna M. Molé, alors directeur-général des ponts-et-chaussées. Napoléon avait pris un grand goût pour lui; sa causerie étendue lui plaisait parce qu'elle était un mélange de respect, d'indépendance et de bonne compagnie; elle était gracieuse en restant aristocratique, agréable en demeurant sérieuse, familière sans être abaissée. Dès l'origine de l'étiquette du palais, il avait donné à M. Molé les grandes entrées pour qu'il pût venir à toute heure auprès de lui; et, comme il le savait un esprit ferme et droit, il le chargea de porter la parole pour justifier et défendre le sénatus-consulte sur la présidence du Corps législatif; il le mande le soir à Trianon, et lui dit : « Mettez-vous là, je vais vous dicter l'exposé des motifs que vous lirez au Sénat, » et il commence cette dictée saccadée, rapide, que nul, sauf quelques secrétaires privilégiés, pouvait suivre. M. Molé lui fait en vain observer à plusieurs reprises qu'il a quelque peine à suivre cette parole brève qui roule comme une cascade sur une terre rocailleuse et brillante; il continue. Enfin tant bien que mal M. Molé vient à bout de saisir la pensée de

ment jetés loin du trône; les mânes du dernier général des Polonais, si glorieusement ensevelis sous des lauriers, vous disent à quels ennemis nous avons affaire, et quels sont les moyens d'en obtenir la paix que nous voulons, et le repos que désire l'Europe !

« C'est de repousser loin de l'Empire cette ligue qui en menace les frontières.

« Si les armées coalisées pouvaient pénétrer et s'établir en-deçà des Pyrénées, des Alpes ou du Rhin, le jour de la paix ne pourrait luire pour la France; il ne peut se lever pour nous qu'autant que nous aurons éloigné et rejeté l'ennemi loin de notre territoire.

« C'est pour satisfaire à ce vœu, à ce besoin, à ce devoir du monarque et du peuple, que des forces nouvelles sont nécessaires, et que l'Empereur les demande avec confiance à la nation, qui les a offertes avec un empressement si généreux. »

l'Empereur; il remarque que, parmi les motifs que Napoléon donne au sénatus-consulte, il insiste particulièrement sur la nécessité que le président de ce corps lui soit personnellement connu. La raison dominante, étroite et singulière de cet exposé, était celle-ci : « Il est dans le palais des étiquettes, des formes qu'il est convenable de connaître, et qui, faute d'être bien connues, peuvent donner lieu à des méprises, à des lenteurs, que les corps interprètent toujours mal. Tout cela est évité par la mesure que nous proposons. »

M. Molé rentre chez lui, et rédige son discours au Sénat en se gardant bien d'y insérer de pareilles puérilités. Quoi! dans le danger de la patrie et du trône impérial, parler encore d'étiquette! Homme de gouvernement, M. Molé aurait trouvé des raisons de force pour justifier la dictature dans des circonstances périlleuses, mais il n'aurait pas cherché des raisons d'antichambre; il lut donc devant le Sénat l'exposé des motifs qu'il avait lui-même rédigé et l'envoya au *Moniteur*. Quel fut son étonnement en voyant le lendemain dans les journaux la même phrase que Napoléon lui avait dictée; tout avait été refait à la secrétairerie d'État, l'Empereur l'avait répétée à M. Maret qui avait trouvé cela sublime. Que devait faire M. Molé? réclamer, envoyer sa démission? Le temps était trop difficile pour les susceptibilités personnelles; tout le monde devait se sacrifier, aux dépens même de ses opinions, et, comme on le dit alors, « aux dépens même

---

Sénatus-consulte du 15 *novembre* 1813.
« 300,000 conscrits, pris dans les classes des années XI, XII, XIII, XIV, 1806, 1807, et années suivantes, jusques et compris 1814, sont mis à la disposition du ministre de la guerre. Il sera formé des armées de réserve, qui seront placées à Bordeaux, Metz, Turin et Utrecht, et dans les autres points où elles pourront être nécessaires pour garantir l'inviolabilité du territoire de l'Empire. Les conscrits mariés antérieurement à la publication du présent sénatus-consulte seront dispensés de concourir à la formation du contingent. »

de la langue française, » car les phrases de l'Empereur étaient peu correctes et fourmillaient de *que* dans quelques lignes [1].

A cette époque d'ailleurs, Napoléon voulant imprimer une force, une énergie nouvelle à son gouvernement, pour traiter de la paix avec les alliés d'une manière ferme et droite, avait résolu de notables changements dans son ministère. Le caractère de M. Maret n'allait plus aux négociations telles qu'il fallait les engager; la boursouflure qu'il avait montrée aux jours de prospérité en traitant avec les étrangers ne convenait pas à la position abaissée de l'Empereur. M. Maret déplaisait beaucoup au corps diplomatique, et, afin de mieux correspondre avec l'esprit de l'Europe et séduire la Russie particulièrement, Napoléon choisit M. de Caulaincourt, très estimé du czar Alexandre, capacité limitée, sans doute, et bien au-dessous de M. de Talleyrand, mais qui pourrait néanmoins obtenir de meilleures conditions avec les alliés; dans les périls de la patrie, M. de Caulaincourt avait toujours partagé l'opinion de la paix. La condition que M. de Caulaincourt mit à accepter le ministère, fut l'adhésion pure et simple de la part de l'Empereur aux bases propo-

---

[1] Voici l'étrange exposé des motifs que l'Empereur fit insérer au *Moniteur*.

Séance du 12 novembre 1813.
Motifs de deux projets de sénatus-consultes touchant le Corps législatif, exposés par M. le comte Molé.

« Monseigneur, sénateurs, l'Empereur nous a ordonné de vous présenter un projet de sénatus-consulte portant que les députés au Corps législatif de la quatrième série exerceront leurs fonctions pendant tout le temps que durera la session qui s'ouvrira le 2 décembre prochain.

« La même mesure vous fut proposée au commencement de cette année, et vous l'adoptâtes par le sénatus-consulte du 9 janvier dernier.

« Les raisons qui vous déterminèrent alors, le feront encore avec plus de force aujourd'hui. L'époque de la convocation du Corps législatif est trop rapprochée pour qu'il soit possible de pourvoir au remplacement des députés sortants, et les motifs de cette convocation sont trop impérieux pour qu'elle puisse être différée Il est donc indispensable de proroger, comme vous l'avez déjà fait, dans leurs fonctions, les membres composant la quatrième série.

« Nous sommes encore chargés, messieurs, de vous présenter un autre projet

sées par M. de Metternich à Francfort; il voulait aboutir à une négociation pacifique.

M. Maret redevint ministre d'État, car il était admirable dans cette position d'écrivain sous la dictée de Napoléon, dictée qui avait pendant un quart d'heure fait le supplice de M. Molé. M. Daru rentra au ministère de l'administration de la guerre, où son caractère ferme pouvait rendre encore des services. La nomination qui montra la tendance monarchique de Napoléon fut celle de M. Molé à la dignité de grand-juge. L'avocat Régnier (créé duc de Massa) était vieux, sans tenue; ses facultés intellectuelles peu étendues avaient encore été ravagées par l'apoplexie; l'Empereur qui l'avait choisi à cause de ses services au 18 brumaire dut le remplacer. Depuis longtemps il réservait un ministère à M. Molé; ce nom-là lui plaisait; le voir à la tête de la magistrature lui paraissait un rêve historique, un retour vers les anciennes illustrations; il avait si souvent parlé de la fermeté des magistrats, des Harlay et des Molé, son thème habituel au Sénat! L'Empereur voulut faire plus encore pour M. Molé, en lui assurant la simarre d'archichancelier que Cambacérès portait sans fermeté, ni

de sénatus-consulte. L'article premier porte que l'Empereur nomme à la présidence du Corps législatif.

« Jusqu'ici S. M. choisissait entre les cinq candidats que le Corps législatif lui avait présentés.

« Mais il peut arriver que les hommes portés sur cette liste, quelque honorables et distingués qu'ils soient par leurs lumières, n'aient jamais été connus de l'Empereur.

« Comme une des prérogatives du Corps législatif est de pouvoir parvenir directement jusqu'au souverain par l'organe de son président, il a paru, pour que ces communications puissent être plus utiles à la chose, et spécialement au Corps législatif, qu'il était convenable que le président se trouvât déjà personnellement connu de l'Empereur. De cette manière le Corps législatif et chacun de ses membres seront assurés de trouver dans son président un intermédiaire, un guide et un appui.

« A toutes ces considérations pourraient aussi être jointes celles de l'économie.

« On avait d'abord tenté de dire que le Corps législatif serait toujours présidé par un grand dignitaire, un grand officier de l'Empire ou un ministre d'État; mais l'avis du conseil privé a été que cette limitation avait l'inconvénient de priver les membres

avec dignité. Chose curieuse! Napoléon, même dans son malheur, se séparait des révolutionnaires en disgrâce, depuis son mariage surtout avec Marie-Louise. Cambacérès, Régnier, tout ce résidu des assemblées, il voulait le mettre de côté; M. de Fontanes à l'éducation publique, M. Molé à la justice, ces noms-là seuls répondaient à son avenir; il récusait tous les autres, comme des nécessités qu'il avait subies. M. Régnier fut placé à la présidence du Corps législatif désormais à la nomination de l'Empereur.

La convocation de ce Corps législatif avait été fixée au 2 décembre par un décret signé à Gotha au milieu de la retraite de Leipsick. Le but de l'Empereur était de lui communiquer, à ce moment, les préliminaires de la paix que M. de Caulaincourt était chargé de proposer sur les bases de Francfort. Les doutes occasionnés par le vague des réponses de M. Maret avaient retardé les négociations de la paix, et l'on touchait au 2 décembre; les députés étaient déjà dans les salons de Paris; la police avait besoin de faire et de travailler l'esprit public, et l'Empereur décida que le Corps législatif serait prorogé au 19 décembre. Un nouveau sénatus-consulte prolongea le mandat des députés pour la série sortante, sans élection; de manière que l'on s'en crut maître par

du Corps législatif de l'avantage d'être nommés à la présidence.

« L'article 2 porte, que le Sénat et le Conseil d'État assisteront aux séances impériales du Corps législatif par lettres-closes. Jusqu'à cette époque le Sénat n'y a assisté que par une députation, et plusieurs fois ses membres ont manifesté le désir d'y assister en corps.

« Ce sera donc un beau spectacle que de voir réunies dans une seule séance, pour entendre les paroles émanées du trône, toutes les grandes autorités de l'État.

« Aucune objection raisonnable ne peut être faite contre cette proposition, puisque dans ces séances solennelles, consacrées à la prestation du serment des nouveaux membres, il ne peut y avoir ni discussion, ni délibération, et qu'on y est seulement appelé pour entendre le discours émané du trône. »

De ce rapport résulta le sénatus-consulte suivant :

« 1. Les députés au Corps législatif de la

tous ces moyens, surtout sous la présidence de M. Régnier. En temps ordinaire tout cela se fût passé dans la silencieuse résignation des sujets devant le pouvoir arbitraire ; mais alors l'opposition éclatait même dans le sein du Corps législatif ; on profitait des malheurs publics ; l'Empereur ne pouvait se sauver que par une guerre nationale ; si le Corps législatif voulait servir d'instrument à sa dictature, il accepterait sa force morale, autrement il saurait bien le briser. Il y était résolu, car il connaissait les mauvais résultats d'une tribune hostile, les intrigues et les coteries toujours prêtes à s'emparer du pouvoir pour l'affaiblir. Il aimait à signaler, sous le nom de parti de la Gironde, la fraction que dirigeait M. Lainé ; il confondait parmi les idéologues MM. Maine de Biran et Flaugergues ; enfin la vieille école de 1794 lui paraissait représentée par M. Raynouard, esprit tout méridional et partisan de la liberté constitutionnelle.

Au milieu de ces circonstances si graves, le crédit de M. de Talleyrand avait grandi à ce point, que Napoléon était forcé de le subir ; si l'Empereur ployait difficilement, il commençait à reconnaître que la modération est utile surtout en diplomatie ; M. de Caulaincourt se rapprochant de M. de Talleyrand, tous deux avaient compris que, pour exercer quelque influence à Francfort auprès du prince de Metternich, il fallait que Napoléon fît des concessions raisonnables, et la première de toutes était de se montrer juste. Ce premier point posé, on se mit sur la voie de deux négociations importantes :

quatrième série exerceront leurs fonctions pendant tout le temps de la durée de la session qui s'ouvrira le 2 décembre 1813.
« 2. L'Empereur nomme à la présidence du Corps législatif. Le Sénat et le conseil d'État assistent aux séances impériales du Corps législatif en vertu de lettres-closes. »

la première à Valençay avec les infants d'Espagne, la seconde avec le Pape.

Depuis le mois de novembre, la péninsule presque entière était échappée aux Français : lord Wellington, à la tête de l'armée anglo-espagnole et portugaise, allait franchir les Pyrénées, et Suchet, obligé de suivre le mouvement rétrograde, faisait sauter les places fortes de la Catalogne. Le pauvre et ridicule Joseph arrivait à Paris avec les débris de quelques fourgons : le maintenir dans la royauté, c'était puéril; il y tenait, mais à quoi ces gens-là ne tenaient-ils pas alors ! Or, voici l'idée que M. de Talleyrand suggérait à Napoléon : il fallait immédiatement rendre le trône d'Espagne à Ferdinand VII, le reconnaître en traitant avec lui; on le renverrait en Espagne, auprès des Cortès. Ici on avait l'apparence d'une grande modération, d'une concession première et fondamentale aux alliés, sur les bases de Francfort ; ensuite on espérait que la présence de Ferdinand VII en Espagne séparerait l'armée de lord Wellington en deux; les Espagnols quitteraient son drapeau pour n'obéir désormais qu'à leur roi ; les Anglais demeurant seuls, l'on abaisserait ainsi l'influence britannique à Madrid. Ce fut M. de Laforest, homme habile, longtemps ambassadeur auprès de Joseph Bonaparte, qui se chargea de la négociation auprès de Ferdinand VII ; il n'eut pas de peine à lui faire signer toutes les conditions imposées à sa liberté ; l'important était pour lui d'abord de la recouvrer ; Ferdinand voulait revoir l'Espagne, et une fois à Madrid il ne tiendrait du traité que les clauses à sa convenance : qu'est-ce qu'une signature donnée sous le sceau de la captivité ? Il n'en fut pas de même de Joseph qui ne voulait pas renoncer au titre de successeur de Charles-Quint et de petit-fils de

Louis XIV; il fallut insister pour le contraindre à signer. Ce traité portait des clauses bizarres dont on ne s'explique pas le sens; et par exemple : Ferdinand VII s'obligeait à demander la restitution aux Anglais de Mahon et de Ceuta [1]; c'était blesser sans but la Grande-Bretagne et ses plénipotentiaires au congrès proposé sur le Rhin; Ferdinand une fois rendu à sa liberté ne protesterait-il pas contre tous les actes arrachés au roi captif? Ainsi tout ce sang versé en Espagne, cet épouvantable cataclysme, ce drame qui avait son origine dans le guet-à-pens de Bayonne, aboutissait au vide le plus complet. On avait capté la volonté de Charles IV, attenté à la liberté de Ferdinand VII, et tout cela pour en revenir à traiter avec ce prince que l'on avait gardé captif à Valençay; quel retour! quel coup de la Providence! Le ridicule roi don Joseph Bonaparte disparut, et un acteur de la grande scène impériale tomba encore devant la force des événements.

Une négociation parallèle s'ouvrit avec le souverain pontife Pie VII : on s'engageait à rendre la liberté au pauvre captif, et avec la liberté Rome et les légations, pourvu qu'il s'obligeât à ne point traiter avec les Anglais, préoccupation absorbante de Napoléon. L'Europe commençait à parler haut sur la captivité du pape, une des

---

[1] Le traité signé à Valençay, le 11 décembre 1813, par M. de Laforest et le duc de San Carlos, stipulait :

« Union et amitié; reconnaissance de Ferdinand VII comme roi d'Espagne et des Indes; intégrité du territoire espagnol; remise des places encore occupées par les Français; engagement par Ferdinand VII de faire retirer les troupes anglaises des provinces et places qu'elles occupaient, et de ne jamais céder à la Grande-Bretagne Mahon ni Ceuta, places actuellement en son pouvoir; engagements réciproques, par les puissances contractantes, de défendre l'indépendance de leurs droits maritimes, conformément aux stipulations du traité d'Utrecht; conservation de leurs droits et prérogatives à tous Espagnols ayant servi Joseph; obligation de payer au roi Charles IV une somme annuelle de 30 millions de réaux (sept millions cinq cent mille francs), et 2 millions (500,000 francs) à la reine en cas de veuvage. Le présent traité ne devait recevoir son exécution qu'après l'approbation du conseil de régence établi par les Cortès. »

actions irréfléchies de l'Empereur; tout ce qui pourrait rendre l'existence politique à Pie VII était accueilli comme un gage de modération par M. de Metternich. Il y eut donc un traité avec le pontife prisonnier qui put revoir la basilique de Saint-Pierre et bénir le peuple transtévérin, aux belles et grandes formes. Comme rien n'était complet dans le caractère de l'Empereur, par une bizarrerie inexplicable, tout en signant cet acte diplomatique, il donnait ordre à sa police de retenir Pie VII sous différents prétextes; le saint-père n'eut pas la liberté de voyager; on retardait ses passeports, et la correspondance du pape avec M. de Metternich constate que, plus que jamais, on prenait contre lui des précautions méfiantes. Napoléon exigeait des concessions sur des points de conscience, et jamais Pie VII n'y aurait consenti; il était ferme comme la pierre sur laquelle s'élevait l'édifice catholique.

Les choses en étaient à ce point lorsqu'il fallut enfin ouvrir la session du Corps législatif. Le 19 décembre était arrivé. Depuis vingt jours, les députés réunis à Paris faisaient entendre des plaintes aigres, même dans les salons de Cambacérès, sur les actes récents de la dictature de l'Empereur. Cette masse d'impôts arbitrairement décrétés, ces conscriptions levées inflexiblement, excitaient au plus haut point l'opposition des provinces mécontentes. L'Empereur, pour donner plus de solennité à l'ouverture de la session, avait fait déclarer par un sénatus-consulte que les sénateurs et les conseillers d'État assisteraient à l'ouverture de la session. On choisit un dimanche, parce que Napoléon voulait que le peuple pût voir le spectacle des grands corps d'État simultanément réunis, sorte de Champ-de-Mai, moins bruyant, moins populaire; les députés ne formaient plus qu'une fraction de la représentation nationale. Le discours de l'Empereur fut triste, empreint d'un caractère sévère [1] : il parla comme en courant de ses victoires, s'arrêtant sur ce qu'il appelait les défections inouïes de ses alliés : tout avait tourné contre nous; la France même serait en danger sans l'énergie de la nation; il avait établi des trônes, et les rois s'étaient levés contre lui, il avait conçu de grands desseins pour la prospérité du monde, il sentait ce que la paix pourrait donner de sécurité aux familles; rien de sa part ne s'opposait à son accomplissement. « C'est à regret, disait-il, que je demande à ce peuple généreux de nouveaux sacrifices; mais ils sont commandés par ses plus nobles et ses plus chers intérêts. J'ai dû renforcer mes armées par de nombreuses levées : les nations ne traitent avec sécurité qu'en déployant toutes leurs forces. »

Ainsi parlait l'Empereur, et ses paroles excitèrent peu d'acclamations; les temps étaient changés! ce n'était plus le fier conquérant, le monarque superbe qui lançait des menaces comme la foudre, en annonçant la prise de Madrid, de Lisbonne, de Vienne et de

---

[1] *Discours prononcé par l'Empereur à l'ouverture du Corps Législatif, le dimanche 19 décembre 1813.*

« Sénateurs, conseillers d'État, députés des départements au Corps législatif, d'éclatantes victoires ont illustré les armées françaises dans cette campagne : des défections sans exemple ont rendu ces victoires inutiles : tout a tourné contre nous. La France même serait en danger sans l'énergie et l'union des Français.

« Dans ces grandes circonstances, ma première pensée a été de vous appeler près de moi. Mon cœur a besoin de la présence et de l'affection de mes sujets.

« Je n'ai pas été séduit par la prospérité. L'adversité me trouverait au-dessus de ses atteintes.

« J'ai plusieurs fois donné la paix aux nations lorsqu'elles avaient tout perdu. D'une part de mes conquêtes j'ai élevé des trônes pour des rois qui m'ont abandonné.

« J'avais conçu et exécuté de grands desseins pour la prospérité et le bonheur du monde!.. Monarque et père, je sens ce que la paix ajoute à la sécurité des trônes et à celle des familles.

« Des négociations ont été entamées avec les puissances coalisées. J'ai adhéré aux

Berlin; c'était l'homme vivement secoué par l'infortune et battu par la tempête. Qu'il dut lui en coûter, à lui, si fier, si grand, de tenir un langage grave encore, mais qui ne répondait plus aux joies et aux espérances de la nation! Il y avait deux ans à peine qu'il annonçait les merveilles de son règne : les nations abaissées, les trônes soumis; que de souffrances ne dut-il pas éprouver! Que de douleurs intimes dans cette âme de feu! Pitié pour lui, car il est bien malheureux; c'est le géant couché par terre, c'est l'arbre de la montagne que la tempête a brisé, c'est l'aigle blessé qui jette encore son œil éclatant sur le chasseur qui veut le saisir; le sentiment moral de son abaissement l'étouffe, sa voix a quelque chose de creux; elle vient des entrailles et du foie. Il y a mille morts dans cette souffrance.

Le conseil privé avait décidé une mesure d'après l'inspiration de M. de Talleyrand. Puisqu'on voulait rendre la guerre nationale, le moyen le plus simple, le plus sûr, c'était de faire connaître l'état des négociations et d'en communiquer toutes les pièces au Sénat et au Corps législatif, afin de les associer aux résolutions de la patrie; le but de cette mesure était, en se rapprochant des formes du parlement d'Angleterre, d'imprimer un carac-

---

bases préliminaires qu'elles ont présentées. J'avais donc l'espoir qu'avant l'ouverture de cette session le congrès de Mannheim serait réuni; mais de nouveaux retards, qui ne sont pas attribués à la France, ont différé ce moment, que presse le vœu du monde.

« Rien ne s'oppose de ma part au rétablissement de la paix. Je connais et je partage tous les sentiments des Français : je dis des Français, parce qu'il n'en est aucun qui désire la paix au prix de l'honneur.

» Sénateurs, conseillers d'État, députés des départements au Corps législatif, vous êtes les organes naturels de ce trône : c'est à vous de donner l'exemple d'une énergie qui recommande notre génération aux générations futures. Qu'elles ne disent pas de nous : Ils ont sacrifié les premiers intérêts du pays! ils ont reconnu les lois que l'Angleterre a cherché en vain pendant quatre siècles à imposer à la France!

« Mes peuples ne peuvent pas craindre que la politique de leur Empereur trahisse jamais la gloire nationale. De mon côté j'ai a confiance que les Français seront constamment dignes d'eux et de moi! »

tère patriotique à la défense de l'Empire : des commissions extraordinaires de cinq membres devaient se rendre auprès de l'archi-chancelier pour prendre connaissance des documents relatifs aux négociations de Francfort, sur lesquelles la paix pouvait être établie [1]. Appelé à développer les motifs qui portaient le souverain à ces actes de franchise envers les pouvoirs, M Regnauld invoqua les grandes sympathies du pays avec un extrême entraînement d'expression. L'Empereur ne fut pas content de ce discours, et en fit supprimer dans le *Moniteur* les phrases les plus saillantes ; c'était son habitude : le soir, en lisant l'épreuve, Napoléon retranchait les phrases en dehors de sa politique, quelquefois il en substituait d'autres, et nul n'osait se plaindre [2].

Le Sénat désigna MM. de Talleyrand, de Saint-Marsan, Beurnonville, Barbé-Marbois et de Fontanes pour ses commissaires, tous hommes considérables, plus ou moins initiés aux affaires publiques. M. de Talleyrand se mêla très activement à cette commission ; il s'y posa comme le partisan, et je dirai presque la victime de la paix ; il fit entendre que si les négociations étaient bien menées, on pourrait obtenir un traité ; puis, montrant une certaine confiance en M. de Caulaincourt, il ajouta « que le nouveau ministre pouvait parfaitement convenir à une négociation dans laquelle

---

Décret du 20 décembre 1813.

« Art. 1er. Le Corps législatif nommera une commission extraordinaire de cinq membres.

« 2. Chaque membre sera nommé par un scrutin séparé et à la majorité absolue des voix.

« 3 Le président du Corps législatif sera de droit membre de cette commission, indépendamment des membres élus au scrutin.

« 4. Lorsque la nomination de la commission sera terminée, le président du Corps législatif nous le fera connaître par un message. »

[1] Voici les phrases qui furent supprimées dans le discours de M. Regnauld au Corps législatif :

« Dans cette communication, Messieurs, que les députés du Corps législatif ne voient aucune défiance sur la sincérité des intentions manifestées par les alliés en fa-

l'empereur Alexandre devait nécessairement jouer le premier rôle. »

Le rapport de M. de Fontanes se ressent de l'esprit éminent de la commission sénatoriale : M. de Fontanes ose l'éloge de M. de Metternich ; il n'attaque pas l'Autriche, comme l'a fait M. Maret, d'une manière brusque, intempestive. Ce n'est pas une commission de brouillons et de belliqueuses nullités : M. de Talleyrand est placé là pour répondre aux opinions de M. de Metternich ; M. de Fontanes pour l'empereur Alexandre ; MM. de Saint-Marsan et de Beurnonville pour la Prusse ; M. Barbé-Marbois pour l'Angleterre. M. de Fontanes, avec sa parole admirative et mesurée, invoque tour à tour les véritables intérêts des empereurs de Russie et d'Autriche ; mais ce qu'il y a de plus remarquable dans ce rapport, ce sont des éloges pour Bernadotte ; c'était de la politique habile. Le Sénat veut arriver à la paix par des voies sûres, rationnelles, infaillibles. « Quand on jette les yeux sur cette coalition, formée d'éléments qui se repoussent, dit M. de Fontanes, quand on voit le mélange fortuit et bizarre de tant de peuples que la nature a fait rivaux ; quand on songe que plusieurs, par des alliances peu réfléchies, s'exposent à des dangers qui ne sont point une chimère, on ne peut croire qu'un pareil assemblage d'intérêts si divers ait une

veur de la paix, mais bien l'intention exprimée par S. M. d'unir ses sentiments, sa volonté, aux sentiments, aux désirs connus de ses peuples.

« Ce ne sont pas les inutiles efforts, les stériles débats d'une négociation rompue, mais les préliminaires proposés par les ennemis, les bases acceptées par la France d'une négociation préparée et résolue, qui vont être portés à votre connaissance.

« C'est donc à des espérances et non à des regrets que S. M. veut vous associer par cette honorable communication.

« Depuis que, rapprochée de nos frontières, la ligne d'opérations des puissances alliées s'est étendue ; depuis que le dévouement généreux des Français, leur résolution de défendre leur territoire s'est si honorablement manifestée ; depuis qu'une levée puissante a été proposée, ordonnée, effectuée avec promptitude, les souverains ennemis ont proclamé, sinon d'une manière

longue durée. N'aperçois-je pas au milieu des rangs ennemis ce prince né avec tous les sentiments français dans le pays où ils ont peut-être le plus d'activité? Le guerrier qui défendit autrefois la France ne peut demeurer longtemps contre elle! » Voilà donc l'éloge de Bernadotte! M. de Fontanes ajoute : « Rappelons-nous encore qu'un monarque du Nord, et le plus puissant de tous, mettait naguère au nombre de ses titres de gloire l'amitié du grand homme qu'il combat aujourd'hui. Nos regards tombent avec confiance sur cet empereur que tant de nœuds joignent au nôtre, qui nous fit le plus beau don dans une souveraine chérie, et qui voit dans son petit-fils l'héritier de l'Empire français. Avec tant de motifs pour s'entendre et se réunir, la paix est-elle si difficile? Qu'on fixe tout-à-l'heure le lieu des conférences; que les plénipotentiaires s'avancent de part et d'autre avec la noble volonté de pacifier le monde; que la modération soit dans les conseils ainsi que dans le langage. Le moment est décisif. Les étrangers tiennent un langage pacifique ; mais quelques-unes de nos frontières sont envahies et la guerre est à nos portes. Trente-six millions d'hommes ne peuvent trahir leur gloire et leur destinée. La France a reçu quelques atteintes; mais elle est loin d'être abattue : elle peut être fière de ses

officielle, du moins assez solennellement pour qu'on ajoute foi à l'écrit qui a été publié en leur nom, des sentiments de modération et de justice, le désir d'une paix durable et équitablement garantie.

« Loin de nous l'idée que de telles ouvertures puissent jamais être repoussées, écoutées même avec indifférence, ni par le souverain, ni par la nation! Le monarque qui a donné tant de fois la paix après la victoire, qui l'a signée au milieu du territoire et jusque dans les capitales conquises de ses ennemis, la nation qui a toujours applaudi à sa générosité trouve dans le passé de nobles motifs de croire au présent. Nous avons naguère offert la paix avec assez de générosité pour avoir le droit d'y accéder avec honneur.

« Loin de nous également la pensée que ces paroles de paix ne soient pas sincères, ni qu'il n'y ait rien de décevant dans la manifestation de ces consolantes intentions!

« Toutefois, messieurs, et en nous li-

blessures comme de ses triomphes passés. Le découragement dans le malheur serait encore plus inexcusable que la jactance dans le succès. Ainsi donc, en invoquant la paix, que les préparatifs militaires soient partout accélérés et soutiennent la négociation. Rallions-nous autour de ce diadème où l'éclat de cinquante victoires brille à travers un nuage passager. La fortune ne manque pas longtemps aux nations qui ne se manquent pas à elles-mêmes. Cet appel à l'honneur national est dicté par l'amour même de la paix, de cette paix, qu'on n'obtient point par la faiblesse, mais par la constance; de cette paix enfin, que l'Empereur, par un nouveau genre de courage, promet d'accorder au prix de grands sacrifices. Nous avons la douce confiance que ses vœux et les nôtres seront réalisés, et que cette brave nation, après de si longues fatigues et tant de sang répandu, trouvera le repos sous les auspices d'un trône qui eut assez de gloire, et qui ne veut plus s'entourer que des images de la félicité publique. »

Ainsi le Sénat prenait position vis-à-vis de l'Empereur et de l'Europe, soit pour traiter avec les alliés, soit pour soutenir le souverain qui guidait les légions de la France; avec ces hommes habiles, rien n'était imprudemment engagé. Ce rapport fut suivi d'une adresse que le Sénat en

vrant aux plus justes espérances, écoutons les conseils de la sagesse, persévérons dans les mesures de la prévoyance.

« Si, comme j'aime à le croire, les paroles de nos ennemis n'ont rien de fallacieux, si elles sont l'expression de leurs sentiments, de leurs résolutions, nos résolutions, nos sentiments seront les mêmes. Les mesures de la prudence n'ont rien de redoutable : elles assurent, au lieu d'éloigner, les résultats heureux auxquels on aspire.

« Nous aurons alors la paix que veut l'Europe, la paix dont parlent les souverains alliés, la paix telle que nous l'avons toujours offerte, la paix qui peut seule n'être pas une trêve trompeuse, mais donner une sécurité durable; la paix enfin qui, stipulée par la modération, garantie par l'égalité, et comme l'antiquité la représente, appuyée d'une main sur la justice et de l'autre sur la force, assurera les droits de tous les peuples ! »

corps vint porter à Napoléon : on le remerciait de ses communications diplomatiques et des mesures qu'il avait prises pour assurer la paix ; l'énergie des Français repousserait les ennemis; les empires comme les hommes avaient leurs jours de deuil; dans les grandes circonstances on reconnaissait les grandes nations. « Nous combattrons pour notre chère patrie, entre les tombeaux de nos pères et les berceaux de nos enfants. Sire, obtenez la paix par un dernier effort digne de vous et des Français, et que votre main, tant de fois victorieuse, laisse échapper ses armes après avoir signé le repos du monde. »

Cette harangue pleine de dignité prépara une réponse de l'Empereur, modérée, grave, comme les circonstances mêmes. « Sénateurs, disait le prince au Sénat, je suis sensible aux sentiments que vous m'exprimez. Vous avez vu par les pièces que je vous ai fait communiquer, ce que je fais pour la paix, les sacrifices que comportent les bases préliminaires que m'ont proposées les ennemis et que j'ai acceptées; je les ferai sans regret; ma vie n'a qu'un but, le bonheur des Français. Cependant le Béarn, l'Alsace, la Franche-Comté, le Brabant sont entamés. Les cris de cette partie de ma famille me déchirent l'âme! J'appelle les Français au secours des Français! J'appelle les Français de Paris, de la Bretagne, de la Normandie, de la Champagne, de la Bourgogne et des autres départements au secours de leurs frères! Les abandonnerons-nous dans leur malheur? Paix et délivrance de notre territoire! doit être notre cri de ralliement. A l'aspect de tout ce peuple en armes, l'étranger fuira; on signera la paix sur les bases qu'il a lui-même posées. Il n'est plus question de recouvrer les conquêtes que nous avions faites. »

Le Sénat s'associait ainsi avec énergie et modération à l'esprit de l'Empire dans les expressions d'une grande convenance, tandis que les députés formulaient leur opposition en termes aigres et menaçants. L'esprit des assemblées bourgeoises est généralement étroit; le Corps législatif, depuis si longtemps muet, était appelé à délibérer sur les affaires publiques; il ne sut pas garder une juste mesure comme le Sénat : le premier jour d'indépendance pour un corps longtemps asservi est généralement une saturnale.

La commission des députés se composait de MM. Lainé, Flaugergues, Gallois, Maine de Biran et Raynouard, sous la présidence de M. Régnier; tous ces membres, nommés à une grande majorité, représentaient les différentes nuances d'opposition; esprits un peu prévenus et passionnés, ignorants des affaires publiques comme la généralité des assemblées, tous désiraient prendre la couleur d'opposition parlementaire. La commission s'assembla chez Cambacérès en présence de M. Régnier[1], désigné pour la présidence. Là s'échangèrent des paroles de colère; on récrimina d'une façon vive, injurieuse; M. Raynouard, méridional et violent, parla contre l'Empire et Napoléon, et comme M. Régnier déclarait que ce que disait M. Raynouard était inconstitutionnel, M. Flaugergues s'écria : « S'il y a quelque chose d'inconstitutionnel ici, c'est votre présidence. » Apostrophe adressée

---

[1] *Lettre de Napoléon à M. Régnier.*

« M. le duc de Massa, président du Corps législatif, nous vous adressons la présente lettre close pour vous faire connaître que notre intention est que vous vous rendiez demain, 24 du courant, heure de midi, chez notre cousin le prince archi-chancelier de l'Empire, avec la commission nommée hier par le Corps législatif en exécution de notre décret du 20 de ce mois, laquelle est composée des sieurs Raynouard, Lainé, Gallois, Flaugergues et Biran, et ce à l'effet de prendre connaissance des pièces relatives à la négociation ainsi que de la déclaration des puissances coalisées, qui seront communiquées par le comte Regnauld, ministre d'État, et le comte d'Hauterive, conseiller d'État, attaché à l'office des relations extérieures, lequel sera porteur desdites pièces et déclaration.

« Notre intention est aussi que notre dit cousin préside la commission.

« La présente n'étant à d'autres fins, etc. »
A Paris, ce 23 décembre 1813.
Napoléon.

à l'acte du Sénat qui donnait à l'Empereur le choix du président. Ces conférences préparèrent un rapport destiné au Corps législatif ; la commission désigna M. Lainé pour rédacteur, et M. Raynouard se chargea de la lecture. Ce rapport n'a rien de remarquable ; on y expose l'histoire des négociations de Francfort dans un style généralement terre-à-terre ; seulement de temps à autre quelques phrases visent à l'opposition : on y dit : « que l'adversité est le véridique conseil des rois » ; insulte indirectement adressée à l'Empereur [1].

La commission, sans motif et sans but au milieu des périls de la patrie, demandait le maintien des lois et des garanties : « Il paraît donc indispensable, ajoutait M. Lainé, qu'en même temps que le gouvernement proposera les mesures les plus promptes pour la sûreté de l'État, Sa Majesté soit suppliée de maintenir l'entière et constante exécution des lois qui garantissent aux Français les droits de la liberté, de la sûreté, de la propriété, et à la nation le libre exercice de ses droits politiques. Cette garantie a paru le plus efficace moyen de rendre aux Français l'énergie nécessaire à leur propre défense. Ces idées nous ont été suggérées par le désir et le besoin de lier intimement le trône et la nation, afin de réunir leurs efforts contre l'anarchie, l'arbitraire et les ennemis de notre patrie. »

[1] On s'étonnera que ce rapport de M. Lainé ait produit tant d'effet ; il est fort insignifiant, mais alors c'était beaucoup. *Extrait du rapport fait au Corps législatif au nom de la commission extraordinaire, par M. Lainé. Séance du 28 décembre* 1813.

« D'après les bases générales contenues dans les déclarations, les vœux de l'humanité pour une paix honorable et solide sembleraient bientôt pouvoir se réaliser. Elle serait honorable, car pour les nations comme pour les individus, l'honneur est dans le maintien de ses droits et dans le respect de ceux des autres. Cette paix serait solide, car la véritable garantie de la paix est dans l'intérêt qu'ont toutes les puissances contractantes d'y rester fidèles.

« Qui peut donc en retarder les bienfaits ? Les puissances coalisées rendent à l'Empereur l'éclatant témoignage qu'il a adopté des bases essentielles au rétablissement de

Cette adresse considérée comme un acte de courage (car un peu de liberté était alors du courage), fut donc lue en comité secret et adoptée à une majorité imposante; des copies en furent prises par les députés, et envoyées à leurs commettants. Après les jours de tyrannie, lorsqu'une lueur d'indépendance se montre à un pays, on met de l'importance aux plus petites choses, et cette adresse qui, au fond, n'a rien de très élevé et d'énergique, fut dénoncée à l'Empereur comme un acte de rébellion : en effet, ne lui disait-on pas, à lui : « que l'adversité lui donnait des conseils; » il ne les avait donc pas suivis en temps de prospérité? On lui demandait des garanties alors qu'il croyait la dictature nécessaire. Aux yeux de Napoléon là était le véritable attentat; fier et hautain, il méprisait ces hommes si petits qui semblaient profiter de ses malheurs pour les lui jeter au visage, comme le crachat des Juifs au Christ.

Aussi l'adresse dénoncée au conseil d'État fut-elle supprimée; on en défendit l'impression, et, par un acte de haute dictature, le Corps législatif fut dissout. On prit pour prétexte la fin du mandat pour quelques-uns des députés; au fond, c'était un acte de colère et de pouvoir : le dictateur voulait être obéi dans les périls de la patrie. La dissolution du Corps légis-

l'équilibre et de la tranquillité de l'Europe. Nous avons pour premiers garants de ses desseins pacifiques, et cette adversité, véridique conseil des rois, et le besoin des peuples hautement exprimé, et l'intérêt même de la couronne.

« A ces garanties, peut-être croirez-vous utile de supplier S. M. d'ajouter une garantie plus solennelle encore.

« Si les déclarations des puissances étrangères étaient fallacieuses, si elles voulaient nous asservir, si elles méditaient le déchirement du territoire sacré de la France, il faudrait pour empêcher notre patrie d'être la proie de l'étranger, rendre la guerre nationale. Mais, pour opérer plus sûrement ce beau mouvement qui sauve les empires, n'est-il pas désirable d'unir étroitement et la nation et son monarque?

« C'est un besoin d'imposer silence aux ennemis sur leurs accusations d'agrandissement, de conquête, de prépondérance alarmante. Puisque les puissances coalisées ont cru devoir rassurer les nations par des protestations publiquement publiées, n'est-il pas digne de S. M. de les éclairer par des

latif fit un sinistre effet à Paris et dans les départements; quand on vit les portes du palais gardées par la gendarmerie, les souvenirs se reportèrent volontiers au 18 brumaire : on voulait éviter un mal, on en fit un plus grand. Ce rapport dont on empêchait l'impression fut copié et transmis dans les départements; le coup-d'état retentit, comme un prélude de toute espèce de violence ; le dernier crédit de l'Empereur sur l'opinion se perdit et s'abîma. Il eut d'abord l'idée de proscrire et d'arrêter tous les membres de la commission, de les jeter à Vincennes, ou même de leur faire un plus mauvais parti ; les ardents le lui conseillaient. Mais quand le despotisme est à sa fin, la violence l'use et avance sa mort; c'est le vieillard aux vives passions, le premier excès l'emporte.

Une circonstance se présenta bientôt, et l'Empereur put exprimer sa colère. Le premier jour de l'année 1814, les corps politiques accouraient à son audience; les Tuileries étaient tristes comme l'atmosphère de janvier. Il reçut et accueillit chacun avec un caractère grave et solennel, comme s'il sentait le mal sur lequel on venait porter la main; lorsqu'il vit un groupe de députés réunis, il s'avança vers eux d'un pas précipité, les toisant de son œil fauve et ardent, puis il leur lança ces paroles saccadées:

déclarations solennelles sur les desseins de la France et de l'Empereur ?

« Lorsque ce prince à qui l'histoire a conservé le nom de grand, voulut rendre de l'énergie à ses peuples, il leur révéla tout ce qu'il avait fait pour la paix, et ses hautes confidences ne furent pas sans effet.

« Afin d'empêcher les puissances coalisées d'accuser la France et l'Empereur de vouloir conserver un territoire trop étendu, dont elles semblent craindre la prépon-

dérance, n'y aurait-il pas une véritable grandeur à les désabuser par une déclaration formelle ?

« Il ne nous appartient pas sans doute d'inspirer les paroles qui retentiraient dans l'univers ; mais pour que cette déclaration eût une influence utile sur les puissances étrangères, pour qu'elle fît sur la France l'impression espérée, ne serait-il pas à désirer qu'elle proclamât à l'Europe et à la France la promesse de ne continuer la guerre que pour l'indépendance du peuple

« Vous pouviez faire beaucoup de bien et vous n'avez fait que du mal. Les onze douzièmes d'entre vous sont bons, les autres sont des factieux. Qu'espérez-vous en vous mettant en opposition? vous saisir du pouvoir? Mais quels étaient vos moyens? êtes-vous représentants du peuple? Je le suis moi (et ici Napoléon fit un geste violent), je le suis moi! entendez-vous? Quatre fois j'ai été appelé par la nation, et quatre fois j'ai eu les votes de cinq millions pour moi. J'ai un titre et vous n'en avez pas; vous n'êtes que les députés des départements de l'Empire. » Napoléon répétait ici l'idée fondamentale de sa note de Valladolid sur la théorie des pouvoirs, et il continua : «Qu'auriez-vous fait dans les circonstances actuelles, où il s'agit de repousser l'ennemi? Auriez-vous commandé les armées? auriez-vous eu assez de force pour supporter le poids des factions? Elles vous auraient écrasés et vous auriez été anéantis par le faubourg Saint-Antoine et le faubourg Saint-Marceau (et il montra du doigt les deux faubourgs, et son œil s'enflamma de nouveau). Députés, auriez-vous été plus puissants que l'assemblée Constituante et la Convention? Que sont devenus les Guadet et les Vergniaud? ils sont morts, et votre sort eût été bientôt le même. Comment avez-vous pu voter une adresse pareille

français et l'intégrité de son territoire? Cette déclaration n'aurait-elle pas dans l'Europe une irrécusable autorité?

« Lorsque S. M. aurait ainsi en son nom et en celui de la France répondu à la déclaration des alliés, on verrait d'une part, des puissances qui protestent qu'elles ne veulent pas s'approprier un territoire par elles reconnu nécessaire à l'équilibre de l'Europe, et de l'autre, un monarque qui se déclarerait animé de la seule volonté de défendre ce même territoire.

« Que si l'empire français restait seul fidèle à ces principes libéraux, que les chefs des nations de l'Europe auraient pourtant tous proclamés, la France alors, forcée par l'obstination de ses ennemis à une guerre de nation et d'indépendance, à une guerre reconnue juste et nécessaire, saurait déployer pour le maintien de ses droits l'énergie, l'union et la persévérance dont elle a déjà donné d'assez éclatants exemples. Unanime dans son vœu pour obtenir la paix, elle le sera dans ses efforts pour la conquérir, et elle montrera encore au monde qu'une grande nation peut tout ce qu'elle veut lorsqu'elle ne veut que ce qu'exigent son honneur et ses justes droits.»

à la vôtre? Dans un moment où les ennemis ont entamé une partie de votre territoire, vous cherchez à séparer la nation de moi! Ne savez-vous pas que c'est à moi seul qu'on fait la guerre? Certes, il est honorable de voir diriger contre moi les efforts de nos ennemis; ils savent bien que s'ils me renversaient, ils pourraient avoir de grands avantages sur la nation, une fois qu'elle serait séparée de son chef, et, loin de voir ce qui ne pouvait échapper aux hommes les moins clairvoyants, vous avez servi nos ennemis! vous les avez servis! »

Ici l'Empereur s'arrêta au milieu du plus grand silence; les députés étaient muets, nul ne jeta une parole : alors, tout rouge de colère, le cœur bouillonnant, il reprit : « Je sais tout; votre commission a été conduite par l'esprit de la Gironde et d'Auteuil (il voulait signaler les royalistes et les républicains, MM. Lainé et Destutt-Tracy). M. Lainé est un conspirateur, un agent de l'Angleterre, avec laquelle il est en correspondance par l'intermédiaire de l'avocat Desèze; les autres sont des factieux. Je suivrai de l'œil M. Lainé, c'est un méchant homme [1]. Que vous a donc fait cette France pour lui vouloir tant de mal? Vous exigez de moi ce que n'exigent pas les alliés. S'ils me demandaient la Champagne, vous voudriez que je leur donnasse la Brie. Votre rapport est rédigé avec une astuce et des intentions perfides dont vous ne vous doutez pas. Deux batailles perdues en Champagne eussent fait moins de mal. Vous pouviez faire tant de bien! j'attendais de vous des consolations. Quoique j'aie reçu de la nature un caractère fort et fier, oui, j'avais besoin de consolations. J'ai sacrifié mes passions, mon ambition, mon orgueil au bien de la France. Je croyais que vous m'en sauriez quelque gré, et lors-

[1] M. Lainé fut le plus honnête et le plus intègre des hommes d'État.

que j'étais disposé à faire tous les sacrifices, j'espérais que vous m'engageriez à ne pas faire ceux qui ne seraient point compatibles avec l'honneur de la nation. Loin de là, dans votre rapport, vous avez mis l'ironie la plus sanglante à côté des reproches. Vous dites que l'adversité m'a donné des conseils salutaires : comment pouvez-vous me reprocher mes malheurs? Je les ai supportés avec honneur, parce que j'ai un caractère fort et fier, et si je n'avais pas cette fierté dans l'âme, je ne me serais point élevé au premier trône de l'univers. »

Le souverain impérieux fit quelque pas au milieu du groupe ; puis reprenant avec sa volubilité italienne[1] : « Oui, j'avais besoin de consolations, et je les attendais de vous. Vous avez voulu me couvrir de boue ; mais je suis de ces hommes qu'on tue et qu'on ne déshonore pas. Était-ce avec de pareils reproches que vous prétendiez relever l'éclat du trône? Qu'est-ce que le trône, au reste? Quatre morceaux de bois dorés, revêtus d'un morceau de velours! Le trône est dans la nation, et l'on ne peut me séparer d'elle sans lui nuire, car la nation a plus besoin de moi que je n'ai besoin d'elle. Que ferait-elle sans guide et sans chef? Je vous le répète, votre rapport était fait dans des intentions perfides. Je le garde pour le faire imprimer un jour et apprendre à la postérité ce que vous avez fait. S'il circule dans les départements, à votre honte, je le ferai imprimer dans le *Moniteur* avec des notes, et je ferai voir dans quelles vues il était rédigé. Lorsqu'il s'agit de repousser l'ennemi, vous demandez des institutions ! comme si nous n'avions pas d'institutions ! N'êtes-vous pas contents de la Constitution? il y a quatre ans qu'il fallait en demander une

---

[1] Cette sortie de Napoléon a été tachygraphiée par un témoin oculaire; je la rapporte avec toute exactitude.

autre. Était-ce dans ce moment qu'il fallait la présenter, cette demande? Vous voulez donc imiter l'assemblée Constituante, et recommencer une révolution? Mais je ne ressemblerai pas à Louis XVI; j'abandonnerai le trône, et j'aimerais mieux faire partie du peuple souverain que d'être roi esclave.»

La colère était parvenue à son paroxisme; tour à tour trivial et grandiose, au milieu de ces ardents reproches, il voulut cependant regagner les cœurs par quelques paroles flatteuses; il ajouta donc avec un accent radouci: « Vous avez été entraînés par l'esprit de faction, quoique les onze douzièmes de votre corps soient de bons citoyens, et retournent dans leurs départements avec toute ma confiance. Je sais comment se conduisent les grandes assemblées: un individu se met à droite, un second à gauche, un troisième au milieu, et les factions s'agitent et entraînent la majorité. C'est ainsi que vous avez été conduits. Vous avez nommé cinq membres de votre commission à la commission des finances, comme s'il n'y avait que ces cinq membres-là au Corps législatif. Vous avez repoussé ceux qui tenaient à la cour, au gouvernement; et pourquoi? Vous n'avez pas voulu de celui-ci parce qu'il était procureur-général; de celui-là parce qu'il était de la Cour des comptes; c'étaient pourtant de bons Français, et vous leur avez préféré des factieux. On est venu vous dire qu'avant de combattre il fallait savoir si l'on avait une patrie; on ne trouvait donc de patrie que là où régnait l'anarchie? Moi aussi, je suis sorti du milieu du peuple, et je sais les obligations que j'ai contractées. Vous parlez d'abus, de vexations. Je sais comme vous qu'il y en a eu; cela dépend des circonstances et du malheur des temps. Mais fallait-il mettre toute l'Europe dans le secret de nos affaires?

Messieurs! messieurs! c'est du linge sale qu'il fallait laver en famille et non sous les yeux du public. Dans tout ce que vous dites il y a la moitié de faux; l'autre moitié est vraie. Que fallait-il faire? me communiquer confidentiellement tout ce qui était à votre connaissance, département par département, individu par individu : je vous aurais mis en rapport avec mes ministres, mes conseillers d'État; nous aurions tout examiné en famille; j'aurais été reconnaissant des renseignements que vous m'auriez donnés, et j'aurais fait punir les dilapidateurs; je ne les aime pas plus que vous. Mais dans vos plaintes il y a de l'exagération. M. Raynouard a dit, par exemple, que le maréchal Masséna avait pillé la maison de campagne d'un citoyen de Marseille. M. Raynouard en a menti. »

Il dit cela avec un geste extravagant en désignant du doigt un ami de M. Raynouard : « Le citoyen dont il parle est venu se plaindre au ministère de l'intérieur de ce que sa maison, où logeait le maréchal Masséna, était occupée par le quartier-général pendant un temps plus long que ne le permettaient les lois. Il ne s'est pas plaint d'autre chose, et comme le quartier-général ne pouvait pas être établi ailleurs, je lui ai fait donner une indemnité. Je vous le dis, il y a de l'exagération dans vos plaintes. Les onze douzièmes de votre corps retourneront dans leurs départements avec ma confiance tout entière. Qu'ils disent que je veux sincèrement la paix, que je la désire autant que vous, que je ferai tous les sacrifices pour la donner à la France qui en a besoin. Dans trois mois nous aurons la paix; les ennemis seront chassés de notre territoire, ou je serai mort! Je serai mort! Oui, messieurs, je serai mort! (Il porta la main à son front trempé de sueur.) Nous avons plus de ressources que vous ne pensez. Les ennemis ne nous ont jamais vaincus; ils ne nous vaincront point et ils seront chassés plus promptement qu'ils ne sont venus. Les habitants de l'Alsace et de la Franche-Comté ont un meilleur esprit que vous; ils demandent des armes, je leur en fais donner : je leur envoie des aides-de-camp pour les conduire en partisans. Retournez dans vos départements, je ferai assembler les collèges électoraux et compléter le Corps législatif[1]. »

Il y avait quelque chose de vrai et surtout de grandiose dans cette déclamation; si les reproches étaient justes, était-il politique de faire de telles scènes aux députés qui retournaient dans les départements; qu'allaient-ils rapporter à leurs commettants? Mieux valait ne point réunir le Corps législatif et agir en vertu de sa dictature pour les actes de souveraineté, que de le rassembler pour le dissoudre ensuite. Napoléon ne se tenait plus d'indignation; il étouffait de colère sur la tiédeur du patriotisme; il ne pouvait concevoir que les députés de la France pussent se refuser à un mouvement de résistance et cela pour reclamer la liberté de tribune! Que serait-il résulté si, en 1814, le Corps législatif eût recouvré la parole perdue depuis le Consulat? Cette assemblée aurait-elle donné l'appui du peuple à Napoléon? Avait-elle une force et une origine démocratique? On ne s'inquiétait pas le moins du monde, dans les faubourgs, du Corps législatif, et parmi les masses qu'il fallait appeler à la défense de la France. L'Empereur était bien loin de ces idées de peuple; son esprit se

---

[1] *Décret du 31 décembre* 1813.
« Considérant que les députés de la troisième série du corps législatif cessent d'avoir leurs pouvoirs aujourd'hui 31 décembre, et qu'ainsi le Corps législatif serait désormais incomplet; nous avons décrété et décrétons ce qui suit:

« 1. Le Corps législatif est ajourné.
« 2. Notre ministre de l'intérieur nous proposera, sans délai, les mesures nécessaires pour la réunion des collèges électoraux des trois séries qui doivent renouveler leur liste. »

montrait de plus en plus monarchique; tout respirait les vieilles formes sociales.

Il met en activité la garde nationale de Paris, après en avoir discuté l'institution six jours en conseil d'État[1]: croyez-vous qu'il la compose d'hommes énergiques, de chefs populaires qui pourraient lui donner cette action puissante des jours de la Révolution française? Si l'on en excepte le vieux maréchal Moncey, on ne trouve en majorité que des noms nobiliaires sans crédit dans les faubourgs; ici, le comte de Montesquiou, chambellan; là, le comte de Montmorency, écuyer; M. Albert de Brancas, M. de Lariboissière, de Maussion; parmi les chefs de légions on cite MM. de Gontaut-Biron, Regnauld de Saint-Jean-d'Angély, Jaubert, de Brévannes, de Murinais, de Champagny, de Choiseul-Praslin[1]; quel est celui de ces noms qui peut parler aux masses? quelle sympathie excitent-ils pour imprimer un mouvement révolutionnaire? Aucune; pour Napoléon la garde nationale est comme une espèce de garde du palais; il a peur des idées de 1791; il craint de réveiller le souvenir de la Bastille et les mouvements du peuple.

D'autres mesures sont prises dans l'intérêt de sa dic-

---

[1] *Décret du 8 janvier 1814.*
« 1. La garde nationale de notre bonne ville de Paris est mise en activité.
« 2. L'Empereur la commande en chef.
« 3. L'état-major-général est composé d'un major-général, commandant en second, de quatre aides-majors-généraux, de quatre adjudants-commandants et de huit adjoints-capitaines.
« 4. La garde nationale de Paris se compose d'une légion par arrondissement; chaque légion, de quatre bataillons, et chaque bataillon de cinq compagnies, dont une de grenadiers et quatre de fusiliers.
« 5. Chaque légion est commandée par un colonel et un adjudant-major. L'adjudant-major est choisi parmi des officiers en retraite. Chaque bataillon est commandé par un chef de bataillon et un adjudant. »

[2] *Décret du 8 janvier 1814, portant nomination des officiers d'état-major de la garde nationale de Paris.*
« 1. Sont nommés: *major-général*, commandant en second, le maréchal duc de Conégliano; *aides-majors-généraux*, le général de division comte Hulin, le comte Bertrand, grand maréchal, le comte de Montesquiou, grand chambellan; *adjudants-commandants*, le baron Laborde, adjudant-commandant de la place de Paris,

MESURES DICTATORIALES (JANVIER 1814). 531

tature souveraine ; des commissaires extraordinaires sont envoyés dans les départements ; en vain on chercherait parmi eux les hommes forts des grands jours de la Convention nationale, ces proconsuls sanglants qui remuaient le sol de la République pour marcher contre l'étranger ; les commissaires extraordinaires, tous sénateurs, sont des hommes sur lesquels l'Empereur peut compter dans chaque division militaire [1]; le vieux général Beurnonville est destiné pour Mézières ; à Metz, le sénateur Chazet ; à Nancy, M. Colchen ; à Strasbourg, M. Rœderer ; à Besançon, M. de Valence ; à Grenoble, M. de Saint-Vallier ; à Toulon, l'amiral Gantheaume ; à Montpellier, M. Pelet ; à Toulouse, le général Caffarelli ; à Bordeaux, le sénateur Garnier ; à La Rochelle, M. Boissy d'Anglas ; à Rennes, M. Canclaux ; à Caen, M. Latour-Maubourg ; à Rouen, M. de Montesquiou ; à Lille, M. de Villemanzy ; à Dijon, M. de Ségur ; à Lyon, M. Chaptal ; à Périgueux, M. Cochon. Il est même une place pour M. de Sémonville à Bourges ; à Tours, M. Lecoulteux ; à Bruxelles, M. Pontécoulant ; à Liége, le savant Monge. Ces commissaires extraordinaires sont chargés de maintenir l'esprit public, d'organiser les gardes nationales,

le comte Albert de Brancas, le comte Germain, le sieur Tourton ; *adjoints-capitaines*, le comte Lariboissière, le chevalier Adolphe de Maussion, les sieurs Montbreton fils, Collin fils jeune, Lecardier fils, Lemoine fils, Gardon fils, Malet fils.

« 2. Sont nommés chefs de légion : le comte de Gontaut, le comte Regnauld de Saint-Jean d'Angély, baron Hottinguer, le comte Jaubert, le sieur d'Auberjon de Marinais, le sieur Dufraguier, le sieur Lefleur de Brevannes, le sieur Richard le Noir, le sieur Devins de Gaville, le duc de Cadore, le comte de Choiseul-Praslin, le sieur Salleron.»

[1] *Décret du 25 décembre* 1813.

« 1. Il sera envoyé des sénateurs ou conseillers d'État dans les divisions militaires, en qualité de nos commissaires extraordinaires. Ils seront accompagnés de maîtres de requêtes ou d'auditeurs.

« 2. Nos commissaires extraordinaires sont chargés d'accélérer, 1º les levées de la conscription ; 2º l'habillement, l'équipement et l'armement des troupes ; 3º le complétement et l'approvisionnement des places ; 4º la rentrée des chevaux requis pour le service de l'armée ; 5º la levée et l'organisation des gardes nationales, conformément à nos décrets.

« 3. Ceux de nosdits commissaires extraordinaires qui seront envoyés dans des pays que menacerait l'ennemi, ordonne-

d'accélérer la conscription. Le Sénat par ses commissaires grandit et devient une puissance d'action dans l'État ; quel rôle sera-t-il appelé à jouer? Au milieu d'une nation épuisée, que peut faire la présence de quelques sénateurs fatigués et vieillis sous tous les régimes ?

La dictature est complète ; Napoléon, de sa propre autorité, impose des contributions extraordinaires pour 1814 ; il double l'impôt foncier et le personnel ; ce qu'il a fait pour 1813, il l'accomplit pour l'année suivante, toujours en vertu de sa force ; propriétaires et fermiers, tous également imposés supporteront la moitié du sacrifice. Il y a des masses d'ouvriers sans ouvrage, Napoléon veut qu'on en forme des régiments de volontaires qui prennent l'engagement de servir jusqu'à ce que l'ennemi quitte le territoire français ; comme sous la Convention on donnera des secours aux veuves, aux enfants des défenseurs de la patrie [1]. Un autre décret active la circulation de l'argent ; Napoléon ordonne que le prêt sur gages aura lieu à tout intérêt et que la loi qui en fixe le taux est abolie. Par un étrange mélange de révolution et de monarchie, on emploie toutes les forces de la France, mais on ne veut pas la

---

ront des levées en masse et toutes autres mesures quelconques nécessaires à la défense du territoire, et commandées par le devoir de s'opposer aux progrès de l'ennemi.

« 4. Nos commissaires extraordinaires sont autorisés à ordonner toutes les mesures de haute police qu'exigeraient les circonstances et le maintien de l'ordre public.

« 5. Ils sont également autorisés à former des commissions militaires, et à traduire devant elles, ou devant les cours spéciales, toutes personnes prévenues de favoriser l'ennemi, d'être d'intelligence avec lui ou d'attenter à la tranquillité publique.

« 6. Ils pourront faire des proclamations et prendre des arrêtés. Lesdits arrêtés seront obligatoires pour tous les citoyens. Les autorités judiciaires, civiles et militaires, seront tenues de s'y conformer et de les faire exécuter. »

[1] *Décret du 15 janvier* 1813.

« 1. Il sera formé des régiments de volontaires composés des ouvriers des manufactures de Paris, Rouen, Amiens, Alençon, Caen, Lille, Reims, Saint-Quentin, Louviers, Elbœuf et autres villes et fabriques des

démocratiser. Que l'ouvrier vienne s'enrégimenter, on le recevra comme soldat; on lui impose les charges de la patrie, sans lui donner les bienfaits de la liberté; l'esprit du gouvernement reste toujours cérémonieux et monarchique; Napoléon a peur des Jacobins.

Pour réparer ce vide de démocratie, la police multiplie les moyens d'action sur les masses; on parle à pleine voix d'une résistance nationale. Sur chaque théâtre on joue des pièces, on chante des couplets de circonstance, et par une bizarrerie inconcevable, ce n'est pas l'énergique esprit républicain que l'on invoque, ni le drapeau tricolore que l'on déploie, mais l'oriflamme fleurdelysé. On prépare même à l'Opéra, pour cette crise, un grand drame sur Charles-Martel où se montrent toutes les pompes chevaleresques : rois, dames, fleurs-de-lys, gentilshommes; ici c'est Raoul, issu d'un noble chevalier, là Charles-Martel qui lève l'oriflamme : « La scène se passe non loin de Poitiers, dans cette plaine où Charles Martel remporta sa mémorable victoire (je rapporte ici le programme). Dans une campagne riante, on voit une chapelle gothique et un tombeau; Raoul est couvert des ombres du trépas. « Sur son destin ne pleurez pas, car il est mort pour la patrie. » Depuis cette mort, trente ans se sont écoulés, une fête se prépare, deux jeunes amants vont devenir époux; la campagne est tranquille; tout à coup un grand désordre se manifeste, on annonce que les

---

1er, 2e, 14e, 15e et 16e divisions militaires, qui se trouvent sans ouvrage.

« 2. Les volontaires qui se présenteront pour entrer dans lesdits corps, contracteront l'engagement de servir jusqu'à ce que l'ennemi ait été chassé du territoire français.

« 3. A compter du jour de leur départ, les femmes et les enfants desdits volontaires recevront un secours du gouvernement qui leur sera distribué par les mains des chefs de manufactures, fabriques et ateliers auxquels ils appartiennent.

« 4. Ces volontaires formeront des régiments de tirailleurs et de fusiliers qui seront à la suite de la jeune garde : ils seront habillés, nourris et soldés comme elle. »

Sarrasins se répandent dans la campagne ; on voit la cohorte sanglante se répandre dans les hameaux et poursuivre les femmes tremblantes ; on crie vengeance. Au milieu de ce tumulte, un chevalier paraît portant l'oriflamme fleurdelysée et bénie à Saint-Denis ; ce chevalier annonce que l'illustre chef des Francs arrive sur ses pas pour combattre à leur tête. Charles-Martel fait briller l'oriflamme, il nous répond du combat et du sort ; frémis, frémis orgueilleux Abderame ! il est parti, c'est l'arrêt de ta mort ! »

Et pour faire de ces beaux frais d'esprit on s'était mis à plusieurs ; MM. Étienne et Baour-Lormian avaient écrit les paroles ; Paër, Méhul, Kreutzer et Berton avaient composé la musique. Comme tout cela était bien approprié aux hommes et aux périls de la situation ! Au lieu d'entonner le *Chant du départ* républicain, la *Marseillaise* des faubourgs, le grand hymne *Mourir pour la patrie* de Gossec, ces belles épopées de Chénier où les chœurs de femmes, de vieillards et d'enfants se mêlaient aux mâles accents des défenseurs de la République ; au lieu de ces immenses choses, on vous donnait des petits airs muscadins, des chevaliers, des amours, des croisades et des Sarrasins. Pour le temps et la génération, c'était aussi ridicule que si Cambacérès avait paru sur la scène poudré à l'oiseau, tenant l'oriflamme fleurdelysée de ses mains, tandis que M. d'Aigrefeuille aurait porté le bouclier, et M. de Villette, son second commensal, la hache d'armes.

CHAPITRE X.

MOUVEMENT DES ALLIÉS,

PREMIÈRE PÉRIODE DE LA CAMPAGNE DE FRANCE.

La diplomatie de Francfort. — Déclaration solennelle. — Projets pour l'invasion de la France. — Force des alliés. — Les trois corps d'armée. Schwartzenberg. — Blücher. — Bernadotte. — Plan de marche sur Paris. — Négociations avec la Suisse. — La grande armée à Bâle. — L'armée de Silésie au-delà du Rhin. — Bernadotte en Hollande. — Progrès de lord Wellington. — Murat et l'armée d'Italie. — Unité de plan. — Travail de Napoléon à Paris. — Formation de ses huit cadres d'armée. — Organisation de la régence. — Joseph, lieutenant-général. — Instructions aux ministres. — Adieux souverains à la garde nationale. — Départ pour l'armée. — Développement des forces des alliés. — Leur progrès. — Rencontre des alliés à Brienne. — Combat. — Triste bataille de la Rothière. — Situation respective des armées.

Décembre 1813 et janvier 1814.

Lorsque le comte de Metternich avait dicté à M. de Saint-Aignan les propositions définitives des alliés, à Francfort, il avait fait un dernier effort pour donner une impulsion modérée aux événements et aux hommes. La Prusse, la Russie, l'Angleterre, considérèrent cet acte comme une nouvelle concession à l'Autriche ; l'impatience de passer le Rhin était grande parmi eux, et tous voulaient accomplir une sorte de hourra sur Paris. En conservant une grande déférence pour l'Autriche, les alliés n'attachaient plus à son adhésion la même importance que dans la campagne de 1815 qui venait de s'accomplir. Les intérêts commençaient à se séparer; si M. de Metternich mettait le plus grand prix à obtenir de Napoléon une réponse catégorique et favorable, il n'en était pas ainsi des comtes d'Aberdeen, de Nesselrode et du baron de Hardenberg; ceux-ci auraient préféré la guerre. Quelle fut donc la tristesse de M. de Metternich, lorsqu'il reçut la réponse vague dictée à M. Maret ou rédigée par lui! Il ne put s'empêcher de plaindre l'aveuglement de Napoléon; l'Autriche se trouvait elle-même dans un fatal embarras, elle allait suivre désormais l'impulsion des autres cabinets et ne plus la donner. Quelques jours après, on reçut à Francfort l'adhésion plus complète de M. de Caulaincourt et sa nomination aux affaires extérieures; cela fit, sans doute, un bon effet, mais déjà les événements avaient marché[1].

En diplomatie, ce qui est acceptable aujourd'hui ne l'est pas toujours le lendemain; les propositions et les traités dépendent des événements de la guerre; un succès ou des revers modifient les bases des transactions. L'histoire montre que, dans les congrès

---

[1] *Lettre de M. de Caulaincourt à M. de Metternich.*
Paris, le 2 décembre 1813.

« J'ai mis sous les yeux de Sa Majesté la lettre que V. E. adressait le 25 novembre à M. le duc de Bassano.

« En admettant sans restriction, comme base de la paix, l'indépendance de toutes les nations, tant sous le rapport territorial que sous le rapport maritime, la France a admis en principe ce que les alliés paraissent désirer; Sa Majesté a par cela même admis toutes les conséquences de ce principe, dont le résultat final doit être une paix fondée sur l'équilibre de l'Europe, sur la reconnaissance de l'intégrité de toutes les nations dans leurs limites naturelles, et la reconnaissance de l'indépendance absolue de tous les États, tellement qu'aucun ne puisse s'arroger, sur un autre quelconque, ni suzeraineté, ni suprématie, sous quelque forme que ce soit, ni sur terre, ni sur mer.

« Toutefois, c'est avec une vive satisfaction que j'annonce à V. E. que je suis autorisé par l'Empereur, mon auguste maître, à déclarer que Sa Majesté adhère aux bases générales et sommaires qui ont été communiquées par M. de Saint-Aignan. Elles entraîneront de grands sacrifices de

qui se tiennent au milieu des batailles, les discussions sont incessamment modifiées par les bulletins de triomphe ou de défaite. Quand M. de Caulaincourt envoya son accession aux bases principales posées à Francfort, les événements militaires allaient prendre de grands développements ; l'ardeur des armées alliées était indicible ; on avait résolu de passer le Rhin ; l'ennemi, après avoir dénombré ses myriades de soldats, n'eut plus d'hésitation. Les adversaires implacables de Napoléon, les sociétés secrètes, les Prussiens, les Russes, les patriotes allemands, tous désiraient marcher sur Paris ; Napoléon n'était-il pas entré à Vienne, à Berlin, à Moscou ? Le cri de guerre fut donc poussé.

Avant de toucher cette frontière du Rhin, M. de Metternich crut indispensable de publier un manifeste diplomatique de nature à bien faire connaître les véritables desseins de l'alliance dans le présent et l'avenir. Depuis l'entrevue d'Abo, l'empereur Alexandre avait pris des engagements relatifs à la France ; il avait promis à Bernadotte, quels que fussent les événements de la guerre, de respecter toujours les limites naturelles du Rhin, des Alpes et des Pyrénées (les frontières de 1795). Les mêmes

la part de la France ; mais Sa Majesté les fera sans regret, si, par des sacrifices semblables, l'Angleterre donne les moyens d'arriver à une paix générale et honorable pour tous, que V. E. assure être le vœu, non seulement des puissances du continent, mais aussi de l'Angleterre. »

Signé, Caulaincourt, duc de Vicence.

Réponse de M. de Metternich.

« L'office que V. E. m'a fait l'honneur de m'adresser le 2 décembre, m'est parvenu de Cassel par nos avant-postes. Je n'ai pas différé de le soumettre à LL. MM. Elles y ont reconnu avec satisfaction que S. M. l'Empereur des Français avait adopté des bases essentielles au rétablissement d'un état d'équilibre et à la tranquillité future de l'Europe. Elles ont voulu que cette pièce fût portée sans délai à la connaissance de leurs alliés. LL. MM. II. et RR. ne doutent pas qu'immédiatement après la réception des réponses, les négociations ne puissent s'ouvrir.

« Nous nous empresserons d'avoir l'honneur d'en informer V. E., et de concerter alors avec elle les arrangements qui nous paraîtront les plus propres à atteindre le but que nous nous proposons. »

Le prince de Metternich.

Francfort, le 10 décembre 1813.

engagements avaient été pris avec Moreau, et ce fut peut-être une calamité pour la patrie que ce boulet qui l'atteignit à Dresde. Moreau, au camp des Russes, aurait rappelé à la France et à l'armée que les souverains s'étaient engagés à conserver les frontières républicaines, et l'invasion n'aurait pas eu lieu. Sur les bords du Rhin, Moreau se serait adressé au Sénat, et qui sait? une révolution à Paris aurait empêché les désastres de 1814.

La destinée en avait autrement décidé. Moreau n'était plus; toutefois les alliés voulaient garder un grand caractère de modération en touchant la France. On donnait à tous les actes publics cette empreinte mystique et solennelle qui avait réussi en Pologne et en Allemagne; les alliés voulurent témoigner qu'ils n'avaient ni haines, ni ressentiments en pénétrant sur le territoire : la déclaration de Francfort[1] était destinée aux corps politiques de la France et aux populations que les alliés allaient avoir à combattre; ils annonçaient à la face du monde : « qu'unis dans le grand but de la paix, ils ne faisaient pas la guerre à la France, mais à cette prépondérance que, pour le malheur de l'Europe, l'Empereur Napoléon avait trop exercée hors des limites de son Empire. » Les intentions les plus magnanimes se révélaient dans cette déclaration de Francfort; les souverains voulaient « que la France forte et heureuse

---

[1] *Déclaration de Francfort.*
Francfort, 1ᵉʳ décembre 1813.

« Le gouvernement français vient d'arrêter une nouvelle levée de 300,000 conscrits. Les motifs du sénatus-consulte renferment une provocation aux puissances alliées. Elles se trouvent appelées à promulguer de nouveau à la face du monde les vues qui les guident dans la présente guerre, les principes qui font la base de leur conduite, leurs vœux et leurs déterminations.

« Les puissances alliées ne font pas la guerre à la France, mais à cette prépondérance hautement annoncée, à cette prépondérance que, pour le malheur de l'Europe et de la France, l'Empereur Napoléon a trop longtemps exercée hors des limites de son Empire.

conservât un territoire étendu, même au-delà des limites fixées par ses anciens rois. La France était indispensable à l'équilibre européen ; une nation valeureuse ne devait pas déchoir parce que, à son tour, elle avait eu des malheurs ; les puissances alliées ne poseraient les armes qu'après avoir obtenu le bienfait de la paix. »

La grandeur de ces principes était de nature à fixer vivement l'attention des armées et des peuples qui combattaient sous Napoléon ; ouvrage de M. de Metternich et de Gentz, cette déclaration était complétement approuvée par l'empereur Alexandre, qui voyait là formulés les engagements pris avec Bernadotte et Moreau. Ce n'était pas au peuple français que l'on faisait la guerre, mais au despotisme qui régnait sur lui ; après tant de guerres, on souhaitait la paix, la paix dans de larges limites. Désormais les principes des alliés étant ainsi déclarés, ils n'avaient plus qu'à activer leur plan de campagne ; leur idée fondamentale fut alors l'indépendance du monde et le retour vers les nationalités de chaque peuple ; à la France ses limites, comme à l'Allemagne et à l'Italie. Les armées qui avaient passé le Niémen, la Vistule, l'Oder et l'Elbe, allaient se trouver à la face du Rhin, ce fleuve majestueux que les Allemands considèrent comme la grande ceinture de leur nationalité. L'Elbe, le Rhin, le Danube et l'Oder, ne sont-ils pas les quatre frères unis des ballades allemandes ? Le Rhin franchi, il fallait s'entendre sur ce

« La victoire a conduit les armées alliées sur le Rhin. Le premier usage que LL. MM. II. et RR. en ont fait a été d'offrir la paix à S. M. l'Empereur des Français. Une attitude renforcée par l'accession de tous les souverains et princes d'Allemagne n'a pas eu d'influence sur les conditions de la paix. Ces conditions sont fondées sur l'indépendance de l'Empire français comme sur l'indépendance des autres États de l'Europe. Les vues des puissances sont justes dans leur objet, généreuses et libérales dans leur application, rassurantes pour tous, honorables pour chacun.

« Les souverains alliés désirent que la France soit grande, forte et heureuse, parce que la puissance française, grande et forte

mouvement d'invasion qui allait se déployer dans des proportions si larges. Le plan primitif de campagne, tel qu'il avait été suivi en Allemagne, ne fut en rien modifié, et les résolutions prises à Trachenberg furent appliquées au-delà du Rhin comme en-deçà.

Depuis la bataille de Dresde, les opérations des alliés se résumaient dans les mêmes conditions; trois grandes armées opéraient simultanément en face et sur les flancs de Napoléon pour déborder ses positions : la première, dite grande armée, sous Schwartzenberg; la seconde, qui avait pris le titre d'*armée de Silésie*, sous Blücher; la troisième enfin, l'armée du Nord, sous le prince royal de Suède, Bernadotte. Ces trois armées partaient d'un point différent d'opération pour arriver à un rendez-vous commun, se séparer ensuite et converger vers un autre centre : on avait ainsi manœuvré à Dresde, à Leipsick, où Napoléon s'était trouvé constamment débordé par les immenses masses d'hommes qui arrivaient à sa face et sur ses flancs. Quand on résolut de passer le Rhin, le même principe stratégique fut adopté; on renouvela les bases de Trachenberg, à savoir : que les trois armées de Bohême (grande armée), de Silésie et du Nord opéreraient séparément pour se réunir ensuite avec simultanéité dans des rendez-vous militaires aux plaines de Champagne, et par suite à Meaux et à Paris; on devait pénétrer par trois grandes portes, le midi, le centre et le nord. Et, en ajoutant à ce plan de campagne les

---

est une des bases fondamentales de l'édifice social. Ils désirent que la France soit heureuse, que le commerce français renaisse, que les arts, les bienfaits de la paix, refleurissent, parce qu'un grand peuple ne saurait être tranquille qu'autant qu'il est heureux. Les puissances confirment à l'Empire français une étendue de territoire que n'a jamais connue la France sous ses anciens rois, parce qu'une nation valeureuse ne déchoit pas pour avoir, à son tour, éprouvé des revers dans une lutte opiniâtre et sanglante où elle a combattu avec son audace accoutumée.

« Mais les puissances aussi veulent être libres, heureuses et tranquilles. Elles veu-

opérations de lord Wellington aux Pyrénées, on se trouverait avec des forces si considérables dans le centre de la France, que Napoléon serait étouffé par leurs masses innombrables.

L'exécution de ce plan devait trouver peu de résistance au-delà du Rhin; l'expédition du Nord, la plus difficile parce qu'elle avait en face des forteresses, était confiée à Bernadotte; il devait marcher avec précaution au milieu des villes fortes de la Belgique et de la Flandre. Mais telle avait été l'incurie du système impérial pour la vieille France, que la belle ligne de fortifications sur les frontières de Louis XIV était restée sans défense, elle ne pouvait pas résister, même à une surprise; il n'y avait pas de places de guerre importantes, si ce n'est Anvers que l'on se bornerait à bloquer. L'armée de Blücher passerait le Rhin entre Mannheim et Coblentz, sans trouver d'obstacles sérieux; il n'y avait véritablement plus d'armée française; le Rhin fut passé comme un ruisseau sans un coup de canon tiré; le fleuve s'étonna, lui qui avait vu de si bruyantes batailles et de si belles défenses sous la vieille monarchie et la République. Enfin, par la Suisse, Schwartzenberg déployant ses immenses colonnes, avait obtenu le passage libre, spontané; il n'y eut donc pas de violation de territoire neutre; Jominy négocia secrètement à Berne, et avec lui le comte Capo d'Istria et M. de Lebzeltern. Un manifeste des alliés indiqua le véritable but de l'invasion [1], et la Suisse, trop

lent un état de paix qui, par une sage répartition des forces, par un juste équilibre, préserve désormais les peuples des calamités sans nombre qui, depuis vingt ans, ont pesé sur l'Europe.

« Les puissances alliées ne poseront pas les armes sans avoir atteint ce grand et bienfaisant résultat, ce noble objet de leurs efforts. Elles ne poseront pas les armes avant que l'état politique de l'Europe ne soit de nouveau raffermi, avant que des principes immuables n'aient repris leurs droits sur de vaines prétentions, avant que la sainteté des traités n'ait enfin assuré une paix véritable à l'Europe. »

[1] C'est à la suite de la note suivante que

heureuse de secouer la médiation de l'empereur Napoléon, livra ses montagnes à Schwartzenberg; le passage eut lieu à la suite d'un traité; tout fut réglé amiablement. Ce n'était pas la première fois que les portes de la Suisse s'ouvraient aux ennemis de la France; la neutralité fut pour elle un vain mot; sous Louis XIV, sous Louis XV, sous la République, comme en 1814 et 1815, elle livra passage aux alliés; ici, par corruption, là, par faiblesse. En 1814, l'adhésion pleine et complète des conseils helvétiques vint à l'alliance de cabinet; eux aussi voulaient la chute de Napoléon et de ce pouvoir qui pesait sur l'Europe et ne laissait aucune nation respirer en liberté. La neutralité de la Suisse fut un vain mot pour tous, et l'on gardait à Berne un ressentiment profond de la médiation impériale; Napoléon avait dépouillé la Suisse de Genève, du canton de Vaud, et du passage des montagnes au Simplon; en un seul jour, elle se vengea en ouvrant ses défilés, vastes portes que la création a jetées sur les Alpes.

Dans ce mouvement de peuples et d'armées, la coalition pouvait compter Murat, qui venait de passer de son état de neutralité passive à une coopération com-

les armées alliées passèrent sur le territoire suisse.

« La Suisse jouissait depuis plusieurs siècles d'une indépendance bienfaisante pour elle, utile à ses voisins, et nécessaire pour le maintien de l'équilibre politique. Le fléau de la révolution française, les guerres qui depuis vingt ans ont détruit le bonheur de tous les États de l'Europe, n'ont pas épargné la Suisse. Ébranlée dans son intérieur, affaiblie par d'inutiles efforts pour s'opposer aux effets destructeurs du torrent, elle fut dépouillée par la France, qui se disait son amie, des plus importants boulevards de son indépendance. L'Empereur Napoléon fonda enfin sur les ruines de la constitution fédérative helvétique, et sous un titre jusqu'alors inconnu, une puissance suprême formelle et permanente, incompatible avec la liberté de la confédération, avec cette antique liberté, respectée par toutes les puissances de l'Europe, le premier garant des relations amicales que la Suisse a entretenues jusqu'au jour de son oppression avec toutes les puissances de l'Europe, la première condition d'une véritable neutralité. Les principes qui animent les souverains coalisés dans la guerre présente sont connus. Tout peuple qui n'a pas perdu le souvenir de son indépendance doit les reconnaître. Les souverains veulent que

plète et absolue avec les armées alliées. Ce fut à Rome que Murat prit ce parti définitif; jusqu'alors il s'était borné à parler de l'Italie et de ses desseins d'indépendance et de souveraineté sur elle; mais à Rome tout a changé; il se déclare hostile à Napoléon et déclame contre lui, Murat parle de la cause européenne comme d'une pensée de justice et de délivrance, et de la cause de Napoléon comme de celle de la tyrannie et de l'oppression des peuples; il veut donner des conseils à Bonaparte; lui aussi veut traiter de couronne à couronne, il se croit prince indépendant. Les généraux alliés sont plus modérés que lui dans leur langage; le cœur de Murat, profondément blessé, respire et se venge des dures paroles jetées dans le *Moniteur*.

Eugène de Beauharnais se retire de l'Adige sur le Mincio, et lui-même se trouve fortement ébranlé par les promesses qu'on lui fait de la royauté italienne. C'est maintenant un fait acquis à l'histoire; tout en opérant sa retraite Eugène a voulu traiter avec les coalisés; il a pu écrire « qu'il ne se séparerait pas de son bienfaiteur », mais il a eu la pensée et la volonté de traiter avec l'Europe, et plus

---

la Suisse participe de nouveau, avec l'Europe entière, à ce premier droit national, et obtienne, en recouvrant ses anciennes limites, le moyen de le soutenir. Mais ils ne peuvent reconnaître une neutralité qui, dans les relations actuelles de la Suisse, n'est que purement nominale. Les armées des puissances coalisées espèrent, en entrant sur le territoire de la Suisse, ne rencontrer que des amis. LL. MM. s'engagent à ne pas poser les armes sans avoir assuré à la Suisse la restitution des pays arrachés par la France. Elles ne se mêleront pas de sa constitution intérieure, mais elles ne peuvent permettre qu'elle demeure soumise à une influence étrangère. Elles reconnaîtront sa liberté du jour où elle sera libre et indépendante; et elles attendent du patriotisme d'une nation respectable, que, fidèle aux principes qui dans les siècles passés fondèrent sa gloire, elle ne refusera pas son accession aux nobles et généreuses entreprises pour lesquelles les souverains et tous les peuples de l'Europe se sont réunis en cause commune. Les soussignés sont en même temps chargés de communiquer à S. E. le landammann la proclamation et l'ordre du jour que le général commandant en chef la grande armée coalisée publiera en entrant sur le territoire suisse.

Lebzeltern, Capo d'Istria.
20 décembre 1813.

tard il envoie même un plénipotentiaire indépendant pour stipuler ses intérêts au congrès de Châtillon. Seulement il ne trouve pas assez vaste ni assez sûre la part qu'on veut lui faire : quelles seront les provinces qui formeront le royaume d'Italie dont il aura la couronne? Eugène s'entend avec Murat; il ne faut pas que l'histoire flétrisse trop l'un et glorifie trop l'autre de ces feudataires de l'Empire. Napoléon assiste à l'oubli de tous les siens; l'ingratitude déborde, c'est à qui fera sa paix séparée; il n'y a pas jusqu'à Elisa qui s'imagine qu'en traitant avec les Anglais et les Autrichiens on lui laissera son grand-duché de Toscane; Fouché lui a dit lors de son passage à Florence : « Napoléon mort, tout s'arrangera, et on vous laissera votre beau palais Pitti. » L'exemple de la défection gagne tous les esprits; on se fait honneur pour ainsi dire de résister à Napoléon, et Murat lui écrit avec la fierté d'un souverain indépendant [1].

A un signal donné, les armées coalisées sont sur le Rhin; le premier qui franchit le grand fleuve c'est le prince de Schwartzenberg. On est en plein hiver, le 22 décembre; les alliés choisissent la belle partie du Rhin entre Bâle et Schaffouse, leurs fortes divisions qui s'élè-

---

[1] La correspondance de Murat à cette époque est de la plus haute curiosité.

Naples, 25 décembre 1813.

« Votre Majesté exige de moi de nouveaux sacrifices; elle demande que mon armée passe le Pô et se porte sur la Piave; elle oublie sans doute que j'ai laissé mon royaume sans défense, et que la reine et mes enfants n'ont d'autre sûreté que l'amour de mes sujets. Cependant les Anglais peuvent quand ils le voudront porter la guerre au sein de mes États, détruire la tranquillité de mes provinces, et venir jeter des bombes jusque dans ma capitale et dans mon propre palais.

« Sire, je ne saurais tromper Votre Majesté.

« Votre Majesté doit renoncer à l'espoir qu'elle a conçu de me voir passer le Pô, car en mettant ce fleuve entre mon armée et mes sujets, comment pourrais-je m'opposer aux efforts que l'ennemi fait maintenant en Toscane, en Romagne et dans mes propres États?

« Sire, croyez-moi, la proclamation de l'indépendance de l'Italie, en formant une seule puissance de deux puissances ayant le Pô pour limite, sauverait l'Italie; sans cela elle est perdue sans ressource, elle va de nouveau être démembrée, et le but de

vent à plus de 100,000 hommes se déploient autour de Bâle et des ponts de bateaux sont jetés sur le Rhin. Schwartzenberg se fait précéder par une déclaration de principes d'après les mêmes idées que celle rédigée de Francfort; l'Europe a besoin de dire ses pensées ; on multiplie les proclamations toujours dans le même langage; « on ne fait pas la guerre à la France seulement on veut briser le joug que Napoléon impose à tous les peuples; Schwartzenberg invite les magistrats, les propriétaires à rester dans leurs foyers; les alliés veulent une paix forte et raisonnable, ils ne touchent le sol français que dans ce but. »

Ainsi disait Schwartzenberg, et cette grande masse de troupes autrichiennes, ces forts régiments aux habits gris et blancs, les gardes, les réserves de la cavalerie, et derrière elles les souverains alliés eux-mêmes, se montrent dans les cantons suisses; on les reçoit avec enthousiasme, tout ce qui est nouveau plaît aux peuples. Genève ouvre ses portes et chasse les Français; le préfet, baron Capelle, est obligé de fuir; on l'accusa de manquer de fermeté ; mais qui pourrait résister à des forces si imposantes ? La marche des Autrichiens est rapide, ils tou-

---

votre sublime pensée d'affranchir l'Italie après l'avoir couverte de gloire est détruit. Mettez dès à présent les provinces en-deçà du Pô à ma disposition, et je garantis à Votre Majesté que l'Autriche ne passera pas l'Adige. L'ennemi exhorte les Italiens à l'indépendance qu'il leur offre. L'espoir qu'ils mettent dans mon armée les a rendus indifférents à ces propositions : mais continueront-ils à rester sourds à ces offres, si le roi de Naples ne réalisait pas leur espérance et contribuait au contraire à affermir chez eux la domination étrangère ? Non, c'est une erreur de le penser

« Que Votre Majesté réponde et daigne s'expliquer sur un point aussi important pour elle. Le temps presse, l'ennemi se renforce je suis réduit au silence, et le moment ne peut être loin où je serai forcé à mon tour envers ma nation et envers l'ennemi. Un plus long silence de ma part, suite de celui que vous gardez, me ferait perdre l'opinion, et l'opinion est ma seule force. Une fois perdue, je ne puis plus rien ni pour vous, ni pour moi. Répondez, répondez, je vous en prie positivement.

« P. S. Sire, au nom de ce que vous avez de plus cher au monde, au nom de votre gloire, ne vous obstinez pas plus longtemps ! Faites la paix, faites-la à tout prix. »

chent à Montbéliard, Colmar est en leur pouvoir, les forts de l'Ecluse ne résistent pas; l'armée autrichienne est à Bourg sur l'Ain; cette ville a voulu résister, on l'a livrée au pillage; déjà les Autrichiens ont fait leur entrée à Langres, à Dijon. Le centre de la France est ainsi en leur pouvoir et l'on est à peine au 20 janvier; Schwartzenberg répand ses proclamations dans toutes les villes [1]; il veut exciter les sympathies des habitants.

En ligne parallèle, Blücher a fait aussi, par Bonn et Coblentz, son entrée sur le territoire français. Le 1er janvier l'armée de Silésie s'est ébranlée; lui, le vieux patriote, a voulu parler également aux Français; dans son langage rude et soldatesque, il n'a pas le détour de la politique autrichienne; il leur déclare « qu'il ne vient point leur faire du mal; il ne se vengera pas de ce qu'ils ont fait eux-mêmes en Prusse; il vient en frère, en patriote, pour ceux qui lui tendent la main; mais s'ils résistent, on n'hésitera pas à frapper; ils doivent choisir entre Napoléon qui veut la guerre interminable, et l'alliance qui offre la paix, la

---

Lettre de Murat à Napoléon.
Naples, 15 janvier 1814.

« Sire, je viens de conclure un traité avec l'Autriche. Celui qui a combattu si longtemps près de vous, votre beau-frère, votre ami... a signé un traité... un acte qui semble lui donner une attitude hostile envers vous. C'est vous en dire assez. Votre Majesté peut apprécier dès lors et la nécessité à laquelle je cède, et le déchirement que j'éprouve. Votre Majesté s'est tue pendant deux mois entiers, ou bien ce qu'elle m'a écrit ne pouvait ni me rassurer ni me diriger. Cependant les événements se pressaient, et par le résultat même de mes mouvements, je me trouvais en présence des armées autrichiennes, il n'y avait plus à délibérer, il fallait se battre ou bien accepter la paix avec les conditions qu'on y mettait. Pour comble d'inquiétude, j'a- vais laissé à découvert toutes les côtes de mon royaume, je pouvais me voir tout à coup environné d'ennemis, et séparé de ce que j'avais de plus cher au monde, et de ce que j'avais laissé à Naples! Enfin, tous mes sujets me demandaient hautement la paix. Il a donc fallu me résoudre à traiter et à consentir presque malgré moi à ma conservation; il m'a donc fallu signer un traité avec ceux qui sont encore vos ennemis. »

[1] *Proclamation de Schwartzenberg.*

« Français, la victoire a conduit les armées alliées sur votre frontière; elles vont la franchir.

« Nous ne faisons pas la guerre à la France; mais nous repoussons loin de nous le joug que votre gouvernement voulait imposer à nos pays, qui ont les mêmes droits à l'indépendance et au bonheur que le vôtre.

liberté. » Blücher opère avec une grande activité ; après quelques jours de marche il arrive à Forbach ; son but est, par sa gauche, de se réunir à la grande armée de Schwartzenberg, qui s'étend de Dijon vers Chaumont. Rien ne s'oppose à la marche de Blücher[1], pas plus qu'à celle de Schwartzenberg ; les armées autrichienne, prussienne et russe se prêtent déjà la main, et dominent les bassins de la Saône, de l'Ain et de la Meuse. La marche est ainsi rapide, la résistance peu considérable, un long rideau d'ennemis s'étend de la Belgique à la Suisse.

Lord Wellington, dans le midi, opère sur la Nive ; l'hiver seul suspend les opérations actives, et l'on attend les premiers feux du soleil pour les grands coups de guerre. Au nord, l'armée de Bernadotte, favorisée par l'insurrection hollandaise, s'avance sur la Belgique ; le rendez-vous général des armées est sur la Seine et la Marne ; là doit se faire la jonction des armées de Bohême, de Silésie et du Nord, et l'on se précipitera dans un hourra sur Paris. Les forces que les alliés emploient dans cette campagne sont

---

« Magistrats, propriétaires, cultivateurs, restez dans vos foyers. Le maintien de l'ordre public, le respect pour les propriétés particulières, la discipline la plus sévère marqueront le passage et le séjour des armées alliées ; elles ne sont animées de nul esprit de vengeance.

« D'autres principes et d'autres vues que celles qui ont conduit vos armées chez nous président aux conseils des monarques alliés : leur gloire sera celle d'avoir amené la fin la plus prompte des malheurs de l'Europe. La seule conquête qu'ils ambitionnent est celle de la paix, mais d'une paix qui assure à leurs pays, à la France, à l'Europe, un véritable état de repos. Nous espérions la trouver avant de toucher au sol français, nous allons l'y chercher.

Le feld-maréchal prince de Schwartzenberg.

[1] *Proclamation de Blücher aux habitants de la rive gauche du Rhin.*

« J'ai fait passer le Rhin à l'armée de Silésie pour rétablir la liberté et l'indépendance des nations, pour conquérir la paix. L'Empereur Napoléon a réuni à l'Empire français la Hollande, une partie de l'Allemagne et de l'Italie, et a déclaré qu'il ne céderait aucun village de ses conquêtes, quand même l'ennemi occuperait les hauteurs qui dominent Paris.

« Voulez-vous défendre ces principes ? mettez-vous dans les rangs des armées de l'Empereur Napoléon, et essayez encore de combattre contre la juste cause que la Providence protége si évidemment.

« Si vous ne le voulez pas, vous trouverez protection en nous. Je vous assurerai vos propriétés. Tout habitant des villes

immenses, en y comprenant les réserves ; à Dijon, dans le grand dénombrement de l'armée autrichienne, on a compté 190,000 hommes ; Blücher mène 110 bataillons et 200 escadrons ; l'armée du Nord, sous Bernadotte, en y comprenant le corps de Walmoden, ce bizarre assemblage d'Anglais, d'Allemands, de Hanovriens, énumère plus de 150,000 hommes ; et si l'on ajoute les Hollandais, les réserves russes et autrichiennes, l'armée d'Italie de Bellegarde, les arrière-gardes occupées à faire les siéges, les corps de Bennigsen en Allemagne et en Prusse, et enfin l'armée de lord Wellington, on trouvera l'énorme total de plus d'un million d'hommes sous les armes. Rien de comparable dans l'histoire ; l'Europe entière s'ébranle, peuples et rois se lèvent contre la domination et la dictature de Napoléon. Le rendez-vous est Paris, le centre de la civilisation, le foyer des idées ; Paris ! Paris ! est le hourra que pousse l'Europe entière [1].

Et maintenant que fait l'homme contre lequel cette grande croisade est publiée depuis les murailles de la

---

et des campagnes doit rester tranquille chez lui, tout employé à son poste, et continuer ses fonctions.

« Du moment de l'entrée des troupes alliées, toute communication avec l'Empire français devra cesser. Tous ceux qui ne se conformeront pas à cet ordre seront coupables de trahison envers les puissances alliées ; ils seront traduits devant un conseil de guerre, et punis de mort.

« De la rive gauche du Rhin, le 1er janvier 1814. » De Blücher.

[1] *État des troupes mises en campagne contre la France à la fin de 1813.*

Grande armée alliée, Schwartzenberg.	190,000
Armée de Silésie, Blücher.	160,000
Armée du Nord, Bernadotte.	130,000
Réserves allemandes en formation.	80,000
Corps hollandais.	12,000
Corps anglais en Belgique.	8,000
Réserves autrichiennes se réunissant sur l'Inn.	50,000
Réserves russes, se formant en Pologne.	60,000
Troupes employées aux blocus et aux siéges en Allemagne, Tauenzien et Bennigsen.	100,000
Armée autrichienne en Italie, Bellegarde.	70,000
Armée des Pyrénées, composée d'Anglais, d'Espagnols, de Portugais, de Siciliens, de Sardes, etc., Wellington.	140,000
Total.	1,000,000

Chine jusqu'au Rhin, depuis le pôle jusqu'à Cadix? Où est-il ce puissant Empereur quand les peuples viennent le découronner « de ce diadème, où l'éclat de vingt victoires était voilé d'un nuage passager »? Il veut en vain tout organiser avec sa volonté de fer; les éléments primitifs manquent; Dieu seul peut faire un tout de rien; or telle était la France: il y avait fatigue et découragement indicible dans les esprits; tout était épuisé, le trésor, l'armée et les masses; Napoléon opérait des prodiges, mais tout autour de lui restait sans énergie et sans espoir. Cette vaste circonvallation d'acier se resserrant pour l'étouffer ne permettait aucune résistance; la France n'avait pas cette énergie que la Russie avait imprimée à ses enfants valeureux; nulle ville ne voulait se laisser brûler ni piller; il n'y avait rien de la vieille Rome à Paris, la civilisation ramollissait les âmes, le luxe donnait partout; les ressorts étaient usés.

Par une fatalité inouïe, Napoléon avait ses armées dispersées dans les garnisons en Allemagne, en Prusse, et même jusqu'au fond de la Pologne. Il faut le dire, si en 1814 l'Empereur avait eu sous sa main toutes les forces de ses armées, il aurait pu imposer une belle et grande résistance à l'invasion. Mais dans ses idées de retour à la fortune, il avait laissé des garnisons partout, à Dresde, à Leipsick, dans les places de l'Elbe, de l'Oder, de la Vistule, en Hollande, en Italie et même en Dalmatie. Toutes ces places réunies comptaient plus de 100,000 hommes de vieilles troupes aguerries. Ainsi dispersées, leur appui était inutile; en dehors de toutes les lignes militaires, elles ne pouvaient prêter nul secours pour empêcher l'invasion. Toutes ces places se rendaient successivement; le maréchal

Saint Cyr capitulait à Dresde, et Rapp à Dantzick. C'est une faute grave en stratégie que d'éparpiller ainsi une armée ; supposez ces 100,000 hommes autour de Napoléon, quels prodiges n'aurait-il pas opérés ? Au midi, les armées des maréchaux Soult et Suchet en face de lord Wellington et de la Catalogne comptaient près de 80,000 hommes de troupes en dehors de la ligne de bataille, tandis qu'en Italie Eugène conduisait 50,000 soldats. Par quelle étrange idée l'Empereur avait-il étendu si démesurément sa ligne de défense ? C'est qu'il n'avait jamais renoncé à ses vastes conquêtes, à sa domination du monde : pour lui, les revers n'étaient qu'un point d'arrêt, une halte, dans ses grandes destinées ; il ne pouvait comprendre une France petite et restreinte à des frontières limitées [1].

La véritable armée que Napoléon avait sous sa main pour opérer contre les masses des alliés était, hélas ! bien affaiblie dans ses ressources ; elle n'allait pas au-delà de 110 mille hommes, tout compris ; Napoléon l'avait divisée en 8 corps pour faire croire à la puissance de ses moyens, elle n'offrait que des cadres décharnés et des régiments au complet à peine de 200 hommes. La principale de ces armées, sous le nom d'armée du Bas-Rhin,

---

[1] *État des troupes françaises à la fin de 1813.*
Grande armée sous les ordres de Napoléon.

Armée du Bas-Rhin, Macdonald.	56,000
Corps du Haut-Rhin { Marmont. 25,000 / Victor. 13,000 }	38,000
Corps des Vosges, Ney.	12,000
Corps du Morvan (Côte-d'Or, Yonne, Nièvre), Mortier.	12,000
Corps du Rhône, Augereau.	2,000
Garnisons des places au-delà du Rhin, sur l'Elbe, l'Oder, la Vistule, en Hollande, en Italie, en Dalmatie.	100,000
Armées des Pyrénées, d'Aragon, Soult et Suchet.	90,000
Armées françaises-italiennes sur l'Adige, Eugène de Beauharnais.	50,000
Total.	360,000

était passée sous les ordres du maréchal Macdonald ; après le départ de Napoléon ; elle ne s'élevait pas au-delà de 56,000 hommes, et encore avait-il été obligé de détacher quelques divisions pour opérer en Belgique de concert avec le général Maison ; la mort avait décimé ses rangs dans les hôpitaux de Mayence ; c'étaient les débris de l'armée de Leipsick, composée de soldats qui n'avaient fait qu'une ou deux campagnes ; le maréchal Macdonald pénétré de ses grands devoirs les accomplissait avec fidélité. Deux corps étaient opposés aux opérations des alliés dans le Haut-Rhin, sous les ordres des maréchaux Marmont et Victor; le premier comptait 4 divisions au complet de 25,000 hommes, le second n'avait que 15,000 hommes ; et c'est avec ces troupes si restreintes, si faibles, qu'ils devaient tous deux empêcher le développement de la grande armée de Schwartzenberg ! Dans les Vosges était placé le maréchal Ney avec six divisions, en formant à peine une seule, tant elles étaient appauvries. Dans l'Yonne se groupait la réserve sous Mortier ; pauvre réserve, à peine de 12,000 baïonnettes. Enfin, qui pourrait le croire ? Augereau, à Lyon, n'avait pas plus de 12,000 hommes pour s'opposer aux masses qui descendaient de la Suisse comme les torrents des Alpes.

Ainsi au 25 janvier, voici quelle était la position des armées : Schwartzenberg avait forcé le passage des Vosges; sa droite s'étendait vers Nancy, et son centre du côté de Troyes; Blücher serpentait au milieu des places de Lorraine avec ses grandes masses. Metz était bloqué ; les maréchaux, lieutenants de Napoléon, après des efforts inouïs, avaient évacué les positions l'une après l'autre ; Marmont laissait Metz à sa propre garnison; Ney quittait Nancy, Mortier Langres. Déjà les baïonnettes ennemies paraissaient sur

Verdun; Winzingerode, qui avait passé le Rhin à Dusseldorf, s'avançait à marches forcées à travers les Ardennes; le rendez-vous était à Châlons-sur-Marne; Schwartzenberg envoyait de fortes colonnes sur la Champagne, que la garde disputait pied à pied; Blücher se déployait pour lui prêter la main. Partout les nobles troupes françaises, si inférieures en nombre, font des prodiges; elles se concentrent vers Châlons, leurs avant-postes sont à Vitry; Napoléon ordonne cette concentration parce qu'il veut avoir toutes ses troupes sous son commandement et tenter un dernier coup de fortune.

A Paris l'Empereur a tout réglé. La convention de Trachenberg a fixé un plan de campagne qui consiste à entourer sans cesse Napoléon, à le déborder de droite et de gauche par des masses; l'Empereur a deviné ce plan, et, pénétré de la faiblesse de ses propres moyens, il médite un mouvement habile pour se porter du centre à toutes les circonférences; c'est la même stratégie qu'à Dresde et à Leipsick, seulement sur un autre terrain; son génie a bien vu que dans des armées composées de si grandes multitudes, il s'offrira nécessairement quelques points faibles qui pourront permettre une trouée; en concentrant sous sa main 50 à 60,000 hommes, il se portera tantôt sur Schwartzenberg, tantôt sur Blücher ou sur l'armée du Nord et les battra séparément. Maître des routes et des traverses, il peut tomber sur les flancs et le front des ennemis, et par un coup d'éclat obtenir la victoire, mettre la désorganisation et le désordre parmi les alliés, dont la ligne est trop étendue. Telle est sa pensée belle et fière. Sa prodigieuse activité a tout mis en action; à Paris ses devoirs se résument toujours dans la fermeté de son administration publique et dans sa puissance militaire;

il remplit rigoureusement cette double condition de résistance ; il joue la dernière carte de sa fortune.

Il n'a plus de Corps législatif, le ministre de la police a ordonné aux députés de retourner dans les départements; Napoléon, avant leur départ, les a frappés de sa harangue dictatoriale. Il n'a plus sous sa main que le Sénat et le conseil d'État ; il sait bien l'esprit hostile de quelques Sénateurs, mais il le comprime par sa présence, et son œil pénètre tous les mécontentements. Assis au conseil d'État, il dit et discute avec une grande liberté toutes les chances de sa position ; il parle de tout avec franchise, même de la chute possible de son pouvoir et de la prise de Paris; il ne se fait illusion sur rien. Souvent sa parole révèle l'avenir sombre pour tous ; entouré d'hommes forts, associés à sa fortune, il s'exprime avec eux sans déguisement; tous ont vu comment il a commencé, tous peuvent deviner comment il finira : pourquoi dissimulerait-il avec eux? Prêt à partir, il dit à Savary ses dernières intentions sur le gouvernement: il faut contenir les partis, maîtriser les opinions, donner une impulsion nationale à cette France si abattue par les deux grands revers de Moscou et de Leipsick; son intention est d'organiser la régence ; s'il la confie de nouveau à Marie-Louise, il désire y mêler Joseph, afin de contrôler les actes de la régente, et l'enlever à ses ennemis; il veut satisfaire les exigences de sa famille qui se plaint des priviléges de Marie-Louise. Joseph, esprit médiocre, est toujours plein de ses priviléges de roi; il s'est passé des choses étranges lors du traité de Valençay pour la cession de la couronne à Ferdinand VII; Joseph n'a-t-il pas refusé quelque temps de signer ce traité parce qu'il ne voulait pas céder sa royauté à Ferdinand VII ! Il a fallu que Napoléon s'irritât sérieusement et vînt jusqu'à lui dire : « En vérité, ne dirait-on pas que je vous prive de l'héritage du feu roi notre père! » Paroles d'ironie qui constatent la supériorité d'esprit du grand magicien, l'auteur de tant d'étranges fortunes; il sait que tout est en lui, et rien en dehors de lui. Il faut dédommager Joseph, et l'on crée une lieutenance-générale de l'Empire en sa faveur; ainsi à côté de la régente un lieutenant-général, comme dans la vieille et pure monarchie; tous les ministres reçoivent des instructions sérieuses et graves, car les périls sont grands. Les alliés ont déjà jeté des partisans du côté de Fontainebleau; on y a vu des lances de Cosaques et la petite carabine des hussards prussiens.

Une empreinte de tristesse est sur tous les fronts, Napoléon seul lutte fermement contre ce découragement de la patrie; de temps à autre on le trouve un mélancolique sourire sur les lèvres en contemplation devant son fils; il redouble de caresses pour Marie-Louise. A la veille de son départ pour une dernière campagne, il semble dire qu'il ne les reverra plus; il en parle au Sénat et au conseil d'État; il veut en vain réveiller le courage en multipliant les revues, en s'exagérant le nombre de ses troupes; il prépare une solennité militaire pour attirer vers lui les cœurs de la garde nationale; il en réunit les officiers. C'est un dimanche au sortir de la messe; l'Impératrice le précède dans ses appartements; madame de Montesquiou porte l'enfant que l'Europe entière salua du titre de *roi de Rome;* ce pauvre enfant aura bientôt trois ans; ses boucles de cheveux blonds tombent éparses sur ses épaules; ses yeux sont bleus, sa figure un peu ronde mêle les traits des races d'Autriche et d'Italie; il est vêtu en uniforme de garde national. Quand tous les officiers sont réunis autour de lui, Napoléon prend le roi de Rome par la main et s'avance dans les rangs la tête découverte, le front plissé et soucieux; il les harangue avec fermeté : « il part pour l'armée; il leur confie ce qu'il a de plus cher au monde, son fils et sa femme. Point de divisions politiques, le maintien de l'ordre, le respect de la propriété, et avant tout l'amour de la France. Il ne dissimule pas que, par suite de mouvements stratégiques, l'ennemi pourra se porter en forces sur Paris; ce sera l'affaire de quelques jours, et lui bientôt tombera sur les flancs et les derrières des étrangers qui veulent déchirer la patrie[1]! » Alors l'Empereur prend son pauvre et noble enfant dans ses bras; il parcourt les rangs des officiers, il le présente à tous, et des cris d'enthousiasme retentissent au milieu des Tuileries. C'est le dernier salut de la patrie!

Le lendemain tout se prépare pour le départ de l'Empereur qui va se mettre à la tête des armées; il est bien tard; nulles précautions n'ont été prises, il s'est manifesté une sorte d'imprévoyance née de l'orgueil de Napoléon; les adieux qu'il fait à tous sont pleins de tristesse, il semble dire : « Qui sait? je ne vous reverrai peut-être plus. » Hélas! que les temps sont changés! Naguère quand il portait la guerre en Pologne, en Russie, chacun savait qu'il reviendrait victorieux dans sa capitale; mais ici, il allait manœuvrer à quarante lieues de Paris, avec la conviction que les ennemis pourraient bientôt menacer la capitale de la France,

---

[1] L'Empereur parla en ces termes aux officiers de la garde nationale:

« Messieurs les officiers de la garde nationale de la ville de Paris, j'ai du plaisir à vous voir réunis autour de moi. Je compte partir cette nuit pour aller me mettre à la tête de l'armée. En quittant la capitale, je laisse avec confiance au milieu de vous ma femme et mon fils, sur lesquels sont placées tant d'espérances. Je devais ce témoignage de confiance à tous ceux que vous n'avez cessé de me donner dans les époques principales de ma vie. Je partirai avec l'esprit dégagé d'inquiétudes, lorsqu'ils seront sous votre garde. Je vous laisse ce que j'ai au monde de plus cher après la France, et le

de cette France qui, dans ses grands jours, avait débordé sur le monde. Napoléon n'a rien du dictateur démocratique; il joue encore au monarque; il part, mais c'est suivi d'une maison considérable, des officiers tranchants, des contrôleurs de la bouche. Ce n'est pas ici le général Bonaparte d'Italie et d'Égypte, suivi de quelques aides-de-camp, intrépides jeunes hommes; c'est Napoléon monarque fastueux et vieilli, marchant avec tout l'attirail des cours.

Le 24 janvier, à quatre heures, en pleine nuit, Napoléon, suivi de cinq voitures de poste, quitte Paris avec sa rapidité accoutumée. Le matin, il déjeûne à Château-Thierry; le soir, il dîne à Châlons; ainsi, en dix-neuf heures, il se trouve en présence de l'ennemi. Sur la route, il a pu voir et juger l'esprit des populations; il y a plus d'effroi que de patriotisme; on se sauve d'un ennemi implacable. A chaque relais, les femmes, les enfants entourent sa voiture; quelques rares cris de : *Vive l'Empereur!* éclatent; la majorité fait retentir ces mots : *A bas les droits réunis*[1] ! Napoléon, trop occupé, y fait à peine attention; son œil est fixé sur les cartes; il les étudie et les discute. Napoléon s'entoure de conseils et il mande auprès de lui Kellermann, Oudinot, Berthier; il confère, il s'instruit. « Où est l'ennemi? quelles sont ses dispositions? »

La Champagne, envahie en 1792, va devenir une

remets à vos soins. Il pourrait arriver toutefois que, par les manœuvres que je vais être obligé de faire, les ennemis trouvassent le moment de s'approcher de vos murailles. Si la chose avait lieu, souvenez-vous que ce ne pourra être l'affaire que de quelques jours, et que j'arriverai bientôt à votre secours. Je vous recommande d'être unis entre vous, et de résister à toutes les insinuations qui tendraient à vous diviser. On ne manquera pas de chercher à ébranler votre fidélité à vos devoirs, mais je compte sur vous pour repousser toutes ces perfides instigations. »

[1] Récit d'un témoin oculaire.

fois encore le théâtre des opérations militaires. Ici les beaux coteaux de vignes, là les vastes champs de blé, les forêts profondes, tout va servir de triste théâtre à des combats acharnés. Napoléon répète sans cesse : « Où est l'ennemi? » Voici les renseignements que l'on recueille : le prince Schwartzenberg descend des Vosges comme un torrent, poussant devant lui la vieille garde : Mortier, qui la commande, se défend avec la froide intrépidité des troupes d'élite; les Autrichiens, en vue de Troyes, toucheront bientôt l'Aube, qui décrit mille replis au milieu des vertes prairies; les Prussiens plus hardis ont quitté la Lorraine et sont à Saint-Dizier. Napoléon est déjà comme entouré à Châlons; il faut qu'il manœuvre hâtivement s'il ne veut être débordé après la jonction des deux armées ennemies. Le temps presse, il faut agir. L'Empereur prend donc subitement l'offensive et porte son quartier-général à Vitry-le-Français. Vitry est devenu la frontière de France comme sous Henri IV. Triste destinée! de Hambourg, la limite de l'Empire est descendue à Vitry! On se met partout en communication. Mortier, qui fait sa retraite sur Arcis-sur-Aube, vient joindre Napoléon, et l'on se porte sur Saint-Dizier. On engage hardiment un combat avec l'avant-garde ennemie qui évacue Saint-Dizier. Cette affaire d'avant-garde, où le général Duhesme se couvre de gloire, masque le grand mouvement des alliés. Les Russes se sont mis en retraite sur leurs renforts; Napoléon croit avoir surpris Blücher au moment où il quitte la Lorraine pour la Champagne; il faut éviter la jonction des grandes armées de Bohême et de Silésie; si elle s'opère, Napoléon est perdu dès le début de la campagne.

L'ordre donné sur toute la ligne a pour but d'empêcher la réunion de ces grandes masses, de les couper et de les battre; pour cela, il faut se porter sur Troyes par la route la plus courte; qu'importe que ce soit à travers champs et par les chemins de traverse? Le tambour bat, la trompette sonne, la troupe est pleine d'ardeur. Dans cette marche rapide, on va rencontrer sur ses pas Brienne-le-Château, Brienne, dont le souvenir se lie à l'enfance de l'Empereur: infanterie, cavalerie, artillerie, tout s'enfonce dans le chemin de traverse; le temps est propice, il gèle; on traîne le canon comme aux belles époques où les armées franchissaient les Alpes. Cette forêt est donc traversée au pas de course; on interroge de tous côtés : « Où est l'ennemi? quelles sont ses démarches? » Des renseignements précieux arrivent: Blücher est à Brienne, il a besoin de passer l'Aube; les ponts sont coupés, il faut les rétablir, et il est retranché sur les coteaux de Brienne. Peut-on le surprendre, essayer contre lui une première et grande bataille? L'Empereur marche hardiment[1]. A mesure qu'il s'approche de Brienne, son cœur doit battre et s'émouvoir; à Brienne il a passé sa première vie d'écolier dans les fortes études des officiers d'artillerie sous la vieille monarchie. Le jeune Napoléone Buonaparte était là à huit ans, sur la demande de M. de Mar! œuf; Louis XVI avait apostillé de sa main son admission à l'école comme bon gentilhomme. Là était le bois où il courait enfant; ici la pauvre vieille femme qui lui vendait ses fruits le jeudi et le dimanche avant la messe; sur cette esplanade se donnaient des combats simulés; c'est là que les conduisait le religieux minime, maître des quartiers, pau-

[1] Récit d'un témoin oculaire.

vre moine voué à l'éducation militaire. Depuis, le petit enfant était devenu grand, grand comme un empereur, avec sa couronne d'or, son sceptre de Charlemagne; alors il oublia Brienne et ses parcs, Brienne pour les Tuileries, pour Versailles, pour ses palais de Milan, de Rome et d'Amsterdam; un jeu fatal de fortune devait l'y ramener !

Cet Empereur, naguère si fort, était abattu; si jeune, il était presque vieillard, et il retrouvait, comme complément de ce drame, un digne curé, ancien maître de quartier des Minimes; il venait, ce bon prêtre, auprès de lui pour saluer le jeune Buonaparte devenu Empereur, et pour lui rendre tous les services dont il avait entouré son enfance. Napoléon le place à ses côtés. Le bon curé lui sert de guide; il se plaît à lui parler de son passé : que les temps sont changés ! le drame est à sa péripétie. Remarquez que, dans cette campagne de France, les curés jouent un rôle actif; presque toujours l'Empereur les consulte; ils le servent avec dévouement. Ce sont les hommes instruits de la contrée; tous ont au fond du cœur un vif patriotisme; le clocher donne l'amour du sol; la paroisse est le grand symbole dans la vieille comme dans la nouvelle histoire; l'église, c'est la nationalité. Dans cette campagne sur le sol de la France les curés accompagnent Napoléon sur les chevaux d'aides-de-camp, et ils ne craignent pas les balles.

A Brienne donc il faut attaquer Blücher; l'armée de Silésie veut tenir dans cette position formidable; elle y attend la grande armée autrichienne pour faire sa jonction avec le prince de Schwartzenberg, et de là s'avancer à marches forcées sur Paris. Les rues basses de Brienne sont occupées par les Russes; dans le château, sur les plates-formes, où brillent les cent fenêtres au soleil, les corps d'élite sont rangés en bataille, il faut les en déloger. Napoléon donne l'ordre d'attaque; le corps du maréchal Victor s'y précipite, les terrasses du parc sont enlevées avec vigueur par le général Chateau, l'intrépide gendre du maréchal Victor. Blücher, surpris, opère sa retraite des plates-formes sur la ville, il descend vers les rues basses avec son état-major; poursuivi, il est obligé de mettre l'épée à la main; les tirailleurs atteignent ce groupe d'état-major. Blücher échappe, mais on s'empare du jeune Hardenberg, le neveu du chancelier d'État. Partout on se bat avec acharnement, on prend et reprend le beau château criblé de balles[1]. Brienne enfin reste en notre pouvoir, mais ce n'est pas sans perte; Napoléon a couru des dangers personnels. Si Blücher a manqué d'être pris par nos tirailleurs, l'Empereur lui-même a été menacé par un pluck de Cosaques; il était au bois de Mézières à la nuit obscure : des Cosaques se sont glissés entre les caissons; ils voient un groupe d'officiers, ils s'y précipitent sans hésiter; avides de bonnes captures, ils ont ordre de chercher la redingote grise, signe distinctif d'une grande proie. L'Empereur est presque surpris; un Cosaque se précipite sur lui; il n'est préservé que par l'intrépidité des généraux Corbineau et Gourgaud, qui renversent le plus hardi de ces Tartares d'un coup de pistolet.

Le temps était affreux, le dégel arrivé, et la boue si épaisse que l'on en était couvert. Le digne curé n'avait pas quitté Napoléon, il lui servait de guide dans le bois; une balle avait tué son cheval; qu'importe? il était tout joyeux, le pauvre prêtre, de retrouver son ancien disciple, le jeune Napoléone Buonaparte; le maître de quar-

[1] Récit d'un témoin oculaire.

tier ne quittait plus son élève. A cette époque il se formait comme un mystérieux contrat entre le prêtre et l'enfant qu'il élevait; il le suivait comme le fruit de ses entrailles, comme le produit de son intelligence. L'Empereur, resté maître de Brienne, en parcourt avec avidité les moindres détails, il veut loger dans le château abîmé sous les balles; les vitres ont été brisées en mille pièces; on le voit triste, mais impatient, monter l'escalier d'honneur, puis en descendre, parcourir les sites, les points de vue. C'est la trace de son enfance qu'il cherche, les émotions de son premier âge; combien alors il était heureux! quelles secousses lui a fait éprouver sa fortune! Brienne lui rend les premiers feux de son imagination, les premières idées de sa vie, les rêves de sa jeune ambition; il roule mille projets; il rebâtira la ville, le château, il le fera reconstruire pour en faire une résidence impériale ou une école militaire. Ces projets, le soir on les rêve, le matin ils s'évanouissent, car les évènements marchent vite, bien vite: comment songer aux paisibles études de Brienne, lorsqu'une nouvelle et terrible bataille s'annonce?

Le feld-maréchal Blücher et le prince de Schwartzenberg se sont tendus la main, la jonction est faite; pour eux le combat de Brienne n'est qu'un simple engagement, toutes les communications bientôt rétablies, les colonnes, se déployant d'Arcis-sur-Aube, viennent présenter bataille à Napoléon sur l'espace de plusieurs lieues, et ce qu'il y a de terrible, c'est que l'Empereur, par une imprudente stratégie, s'est placé de manière à ne pouvoir l'éviter. Il a devant lui 200,000 hommes, et il n'en a que 50,000, y compris la garde. Il faut opérer la retraite, c'est inévitable; mais le pont de Lesmont est coupé, le génie demande vingt-quatre heures pour le rétablir, et l'armée est sans moyen d'opérer un mouvement rétrograde; Blücher et Schwartzenberg le savent, et aussitôt ils déploient leurs vastes colonnes pour accabler l'Empereur.

Voici comment se dispose la bataille : le 1er février à l'aurore, Marmont forme la gauche; il doit combattre les Bavarois qui viennent de Joinville ; Victor lui prête la main, il a pour adversaires les Wurtembergeois et les Russes; au centre de la bataille, devant le village de la Rothière, se groupe la jeune garde impériale ; les trois gardes, russe, prussienne et autrichienne lui sont opposées ; enfin, à l'extrême droite, Gérard doit se défendre contre les Autrichiens de Giulay. Entendez-vous le feu d'artillerie? la bataille commence ; Napoléon ne combat pas pour la victoire, mais pour s'assurer une retraite ; comment résister à des forces triples? il faut repousser l'ennemi si l'on ne veut mettre bas les armes. Il est une heure après midi, le temps est affreux ; une admirable attaque de la jeune garde commence cette journée meurtrière ; des grandes opérations se développent autour de la Rothière, le village est pris et repris ; Napoléon est inquiet, cette bataille peut achever l'anéantissement de ces débris de nos grandes armées, dernières ressources de la France ; il a, sans doute, autour de lui des hommes d'une grande fermeté, des soldats d'un admirable dévouement, mais que peuvent-ils contre 150,000 hommes se réunissant sans cesse au premier coup de baguette? Tel était le plan des alliés que dans vingt-quatre heures ils pouvaient rassembler sur un même point des masses triples de celles de leurs adversaires ; la position de la Rothière était hasardée, comment l'Empereur avait-il quitté Brienne et ses hauteurs pour se placer dans des plaines avec une rivière sans pont derrière lui, et privé de tout moyen de retraite?

BATAILLE DE LA ROTHIÈRE (1ᵉʳ FÉVRIER 114). 563

Napoléon s'exposa comme le dernier soldat ; le témoignage d'un ennemi, sir Charles Stewart, qui assistait à la bataille de la Rothière, constate que l'Empereur ne se ménagea pas [1]; il eut son cheval tué sous lui; deux fois il se mit à la tête de la jeune garde, et il eut la douleur de voir une batterie de cette intrépide garde tomber au pouvoir des alliés. La neige couvrait le sol, si bien que les Russes pouvaient se croire dans leur climat glacé. On se battit le jour et bien avant dans la nuit, car à deux heures du matin, l'Empereur fit une attaque désespérée sur le village de la Rothière, elle ne réussit pas ; ce ne fut pas la faute de ces vieilles têtes de la garde; que faire contre de telles masses? Le pont reconstruit, la retraite fut ordonnée, et les soldats de France se retirèrent sur Troyes. Que de périls! que de deuil [2] !

Le mal moral fut plus grand encore! Napoléon voulait frapper un coup d'éclat au début de la campagne, donner dans cette courte expédition un premier bulletin qui pût rassurer Paris et la France; son dessein était de couper Blücher et Schwartzenberg, et au lieu de ce résultat, ces

---

[1] Témoignage de sir Charles Stewart :
« On vit Bonaparte encourager ses troupes et s'exposer sans rien craindre pendant tout le combat. L'attaque que Blücher dirigea contre la cavalerie ennemie fut l'objet des plus grands éloges. Napoléon, qui à cette époque agissait rarement d'après les principes de l'art militaire, rangea, le 1ᵉʳ février, son armée sur deux lignes dans la grande plaine devant la Rothière, occupant les villages et négligeant le terrain beaucoup plus favorable de Brienne, ce qui montrait clairement qu'il entendait jouer un jeu désespéré; il conduisit en personne la jeune garde contre l'armée du maréchal Blücher, pour prendre au corps de Sacken le village de la Rothière, mais cette tentative qu'il répéta trois fois ne réussit point. Tous convinrent que l'ennemi combattit avec la dernière intrépidité. Bonaparte ne se ménagea point, son cheval fut tué sous lui, et il eut le chagrin de voir la prise d'une batterie de canons qui était servie par la jeune garde. »

[2] « A la bataille de la Rothière, les alliés prirent dix-huit pièces de canon, et firent 4,000 prisonniers, mais ils perdirent 6,000 hommes en tués et blessés. L'empereur de Russie et le roi de Prusse étaient présents, et leur courage électrisa les troupes. »
(Dépêche de sir Charles Stewart.)

deux armées faisaient leur jonction ; il croyait les refouler, et loin de là, c'était lui qui faisait sa retraite devant ces grandes masses. Quelle triste nouvelle pour le peuple ! Quel commencement d'opérations ! L'Empereur en retraite sur Troyes fut obligé d'abandonner la Champagne pour concentrer l'armée sur la Seine et sur la Marne; on était bien au-delà des limites où les Prussiens étaient parvenus en 1792. Dieu n'aura-t-il plus un regard de pitié pour la France? Va-t-il briser la couronne sur le front de l'Empereur comme un grand exemple pour l'ambitieux qui s'élève trop? Quand l'infortune prend un homme elle le mène vite, elle ne le quitte pas qu'elle ne l'ait flétri, abîmé, broyé. La destinée est impitoyable, et ce n'est pas sans raison que les anciens élevaient des temples à la divinité aveugle, car de ses mains d'airain, elle pétrit les crânes, fussent-ils grands et forts comme ceux d'Alexandre, de César ou de Napoléon.

CHAPITRE XI.

CONGRÈS DE CHATILLON,

DEUXIÈME PÉRIODE DE LA CAMPAGNE DE FRANCE.

Départ de lord Castlereagh pour le continent. — Rapports du général Pozzo di Borgo avec les Bourbons. — Plan diplomatique des Anglais. — Le duc d'Angoulême aux Pyrénées. — Le comte d'Artois en Lorraine. — Le duc de Berry à Jersey. — Première formation du congrès de Châtillon. — Correspondance de M. de Caulaincourt avec M. de Metnich. — Protocoles et procès-verbaux. — Pleins pouvoirs de Napoléon. Projet et contre-projets. — Développement de la campagne. — Belle résistance du maréchal Marmont sur l'Aube. — La grande semaine de Napoléon. — Champ-Aubert. — Montmirail. — Château-Thierry. — Vauchamps. — La glorieuse décade de Nangis, — de Montereau et de Troyes. — M. de Bourmont à Nogent. — Suspension d'armes avec les Autrichiens. — Situation des armées. — Lyon. — Augereau. — Italie. — Eugène. — Murat. — Pyrénées. — Suchet. — Soult. — Les garnisons. — Développement du congrès. — Nouvelles instructions de l'Empereur à M. de Caulaincourt pour séparer l'Autriche. — Sens et but du traité de Chaumont.

Janvier à Mars 1814.

Lorsque ces premiers combats se donnaient dans un rayon si rapproché de Paris, la diplomatie de l'Europe prenait une direction plus ferme et plus unie pour en finir avec le gigantesque empire de Napoléon; la mission du général Pozzo di Borgo à Londres, dans le but d'amener lord Castlereagh sur le continent, avait pleinement réussi. Le cabinet avait d'abord voulu envoyer lord Harrowby pour se joindre au comte d'Aberdeen [1]; mais les affaires prenant un caractère d'une plus haute importance, on jugea indispensable que le secrétaire d'État du Foreign-Office vînt lui-même pour diriger les opérations d'un congrès que toute l'Europe souhaitait avec le même désir. Le général Pozzo insista sur ce point, et l'on a vu que le prince régent donna son plein pouvoir à lord Castlereagh. Selon l'usage si grave, si réfléchi de la diplomatie anglaise, avant de partir pour le continent, lord Castlereagh dut arrêter en conseil un programme qui serait la base d'un traité de paix imposé à la France, et sur ce point l'Angleterre fut inflexible; on résuma les propositions en ce seul axiome: on ne donnerait la paix à la France qu'avec des limites qui ne comprendraient ni Anvers, ni Gênes, ni le Piémont; et l'on se rappelle que l'esprit logique de lord Castlereagh avait tiré une conséquence naturelle: selon lui, avec l'ancien territoire, il fallait l'ancienne dynastie de cet état de choses; c'était une garantie d'ordre et de repos [2].

Toutefois le cabinet anglais était trop en dehors des questions morales pour faire de ce point la clause inflexible d'un traité positif; on pouvait l'indiquer comme une conséquence logique, mais le parlement n'aurait pas compris qu'on fît une guerre pour une dynastie et qu'on donnât des subsides pour une question de gouvernement étranger; l'Angleterre ne voulait faire de sacrifices réels que pour des intérêts exclusivement britanniques. Le général Pozzo di Borgo eut même l'occa-

---

[1] Mémoire de lord Burghersh.

« Toute pacification de l'Europe serait incomplète si l'on ne rétablissait pas sur le trône de France l'ancienne famille des Bourbons, une paix quelconque avec l'homme qui s'était mis à la tête du gouvernement français n'aurait d'autre résultat que de donner à l'Europe de nouveaux sujets de divisions et d'alarmes, elle ne serait ni sûre ni durable; en refusant de négocier tant que cet homme serait investi du pouvoir, on choquerait l'opinion de l'Europe. »
(Lord Castlereagh au parlement.)

sion et l'honneur de voir le comte d'Artois dans une visite à Londres, et l'habile diplomate, engagé à s'expliquer sur les intentions du czar Alexandre par rapport aux Bourbons, répondit avec son tact habituel : « Monseigneur, chaque chose a son temps ; ne brouillons pas les idées ; aux souverains il ne faut jamais présenter des questions complexes ; jusqu'ici c'est déjà beaucoup de les accorder sur ce point qu'il faut renverser Bonaparte ; puis une fois ce fait acquis, Bonaparte par terre, viendra naturellement la question de dynastie, et alors votre illustre maison se présentera d'elle-même dans la pensée de tous [1]. » C'était voir de haut la situation réelle des esprits et des intérêts en l'Europe ; si l'on avait mêlé le nom des Bourbons à la cause européenne, des objections immenses se seraient élevées ; l'Autriche aurait parlé pour son gendre, la Russie pour le projet de Moreau ou de Bernadotte ; mieux valait donc se taire sur une conséquence qui arriverait inévitablement lorsque la place serait vide et le pouvoir vacant.

Les événements marchaient si vite qu'on put, qu'on dut même tolérer, sinon autoriser la présence des Bourbons sur plusieurs points des frontières de l'ancienne France. A ce moment il se faisait un mouvement naturel de restaurations ; le prince d'Orange était rétabli par une insurrection en Hollande ; dans le Piémont, l'ancienne famille des Carignans essayait de reprendre son sceptre et son trône, et tout faisait croire à un succès. Pourquoi les Bourbons ne tenteraient-ils pas la fortune ? Qui pourrait les empêcher de reparaître dans ce grand mouvement si favorable aux anciennes dynasties ? L'Angleterre ne mit aucun obstacle au départ des princes de

[1] C'est du comte Pozzo lui-même que je tiens ces détails.

la maison de Bourbon; elle autorisa M. le comte d'Artois à se rendre sur le continent jusqu'à Vesoul[1], M. le duc d'Angoulême dut se placer dans les Pyrénées et favoriser les opinions du Midi en se mettant en rapport avec les comités royalistes de la Guyenne, et M. le duc de Berry put paraître à Jersey, non loin des côtes de Normandie. Mais tout cela se fit sous la condition expresse que la présence des Bourbons n'empêcherait pas les négociations entamées et la marche des opérations militaires, quelle que fût leur nature. Ils étaient là comme en expectative pour voir et pour juger si les opinions se prononceraient en leur faveur, comme cela s'était vu en Hollande pour les princes de la maison d'Orange.

Lord Castlereagh, cependant, arrivait sur le Rhin, au quartier-général des alliés; il fut accueilli avec la considération que méritaient la gravité et la fermeté de son caractère et le rôle d'importance que l'Angleterre avait joué dans tous les événements de la révolution française. Avec lord Castlereagh on pouvait traiter tous les points de politique européenne; il avait des pleins pouvoirs et carte blanche du cabinet; lord Aberdeen, sir Charles Stewart n'étaient que les exécuteurs de sa pensée. La diplomatie de toute l'Europe était ainsi hautement représentée par les chefs de cabinets : MM. de Metternich, Hardenberg, Nesselrode, Castlereagh; les hommes d'É-

---

[1] M. le comte d'Artois, arrivé à Vesoul, s'adressa aux Français par une proclamation :

« Français, le jour de votre délivrance approche; le frère de votre roi est arrivé. Plus de tyran, plus de guerre, plus de conscription, plus de droits vexatoires! Qu'à la voix de votre souverain, de votre père, vos malheurs soient effacés par l'espérance, vos erreurs par l'oubli, vos dissensions par l'union dont il veut être le gage. Sa promesse qu'il vous renouvelle se réalise aujourd'hui; il brûle de l'accomplir et de signaler, par son amour et ses bienfaits, le moment fortuné qui, en lui ramenant ses sujets, va lui rendre ses enfants. *Vive le Roi!* »

tat grandissaient par la confiance de leurs souverains ; François II conférait au comte de Metternich le titre de prince de l'Empire, haute dignité en Autriche; et M. de Hardenberg recevait la même marque de faveur de Frédéric-Guillaume, en reconnaissance des services rendus à la monarchie. Les quatre grands diplomates, MM. de Metternich, Nesselrode, Hardenberg et Castlereagh, s'entendirent dès les premières conférences sur le but général de leur réunion, à savoir : « pousser la guerre ou les négociations avec vigueur; » il ne s'agissait plus que d'arrêter la marche à suivre dans la tenue d'un congrès européen où seraient discutées toutes les questions alors soulevées par la guerre. Une fois lord Castlereagh au quartier-général, aucun retard ne pouvait être opposé à la solution de tous les différends qui divisaient l'Europe ; on pouvait rédiger de concert l'ultimatum destiné à l'Empereur des Français.

Dès sa nomination au ministère des relations extérieures, M. de Caulaincourt s'était rendu aux avantpostes[1] des alliés à Lunéville; il avait écrit au prince de Metternich pour solliciter enfin l'ouverture de ce con-

---

[1] C'est là que M. de Caulaincourt reçut a lettre suivante de Napoléon en forme d'instruction :

Paris, le 4 janvier 1814.

« M. le duc de Vicence, j'approuve que M. de la Besnardière soit chargé du portefeuille. Je pense qu'il est douteux que les alliés soient de bonne foi, et que l'Angleterre veuille la paix ; moi je la veux, mais solide, honorable. La France sans ses limites naturelles, sans Ostende, sans Anvers, ne serait plus en rapport avec les autres états de l'Europe. L'Angleterre et toutes les puissances ont reconnu ces limites à Francfort. Les conquêtes de la France en-deçà du Rhin et des Alpes ne peuvent compenser ce que l'Autriche, la Russie, la Prusse, ont acquis en Pologne, en Finlande, ce que l'Angleterre a envahi en Asie. La politique de l'Angleterre, la haine de l'empereur de Russie, entraîneront l'Autriche. J'ai accepté les bases de Francfort, mais il est plus que probable que les alliés ont d'autres idées. Leurs propositions n'ont été qu'un masque. Les négociations une fois placées sous l'influence des événements militaires, on ne peut prévoir les conséquences d'un tel système. Il faut tout écouter, tout observer. Il n'est pas certain qu'on vous reçoive au quartier-général : les Russes et les Anglais voudront écarter d'avance tous les moyens de conciliation et d'explication avec l'empereur d'Autriche. Il faut tâcher de connaître les vues des alliés, et me faire

grès fixé d'abord à Mannheim et qu'on avait promis à ses espérances ; ses premières dépêches datées de Lunéville insistent pour obtenir une réponse. M. de Metternich explique les retards du congrès par cette circonstance: « que lord Castlereagh se rendant au quartier-général, il était indispensable de l'attendre, afin de donner à cette réunion un caractère de solennité européenne. »

Ces retards se prolongèrent jusqu'au milieu de janvier, époque à laquelle on apprit officiellement le départ de lord Castlereagh ; une dépêche de M. de Metternich datée de Bâle, en annonçant la prochaine arrivée du secrétaire d'État, indique que les plénipotentiaires ont choisi Châtillon-sur-Seine pour le congrès, ville neutralisée et à l'abri de tous les événements de la guerre qui se poursuit vigoureusement. Le 26 janvier le prince de Schwartzenberg prévient M. de Caulaincourt que lord Castlereagh est au quartier-général ; dès lors rien ne s'oppose plus à la grande réunion. M de Metternich ne tarde pas à l'instruire officiellement que tout est prêt pour commencer les conférences : les plénipotentiaires de Prusse, de Russie, d'Autriche et d'Angleterre seront rendus à

connaître jour par jour ce que vous apprendrez, afin de me mettre dans le cas de vous donner des instructions que je ne saurais sur quoi baser aujourd'hui. Veut-on réduire la France à ses anciennes limites ? C'est l'avilir. . . . . . On se trompe si on croit que les malheurs de la guerre puissent faire désirer à la nation une telle paix. Il n'est pas un cœur français qui n'en sentît l'opprobre au bout de six mois, et qui ne le reprochât au gouvernement assez lâche pour la signer. L'Italie est intacte, le vice-roi a une belle armée. Avant huit jours j'aurai réuni de quoi livrer plusieurs batailles, même avant l'arrivée de mes troupes d'Espagne. Les dévastations des Cosaques armeront les habitants et doubleron nos forces. Si la nation me seconde, l'ennem marche à sa perte. Si la fortune me trahit, mon parti est pris ; je ne tiens pas au trône. Je n'avilirai ni la nation ni moi, en souscrivant à des conditions honteuses. Il faut savoir ce que veut Metternich. Il n'est pas de l'intérêt de l'Autriche de pousser les choses à bout ; encore un pas , et le premier rôle lui échappera. Dans cet état de choses je ne puis rien vous prescrire. Bornez-vous, pour le moment, à tout entendre et à me rendre compte. Je pars pour l'armée. Nous serons si près, que nos premiers rapports ne seront pas un retard pour les affaires. Envoyez-moi fréquemment des courriers. Sur ce, etc. »

.Napoléon.

CONGRÈS DE CHATILLON (4 FÉVRIER 1814). 371

Châtillon le 3 février sans retard. Ces plénipotentiaires sont le comte de Stadion pour l'Autriche, le comte de Razumowsky pour la Russie, le baron de Humboldt pour la Prusse; et lord Castlereagh prendra lui-même la direction du congrès où assisteront lord Aberdeen et sir Ch. Stewart. On ouvrira solennellement les séances le 4 février; en attendant les questions générales seront agitées dans des conférences préliminaires [1].

En l'absence de M. de Caulaincourt, l'Empereur a confié le portefeuille à M. de la Besnardière, un des employés les plus capables des affaires étrangères, et de l'école de M. de Talleyrand; il est chargé de suivre la correspondance. Les premières instructions que l'Empereur donne à M. de Caulaincourt se rattachent toutes aux bases des propositions de Francfort; il faut les renouveler à Châtillon avec fermeté, sauf ensuite à les modifier, si les alliés demeurent inflexibles. En présence de cette formidable coalition, Napoléon veut faire un dernier effort pour détacher l'Autriche; il écrit confidentiellement à François II; il le presse de se séparer des alliés; il lui fait des offres séduisantes, la Pologne, l'Italie; comme à

---

[1] *Lettre du prince de Schwartzenberg à M. de Caulaincourt.*
A mon quartier-général, à Langres, le 26 janvier 1814, à une heure du matin.
« Monsieur le duc je m'empresse de vous prévenir que dans ce moment viennent d'arriver ici S. M. l'empereur d'Autriche, le prince de Metternich et lord Castlereagh. V. Exc. recevra dans les vingt-quatre heures des nouvelles ultérieures.
« Je me flatte que V. Exc. rencontrera toutes les prévenances de la part de nos militaires; les ordres qu'elle a desirés relativement à l'admission de ses secrétaires et de ses commis ont été donnés sur-le-champ, et V. Exc. en aura senti le plein effet.
« C'est avec bien des regrets que je me suis vu privé jusqu'à présent du plaisir de la voir et de l'assurer de vive voix de ma haute considération. »
Schwartzenberg.

Lettre de M. de Metternich à M. de Caulaincourt.
Bâle, le 20 janvier 1814.
« Monsieur le duc, lord Castlereagh étant sur le point d'arriver et LL. MM. II. et RR. désirant éviter tout retard, elles me chargent de proposer à V. Exc. de se rapprocher dès à présent de l'endroit où, dans les circonstances actuelles, il sera le plus convenable d'établir le siège des négociations; c'est en conséquence sur Châtillon-sur-Seine que je prie V. Exc. de se diriger; je ne doute pas que lorsqu'elle y sera arrivée,

Prague M. de Caulaincourt veut arracher l'Autriche du faisceau des alliances; il ne peut y réussir.

Cette dépêche confidentielle de l'Empereur, adressée par la voie de M. de Caulaincourt[1], est l'objet d'une réponse de M. de Metternich très curieuse parce qu'elle montre l'esprit qui présidera désormais aux négociations : « Je n'ai reçu qu'hier la lettre confidentielle que Votre Excellence m'a adressée le 25 au soir. Je l'ai soumise à l'empereur, mon maître ; et S. M. I. s'est déclarée être d'avis de ne pas faire usage de son contenu, convaincue que la démarche proposée ne mènerait à rien. Elle restera éternellement ignorée ; et je prie Votre Excellence d'être convaincue que, dans une position de choses quelconque, une confidence faite à notre cabinet est à l'abri de tout abus. J'aime à vous porter cette assurance dans un moment d'un intérêt immense pour l'Autriche, la France et l'Europe. La conduite de mon souverain est et restera uniforme comme l'est son caractère ; ses principes sont à l'abri de toute influence du temps et des circonstances. Ils furent les mêmes dans des époques de malheur ; ils le sont et le resteront après que des événements au-dessus de tout

---

je ne sois à même de lui indiquer le jour et le lieu où les négociateurs pourront se réunir. » Le prince de Metternich.

Lettre de M. de Metternich à M. de Caulaincourt.

Langres, le 29 janvier 1814.

« LL. MM. II. et RR., leurs cabinets, et le principal secrétaire d'État de S. M. britannique ayant le département des affaires étrangères, se trouvant réunis à Langres depuis le 27 janvier, LL. MM. ont choisi Châtillon-sur-Seine comme le lieu des négociations avec la France. Les plénipotentiaires de Russie, d'Angleterre, de Prusse et d'Autriche, seront rendus dans cette ville le 3 février prochain.

« Chargé de porter cette détermination à la connaissance de V. Exc., je ne doute pas qu'elle n'y trouve la preuve de l'empressement des puissances alliées à suivre la négociation dans le plus court délai possible. »   Metternich.

[1] *Lettre de M. de Caulaincourt à M. de Metternich.*

Châtillon-sur-Seine, le 8 février 1814.

« Vous m'avez autorisé, mon prince, à m'ouvrir à vous sans réserve. Je l'ai déjà fait, je continuerai ; c'est une consolation à laquelle il me coûterait trop cher de renoncer.

« Je regrette chaque jour davantage que ce ne soit pas avec vous que j'aie à traiter ; si j'avais pu le prévoir, je n'aurais pas

calcul humain vont rasseoir l'Europe dans la seule assiette qui puisse lui convenir. L'empereur est entré dans la présente guerre sans haine et il la poursuit sans ressentiment. Le jour où il a donné sa fille au prince qui gouvernait alors l'Europe, il a cessé de voir en lui un ennemi personnel; le sort de la guerre a changé l'attitude de tous; si l'Empereur Napoléon n'écoute, dans les circonstances du moment, que la voix de la raison, s'il cherche sa gloire dans le bonheur d'un grand peuple, en renonçant à sa marche politique antérieure, l'empereur arrêtera de nouveau avec plaisir sa pensée au moment où il lui a confié son enfant de prédilection; si un aveuglement funeste devait rendre l'Empereur Napoléon sourd au vœu unanime de son peuple et de l'Europe, il déplorera le sort de sa fille, sans arrêter sa marche. » Paroles solennelles, qui expliquent l'attitude de l'Autriche dans la campagne de 1814.

M. de Caulaincourt répond au prince de Metternich en termes nobles et mesurés; il voit avec regret que ce ne soit pas le chancelier d'État lui-même qui dirige les conférences; M. de Stadion ne lui inspire pas la même foi; il ne peut traiter avec lui dans les rapports d'in-

---

accepté le ministère, je ne serais point ici, je serais dans les rangs de l'armée, et j'y pourrais du moins trouver en combattant une mort qu'il me faudra mettre au rang des biens si je ne peux servir ici mon prince et mon pays. M. le comte de Stadion est digne sans doute de l'amitié qui vous lie; il mérite la confiance que vous voulez que je prenne en lui; mais M. de Stadion n'est pas vous; il ne peut pas avoir sur les négociations l'ascendant qu'il vous eût appartenu d'exercer. Chargé de la négociation, vous auriez empêché, j'aime à le croire, qu'on ne lui fît prendre, comme aujourd'hui, une marche évidemment calculée pour consumer le temps en interminables délais. A quoi ces délais peuvent-ils être bons, si c'est uniquement la paix qu'on se propose? Ne suis-je pas ici pour conclure et demandé-je autre chose que de connaître les conditions auxquelles on la veut faire? Les alliés veulent-ils se ménager le temps d'arriver à Paris? Mais je vous dirai que la France n'est point tout entière à Paris, que la capitale occupée, les Français pourront penser que l'heure des sacrifices est passée; que des sentiments, que diverses causes assoupies peuvent se réveiller, et que l'arrivée des alliés à Paris peut commencer une série d'événements que l'Autriche ne serait pas la dernière à regretter de ne pas avoir pré-

timité; M. de Caulaincourt voudrait qu'un homme de l'importance de M. de Metternich se posât contre l'influence anglaise de lord Castlereagh qui va présider le congrès; il a tous les pouvoirs pour traiter : pourquoi l'Autriche accablerait-elle Napoléon? quel intérêt peut-elle avoir à cela? pourquoi ne resterait-elle pas maîtresse des événements? la présence de M. de Metternich pendant quelques heures suffirait pour changer et dominer l'esprit des conférences. » M. de Metternich réplique encore à cette lettre : « M. de Caulaincourt se fait de fausses idées sur lord Castlereagh; c'est un esprit juste et froid, un homme sans passions, qui ne se laissera jamais dominer par les coteries; il serait malheureux que dans l'origine du congrès on se fît déjà des préventions sur les hommes; si Napoléon veut sincèrement la paix, il l'aura à des conditions raisonnables. » Cette correspondance se continue confidentiellement en dehors de toute action du congrès.

Ce congrès, si impatiemment attendu, s'était réuni à Châtillon; les plénipotentiaires avaient échangé les pleins pouvoirs de leurs souverains; ceux de Napoléon étaient le plus étendus et se résumaient dans une lettre que M. Maret adressait de Troyes à M. de Caulaincourt; la voici, car elle est historiquement décisive : « Je vous ai expédié, monsieur, un courrier avec une lettre venus; car, dussions-nous finir par être accablés, est-ce l'intérêt de l'Autriche que nous le soyons? Quel profit a-t-elle à s'en promettre, et quelle gloire même en peut-elle attendre, si nous succombons sous les efforts de l'Europe entière? Vous, mon prince, vous avez une gloire immense à recueillir, mais c'est à condition que vous resterez le maître des événements, et le seul moyen que vous ayez de les maîtriser est d'en arrêter le cours par une prompte paix. Nous ne nous refusons à aucun sacrifice raisonnable, nous désirons seulement connaître tous ceux qu'on nous demande, et au profit de qui nous devons les faire, et si en les faisant nous avons la certitude de mettre immédiatement fin aux malheurs de la guerre. Faites, mon prince, que toutes ces questions soient posées d'une manière sérieuse et dans leur ensemble. Je ne ferai pas attendre ma réponse. Vous êtes assurément trop sage pour ne pas sentir que notre demande est aussi juste que nos dispositions sont modérées. »

Caulaincourt, duc de Vicence.

de S. M. et le nouveau plein pouvoir que vous avez demandé. Au moment où S. M. va quitter cette ville, elle me charge de vous en expédier un second, et de vous faire connaître en propres termes que S. M. vous donne carte blanche pour conduire les négociations à une heureuse fin, sauver la capitale et éviter une bataille où sont les dernières espérances de la nation. Les conférences doivent avoir commencé hier ; S. M. n'a pas voulu attendre que vous lui eussiez donné connaissance des premières ouvertures de crainte d'occasionner le moindre retard. Je suis donc chargé, M. le duc, de vous faire connaître que l'intention de l'Empereur est que vous vous regardiez comme investi de tous les pouvoirs nécessaires dans ces circonstances importantes pour prendre le parti le plus convenable, afin d'arrêter les progrès de l'ennemi et de sauver la capitale. S. M. désire que vous correspondiez le plus fréquemment avec elle, afin qu'elle sache à quoi s'en tenir pour la direction de ses opérations militaires [1]. » Rien de plus étendu que ces pleins pouvoirs; il ne s'agit plus des bases de Francfort, M. de Caulaincourt est autorisé à tout entendre, à tout accepter, même les limites de la France avant 1789.

En recevant ces pleins pouvoirs, M. de Caulaincourt s'inquiète; il écrit à l'Empereur : « Le congrès est uni,

---

[1] En réponse à cette dépêche, M. de Caulaincourt écrit à l'Empereur.

Châtillon, le 6 février 1814.

« Sire, je me trouve ici placé vis-à-vis de quatre négociateurs, en ne comptant les trois plénipotentiaires anglais que pour un seul. Ces quatre négociateurs n'ont qu'une seule et même instruction, dressée par les ministres d'État des quatre cours. Leur langage leur a été dicté d'avance. Les déclarations qu'elles renferment leur ont été données toutes faites. Ils ne font pas un pas : ils ne disent point un mot sans s'être concertés d'avance. Ils veulent qu'il y ait un protocole, et si je veux moi-même y insérer les observations les plus simples sur les faits les plus constants, les expressions les plus modérées deviennent un sujet de difficulté, et je dois céder pour ne pas consumer le temps en vaines discussions. Je sens combien les moments sont précieux, je sens d'un autre côté qu'en précipitant tout, on perdrait tout.

« C'est dans cette situation que je reçois une lettre pleine d'alarmes. J'étais parti les mains presque liées, et je reçois des

indissoluble; les conditions y sont arrêtées d'avance entre les plénipotentiaires; pourquoi M. Maret n'a-t-il pas mieux précisé les clauses que l'on peut accepter? pourquoi lui en laisser la responsabilité? »

De ce moment commencent les protocoles des conférences. La première séance, le 4 février, se résume dans les visites d'usage; les plénipotentiaires se rendent les devoirs mutuels en procédant comme au congrès de Riswick par ordre alphabétique: Angleterre, Autriche, France, Prusse, Russie. Le 5, une table ronde est placée dans la salle du château de Châtillon, afin d'établir une parfaite égalité entre eux; ils échangent leurs pleins pouvoirs. A la suite, une première déclaration est faite par les alliés de concert, afin de constater le caractère d'unité qu'ils veulent donner à leurs propositions[1]. C'est au nom de l'Europe, formant un seul tout, qu'ils viennent traiter avec la France; c'est au nom aussi de tous les plénipotentiaires réunis qu'il est fait une déclaration sur le droit maritime; l'Angleterre exige qu'à ce sujet aucune question ne soit débattue; on s'en tiendra aux anciens principes. M. de Caulaincourt demande à connaître expressément

pouvoirs illimités. On me retenait et l'on m'aiguillonne. Cependant on me laisse ignorer les motifs de ce changement. On me fait entrevoir des dangers, mais sans me dire quel en est le degré, s'ils viennent d'un seul côté ou de plusieurs. V. M. d'abord et l'armée qu'elle commande, Paris, la Bretagne, l'Espagne, l'Italie, se présentent tour à tour et tout à la fois à mon esprit; mon imagination se porte de l'une à l'autre, sans pouvoir former d'opinion fixe; ignorant la vraie situation des choses, je ne peux juger ce qu'elle exige et ce qu'elle permet.

« Dans l'ignorance où elle me laisse, je marcherai avec précaution, comme on doit le faire entre deux écueils; mais à toute extrémité, je ferai tout ce que me paraîtront exiger la sûreté de V. M. et le salut de mon pays.

« Je suis, etc. »

Caulaincourt, duc de Vicence.

[1] *Déclaration des plénipotentiaires des cours alliées.*

« Les plénipotentiaires des cours alliées déclarent qu'ils ne se présentent point aux conférences comme uniquement envoyés par les quatre cours de la part desquelles ils sont munis de pleins pouvoirs, mais comme se trouvant chargés de traiter de la paix avec la France, au nom de l'Europe, ne formant qu'un seul tout; les quatre puissances répondent de l'accession de leurs alliés aux arrangements dont on sera convenu à l'époque de la paix même.»

(*Protocole de Châtillon.*)

quelles sont les conditions des alliés afin d'en discuter les bases. Le 7 février, nouvelle séance ; le langage des alliés devient plus explicite ; ils demandent par un protocole que la France rentre dans les limites qu'elle avait avant la Révolution, et que par conséquent elle abandonne toute influence directe et son protectorat en Italie, en Allemagne et en Suisse [1]. M. de Caulaincourt répond : « que, prête à faire les plus grands sacrifices, sa cour néanmoins a besoin de rappeler aux alliés la déclaration de Francfort et ce qu'ils ont appelé les limites naturelles de la France ; tout dépend au reste des compensations qui seront proposées. Napoléon devra-t-il tout donner sans rien recevoir ? ensuite ces sacrifices, au profit de qui les fait-on ? mettront-ils un terme à la guerre ? » M. de Caulaincourt exige que l'on s'explique sur tous ces points avant d'arrêter des préliminaires.

Quelques jours suspendues sur la demande de la Russie [2], les conférences du congrès sont reprises le 17 ; les plénipotentiaires développent à M. de Caulaincourt les motifs qui ont fait changer les bases de Francfort ;

---

[1] Les plénipotentiaires des cours alliées consignent au protocole ce qui suit :

« Les puissances alliées réunissant le point de vue de la sûreté et de l'indépendance future de l'Europe avec le désir de voir la France dans un état de possession analogue au rang qu'elle a toujours occupé dans le système politique, et considérant la situation dans laquelle l'Europe se trouve replacée à l'égard de la France, à la suite des succès obtenus par leurs armes ; les plénipotentiaires des cours alliées ont ordre de demander :

« Que la France rentre dans les limites qu'elle avait avant la révolution, sauf des arrangements d'une convenance réciproque sur des portions de territoire au-delà des limites de part et d'autre, et sauf des restitutions que l'Angleterre est prête à faire pour l'intérêt général de l'Europe, contre les rétrocessions ci-dessus demandées à la France, lesquelles restitutions seront prises sur les conquêtes que l'Angleterre a faites pendant la guerre ; qu'en conséquence la France abandonne toute influence directe hors de ses limites, et que la renonciation à tous les titres qui se ressentent des rapports de souveraineté et de protectorat sur l'Italie, l'Allemagne et la Suisse, soit une suite immédiate de cet arrangement. »

(*Protocole de Châtillon.*)

[2] *Note des plénipotentiaires alliés.*
Châtillon-sur-Seine, le 9 février 1814.
« Les soussignés, plénipotentiaires des cours alliées, viennent de recevoir de

quand on traite en se battant tout dépend des chances de la guerre; les événements militaires ont pris une nouvelle tournure; tout se modifie dans la marche des faits; ce qui était raisonnable hier ne l'est plus aujourd'hui. Pourquoi Napoléon n'avait-il pas immédiatement accepté à Francfort les bases arrêtées par les puissances? M. de Caulaincourt demande si les hostilités seront suspendues; oui, elles le seront si des préliminaires de paix peuvent être conclus sur les bases proposées.

Et pour couper court à toute discussion sur ce point, les alliés proposent à la France un traité préliminaire positif[1] : dans ce projet de traité, Napoléon doit renoncer à toutes les acquisitions faites depuis 1792, aux titres de roi d'Italie, roi de Rome, protecteur de la Confédération du Rhin et médiateur de la Confédération suisse; l'Empereur des Français reconnaîtrait l'Allemagne et son système fédératif; l'Italie formerait un groupe d'états indépendants, placés entre les possessions autrichiennes et la France. La Hollande reviendrait sous la souveraineté de la maison d'Orange; Napoléon reconnaîtra la

---

S. Exc. M. le plénipotentiaire de Russie une communication portant:

« Que S. M. l'empereur de Russie ayant jugé à propos de se concerter avec les souverains, ses alliés, sur l'objet des conférences de Châtillon, S. M. a donné ordre à son plénipotentiaire de déclarer qu'elle désire que les conférences soient suspendues jusqu'à ce qu'elle leur ait fait parvenir des instructions ultérieures.

« Les soussignés ont l'honneur d'en donner part à M. le plénipotentiaire de France, en prévenant que les conférences ne peuvent rester que pour le moment suspendues. Ils s'empresseront d'informer M. le plénipotentiaire du moment où ils seront mis à même d'en reprendre le cours.

[1] Voici le texte exact du projet du traité préliminaire arrêté entre les hautes puissances alliées et imposé à Napoléon ; il est bien plus dur que le traité de Paris conclu avec les Bourbons.

« Au nom de très sainte et indivisible Trinité !

« LL. MM. II. d'Autriche et de Russie, S. M. le roi du royaume uni de la Grande-Bretagne, et S. M. le roi de Prusse, agissant au nom de tous leurs alliés, d'une part, et S. M. l'Empereur des Français de l'autre, désirant cimenter le repos et le bien-être futur de l'Europe par une paix solide et durable sur terre et sur mer, et ayant, pour atteindre à ce but salutaire, leurs plénipotentiaires actuellement réuni à Châtillon-sur-Seine, pour discuter les conditions de cette paix, lesdits plénipotentiaires sont convenus des articles suivants :

« Art. 1er. Il y aura paix et amnistie en-

Suisse comme État libre, l'Espagne sous la domination de Ferdinand VII; les puissances pourraient déterminer entre elles le partage des États conquis sans l'intervention de l'Empereur. On restituerait aux Français leurs colonies en Amérique, sauf les îles nommées *les Saintes;* on promettait les bons offices pour la restitution de la Guadeloupe et de Cayenne par la Suède et le Portugal. Les îles de Maurice et de Bourbon restaient à l'Angleterre. On rendait les établissements de l'Inde à la France, comme simple factorerie, sans pouvoir les fortifier; abolition de la traite des nègres; l'île de Malte à la Grande-Bretagne; toutes les places fortes au pouvoir des armées françaises seraient évacuées; enfin les alliés demandaient comme dépôts Besançon, Béfort et Huningue, jusqu'à la signature et à la ratification définitive. Après ce traité accepté les hostilités seraient suspendues de plein droit.

Ce projet, d'une dureté si inflexible, était proposé à Napoléon comme dernier mot de l'alliance. M. de Caulaincourt, tristement affecté, fit quelques observations : « Pourquoi obliger de renoncer au titre de roi d'Italie?

---

tre LL. MM. II. d'Autriche et de Russie, S. M. le roi du royaume uni de la Grande-Bretagne, et S. M. le roi de Prusse, agissant en même temps au nom de tous leurs alliés, et S. M. l'Empereur des Français, leurs héritiers et successeurs à perpétuité.

« 2. S. M. l'Empereur des Français renonce pour lui et ses successeurs à la totalité des acquisitions, réunions ou incorporations de territoire faites par la France depuis le commencement de la guerre de 1792.

« Sa Majesté renonce également à toute l'influence constitutionnelle directe ou indirecte hors des anciennes limites de la France, telles qu'elles se trouvaient établies avant la guerre de 1792, et aux titres qui en dérivent, et nommément à ceux de roi d'Italie, roi de Rome, protecteur de la Confédération du Rhin et médiateur de la Confédération suisse.

« 3. es hautes parties contractantes reconnaissent formellement et solennellement le principe de la souveraineté et indépendance de tous les États de l'Europe, tels qu'ils seront constitués à la paix définitive.

« 4. S. M. l'Empereur des Français reconnaît formellement la reconstruction suivante des pays limitrophes de la France :

« 1° L'Allemagne composée d'États indépendants unis par un lien fédératif ;

« 2° L'Italie divisée en États indépendants, placés entre les possessions autrichiennes en Italie et la France ;

cette stipulation excluait-elle Eugène de Beauharnais ? ne lui donnerait-on aucune compensation raisonnable ? Le roi de Saxe serait-il compris dans les arrangements des alliés sur l'Allemagne ? et le roi de Westphalie (Jérôme Bonaparte) recouvrerait-il son royaume, ou obtiendrait-il une indemnité ? » Ces observations sur les intérêts des Bonaparte n'étaient-elles pas puériles au milieu de tant de sacrifices imposés à la France ? Comment songer au fantôme de roi de Westphalie, quand il s'agissait de préserver la patrie ? Les plénipotentiaires alliés répondirent froidement : « qu'ils s'en rapportaient au projet comme bases de tout traité; il n'y serait pas changé une seule phrase; l'union entre eux était indissoluble; on ne mettrait bas les armes qu'après avoir obtenu le but de pacification générale.

Au reste, tout se passa dans les formes de la plus haute convenance; Châtillon fut un lieu de plaisir et de délassement; dans cette oasis neutralisée au milieu des fureurs de la guerre, les diplomates se donnèrent toutes les distractions. On avait soin de faire passer par les avant-postes les mets les plus exquis, les vins de France

« 3° La Hollande sous la souveraineté de la maison d'Orange, avec un accroissement de territoire;

« 4° La Suisse, État libre, indépendant, placé dans ses anciennes limites, sous la garantie de toutes les grandes puissances, la France y comprise;

« 5° L'Espagne sous la domination de Ferdinand VII, dans ses anciennes limites.

« S. M. l'Empereur des Français reconnaît de plus le droit des puissances alliées de déterminer, d'après les traités existants entre les puissances, les limites et rapports tant des pays cédés par la France que de leurs États entre eux, sans que la France puisse aucunement y intervenir.

« 5. Par contre, S. M. B. consent à restituer à la France, à l'exception des îles nommées les Saintes, toutes les conquêtes qui ont été faites par elle sur la France pendant la guerre, et qui se trouvent à présent au pouvoir de S. M. B., dans les Indes occidentales, en Afrique et en Amérique.

« L'île de Tabago, conformément à l'article 2 du présent traité, restera à la Grande-Bretagne, et les alliés promettent d'employer leurs bons offices pour engager LL. MM. suédoise et portugaise à ne point mettre d'obstacle à la restitution de la Guadeloupe et de Cayenne à la France.

« Tous les établissements et toutes les factoreries conquises sur la France à l'est du cap de Bonne-Espérance, à l'exception des îles de Saint-Maurice (île de France), de Bourbon et de leurs dépendances, lui seront restituées. La France ne rentrera

LE CONGRÈS DE CHATILLON (FÉVRIER 1814). 381

les plus délicats; un des plénipotentiaires anglais, sir Charles Stewart, en fait ses remercîments à Napoléon : « et les aimables Françaises, comme il le dit, vinrent embellir la monotonie des séances diplomatiques. » M. de Caulaincourt faisait parfaitement les honneurs de la France; plus sa situation était délicate, plus on le ménageait personnellement. Il est en correspondance avec tout le monde; un moment désespéré, il écrit à Napoléon qu'il faut recourir aux armes et vaincre; il demande la permission d'être compté parmi ceux qui veulent mourir pour leur souverain. Le lendemain une lueur d'espoir vient à lui; alors il parle de paix et d'un traité définitif.

M. de Caulaincourt écrit aussi au prince de Metternich comme à l'intermédiaire naturel de cette négociation; il le prie de l'activer, de lui donner un souffle de son intelligence. M. de Metternich répond de Troyes : « que là, au milieu des armées, il peut être plus utile qu'à Châtillon; M. de Caulaincourt ne doit pas se désespérer; se plaint-il de l'arrestation des courriers? comment empêcher les troupes légères de commettre quelques désordres?» M. de Metternich finit sa dépêche par une obser-

dans ceux des susdits établissements et factoreries qui sont situés dans le continent des Indes et dans les limites des possessions britanniques, que sous la condition qu'elle les possédera uniquement à titre d'établissements commerciaux; et elle promet en conséquence de n'y point faire construire de fortifications, et de n'y point entretenir de garnisons ni forces militaires quelconques au-delà de ce qui est nécessaire pour maintenir la police dans lesdits établissements.

« Les restitutions ci-dessus mentionnées en Asie, en Afrique et en Amérique, ne s'étendront à aucune possession qui n'était point effectivement au pouvoir de la France avant le commencement de la guerre de 1792.

« Le gouvernement français s'engage à prohiber l'importation des esclaves dans toutes les colonies et possessions restituées par le présent traité, et à défendre à ses sujets, de la manière la plus efficace, le trafic des nègres en général.

« L'île de Malte, avec ses dépendances, restera en pleine souveraineté à S. M. britannique.

« 6. S. M. l'Empereur des Français remettra, aussitôt après la ratification du présent traité préliminaire, les forteresses et forts des pays cédés, et ceux qui sont encore occupés par ses troupes en Allemagne, sans exception. Ces places et forts seront remis dans l'état où ils se trouvent présentement, avec toute leur artillerie, munitions de guerre et de bouche, archives, etc.;

vation qui peint l'aménité de son esprit et la situation difficile de la guerre: « Voici une lettre de la famille Mesgrigny à leur frère fils, mon cher duc, veuillez la lui faire passer. Ce sont de braves gens qui ont le *bonheur* de me posséder dans leur hôtel, bonheur véritable, car je ne les mange pas. C'est une vilaine chose que la guerre, et surtout quand on la fait avec 50,000 Cosaques ou Baskirs [1]. » M. de Metternich ne cesse un moment de montrer de la bienveillance pour la France; il veut, il désire la paix. Est-elle acceptable aux conditions offertes, et ne valait-il pas mieux tenter le sort des armes?

M. de Caulaincourt avait appelé la victoire à l'aide de Napoléon; elle venait, comme un dernier reflet, à ses drapeaux, et ici commence une série d'opérations militaires dans ce court et brillant espace que j'appellerai la grande semaine de Napoléon. Après la triste affaire de la Rothière, l'Empereur avait précipité sa retraite sur Troyes; l'armée française avait repassé l'Aube, en jetant une rivière entre elle et l'ennemi; le pont de Lesmont était coupé. En précipitant cette retraite, il avait fallu abandonner sur l'autre rive le maréchal Marmont et les braves qu'il commandait. Le général de Wrède et les Bavarois s'étaient aussitôt placés entre ce corps et Napoléon, et c'est sur leur

---

les garnisons françaises de ces places sortiront avec armes, bagages, et avec leurs propriétés particulières.

« S. M. l'Empereur des Français fera également remettre dans l'espace de quatre jours aux armées alliées les places de Besançon, Béfort et Huningue qui resteront en dépôt jusqu'à la ratification de la paix définitive, et qui seront remises dans l'état dans lequel elles auront été cédées à mesure que les armées alliées évacueront e territoire français.

« 7. Les généraux commandant en chef nommeront sans délai des commissaires chargés de déterminer la ligne de démarcation entre les armées réciproques.

« 8. Aussitôt que le présent traité préliminaire aura été accepté et ratifié de part et d'autre, les hostilités cesseront sur terre et sur mer.

« 9. Le présent traité préliminaire sera suivi dans le plus court délai possible, par la signature d'un traité de paix définitif. »

[1] *Lettre de M. de Metternich à M. de Caulaincourt.*

Troyes, le 15 février 1814.

« Je n'ai pas répondu aux lettres confidentielles de V. Exc., parce que je n'avais

division compacte qu'il faut passer pour suivre le mouvement général de l'armée. On croit Marmont perdu, il a sans doute capitulé comme Reynier à Leipsick. Les Bavarois essaient de lui couper toute retraite ; Marmont met l'épée à la main ; la baïonnette au bout du fusil, il passe sur le ventre des Bavarois. C'est la répétition de la bataille de Hanau et un des plus beaux faits d'armes de la campagne ; Marmont suit l'Aube, et va rejoindre l'Empereur sur la grande route de Troyes.

A Troyes il y avait tant de tristesse dans l'armée, tant de découragement depuis la Rothière, que Napoléon écrit de nouveau à M. de Caulaincourt pour lui donner carte blanche, afin de sauver la capitale ; sans retard il le faut, ou tout est perdu. Napoléon a le désespoir dans l'âme, il se voit moralement perdu ; la tête penchée sur la poitrine, le cœur gros de douleurs, il évacue Troyes. Sur sa route il est rejoint par les divisions de l'armée d'Espagne qui s'avancent pour le couvrir ; Napoléon fait sa retraite dans leur direction ; il sait que ce sont de braves troupes, et qu'elles se battent bien ; le mouvement rétrograde est rapide, car le quartier-général est déjà à Bar-sur-Aube. Le 7 février on est à Nogent, à 27 lieues de Paris ; Nogent, près de Provins, dans la Champagne des comtes, province si antiquement réunie à la monarchie ; à sa gauche est la forêt de Fontainebleau, à droite Coulommiers et Meaux, le vieil évêché ; en face, Corbeil et Melun, et derrière ce rideau

---

rien à lui dire. Nous venons de remettre en train vos négociations et je réponds à V. Exc. que ce n'est pas chose facile que d'être le ministre de la coalition. Ce que vous m'avez dit de flatteur sur vos regrets de ne pas me voir à Châtillon ne peut porter que sur des sentiments personnels desquels vous m'avez donné tant de preuves. Croyez que, sous le rapport des affaires, je suis plus utile ici que chez vous. Je vous ai déjà recommandé le comte de Stadion, croyez-moi sur parole. Mylord Castlereagh est également un homme de la meilleure trempe, droit, loyal, sans passions, et par conséquent sans préjugés. Il fallait une composition d'hommes comme le sont les ministres anglais du moment, pour rendre possible la grande œuvre à laquelle

Paris. De Moscou on était venu là! Les Baskirs des steeps de la Crimée campaient sur la Seine et la Marne! Quelle chronique quand les âges viendront! L'armée ennemie est divisée en deux grandes branches; l'une s'avance par Châlons; Blücher, qui la mène, descend rapidement la Marne et marche sur Epernay; déjà il en salue les vieux clochers, ses avant-postes sont à Château-Thierry, les Cosaques ont paru à la Ferté-sous-Jouarre; Meaux n'est plus à l'abri d'un coup de main, et de Meaux à Paris il n'y a que onze lieues. Pour s'expliquer cette marche si rapide de l'armée prussienne, il faut d'abord se rappeler le caractère de Blücher: c'est un chef d'avant-postes, un hussard intrépide, sans calcul; la victoire lui paraît toujours assurée, il marche en vrai partisan. La bataille de la Rothière a donné de l'audace aux plus faibles; ils ont vu le peu de troupes de Napoléon et la démoralisation de plusieurs de ses corps; les déserteurs couvrent les routes, on fait facilement des prisonniers; il faut de l'audace, beaucoup d'audace, et Blücher n'en manque pas. Il se sépare donc du prince de Schwartzenberg, il veut marcher seul sur Paris, rendez-vous général. Quel honneur d'en saluer le premier les monuments!

Imprudence extrême que cette séparation de deux armées! Napoléon, la tristesse au cœur, a les yeux sur le traité que les alliés lui imposent; quel sacrifice! son front est vieilli de dix ans; il suit sur la carte la marche de Blücher, et son œil d'aigle a bientôt aperçu la

vous travaillez et qui, je me flatte, sera couronnée du succès. V. Exc. ne doit pas regretter d'avoir accepté le ministère, il n'est beau que dans des temps difficiles.

« Le comte de Stadion vous parlera de la ligne de vos courriers. Ce n'est pas seulement sous des points de vue militaires qu'il est impossible de les faire passer par les armées; mais nous ne pouvons pas, avec la meilleure volonté, répondre de nos hordes de troupes légères. Si vous en avez de très pressés, et que la direction du quartier-général de votre Empereur y prête, envoyez-moi des dépêches chiffrées, je les ferai passer sur la route la plus directe par les avant-postes. » Metternich.

faute commise par les alliés; il faut en profiter à l'instant; à cette audace d'un chef de partisans, il oppose toute la science stratégique des campagnes de l'Italie. A Nogent, il doit contenir les Autrichiens, masquer son mouvement; et tandis qu'il abandonne ce point d'opérations, il laisse le commandement de cette ligne si importante au général de Bourmont, en qui il place sa confiance. M. de Bourmont ne s'était attaché à lui que depuis une année; gentilhomme de loyale famille, intrépide au feu, instruit, il a fait ses premières armes dans les camps royalistes, mais il a prêté serment à Napoléon qui lui confie la défense de la Seine; il faut protéger Nogent contre toute l'armée de Schwartzenberg, tandis que Napoléon va chercher Blücher et le battre.

L'armée est dans la Brie champenoise; la distance de Nogent à Epernay est de quinze à dix-huit lieues; les chemins à travers les bois, les plaines, la raccourcissent jusqu'à Montmirail. On est en plein hiver, au milieu de février; la terre est noire, humide, sans gelée; il faut courir, voler, et quel est le soldat qui se refuserait de suivre son Empereur, pour sauver la France? Le voilà donc en route à travers plaines; le soir il couche à Sézanne, et fait huit grandes lieues; tous ont rivalisé d'ardeur avec lui, car il s'agit de la patrie. A Sézanne, l'on s'informe; les Prussiens s'avancent avec rapidité; Macdonald est en retraite sur Meaux; c'est toujours à travers les champs et les forêts qu'il faut se mouvoir pour surprendre le vieux Blücher. Le chemin est si mauvais que l'artillerie s'embourbe; Napoléon à pied donne l'exemple à tous comme au Saint-Bernard, il s'attelle même à une pièce d'artillerie; le succès couronne ses efforts, et voilà que l'armée débouchant à Champ-Aubert tombe tout d'abord sur les colonnes russes du général Alsufieff : brisées comme d'un coup de foudre, les voilà éparses, séparées; les unes courent du côté de Montmirail, les autres du côté de Châlons. L'armée prussienne est coupée en deux par un percement au milieu, et Napoléon est à son centre. Logé dans le presbytère de Champ-Aubert, il commande toutes les opérations. Quel coup de fortune[1]! quelle nouvelle caresse de la victoire vient donc baiser ce front tant éprouvé?

Blücher est du côté de Châlons, Yorck et Sacken sur la route de Meaux, de sorte que Napoléon, à cheval sur Champ-Aubert, se trouve au milieu d'eux et les coupe comme la faux qui fait un vaste vide dans un champ de blé[2]. Telle était la diligence audacieuse de l'ennemi sur Paris, que Yorck était déjà presque à Meaux, Sacken à La Ferté. Le bruit du combat de Champ-Aubert se répand; les Prussiens veulent faire retraite, ils se reploient; Napoléon se précipite à leur rencontre, il atteint Sacken et Yorck à Montmirail[3]; c'est une belle bataille. Mortier commande et guide la vieille garde; la voyez-vous se déployer l'arme au bras, sous ces vieux habits usés par la victoire? L'attaque est décisive, l'ennemi se retranche, on enlève le village, les fermes; les Russes et les Prussiens veulent à tout prix forcer un passage à Montmirail; ils sont brisés en mille carrés; éparpillés dans la campagne, ils se retirent à travers champs sur la route de Château-Thierry. Montmirail se souvient encore de ce combat, où la vieille garde joua un si beau rôle, bataille corps à corps; les Russes et les Prussiens s'y défendirent

---

[1] Je n'ai trouvé nulle part cette admirable campagne décrite comme elle le mérite.
[2] Le 10 février 1814.
[3] Le 11 février.

bien; dispersés dans la plaine, ils se retirent pêle-mêle; on les poursuit au-delà de Château-Thierry. Ces corps d'Yorck et de Sacken ne sont plus qu'une masse confuse qui cherche Blücher pour se rallier au chef commun. La victoire est à Napoléon.

Il ne lui suffit pas, ce beau succès! après avoir frappé les colonnes qui se trouvaient sur la route de Paris, il court chercher le vieux maréchal Blücher; il l'a laissé du côté de Châlons, quand il s'est porté sur Yorck et Sacken. Une des ailes de cette armée est brisée, il faut poursuivre l'autre; Blücher, appuyé sur Kleist et Langeron, a pris l'offensive, son corps est assez considérable pour tenter une marche en avant. Napoléon vient de donner une leçon à ces audacieux qui menaçaient Meaux; c'est le tour de ceux qui s'avancent de Châlons. L'Empereur quitte donc Château-Thierry; il pourvoit à la défense de la Marne, et s'élance, par les chemins de traverse encore, sur la route de Champ-Aubert; là, il avait laissé le maréchal Marmont à la face de Blücher qui, pour protéger ses colonnes, avait menacé le maréchal d'une attaque violente; Marmont évacuait Champ-Aubert, pour se retirer sur Montmirail, poussé par des forces triples des siennes, lorsque Napoléon arrive rapidement pour le soutenir; vainqueur d'Yorck et de Sacken, il lui faut un grand coup de main contre Blücher, et à la pointe du jour, les Prussiens peuvent voir l'armée de Napoléon rangée en bataille pour les attaquer[1]. A son tour, Blücher se met en retraite, et se retire sur Châlons; il jette des escadrons de cavalerie, forme des carrés; on entend le canon gronder au loin, et la mitraille siffle dans les

---

[1] Combat de Vauxchamps, 14 février.

baïonnettes de la garde. Blücher si intrépide au feu, ne se dégage qu'à coups de sabre; Marmont le poursuit toute la nuit sans relâche, et voilà donc l'armée de Silésie en pleine retraite, quittant la ligne avancée où elle s'était imprudemment engagée; elle a fait des pertes énormes. Le génie de Napoléon a produit tout cela. Il ne s'arrête point; la fortune est encore un peu pour lui; il faut revenir sur Schwartzenberg, qu'il a vu sur les rives de la Seine en pleine marche sur Paris.

A Nogent l'Empereur a laissé M. de Bourmont avec mission de défendre cette porte de Paris, ou de mourir à la face de Schwartzenberg qui manœuvre avec ses masses énormes. M. de Bourmont a défendu Nogent avec une intrépidité retentissante, dont Napoléon s'est félicité comme d'un des beaux faits d'armes de la campagne[1]. Cependant il a fallu céder; les 22,000 hommes des maréchaux Victor et Oudinot ne peuvent lutter contre les 115,000 Autrichiens, Bavarois et Russes qui grondent autour d'eux. L'armée de Schwartzenberg a débordé dans les plaines de la Seine, depuis Sens jusqu'à Provins; ses avant-gardes se montrent à Pont-sur-Yonne, et les Cosaques sont maîtres de la forêt de Fontainebleau. En vain Victor et Oudinot opposent une héroïque résistance, ils sont en pleine retraite sur la route de Paris. Arrêtez, arrêtez-vous, braves hommes! voici des officiers d'ordonnance qui annoncent la prochaine arrivée de Napoléon et de l'armée victorieuse qui a brisé les colonnes de Blücher. C'est par Meaux, à

---

[1] « Nogent avait cruellement souffert. Le général de Bourmont et les braves troupes qu'il commandait y avaient disputé, pendant les journées des 10, 11 et 12 février, le passage de la Seine à toute l'armée du prince de Schwartzenberg, ils n'avaient cédé qu'à la dernière extrémité. »

(Récit de M. Fain, secrétaire du cabinet de Napoléon.)

travers les bois et les chaussées, que Napoléon accourt pour appuyer ses maréchaux ; il veut rendre le courage et l'offensive à l'armée qui opère sur la Seine; la garde, la vieille cavalerie d'Espagne, tous les renforts se réunissent; il en est temps, car la retraite est si précipitée que les grands fourgons d'artillerie de Victor et d'Oudinot sont déjà à Charenton. Tout change à l'arrivée de l'Empereur ; la retraite s'arrête, le tambour et le clairon annoncent la marche en avant. Les alliés cessant aussitôt de déployer de grandes masses, se retirent à leur tour, poussés l'épée dans les reins, par la route de Melun et de Fontainebleau. A Nangis un premier fait d'armes glorieux : les Autrichiens sont brisés et fuient. En avant! en avant! digne armée de France! Enfin on aperçoit le pont de Montereau, et en face, l'ennemi retranché dans les rues étroites de la cité qu'enlacent les deux rivières de Bourgogne.

Le voyageur qui passe sur le pont au confluent de la Seine et de l'Yonne, a dû s'arrêter là-haut au pied d'une croix près le château de Surville ; la position est belle : au-dessous de vous est Montereau, et l'Yonne qui serpente ; toutes ces hauteurs sont peuplées de riantes campagnes ; les blés y ondoient, quand la saison vient, à côté de belles prairies et des vignes de Bourgogne qui commencent à poindre ; les vitres des châtellenies ou des maisons de plaisance y brillent au soleil [1]. Sur ce pont de Montereau il y a plus d'une vieille histoire et d'une chronique sanglante ; là tomba un duc de Bourgogne, et Dieu ne fit point miséricorde à celui qui l'avait ainsi frappé. C'est dans cette belle position que va commencer une grande affaire ; Victor

---

[1] Beaucoup d'habitants de Montereau se souviennent de la bataille.

arrive à marche forcée, mais il ne peut occuper le pont de Montereau assez à temps [1] ; les Wurtembergeois en sont maîtres depuis la veille. Le maréchal Victor veut enlever cette position ; arrêté par l'artillerie, il échoue ; le général Chateau, son gendre, brave et digne homme, est frappé à mort ! Gérard arrive pour soutenir le maréchal Victor, il s'élance, mais en vain. Voici Napoléon avec sa garde, fidèle, attentive, et qui le suit l'arme au bras ; sur cette hauteur donc, où vous voyez la croix, furent établies les grandes batteries de la garde ; Napoléon les dirige lui-même ; elles jettent des milliers de boulets dans Montereau que les Wurtembergeois occupent ; la Seine et l'Yonne voient passer ces boulets qui sifflent comme de grands oiseaux de proie, et brisent les murailles. L'artillerie ennemie riposte à ce feu ; les boulets rebondissent sur la terre gelée, et viennent démonter les pièces de la garde ; Napoléon est à pied au milieu de ce parc ; on lui dit en vain que le danger est pressant ; la mitraille effleure ses bottes comme le caillou que le vent soulève, les vieux canonniers et artilleurs se fâchent tout rouge contre lui, et avec leur familiarité soldatesque ils lui disent : « Ce n'est pas là votre place », et Napoléon leur réplique en souriant : « Allez, mes braves, le boulet qui me tuera n'est pas encore fondu. » Sous la protection de l'artillerie de la garde, l'infanterie et la cavalerie se précipitent dans Montereau ; les Wurtembergeois sont écharpés au milieu des rues étroites. Victoire donc, encore victoire !

La bataille de Montereau, belle journée pour Napoléon, a été chèrement achetée ; plus l'Empereur s'expose, plus il devient acariâtre, exigeant, impérieux ;

---

[1] Le 18 février.

il fait des reproches à tous, car lui ne s'épargne pas. Le service ne se fait plus avec activité, dans les rangs l'ardeur n'est plus la même ; tel général autrefois hardi, intrépide, a fait manquer un mouvement de cavalerie ; les Cosaques ont enlevé des pièces de la garde sous les ordres du général Guyot ; à Montereau, Napoléon reproche au général Digeon d'avoir laissé manquer de boulets l'artillerie de la garde ; Montbrun a laissé prendre la forêt de Fontainebleau par les Cosaques ; le maréchal Victor n'est pas arrivé avec assez de rapidité au pont de Montereau. Napoléon exige de grandes choses parce qu'il en fait ; le malheur l'a rendu sombre, il veut plus que des prodiges autour de lui, le grand magicien ; il sent le besoin d'avoir une armée jeune, de la reconstituer sur des éléments nouveaux ; les maréchaux s'usent, il ne reste plus dans sa confiance que Mortier et Marmont ; Ney devient insubordonné et maussade, Oudinot est couvert de blessures et perd son activité ; Victor est criblé de balles, il leur faut un peu de repos ; Mortier et Marmont possèdent toute sa confiance, il jette les yeux sur de jeunes généraux qu'il veut élever au titre de maréchal de France, Bertrand, Gérard, Bourmont et Maison, incontestables capacités. C'est une heureuse idée pour relever le personnel de ses camps.

Au milieu de toutes ses victoires, Napoléon est toujours dans l'illusion qu'il pourra détacher l'Autriche : c'est son idée fixe, il en saisit toutes les circonstances, tous les accidents. Un peu avant la bataille de Montereau, le comte de Parr, aide-de-camp du prince de Schwartzenberg, est venu à son bivouac pour des communications de famille ; il est porteur de lettres destinées à l'Impératrice ; on parle de suspension d'armes et des bienfaits de la paix. Le comte de Parr s'exprime en termes pacifiques, et semble dire l'opinion du prince de Schwartzenberg : l'empereur d'Autriche veut-il renverser son gendre? cela paraît inouï! Un armistice après tant de combats peut préparer le grand œuvre de la paix; la bataille de Montereau en avance les voies mieux encore; beaucoup de sang a été répandu, pourquoi l'Autriche ne se détacherait-elle pas de l'alliance? Faudra-t-il poursuivre Napoléon d'une façon implacable et le pousser jusqu'à l'extrémité? ne craint-on pas de jouer sa destinée? Après le comte de Parr, vient le prince de Lichtenstein, et c'est avec lui que Napoléon discute les bases d'un armistice, il ne s'étendra pas au-delà de quelques jours; M. de Flahaut est désigné pour le signer, à Lusigny. Tout spécial pour l'Autriche, cet armistice, étranger aux Russes et aux Prussiens, ne s'étend qu'aux troupes sous le prince de Schwartzenberg; Napoléon espère toujours détacher le cabinet de Vienne; un premier pas est fait, la coalition peut se dissoudre.

L'armistice de Lusigny permet de voir un peu clair dans l'échiquier des opérations militaires. Au nord les frontières sont envahies aussi bien qu'au midi; le général Maison est en pleine retraite sur la Flandre. Carnot, qui a demandé du service pour défendre Anvers, y déploie toute la fermeté de son caractère, l'ennemi en a retiré le blocus pour se porter sur la Flandre. Bernadotte dirige sur ce point la grande armée coalisée en pleine marche pour se joindre à Blücher, et opérer simultanément. Sur le Rhin, sur l'Elbe, sur l'Oder, nous avons encore des places fortes entourées et pressées par les coalisés. Les populations allemandes font elles-mêmes le siége de leurs cités et les enlacent pour les reprendre. Pourquoi les Français les possèdent-ils encore? De temps à autre quelques-unes de ces villes se rendent; on garde les garnisons captives, on dédaigne les capitulations; les Allemands reprennent leur bien sur l'étranger, et ils ne le font pas sans scrupules.

Au centre de la France se trouve Augereau avec son armée destinée à couvrir Lyon ; Augereau appartient corps et âme au parti du Sénat et de la République ; jaloux de Bonaparte, il a été fâché de le voir élever si haut, lui son vieux camarade à l'armée d'Italie. Le parti sénatorial et républicain travaille donc Augereau ; on le sépare déjà de Napoléon, on l'aigrit, et ses opérations font voir qu'il ne croit plus à sa fortune. Aux Pyrénées occidentales, Suchet n'a plus d'autres pensées que de revenir en France, après avoir largement exploité sa dotation d'Albuféra ; le maréchal mène quelques fermes divisions, pourquoi ne les porte-t-il au secours du maréchal Soult qui défend pied à pied le terrain contre Wellington? ces petites jalousies ne s'expliquent pas dans les malheurs de la patrie; Suchet ne peut pas mettre sa capacité en parallèle avec celle du maréchal Soult ; c'est un général de siéges, qui a commencé sa vie par le saccagement d'un village de Provence, et qui la finit en faisant sauter les murailles des villes de Catalogne et du royaume de Valence. Si Suchet s'était joint au maréchal Soult, lord Wellington aurait été arrêté dans sa marche rapide ; mais il ne veut pas admettre une supériorité qui le blesse. Suchet avait deux voies ouvertes à son service : ou marcher sur Lyon pour soutenir Augereau, ou venir vers Toulouse pour seconder le maréchal Soult ; il ne suivit ni l'une ni l'autre [1].

Tandis que se développaient ainsi les opérations mili-

---

[1] Ce ne fut qu'au 19 mars que Suchet fut élevé au commandement de l'armée de Lyon.

taires sur tous les points du territoire, le congrès de Châtillon continuait ses séances. L'*ultimatum* donné par les puissances avait été signifié une seconde fois à M. de Caulaincourt[1]; l'Empereur Napoléon devait l'accepter sans modification : c'était la loi impérative formulée par l'alliance, et M. de Caulaincourt, se défendant pas à pas, allait néanmoins user du blanc-seing que lui avait donné Napoléon pour signer les préliminaires, lorsqu'il reçut, le 18 février, par un courrier extraordinaire, une lettre altière, significative, et datée du 17 : « Je vous ai donné carte blanche pour sauver Paris, disait Napoléon, et une bataille qui était la dernière espérance de la nation. La bataille a eu lieu ; la providence a béni nos armes. J'ai fait 30 à 40,000 prisonniers. J'ai pris deux cents pièces de canon, un grand nombre de généraux, et détruit plusieurs armées sans presque coup férir. J'ai entamé hier l'armée du prince de Schwartzenberg, que j'espère détruire avant qu'elle ait repassé nos frontières. Votre attitude doit être la même, vous devez tout faire pour la paix ; mais mon intention est que vous ne signiez rien sans mon ordre, parce que seul je connais ma position. En général, je ne désire qu'une paix solide et honorable, et elle ne peut être telle que sur les bases pro-

---

[1] La correspondance continue toujours entre M. de Caulaincourt et son souverain.

Lettre de M. de Caulaincourt à Napoléon.

« Sire, je ne veux pas perdre un moment pour envoyer à V. M. l'étrange déclaration que je viens de recevoir. Je m'occupe de la réponse que je dois y faire et que je transmettrai à V. M. par un second courier.

« Le peu que je sais sur tout ce qui s'est passé hier et même avant-hier soir, prouverait que les plénipotentiaires alliés sont peu d'accord, qu'il y a eu de grandes difficultés, et que ce n'est que ce matin qu'ils ont tous consenti à faire remettre cette note, le plénipotentiaire de Russie ayant déclaré qu'il ne pouvait continuer à négocier, et les autres ne voulant pas avoir l'air de se séparer de lui. Si l'Autriche a un but raisonnable, cette circonstance l'obligera à se prononcer, s'il en est encore temps. Ma lettre d'hier à M. de Metternich ne lui laisse pas de prétexte pour ne pas le faire. Le voyage de lord Castlereagh peut même lui donner les moyens de s'expliquer franchement et sans retard : car il me paraît que ce qui se passe depuis quarante-

posées à Francfort. Si les alliés eussent accepté vos propositions le 9, il n'y aurait pas eu de bataille, je n'aurais pas couru les chances de la fortune dans le moment où le moindre insuccès perdait la France; enfin, je n'aurais pas connu le secret de leur faiblesse. Il est juste qu'en retour j'aie les avantages des chances qui ont tourné pour moi. Je veux la paix, mais ce n'en serait pas une que celle qui imposerait à la France des conditions plus humiliantes que les bases de Francfort. Ma position est certainement plus avantageuse qu'à l'époque où les alliés étaient à Francfort. Ils pouvaient me braver; je n'avais obtenu aucun avantage sur eux, et ils étaient loin de mon territoire. Aujourd'hui c'est tout différent; j'ai eu d'immenses avantages sur eux, et des avantages tels qu'une carrière militaire de vingt années et de quelque illustration n'en présente pas de pareils. Je suis prêt à cesser les hostilités et à laisser les ennemis rentrer tranquilles chez eux, s'ils signent les préliminaires basés sur les propositions de Francfort. La mauvaise foi de l'ennemi et la violation des engagements les plus sacrés mettent seuls des délais entre nous, et nous sommes si près, que, si l'ennemi vous laisse correspon-

---

huit heures tient à un motif auquel on n'était point préparé. Au reste, cela ne peut tarder à s'éclaircir; la force des événements prend un tel empire que la sagesse et la prévoyance humaine ne peuvent plus rien.

« Il n'y a de salut que dans les armes, je prie V. M. de me compter au nombre de ceux qui tiennent à honneur de mourir pour leur prince.

« Lord Castlereagh est parti ce matin à neuf heures. Je joins ici la copie de la lettre que je crois à propos d'écrire à M. de Metternich. »

Caulaincourt, duc de Vicence.

Lettre de M. de la Besnardière à M. de Caulaincourt.
Paris, le 19 janvier 1814.

« Monseigneur, une lettre du prince de Metternich, adressée à V. Exc., datée de Bâle, le 14, et venue je ne sais par quelle route, a été portée à S. M. qui vous en envoie une copie par une estafette extraordinaire expédiée ce matin à dix heures. S. M. m'ordonne d'en envoyer une autre copie certifiée à V. Exc. qui la trouvera ci-jointe. V. Exc. a maintenant la lettre que S. M. me dicta le 16 pour elle, et qui s'est croisée avec celle qu'elle a elle-même écrite à S. M. le 17.

dre avec moi directement, en vingt-quatre heures on peut avoir réponse aux dépêches. D'ailleurs, je vais me rapprocher davantage. » Puis de la main de Napoléon : « Ne signez rien, ne signez rien ! »

Cette lettre changeait toute la série des idées de M. de Caulaincourt; l'Empereur en revenait aux propositions de Francfort. Dans les exagérations de cette dépêche, on indiquait des masses énormes de prisonniers, 30 ou 40,000, sans remarquer que ces fanfaronnades ne faisaient pas faire un pas à la question. Le noble enthousiasme de Napoléon était grand après la victoire, il en était ivre, le maître du monde revenait sur la scène, et peut-être ce furent ces succès éphémères qui perdirent définitivement sa cause. Les alliés durent se convaincre qu'on pouvait difficilement traiter avec lui; la moindre circonstance de succès, il la saisissait pour changer les bases d'un traité. La position de M. de Caulaincourt devint de plus en plus perplexe; comment retarder une réponse en modifiant les bases de la négociation? l'Europe en armes les imposait comme une loi, et Napoléon les secouait comme un frein importun.

Dans cette situation difficile il fallait s'expliquer : nul

« Elle a vu que l'Empereur sentait le besoin d'un armistice. Quant aux conditons auxquelles il peut être conclu, S. M. m'ordonne de faire connaître à V. Exc. que, quelles que soient les circonstances, elle ne consentira jamais à aucune condition deshonorante, et qu'elle regarderait comme deshonorant au plus haut degré de remettre aucune place française ou de payer aucune somme d'argent quelconque; mais que pour racheter de l'occupation de l'ennemi une portion quelconque du territoire français, elle consentirait à remettre en Italie Venise et Palma-Nova, et en Allemagne Magdebourg et Hambourg; bien entendu que les garnisons reviendraient libres en France, et que les magasins, l'artillerie, que S. M. a mis dans ces places, et les vaisseaux de guerre, qui sont sa propriété, lui seraient réservés.

« S. M. m'ordonne d'ajouter qu'elle n'a jamais exigé d'argent pour prix, soit d'un armistice, soit de la paix; qu'elle a seulement exigé, en signant la paix, le solde des contributions qu'elle avait frappées sur les pays qu'elle avait occupés par ses armées; ce que l'ennemi ne saurait demander, puisqu'il n'a point frappé de contributions en France.

« Quant au traité de paix, l'Empereur me

des membres du congrès n'ignorait que l'Empereur Napoléon avait voulu traiter séparément avec l'Autriche; l'armistice de Lusigny l'indiquait suffisamment; on ne devait donc plus laisser d'incertitude et de doute sur la résolution formelle de demeurer immuables dans le but commun que se proposaient les alliés; M. de Metternich lui-même voulut prouver définitivement à Napoléon que l'Autriche était inséparable de l'alliance. Toutes ces causes motivèrent le traité de Chaumont, conclu le 1er mars sous l'influence de lord Castlereagh, entre l'Angleterre, la Russie, l'Autriche et la Prusse; ces cabinets s'engageaient, dans le cas où Napoléon refuserait d'accepter les conditions de paix du 17 février, à poursuivre la guerre avec vigueur et dans un parfait accord; ces puissances contractantes s'obligeaient à tenir chacune en campagne 150,000 hommes, et l'Angleterre à fournir un subside annuel de 120 millions de francs répartis entre ses trois alliés; aucune négociation séparée ne pouvait avoir lieu avec l'ennemi commun. Ce traité avait pour but d'arriver à la paix générale et de maintenir l'équilibre en

charge de dire à V. Exc. que la France devra conserver ses limites naturelles sans restriction ni diminution quelconque, et que c'est là une condition *sine qua non* dont il ne se départira jamais.

« Daignez agréer, etc. »

La Besnardière.

1. Voici l'analyse du traité de Chaumont:

« Les hautes parties contractantes ayant fait parvenir au gouvernement français des propositions pour la conclusion d'une paix générale, et désirant, au cas que la France refusât les conditions de cette paix, resserrer les liens qui les unissent pour la présente guerre, entreprise dans le but salutaire de mettre fin aux malheurs de l'Europe, elles sont convenues de tenir chacune et constamment 150,000 hommes en campagne contre l'ennemi commun; que la Grande-Bretagne fournira à cet effet un subside de cinq millions de livres sterling (cent vingt millions de francs), répartis également entre les trois grandes puissances continentales; que chaque puissance aura un commissaire près des généraux des diverses armées; que si l'une d'elles était menacée d'attaque par la France, chacune des autres volera à son secours avec 60,000 hommes, dont 10,000 de cavalerie, et que l'on conviendra d'un secours additionnel, s'il y a lieu; que l'Angleterre fournira son contingent en troupes étrangères à sa solde, fixée annuellement à vingt livres sterling par fantassin, et à trente par cavalier; qu'on partagera les trophées, qu'on ne fera la paix que d'un accord

Europe. Il devait rester en vigueur pendant vingt ans.

La portée de ce traité, toujours en action parmi les puissances, était facile à saisir. Napoléon modifiait incessamment les clauses des préliminaires, on devait lui dire en termes exprès : « Ces clauses sont définitives, et pour les soutenir nous mettons en campagne 450,000 hommes ; vous avez tenté de nous séparer, de traiter isolément avec l'Autriche, c'est une illusion. La Prusse, l'Angleterre, l'Autriche et la Russie sont unies pour vingt ans ; elles ne se sépareront jamais dans le projet de rétablir l'équilibre européen. » Tel était le sens du traité de Chaumont ; coalition morale et permanente qui devait se prolonger avec les circonstances. Si les grandes masses des alliés pouvaient recevoir des échecs, telle était leur force, leur moyen d'action, que tôt ou tard Napoléon devait succomber, et le but du traité de Chaumont était ici bien explicite. M. de Metternich y entra pleinement, car il voulait faire cesser toutes ces négociations directes et secrètes que Napoléon essayait d'entamer avec François II.

Dès que le traité de Chaumont est arrêté entre les puis-

---

commun ; qu'on ne pourra prendre d'engagements avec d'autres États que dans le même but ; enfin, que ce traité, conclu pour vingt ans, pourra être renouvelé avant son expiration. » Les articles secrets de ce même traité portaient : « Reconstitution de l'Allemagne, composée des princes souverains unis par un lien fédératif ; la confédération suisse indépendante, et conservant ses anciennes limites, sous la garantie des puissances de l'Europe ; l'Italie partagée en États indépendants ; l'Espagne rendue à la souveraineté de Ferdinand VII ; la Hollande accrue de territoire et formant un royaume pour le prince d'Orange.

« Droits réservés à l'Espagne, au Portugal, à la Suède et au prince d'Orange d'accéder à ce traité. L'art. 3 disait : « Considérant la nécessité qui peut exister après la conclusion d'un traité de paix définitif de retenir en campagne, pendant un certain temps, des forces suffisantes afin de protéger les arrangements que les alliés devront faire entre eux pour le raffermissement de l'état de l'Europe, les hautes puissances contractantes sont décidées à se concerter entre elles, non seulement sur la nécessité, mais sur l'importance et la distribution des forces à tenir sur pied, conformément à l'exigence des cas. Aucune des hautes puissances ne sera tenue de fournir des forces pour le but ci-dessus énoncé pendant plus d'une année, sans son consentement exprès et volontaire. »

sances, le congrès de Châtillon presse de plus en plus M. de Caulaincourt pour qu'il ait à s'expliquer [1]. La décision doit être prompte; s'il y a des retards, on les considérera comme un refus après l'expiration d'un terme fixe et positif; le congrès obligé de se dissoudre; on remettra la décision au sort des armes. M. de Caulaincourt répond à ces communications en dissimulant les motifs de son retard; les alliés ont mis assez de temps à préparer leur projet, pour qu'ils accordent quelque délai à une réponse si importante; ses courriers sont arrêtés, il ne peut avoir ses dépêches, l'Empereur change de lieu à tout moment. Les plénipotentiaires répliquent : « que M. de Caulaincourt doit fixer un délai qu'ils s'empresseront de discuter et de régulariser. » Le protocole finit en le déterminant au 10 mars; à ce jour, toute réponse devra être donnée; la paix ou la guerre à outrance, il faut opter.

Ainsi agissait le congrès de Châtillon au milieu des opérations armées; la France était couverte de troupes ennemies; la stratégie brillante de Napoléon l'avait un peu aveuglé; il se croyait à la veille d'un grand triomphe; lui seul pourtant se faisait illusion. Le découragement était partout; de Paris aux frontières il n'y avait qu'un cri, et dans cette vaste capitale de la France, la paix! la

---

[1] « Les plénipotentiaires des cours alliées sont chargés de déclarer, au nom de leurs souverains, qu'adhérant fortement à la substance des demandes contenues dans ces conditions qu'ils regardent comme aussi essentielles à la sûreté de l'Europe que nécessaires à l'arrangement d'une paix générale de l'Europe, ils ne pourraient interpréter tout retard ultérieur d'une réponse à leurs propositions que comme un refus de la part du gouvernement français. En conséquence, les plénipotentiaires des cours alliées prêts à se concerter avec M. le plénipotentiaire français, à l'égard du temps indispensablement nécessaire pour communiquer avec son gouvernement, ont ordre de déclarer que, si à l'expiration du terme reconnu suffisamment et dont on sera convenu conjointement avec M. le plénipotentiaire français, il n'était pas arrivé de réponse qui fût en substance d'accord avec la base établie dans le projet des alliés, la négociation serait regardée comme terminée et que les plénipotentiaires des cours alliées retourneraient au quartier-général. »

paix! était le mot de ralliement de la bourgeoisie. Tous les yeux étaient fixés sur Châtillon; quelques victoires rapides plus éclatantes que solides n'étaient pas de nature à dissimuler les périls immenses qui menaçaient la vieille France. Il est des époques de fatigue et de découragement pour les nations; à ces moments d'atonie et d'affaissement, elles n'osent plus rien de grand et de fort. Après vingt ans de guerre acharnée, fallait-il faire un reproche au pays de désirer la paix? Napoléon trop monarchique s'était d'ailleurs refusé à invoquer les idées de République et de démocratie, et la France ne voulait pas se lever pour défendre les rois de la race de Bonaparte, la pourpre de Joseph et les maisons de plaisance de Jérôme.

CHAPITRE XII.

SITUATION DE PARIS,

TROISIÈME PÉRIODE DE L'INVASION.

L'Impératrice régente. — Sa correspondance avec Napoléon et l'empereur d'Autriche. — Joseph Bonaparte. — Ses relations avec Bernadotte. — Son projet de se faire empereur. — La famille impériale. — Le Sénat. — M. de Talleyrand. — M. de Pradt. — Les fonctionnaires. — Le conseil des ministres. — Les préfets de la Seine et de police. — Esprit public. — Aspect de Paris. — Fuite des habitants des campagnes. — Publications de la police. — Les couplets patriotiques. — Les théâtres. — *Joconde.* — L'armée. — Décrets de la dictature militaire. — Napoléon à Troyes. — Exécutions contre les royalistes. — L'Empereur dans les presbytères et les chaumières. — Bataille de Craonne. — Combats de Laon et de Reims. — Triste aspect des armées françaises. — Course rapide de l'Aisne sur la Seine. Projet de Napoléon sur les garnisons des places fortes. — Dissolution du congrès de Châtillon. — Progrès des alliés. — Lord Beresford à Bordeaux. — Retraite d'Augereau sur Lyon. — Jonction des armées de Blücher et de Schwartzenberg. — Marche simultanée sur Paris. — Situation des belligérants au 26 mars 1814. — Délibération de la régence. — Départ de l'Impératrice et du roi de Rome pour Blois.

Février et Mars 1814.

Dès le début de la campagne, la sûreté de Paris s'était trouvée compromise; l'ennemi traversant les provinces avec rapidité et sans s'arrêter aux places de guerre avait paru au pied du clocher de Meaux, à Nangis, et jusque dans la forêt de Fontainebleau. Un moment les équipages du maréchal Mortier avaient rétrogradé jusqu'à Villeneuve-Saint-Georges; ainsi la vaste capitale de la vieille France était menacée par des hordes de Baskirs, qui parties des murailles de la Chine venaient, comme sous le Bas-Empire, insulter les monuments des arts et les chefs-d'œuvre de la civilisation.

Napoléon en quittant Paris avait avoué dans sa franchise que la grande cité pourrait être insultée par quelques troupes légères, et c'est dans le dessein de les repousser que la garde nationale fut formée en légions. Un décret confirma la régence à Marie-Louise aux mêmes conditions que l'année précédente [1]. Cette jeune princesse se trouvait dans une situation fort difficile ; les Autrichiens formaient la grande masse des coalisés sur le territoire de l'Empire, et François II fixait à Dijon le siége des relations de son cabinet, tout à fait d'intelligence avec les Russes et les Prussiens. Marie-Louise écrivait régulièrement à Napoléon et à son père avec les témoignages d'une tendresse triste et résignée; la politique de l'Autriche était trop engagée dans la coalition pour croire que des questions de famille pourraient jamais l'en détacher ; leurs relations se continuaient avec convenance et empressement. Toutefois l'on voyait que François II et son ministre, M. de Metternich, étaient fermement décidés à ne consentir

---

Lettres-patentes.
[1] Napoléon, etc.

« Voulant donner à notre bien-aimée épouse l'Impératrice et reine Marie-Louise des marques de la haute confiance que nous avons en elle, attendu que nous sommes dans l'intention d'aller incessamment nous mettre à la tête de nos armées, pour délivrer notre territoire de la présence de nos ennemis, nous avons résolu de conférer comme nous conférons par ces présentes à notre bien-aimée épouse l'Impératrice et reine le titre de *régente*, pour en exercer les fonctions en conformité de nos intentions et de nos ordres.

« Donné en notre palais des Tuileries, le vingt-troisième jour du mois de janvier de l'an 1814, et de notre règne le dixième. »
Napoléon.

qu'à une paix générale sans se détacher des alliés; pour eux la question de famille n'était que secondaire. Les généraux ennemis mettaient le plus grand empressement à protéger la correspondance de Marie-Louise avec Napoléon et François II; presque toutes les lettres interceptées étaient envoyées à leur adresse, et l'on remarqua même que le vieux Blücher, en galant chevalier, fit parvenir par les avant-postes à Marie-Louise, avec les expressions du plus profond respect, une lettre intime de Napoléon; seulement elle avait été décachetée pour prendre les renseignements militaires en pleine campagne [1].

La plupart de ces lettres confidentielles de Napoléon et de Marie-Louise parlaient de leur fils, le royal enfant, qui touchait alors à sa troisième année. Souvent un rayon mélancolique rembrunissait son jeune front sous de tristes pensées; fier, hautain, impérieux comme son père, il sentait vivement et il essuyait la larme de son œil dédaigneux; il semblait déjà pressentir ses malheurs; dans une des lettres interceptées de Marie-Louise et qui fut lue au quartier-général par sir Charles Stewart, l'ambassadeur anglais, l'Impératrice racontait

---

[1] « L'Empereur avait coutume d'écrire à l'Impératrice, et depuis que les communications étaient devenues difficiles, il se servait d'un chiffre. En commençant son mouvement de concentration il voulut la rassurer sur les résultats dont il pourrait être suivi; il lui écrivait pour l'en prévenir, et lui dire en même temps de ne pas s'étonner si elle restait quelques jours sans recevoir de ses nouvelles. Le malheur voulut que cette lettre, au lieu d'être chiffrée, ne le fut point; et par une fatalité encore plus grande, le courrier qui en était porteur, croyant que les troupes françaises occupaient toujours Meaux, se dirigea sur cette ville, où il tomba avec ses dépêches au pouvoir des alliés. Le même jour, le maréchal Blücher envoya un parlementaire aux avant-postes avec une lettre pour l'Impératrice, à laquelle il adressait celle de l'Empereur, qui avait été décachetée. Il lui exprimait combien il s'estimait heureux que cette circonstance lui eût fourni l'occasion de mettre à ses pieds l'hommage de son profond respect; mais la lettre de l'Empereur n'en avait pas moins été lue. Elle contenait la pensée de son mouvement, et finissait par cette phrase : « Cette manœuvre me sauve ou me perd. » (Note du général Savary.)

une scène touchante de cet enfant [1] : il s'était éveillé la nuit préoccupé d'un songe; il avait demandé *son papa*, il pleurait, en s'arrachant ses cheveux blonds et demandait toujours *son papa*. Qu'avait-il cet enfant? Quelle fatale idée avait agité son berceau? Avait-il aperçu Napoléon au milieu de la mitraille, la pâleur au front et le pied dans la tombe? ou bien l'avait-il vu sur ce rocher baigné par l'Océan, battu par la tempête, où la destinée le jeta plus tard? La Providence donne de temps à autre ces pressentiments, ces doubles vues, à l'innocence; elle est sainte, elle est belle aux yeux de Dieu, et voilà pourquoi le Seigneur vient à elle; cette anecdote sur le roi de Rome est touchante, et l'inflexible Charles Stewart la raconte presque les larmes aux yeux.

A Paris l'Impératrice, dans sa position toujours embarrassée, avait à se défendre non seulement contre les récriminations populaires qui remontaient jusqu'à François II, mais encore contre cette famille des Bonaparte qui s'agitait autour d'elle pour lui reprocher les malheurs de Napoléon. Il y avait alors à Paris Joseph, Jérôme, madame Mère, Pauline; et dans la disgrâce de tous, l'Allemande (la *Tedesca*) n'échappait pas aux gros mots de la famille qui se vengeait de tant de contrainte. En quittant la capitale Napoléon dans ses idées monarchiques avait désigné Joseph pour lieutenant-général du royaume; j'ai dit la faiblesse de ce caractère, et le côté

---

[1] « Je vis une très intéressante lettre, qui fut interceptée, de l'Impératrice à Bonaparte. Après lui avoir exprimé la plus vive affection, elle y racontait l'impression que ses dernières victoires avaient faite sur la population de Paris, et terminait par une anecdote sur le roi de Rome. Cet enfant avait amèrement pleuré dans son sommeil, et appelé son papa. Lorsqu'il fut éveillé, et qu'on le questionna au sujet de son rêve, ni prières ni menaces ne purent obtenir de lui la moindre explication; mais il était devenu triste, et l'Impératrice partageait sa tristesse quoiqu'elle se promenât tous les jours à cheval au bois de Boulogne. »

(Dépêche de sir Charles Stewart.)

ridicule de celui qui prétendait signer encore *moi le roi*. Dans la crise publique il aurait fallu à Paris, comme chef du gouvernement, un caractère de fermeté, capable d'une grande résolution en face de la patrie menacée, tandis que Joseph était tout à la fois faible et brouillon. Rien ne compromet plus les affaires que de les placer dans de pitoyables mains; un seul homme peut les perdre. Comme Joseph était beau-frère de Bernadotte, Napoléon avait enfin pensé qu'au commencement de la campagne de 1814 [1], il y aurait utilité à détacher le général républicain de la cause des rois; Joseph s'était donc chargé de cette mission, et il la confia à un agent discret, vieil ami commun. Cet agent se rendit auprès de Bernadotte, obtint de lui une explication; et il rapporta à Joseph ces paroles du prince royal de Suède : « J'ai jugé la position et dites-le bien à tous : on sera très difficile pour traiter avec Napoléon; mais si à Paris, le Sénat formait un conseil de régence, un système de gouvernement quelconque en dehors de lui, les alliés se montreraient excessivement larges. Une fois à Paris, rien ne pourra empêcher les souverains de proclamer les Bourbons; répétez-le à ces gens-là, il en est encore temps; demain peut-être tout sera fini. »

Sur ces simples paroles voilà Joseph Bonaparte qui se met dans la tête qu'il pourra se faire empereur, ou au moins co-régent du roi de Rome; il ne travaille plus pour

---

[1] Vers les premiers jours de mars, le prince Joseph avait envoyé (avec la permission de l'Empereur) un agent au prince de Suède, qui venait d'arriver avec son armée dans les environs de Maubeuge ou de Liége. Il l'avait envoyé, afin de savoir de lui par quel moyen on pourrait porter les alliés à accorder la paix à des conditions supportables. Cet agent était revenu avec une réponse qui ne confirmait que trop les mauvais pressentiments que l'on avait déjà. Bernadotte annonçait qu'il était question d'ôter le pouvoir à l'Empereur; il engageait à traiter sur les bases proposées, parce que, si les ennemis mettaient le pied à Paris, alors il n'y aurait plus rien à faire, parce que l'on rétablirait les Bourbons.

Napoléon, il pense à lui, et à se revêtir de la pourpre impériale. Pourquoi ne le choisirait-on pas? Si on préfère la légitimité du roi de Rome, il en sera le tuteur comme l'aîné de Bonaparte, si on n'aime mieux le faire empereur! il se croit très capable de manier le sceptre, il l'a si bien tenu en Espagne! Les meneurs à Paris caressent cette idée; ils savent que toutes ces folies perdent le pouvoir de Napoléon qu'ils veulent renverser; puisque sa propre famille prête la main à sa ruine, pourquoi ne l'emploierait-on pas à la cause commune? Joseph croit avoir un fort parti dans le Sénat, et même parmi le peuple pour revêtir la pourpre, et il ne le dissimule pas à ses intimes; il n'attend plus que le moment favorable. Au reste, toute cette famille impériale n'a plus qu'une préoccupation, c'est de se procurer de l'argent; madame Lœtitia, Jérôme, Joseph, réalisent de fortes sommes en or; ils échangent, vendent, de manière à tout rendre disponible; la vieille mère de l'Empereur se félicite d'avoir été économe; princes et princesses l'imitent, car ils se garderaient bien de rester dans la pauvreté bourgeoise; ils veulent au moins emporter l'or de leurs couronnes, les diamants de leurs blasons, et acheter enfin le droit de se faire dire altesse et majesté.

Dans le Sénat les idées fermentent beaucoup; on voit que tout marche vers une dissolution de l'Empire; le parti anti-impérialiste se remue; on dit partout « que Napoléon est le seul obstacle à la paix; lui renversé, tout

« Il circula à cette époque des bruits étranges sur le prince Joseph. On prétendait lui avoir entendu dire que l'Empereur ne pouvait plus faire la paix, mais que lui, Joseph, pouvait l'obtenir avec l'Impératrice. Je n'y ajoutai foi que parce que ce n'était pas la première fois que je voyais les frères de l'Empereur se persuader qu'ils pouvaient être quelque chose sans lui. Ce qui me surprenait dans la circonstance dont il s'agit, c'était de voir le prince Joseph donner dans des illusions de cette espèce; il était moins avantageux que les autres, et puis il aimait sincèrement son frère. »

(Notes du général Savary.)

sera facile, on pourra traiter avec les alliés. Il vient de temps à autre ainsi au cœur des peuples certaines préventions qu'ils poussent jusqu'au bout; chaque homme est pour eux un symbole; celui-ci, de la guerre; celui-là, de la paix; on attache à chaque tête une idée fixe. Or, dans le Sénat la déchéance de Napoléon est la préoccupation de tous; le parti républicain prendra l'initiative; Moreau y a des souvenirs, Bernadotte des amis; du Sénat viendra l'impulsion, et le parti patriote s'y prépare la haute main; le temps approche où l'on pourra agir plus grandement et en plein jour. Il y a déjà des conciliabules chez M. Destutt-Tracy, à Auteuil; on y trouve MM. Garat, Lanjuinais, Lambrecht; la déchéance de Napoléon y est discutée; l'abbé Grégoire la formule en termes constitutionnels, et tout se prépare à un coup d'État politique.

M. de Talleyrand, habituellement si discret, commence à parler haut; ce n'est pas seulement dans des conférences intimes avec ses proches, ses amis, mais avec le ministre de la police lui-même qu'il s'explique; il ne dissimule pas que tout arrive à sa fin; le moment est venu où chacun doit choisir son parti; c'est à regret qu'il se sépare de Napoléon, il éprouve une vive peine de la route qu'on lui a fait prendre, il dit à Savary sans déguisement : « Eh bien! voilà donc la fin de tout ceci, n'est-ce pas aussi votre opinion? Ma foi, c'est perdre une partie à beau jeu! Voyez un peu où mène la sottise de quelques ignorants qui exercent avec persévérance une influence de chaque jour. Pardieu! l'Empereur est bien à plaindre! et on ne le plaindra pas, parce que son obstination à garder son entourage n'a pas de motifs raisonnables; ce n'est que de la faiblesse qui ne se comprend pas dans un homme tel que lui. Voyez, monsieur, quelle chute dans l'histoire! donner son nom à des aventures, au lieu de le donner à son siècle! Quand je pense à cela je ne puis m'empêcher d'en gémir. Maintenant quel parti prendre? Il ne convient pas à tout le monde de se laisser engloutir sous les ruines de cet édifice. Allons, nous verrons ce qui arrivera. L'Empereur au lieu de me dire des injures aurait mieux fait de juger ceux qui lui inspiraient des préventions; il aurait vu que des amis comme cela sont plus à craindre que les ennemis. Que dirait-il d'un autre qui l'aurait mis dans cet état?»

C'était bien de la hardiesse que de s'exprimer ainsi avec le ministre de la police si dévoué aux idées impérialistes; mais il est des temps où un gouvernement ne peut plus rien contre ceux qui veulent le renverser; quand certaines idées de bouleversement sont dans l'air, elles se communiquent à tous par une électricité fantastique, et nul ne peut en arrêter le développement. Dans la campagne de 1814, chacun disait haut son projet, son plan d'avenir, et le pouvoir s'en allait. Les confidents les plus intimes de M. de Talleyrand, l'abbé de Pradt et le duc de Dalberg, étaient en perpétuelle ambassade auprès des hommes influents, et tous convenaient qu'ils seraient ridicules de s'attacher à la personne de Napoléon, désormais l'obstacle obstiné à la paix du monde; ils étaient en continuelle conférence dans l'hôtel de M. de Taleyrand, écoutant tout; on recueillait silencieusement tous les faits, et un jour même ils furent surpris par la visite inopinée de Savary; les choses en étaient à ce point que le ministre, si dévoué à l'Empereur, fut obligé de tourner en plaisanterie [1] la conspiration qu'il venait

---

[1] « Me promenant à cheval, j'imaginai de passer près de l'hôtel de M. de Talleyrand. Je vis la voiture de l'archevêque de Malines à sa porte; je l'avais aperçue d'assez loin: je pensai qu'ils étaient en conférence. Résolu de m'en assurer, au

chercher. Les temps de force étaient passés, il ne restait plus qu'une situation en décrépitude, et les vieillards ne sont plus redoutables, même une épée à la main.

La régence avait son conseil habituellement composé de tous les dignitaires de l'Etat et des ministres, se réunissant chaque jour aux Tuileries pour délibérer sur les affaires urgentes et sur les communications de l'Empereur. Là, toujours en présence de Cambacérès, de Lebrun, du grand-juge M. Molé, des ministres, ce conseil eut à délibérer sur une question importante, la paix ou la guerre : il s'agissait des propositions envoyées du congrès de Châtillon et du traité que les alliés avaient imposé à M. de Caulaincourt comme leur ultimatum : devait on l'accepter ou le repousser avec l'énergie du patriotisme? L'Empereur avait soumis cette question au conseil de régence à Paris, au conseil d'État, à tous les partisans du système impérial. Le projet, tel qu'il avait été remis en préliminaires par les plénipotentiaires au congrès de Châtillon, fut discuté article par article; les conditions en parurent dures, inflexibles, mais la presque unanimité du conseil, fatiguée de l'état de guerre, fut pour l'acceptation de la paix dans ces limites; on vit moins les conditions en elles-mêmes que la position désespérée de l'Empereur; il fallait avant tout sauver Paris des coalisés, préserver les derniers débris de l'Empire. Au fond du cœur ce traité si dur n'était qu'une trêve momentanément subie pour réparer les

---

lieu de me faire ouvrir la porte cochère, je descendis dans la rue, et entrai rapidement à pied. Le portier, qui me reconnut, n'osa m'arrêter. Je montai lestement l'escalier, et j'arrivai au cabinet de M. de Talleyrand sans avoir rencontré âme qui vive à l'antichambre ; il était en tête-à-tête avec l'archevêque. J'entrai si brusquement, que je produisis sur eux le même effet que si je me fusse introduit par la fenêtre. Leur conversation, qui était animée, s'arrêta net; l'un et l'autre semblait avoir subitement perdu la parole. La figure de l'archevêque était néanmoins celle des deux qui était la plus décomposée ; je devinai à ce trouble le sujet de l'entretien, et ne pu m'em-

pertes; quand la France serait guérie de ses blessures, elle pourrait reprendre son rang dans les destinées de l'Europe et déborder de nouveau sur elle; c'était un temps difficile à passer. Le parti impérialiste faisait un dernier effort pour sauver son œuvre.

Quelques étincelles d'énergie pouvaient-elles éclater encore dans le pouvoir et le peuple? Les malheurs avaient atterré toutes les âmes, la police elle-même était désarmée, on parlait tout haut contre Napoléon; les ministres recevaient de tristes rapports des départements, les sénateurs commissaires extraordinaires ne dissimulaient pas que tout était fini, les conscrits rejoignaient mal leurs corps, la paix était le cri unanime, les imprécations s'élevaient contre le souverain. Cette correspondance confidentielle indique que du nord au midi on est désormais sans espoir; à Paris même, si enthousiaste de son Empereur, l'opinion n'est pas meilleure; le peuple avait perdu confiance; on observe et on attend la fin du drame. Le pouvoir administratif de Paris restait confié aux préfets de la Seine et de police. M. de Chabrol cherchait à employer toutes les ressources de la ville pour continuer de travaux, ressource du pauvres; les ateliers se multipliaient. Plein d'un dévouement loyal pour l'Empereur, M. de Chabrol ne pouvait se dissimuler l'état maladif de l'opinion. Le conseil municipal avait voté toutes les demandes en hommes et en argent; mais il s'y formulait néanmoins une opposition très vive [1], et la bourgeoisie

---

pêcher de leur dire : « Pour cette fois vous ne vous en défendrez pas; je vous comprends à conspirer. » J'avais deviné juste. Ils se mirent à rire, essayèrent de me donner le change; mais j'eus beau les prier de continuer leur conversation, ils ne purent pas la ressaisir. Je me retirai, avec la conviction qu'ils tramaient quelque complot, mais sans savoir au juste en quoi il consistait. » (Notes du général Savary.)

[1] Le conseil municipal était présidé par M. Bellart.

subissait avec douleur les contributions exorbitantes de l'état de guerre. Tout avait fait de l'effet sur les masses paisibles : la dissolution du Corps législatif, les décrets dictatoriaux sur le prélèvement de l'impôt. La verge de fer était inflexible, et la récente organisation de la garde nationale donnait beaucoup d'influence à la partie bourgeoise de la population armée ; on pensait beaucoup à préserver l'ordre ou les fortunes, peu à sauver l'Empereur et les siens.

A la préfecture de police, M. Pasquier, chargé d'une intime surveillance, pouvait pénétrer plus avant dans les plaies publiques et profondes de cette vaste capitale. Outre le mauvais esprit des faubourgs, sans travail, sans pain, le préfet de police avait encore à veiller sur des masses de réfugiés qui cherchaient abri derrière ses murailles ; les fonctionnaires publics, chassés par les insurrections de Hollande, d'Allemagne, de Belgique et d'Italie, étaient accourus à Paris, et y apportaient leur tristesse et leur mécontentement. A mesure que le cercle de fer des alliés se rapprochait de la capitale, on voyait accourir des paysans avec les débris de leur pauvre fortune [1] le bœuf, la vache, les troupeaux de la ferme désolée ; il y en avait partout couchés sous les portiques de la place Royale, au faubourg Saint-Germain, où la pitié publique leur donnait asile ; on aurait dit Naples ou Rome le soir, lorsque les pâtres de la campagne viennent s'abriter sous les péristyles des pa-

---

[1] « Lorsque les armées alliées occupaient la ville de Meaux et se dirigeaient sur la capitale, les habitants des campagnes se hâtèrent de rentrer dans Paris, amenant avec eux leurs vaches, leurs moutons et leurs meubles. Arrivés aux barrières, les commis du fisc, forcés par des ordres supérieurs, se virent dans la nécessité de faire payer les droits d'entrée, de sorte que quelques malheureux furent obligés de vendre une partie de leurs bestiaux pour obtenir la permission de faire entrer les autres. »

(Récit d'un témoin oculaire.)

lais; le Parisien, généralement bon, partageait son toit avec les pauvres paysans dépouillés, et cette population confuse exigeait une surveillance extraordinaire pour empêcher toute espèce de désordre. Les travaux de M. Pasquier, à cette époque, sont infinis; il faut distribuer des secours, donner du travail dans les ateliers, maintenir les lois, assurer les subsistances si facilement coupées par les partis ennemis; le préfet doit préparer les hôpitaux, les asiles, car Paris va devenir un champ de bataille, et les blessés y accourent déjà [1]. La tête éminemment politique de M. Pasquier est appelée à maintenir partout une confiance qu'il n'a plus lui-même dans le gouvernement de l'Empereur. L'intelligence de l'homme d'État qui ne peut s'abdiquer voit de loin et de haut; mais fidèle à son devoir de magistrat, M. Pasquier se dévoue au maintien de l'ordre; l'administration de Paris était assez grande, assez active dans la crise, pour qu'on s'en préoccupât exclusivement; la question politique et militaire devait se décider en dehors du préfet de police.

Le gouvernement s'efforce en vain de réchauffer l'esprit public; on cherche par tous les moyens à réveiller l'opinion des masses; sur les théâtres on chante *l'Oriflamme* à tue-tête pour appeler les cœurs et les bras à la défense de l'Empire. Les Sarrasins sont aux portes; Charles Martel, depuis deux mois, levait chaque soir paisiblement l'oriflamme à l'Opéra, et l'orgueilleux Abdérame frémissait régulièrement à chaque lever du rideau; le gouvernement qui n'osait pas *la Marseillaise* républicaine inspira aux poëtes *la Lyonnaise,* chant de guerre de 1814, œuvre toute monarchique, qui se gardait bien

---

[1] Voir les archives de la préfecture de police.

de rappeler les sympathies démocratiques, qui seules parlent aux masses [1] : « Napoléon c'est Ajax, seul contre tous : ciel, rends-nous la lumière et combats contre nous ; les cités doivent s'unir aux soldats ; la paix sera cueillie par la victoire. Puis le poëte s'écriait dans son enthousiasme : « Napoléon, roi d'un peuple fidèle, autrefois l'émule d'Alexandre et de César, aujourd'hui tu dois briller comme Trajan et Marc-Aurèle. » La flatterie ne laissait pas sa proie ; elle la poursuivait.

Ensuite M. Désaugiers entonnait, sur l'air du *Premier Pas*, un autre chant patriotique, destiné à glorifier l'Empereur : « Il était chez nous cet ennemi sauvage, du nom français jaloux ; » celui-là dont la vaillance avait vu fuir tant de fois le Russe alarmé, celui-là s'était armé, il était parti pour le champ de la gloire, il fallait adresser des prières au ciel pour le préserver du péril ; une épouse chérie, un noble enfant, un peuple entier s'écrie : «Sauve ses jours, et Napoléon reviendrait ramené par la paix et la gloire [2]. » M. Emmanuel Dupaty, toujours sur l'air éminemment guerrier et solennel du *Premier Pas*, composait une *Ronde de Nuit*, chantée en plein Opéra après que *l'Oriflamme* avait appelé tous les bras à la croisade : « il fallait se garder des hordes ennemies, de

---

[1] *La Lyonnaise.*
Ciel ennemi ! ciel ! rends nous la lumière !
Disait Ajax, et combats contre nous !
Seul contre tous, malgré le sort jaloux,
De notre Ajax voici la voix guerrière :
Que les cités s'unissent aux soldats !
Rallions-nous pour les derniers combats !
Français ! la paix est aux champs de la gloire ;
La douce paix, fille de la victoire.

Napoléon, roi d'un peuple fidèle !
Tu veux borner la course de ton char ;
Tu nous montras Alexandre et César :
Oui, nous verrons Trajan et Marc-Aurèle.

Nous sommes tous les enfants, les soldats :
Nous volons tous à ces derniers combats :
Elle est conquise aux nobles champs de gloire,
La douce paix, fille de la victoire.

[2] *Le Départ*, par M. Désaugiers.
Il est chez nous cet ennemi sauvage,
Cet ennemi du nom français jaloux ;
Sa voix nous flatte et son bras nous ravage ;
Que ce seul cri double notre courage :
    Il est chez nous.

Il est parti dans les plaines guerrières,
Au loin déjà l'airain a retenti ;

ces Tartares qui réduisaient les villes en cendres; il fallait préserver un fils, une épouse fidèle, la vierge timide; il fallait la garder aussi cette reine chérie, qu'un héros nous avait confiée; l'honneur français, Dieu, le roi, le cœur et la patrie nous criaient : gardez-les bien! gardez-les bien! Enfin M. Emmanuel Dupaty, encore sur l'air du *Premier Pas,* voulait : « que l'on préservât l'enfant, dont la puissance, à nos enfants, devait servir de soutien ; il devait reposer en paix, ce noble espoir de la France, et nous, amis! s'écriait-il enthousiaste, dans l'ombre et le silence, gardons-le bien [1]! »

C'était là des chants bien monarchiques et qui ne compromettaient pas trop la pourpre du gouvernement. Ce langage serait-il compris par la partie énergique de la population qui seule pouvait donner des défenseurs à la patrie? L'esprit parisien s'égayait même des désolations de la guerre, et M. Armand Gouffé traçait le portrait d'un Cosaque, au moment où ces hordes allaient souiller le sol de la patrie : « Quelle bête était un Cosaque ? Un singe qui avait de la barbe au menton, avec une méchante pique et une vieille casaque; il se battait contre les vieilles femmes et les

---

Champs de la gloire ouvrez lui vos barrières!
Et nous, au ciel adressons nos prières!
Il est parti.

Sauve ses jours, ô Dieu de ma patrie!
Dans les périls prête-lui ton secours ;
Les yeux en pleurs, une épouse chérie,
Un noble enfant, un peuple entier te crie :
Sauve ses jours!

Il reviendra le fils de la victoire,
A répondu le ciel qui l'inspira;
Il l'a juré, tout vous dit de le croire ;
Oui, ramené par la paix et la gloire,
Il reviendra.

[1] *Gardons-nous bien, ronde de nuit,* par M. Emmanuel Dupaty.
Gardons-nous bien!... que ce cri nous rallie!
Toi, dont l'honneur est le suprême bien,
Vois les fureurs d'une horde ennemie,
Et de son joug si tu crains l'infamie,
Garde-toi bien!

Garde-toi bien!... vois ces villes en cendre,
Où le Tartare, hélas! n'épargna rien!
De ces remparts qui n'ont pu se défendre,
Un cri d'horreur s'élève et fait entendre :
Garde-toi bien!

Garde-la bien, cette vierge timide

petits enfants, il pillait les pauvres baraques, chipait la croix d'or et la plaque d'un tendron, volait les montres; grossier, avare, dur, inhumain, voilà ce qu'était un Cosaque[1]. » Et tout cela se chantait, se disait à Paris, à la veille même d'une occupation militaire de l'ennemi.

Dans cette cité d'oubli et de distraction mondaine, en face des grands malheurs, on courait au spectacle avec une ardeur indicible pour écouter les futilités de la scène. Tous les hommes de l'Empire se rappellent *Joconde*, représenté pour la première fois en janvier 1814; Joconde, le coureur d'aventures : « qui avait longtemps parcouru le monde. » Tandis que la France était envahie par l'ennemi, *Joconde* chantait : « L'attente cruelle, quand on attend sa belle et les instants si doux des rendez-vous! » Population insouciante, elle courait aux cirques et les grandes victimes tombaient aux camps. Dans le vide des bulletins de Napoléon, devenus rares, on cherchait à relever le courage par l'aspect de quelques prisonniers déguenillés qui traversaient de temps à autre la capitale sous les drapeaux aux aigles d'Autriche et de Russie; ces longs convois pas-

Qui doit un jour unir son cœur au tien ;
Sa mère en vain lui servirait d'égide :
Arme ton bras, et du bras d'un perfide
　　　Garde-la bien !

Garde-la bien, cette reine chérie
Dont un héros t'a rendu le gardien :
L'honneur français, ton cœur et ta patrie,
Ton Dieu, ton roi, tout à la fois le crie :
　　　Garde-la bien!

Gardons-le bien, l'enfant dont la puissance
A nos enfants doit servir de soutien !
Repose en paix, noble espoir de la France !
Et nous, amis, dans l'ombre et le silence,
　　　Gardons-le bien !

[1] *Portrait d'un Cosaque*, par M. Armand Gouffé.

Tiens, figure-toi, ma petite Jeanneton,
Un singe qu'a d'la barbe au menton,
Eun'méchant'pique, eun'vieill'casaque,
V'là juste l'portrait d'un Cosaque!

Se présenter d'un air triomphant
Devant zeun'vieill'femme, un petit enfant,
Mais filer sitôt qu'on l'attaque,
V'là tout la bravoure d'un Cosaque.

Dans les champs poursuivre un tendron
Pincer bravement son bonnet rond,
Chiper sa croix d'or et sa plaque,
V'là l's exploits galants d'un Cosaque!

saient et repassaient sur les boulevards comme les comparses d'un théâtre pour annoncer que les armées étrangères étaient tombées sous les coups du grand Empereur. Bientôt les malheureux habitants de toutes parts en fuite, annoncèrent l'approche et les progrès de l'ennemi, et l'autorité même exagéra les affreux tableaux de l'invasion pour inspirer dans les cœurs une résolution énergique à la capitale [1]. Là, c'étaient les adresses des conseils municipaux des villes envahies; là, les lamentables récits des malheurs qui avaient marqué le passage des ennemis à Troyes, à Nogent, à Meaux. Toutes les villes semblaient se tourner vers Paris comme pour lui dire : « C'est à toi, grande cité, qui as donné l'impulsion au chaos de la Révolution française à nous offrir aujourd'hui l'exemple d'un beau dévouement. Ne serais-tu que la grande prostituée préférant te racheter en jetant tes colliers d'or et tes corruptions à l'ennemi? Ose enfin combattre, et donne au moins un dernier baiser de gloire à ton Empereur. »

Le mouvement rapide et décisif de Napoléon contre l'armée de Silésie et de Schwartzenberg l'avait porté sur Troyes; les alliés avaient évacué la ville, et Napoléon y arrivait aux acclamations retentissantes de ses légions. A Troyes, des événements d'une nature grave s'étaient

---

Enfin un voleur de grand chemin
Grossier, dur, avare, inhumain,
Qui dans l'combat n'vaut pas une claque,
Jeanneton, v'là c'que c'est qu'un Cosaque!

[1] Tous les théâtres jouaient des pièces belliqueuses et de circonstances, mais toutes du plus pur monarchisme.

Théâtre du Vaudeville.
Le Cosaque au village, par MM. Barre, Desfontaines et Radet.
L'honnête Cosaque, ou croyez ça et buvez de l'eau, par M. Désaugiers.

Jeanne Hachette, ou le siège de Beauvais, par M. de Rougemont.
Ambigu-Comique.
Philippe-Auguste à Bouvines, par M. Caignicz.
Odéon, théâtre de l'Impératrice.
Les héroïnes de Béfort, par M. Henri Simon et Maréchal.
Cirque-Olympique.
Le maréchal de Villars, ou la bataille de Denain, par M. Franconi jeune.

passés pendant l'occupation des alliés; au milieu de la silencieuse discipline de cette France soumise au régime impérial, quelques voix s'étaient fait entendre pour demander le retour des Bourbons; l'Empereur avait appris que des gentilshommes royalistes, MM. de Vidranges et de Gouault, avaient arboré la cocarde blanche et s'étaient adressés au czar Alexandre pour demander le retour de Louis XVIII, démarche imprudente dans la situation militaire. M. le comte d'Artois était alors à Vesoul, quelques comités royalistes voulurent prendre l'initiative et imprimer ainsi la vie à une restauration; l'empereur Alexandre les avait bien accueillis; mais il avait donné sa parole au parti patriote et sénatorial de laisser la France libre de choisir la forme de son gouvernement; il n'avait aucun goût pour les Bourbons; il recommanda sérieusement aux royalistes de prendre garde de se compromettre; il ne venait pas pour donner un roi. Tout n'était pas fini avec Napoléon; il fallait le battre, toujours le battre!

À la rentrée de ses aigles glorieuses dans Troyes, Napoléon avait connu tous ces détails, et il n'était pas homme à reculer devant une vengeance militaire; il fallait donner un exemple, empêcher les villes de France de prendre l'initiative pour demander les Bourbons [1]; il ordonna de

---

[1] J'ai donné tous les détails sur les mouvements royalistes de l'intérieur dans mon *Histoire de la Restauration*.

« Le marquis de Vidranges adresse la parole au Czar : « Sire, organes de la plupart des honnêtes gens de la ville de Troyes, nous venons mettre aux genoux de V. M. I. l'hommage de leur plus humble respect, et la supplier d'agréer le vœu que nous formons tous pour le rétablissement de la maison royale de Bourbon sur le trône de France. » — « Messieurs, répondit Alexandre, je vous vois avec plaisir; je vous sais gré de votre démarche; mais je la crois un peu prématurée, les chances de guerre sont incertaines; je serais fâché de voir des braves tels que vous compromis ou sacrifiés. Nous ne venons pas pour donner nous-mêmes un roi à la France; nous voulons reconnaître ses intentions et c'est à elle à se prononcer. » — « Mais tant qu'elle sera sous le couteau, répliqua le marquis, elle n'osera se prononcer en faveur des souverains légitimes. Non, jamais, tant que Bonaparte aura l'autorité en France jamais l'Europe ne sera tranquille. » — « C'est pour cela, répondit le Czar, qu'il faut le battre, le battre, le battre! »

frapper comme la foudre; M. de Vidranges s'était sauvé; M. de Gouault, traduit devant un conseil de guerre, fut condamné à mort et exécuté impitoyablement, comme le duc d'Enghien ou le libraire Palm, comme tous ceux qui avaient osé une résistance à son pouvoir, républicains ou royalistes.

Le voici maintenant en pleine dictature; il veut inspirer de la terreur aux alliés, imiter l'énergie du comité de salut public; il rend des décrets impitoyables pour effrayer l'ennemi; tout ce qui peut tenir un fusil, une fourche, doit prendre les armes : que l'insurrection éclate partout et poursuive l'étranger; tous ceux qui empêchent l'élan du peuple sont traîtres à la patrie : maires, officiers municipaux, commandants, tous seront fusillés s'ils n'organisent pas la résistance, ou s'ils prennent d'autres couleurs que celles de l'Empire. Ce sont les principes de la Convention nationale, mais sans la république, puissance si grande sur les âmes. L'Empereur ordonne aussi que la conscription soit levée même dans les pays occupés par l'ennemi, décret chimérique en son application; il règle le mode de recrutement, en organise les moyens, commande à des autorités qui n'existent plus; il s'imagine que, comme en Autriche, en Prusse, en Russie, on obéira au souverain heureux ou malheureux par instinct et tradition : « les détachements de conscrits se porteront sur les chefs-lieux et des chefs-lieux sur l'armée. » Il fait un appel aux moyens

Décret du 5 mars 1814.
«Napoléon, etc. Considérant que les peuples des villes et des campagnes, indignés des horreurs que commettent sur eux les ennemis, et spécialement les Russes et les Cosaques, courent aux armes par un juste sentiment de l'honneur national, pour arrêter des partis de 'ennemi, enlever ses convois et lui faire le plus de mal possible; mais que dans plusieurs lieux ils en ont été détournés par le maire ou d'autres magistrats, nous avons décrété et décrétons ce qui suit : Tous les maires, fonctionnaires publics et habitants qui, au lieu d'exciter l'élan patriotique du peuple, le refroidissent ou dissuadent les citoyens d'une légi-

qui ont produit les quatorze armées de la République. Mais Napoléon a tué l'esprit public, et le principe patriotique ne répond plus à son appel : quand on a souillé, ramolli l'âme d'une femme noble et altière, comment lui demander des baisers chastes et des résolutions énergiques? La France ne pouvait donner que ce qu'elle avait de puissance morale.

Désormais Napoléon fait la guerre plutôt en partisan que d'après les principes réguliers de stratégie. L'armistice de Lusigny n'est tenu que par les Autrichiens; Blücher refuse de s'y conformer, car il ne l'a point signé. Le vieux patriote prussien reprend l'offensive parce qu'il a rallié tous ses corps qui vont se réunir aux avant-gardes de Bernadotte et avec l'armée du Nord qui s'avance sans résistance. Les trois corps de Bulow, Winzingerode et Woronzoff, après avoir traversé les Ardennes, se sont emparés de Soissons presque sans défense, comme toutes les places de la vieille France, délaissées par l'Empire. Les Prussiens et les Russes ont juré de combattre de nouveau au milieu de leur hourra de victoire; Blücher manœuvre donc sur la Marne avec plus d'audace que jamais : devant lui Marmont est en retraite; que peut-il opposer à des forces aussi considérables? Il recule jusqu'à la Ferté-sous-Jouarre et la terreur se répand à Meaux : faudra-t-il laisser la capitale sans secours? Napoléon se porte encore à la face de son adversaire

time défense, seront considérés comme traîtres, et traités comme tels. »

Autre décret.

« Art. 1er. Tous les citoyens français sont non seulement autorisés à courir aux armes, mais requis de le faire, de sonner le tocsin aussitôt qu'ils entendront le canon de nos troupes s'approcher d'eux ; de se rassembler, de fouiller les bois, de couper les ponts, d'intercepter les routes, et de tomber sur les flancs et sur les derrières de l'ennemi.

« 2. Tout citoyen français pris par l'ennemi et qui serait mis à mort, sera sur-le-champ vengé par la mort, en représailles, d'un prisonnier ennemi. »

Autre décret.

« Art. 1er. La levée de 1815 sera exécutée

le plus hardi ; il faut marcher de nuit, traverser les plaines, les forêts, s'abriter sous les chaumières et dans les presbytères qui offrent un asile à l'Empereur, battu, affaissé par l'infortune. On lit aux vieilles chroniques : « que Charlemagne trouvait gîte aux abbayes de Fulde, de Saint-Denis en France » et c'est dans les presbytères que Napoléon passe ses meilleures nuits de la campagne de France. Sans être attendu, il apparaît tantôt sous le chaume, au milieu d'une ferme, dans le chenil d'un charron ; femmes, enfants, vieillards, tous l'entourent et le contemplent ; pour eux il y a quelque chose de surnaturel dans cette physionomie et l'on en garde mémoire. « Vous l'avez donc vu, grand'mère? » diront les générations nouvelles : « grand'mère, vous l'avez donc vu ! » C'est que cette forte impression est restée ; cet homme faisait sur les esprits le même effet qu'un fer brûlant sur la peau, il vous tatouait de son image ; il en était de son effigie comme de celle de la république ; une fois qu'on l'avait au cœur, on mourait avec ses empreintes.

Nous voici au 1er mars : Napoléon touche à la Ferté-Gaucher, avec sa garde, les Prussiens sont en face de Meaux ; Marmont et Mortier les tiennent en échec tant qu'ils le peuvent ; une bataille doit suivre, car le maréchal Blücher voudra prendre sa revanche contre Napoléon ; les Prussiens ont des défaites à venger. De Jouarre on peut voir dans la plaine les immenses colonnes de l'ennemi qui se groupent et se réunissent pour

soit pour l'ensemble des opérations restant à faire, conformément aux dispositions ci-après, dans les départements désignés au tableau qui est annexé au présent décret, et occupés en totalité ou en partie par l'ennemi.

« 2. A l'instant où le présent décret sera connu dans l'une des communes des départements occupés par l'ennemi, le maire de cette commune, si la liste des jeunes gens qui appartiennent par leur âge à la classe de 1815 n'a pas encore été dressée, s'occupera de la formation de cette liste.

« 3. La classe de 1815 comprend les jeunes gens nés depuis et compris le 1er janvier 1795, jusques et y compris le 31 décembre de la même année. »

opérer leur retraite par la route de Soissons; Blücher rétrograde sur Bernadotte. Le passage de la Marne est effectué intrépidement; Napoléon sent qu'il doit atteindre l'ennemi avant qu'il ne joigne ses renforts; il débouche donc fièrement sur la grande route de Château-Thierry, pour se porter au centre de Blücher. Les Prussiens se séparent, les uns pour se retirer sur Reims, les autres sur Soissons; ce mouvement se déploie avec un grand ordre, des masses de cavalerie couvrent la plaine.

A Soissons, l'ennemi trouve un immense renfort; la ville est au pouvoir des avant-gardes de Bernadotte, Bulow, Winzingerode et Wittgenstein. Ainsi lorsque Napoléon est en mesure d'attaquer, il apprend la réunion des deux armées du Nord et de Silésie. Dès ce moment il est lui-même fortement compromis, car il vient d'abandonner sa ligne d'opérations sur la Seine et la Marne; jeté par sa marche hardie aux débouchés de la forêt des Ardennes, il sera pressé, entouré, et pourtant il ne peut plus reculer! Si l'ennemi offre la bataille, comment ne pas la recevoir? Il vient au-devant de nous avec une intrépidité incontestable; les Russes forment l'avant-garde; ils se sont postés sur les hauteurs de Craonne, position magnifique sur les deux routes de Soissons et de Laon. On voit l'ennemi retranché sur l'arête de ce coteau; le défilé n'est pas long, mais resserré; il faut avant tout qu'il tombe en notre pouvoir. Le terrain est attentivement étudié par l'Empereur; les renseignements ne manquent pas; des guides viennent de tous côtés, et parmi eux un émigré, ancien camarade de Napoléon au régiment de La Fère, artillerie; l'Empereur le reconnaît, l'embrasse en frère; il porte le nom de Bussy, célèbre dans l'Inde; sur-le-champ il le fait colonel et le range parmi ses aides-de-camp. Ainsi procède Napoléon.

Tout se prépare pour la bataille; elle sera décisive. Nos troupes ne sont pas nombreuses, mais bonnes; elles marchent sous l'épée de l'Empereur et qui pourrait ne pas répondre à son noble appel? L'engagement commence; les Russes reçoivent au bout de leurs baïonnettes les charges brillantes de Grouchy, de Nansouty et de Belliard. Tout le monde a le sabre à la main, Ney et Victor guident les colonnes; dès le premier feu Victor blessé paye une fois encore sa dette à la patrie; Napoléon l'avait disgracié à Montereau. Le maréchal offre de servir comme simple grenadier; l'Empereur lui donne deux divisions de la garde à conduire, et il reçoit une balle au premier poste [1]. Le champ est tout couvert de cadavres pêle-mêle, les blessures sont larges presque toutes à la baïonnette; on veut tenter un mouvement de flanc sur les Russes, ils résistent, on ne peut les entamer, et ils se retirent en bon ordre sur Soissons. Craonne n'est pas une victoire, mais un combat meurtrier; les Russes vont revenir avec les Prussiens et Napoléon n'ose les poursuivre; ils sont en forces supérieures, tous amassés dans le défilé étroit qui précède Laon. La fortune ne sourit plus à l'Empereur; à mesure que sa ligne se forme, il voit au loin les masses de Blücher qui grandissent démesurément; il vient de faire sa jonction avec tout le corps de Bernadotte. 80,000 hommes peuvent maintenant marcher contre les aigles de France, on a tendu un piége à l'Empereur: il est hésitant, que va-t-il faire? quelle résolution prendre? lorsque deux cavaliers accourent bride abattue: le bivouac de Marmont vient d'être surpris la nuit par

---

[1] Les maréchaux Victor, Oudinot et Marmont furent les trois chefs de corps le plus souvent et les plus grièvement blessés.

un parti de cavalerie; il a perdu son parc et tout est en fuite; Marmont de la pointe de son épée cherche à rallier les fuyards. C'est le prélude d'une attaque générale qui s'annonce déjà par des feux d'artillerie; voilà donc l'Empereur obligé de se remettre en retraite devant Blücher; Mortier défendra Soissons que l'ennemi avait évacué, tandis que toute l'armée impériale va rétrograder sur la Seine. Mais l'ennemi dispose de si grandes forces! il en a partout; on vient d'apprendre que les Russes se sont emparés de Reims; les communications sont rétablies entre les trois armées que guident Bernadotte, Blücher et Schwartzenberg; Napoléon est pris dans un grand cercle; il faut s'ouvrir un passage coûte que coûte comme à Hanau; l'Empereur n'hésite pas à marcher sur Reims; M. de Saint-Priest y commande les Russes, il tombe blessé d'une balle dans la poitrine; l'ennemi, intrépidement poussé, évacue la ville, c'est M. de Saint-Priest qui avait soigné les soldats français à l'hôpital de Saint-Basile à Wilna; c'est lui également qui vient de sauver Reims d'un sac, car il a défendu à ses soldats de l'incendier par des obus. Cette ville devient à ce moment le centre des opérations de l'Empereur.

Le temps a marché; l'armistice de Lusigny expire, et Schwartzenberg se met à son tour en mouvement sur la Seine avec ses masses qui s'élèvent à plus de 100,000 hommes; Macdonald et Oudinot évacuent Troyes en toute hâte : Schwartzenberg touche à Nogent, et ses avant-postes sont à Provins, la ville des vieux comtes

---

[1] Napoléon avait rendu un décret tout récent contre les émigrés au service étranger.

« 1er. Il sera dressé une liste des Français qui, étant au service des puissances coalisées, ou qui, sous quelques autres titres que ce soit, ont accompagné les armées ennemies dans l'invasion du territoire de l'Empire, depuis le 20 décembre 1813.

« 2 Les individus qui se trouveront compris sur ladite liste seront traduits, sans aucun délai et toutes affaires cessantes, devant nos cours et tribunaux, pour y être jugés, condamnés aux peines portées par

de Champagne, les Thibaut, grands ménestrels. Un mouvement est ainsi tenté sur Paris par le nord et par le centre; Napoléon n'a plus qu'une poignée d'hommes, il ne peut rien essayer en grand, ni contre Blücher, ni contre Bernadotte, car il serait brisé. Sauver Paris lui paraît désormais difficile; Schwartzenberg n'en est plus qu'à vingt lieues, Blücher touche à Compiègne; que faire, puisqu'on ne peut plus oser de bataille régulière? Voici donc le tracé que dicte Napoléon, avec sa hardiesse accoutumée : Marmont et Mortier doivent faire une bonne retraite en ordre sur Paris, en défendant le terrain pied à pied contre les Prussiens, les Russes et les Suédois; Macdonald et Oudinot peuvent également faire leur retraite sur Paris en s'opposant aux masses immenses de Schwartzenberg qui opèrent par Nogent sur Melun et Fontainebleau; et lui, Napoléon, change toute sa stratégie de batailles rangées, il se fera partisan; l'Empereur tient peu de compte de sa couronne, il tire désormais l'épée comme un grand aventurier; plus de journées décisives; il va se jeter sur les derrières, sur les convois, en désespéré; il brouillera tous les pions de l'échiquier : un jour il se précipitera sur l'arrière-garde des Prussiens, le lendemain sur celle des Autrichiens; il mettra tant de désordre, qu'il forcera ces colonnes de s'arrêter.

Ce plan, l'Empereur est en marche pour l'exécuter; il répand déjà l'effroi dans le camp des alliés; ceux-ci s'arrêtent un moment, il faut avant tout le contenir,

les lois, et leurs biens être confisqués au profit du domaine de l'État, conformément aux lois existantes.

« 3. Tout Français qui aura porté les signes ou les décorations de l'ancienne dynastie dans les lieux occupés par l'ennemi et pendant son séjour, sera déclaré traître et comme tel jugé par une commission militaire et condamné à mort : ses biens seront confisqués au profit des domaines de l'État. »

ce glorieux aventurier, et le prendre dans une grande muraille d'acier formée par les trois armées. Schwartzenberg rappelle tous ses renforts; il sait Napoléon en marche sur Troyes, on doit l'écraser sous des masses énormes; on veut saisir l'aigle blessé qui les poursuit encore de son œil sanglant et hautain. Par un mouvement des extrémités au centre, Napoléon est cerné à Arcis-sur-Aube; un sombre désespoir s'empare de l'armée française; le cœur de tous ces nobles soldats est gros de douleur, ils en veulent finir avec la vie, et l'Empereur en fait bon marché. Voyez-vous cet homme de petite taille, couvert d'une redingote grise, environné d'un tourbillon de poussière que soulève une charge de cavalerie? Il est là, l'épée à la main; on dirait qu'il cherche la mort : à la tête de son escorte, il fait le coup d'épée; son front est abaissé, la raillerie triste erre sur ses lèvres; un obus tombe à ses pieds et il le contemple avec une sorte de satisfaction; les soldats basanés de la garde se rangent pour éviter l'éclat, et lui, Napoléon, le brave de son sourire mélancolique; renversé sous son cheval, il se relève, monte sur un autre coursier, pour courir sous le feu des batteries. Ne voyez-vous pas que cet homme veut en finir avec une situation qui l'accable, avec la fortune qui le proscrit? sachez-le bien, il ne voudra pas rendre son épée. En s'avançant ainsi, l'Empereur a donné dans un piége, il semble perdu. Rien pour lui n'est impossible; il se bat, charge, non plus pour la victoire, mais pour la retraite. L'Aube une fois franchie, aucun obstacle ne s'oppose plus à la marche de l'ennemi qui peut pousser l'Empereur la baïonnette dans les reins jusqu'aux barrières de Paris.

Qui ne sent que cette position n'est pas tenable? lui, Napoléon refoulé jusque dans sa capitale! lui apparaissant aux barrières en fuyard! Non, ce ne sera pas! Il revient donc à son idée de se faire partisan, de quitter la ligne de Paris pour se précipiter sur les arrière-gardes, couper les convois, empêcher les communications et mettre tant de désordre que les alliés pourront s'en alarmer enfin, et revenir sur leurs pas; alors il les recevrait avec les baïonnettes de toutes les garnisons des frontières.

Ce plan est une nouvelle tactique, un changement de ligne; il faut pour l'exécuter du courage, de l'énergie, des corps de fer, des têtes de fer. On est sans communications avec Paris; 200,000 hommes sont entre la capitale et l'Empereur, on n'a plus de nouvelles; les états-majors commencent à murmurer; on entend dans les camps des paroles étranges: «Où nous mène donc cet homme? Que veut-il? N'avons-nous pas assez versé de sang pour lui? Nous voilà séparés de Paris, va-t-il nous faire courir à des aventures»? Ce ne sont pas les soldats ni les jeunes officiers qui parlent ainsi; mais les vieux généraux qui ont des hôtels, des jouissances et des grandeurs. On recommence encore à conspirer: il faut le faire disparaître; on reparle des souvenirs de Romulus; les tempêtes et les nuages ne manquent pas. Cette guerre de partisans se fait presque à la manière des Cosaques, on enlève des estafettes, des courriers; des désordres, des pillages inouïs sont commis par les Français même sur des Français; ils sont poussés à un tel point que Napoléon, dans un ordre du jour [1], en témoigne son mécontentement à l'armée: «en France des Français se permettent le viol,

---

[1] Voici cet ordre du jour de Napoléon contre le pillage de sa propre armée.

« L'Empereur témoigne son mécontentement à l'armée sur les excès auxquels elle se livre; ces excès, qui sont blâmables en toute circonstance, deviennent le plus grand crime quand ils sont commis sur notre propre territoire. »

l'incendie et le vol ! » L'ennemi attaque l'arrière-garde de Napoléon qui se répand toujours dans les campagnes et continue son système de guerre morcelée. On parle d'une Vendée impériale, on veut soulever la France ; n'y a-t-il pas trop de fatigue, trop de découragement, trop peu de patriotisme?

Pour que Napoléon se soit résigné à ces coups de désespoir, il faut qu'il ne lui reste plus d'espérances de la paix : ici reviennent naturellement les conférences de Châtillon : que fait le congrès réuni après tant d'efforts? où en est M. de Caulaincourt placé par Napoléon dans une position si délicate? Les dernières négociations de l'Europe s'étaient résumées dans le traité de Chaumont, quadruple alliance qui rendait inséparables l'Angleterre, l'Autriche, la Prusse et la Russie, conséquence des incertitudes qui avaient empêché le développement naturel des négociations avec M. de Caulaincourt. Dans le dernier protocole arrêté entre elles, les puissances avaient donné jusqu'au 10 mars au plénipotentiaire français pour accepter le traité préliminaire signé entre les cours alliées. Les succès passagers de Napoléon en Champagne avaient grandi ses espérances ; il était même parvenu aux alliés un certain propos qui démontrait l'esprit incorrigible de l'Empereur pour la gloire et la conquête : Napoléon s'était écrié après les victoires de Champ-Aubert et de Montmirail : « Maintenant je suis plus près de Munich que les ennemis ne le sont de Paris. » Et ces paroles un peu fanfaronnes avaient immédiatement amené le traité de Chaumont ; les puissances pensaient qu'il n'était plus possible de traiter avec l'homme qui rêvait sans cesse de nouvelles conquêtes. Le 10 mars expirant, M. de Caulaincourt fut sommé de donner sa réponse ; elle se fit attendre jusqu'au protocole du 11 au matin, et au lieu d'un projet réel et catégorique, M. de Caulaincourt se rejette pour la troisième fois sur les propositions de Francfort: « on a promis à la France les limites du Rhin, des Alpes et des Pyrénées, il faut qu'on les lui donne ; la France avait offert il est vrai à M. de Metternich la signature des préliminaires au 9 mars, mais aucune réponse n'ayant été faite, l'offre est annulée. On voulait donner à la France, disait-on, son ancien territoire ; l'Europe ressemblait-elle à ce qu'elle était il y a vingt ans? à cette époque, le royaume de Pologne, déjà morcelé, disparut entièrement, l'immense territoire de la Russie s'était accru de vastes et de riches provinces. Six millions d'hommes furent ajoutés à une population déjà plus grande que celle d'aucun État européen. 9,000,000 de sujets devinrent le partage de l'Autriche et de la Prusse. Bientôt l'Allemagne changea de face. Les États ecclésiastiques et le plus grand nombre des villes libres germaniques furent répartis entre les princes séculiers. La Prusse et l'Autriche en reçurent la meilleure part. L'antique république de Venise devint une province de la monarchie autrichienne ; deux nouveaux millions de sujets, avec de nouveaux territoires et de nouvelles ressources, ont été donnés depuis à la Russie, par le traité de Tilsitt, par le traité de Vienne, par celui d'Yassi et par celui d'Abo. De son côté, et dans le même intervalle de temps, l'Angleterre a non seulement acquis, par le traité d'Amiens, les possessions hollandaises de Ceylan et de l'île de la Trinité ; mais elle a doublé ses possessions de l'Inde, et en fait un empire que deux des plus grandes monarchies de l'Europe égaleraient à peine. Si la population de cet empire ne peut être considérée comme un accroissement de la population britannique, en revanche, l'Angleterre n'en tire-t-elle pas, et par la souveraineté et par le commerce, un accroissement immense de sa richesse, cet autre élément de la puissance? La Russie, l'Angleterre ont conservé ce qu'elles sont acquis. L'Autriche, la Prusse ont, à la vérité, fait des pertes; mais renoncent-elles à les réparer, et se contentent-elles aujourd'hui de l'état de possession dans lequel la guerre présente les a trouvées? il diffère cependant peu de celui qu'elles avaient il y a vingt ans [1]. » Or, d'après M. de Caulaincourt, lorsque tout avait changé en Europe comment laisser la France dans ses limites anciennes de Louis XVI sans alliance, sans appui? En conséquence, le plénipotentiaire français discutait un à un tous les articles du projet préliminaire; l'Angleterre ne rendait les colonies que pour la forme et gardait les meilleures; la restitution des établissements de l'Inde était illusoire, et l'on refusait même à la France le droit d'intervenir pour des alliés malheureux.

A cette réponse fort bien écrite, les plénipotentiaires alliés répliquent inflexiblement : « qu'ils ont demandé au gouvernement français une déclaration distincte et explicite sur les préliminaires, et qu'au lieu de cette réponse on n'obtient que des déclarations vagues. Sur cette observation, M. de Caulaincourt réplique : « qu'il est préliminairement autorisé à reconnaître l'indépendance de l'Espagne sous Ferdinand VII, de l'Italie, de la Suisse, de l'Allemagne, de la Hollande sous la souveraineté du prince d'Orange; on ne sera pas même éloigné de faire d'autres cessions coloniales à l'Angleterre pour obtenir des échanges territoriaux sur le continent.» Dans un nouveau protocole les plénipotentiaires alliés répondent : « qu'ils sont obligés de se renfermer stric-

---

[1] Note de M. de Caulaincourt, 11 mars.

tement dans les conditions offertes; elles se résument ainsi: « l'Empereur Napoléon veut-il, oui ou non, accepter les préliminaires du traité proposé? ils sont obligés de déclarer que d'après les ordres de leurs cours la réponse doit être faite dans les vingt-quatre heures. »

Le 15 mars, terme fixé, M. de Caulaincourt présente un contre-projet formulé, d'après lequel Napoléon renonce à tout droit sur les provinces illyriennes, aux départements français au-delà des Alpes, l'île d'Elbe exceptée (toujours cette île d'Elbe; chose fatale!), et aux départements français au-delà du Rhin. Napoléon renonce aussi à la couronne d'Italie en faveur de son héritier désigné, le prince Eugène; l'Adige formera la limite entre le royaume d'Italie et l'empire d'Autriche. Le pape obtiendra tous les États romains, excepté le duché de Bénévent (ceci était pour plaire à M. de Talleyrand); Élisa garderait la principauté de Lucques et de Piombino, Berthier celle de Neufchâtel; le roi de Saxe obtiendrait l'intégralité de son territoire, et le grand-duc de Berg conserverait le sien; liberté pour les villes de Brémen, Lubeck, Dantzick, Hambourg et Raguse; les îles Ioniennes seraient

---

[1] *Extrait du contre-projet présenté par M. de Caulaincourt.*

« Art. 1er. A compter de ce jour, il y y aura paix, amitié sincère et bonne intelligence entre S. M. l'Empereur des Français, etc.

« Les hautes parties contractantes s'engagent à apporter tous leurs soins à maintenir, pour le bonheur futur de l'Europe, la bonne harmonie, si heureusement rétablie entre elles.

« 2. S. M. l'Empereur des Français renonce pour lui et ses successeurs à tous titres quelconques autres que ceux tirés des possessions qui, en conséquence du présent traité de paix, resteront soumises à sa souveraineté.

« 3. S. M. l'Empereur des Français renonce pour lui et ses successeurs à tous droits de souveraineté et de possession sur les provinces illyriennes et sur les territoires formant les départements français au-delà des Alpes, l'île d'Elbe exceptée, et les départements français au-delà du Rhin.

« 4. S. M. l'Empereur des Français, comme roi d'Italie, renonce à la couronne d'Italie, en faveur de son héritier désigné le prince Eugène Napoléon, et de ses descendants à perpétuité.

« L'Adige formera la limite entre le royaume d'Italie et l'empereur d'Autriche.

« 5. Les hautes parties contractantes reconnaissent solennellement, et de la manière la plus formelle, l'indépendance absolue et la pleine souveraineté de tous les États de l'Europe, dans les limites qu'ils se

une dépendance du royaume d'Italie ; toutes les colonies seraient restituées à la France, sauf à les céder avec indemnité. Les autres clauses étaient relatives à des détails de police et d'administration politique.

Point de réponse à ce contre-projet de la part des plénipotentiaires ; seulement, le 18 mars, le protocole se continue. Les plénipotentiaires, ne dissimulant pas que le temps passe et les événements marchent, demandent une réponse péremptoire aux clauses d'un traité qu'ils considèrent comme essentielles au repos de l'Europe :
« Le contre-projet de M. de Caulaincourt part d'un point de vue différent de celui du projet principal, on ne peut l'admettre ; les alliés voient avec regret que l'Empereur Napoléon veut traîner en longueur ; les explications de la France sont demandées sur des conditions que l'Europe regarde comme nécessaires pour la reconstruction de l'édifice social, à laquelle les puissances consacrent toutes les forces que la providence leur a confiées ; les conditions de la France leur paraissent compromettantes, parce que la prolongation de stériles négociations ne servirait qu'à induire en erreur et à faire naître aux peuples de l'Eu-

---

trouveront avoir en conséquence du présent traité ou par suite des arrangements indiqués dans l'art. 16 ci-après.

« 6. S. M. l'Empereur des Français reconnaît :

« 1° L'indépendance de la Hollande sous la souveraineté de la maison d'Orange.

« La Hollande recevra un accroissement de territoire.

« Le titre et l'exercice de la souveraineté en Hollande ne pourront, dans aucun cas, appartenir à un prince portant ou appelé à porter une couronne étrangère.

« 2° L'indépendance de l'Allemagne et chacun de ses états, lesquels pourront être unis entre eux par un lien fédératif,

« 3° L'indépendance de la Suisse, se gouvernant elle-même sous la garantie de toutes les grandes puissances.

« 4° L'indépendance de l'Italie, et de chacun des princes, entre chacun desquels elle est, ou se trouvera divisée.

« 5° L'indépendance et l'intégrité de l'Espagne sous la domination de Ferdinand VII.

« 7. Le pape sera remis immédiatement en possession de ses États, tels qu'ils étaient en conséquence du traité de Tolentino, le duché de Bénévent excepté.

« 8. S. A. I. la princesse Elisa conservera pour elle et ses descendants en toute propriété et souveraineté, Lucques et Piombino.

« 9. La principauté de Neufchâtel demeure en toute propriété et souveraineté

rope le vain espoir d'une paix qui est devenue le premier de leurs besoins. Les plénipotentiaires des cours alliées sont chargés, en conséquence, de déclarer que, fidèles à leurs principes, et en conformité avec leurs déclarations antérieures, les puissances alliées regardent les négociations entamées à Châtillon comme terminées par le gouvernement français. Ils ont ordre d'ajouter à cette déclaration celle que les puissances alliées, indissolublement unies pour le grand but qu'avec l'aide de Dieu elles espèrent atteindre, ne font pas la guerre à la France ; qu'elles regardent les justes dimensions de cet empire comme une des premières conditions d'un état d'équilibre politique ; mais qu'elles ne poseront pas les armes avant que leurs principes n'aient été reconnus et admis par son gouvernement. »

En vain M. de Caulaincourt, dans la séance du 19, veut faire quelques réclamations sur le sens des préliminaires arrêtés par les puissances ; il vient de recevoir de nouveau les pleins pouvoirs de Napoléon, carte blanche pour traiter : « Je vous autorise, lui écrit l'Empereur, à faire toutes les concessions indispensables pour reprendre l'activité des négociations[1]. » Mais la volonté des cabinets

au prince qui la possède et à ses descendants.

« 10° S. M. le roi de Saxe sera rétabli dans la pleine et entière possession de son grand-duché.

« 11° S. A. R. le grand-duc de Berg sera pareillement remis en possession de son grand-duché.

« 12°. Les villes de Bremen, Hambourg, Lubeck, Dantzick et Raguse seront des villes libres.

« 13°. Les îles Ioniennes appartiendront en toute souveraineté au royaume d'Italie.

« 14° L'île de Malte et ses dépendances appartiendront en toute souveraineté et propriété à S. M. britannique.

[1] Napoléon donnait de nouveau carte blanche à M. de Caulaincourt.
Lettre de Napoléon à M. de Caulaincourt.
Reims, le 17 mars 1814.

« Monsieur le duc de Vicence, j'ai reçu vos lettres du 13. Je charge le duc de Bassano d'y répondre avec détail. Je vous donne directement l'autorisation de faire les concessions qui seraient indispensables pour maintenir l'activité des négociations, et arriver enfin à connaître l'ultimatum des alliés ; bien entendu que le traité aurait pour résultat l'évacuation de notre territoire, et le renvoi de part et d'autre de tous les prisonniers. Cette lettre n'étant à autre fin, je prie Dieu, etc. »   Napoléon.

est inflexible, et le congrès est terminé par la déclaration suivante : « Les soussignés, plénipotentiaires des cours alliées, en voyant avec un vif et profond regret rester sans fruit, pour la tranquillité de l'Europe, les négociations entamées à Châtillon, ne peuvent se dispenser de s'en occuper encore avant leur départ, en adressant la présente note à M. le plénipotentiaire français, d'un objet qui est étranger aux discussions publiques et qui aurait dû le rester toujours. En insistant sur l'indépendance de l'Italie, les cours alliées avaient l'intention de replacer le Saint-Père dans son ancienne capitale ; le gouvernement français a montré les mêmes dispositions dans le contre-projet présenté par M. le plénipotentiaire de France ; il serait malheureux qu'un dessein aussi naturel, sur lequel se réuniraient les deux parties, restât sans effet par des raisons qui n'appartiennent nullement aux fonctions que le chef de l'Église catholique s'est religieusement astreint d'exercer. La religion que professe une grande partie des nations en guerre actuellement, la justice et l'équité générale, l'humanité enfin, s'intéressent également à ce que Sa Sainteté soit remise en liberté, et les soussignés sont persuadés qu'ils n'ont qu'à témoigner ce vœu et qu'à demander, au nom de leurs cours, cet acte de justice au gouvernement français, pour l'engager à mettre le Saint-Père en état de pourvoir, en jouissant d'une entière indépendance, aux besoins de l'Église catholique. » A ce moment, le congrès se dissout irrévocablement.

M. de Caulaincourt est désespéré du mauvais résultat des négociations, et, dans l'amertume de son cœur, il continue sa correspondance avec M. de Metternich ; c'est par l'intermédiaire de M. de Floret que toute cette correspondance se continue. M. de Floret a longtemps vécu à Paris dans l'intimité la plus grande avec tout le parti politique. M. de Metternich ne se dissimule pas que l'Europe se prononce contre Napoléon; il le voit avec douleur; mais à qui la faute? « Les affaires tournent bien mal, mon cher duc, écrit-il à M. de Caulaincourt. Le jour où on sera tout à fait décidé pour la paix, avec les sacrifices indispensables, venez pour la faire, mais non pour être l'interprète de projets inadmissibles. Les questions sont trop fortement placées pour qu'il soit possible de continuer à écrire des romans sans de grands dangers pour l'Empereur Napoléon. Que risquent les alliés? En dernier résultat, après de grands revers, on peut être forcé à quitter le territoire de la vieille France. Qu'aura gagné l'Empereur Napoléon? Les peuples de la Belgique font d'énormes efforts dans le moment actuel. On va placer toute la rive gauche du Rhin sous les armes. La Savoie, ménagée jusqu'à cette heure pour la laisser à toute disposition, va être soulevée, et il y aura des attaques très personnelles contre l'Empereur Napoléon qu'on n'est plus maître d'arrêter. Vous voyez que je vous parle avec franchise, comme à l'homme de la paix. Je serai toujours sur la même ligne. Vous devez connaître nos vues, nos principes, nos vœux. Les premières sont toutes européennes, et par conséquent françaises; les seconds portent à avoir l'Autriche comme intéressée au bien-être de la France; les troisièmes sont en faveur d'une dynastie si intimement liée à la sienne. Je vous ai voué, mon cher duc, la confiance la plus entière; pour mettre un terme aux dangers qui menacent la France, il dépend encore de votre maître de faire la paix. Le fait ne dépendra peut-être plus de lui sous peu. Le trône de Louis XIV avec les ajoutés de Louis XV offre d'assez belles chances pour ne pas devoir être mis sur une seule carte. Je ferai tout ce que je pourrai pour retenir lord Castlereagh quelques jours. Ce ministre parti, on ne fera plus la paix. »

A ces paroles si franches, M. de Caulaincourt répond en se plaignant des préliminaires : « A-t-on bien agi avec la volonté de traiter? On a rebuté tous les moyens et le contre projet était juste » ; il invoque la loyauté du prince de Metternich : « Lui et lord Castlereagh peuvent traiter parce qu'ils ont la pensée entière de leurs cabinets ; les autres plénipotentiaires n'ont pas assez de pouvoir pour en finir; les intérêts de la France et de l'Autriche sont trop unis ensemble pour qu'ils puissent jamais se séparer. » M. de Caulaincourt ne se contente pas de ces démarches ; Bonaparte vient d'éprouver de grands revers, les alliés sont en marche sur Paris, Blücher et Schwartzenberg n'en sont éloignés que de dix lieues. M. de Caulaincourt est auprès de Napoléon ; il le presse, il obtient de nouveau carte blanche ; Napoléon accepte tout, même la vieille France ; et M. de Caulaincourt écrit au prince de Metternich qu'il va se rendre près de lui avec de pleins pouvoirs pour signer les préliminaires du congrès de Chatillon [1]. Le voici à Doulevent, il répète : « qu'il peut

---

[1] Cette curieuse correspondance détruit tous les préjugés que l'école impérialiste a répandus sur les refus de Napoléon d'accepter l'ancienne France.
Lettre de M. de Caulaincourt à M. de Metternich.
Expédié de Doulevent, le 25 mars 1814, par M· de Gallebois, officier du maréchal Berthier.
« Arrivé cette nuit seulement près de l'Empereur, S. M. m'a sur-le-champ donné ses derniers ordres pour la conclusion de la paix. Elle m'a remis en même temps tous les pouvoirs nécessaires pour la négocier et la signer avec les ministres des cours alliées, cette voie pouvant réellement mieux que toute autre en assurer le prompt rétablissement. Je me hâte donc de vous prévenir que je suis prêt à me rendre à votre quartier-général, et j'attends aux avant-postes la réponse de V. Exc. Notre empressement prouvera aux souverains alliés combien les intentions de l'Empereur sont pacifiques, et que, de la part de la France, aucun retard ne s'opposera à la conclusion de l'œuvre salutaire qui doit assurer le repos du monde.
« Agréez, etc. »
Caulaincourt, duc de Vicence.

signer les préliminaires ; » on lui répond : « Il est trop tard, le congrès est dissous ; lord Castlereagh a quitté Châtillon. » Il n'y a plus que la guerre de possible.

Depuis ce moment, le sort de Napoléon est décidé ; s'il accepte l'ancien territoire de France et des conditions humiliantes, on n'en veut plus, et l'Europe s'est prononcée contre lui. D'autres négociations avaient lieu tout à fait hostiles à l'Empereur ; durant la tenue du congrès de Châtillon, plusieurs intrigues s'étaient nouées au quartier-général des alliés; l'ancien parti Bernadotte et Moreau tout puissant auprès de l'empereur Alexandre, ne voulait pas traiter avec Napoléon ; les patriotes avaient leur écho dans le Sénat, leur puissance dans l'esprit bourgeois de Paris, et, je le répète, les Bourbons n'avaient pas un grand appui auprès du Czar. Lord Castlereagh au contraire, tout en se prêtant par déférence au congrès de Châtillon, ne sortait pas de son axiome : « l'ancien territoire, l'ancienne dynastie. » L'opinion d'une restauration grandissait, elle avait son écho à Paris; M. de Talleyrand, l'abbé de Pradt, le duc de Dalberg, M. de Jaucourt, considéraient les Bourbons comme une solution pacifique à la crise dans laquelle

Du même au même.

Expédiée de Doulevent, le 25 mars 1814, par un officier du maréchal Berthier.

« Mon prince, je ne fais que d'arriver, et je ne perds pas un moment pour exécuter les ordres de l'Empereur, et pour joindre confidentiellement à ma lettre tout ce que je dois à la confiance que vous m'avez témoignée.

« L'Empereur me met à même de renouer les négociations, et de la manière la plus franche et la plus positive. Je réclame donc les facilités que vous m'avez fait espérer, afin que je puisse vous arriver, et le plus tôt possible. Ne laissez pas à d'autres, mon prince, le soin de rendre la paix au monde. Il n'y a pas de raison pour qu'elle ne soit pas faite dans quatre jours, si votre bon esprit y préside, si on la veut aussi franchement que nous. Saisissons l'occasion, et bien des fautes et des malheurs seront réparés. Votre tâche, mon prince, est glorieuse ; la mienne sera bien pénible : mais puisque le repos et le bonheur de tant de peuples en peuvent résulter, je n'y apporterai pas moins de zèle et de dévouement que vous.

« Agréez, etc. »

Caulaincourt, duc de Vicence.

on se trouvait. Dès le mois de mars, M. de Talleyrand s'était mis en rapport avec le quartier-général des alliés; quelques émissaires avaient été envoyés, et particulièrement M. de Vitrolles, employé aux postes sous M. de Lavalette, homme de tenue et de confiance. M. de Vitrolles, parvenu à travers de véritables dangers, auprès de l'empereur Alexandre, lui avait fait connaître les opinions de M. de Talleyrand, sur une restauration, le seul moyen pour le rétablissement de la paix en Europe.

A Paris, dans les provinces, des comités s'étaient formés; gentilshommes, bourgeoisie, tout prenait part à ce mouvement contre Bonaparte, et les femmes surtout; les mères, les jeunes sœurs, les fiancées, toutes désiraient la chute d'un système de guerre. Les Bourbons invoquaient deux idées qui faisaient la fortune de leur pouvoir: abolition de la conscription et des droits-réunis. C'est avec ces paroles que MONSIEUR avait fait son entrée à Vesoul, et l'on venait d'apprendre au quartier-général que deux divisions anglaises, sous les ordres de lord Beresford, avaient pénétré à Bordeaux. Le duc d'Angoulême, d'abord froidement accueilli par lord Wellington, avait précédé les alliés [1], et le drapeau blanc était arboré, au milieu de cette population ardente, par une journée du 12 mars; le fils de France invoquait

---

[1] Je donne ici deux pièces qui constatent toute la fermeté du maréchal Soult dans son dévouement à Napoléon.

Proclamation du duc d'Angoulême aux soldats du maréchal Soult.

« Soldats! j'arrive, je suis en France, dans cette France qui m'est si chère. Je viens briser vos fers; je viens déployer le drapeau blanc, le drapeau sans tache. Ralliez-vous autour de lui, braves Français, marchons tous ensemble au renversement de la tyrannie. Généraux, officiers, soldats qui vous rangerez sous l'antique bannière des lys, au nom du roi mon oncle, qui m'a chargé de faire connaître ses intentions paternelles, je vous garantis vos grades, vos traitements et des récompenses proportionnées à la fidélité de vos services. Soldats, mon espoir ne sera point trompé, je suis le fils de vos rois, et vous êtes Français. »

Proclamation du maréchal Soult.

« Soldats! le général qui commande l'armée contre laquelle nous nous battons tous

les souvenirs du drapeau blanc et de Henri IV, et le maréchal Soult avait répondu en rappelant le glorieux prestige de l'aigle et de Napoléon.

Il faut remarquer une coïncidence : à Lyon, le parti sénatorial et républicain obtenait la défection d'Augereau, ou au moins le maréchal se réunissait-il à l'idée de régence de Marie-Louise que les généraux autrichiens lui avaient exposée. Augereau n'aimait pas Bonaparte, et, comme à tout le parti républicain, la régence lui convenait. En même temps, à Bordeaux, le parti royaliste obtenait un triomphe non moins éclatant : le drapeau blanc était arboré, et l'initiative était prise par une des grandes cités de France. Tout cela se passait pendant le congrès de Châtillon, et l'on voit combien l'Empereur avait intérêt à hâter la signature du traité, car les accidents mêmes se prononçaient contre lui. Quand un système est fini, tout tombe en décadence et en ruine.

De plus, les événements militaires marchaient vers une solution prochaine ; l'examen attentif de la campagne de France venait de démontrer aux alliés que de grandes fautes avaient été commises par leurs armées qui s'étaient avancées isolément et avec trop d'impatience sur Paris ; les échecs de Blücher n'étaient dus qu'à cette

---

es jours a eu l'impudeur de vous provoquer et de provoquer vos compatriotes à la révolte et à la sédition. Il parle de paix, et les brandons de la discorde sont à sa suite. Il parle de paix, et il excite les Français à la guerre civile. Grâces lui soient rendues de nous avoir fait connaître lui-même ses projets ! Dès ce moment, nos forces sont centuplées, et dès ce moment aussi il rallie lui-même aux aigles impériales ceux qui, séduits par de trompeuses apparences, avaient pu croire qu'ils faisaient la guerre avec loyauté. Aux armes ! que dans tout le midi de l'Empire ce cri retentisse ! Combattons jusqu'au dernier les ennemis de notre auguste Empereur et de notre chère France. Guerre à mort à ceux qui tenteraient de nous diviser pour nous détruire ! Contemplons les efforts prodigieux de notre grand Empereur et ses victoires signalées. Soyons toujours dignes de lui ; soyons Français, et mourons les armes à la main, plutôt que de servir à notre déshonneur.

« Du quartier-général, le 8 mars 1814. »

Le maréchal duc de Dalmatie.

cause; si l'on voulait occuper cette capitale, les opérations devaient avoir lieu par des masses immenses (la fusion des armées de Silésie, de Bohême et du Nord). En conséquence, un grand rendez-vous fut donné dans les plaines de Châlons-sur-Marne; jamais, depuis Attila, tant de soldats ne s'étaient réunis sur un point; les appels des armées alliées comptaient 187,000 baïonnettes, toutes groupées dans ces vastes plaines.

Désormais on n'écoute ni les conseils trop hardis ni les avis pusillanimes; les fous avaient conseillé de marcher imprudemment comme Blücher, les peureux disaient qu'on ne pourrait jamais aller à Paris. On s'arrêta aux plans de Bernadotte et de Pozzo di Borgo, très prononcés pour l'occupation de la grande cité; dominé par leur influence, le Czar Alexandre ordonne la marche en avant, et Schwartzenberg suit son impulsion. Les renseignements que l'on avait sur Paris indiquaient que si cette capitale était le siége du gouvernement, là était aussi le moyen de le renverser : la Révolution avait fait de Paris un centre exclusif d'action; il n'y avait plus rien en dehors; une fois au pouvoir des alliés, le prestige de l'Empereur était détruit. Un lien administratif unissait Paris et les départements; le vieux système des provinces n'existait plus; l'antique monarchie était puissante par ses provinces, la Révolution et l'Empire ne l'étaient plus que par Paris. Pour avoir de tels renseignements, il ne fut pas besoin d'acheter la trahison; les hommes d'État tels que MM. de Nesselrode, Metternich, Hardenberg, Castlereagh, qui suivaient l'armée des alliés, avaient assez étudié l'esprit de la Révolution française pour en apprécier les forces et les faiblesses : marcher sur Paris fut donc un mouvement instinctif, et bientôt les masses innombrables s'ébranlèrent.

Depuis la marche de Napoléon en partisan, les alliés n'avaient devant eux que les maréchaux Mortier et Marmont, dont les deux corps réunis ne s'élevaient pas à 25,000 hommes. Pouvaient-ils essayer de résister à cette nuée d'ennemis, qui par leur seule force écrasaient tout? Dans le but de faire leur jonction avec l'Empereur, les maréchaux s'étaient portés sur Fère-Champenoise, et, par une fatalité inouïe, voilà qu'ils tombent au milieu de l'armée des alliés; ils sont froissés dans une bataille où chaque soldat fait des prodiges; l'ennemi s'empare de toute l'artillerie du général Pacthod : il ne reste plus à Mortier, à Marmont, qu'une retraite précipitée dans les plaines de Champagne, sur les trois routes d'Épernay, de Montmirail et de Nogent. Toutes ces belles contrées qui voient les vignobles d'Aï, la Brie, si verte et si plantureuse, sont la proie de ces myriades d'alliés ; semblables aux sauterelles des champs, ils dévorent tout; la terreur est au comble ; les paysans s'enfuient devant leurs villages incendiés. A travers ces désolations et ces ruines, les alliés arrivent à Meaux; les Cosaques sont à Melun; la grande route de Coulommiers est remplie d'artillerie, de bagages ; on y attend l'empereur Alexandre : 200,000 hommes se placent entre Napoléon et Paris.

On ne peut plus en douter dans la vaste cité. Les paysans accourent l'œil humide, le front rembruni ; ils ont vu l'ennemi presque aux portes; on ne peut ni le suivre ni le compter ; on dirait l'Europe entière soulevée contre une seule ville. La terreur commence à gagner Paris, elle s'étend parmi la bourgeoisie, dans le commerce : les boutiques se ferment; pour la première fois peut-être, les spectacles sont vides. Partout on creuse des cachettes; l'or est enfoui ; les bijoux, les vêtements de femmes sont enlevés à la rapacité des étrangers.

Quelle terreur ! ne vont-ils pas se venger? Les Russes feront-ils sauter les Tuileries comme nous avons fait sauter le Kremlin? Parmi les fonctionnaires publics les plus dévoués à Napoléon cette appréhension se répand. On se réunit en toute hâte le soir en conseil aux Tuileries [1] ; Marie-Louise le préside comme régente ; on y compte Joseph, M. de Talleyrand, Cambacérès, Lebrun, M. Molé, les ministres à département et les ministres d'État. Quelque chose de triste et de solennel se mêle à cette délibération ; cette jeune femme étrangère au milieu de ces hommes graves [2] et inquiets faisait un étrange contraste ; on l'entourait comme un otage. La question posée était celle-ci : « La régence et le gouvernement resteraient-ils au milieu de Paris menacé, ou bien Marie-Louise et le roi de Rome chercheraient-ils un refuge au-delà de la Loire?

Napoléon, sur cette question si grave, s'était prononcé d'après les idées historiques ; il avait confondu les temps et les situations : comment, lui si souvent pénétré de la force révolutionnaire, ne songea-t-il pas que Paris était tout, et que sans Paris il n'était rien? Chez lui les formes aristocratiques dominent désormais; la pensée d'une régence à Blois, tirée des archives de l'ancienne monarchie, lui plaît, une régence, c'est le vieux temps. A d'autres époques, là où était le roi, là était la France ; là où serait l'Impératrice, là serait le gouvernement. Ensuite, Napoléon avait le cœur froissé en songeant que le roi de Rome pouvait être captif de l'étranger : avec ses souvenirs classiques il se rappelait le fils d'Hector entre les mains des

---

[1] Ce conseil était composé de : l'Impératrice, Joseph Bonaparte, M. de Talleyrand, l'archi-chancelier, l'archi-trésorier, MM. Molé, de Montalivet, Clarke, Bigot de Préameneu, de Sussy, de Champagny, Gaudin, Mollien, Daru, Savary, Decrez, Régnier, Regnauld de Saint-Jean d'Angély, Boulay (de la Meurthe), Merlin de Douay, Muraire, le général Lacuée, Defermont, de Lacépède, et les maréchaux Moncey et Serrurier.

[2] Les détails que je donne sur ce conseil sont authentiques et mot à mot.

Grecs. Il avait donc ordonné formellement à Joseph que dans le cas où Paris serait menacé, l'Impératrice, le roi de Rome et le gouvernement devaient se rendre à Blois.

On délibéra donc pour la forme ; le général Clarke, ministre de la guerre, indiqua succinctement les moyens de défense qu'avait Paris, et les périls auxquels ils pouvait être exposé; il mit sous les yeux du conseil, l'état des forces actives, la situation de l'artillerie, les troupes de la garnison, la garde nationale ; on n'avait que des notions imparfaites sur les masses des alliés ; cependant le général Clarke les portait à 150,000 hommes : « dans cette situation, il ne pouvait répondre du salut de l'Impératrice et du roi de Rome. » D'ailleurs, il avait des ordres exprès de Napoléon ; le ministre était trop soumis pour ne point en exécuter les volontés absolues. Un premier avis fut ouvert et soutenu avec chaleur par M. Boulay (de la Meurthe); c'était un mélange des idées républicaines et des formules monarchiques : on devait mener l'Impératrice à l'Hôtel-de-Ville, la montrer au peuple, dans les faubourgs, tenant son enfant dans ses bras. La majorité adopta cet avis, et M. de Talleyrand, lui-même, qui avec son sourire moqueur semblait indiquer tout le ridicule d'une pareille scène. M. Régnier le soutint vivement. Savary développa les moyens de police qu'on pouvait employer pour soulever les masses contre l'ennemi, M. Molé exposa : « que la faute la plus grave, si l'on voulait résister, était de laisser Paris sans gouvernement ; on oserait tout quand on serait livré à soi-même; toute la force était dans le pouvoir central ; si on délaissait les citoyens, les citoyens délaisseraient le gouvernement. M. de Talleyrand fit un signe d'approbation qui semblait indiquer que là était le danger. Mais le général Clarke qui connaissait l'opinion intime de Napoléon, s'écria : « que c'était une erreur de regarder Paris comme le centre de la puissance de l'Empereur, que le pouvoir de ce prince le suivrait partout, et que tant qu'il resterait un village, où lui ou bien son fils seraient reconnus, c'était là que devaient se rallier tous les Français, c'était là qu'était la capitale ; qu'il ne fallait pas désespérer aussi vite du salut de l'État. Quant à lui, il ne concevait pas comment des hommes qui faisaient depuis si longtemps profession d'attachement à la personne de l'Empereur pouvaient proposer d'exposer son fils à tomber entre les mains des ennemis ; il n'y avait plus que lui qui intéressât l'Autriche ; il ne resterait plus de ressource lorsqu'on se serait laissé aller à la perfide insinuation de livrer le fils d'Hector aux Grecs. » Le général Clarke traduisait ici une lettre qu'il avait reçu de Napoléon.

Enfin, Cambacérès recueillit les suffrages, sur vingt-trois votants, dix-neuf furent pour garder l'Impératrice à Paris en invoquant les sympathies du peuple pour le roi de Rome ; il fallait faire un appel aux bourgeois et placer le siége du gouvernement à l'Hôtel-de-Ville, comme sous la Fronde. Quand le résultat fut connu, Joseph Bonaparte lut une lettre de son frère qui ne disait pas précisément d'abandonner Paris ; mais Joseph devait prendre conseil des circonstances. D'après Napoléon, le plus grand malheur qui pouvait arriver à son cœur, c'était que le roi de Rome tombât au pouvoir des ennemis [1] ; dans ce cas, il lui ordonnait positivement de faire partir l'Impératrice et son fils pour Rambouillet ; on les dirige-

---

[1] *Au roi Joseph.*
Reims, 16 mars 1814.
« Conformément aux instructions verbales que je vous ai données, et à l'esprit de toutes mes lettres, vous ne devez pas permettre que, dans aucun cas, l'Impératrice et le roi de Rome tombent entre les mains de l'ennemi ; je vais manœuvrer de

rait ensuite sur Tours. » Cette lettre ne laissait plus de doute, le général Clarke en connaissait l'existence, et voilà pourquoi il combattait l'opinion de tout le conseil avec cette chaleur: pour lui un mot de Napoléon était un ordre militaire. M. de Champagny insista pour que l'Impératrice vînt à l'Hôtel-de-Ville, et M. Molé ajouta que la plus grande faute était de déplacer le siége du gouvernement. Alors Cambacérès prit la parole pour annoncer, d'après l'ordre de l'Empereur : « que Sa Majesté l'Impératrice partirait le lendemain à huit heures du matin pour Rambouillet, et emmènerait avec elle Sa Majesté le roi de Rome. » Ainsi tout était dit, tout était fini pour des fonctionnaires obéissants et passifs [1].

Cette séance avait duré longtemps dans la nuit; il était deux heures du matin lorsqu'elle finit; l'Impératrice, vivement agitée, faisait de vains efforts pour se mettre à l'aise; on voyait que la plupart de ces hommes étaient compromis, et qu'ils voulaient la garder autour d'eux comme garantie : n'était-ce pas un bel otage pour se sauver des alliés et faire ses conditions? On ne pillerait pas une ville où se trouverait la fille de l'empereur d'Autriche; qui sait? on pourrait réaliser l'idée de régence, la vieille conspiration de Fouché et d'une fraction du Sénat. Tant il y a que le départ de

---

manière qu'il serait possible que vous fussiez plusieurs jours sans avoir de mes nouvelles ; si l'ennemi s'avance sur Paris avec des forces telles, que toute résistance devint impossible, faites partir, dans la direction de la Loire, la régente, mon fils, les grands dignitaires, les ministres, les officiers du Sénat, les présidents du conseil d'État, les grands-officiers de la couronne, le baron de la Bouillerie et le trésor; ne quittez pas mon fils, et rappelez-vous que je préférerais le savoir dans la Seine plutôt que dans les mains des ennemis de la France; le sort d'Astyanax, prisonnier des Grecs, m'a toujours paru le sort le plus malheureux de l'histoire.

« Votre affectionné frère. »

Napoléon.

[1] « Cette décision prise, chaque ministre demanda des instructions pour son département, et il fut résolu : 1° que le prince Joseph resterait à Paris, et que l'archichancelier seul accompagnerait l'Impératrice et le roi de Rome ; que les autres di-

DÉPART DE L'IMPÉRATRICE (29 MARS 1814).

l'Impératrice pour Blois fut l'abandon du système impérial : déplacer le pouvoir, abandonner Paris aux autorités municipales, lui ôter la présence de ce centre d'action qu'on appelait le gouvernement, c'était tuer le principe même de l'Empire; un système de révolution sans Paris était une chimère. Le danger grandissait, le péril devenait imminent à chaque heure, et déjà les coureurs annonçaient qu'on avait vu les premières lances de Cosaques au Bourget et à Louvre. Dans un cercle de trois lieues, 180,000 hommes se groupaient sous leurs enseignes déployées.

gnitaires, avec les ministres, resteraient à Paris jusqu'à ce que le prince Joseph leur eût signifié l'ordre de partir; que, pour éviter toute équivoque, il le ferait parvenir à chacun d'eux par le grand-juge M. Molé ; 3° il fut arrêté que le président du Sénat accompagnerait l'Impératrice, et qu'avant de partir, il écrirait à tous les membres de ce corps de ne se rendre à aucune convocation illégale, c'est-à-dire qui ne serait pas faite dans les formes prescrites par les constitutions.»

(Notes du général Savary.)

CHAPITRE XIII.

BATAILLE ET CAPITULATION DE PARIS,

DÉCHÉANCE DE NAPOLÉON.

Situation stratégique de Paris. — Ses moyens de défense. — Ses buttes. — Ses rivières. — Le vieux Paris. — Moyen et organisation militaires. La journée du 29 mars. — Départ de l'Impératrice. — M. de Talleyrand et le Sénat. — Départ des ministres. — Autorités municipales. — Les préfets de police et de la Seine. — Premier symptôme de l'approche des alliés. — Publications de police. — Dénombrement de l'ennemi. — Les souverains à Bondy. — Plan d'attaque. — Les maréchaux Mortier et Marmont. — Proclamation des alliés. — Déploiement de leurs colonnes. — Attaque des buttes. — Arrivée de Blücher. Les buttes tournées par Neuilly. — Impuissance de résister. — 180,000 hommes sous les murs de Paris. — Capitulation au nom des maréchaux Mortier et Marmont. — Le conseil municipal à Bondy. — Entrée des alliés. — Paris le 31 mars au soir. — Convocation du Sénat. Projet de déchéance de Napoléon lu par l'abbé Grégoire. — Rapport de M. Lambrecth pour la déchéance. — Le parti républicain contre Napoléon. — Acte de déchéance. — Gouvernement provisoire. — Constitution. — Adresses et ordres aux armées pour les séparer de l'Empereur.

29 mars au 6 avril 1814.

Paris, considéré comme ville de résistance et de guerre, est placé dans une bonne situation stratégique. Deux rivières l'enlacent de leurs mille contours et serpentent dans un rayon de quelques lieues. Depuis le mont Valérien, situé à l'occident, jusqu'à la forteresse de Vincennes, Paris est protégé par des hauteurs qui l'entourent d'une ceinture de fortifications naturelles : le mont Valérien, Clichy, Montmartre, les buttes Saint-Chaumont; il n'est ouvert véritablement qu'au midi, et depuis l'agrandissement de la monarchie sur les feudataires, la réunion de la Bourgogne, du Bourbonnais, cette frontière du royaume s'était tellement étendue que Paris semblait n'avoir rien à redouter de ce côté. Ainsi au nord des buttes, au levant des rivières protégeaient la capitale traversée par la Seine, divisée en deux villes, comme Dresde, où naguère venait de se donner la grande bataille d'Allemagne.

Sous le rapport de l'art et des ouvrages militaires, autant le Paris du moyen âge était fortifié et imprenable, autant le nouveau avait peu songé à ses moyens de défense; en remontant un peu haut dans l'histoire, lorsque les Normands attaquèrent Paris par la rivière, ils furent repoussés par les fortifications monastiques de Sainte-Geneviève, de Saint-Germain-l'Auxerrois et de Saint-Germain des-Prés. Il s'y fit des prodiges : les religieux défendirent la cité et les barbares furent obligés de se retirer. Au temps des Bourguignons et des Armagnacs, Paris était presque imprenable, tant ses ouvrages d'art militaire étaient multipliés; sur la route du nord et de l'est, il y avait le vieux château de Winchester (Bicêtre); à ses côtés, Vincennes; Vincennes s'appuyait sur la Bastille, la Bastille se liait au Châtelet, au Louvre et à la porte Saint-Honoré. Au midi Sainte-Geneviève, protectrice du quartier de l'Université, répondait par ses fortifications à celles de Winchester. Sur le mont Valérien, quatre tours carrées battaient la rivière, Saint-Germain-en-Laye était un des châteaux les plus forts, un poste avancé vers la Normandie, avec les tours de Saint-Cloud et de Meudon, s'appuyant elles-mêmes sur le château de Saint-Ouen et le monastère de Saint-Denis. A Notre-Dame-des-Vertus, nouvelles tours carrées non loin du château de Bondy qui protégeait la forêt et la route de Meaux. Paris, même au xvie siècle, était si fort, que Henri IV l'assiégea vainement : il ne dut la reddition de la ville qu'à la trahison des échevins qui lui ouvrirent les portes, la nuit, clandestinement[1].

Les époques plus molles du xviiie siècle, les mœurs efféminées des générations, avaient laissé tomber en ruines ces vieux monuments de défense ; à mesure que Paris s'était agrandi, les boulevards, les belles promenades plantées d'arbres avaient succédé aux moyens de résistance féodale ; la monarchie n'admettait pas que Paris pût être menacé. Sous le siècle financier, Paris n'avait dû son enceinte de pierre, sa ceinture de sept lieues, qu'à la rapacité des fermiers-généraux[2] ; les barrières fermées d'une grille de fer étaient bonnes tout au plus pour arrêter les contrebandiers, et que pouvait une simple chemise de pierres en face d'une grande armée qui avait des parcs de quelques centaines de pièces d'artillerie ? On avait laissé tomber tous les vieux forts qui environnaient Paris ; le délire révolutionnaire avait brisé la Bastille ; il ne restait plus pierre sur pierre, et à cette faiblesse de moyens il fallait encore ajouter des considérations prises dans un ordre supérieur d'idées : Paris, capitale, alors avec 600,000 âmes, pouvait-il se défendre ?

Toute masse immense de population a certainement une énergie qu'elle emprunte à son nombre ; mais elle a aussi des besoins de civilisation et de luxe qui ne lui

---

[1] J'ai décrit Paris au xvie siècle dans mon *Histoire de la réforme, de la ligue et du règne de Henri IV*.
[2] En 1785.

permettent pas de se défendre à outrance. Napoléon, quoi qu'on ait pu lui faire dire à Sainte-Hélène dans ses Mémoires dictés[1], avait assez décidé la question par ses bulletins datés de Vienne et Berlin ; il avait dit à l'archiduc Maximilien : « que c'était folie à une ville civilisée, avec des besoins de luxe, de tenter une défense contre une grande armée» ; et la meilleure preuve, c'est qu'il ne songea pas en 1814 à jeter même une première ligne d'ouvrages autour de Paris. On fortifie une capitale contre l'attaque, mais comment préserver une population de près d'un million d'âmes de la famine et de tous les besoins qui viennent accabler les villes assiégées ? Ne serait-il pas facile aux partisans ennemis de couper les routes, d'arrêter les convois ? 30 ou 40,000 hommes de cavalerie légère, une centaine de plucks de Cosaques suffisent pour cela ; et l'on ne compte pour rien les faiblesses d'une civilisation avancée ! toute ville où il y a un Opéra, des raffinés, une Bourse, un crédit public, du commerce et du luxe, ne peut pas soutenir un long siége, et l'expérience l'a prouvé. Un instinct rationnel a changé en boulevards les fortifications, parce que si au moyen âge la population d'une capitale simple et religieuse pouvait se défendre, aujourd'hui deux jours de siége suffiraient pour l'abimer dans ses jouissances ; une grande cité est une femme de plaisir, ôtez-lui ses jours de distractions, elle est perdue.

Ainsi était Paris en 1814, quand l'ennemi menaça ses murailles ; les éléments de résistance que la cité possédait étaient très limités ; les dépôts des régiments

---

[1] Les compilations de Sainte-Hélène me paraissent des témoignages portés d'une manière souvent arbitraire et irréfléchie sur les hommes et sur les choses ; il a dépendu de ses auteurs de jeter des légèretés sur de grands et beaux services.

ne s'élevaient pas au-delà de 2,500 hommes, les invalides et les vétérans pouvaient fournir 1,500 hommes à l'artillerie; les écoles militaires de Saint-Cyr et Polytechnique avaient offert des détachements pour le service des pièces et la conduite de quelques compagnies; la garde nationale, régulièrement organisée, donnait un total de 15,000 hommes; mais chacun sait que lorsqu'il s'agit d'une guerre active, les volontaires sont peu nombreux; tout dévoués à l'ordre, ils ne le sont pas jusqu'à s'exposer à une guerre en dehors des murs. Paris ne pouvait donc réellement compter pour sa défense que 5 à 6,000 hommes dans la cité; on parlait bien d'armer les faubourgs, mais la plupart des hommes valides étaient à l'armée; on avait recruté dix régiments de tirailleurs de la jeune garde parmi les ouvriers d'ateliers, et la mairie du 8ᵉ arrondissement constate qu'à Leipsick près de 1,400 jeunes hommes du faubourg Saint-Antoine étaient tombés pour la patrie; il y avait bien là quelques vieux soldats de la Révolution, mais la bourgeoisie en avait peur comme des Jacobins. La seule force réelle qui protégeait Paris étaient les corps des maréchaux Marmont et Mortier, en retraite devant les armées de Blücher et de Schwartzenberg, et dont l'effectif réel ne s'élevait pas à 17,000 hommes [1].

La journée du 29 mars avait été bien triste. Le matin, l'Impératrice était partie pour Blois, au milieu de ses dignitaires, l'œil morne, la face consternée; on la menait comme une captive, sorte d'otage, pour répondre de la vie et de la fortune de tous ceux qui l'entouraient. Le roi de Rome quitta les Tuileries avec un sentiment indicible de douleur; le pauvre enfant ne

---

[1] J'ai conservé un grand caractère d'impartialité dans ce récit; je me sépare des vulgarités de l'esprit de parti, tout est écrit sur les documents de la guerre.

voulait pas partir; il fallut l'arracher de ce palais qu'il ne devait plus revoir; il pleurait, jetait de petits commandements de roi; mais on ne tint aucun compte de ses impatiences, de ses larmes et de ses *non* impérieux; l'exil pour lui commençait au berceau. Tous les Bonaparte suivirent l'Impératrice, pour se placer sous son égide, et la vieille mère de Napoléon, madame Lœtitia, put voir combien ses prévoyances d'économie étaient justes; les *denaris* allaient lui servir, à elle si peu illusionnée sur les grandeurs de sa race. Joseph seul, comme lieutenant de l'Empereur, demeurait à Paris.

D'après les ordres de Cambacérès, tous les ministres durent suivre l'Impératrice à Blois, et avec eux MM. de Lacépède, président du Sénat, et de Talleyrand, vice-grand-électeur. M. de Talleyrand fit ses préparatifs, comme les autres dignitaires, avec un ordre parfait. Moins il se proposait de partir, plus il en montra extérieurement la volonté; ses équipages furent prêts et sa voiture se dirigea à six chevaux vers la barrière du Maine. Lui-même aimait à raconter la manière piquante dont il se fit arrêter[1]. En sortant de la barrière, on lui demande son passeport; les domestiques s'empressent de dire : « C'est le prince grand-électeur, il n'a pas besoin de passeport. » Et alors M. de Talleyrand, mettant la tête à la portière, dit à son valet de pied : « Vous ne savez pas ce que vous dites, ces messieurs ont raison, le prince grand-électeur doit obéissance à la loi plus que tous les autres. Je m'en retourne, parce que je ne suis pas en règle; » et il revint à son hôtel. Les ministres, sauf le général Clarke, quittèrent Paris, et le général Savary resta le dernier. D'après le principe posé par l'Empereur, le siége du gou-

---

[1] Il avait donné rendez-vous à ses amis pour le même soir à son hôtel.

vernement n'était plus dans la capitale (là où était l'Impératrice, là était la France); il ne devait rester à Paris que les autorités municipales, les deux préfets de police et de la Seine, et, comme chef suprême, Joseph Bonaparte, lieutenant-général, chargé des ordres de l'Empereur. A son départ, Savary vint visiter MM. Pasquier et de Chabrol, pour leur donner ses dernières instructions sur le gouvernement de Paris : avec M. de Chabrol, il se résuma en posant quelques généralités pour l'administration de la grande cité en son absence; il savait le conseil municipal très opposé à l'Empereur, et M. Bellart ne dissimulait pas ses sympathies pour les Bourbons. Avec M. Pasquier, le général Savary se montra sous un aspect plus confidentiel; le ministre et le préfet avaient des rapports plus intimes, et il lui dit avec une certaine franchise militaire : « M. Pasquier, voici la fin de tout ceci; je l'avais prévu depuis longtemps, et je n'ai jamais dissimulé la vérité à l'Empereur. Il va naître un nouveau pouvoir; dans cette position, vous serez appelé nécessairement à y prendre part; je crois l'Empereur perdu; ce que j'ai à vous recommander, c'est le bon ordre et la tranquillité de Paris; dans vingt-quatre heures vous serez assiégés et pris; il n'y a plus de ressources en face de telles masses. Pour moi, je vais à Blois remplir mon devoir jusqu'au bout; ce ne sera plus long. »

L'aspect de Paris, le 29 mars, avait quelque chose d'étrange et d'alarmé. Un tiers de la population riche, opulente, avait quitté la cité pour les départements du centre; la bourgeoisie se renfermait dans ses maisons; une portion notable de la Banque et du haut commerce, tels que MM. Tourton, Delessert, Malet, Perregaux, se réunissaient pour préparer une solution à la crise qui avait fait descendre les actions de la Banque au-dessous de 500 francs et les fonds publics à 47 francs. Des hommes de finance, qui ont depuis marqué dans le mouvement libéral, étaient les plus hautement décidés à en finir avec une situation déplorable pour le commerce et l'industrie. Le régime de l'Empire pesait ; s'en débarrasser paraissait un soulagement pour tous ; de temps à autre on entendait dans les rues le roulement lugubre de charrettes remplies de blessés qui allaient encombrer les hôpitaux. L'artillerie était élevée à force de bras sur les buttes, et l'on voyait, le soir, les feux des bivouacs des maréchaux Marmont et Mortier sur Montmartre et la butte Saint-Chaumont. On avait fait le matin l'appel des volontaires pour la défense de Paris, et le terme moyen fut de 6 à 7 gardes nationaux par compagnie ; on les dirigea sur Clichy, le point extrême de la ligne le moins menacé, où le maréchal Moncey réunissait son état-major. A chaque barrière on avait établi des barricades de planches, capables d'arrêter quelques Cosaques, mais qui ne pouvaient opposer une résistance sérieuse à des armées exercées. Le nombre des habitants des campagnes qui accouraient chercher un asile dans les rues avait presque augmenté d'un tiers la population souffrante de Paris ; c'était déplorable à voir que ces pauvres paysans qui abritaient leurs troupeaux dans la grande cité et bivouaquaient sous les portes cochères. Cette affluence eut l'avantage de multiplier les ressources de la ville ; on compta aux barrières plus de 1,500 bœufs qui avaient acquitté les droits, car le fisc restait impitoyable.

A trois heures du soir on afficha dans Paris une proclamation signée de Joseph Bonaparte, lieutenant-général de l'Empereur et commandant en chef de la garde nationale. Cette proclamation était destinée à rassurer la capitale en la poussant néanmoins à la résistance; on disait : « qu'une simple colonne ennemie avait pénétré dans Meaux, et marchait sur Paris par la route d'Allemagne; l'Empereur la suivait de près avec son armée victorieuse; l'Impératrice et le roi de Rome étaient partis pour la Loire, mais lui, Joseph, restait au milieu des Parisiens, invitant les citoyens à s'armer; il suffisait d'opposer une courte et vive résistance à la troupe perdue de l'ennemi[1]. »

La police avait fait suivre la proclamation de Joseph d'un autre placard sans signature avec ce titre : *Nous laisserons-nous piller? nous laisserons-nous brûler*[2] *?* On l'attribuait à M. Etienne, ou au moins au bureau d'esprit public dont il était le chef. On y déclarait encore : « qu'un tout petit corps de partisans de 25 à 30,000 hommes s'approchait de Paris; pouvait-il dompter 500,000 citoyens? ces partisans ne voulaient faire qu'un coup de main; il fallait anéantir les barbares; la capitale serait le tombeau d'une armée qui voudrait enfoncer ses portes. « Nous avons des canons, des baïonnettes, des piques, du fer : nos faubourgs, nos rues, nos maisons, tout peut servir à notre défense. Établissons s'il le faut des barricades;

---

[1] *Proclamation de Joseph.*

« Citoyens de Paris, une colonne ennemie s'est portée sur Meaux. Elle s'avance par la route d'Allemagne; mais l'Empereur la suit de près à la tête d'une armée victorieuse.

« Le conseil de régence a pourvu à la sûreté de l'Impératrice et du roi de Rome. Je reste avec vous.

« Armons-nous pour défendre cette ville, ses monuments, ses richesses, nos femmes, nos enfants, tout ce qui nous est cher. Que cette vaste cité devienne un camp pour quelques instants, et que l'ennemi trouve sa honte sous ses murs, qu'il espère franchir en triomphe.

« L'Empereur marche à votre secours. Secondez-le par une courte et vive résistance et conservons l'honneur français. »

Joseph.

[2] *Placard de la police.*

« *Nous laisserons-nous piller? nous laisserons-nous brûler?*

« Tandis que l'Empereur arrive sur les derrières de l'ennemi, 25 à 30,000 hommes conduits par un partisan audacieux osent menacer nos barrières! En impose-

faisons sortir nos voitures et tout ce qui peut obstruer les passages; crènelons nos murailles, creusons des fossés, montons à tous nos étages les pavés des rues, et l'ennemi reculera d'épouvante ! Qu'on se figure une armée essayant de traverser un de nos faubourgs au milieu de tels obstacles, à travers le feu croisé de la mousqueterie qui partirait de toutes les maisons, des pierres, des poutres qu'on jetterait par les croisées. Cette armée serait détruite avant d'arriver au centre de Paris. Mais non ; le spectacle des apprêts d'une telle défense la forcerait à renoncer à ses vains projets, et elle s'éloignerait à la hâte pour ne pas se trouver entre l'armée de l'Empereur. »

Ce placard voulait en vain faire illusion ; ce n'était pas un corps de partisans de 25 à 30,000 hommes qui s'avançait sur Paris, mais les armées unies de Schwartzenberg et de Blücher qui formaient une masse de 180,000 baïonnettes avec les réserves. Dès que la jonction des armées fut faite dans les plaines de la Champagne, elles marchèrent hardiment et par grandes masses sur Paris : quel obstacle pouvaient opposer les faibles corps de Mortier et de Marmont, comptant à peine un effectif de 17,000 hommes, composé de toute arme? Dès le 28 au soir, l'avant-garde d'Yorck était arrivée à Claye; l'ennemi eut là un engagement avec l'arrière-garde de Marmont; le maréchal s'y battit en désespéré, il défendit l'épée au poing chaque pas du terrain.

ront-ils à 500,000 citoyens qui peuvent les exterminer? Ce parti ne l'ignore point, ses forces ne lui suffiraient pas pour se maintenir dans Paris; il ne veut faire qu'un coup de main. Comme il n'aurait que peu de jours à rester parmi nous, il se hâterait de nous piller, de se gorger d'or et de butin, et quand une armée victorieuse le forcerait à fuir de la capitale, il n'en sortirait qu'à la lueur des flammes qu'il aurait allumées.

« Non nous ne nous laisserons pas pil-

L'armée de Silésie tout entière se montra dès lors sur la Marne, et se déployant dans toutes ses forces, elle gagna Bondy et les hauteurs de Pantin, où elle arriva vers la nuit. Une grande colonne ennemie se dirigea par Meaux avec les gardes, les réserves et la cavalerie. Le 29 au soir on pouvait voir les bivouacs ennemis étincelants à l'horizon sur une ligne de plusieurs lieues, du côté de Pantin et de Bondy. Spectacle curieux dans l'histoire de la civilisation que ce rendez-vous que se donnait l'Europe sous les murs de Paris, le centre des grandes lumières! quand les temps s'éloigneront de nous, on verra avec un étonnement mêlé d'effroi cet ébranlement de l'Europe qui vient en armes, comme dans une grande croisade de peuples, demander à la France la fin d'une dictature violente et militaire ; on dirait les invasions du IVe siècle, les masses de nations qui accouraient sur Constantinople, la ville des images et des arts. Voyez-vous ces régiments de jeunes hommes à la taille serrée, ou bien ces grenadiers qui conservent encore le costume du grand Frédéric? ce sont les Prussiens, les hommes des universités et des campagnes de l'Oder et de l'Elbe; à leurs côtés les uniformes blancs et gris indiquent les Autrichiens, les Bavarois aux habits bleu de ciel, les Wurtembergeois plus faibles de corps, car ils cultivent un sol ingrat, et la bière fermente rarement dans leurs verres. Les Russes se distinguent par l'attitude martiale des troupes, la taille élevée de leur garde, sous de jeunes officiers, élégants comme des gentilshommes;

ler! nous ne nous laisserons pas brûler! Défendons nos biens, nos femmes, nos enfants, et laissons le temps à notre brave armée d'arriver pour anéantir sous nos murs les barbares qui venaient les renverser! Ayons la volonté de les vaincre, et ils ne nous attaqueront pas! Notre capitale serait le tombeau d'une armée qui voudrait en forcer les portes. Nous avons en face de l'ennemi une armée considérable, commandée par des chefs habiles et intrépides, il ne s'agit que de les seconder. »

plus loin les Cosaques et les Baskirs à la physionsmie tartare ; ils ont quitté naguère les rives du Don ou les murailles de la Chine ; quel immense événement que celui qui les emporte jusque sous les murs de Paris ! Homère pourrait faire ici son grand dénombrement des peuples, et le chantre de la *Jérusalem délivrée* décrirait tant de panaches flottants, les bannières reluisantes, les blasons, les cuirasses d'acier, de ces masses d'hommes qui se groupent pour une autre croisade de nationalité européenne.

A ces myriades d'ennemis, quelle force peut opposer la capitale ? Il ne faut rien s'exagérer, et les puérilités patriotiques ne sont pas de l'histoire. Le vieux et digne maréchal Moncey, le véritable commandant en chef des forces municipales, mène les tirailleurs de la garde nationale à la barrière de Clichy ; ils sont de 7 à 800 hommes ; son artillerie est servie par des vétérans et des élèves de l'École Polytechnique avec un zèle et un courage héroïques ; le maréchal est à cheval derrière des barricades en planches [1] ; quelques pièces de canon en batterie dominent la plaine, tout auprès de l'enseigne du *Père Lathuile,* comme Vernet a su le reproduire dans son beau tableau. Les corps des maréchaux Mortier et Marmont, composés des divisions Compans, Belliard, Curial, Bordesoult, établissent une ligne de défense qui s'étend depuis Saint-Ouen jusqu'à Montreuil ; les troupes doivent défendre Montmartre, les buttes Saint-Chaumont et Belleville ; sur la gare de Bercy se groupent quelques gardes nationaux, des vétérans et des élèves de l'École Polytechnique ; Vincennes, hâtivement fortifié, est confié au brave général Daumesnil. Marmont ne compte pas plus de 7,400

---

[1] L'Empereur avait épuisé toutes ses ressources pour sa campagne de 1814.

hommes d'infanterie et 1,000 hommes de cavalerie ; il se groupe sur la butte Saint-Chaumont ; Mortier, à la tête de troupes plus solides, ne s'élevant pas au-delà de 8,000 hommes, doit défendre la Chapelle et Montmartre ; les bois de Romainville, si frais, si joyeux, sont remplis de tirailleurs.

Le soir du 29 on pouvait, en parcourant la ligne de Paris, voir quelles étaient les situations réelles de l'armée sur la défensive. Les troupes du maréchal Marmont avaient un air plutôt résigné qu'enthousiaste ; ce n'était que des débris de bataillons, car on comptait soixante-dix numéros pour former ces 7,000 hommes. Le maréchal Mortier avait les dépôts de la garde, des régiments de ligne venus d'Espagne et des escadrons entiers de cavalerie, tous décidés à tenter le sort des armes. Le soir le comte de Parr, aide-de-camp du prince Schwartzenberg, se présenta aux avant-postes ; avant toute bataille il offrait d'accorder à Paris une capitulation honorable[1] ; il remit aux maréchaux une proclamation des alliés signée Schwartzenberg, adressée aux habitants de Paris et leur annonçant le but pacifique de la guerre[2] : « Depuis vingt ans l'Europe était inondée de sang et de larmes, la cause en était dans le caractère implacable du gouvernement qui opprimait la France. Les souverains alliés venaient chercher de bonne foi une autorité qui pût cimenter l'union de tous les peuples et des gouvernements ; la

---

[1] J'ai cru essentiel d'établir un fait historique, c'est que dans la capitulation de Paris tout se fit de concert avec le maréchal Mortier.

[2] *Proclamation.*
« Habitants de Paris, les armées alliées se trouvent devant Paris. Le but de leur marche vers la capitale est fondé sur l'espoir d'une réconciliation sincère et durable avec elle. Depuis vingt ans l'Europe est inondée de sang et de larmes. Les tentatives faites pour mettre un terme à tant de malheurs ont été inutiles, parce qu'il existe dans le pouvoir même du gouver-

ville de Paris pouvait accélérer la paix du monde ; dès qu'elle se serait prononcée l'armée alliée devenait l'appui de ses décisions ; on citait aux Parisiens l'exemple de Bordeaux, l'occupation amicale de Lyon ; on leur promettait de respecter la ville, aucun logement militaire ne pèserait sur les habitants ; l'Europe en armes, s'adressant aux Parisiens, mettait confiance en leurs nobles efforts. » Cette proclamation indiquait le sens que la coalition voulait donner à la guerre de 1814 ; depuis la rupture du congrès de Châtillon on renonçait à traiter avec l'Empereur, on ne se présentait devant les murs de Paris que pour y conquérir la paix. Les maréchaux Marmont et Mortier repoussèrent cet acte comme émanant de l'ennemi ; les positions militaires étaient bonnes, les ordres qu'ils avaient reçus formels ; ils résolurent de se battre.

L'horloge de Saint-Denis sonnait cinq heures du matin, le 30 mars, lorsqu'on aperçut à l'horizon des points noirs qui commençaient à grandir comme des masses énormes, et les feux de l'artillerie retentirent au loin. Ces premières détonations de quelques centaines de pièces de canon apprirent à Paris qu'une bataille allait se livrer sous ses murs. A ce signal, Marmont, qui formait la droite de la ligne, se déploie depuis Montreuil jusqu'aux prés Saint-Gervais, verdoyants déjà comme à l'aurore du printemps. L'intrépide maréchal, sans calculer le nombre, prend l'offensive ; il s'élance, l'épée à la main, à la tête de sa colonne, sur les villages

---

nement qui vous opprime un obstacle insurmontable à la paix. Quel Français qui ne soit pas convaincu de cette vérité ?

« Les souverains alliés cherchent de bonne foi une autorité salutaire en France, qui puisse cimenter l'union de toutes les nations et de tous les gouvernements. C'est à la ville de Paris qu'il appartient, dans les circonstances actuelles, d'accélérer la paix du monde. Son vœu est attendu avec l'intérêt que doit inspirer un si immense résultat. Qu'elle se prononce, et dès ce

de Pantin et de Romainville, que les alliés avaient occupés pendant la nuit : deux ou trois fois ils sont pris et repris ; des masses de blessés accourent dans Paris ; interrogés, tous annoncent que des myriades d'ennemis couvrent la plaine, et cependant jusqu'ici les alliés n'ont mis en ligne que 40,000 hommes, le 6ᵉ corps du prince Eugène de Wurtemberg, au service de Russie ; trois fois Marmont lutte avec lui corps à corps. A la fin Romainville est emporté par une division russe ; le joli bois des amours est brisé par la mitraille et couvert de morts ; Marmont défend le terrain pied à pied ; Mortier l'appuie. C'est un digne combat où les plus braves se distinguent ; Mortier a deux chevaux tués sous lui ; Marmont n'a plus de chapeau, son habit est criblé de balles, et son visage en feu ; jamais il ne fut plus brillant, plus brave, ses compagnons l'attestent ; il ne faut pas que le malheur fasse disparaître cette justice : 10,000 hommes s'étaient défendus contre 40,000, n'est-ce pas assez d'héroïsme ?

Hélas ! l'attaque du prince Eugène de Wurtemberg sur les buttes de Saint-Chaumont n'était qu'une simple démonstration militaire ; pendant ce temps l'armée de Silésie, déployant ses vastes colonnes par la plaine Saint-Denis, pirouettait vers Saint-Ouen ; 80,000 hommes manœuvrent le long de la Seine, et vont prolonger leurs mouvements par Neuilly. Ainsi les buttes sont tournées ;

moment l'armée qui est devant ses murs devient le soutien de ses décisions.

« Parisiens, vous connaissez la situation de votre patrie, la conduite de Bordeaux, l'occupation amicale de Lyon, les maux attirés sur la France, et les dispositions véritables de vos concitoyens ; vous trouverez dans ces exemples le terme de la guerre étrangère et de la discorde civile ; vous ne sauriez plus le chercher ailleurs.

« La conservation et la tranquillité de votre ville seront l'objet des soins et des mesures que les alliés s'offrent de prendre avec les autorités et les notables qui jouissent le plus de l'estime publique. Aucun logement militaire ne pèsera sur la capitale.

« C'est dans ces sentiments que l'Europe en armes devant vos murs s'adresse à

dans quelques heures l'ennemi va pénétrer dans Paris par la route de Normandie : la barrière de l'Étoile est sans défense, le pont de Neuilly est à peine gardé. Joseph Bonaparte, monté sur les buttes Montmartre, aperçoit de loin ce déploiement des colonnes prussiennes et russes, comme une fourmilière dans la plaine ; Blücher est à leur tête, elles s'avancent au pas de course et en colonnes pressées pour gagner Saint-Ouen et le chemin de la Révolte, qui ouvre la route de Normandie et le chemin de Neuilly. Il était midi à peine, dans trois heures les alliés pouvaient pénétrer dans Paris [1]. Joseph voit bien que tout est fini ; on avait cru qu'il n'y avait à lutter que contre une colonne égarée de 30 à 40,000 hommes, et il y a 180,000 baïonnettes sous les murailles. Dans ce moment suprême Joseph écrit aux maréchaux Mortier et Marmont le billet qu'on va lire : « Si M. le maréchal duc de Trévise et M. le maréchal duc de Raguse ne peuvent plus tenir leurs positions, ils sont autorisés à entrer en pourparlers avec le prince de Schwartzenberg et l'empereur de Russie qui sont devant eux ; ils se retireront sur la Loire. »

Ainsi le lieutenant de l'Empereur autorise les maréchaux Mortier et Marmont à capituler ; la responsabilité rigoureusement militaire est couverte, celle de l'honneur ne l'est point encore. Le maréchal Marmont s'est retiré dans le village de Belleville ; chaque maison, chaque rue devient l'occasion d'un combat : depuis sept heures il se défend contre 40,000 hommes ; il n'a plus

vous. Hâtez-vous de répondre à la confiance qu'elle met dans votre amour pour la patrie et dans votre sagesse. »
Le commandant en chef des armées alliées,
Maréchal prince de Schwartzenberg.

[1] Les histoires vulgaires n'ont pas tenu compte de ce mouvement de Blücher sur Neuilly ; par là toutes les positions étaient tournées. Tout tacticien doit comprendre que les buttes devenaient inutiles.

autour de lui qu'une division d'élite, sa cavalerie est presque culbutée ; on défend chaque pierre de la patrie, on l'arrose de son sang ; une charge à fond des alliés pousse ces débris d'une brave armée jusqu'à la barrière de Belleville ; l'ennemi est déjà maître de Ménilmontant, les obus viennent aboutir à la Bastille, et le Marais est menacé par les batteries russes et prussiennes. Mortier à son tour, intrépide comme dans les grandes batailles, dispute le terrain : retranché à la Villette, il défend la plaine Saint-Denis, que les colonnes immenses de Blücher sillonnent de tous côtés.

A la barrière de Clichy se passe une scène héroïque, mais sans influence sur le mouvement militaire pour la défense de la capitale. Là, des vétérans mutilés, de jeunes hommes de 15 à 17 ans, quelques gardes nationaux volontaires osent tirailler contre l'ennemi qui débouche, car Blücher déploie ses colonnes au loin du côté de Neuilly et de Clichy ; ces feux l'importunent, il lance quelques volées de boulets sur la barrière où un combat s'engage ; mais Blücher ne veut pas user son monde, il continue son mouvement pour tourner la position. Le maréchal Moncey sait bien qu'il ne peut pas prendre l'offensive avec des gardes nationaux, des vétérans et des écoliers ; habitué aux journées sérieuses, il comprend qu'il conduit des braves gens, mais incapables d'une bataille en ligne. Ainsi, je rectifie les faits : ce ne sont pas les buttes de Saint-Chaumont que défendirent les élèves de l'école Polytechnique, comme on l'a mille fois écrit, ni les hauteurs de la Chapelle ; là se donna la bataille régulière soutenue par Mortier et Marmont[1], et il n'y eut que la troupe de ligne d'engagée ; la garde nationale, les vétérans, les élèves de l'école Poly-

---

[1] Ceci est encore une rectification historique de quelque importance.

technique furent placés avec quelques pièces d'artillerie sur les deux points extrêmes de la ligne, que l'ennemi ne pouvait que difficilement atteindre, à la gare du côté de Charenton, et à Clichy. Sur ces deux points on tirailla, on échangea quelques boulets ; d'après les états officiels, les vétérans perdirent sept hommes, les élèves de l'école Polytechnique eurent trois blessés, et les gardes nationaux perdirent cinq hommes, parmi lesquels le célèbre ventriloque Fitz-James ; mais dans les malheurs et l'affaissement de la patrie, l'héroïsme a besoin de se personnifier; il cherche ce qu'il y a de beau et de dévoué pour l'exalter et en glorifier l'image.

A quatre heures les maréchaux Mortier et Marmont, refoulés, l'un à la barrière de Belleville, l'autre au village de La Chapelle, s'entendirent sur le sens du billet que leur avait adressé Joseph Bonaparte. Le lieutenant-général de l'Empereur avait quitté Paris depuis deux heures avec Regnault (de Saint-Jean-d'Angely), chef de légion; il n'y avait plus d'autres fonctionnaires que les préfets de la Seine et de police, attendant avec anxiété le résultat de la bataille. La position n'était plus tenable; il ne fallait pas se faire illusion, 180,000 hommes étaient autour de Paris, et l'on attendait les réserves, Blücher poussait ses colonnes sur Saint-Ouen; encore deux heures et les alliés pénétraient par cinq ou six points à la fois, et Paris était livré au pillage et aux excès d'une ville prise de force. Les maréchaux Mortier et Marmont s'entendirent donc sur une suspension d'armes ; dans toute cette capitulation ils furent inséparables d'opinions ; tous deux adressèrent la demande d'armistice au prince de Schwartzenberg. Les alliés venaient de s'emparer de toutes les hauteurs qui dominent Paris, ils ne voulurent consentir qu'à quelques heures d'armistice, car les colonnes étaient impatientes de pénétrer dans ce foyer de fortune et de richesse; Blücher surtout voulait en finir; quelques batteries d'artillerie auraient suffi pour briser les faibles murailles, et alors que serait-il advenu? Blücher maître de Neuilly était aux Champs-Élysées dans une heure, et l'armée de Silésie et de Bohême était dans Paris.

A la nuit les pourparlers commencent entre Mortier, Marmont et le comte de Parr: les alliés ne demandent pas mieux que de faire cesser l'effusion de sang. Ils indiquent leurs colonnes profondes, et démontrent ainsi l'inutilité de toute résistance; il est convenu verbalement que les maréchaux Mortier et Marmont, se retirant avec leur matériel sur la rive gauche de la Seine, » auront toute la nuit pour opérer l'évacuation de Paris, les troupes alliées n'y entreront que le 30 mars à six heures du matin, sans pouvoir attaquer les maréchaux qu'après neuf heures. » Ce n'est jusqu'ici qu'un échange de paroles, il n'y a rien de signé, rien de conclu. Un rendez-vous est donné pour onze heures du soir afin de rédiger les clauses de la capitulation; le prince de Schwartzenberg enverra son aide-de-camp, le comte de Parr; les maréchaux Mortier et Marmont choisissent les colonels Denis (Damrémont) et Fabvier (depuis célèbre), deux officiers d'un grand mérite. On discute fort avant dans la nuit sur la base de cet acte, brièvement rédigé en cinq articles et conforme aux pourparlers antérieurs, à savoir: évacuation de la ville de Paris, remise des clefs aux alliés, le matériel conservé; on recommande à la générosité des souverains les habitants de la ville de Paris. Les colonels Fabvier et Denis (Damrémont) signent les clauses; il est trois heures du matin lorsque les signatures sont apposées sur l'acte de

LES SOUVERAINS A BONDY (30 MARS 1814).

capitulation de Paris [1]. Dès cet instant commence le mouvement rétrograde de Mortier et de Marmont; ils passent sur la rive gauche de la Seine. Le devoir et le pouvoir militaire sont finis; l'autorité municipale doit s'entendre avec les alliés pour éviter les malheurs d'une occupation violente.

M. Pasquier, préfet de police, M. de Chabrol, préfet de la Seine, se rendent dans la nuit à Bondy, au quartier-général des alliés, où se trouvent l'empereur de Russie et le roi de Prusse. Les deux préfets sollicitent les souverains au nom de leurs concitoyens : « pour qu'il soit apporté quelques ménagements au malheur de la grande cité; ils supplient de conserver le centre de la civilisation et la capitale de la France; » les préfets insistent pour que la garde nationale soit appelée à conserver les monuments publics et même à préserver les barrières. A ce moment arrivaient aussi à Bondy, MM. Alexandre Delaborde et Tourton, chef de légion de la garde nationale; ils venaient réclamer la même faveur pour le corps de l'honorable bourgeoisie qu'ils représentaient; le Czar les accueillit par des paroles gracieuses et d'une grande générosité; « rien ne changerait à Paris, toutes les autorités seraient conservées; tout resterait civil dans l'administration. Vos rapports, continua-t-il, messieurs, seront avec M. de Nesselrode, mon chancelier d'État, et la police municipale vous restera confiée [2]. » Alexandre entrant aussi dans quelques détails, leur répéta sa phrase habituelle : « Ce n'est pas moi qui ai fait la guerre à Napoléon, il est venu m'attaquer dans mon empire, je remercie Dieu de la protection qu'il a donnée à mes armes; moi

---

[1] Le texte de la capitulation de Paris est dans toutes les publications contemporaines.

[2] Alexandre ne dit pas un mot des Bourbons.

et mes alliés nous sommes décidés à préparer la paix du monde. » Il déclara en outre à M. de Chabrol : « qu'il ferait son entrée le lendemain dans Paris, vers midi, à la tête de son armée. »

Toute la nuit se passa en pourparlers ; M. de Talleyrand vint de sa personne à Bondy pour s'entendre avec M. de Nesselrode, et l'empereur Alexandre, comme témoignage de sa confiance, accepta l'offre de son hôtel de la rue Saint-Florentin ; à plusieurs reprises, il répéta : « M. Talleyrand, je ne veux rien vous imposer ; la France est libre de choisir la forme de son gouvernement ; je désire n'en indiquer aucune, la meilleure pour moi sera celle qui conviendra le mieux à la nation. » Un grand concours de monde s'agitait à Bondy ; toutes les opinions voulaient circonvenir l'empereur Alexandre et le préparer en leur faveur. Le Czar n'était préoccupé que d'une seule chose, de son entrée à Paris ; officiers, soldats, ne connaissaient cette capitale que par l'imagination, ils désiraient la voir, la saluer, c'était joie dans ce camp ; tandis, hélas ! que les maréchaux Mortier et Marmont avec les glorieux débris de l'armée de France traversaient silencieusement les ponts de la Seine. En sacrifiant Paris ils auraient pu engager un combat entre la rive gauche et la rive droite, renouveler le spectacle de Dresde ; mais cet héroïsme n'était pas en rapport avec la fatigue des esprits ; et d'ailleurs, une ville de plaisirs et de dissipations, une cité d'opéra, comme je l'ai dit, s'offre difficilement en holocauste à une idée et moins encore à un homme [1]. Cela peut s'écrire ou se dire, mais cela ne se fait pas.

[1] Heureusement les habitudes graves et positives des hommes d'État repoussent ces folies des partis et amènent les transactions entre les idées, les hommes et les gouvernements. A toutes les époques désespérées, il y a des esprits qui sauvent un pays.

Le 31 mars dès 6 heures du matin, Paris fut témoin d'un spectacle inouï dans ses annales; les postes furent relevés par les troupes allemandes et russes; le corps du prince Eugène de Wurtemberg prit possession des points militaires, les buttes furent garnies de pièces de gros calibre; les barrières inondées de troupes; à chaque coin de rue de Paris des Cosaques de la garde impériale russe s'étaient établis à cheval pour maintenir l'ordre et la police. Leur costume était bizarre.

Comme la curiosité domine tout à Paris, les boulevards furent dès le matin couverts de monde; les boutiques fermées la veille s'ouvrirent avec confiance; le peuple était partout pour voir l'empereur Alexandre et le roi de Prusse; et pourtant c'était une triste journée pour l'orgueil national! Ces souverains, partis de Bondy à 9 heures du matin, touchaient à midi la porte Saint-Martin; leurs états-majors, groupés autour des monarques dans la plus fastueuse tenue, mettaient de l'affectation, de la coquetterie, dans ce mélange d'uniformes écarlates, verts, bleus, couverts d'or : on remarqua la belle stature d'Alexandre, le grand-duc Constantin à la figure d'origine tartare, et le roi de Prusse dans un costume modeste comme le descendant de Frédéric; ils étaient suivis de l'élite de leurs armées qui défila sur les boulevards jusqu'au soir; on avait eu soin de ne faire entrer à Paris que les gardes, infanterie, cavalerie et artillerie, de sorte que les Parisiens purent juger de la force et de la brillante tenue des armées ennemies. Tous les soldats portaient à leurs schakos des branches de feuillages, signes mystérieux des sociétés secrètes, symbole de la délivrance[1] et du vieux chêne qui reverdirait bien-

---

[1] On prit ces rameaux pour des témoignages de victoire fanfaronne; on se trompait.

tôt. Faut-il le dire, hélas! l'oublieuse cité ne fut point triste ce jour-là; notre caractère national est avide de nouveautés, et puis Paris aurait ses représailles; par les arts, l'esprit, les plaisirs et la civilisation, elle dompterait les vainqueurs. Des acclamations entouraient Alexandre; on se pressa autour de lui, on poussa même les cris déplorables de *Vive les alliés!* Et pourquoi ce renoncement à la patrie, cet encens jeté aux étrangers? C'est qu'alors il y avait fatigue et découragement; on n'en pouvait plus du système impérial; l'Europe disait qu'elle marchait à notre délivrance, les paroles d'Alexandre annonçaient la paix et la nationalité française. Dans la même journée les fonds s'élevèrent de 5 francs, les actions de la banque de 200 francs; la confiance semblait partout renaître, les alliés exprimaient de nobles témoignages; tous, généraux, officiers, se montraient d'une grâce parfaite, d'une tenue convenable: les souverains saluaient le peuple et la garde nationale; ils répondaient avec bonté à tous; le cri de paix retentissait sur leurs pas, les partisans de la maison de Bourbon agitaient des mouchoirs blancs, et les femmes toujours enthousiastes faisaient entendre les vœux d'une restauration.

Le soir, on vit un spectacle non moins curieux; tous ces officiers, naguère si redoutables, ces jeunes hommes qui avaient affronté tous les périls, se répandirent au Palais-Royal, dans tous les lieux de plaisirs, chez les restaurateurs et les cafetiers, ils y faisaient des dépenses considérables avec cette insouciance militaire qui ne compte jamais avec le lendemain; les maisons de jeu furent remplies de ces soldats aventureux qui chaque jour jouaient leur vie sur le champ de bataille. Le patriote Blücher, le grand-duc Constantin, les Russes, les Anglais jouèrent d'une manière effrénée. Paris, si triste la veille, fut bruyant le lendemain; on n'avait frappé aucune contribution, la garde nationale maintenait l'ordre. Pour la première fois peut-être dans les fastes du monde, une grande cité ressentit un bien-être à la suite d'une occupation étrangère; c'est que les alliés annonçaient le triomphe des idées patriotiques, et les premiers actes du Sénat durent faire croire que la liberté publique n'était pas perdue, et qu'avec la paix on aurait un système politique et libéral.

Dès que le Czar Alexandre eut accompli la revue de ses troupes et répondu aux hourras, il vint s'abriter à l'hôtel de M. de Talleyrand; cette marque de confiance grandit considérablement le crédit de l'homme d'État sur qui tous avaient les yeux. Autour de lui devaient naturellement se grouper tous les mécontents qui appelaient un changement politique, les royalistes comme les patriotes. Avec un tact parfait, M. de Talleyrand ne parlait encore que de la liberté du Sénat dans l'action de ses prérogatives; il fallait prendre un parti, mais librement; il déclara formellement que l'intention du Czar, qui bientôt l'exprimerait dans une déclaration solennelle, était que tout fût fait par les corps de l'État; le sénat en Russie était une grande institution, le Czar voyait donc avec plaisir le mouvement sénatorial qui s'opérait à Paris. L'initiative fut prise par les opinions républicaines, implacables contre l'homme du 18 brumaire; l'opposition sénatoriale trouvait enfin un moyen de s'exprimer, dès qu'elle n'avait plus à craindre Napoléon et ses partisans; on devait préparer la création d'un autre gouvernement politique. M. de Talleyrand s'adressa donc aux opinions de MM. Grégoire, Lambrecht, Lanjuinais, Destutt-Tracy et Garat; ces sénateurs s'étaient établis en permanence dans la journée du 30 mars chez M. Lambrecht [1]; l'abbé Sieyès y était venu; mécontent depuis le 18 brumaire, il trouvait là un moyen d'exprimer ses ressentiments contre Napoléon. L'abbé Sieyès n'était pas opposé au parti de l'étranger; autrefois directeur, il avait négocié avec la Prusse pour demander un souverain à la maison de Brunswick; le premier même il annonça aux patriotes que Paris avait capitulé; M. de Tascher députa vers Joseph Bonaparte pour savoir ce qu'on devait faire; il était parti. Dès lors il ne fut plus question que de la déchéance de l'Empereur; c'était l'ancien projet de l'abbé Grégoire, et que le général Malet avait voulu mettre en action en octobre 1812.

Ces idées de déchéance avaient toujours plu au parti républicain; il aimait à s'y arrêter, car la déchéance est l'acte le plus complet de la souveraineté populaire : déchoir un prince, c'est dire qu'il y a une autorité supérieure à la sienne. M. de Talleyrand n'ignorait pas toute la force qu'il pouvait tirer des préventions chez des hommes à idées étroites, tels que l'abbé Grégoire et M. Lambrecht; il caressa toute leur haine contre Napoléon, et comme ils devaient le seconder dans la formation d'un gouvernement provisoire, il arrêta qu'en sa qualité de vice-grand-électeur, il convoquerait les membres du Sénat présents à Paris pour délibérer sur la crise publique; un grand nombre étaient en mission, et le président, M. de Lacépède, à Blois, près de l'Impératrice; ce qui n'arrêta pas M. de Talleyrand; il adressa une lettre de convocation à tous les sénateurs présents à Paris. On ne tint aucun compte

---

[1] Tous ces détails m'ont été communiqués par un des principaux acteurs de ce grand drame.

des ordres de l'Empereur; on avait décidé, après la conspiration Malet, que le prince seul pouvait convoquer le Sénat; mais la crise était assez grande pour qu'on en prît l'initiative. Il n'y avait plus de gouvernement à Paris.

Ce fut le 1er avril, à deux heures, que les sénateurs, au nombre de trente membres, se réunirent au Luxembourg, sous la présidence de M. de Talleyrand [1]. La plus grande inquiétude régnait dans les esprits : qu'allait-on faire? qu'allait-on résoudre? M. de Talleyrand prit la parole et dit, en peu de mots : « que n'ayant à transmettre que des propositions, chacun devait apporter dans cette assemblée toute sa liberté d'opinion; on était appelé à sauver le pays et à venir en aide à un peuple délaissé. Le patriotisme du Sénat, ajoutait M. de Talleyrand, ne devait pas laisser écouler la journée sans rétablir l'action de l'administration et former un gouvernement provisoire. » Ces paroles ne soulevèrent aucune objection sur l'illégalité de la convocation : établir un gouvernement provisoire était une idée que Malet avait lui-même formulée; le parti républicain se rappelait qu'au 10 août,

---

[1] Voici le texte du procès-verbal tiré des archives du Sénat.

Séance du 1er avril 1814.

« Trente membres environ sont présents. La séance est ouverte à trois heures et demie, sous la présidence de S. A. S. le prince de Bénévent, vice-grand-électeur.

« Le président prend la parole et dit :

« Sénateurs, la lettre que j'ai eu l'honneur d'adresser à chacun de vous pour les prévenir de cette convocation leur en fait connaître l'objet. Il s'agit de vous transmettre des propositions, ce mot seul suffit pour indiquer la liberté que chacun de vous apporte dans cette assemblée. Elle vous donne les moyens de laisser prendre un généreux essor aux sentiments dont l'âme de chacun de vous est remplie, la volonté de sauver votre pays, et la résolution d'accourir au secours d'un peuple délaissé.

« Sénateurs, les circonstances, quelque graves qu'elles soient, ne peuvent être au-dessus du patriotisme ferme et éclairé de tous les membres de cette assemblée, et vous avez sûrement senti tous également la nécessité d'une délibération qui ferme la porte à tout retard, et qui ne laisse pas écouler la journée sans rétablir l'action de l'administration, ce premier de tous les besoins, par la formation d'un gouvernement dont l'autorité, formée pour le besoin du

un conseil provisoire fut formé après la déchéance de Louis XVI, préparée par les Girondins. Le vote fut unanime, et le Sénat élut pour membres du gouvernement provisoire M. de Talleyrand, tête politique; M. de Beurnonville, que des souvenirs diplomatiques recommandaient à la Prusse; le duc de Dalberg, expression de l'Allemagne; M. de Jaucourt, dévoué à M. de Talleyrand et à Louis XVIII, en rapport avec les souverains étrangers, et l'abbé de Montesquiou, ancien membre de l'Assemblée constituante, l'un des correspondants du Roi. Enfin, pour flatter plus encore le parti républicain et le compromettre dans la question, M. de Talleyrand invita tous les sénateurs à concourir de leurs lumières à la perfection d'un travail constitutionnel qui reposerait sur des bases très libérales; il fallait s'adresser au peuple avec franchise; le gouvernement provisoire parlerait à la France pour lui annoncer l'ère de la liberté.

Dans les idées provisoirement formulées, il fut entendu que le Sénat et le Corps législatif feraient partie intégrante de la constitution, avec une plus grande liberté de suffrages et d'opinions. Les grades et les pensions seraient

moment, ne peut qu'être rassurante. »

« Plusieurs membres obtiennent successivement la parole pour faire diverses propositions, que le Sénat adopte immédiatement en ces termes :

« I. Il sera établi un gouvernement provisoire, chargé de pourvoir aux besoins de l'administration, et de présenter au Sénat un projet de constitution qui puisse convenir au peuple français. — Ce gouvernement sera composé de cinq membres. — Le Sénat élit, pour membres du gouvernement provisoire : M. de Talleyrand, prince de Bénévent ; M. le sénateur comte de Beurnonville; M. le sénateur comte de Jaucourt; M. le duc de Dalberg, conseiller d'État;

M. de Montesquiou, ancien membre de l'Assemblée constituante. »

« Après avoir proclamé ces élections, M. de Talleyrand ajoute : « L'un des premiers soins du gouvernement provisoire devant être la rédaction d'un projet de constitution, les membres de ce gouvernement, lorsqu'ils s'occuperont de cette rédaction, en donneront avis à tous les membres du Sénat, qui sont invités à concourir de leurs lumières à la perfection d'un travail aussi important. »

« II. L'acte de nomination du gouvernement provisoire sera notifié au peuple français par une adresse des membres de ce gouvernement. — Le Sénat arrête en prin-

conservés à l'armée ; la dette publique maintenue ; la vente des domaines nationaux ratifiée ; amnistie pour le passé ; liberté des cultes et de la presse, telles devaient être les bases de la constitution nouvelle. Cette séance du Sénat, reprise à deux fois et qui ne se termina que fort avant dans la nuit, fut un triomphe des opinions patriotiques sur le gouvernement impérial de Napoléon. On marchait droit à une ère nouvelle ; pour quelques-uns, elle était un mystère ; pour d'autres, on voyait bien quel était le but de M. de Talleyrand, préparant avec mesure la restauration de Louis XVIII, avec des garanties de liberté. Par le fait, l'établissement d'un gouvernement provisoire était la déchéance de Napoléon : agir sans lui, faire une constitution sans lui, n'était-ce pas ici prononcer par ce fait la chute de l'Empereur ?

À la séance du lendemain, on s'exprima plus franchement ; les formules vinrent ; l'abbé Grégoire proposa de déclarer : « Napoléon Bonaparte et sa famille déchus du trône, et l'armée et le peuple déliés du serment de fidélité ». Cette proposition nette et franche fut accueillie par les acclamations de la majorité ; les sénateurs liés plus spécialement au régime impérial, tels que MM. de Chas-

cipe, et charge le gouvernement provisoire de comprendre en substance dans son adresse au peuple français : « 1° que le Sénat et le Corps législatif seront déclarés partie intégrante de la constitution projetée, sauf les modifications qui seront jugées nécessaires pour assurer la liberté des suffrages et des opinions ; 2° que l'armée, ainsi que les officiers et soldats en retraite, les veuves et officiers pensionnés, conserveront les grades, honneurs et pensions dont ils jouissent ; 3° qu'il ne sera porté aucune atteinte à la dette publique ; 4° que les ventes des domaines nationaux seront irrévocablement maintenues ; 5° qu'aucun Français ne pourra être recherché pour les opinions politiques qu'il a pu émettre ; 6° que la liberté des cultes et des consciences sera maintenue et proclamée, ainsi que la liberté de la presse, sauf la répression légale des délits qui pourraient naître de cette liberté ; 7° enfin que le gouvernement provisoire est chargé de présenter un projet de constitution tel qu'il ne soit porté aucune atteinte aux principes qui font la base de ces propositions.

« Ces délibérations prises et signées des présidents et secrétaires, le Sénat s'ajourne à neuf heures du soir, pour entendre et adopter la rédaction du procès-verbal de cette séance, et pour en signer individuellement l'expédition.

seloup-Laubat, de Tascher, la trouvèrent inconstitutionnelle et quittèrent l'assemblée. Il ne resta donc présents que les sénateurs patriotes ou bien les amis politiques qui suivaient la bannière de M. de Talleyrand. Ceux-là ne firent aucune difficulté de voter la déchéance, et une résolution déclara « Napoléon Bonaparte et sa famille déchus du trône. » M. Lambrecht, le plus ardent promoteur du sénatus-consulte, demanda « que l'acte qui frappait l'Empereur Bonaparte fût précédé de considérants qui en expliqueraient le sens, ce qui fut adopté. Les redigerait-on sur l'heure ou bien seraient-ils renvoyés au lendemain? On s'arrêta à ce dernier parti, pour donner plus de force, plus de fini à des motifs d'une haute importance. M. Lambrecht dut s'entendre avec l'abbé Grégoire pour la rédaction ; l'implacable régicide lut les considérants qu'il formulait depuis deux années. Le Sénat déclara que, puisque la déchéance était prononcée, il fallait d'abord faire connaître ce vœu à l'armée pour empêcher l'effusion de sang ; assez de carnage avait marqué le dernier temps de l'Empire.

Le Sénat, en prenant ces mesures décisives contre

« A neuf heures du soir, la séance est reprise sous la présidence de M. le sénateur comte Barthélemy. Le procès-verbal du matin est lu et adopté, avec mention des excuses fournies par les sénateurs Vernier, Decroix, Garran-Coulon, François de Neufchâteau et Thévenard, qui, pour cause de maladie, n'ont pu assister à la séance de ce jour.

« Il est ensuite procédé par les membres présents à la signature de ce procès-verbal ainsi qu'il suit : Abrial, Barbé de Marbois, Barthélemy, de Bayane, de Belderbusch, Berthollet, de Beurnouville, Buonaccorsi, Carbonara, Chasseloup-Laubat, Cholet, Colaud, Cornet, Davous, de Gregory, Mercorengo, Dembarrère, Depère, Destutt-Tracy, d'Harville, d'Haubersaert, d'Hédouville, du Bois du Bais, Emmery, Fabre (de l'Aude), Ferino, de Fontanes, Garat, Grégoire, Herwyn de Nevelle, de Jaucourt, Journu, Aubert, Klein, Lambrecht, Lanjuinais, de Launoy, Lebrun de Richemont, Lejear, Lemercier, de Lespinasse, de Malleville, de Meerman-Vandalem, de Monbadon, Pastoret, Péré, de Pontécoulant, Porcher de Richebourg, Rigal, Roger-Ducos, Saint-Martin de Lamotte, de Sainte-Suzanne, Saur, Schimmelpenninck, Serrurier, Soulés, de Tascher, de Valence, maréchal duc de Valmy, Van Dedem, Van Gelder, Van Depoll, de Vaubois, Villetard, Vimar, de Volney. »

Napoléon, était poussé par la politique des alliés ; à peine arrivés à Paris, les ministres des puissances s'étaient assemblés pour délibérer sur ce qu'ils avaient à faire dans cette situation de conquêtes; maîtres de Paris, ils étaient aises de se débarrasser au plus vite de cette responsabilité, si M. de Talleyrand avait répondu de la facilité du Sénat à préparer la déchéance de Napoléon. Une question diplomatique restait à résoudre : les alliés traiteraient-ils encore avec lui, ou bien se rapprocheraient-ils de l'idée de M. de Talleyrand, le rétablissement de Louis XVIII avec une charte? Alexandre n'avait aucun goût pour la maison de Bourbon ; il avait des engagements avec Bernadotte et les amis de Moreau, et il hésitait à les méconnaître. M. de Talleyrand, pour vaincre ces répugnances, s'était mis en rapport avec MM. de Nesselrode et Pozzo di Borgo, tous deux très prononcés pour la maison de Bourbon, M. de Nesselrode par sentiment, Pozzo di Borgo par haine contre Bonaparte, et comme partisan de l'idée anglaise de Castlereagh : « l'ancien territoire et l'ancienne dynastie ». Tous les actes qui préparaient la déchéance de Bonaparte étaient appuyés par lui.

Les premiers rapports de M. de Nesselrode avec les autorités de Paris se résumèrent en une lettre qu'il écrivit à M. Pasquier pour la mise en liberté des prisonniers d'État. Une phrase indique la tendance qui commence à dominer dans les actes des souverains pour la restauration des Bourbons ; M. de Nesselrode invite le préfet à rendre la liberté aux individus qui, par dévouement pour leurs anciens et légitimes souverains [1], ont été arrêtés.

[1] *Note adressée par M. le comte de Nesselrode à M. le baron Pasquier, préfet de police.*
« Par ordre de S. M. l'empereur mon maître, j'ai l'honneur de vous inviter, M. le baron, à faire sortir de prison les habitants de Coulommiers, MM. de Varennes et de Gromberg, détenus à Sainte-Pé-

Bientôt une déclaration solennelle enleva toute espérance aux négociations impériales; les souverains proclamaient, en fait comme en principe : « qu'ils ne traiteraient plus avec Napoléon Bonaparte ni avec aucun des membres de sa famille. » Cet acte, qui remplit de joie le parti royaliste, s'exprimait en termes fort nets contre Bonaparte. L'Europe déclarait qu'en traitant avec lui elle aurait exigé des garanties plus considérables; maintenant elle pouvait respecter l'intégrité du territoire de l'ancienne France telle qu'elle existait sous ses rois légitimes[1] : « Les alliés, disaient-ils, peuvent faire plus, parce qu'il faut que la France soit grande et forte; ils reconnaîtront et garantiront la constitution que la nation française va se donner par l'organe du Sénat. »

Cette déclaration, tout aussitôt imprimée et répandue dans Paris, hâta la déchéance de Napoléon. Que demander de plus? liberté du peuple et intégralité de son territoire; plus de Bonaparte, plus d'Empire! Cette déclaration avait été arrachée au Czar Alexandre par M. de Talleyrand et le général Pozzo di Borgo qui avait insisté sur ce point : « Tant que Bonaparte sera sur un trône, il n'y a pas de paix possible pour le monde. » On ne traitera plus avec lui! Lorsque cette déclaration de l'Europe fut signée, le comte Pozzo ne put retenir

---

lagie pour avoir empêché de tirer sur les troupes alliées dans l'intérieur de leur commune, et avoir sauvé ainsi la vie de leurs concitoyens et leurs propriétés.

« S. M. désire également que vous rendiez à la liberté tous les individus qui, par attachement à leur ancien et légitime souverain, ont été détenus jusqu'ici. »

Le comte de Nesselrode.

[1] *Déclaration.*

« Les armées des puissances alliées ont occupé la capitale de la France. Les souverains alliés accueillent le vœu de la nation française.

« Ils déclarent :

« Que si les conditions de la paix devaient renfermer de plus fortes garanties lorsqu'il s'agissait d'enchaîner l'ambition de Bonaparte, elles doivent être plus favorables lorsque, par un retour vers un gouvernement sage, la France elle-même offrira l'assurance de ce repos.

« Les souverains alliés proclament en conséquence :

sa joie, il venait enfin d'abattre Bonaparte, son vieil ennemi ; sa *vendetta* était satisfaite, et il put prononcer ces paroles implacables : « Ce n'est pas moi qui ai tué Buonaparte, mais je lui ai jeté la dernière pelletée de terre sur la tête. » Le drame allait à sa fin, et le général Pozzo di Borgo fut désigné comme envoyé d'Alexandre auprès du gouvernement provisoire.

Ainsi deux points étaient obtenus : 1° les étrangers ne traiteraient plus avec Bonaparte ; 2° Napoléon était sous le coup d'une déchéance prononcée par la seule autorité constituée. Le Sénat en corps accourut autour du Czar afin de lui porter son hommage et de pénétrer sa pensée. Alexandre mit de l'affectation à se montrer grand et généreux ; ce semblant de popularité lui plaisait ; il aimait les ovations ; il parla de Moreau, de Bernadotte : « Nos conversations portèrent souvent sur le Sénat, dit-il : nous y voyions des instruments de délivrance. » Puis s'adressant spécialement à M. Garat, il lui répéta « qu'il avait fait un acte de courage en se montrant l'ami particulier de Moreau ». « Messieurs, ajouta-t-il en se tournant vers le Sénat en corps, je suis charmé de me trouver au milieu de vous. Ce n'est ni l'ambition ni l'amour des conquêtes qui m'y ont conduit ; mes armées ne sont entrées en France que pour repousser une injuste agression. Votre Empereur a porté la guerre chez moi

---

« Qu'ils ne traiteront plus avec Napoléon Bonaparte ni avec aucun de sa famille;

« Qu'ils respecteront l'intégrité de l'ancienne France, telle qu'elle a existé sous ses rois légitimes : ils peuvent même faire plus, parce qu'ils professent toujours le principe que, pour le bonheur de l'Europe, il faut que la France soit grande et forte ;

« Qu'ils reconnaîtront et garantiront la constitution que la nation française se donnera.

« Ils invitent par conséquent le Sénat à désigner un gouvernement provisoire qui puisse pourvoir aux besoins de l'administration, et préparer la constitution qui conviendra au peuple français.

« Les intentions que je viens d'exprimer me sont communes avec toutes les puissances alliées.

« Paris, 31 mars 1814, 3 heures après-midi. »
Alexandre.

lorsque je ne voulais que la paix. Je suis l'ami du peuple français; je ne lui impute point les fautes de son chef; je suis ici dans les intentions les plus amicales; je ne veux que protéger vos délibérations. Vous êtes chargés d'une des plus honorables missions que des hommes généreux puissent avoir à remplir, celle d'assurer le bonheur d'un grand peuple en donnant à la France les institutions fortes et libérales dont elle ne peut se passer dans l'état actuel de ses lumières et de sa civilisation. Je pars demain pour commander mes armées et soutenir la cause que vous venez d'embrasser. Il est temps que le sang cesse de couler; il en a été trop répandu : mon cœur en souffre. Je ne poserai les armes qu'après avoir assuré la paix qui a été le but de toutes mes démarches, et je serai content si, en quittant ce pays, j'emporte la satisfaction d'avoir pu vous être utile et d'avoir contribué au repos du monde. Le gouvernement provisoire m'a demandé ce matin la délivrance de tous les Français prisonniers en Russie. Je l'accorde au Sénat. Depuis que ces prisonniers sont en mon pouvoir, j'ai fait pour adoucir leur sort tout ce qui a dépendu de moi. Je vais donner des ordres pour leur retour, qu'ils reviennent dans leurs familles jouir de la tranquillité qu'un nouvel ordre de choses doit assurer. »

Le Sénat, dans la pensée de tous, devenait donc la grande autorité politique, la base et l'action de tout pouvoir; M. de Talleyrand rappela en toute hâte les sénateurs absents, pour donner plus de consistance à ses votes. Les adhésions arrivaient de tous côtés; lorsqu'un gouvernement tombe, il est rare qu'on ne vienne pas à celui qui lui succède. La préoccupation du Sénat était toujours de motiver l'acte de déchéance de Napoléon; le principe était posé, mais il fallait établir des motifs rationnels puisés dans la constitution ; j'ai dit que M. Lambrecht s'était entendu avec l'abbé Grégoire ; celui-ci voulait faire prévaloir son projet de déchéance, trop haineux pour qu'on pût l'adopter ; les deux régicides, en se prenant la main, avaient distillé leur antipathie contre le consul du 18 brumaire et l'Empereur couronné à Notre-Dame ; on adjoignit MM. Barbé-Marbois, de Fontanes et Lanjuinais aux précédents commissaires, on modifia quelques-unes des expressions de Grégoire, et M. Lambrecht lut d'une voix forte et passionnée l'acte d'accusation le plus sévère contre Napoléon devant les contemporains et la postérité :

« Le Sénat conservateur, considérant que dans une monarchie constitutionnelle le monarque n'existe qu'en vertu de la constitution ou du pacte social ; que Napoléon Bonaparte, chef pendant quelque temps d'un gouvernement ferme et prudent, avait donné à la nation le droit de compter pour l'avenir sur des actes de sagesse et de justice ; mais qu'ensuite il a déchiré le pacte qui l'unissait au peuple français, notamment en levant des impôts, en établissant des taxes autrement qu'en vertu de la loi, contre la teneur expresse du serment qu'il avait prêté à son avénement au trône, conformément à l'art. 53 de l'acte des constitutions du 28 floréal an XII ; qu'il a commis cet attentat aux droits du peuple, lors même qu'il venait d'ajourner sans nécessité le Corps législatif, et de faire supprimer comme criminel un rapport de ce corps, auquel il contestait son titre et sa part à la représentation nationale ; qu'il a entrepris une suite de guerres en violation de l'art. 50 de l'acte des constitutions du 22 frimaire an VIII, qui veut que les déclarations de guerre soient proposées, discutées, décrétées et promulguées comme des lois ; qu'il a inconstitutionnellement rendu plusieurs décrets portant peine de mort, nommément les deux décrets du 5 mars dernier, tendant à faire considérer comme nationale une guerre qui n'avait lieu que dans l'intérêt de son ambition démesurée ; qu'il a violé les lois constitutionnelles par ses décrets sur les prisons d'État ; qu'il a anéanti la responsabilité des ministres, confondu tous les pouvoirs, et détruit l'indépendance des corps judiciaires ; considérant que la liberté de la presse, établie et consacrée comme l'un des droits de la nation, a été constamment soumise à la censure arbitraire de sa police et qu'en même temps il s'est toujours servi de la presse pour remplir la France et l'Europe de faits controuvés, de maximes fausses, de doctrines favorables au despotisme, et d'outrages contre les gouvernements étrangers ; que des actes et rapports entendus par le Sénat ont subi des altérations dans la publication qui en a été faite ; considérant qu'au lieu de régner dans la seule vue de l'intérêt, du bonheur et de la gloire du peuple français, aux termes de son serment, Napoléon a mis le comble aux malheurs de la patrie par son refus de traiter à des conditions que l'intérêt national obligeait d'accepter, et qui ne compromettaient pas l'honneur français ; par l'abus qu'il a fait de tous les moyens qu'on lui a confiés en hommes et en argent ; par différentes mesures dont les suites étaient la ruine des villes, la dépopulation des campagnes, la famine et les maladies contagieuses ; considérant que pour toutes ces causes le gouvernement impérial, établi par le sénatus-consulte du 28 floréal an XII, a cessé d'exister, et que le vœu manifeste des Français appelle un ordre de choses dont le premier résultat soit le rétablissement de la paix générale, et qui soit aussi l'époque d'une réconciliation solennelle entre tous les États de la grande famille européenne ; le Sénat déclare et décrète ce qui suit : 1° Napoléon Bonaparte est déchu du trône, et le droit d'hérédité établi dans sa famille est aboli ; 2° le peuple français et l'armée sont déliés du serment de fidélité envers Napoléon Bonaparte ; 3° le présent décret sera transmis par un message au gouvernement provisoire de France, envoyé de suite aux départements et aux armées, et proclamé incessamment dans tous les quartiers de la capitale. »

C'était donc le Sénat, cette autorité servilement soumise à Napoléon, qui prenait l'initiative de prononcer la déchéance ; tous ces actes dont il accusait l'Empereur, n'y avait-il pas lui-même participé ? ne s'était-il pas rendu complice de ces attentats dont il flétrissait la dictature ? Il en est toujours ainsi quand un pouvoir tombe ; tous les griefs grondent sur lui, c'est une sorte de saturnale où l'on se venge du despotisme que l'on a subi. Tout devait être marqué au même coin de promptitude et d'improvisation, et M. de Talleyrand provoqua la réunion des députés au Corps législatif présents à Paris, quoiqu'un décret les eût ajournés indéfiniment [1] ; on avait besoin de l'appui de toutes les forces d'opinion, afin de donner un semblant de légalité aux actes de déchéance contre l'Empereur. Plus on agit avec arbi-

---

[1] *Arrêté du Corps législatif.*
« Vu l'acte du Sénat du 2 de ce mois, par lequel il prononce la déchéance de Napoléon Bonaparte et de sa famille, et déclare les Français dégagés envers lui de tous les liens civils et militaires, et de toute obéissance ;
« Le Corps législatif, considérant que Napoléon Bonaparte a violé le pacte constitutionnel ;
« Adhérant à l'acte du Sénat,
« Reconnaît et déclare la déchéance de Napoléon Bonaparte et des membres de sa famille. »

A messieurs les membres du gouvernement provisoire.
« Messieurs, le Corps législatif nous a chargés de vous exprimer la vive satisfaction que lui a fait éprouver la communication de l'acte du Sénat qui vous appelle au gouvernement provisoire.
« Cet acte vous confie encore l'honorable mission de lui préparer les bases d'une charte constitutionnelle. Puisse-t-elle éta-

traire, plus on s'empresse d'affecter les apparences du droit. Le Corps législatif reconnut et déclara la déchéance de Napoléon Bonaparte et des membres de sa famille, par un acte signé de soixante-dix-sept députés qui tous exprimèrent la vive satisfaction des décrets du Sénat conservateur; ils le félicitèrent d'être ainsi chargé de poser la base d'une charte constitutionnelle; ces députés se portèrent spontanément auprès de l'empereur de Russie pour le remercier de sa généreuse intervention envers la France: « la magnanimité du monarque, dirent-ils, avait donné une noble impulsion au pays; » le Czar parla au Corps législatif des idées libérales, de son affection pour Moreau et Bernadotte, comme il en avait parlé au Sénat; il ne prononça pas un mot sur la dynastie des Bourbons.

Tout marchait jusqu'ici dans le sens patriote; le gouvernement provisoire, appelé à choisir un chef pour la garde nationale, désigne Dessolles[1], républicain austère, l'ami de Moreau; les ministres du gouvernement provisoire sont: Henrion de Pansey pour la justice, M. de Laforest pour les affaires étrangères, M. Beugnot pour l'intérieur, le général Dupont pour la guerre, M. Malouet pour la marine, M. Louis pour les finances; la police est confiée à M. Anglès, et Dupont (de Nemours) est nommé secrétaire du gouvernement provisoire. Tous

---

blir un équilibre invariable dans ses premiers pouvoirs, et asseoir enfin le bonheur de tous et la sûreté de chacun sur des fondements solides et durables! les membres du Corps législatif se trouvent heureux de ce qu'il est à la fois dans la nature de leurs droits et de leurs devoirs de prendre part à ce grand œuvre de régénération politique.»
  Félix Faulcon, vice-président;
  Chauvin de Bois-Savary, Laborde, Faure, secrétaires.

[1] Actes du gouvernement provisoire.
Du 4 avril. — Le gouvernement provisoire arrête que le général de division comte Dessolles est nommé commandant en chef de la garde nationale de Paris et du département de la Seine. Il commencera immédiatement ses fonctions.
Du même jour. — « Le gouvernement provisoire nomme commissaires, savoir: pour la justice, M. Henrion de Pansey; les affaires étrangères, M. le comte de Lafo-

ces hommes appartiennent plus ou moins à la révolution et au gouvernement impérial. Rien n'indique encore l'influence des Bourbons. Le gouvernement provisoire fait une adresse aux armées, c'est le langage de Malet ; la France vient de briser son joug ; on y parle de la tyrannie de Napoléon : naguère il avait un million de soldats, qu'en reste-t-il ? Ils sont morts de misère et de froid. « Soldats, disait le gouvernement provisoire, il est temps de finir les maux de la patrie ! La paix est dans vos mains ; la refuserez-vous à la France désolée? Les ennemis même vous la demandent, ils regrettent de ravager ces belles contrées, et ne veulent s'armer que contre votre oppresseur et le nôtre. Seriez-vous sourds à la voix de la patrie qui vous rappelle et vous supplie? Elle vous parle par son Sénat, par sa capitale et surtout par ses malheurs ! Vous êtes ses plus nobles enfants, et vous ne pouvez appartenir à celui qui l'a ravagée, qui l'a livrée sans armes, sans défense, qui a voulu rendre votre nom odieux à toutes les nations, et qui aurait peut-être compromis votre gloire, si un homme qui n'est pas même Français pouvait jamais affaiblir l'honneur de nos armes et la générosité de nos soldats ! » Et à la suite de cette adresse, le gouvernement provisoire rendait à leurs

rest, et M. le baron Durand, adjoint ; l'intérieur, M. le comte Beugnot, et jusqu'à son arrivée M. Benoît ; la guerre, en y réunissant l'administration de la guerre, M. le général Dupont ; la marine, M. le baron Malouet, et jusqu'à son arrivée M. Jurien ; les finances, le trésor, les manufactures et le commerce, M. le baron Louis ; la police générale, M. Anglès, maître des requêtes. M. Dupont (de Nemours) est nommé secrétaire-général du gouvernement provisoire, et M. Roux de Laborie, avocat en la cour impériale, adjoint. M. de Lavalette s'étant absenté, M. de Bourrienne, ancien conseiller d'État, est nommé directeur général des postes. »

Du même jour. — « Les relations qui viennent de s'établir entre les puissances alliées et le gouvernement français sont de nature à permettre immédiatement que la France soit considérée en état de paix avec elles. En conséquence, le gouvernement provisoire, par suite de la sécurité que ces relations inspirent, arrête : que les conscrits actuellement rassemblés sont libres de retourner chez eux, et que tous ceux qui n'ont point encore été enlevés de leur domicile sont autorisés à y rester ;

foyers tous les conscrits, toutes les levées en masse, tous les nouveaux bataillons, les fils étaient rendus à leurs familles. Tous les emblèmes, chiffres de Napoléon seraient effacés ; cette suppression devait être faite par les autorités municipales, nulle injure ne devait être permise contre le gouvernement renversé, la cause de la patrie était trop noble pour user de tels moyens. Cette déposition était spécialement dirigée contre le mouvement désordonné des royalistes qui brisaient les images et les souvenirs de Napoléon.

L'adresse au peuple français est encore une déclamation contre Bonaparte : « Les Français, y était-il dit, avaient choisi pour chef un homme qui paraissait sur la scène du monde avec les caractères de la grandeur ; sur les ruines de l'anarchie, cet homme n'avait fondé que le despotisme. Il n'avait pu devenir Français, il avait dévoré les richesses et la population ; il n'avait su régner ni dans l'intérêt national, ni dans l'intérêt de son despotisme ; la tyrannie avait enfin cessé ; Napoléon gouvernait comme un roi barbare, le Sénat l'avait déclaré déchu du trône, il fallait rétablir la véritable monarchie en la limitant

---

la même faculté est applicable aux bataillons de nouvelle levée que chaque département a fournis, ainsi qu'à toutes les levées en masse. »

Du même jour.— « Le gouvernement provisoire arrête : 1° que tous les emblèmes, chiffres et armoiries qui ont caractérisé le gouvernement de Bonaparte, seront supprimés et effacés partout où ils peuvent exister ; 2° que cette suppression sera exclusivement opérée par les personnes déléguées par les autorités de police ou municipales, sans que le zèle individuel d'aucun individu puisse y concourir ou les prévenir ; 3° qu'aucune adresse, proclamation, feuille publique ou écrit particulier, ne contiendra d'injures ou expressions outrageantes contre le gouvernement renversé, la cause de la patrie étant trop noble pour adopter aucun des moyens odieux dont il s'est servi. »

Adresse du gouvernement provisoire aux armées françaises.

« Soldats, la France vient de briser le joug sous lequel elle gémit avec vous depuis tant d'années.

« Vous n'avez jamais combattu que pour la patrie ; vous ne pouvez plus combattre que contre elle sous les drapeaux de l'homme qui vous conduit.

« Voyez tout ce que vous avez souffert de sa tyrannie! Vous étiez naguère 1,000,000 de soldats ; presque tous ont péri, on les a livrés au fer de l'ennemi sans subsi-

par les lois. «La patrie n'est plus avec lui : un autre ordre de choses peut seul la sauver. Nous avons connu les excès de la licence populaire et ceux du pouvoir absolu : rétablissons la véritable monarchie, en limitant, par de sages lois, les divers pouvoirs qui la composent. Qu'à l'abri d'un trône paternel, l'agriculture épuisée refleurisse; que le commerce chargé d'entraves reprenne sa liberté; que la jeunesse ne soit plus moissonnée par les armes avant d'avoir la force de les porter; que l'ordre de la nature ne soit plus interrompu, et que le vieillard puisse espérer de mourir avec ses enfants! Français! rallions-nous : les calamités passées vont finir, et la paix va mettre un terme au bouleversement de l'Europe. Les augustes alliés en ont donné leur parole. La France se reposera de ses longues agitations; et, mieux éclairée par la double épreuve de l'anarchie et du despotisme, elle trouvera le bonheur dans le retour d'un gouvernement tutélaire [1]. »

Quelle époque curieuse et dramatique! deux pouvoirs s'établissent en face; le parti républicain, réfugié dans le Sénat, prononce la déchéance de Bonaparte, sa vieille

---

stances, sans hôpitaux; ils ont été condamnés à périr de misère et de faim.

« Vous n'êtes plus les soldats de Napoléon; le Sénat et la France entière vous dégagent de vos serments. »

[1] *Adresse du gouvernement provisoire au peuple français.*

« Français, au sortir des discordes civiles vous avez choisi pour chef un homme qui paraissait sur la scène du monde avec les caractères de la grandeur. Vous avez mis en lui toutes vos espérances; ces espérances ont été trompées : sur les ruines de l'anarchie, il n'a fondé que le despotisme.

« Il devait au moins, par reconnaissance, devenir Français avec vous; il ne l'a jamais été. Il n'a cessé d'entreprendre, sans but et sans motif, des guerres injustes, en aventurier qui veut être fameux. Il a dans peu d'années dévoré vos richesses et votre population.

« Chaque famille est en deuil; toute la France gémit; il est sourd à nos maux. Peut-être rêve-t-il encore à ses desseins gigantesques, même quand des revers inouïs punissent avec tant d'éclat l'orgueil et l'abus de la victoire.

« Il n'a su régner ni dans l'intérêt national ni dans l'intérêt même de son despotisme. Il a détruit tout ce qu'il voulait créer, et recréé tout ce qu'il voulait détruire. Il ne croyait qu'à la force, la force l'accable aujourd'hui; juste retour d'une ambition insensée !

idée, celle que Malet voulut mettre en action et que l'abbé Grégoire préparait depuis longtemps. L'ombre de Malet dut se réjouir dans son tombeau de voir se réaliser sa pensée! Voilà donc un gouvernement sénatorial! presque toutes les fonctions restent confiées à des patriotes, aux amis de Moreau, de Bernadotte, aux intimes de madame de Staël. Et à la face de ce pouvoir qui siège à Paris l'Empereur avec une partie de l'armée, encore toute pleine de dévouement : c'est sous d'autres noms, la guerre du Sénat contre César. Napoléon abaissera-t-il son front impérieux devant ce Sénat qui naguère rampait à ses pieds? quel coup pour cette destinée! comment subira-t-il une déchéance venue d'une assemblée, lui Bonaparte, qui au 18 brumaire a jeté une assemblée par les fenêtres de Saint-Cloud? Ne va-t-il pas essayer une fois encore la lutte violente, acharnée? Les ressources ne manquent jamais à un caractère audacieux ; il peut essayer la guerre de partisans, les dissensions civiles, les coups de tête d'un pouvoir qui naguère encore a produit tant de merveilles!

CHAPITRE XIV.

PARIS, FONTAINEBLEAU, BLOIS.

Mouvement militaire de Napoléon. — Son quartier-général à Saint-Dizier. Sa pensée sur la Lorraine. — Opposition des généraux. — Retour sur Paris. — La *cour de France*. — Fontainebleau. — Pleins pouvoirs à M. de Caulaincourt. — Abdication au profit de la régence. — Situation de Paris. — Adhésions des autorités au gouvernement provisoire. — Les deux pouvoirs, le Sénat et l'Empereur. — Soumission de Marmont au Sénat. — Correspondances et pièces secrètes. — Situation militaire. — Les alliés. — Napoléon. — L'Empereur pouvait-il marcher sur Paris ? — La régence à Blois. — Correspondance de Marie-Louise et de Napoléon. — Esprit de l'armée à Fontainebleau — Les généraux. — Les soldats. — Désertions. — Défections. — Mission des maréchaux à Paris. — La capitale au 8 avril. — Les Bourbons. — La Constitution sénatoriale. — Enthousiasme. — La paix et la guerre — Abdication et traité. — Dissolution de la régence. — Dernier éclat de l'armée. — La bataille de Toulouse. — Les adieux de Fontainebleau.

1er au 20 avril 1814.

L'homme fort dans le malheur a quelque chose de puissant et de religieux que l'imagination et la pensée aiment à suivre ; on veut voir le navire aux prises avec la tempête et le rocher battu par les vagues. La capitale de l'Empire est au pouvoir des alliés, le Sénat a proclamé la déchéance de Napoléon ; tout se groupe autour du pouvoir nouveau pour le saluer, car on court à la fortune, et un gouvernement qui tombe a peu d'amis. Que fait Napoléon en face de ces coups de la destinée? Tout le monde le délaissera-t-il, lui naguère entouré d'hommages, avec les rois pour cortége et le monde pour théâtre? Suivons ces dernières traces : nous l'avons vu jeune avec les rêves de son ambition colorée; nous l'avons étudié puissant, avec la fortune pour amante et la renommée pour sœur! Viennent maintenant les derniers jours de cette merveilleuse carrière! quand on a vu un fleuve petit à sa source, majestueux dans son cours, on aime du haut des dunes à contempler comment il se jette et se perd dans l'Océan. L'histoire n'est-elle pas le grand Océan des âges, où se mêlent et se confondent les hommes et les générations?

Après la triste affaire d'Arcis-sur-Aube où les alliés avaient entouré la petite armée française de leurs masses immenses, l'Empereur s'était décidé pour la guerre de partisan. Son plan, comme on l'a vu, était de se porter sur les communications de l'ennemi, dans l'Alsace et la Lorraine, afin de mettre du désordre dans ces colonnes qui se pressaient avec une vigueur inouïe dans leur marche sur Paris. Il avait indiqué son quartier-général à Saint-Dizier, et tandis que les deux grandes armées ennemies se portaient hâtivement sur la Seine et la Marne, Napoléon menaçait les places de la Lorraine; son quartier-général fut quelques instants sur ces frontières; il avait avec lui 30 à 35,000 hommes[1], débris éprouvés de tant de revers. Le plan qu'il expose à ses généraux, devenus pour ainsi dire ses camarades, car il n'était

---

[1] Ces 30,000 hommes étaient formés de plus de cent dix régiments d'armes différentes. Les bataillons n'avaient pas plus de 150 hommes.

plus alors qu'un chef de partisans, est hardi comme tous ceux que sa pensée peut concevoir; il devait relever les garnisons du Rhin, de la Moselle, Mayence, Metz, Béfort, pour se porter de là sur le corps d'Augereau à Lyon, et s'il le fallait même rejoindre Eugène en Italie. Il parle avec énergie à tous ses compagnons d'armes; il comprend dans sa haute intelligence que toutes les fortunes de ses généraux tiennent à la sienne, et que lui disparaissant de la scène, tous ne trouveront plus qu'une vie désenchantée; et cependant là encore il retrouve la même opposition; depuis la campagne de Russie, *Paris* est le cri unanime; tous les maréchaux ont leur fortune, leurs affections; ils ne sont plus ces enfants perdus qui sautaient les Alpes, ou franchissaient les déserts d'un seul bond; les uns ont des fonds publics, des actions sur la banque; les autres, des hôtels, des dignités, des fortunes énormes; or, faire une guerre de partisan ne leur convient en aucune manière, même sous Napoléon; et ces influences pusillanimes l'obligent de retourner sur Paris.

Une fois ce point décidé, il fallait se hâter, car c'est à peine si l'Empereur espérait prévenir la capitulation. Il partit donc de Saint-Dizier avec sa garde et les troupes d'élite qui obéissaient à ses ordres, il fit grande diligence, et dans un seul jour les régiments franchirent quinze lieues[1]; de tous côtés on expédia des aides-de-camp pour annoncer le retour prochain de l'Empereur et relever un peu le courage abattu. Le 29 mars au soir, Napoléon est à Troyes; le 30 au matin, il se met en route avec la même rapi-

---

[1] Les vieux maîtres de poste s'en souvenaient encore en 1834.

dité; il court la poste dans une carriole d'osier, nul ne peut le suivre. La nuit le surprend à Fromenteau, relais de poste impériale.

A demi-route de l'antique forêt de Fontainebleau, sur cette hauteur qui plonge dans une belle campagne, on trouve les deux fontaines de Juvisy, à l'aspect véritablement royal; à quelque distance est la cour de France, qui prend son nom des chasses de Louis XV. C'est là qu'à huit heures du soir, le prince naguère si puissant, qui avait vu toutes les capitales à ses pieds, apprend que sa capitale à lui est au pouvoir de l'étranger; il l'avait prévu, mais le coup fut terrible. Ceux qui ont éprouvé les vicissitudes de la fortune doivent comprendre le serrement de cœur et d'entrailles, les pulsations brûlantes de cet homme si fier; quelques larmes mouillent ses paupières, il les essuie avec dédain. A Fromenteau il vit déjà les troupes qui évacuaient Paris, et auprès de lui accourt Belliard, un de ses anciens compagnons d'Italie et d'Égypte [1]. Belliard raconte à l'Empereur les événements qui s'étaient passés, la situation de la capitale, le mouvement des esprits avides de la paix. Tous deux montèrent dans la carriole de poste, et se dirigèrent sur Fontainebleau, le palais que Napoléon avait tant embelli et dont les ombrages séculaires parlaient si vivement à son imagination.

A Fontainebleau, il n'occupa pas les somptueux appartements décorés par le Primatice [2], c'était déjà trop pour lui; il prit quelques pièces du petit rez-de-chaussée, celles-là que vous voyez encore à droite du perron

---

[1] Le général Belliard était un des plus remarquables théoriciens.

[2] J'ai visité les appartements du palais où se passèrent les dernières scènes de la vie politique de Napoléon; ils sont conservés intacts.

dans les bâtiments en moellons rouges. Durant cette course jusqu'à Fontainebleau, Napoléon avait interrogé Belliard, et, en vrai compagnon de fortune, celui-ci ne lui avait rien dissimulé[1] : « les affaires étaient désespérées, les esprits disposés à se séparer de lui ; s'il voulait conserver la couronne au front, il fallait beaucoup céder, tout céder, » il fallait traiter à tout prix. Dans cette situation abaissée que lui avait faite la fortune, l'Empereur expédia des pleins pouvoirs à M. de Caulaincourt pour signer non seulement les conditions du projet de Châtillon, mais encore toutes espèces de clauses exigées par les alliés : la remise des places fortes, des contributions de guerre ; et c'était ici une faute que l'on faisait faire à Napoléon, car l'Empereur, ainsi réduit, était moralement perdu ; il n'y avait qu'un extrême désir de conserver le pouvoir qui pouvait l'entraîner à ces concessions, et les partis lui auraient-ils pardonné son abaissement ?

M. de Caulaincourt se hâta d'arriver à Paris ; il put joindre encore l'empereur Alexandre à Bondy au moment où les alliés se préparaient pour leur entrée solennelle dans la capitale. Le Czar l'accueillit bien, et lui dit avec familiarité : « Vous voyez, mon cher Caulaincourt, que nous sommes bien pressés en ce moment ;

---

[1] A Fontainebleau Napoléon publia le bulletin suivant sur la capitulation de Paris.
Fontainebleau, 1ᵉʳ avril 1814.

« L'Empereur, qui avait porté son quartier-général à Troyes le 29, s'est dirigé à marches forcées par Sens sur sa capitale ; il a appris que l'ennemi, arrivé vingt-quatre heures avant l'armée française, occupait Paris, après avoir éprouvé une forte résistance, qui lui a coûté beaucoup de monde.

« Les corps des ducs de Trévise, de Raguse, et celui du général Compans, qui ont concouru à la défense de la capitale, se sont réunis entre Essonne et Paris, où Sa Majesté a pris position avec toute l'armée qui arrive de Troyes.

« L'occupation de la capitale est un malheur qui afflige profondément le cœur de Sa Majesté, mais dont il ne faut pas concevoir d'alarmes La présence de l'Empereur avec son armée aux portes de Paris empêchera l'ennemi de se porter à ses excès accoutumés, dans une ville si populeuse, qu'il ne saurait garder sans rendre sa position dangereuse. »

venez à Paris, et nous causerons ensemble des intérêts de votre mission. » M. de Caulaincourt ne manqua pas de se rendre à cette invitation, mais il fut très mal accueilli par le parti sénatorial qui se pressait autour de M. de Talleyrand[1]; il venait déranger les plans de l'opposition républicaine qui poussait à la déchéance; il venait parler de l'Empereur lorsque le Sénat allait délier la France de ses serments de fidélité. Aussi, ses instances furent-elles sans succès; le Czar et M. de Nesselrode lui déclarèrent : « que tout était fini pour l'empereur Napoléon, qu'on ne pouvait pas traiter avec lui; les souverains venaient de le proclamer solennellement. Au reste, c'était sa faute, car on lui avait tendu sincèrement la main à Prague et à Châtillon; il n'avait pas voulu se sauver. » M. de Caulaincourt répliqua : « que si l'on ne voulait plus traiter avec Napoléon, obstacle à la paix, on n'avait pas la même objection à faire sur la régence de Marie-Louise »; c'était la vieille idée de l'opposition sénatoriale, partagée par un certain nombre de dignitaires de l'Empire; elle devait plaire aux maréchaux, aux fonctionnaires, parce que, faisant disparaître l'idée de guerre et la personnalité belliqueuse de Napoléon, il leur restait un appui pour leurs fortunes et leurs situations politiques. L'empereur Alexandre et M. de Nesselrode se montrèrent moins opposés à la régence qu'à un traité direct avec Napoléon, appuyé même sur les plus fortes garanties; le Czar était-il de bonne foi en donnant ces espérances? n'était-ce qu'un moyen de préparer une transition plus facile? On fit donc espérer à M. de Caulaincourt une solution favorable à cette idée de ré-

---

[1] J'ai donné tous les détails sur les incidents politiques de ce séjour d'Alexandre chez M. de Talleyrand dans mon *Histoire de la Restauration*.

PROPOSITION D'ABDIQUER (3 AVRIL 1814).

gence de Marie-Louise, et le plénipotentiaire s'en revint à Fontainebleau tout plein de ce projet et résolu de faire tous ses efforts pour déterminer Napoléon à abdiquer la couronne impériale [1].

Dire à un homme dont la tête est pleine encore de grandes pensées : « Il faut y renoncer! » n'est-ce point lui demander un sacrifice surhumain? De quel coup ne dut pas être frappé ce fier Empereur quand M. de Caulaincourt lui parla pour la première fois de l'abdication! Une indignation profonde éclata dans ses yeux. Abdiquer, c'était la ruine de son pouvoir, c'était renoncer à sa destinée, briser sa vie, s'enfouir dans la retraite comme Dioclétien et Charles-Quint, lui qui n'était pas à l'aise avec le monde pour théâtre!

Autour de lui se groupent les maréchaux que le devoir appelle sous sa tente ; ce sont les anciens des campagnes d'Italie et d'Égypte, le vieux Lefebvre, Macdonald, Ney, Oudinot, Berthier ; ils l'entourent et le pressent. Bientôt l'Empereur est rejoint par Marmont et Mortier qui font leur retraite de Paris après avoir traversé la rive gauche ; il y avait encore du courage, de la résignation, dans ces maréchaux, mais il y avait surtout aussi un besoin de paix qui ne permettait plus les hasardeuses expéditions militaires.

Tous entourent M. de Caulaincourt : « que fait-on à Paris? quelles sont les résolutions prises? qu'a décidé le Sénat? que veut l'opinion publique? » M. de Caulaincourt ne dissimule rien ; il a une certaine franchise de caractère, une inquiétude d'avenir qui nuit souvent aux résolutions fortes ; c'est une tête découragée et découra-

---

[1] On a publié sous le titre de M. de Caulaincourt des mémoires qui, je crois, ne lu doivent rien ou bien peu de chose.

geante, caractère de fatalité dans les crises ; il répète à tous « que le seul obstacle à la paix, c'est l'empereur Napoléon ; s'il renonce à la couronne, l'on obtiendra de bonnes conditions pour chacun ; qui sait ? la régence avec le roi de Rome. Une fois la régence établie, tous les grades seront maintenus, tous les honneurs, toutes les fortunes ; le seul obstacle, c'est donc Napoléon ; il faut l'entourer, le convaincre que le seul parti à prendre, c'est d'abdiquer ; qu'il signe, et tout sera dit. » Cette opinion de M. de Caulaincourt fait un grand effet sur les maréchaux fatigués de la guerre, des mots très durs sont échangés sur l'Empereur ; Ney surtout se fait remarquer par une franchise un peu grossière ; il a toujours parlé ainsi depuis Moscou : faudra-t-il tout sacrifier à un seul homme, fortune, grades, honneurs, vie même ? et n'est-il pas temps de songer un peu à soi, à sa famille, à ses intérêts [1] ?

On va donc trouver Napoléon, on le pousse à l'abdication personnelle au profit du roi de Rome : « avec cela, lui dit-on, la France est sauvée ; on évite les Bourbons ; on a fait assez pour lui, il est temps qu'il fasse quelque chose pour les autres. » Napoléon résiste presque toute la nuit à ces instances. C'est la mort pour un esprit comme le sien que de quitter le commandement et le pouvoir ! Enfin, sur l'insistance de tous, épuisé de lassitude, il prend la plume et écrit quelques phrases, courtes mais dignes ; elles lui réservent l'avenir ; elles élèvent son fils et conservent la régence sous les lois et les constitutions de l'Empire : « Les souverains alliés ayant proclamé que l'empereur Napoléon était le seul

---

[1] C'est à ce moment surtout que grandit l'idée de faire disparaître Napoléon comme Romulus. On le trouvait le seul obstacle à la paix et au repos des autres existences.

obstacle au rétablissement de la paix en Europe, l'Empereur Napoléon, fidèle à son serment, déclare qu'il est prêt à descendre du trône, à quitter la France et même la vie pour le bien de la patrie, inséparable des droits de son fils, de ceux de la régence, de l'Impératrice, et du maintien des lois de l'Empire [1]. »

Les maréchaux et M. de Caulaincourt avaient ainsi tout gagné : la joie la plus vive éclate dans la majorité des chefs présents à Fontainebleau ; pour eux Napoléon est une charge, depuis longtemps ils la supportent avec peine ; ils lui obéissent, mais à regret ; l'abdication c'était donc la paix, un gouvernement régulier et pacifique dont ils avaient besoin. M. de Caulaincourt se charge de porter cet acte à Paris, et comme l'armée devait être représentée et les intérêts de Napoléon stipulés, les maréchaux Ney et Macdonald lui furent adjoints. Les commissaires devaient amener avec eux le maréchal Marmont qui gardait la ligne de l'Essonne. Tous acceptèrent avec empressement : aller en ce moment à Paris était une grande joie, car on pourrait hâter le mouvement actif des affaires, consentir à des soumissions secrètes, s'arranger enfin avec le pouvoir nouveau aux meilleures conditions possibles ; il s'agissait moins de Napoléon que de M. de Talleyrand.

Cette nuit on avait reçu à Fontainebleau des pièces importantes, et parmi ces pièces l'acte de déchéance prononcé par le Sénat ; il fallait avoir une foi robuste dans la personne de l'Empereur, un dévouement à toute épreuve, pour n'être point tenté de faire adhésion au gouvernement provisoire : l'adresse à l'armée, comme on l'a vu, disait. « qu'on était délié du serment prêté à Napo-

---

[1] Cette première abdication porte la date du 4 avril, elle fut signée dans la nuit du 3.

léon, la puissante autorité de l'État, le Sénat, ordonnait pour ainsi dire à tout ce qui portait les armes de se joindre à la France, en abandonnant un seul homme. Dès ce moment, Napoléon, inquiet, tourmenté, exhale toute sa colère; Empereur, il veut bien que ses plénipotentiaires traitent directement avec l'empereur Alexandre, mais il défend qu'on s'adresse en aucune façon au Sénat; le Sénat est une réunion de sujets rebelles, et lui, le souverain monarchique et absolu, ne comprend pas que des sujets puissent prononcer la déchéance de leur maître. C'est avec fureur qu'il lit l'acte de déchéance, il le déchire et le foule aux pieds; il roule dans sa tête mille projets de vengeance, il ne pardonne à nul d'entre eux, un jour viendra où ils paieront cet acte de félonie. Le Sénat s'est adressé à l'armée par un manifeste; il a motivé l'acte de déchéance sur des principes; lui aussi s'adressera à l'armée et à la France. Entre eux c'est la postérité qui jugera [1].

Cependant, le mouvement sénatorial se poursuit à Paris avec régularité. Le gouvernement provisoire recevait les adhésions successives de tous les corps constitués. Après le Corps législatif étaient venus le conseil général de la Seine, la cour de cassation, le conseil d'État, les tribunaux; on voyait des signatures de régicides au bas de toutes ces adresses, enthousiastes pour applaudir à la

---

[1] Napoléon s'adresse ainsi à ses soldats : « Officiers, sous-officiers et soldats de ma vieille garde, l'ennemi nous a dérobé trois marches, et il est arrivé à Paris avant nous. Quelques factieux, reste d'émigrés à qui j'avais pardonné, ont entouré l'empereur de Russie; ils ont arboré la cocarde blanche, et ils veulent nous forcer à la prendre. Depuis la révolution la France a été maîtresse chez elle. J'ai offert la paix, j'ai proposé de laisser la France dans ses anciennes limites, en perdant tout ce qu'elle avait acquis. On a tout refusé. Dans peu de jours j'attaquerai l'ennemi : je le forcerai de quitter notre capitale. J'ai compté sur vous; ai-je eu raison? (Oui! oui! comptez sur nous! vive l'Empereur!) Notre cocarde est tricolore; plutôt que d'y renoncer, nous périrons sur notre sol! (Oui! oui!) »

déchéance de Napoléon. C'est à qui courra le premier au gouvernement nouveau ; l'Empire est tombé, nul ne veut plus de l'aigle. La garde nationale est organisée sous le général Dessolles, les amis de Moreau dominent une grande portion de l'armée ; le gouvernement provisoire fait un appel à tous les généraux qui veulent servir la patrie plutôt qu'un homme. Il se fait dès lors une division que l'on vit dans la vieille Rome ; il y eut le pouvoir du Sénat à la face du pouvoir de l'Empereur : le Sénat eut son armée, César la sienne. Et c'est à cette situation si marquée que se rattache l'adhésion du maréchal Marmont aux actes du gouvernement provisoire, question historique trop grave pour que je ne la traite pas avec impartialité.

Après la capitulation de Paris consentie par les maréchaux Mortier et Marmont, et signée des colonels Fabvier et Denis (Damrémont), les troupes françaises passèrent sur la rive gauche de la Seine ; on avait vu ces dignes soldats défiler tristes, silencieux, sur le pont d'Austerlitz (quel souvenir !) pour gagner Villejuif, et prendre position à Essonne. Ces troupes, qui s'étaient bien battues, se composaient de mille noyaux de régiments, et Marmont, comme elles, avait payé sa dette de courage. D'Essonne, le maréchal se rendit à Fontainebleau ; il vit l'Empereur le 2 avril, et revint à son corps d'armée. Déjà les nouvelles de Paris y étaient parvenues, la désertion se mit dans les rangs ; chacun parlait de la déchéance de Bonaparte prononcée par le Sénat, comme d'un fait accompli. La situation de Paris dut aussi fixer l'attention du maréchal ; il avait des lettres de la finance, avec laquelle il était intimement lié par sa femme ; le parti patriote s'était adressé franchement à lui, les salons de MM. Perregaux et Laffitte, les républicains, tels que Garat, Destutt-Tracy, s'étaient prononcés pour la cause sénatoriale qui gagnait beaucoup de terrain à Paris. Les choses étaient très avancées, lorsque le maréchal Marmont reçut une dépêche du prince de Schwartzenberg, contenant le *Moniteur* des 1er, 2 et 3 avril[1], et sous enveloppe un ordre du gouvernement provisoire qui invitait le maréchal Marmont à se ranger sous les drapeaux de la patrie. Le prince de Schwartzenberg, qui s'était montré dans cette campagne le partisan de la paix, invitait le maréchal Marmont au nom de son pays, à accepter des propositions qui devaient mettre un terme à l'effusion du sang.

A cette lettre si pressante le maréchal Marmont répondit de Chevilly, le 3 avril, en ces termes : « L'opinion publique a toujours été la règle de ma conduite; l'armée et le peuple se trouvant déliés, par le décret du Sénat, du serment de fidélité envers l'Empereur Napoléon, je suis disposé à concourir à un rapprochement entre l'armée et le peuple, qui doit prévenir toute chance de guerre civile et arrêter l'effusion du sang. En conséquence, je suis prêt à quitter avec mes troupes l'armée de l'Empereur Napoléon aux conditions suivantes, dont je vous demande la garantie par écrit. Cette garantie, la voici : « Moi, Charles, prince de Schwartzenberg, maréchal et commandant en chef les armées alliées, je garantis à toutes les troupes françaises qui, par suite du décret

---

[1] *Lettre du prince de Schwartzenberg au maréchal Marmont.*
Paris, le 3 avril 1814.

« Monsieur le maréchal, j'ai l'honneur de faire passer à V. Exc. par une personne sûre, tous les papiers publics et documents nécessaires pour mettre parfaitement V. E. au courant des événements qui se sont passés depuis que vous avez quitté la capitale, ainsi qu'une invitation des membres du gouvernement provisoire à vous ranger sous les drapeaux de la bonne cause française. Je vous engage, au nom de votre patrie et de l'humanité, à écouter des propositions qui doivent mettre un terme à l'effusion du sang précieux des braves que vous commandez. »

Schwartzenberg.

du Sénat du 2 avril, quitteront les drapeaux de Napoléon Bonaparte, qu'elles pourront se retirer librement en Normandie sous le commandement de leurs généraux respectifs, avec armes, bagages et munitions, et avec les mêmes honneurs militaires que des troupes alliées se doivent réciproquement; et si, par suite de ce mouvement, les événements de la guerre faisaient tomber entre les mains des puissances alliées la personne de Napoléon Bonaparte, sa vie et sa liberté lui seront garanties dans un espace de terrain et dans un pays circonscrit au choix des puissances alliées et du gouvernement français[1]. »

La lettre du maréchal et cette garantie furent communiquées à M. de Caulaincourt, à Ney et Macdonald qui vinrent le joindre à Essonne pour remplir leur mission de régence à Paris; Marmont se joignit à eux pour porter l'abdication de l'Empereur Napoléon au Czar Alexandre; il quitta dès ce moment le corps d'armée campé à Essonne, et laissé aux mains du général Souham. Pendant ce temps, la garantie que demandait Marmont fut immédiatement accordée par le prince de Schwartzenberg dans les termes formulés par le maréchal. « Tous les corps qui abandonneraient les drapeaux de Bonaparte d'après les ordres du Sénat devaient se retirer en Normandie sous le commandement de leurs généraux respectifs. »

En vertu de cette convention, arrêtée par de vieux

---

[1] *Réponse du prince Schwartzenberg.*

« Monsieur le maréchal, je ne saurais assez vous exprimer la satisfaction que j'éprouve en apprenant l'empressement avec lequel vous vous rendez à l'invitation du gouvernement provisoire de vous ranger, conformément au décret du 2 de ce mois, sous les bannières de la cause française.

« Les services distingués que vous avez rendus à votre pays sont reconnus généralement; mais vous y mettez le comble en rendant à leur patrie le peu de braves échappés à l'ambition d'un seul homme.

« Je vous prie de croire que j'ai surtout apprécié la délicatesse de l'article que vous demandez, et que j'accepte, relativement à

généraux au nom du maréchal Marmont, son armée passait définitivement au Sénat[1]; elle quittait le prince pour le gouvernement provisoire, comme cela s'est vu dans toutes les révolutions. Un sentiment de reconnaissance personnelle pouvait lier le maréchal Marmont à l'Empereur, et c'était alors une question de délicatesse intime; mais ici le Sénat avait prononcé la déchéance, et le gouvernement provisoire l'invitait à se réunir à la nation, là était son excuse. Tous les amis de Moreau avaient écrit à Marmont; Dessolles, Lecourbe l'avaient invité à quitter le service de Bonaparte; le gouvernement provisoire était l'autorité constituée. Et d'ailleurs qui pouvait encore résister à cet entraînement, quand on voit, le 5 avril 1814, le lendemain même de la convention de Marmont, Ney faire sa soumission au gouvernement provisoire et déclarer « qu'il veut embrasser la cause de nos anciens rois »[2]? il l'écrit ainsi à M. de Talleyrand, sans déguiser sa pensée. L'ordre du jour du maréchal Marmont porte la même date que la lettre du maréchal Ney, et dans cet ordre du jour le maréchal déclare que la guerre est désormais

---

la personne de Napoléon. Rien ne caractérise mieux cette belle générosité naturelle aux Français, et qui distingue particulièrement le caractère de V. Exc. »

A mon quartier-général, le 4 avril 1814.
Schwartzenberg.

[1] *Ordre du jour.* 6ᵉ *corps d'armée.*

« Soldats, depuis trois mois les plus glorieux succès ont couronné vos efforts; ni les périls, ni les fatigues, ni les privations n'ont pu diminuer votre zèle, ni refroidir votre amour pour la patrie. La patrie reconnaissante vous remercie par mon organe, et vous saura gré de tout ce que vous avez fait pour elle. Mais le moment est arrivé, soldats, où la guerre que vous faisiez est devenue sans but comme sans objet; c'est donc pour vous celui du repos. Vous êtes les soldats de la patrie; ainsi c'est l'opinion publique que vous devez suivre, et c'est elle qui m'a ordonné de vous arracher à des dangers désormais inutiles, pour conserver votre noble sang, que vous saurez répandre encore lorsque la voix de la patrie et de l'intérêt public réclameront vos efforts. De bons cantonnements et mes soins paternels vous feront oublier bientôt, je l'espère, jusqu'aux fatigues que vous avez éprouvées. »

Le maréchal duc de Raguse.

[2] *A. S. A. le prince de Bénévent.*

«Monseigneur, je me suis rendu hier à Paris, avec M. le maréchal duc de Tarente,

sans objet : « avant d'être à Napoléon les soldats sont à la patrie. »

L'opinion publique est pour la paix, tous les corps constitués se prononcent avec unanimité contre l'Empereur ; la cour de cassation a donné l'exemple le 3 avril, même avant l'arrangement de Marmont, son adresse est signée de Merlin (de Douai) et Chabot (de l'Allier)[1]. Parmi les signataires de l'adresse des avocats de la cour de cassation se trouvent Jean Mailhe, un des votants contre Louis XVI, et il appelle au trône le descendant de Henri IV. L'ordre des avocats de la cour impériale exprime sa profonde reconnaissance au Sénat pour la déchéance de Napoléon Bonaparte, et avec eux votent également le tribunal de première instance, la cour des comptes. Parmi les militaires, Nansouty prend l'initiative pour demander le retour de la maison de Bourbon ; Lagrange, blessé à Champ-Aubert, « adhère à tous les heureux changements qui viennent d'avoir lieu », et avec lui les généraux Milhaud et Kellermann, les maréchaux Mortier, Jourdan, Oudinot. La lettre la plus curieuse et la plus significative est celle du général comte de Ségur :

et M. le duc de Vicence, comme chargé de pleins pouvoirs pour défendre près de S. M. l'Empereur Alexandre les intérêts de la dynastie de l'Empereur Napoléon. Un événement imprévu ayant tout à coup arrêté les négociations, qui cependant semblaient promettre les plus heureux résultats, je vis dès lors que, pour éviter à notre chère patrie les maux affreux d'une guerre civile, il ne restait plus aux Français qu'à embrasser entièrement la cause de nos anciens rois ; et c'est pénétré de ce sentiment que je me suis rendu ce soir auprès de l'Empereur Napoléon, pour lui manifester le vœu de la nation.

« L'Empereur, convaincu de la position critique où il se trouve de la sauver lui-même, a paru se résigner, et consentir à l'abdication entière et sans aucune restriction : c'est demain matin que j'espère qu'il m'en remettra lui-même l'acte formel et authentique ; aussitôt après j'aurai l'honneur d'aller voir V. A. Sérénissime.

« Je suis avec respect, etc. »

Fontainebleau, le 5 avril 1814, onze heures et demie du soir »

Le maréchal Ney, prince de la Moskowa.

[1] Voici par ordre de date tous les actes d'adhésion.

Du 3 avril. — Les membres de la cour de cassation adhèrent aux grandes mesures de salut public que le Sénat a décrétées dans ses séances mémorables du 1er et du 2 avril : « elles ont exprimé le vœu des

« J'offre aujourd'hui, dit-il, mes 1,600 gardes et moi au successeur, au descendant des rois de nos pères. Je lui jure fidélité au nom de mes officiers, de tous mes gardes, en mon nom qui répond de mes serments. »

Des adhésions plus singulières viennent aussi de tous côtés, car lorsqu'un gouvernement tombe, qui ne lui jette la pierre? Le décret de déchéance est du 2 avril au soir; avec la difficulté des communications, il n'arrive à Blois que le 5; eh bien, le 7 au matin, de qui émane la première adhésion à la chute de Bonaparte? Elle vient de Cambacérès; il envoie deux actes au lieu d'un dans la meilleure forme pour accepter pleinement tous les decrets du Sénat depuis le 1er avril. Régnier fait la même démarche; c'est à qui arrivera le plus vite, à qui donnera le plus de gages au nouveau système, conventionnels ou impérialistes, et Berlier même signe sa soumission comme conseiller d'État et président du conseil des prises, et ces témoignages ne peuvent se récuser, ce sont des pièces consignées encore aux archives. L'histoire ne doit pas les recueillir pour dresser des accusations personnelles, ce serait trop vulgaire, mais pour con-

Français. » Dans le nombre des signataires sont Merlin (de Douai), procureur-général impérial, et Chabot (de l'Allier).

Du 4. — Les membres du collége des avocats à la cour de cassation, en adhérant aux actes du Sénat, appellent de tous leurs vœux la charte constitutionnelle qui doit rendre à la France les descendants de Henri IV. Le syndic de ces avocats est Jean Mailhe (de la Haute-Garonne).

Du 5. — Même adhésion, mêmes vœux de la cour impériale de Paris et des magistrats du parquet près cette cour.

Du 5. — L'ordre des avocats à la cour impériale de Paris charge son bâtonnier, M. Delacroix-Frainville, d'exprimer sa profonde reconnaissance pour la déchéance de Napoléon Bonaparte, et attend avec confiance les mesures qui doivent assurer la restauration si désirée de l'auguste maison des Bourbons.

Du 5. — Le tribunal de première instance de Paris et les membres du parquet près ce tribunal expriment leur profonde reconnaissance pour la déchéance de Napoléon, et forment le vœu le plus ardent pour que le sceptre de Louis XVI soit replacé dans les mains de Louis XVIII, son légitime successeur.

Signé, Try, Courtin, Bourguignon, Marchangy, Mars, etc.

Du 5.—Tous les magistrats de la cour des comptes, réunis dans une séance solennelle par leur premier président, M. Barbé-

ABANDONS DE L'EMPEREUR (1ᵉʳ AU 5 AVRIL 1814). 503

stater l'entraînement qui pousse souvent en politique les choses et les hommes. L'Empire était fini, tout devait tourner dès lors contre lui; quand un système tombe, tout s'agite pour hâter sa ruine.

On avait assez du gouvernement impérial; on n'en pouvait plus de son régime, on se levait; on protestait à Paris, à Fontainebleau et à Blois surtout, car il y avait là aussi un gouvernement, des ministres, sous la régence. Ce fut un triste spectacle que cette régence sous Marie-Louise; tandis qu'à Paris tout avait de la vie avec le nouveau pouvoir; à Blois tout était mort autour de l'Impératrice. Le départ pour la Loire avait été comme un convoi funèbre, on voyait de longues files de fourgons; des voitures armoriées; point de hiérarchie et de respect dans ce pêle-mêle de la peur; on s'était arrêté deux journées à Orléans, on toucha Blois le 5 avril, et l'Impératrice réunit son conseil triste, silencieux, autour d'elle. Dans la ville de Blois tout fut encombré, on se logeait à l'aventure; princes et ministres étaient confondus.

Avec la famille de Bonaparte se trouvaient alors à

Marbois, adhèrent aux actes du Sénat, et votent le retour des Bourbons. Parmi ces magistrats on distingue MM. Jard Panvilliers, Delpierre, Chassiron, Gallet, Lejacqueminière, tous anciens tribuns.

Du 6. — « J'ai l'honneur d'informer le gouvernement provisoire de ma soumission à la maison de Bourbon. »

Signé, Nansouty, général de division.

Du 6. — Le général de division Lagrange, inspecteur-général de la gendarmerie, retenu près de Gisors par une blessure reçue à Champ-Aubert, adhère à tous les heureux changements qui viennent d'avoir lieu.

Du 6. — Le conseil des prises adhère aux actes du Sénat et du gouvernement provisoire, relatifs à la déchéance de Napoléon Bonaparte. Le président de ce conseil est M. Berlier, conseiller d'État.

Du 6. — Tribunal de commerce du département de la Seine. Adhésion aux actes du Sénat, vœux pour les Bourbons.

Du 7. — Assemblée générale des notaires de Paris; même adhésion, mêmes vœux.

Du 7 — Le général de brigade Ameil adresse à M. de Talleyrand, avec ses assurances de fidélité au gouvernement provisoire, ses offres de services pour tout ce qui pourra assurer le salut et le bonheur de la patrie.

Du 8. — Le général Milhaud, commandant en chef du cinquième corps de cavalerie, annonce que toutes les troupes

Blois la plupart des ministres, qui avaient voulu suivre avec fidélité les funérailles de l'Empire. Triste spectacle des vanités humaines! M. Molé déploya sa tenue habituelle; il voulait éviter qu'on fît jouer un rôle ridicule à Marie-Louise; il prit son devoir au sérieux, et ce fut lui qui rédigea la proclamation de l'Impératrice aux Français. Dans cette adresse, courte et digne, Marie-Louise annonçait : « que c'était de sa résidence à Blois que devaient émaner les seuls ordres que les Français devaient reconnaître; toute ville au pouvoir des ennemis cessait d'être libre. » L'Impératrice invoquait les serments des Français : « ils écouteraient la voix d'une princesse remise à leur fidélité; son fils était moins sûr d'eux dans les temps de prospérité. » Pour la dernière fois Marie-Louise s'adressait à la France. Tout fut bientôt dans le désordre et la confusion à Blois; à mesure que les nouvelles arrivaient de Paris et que l'on connaissait

---

sous ses ordres adhèrent aux délibérations du Sénat. «Nous voulons tous, pour le bonheur de la France, une constitution forte et libérale, et dans notre souverain le cœur de Henri IV. »

Du 8. — Le général Kellermann, commandant le sixième corps de cavalerie, transmet au gouvernement provisoire l'adhésion des troupes sous ses ordres aux mesures que l'on croira devoir prendre pour le salut de la patrie. »

Le maréchal Mortier au général Dupont, ministre de la guerre.

Au quartier-général, Duplessis-le-Chenet, le 8 avril 1814.

« M. le comte, les généraux, colonels, officiers et soldats de la seconde division, vieille garde, des premières et deuxièmes divisions jeune garde impériale, de la division de dragons du général Roussel, aux ordres de S. E. M. le maréchal duc de Trévise, ont l'honneur de prier V. E. de présenter leur acte d'adhésion au nouveau gouvernement qui régit la France. »

Le maréchal duc de Trévise.

(Suivent les signatures des membres de l'état-major.)

Adhésion de Cambacérès.
A. S. A. le prince de Bénévent.

Blois, ce 7 avril 1814.

« Monseigneur, les princes grands-dignitaires étant sénateurs, je crois devoir, en tant que besoin, déclarer que j'adhère à tous les actes faits par le Sénat depuis le 1er avril courant. »

Cambacérès.

« Le prince archi-chancelier de l'Empire, soussigné, déclare qu'il adhère pleinement à tous les actes faits par le Sénat depuis le 1er avril courant, ainsi qu'aux dispositions qui sont la suite de ces actes. »

Cambacérès.

A Blois, ce 9 avril 1814.

les actes du gouvernement provisoire, des défections journalières venaient s'ajouter aux premières; Cambacérès avait donné l'exemple; d'autres vinrent après lui non moins éclatantes. Les gouvernements malheureux, comme les hommes qui ont subi l'infortune, conservent peu d'amis; c'est la désolante loi de l'humanité [1].

Tout se résumait, pour la résistance, dans l'attitude que prendrait l'Empereur à Fontainebleau; ferait-il contenance jusqu'au bout avec sa fermeté habituelle, ou bien ploierait-il le front devant l'infortune? On lui avait demandé l'abdication au profit de son fils, et il l'avait donnée; il s'y était déterminé par des considérations historiques. Le décret de déchéance prononcé par le Sénat avait excité sa plus profonde irritation, il l'avait foulé aux pieds. Enfin il apprend dans la nuit du

---

A M. le prince de Bénévent.
Paris, 8 avril 1813.
« Monseigneur, hier, à l'instant même de mon arrivée à Paris, craignant d'être indiscret en demandant une audience à V. A. S., je l'ai priée par écrit d'avoir la bonté de me faire connaître si elle jugeait que, malgré les événements, je pusse me considérer encore comme président du Corps législatif, et adhérer en cette qualité à la déchéance prononcée par le Sénat contre Napoléon Bonaparte et sa famille. Vos grandes occupations, monseigneur, n'ont pas permis que j'aie reçu une réponse; mais ayant pensé, après y avoir bien réfléchi, que je continuais d'être président jusqu'à ce que j'eusse un successeur, j'ai l'honneur d'adresser à V. A. S., en qualité de président du gouvernement provisoire, l'adhésion que je donne à la déchéance prononcée contre Bonaparte et sa famille. »
Signé, le duc de Massa (Régnier).
A M. le prince de Bénévent.
Du 8 avril 1814.
« Monseigneur, j'arrive à l'instant à Pa-

ris sans troupes; mais je les ai laissées prêtes et disposées à exécuter les mouvements que pourrait ordonner le gouvernement provisoire.
« V. A. S. m'a rendu justice en interprétant mes sentiments : j'éprouve un véritable regret de n'avoir pas été ici en position de partager le noble élan qu'enfin la France, dans sa partie saine, a montré; mais au moins ai-je fait, dans la position où j'étais placé, tout ce que l'honneur et le devoir commandent. »
Le maréchal Oudinot, duc de Reggio.
A S. A. le prince de Bénévent.
Au quartier-général, à Rouen, le 8 avril 1814.
« Monseigneur, nous venons d'être instruits officiellement des grands événements qui se sont passés depuis plusieurs jours, et nous nous empressons de donner notre adhésion à tous les actes du gouvernement provisoire.
« Jourdan, maréchal, commandant supérieur de la quinzième division militaire.
[1] *Proclamation de Marie-Louise.*
« Français, les événements de la guerre

4 au 5 que Marmont a fait acte d'obéissance à l'autorité sénatoriale, que lui Napoléon abhorre; à ce moment sa fureur n'a plus de bornes, l'acte du Sénat l'attaque dans sa personne, l'a flétri dans sa vie; à son tour, lui veut se défendre, et c'est dans un *ordre du jour* daté de Fontainebleau que s'exhale toute sa pensée d'autorité et de gouvernement; c'est l'Empereur qui s'irrite et se prononce; il aime mieux traiter avec Alexandre qu'avec le Sénat, avec les étrangers qu'avec ses sujets. Voici les paroles retentissantes qu'il écrit à Fontainebleau pour transmettre à la postérité comme un noble témoignage :

« L'Empereur remercie l'armée pour l'attachement qu'elle lui témoigne, et principalement parce qu'elle reconnaît que la France est en lui, et non pas dans le peuple de la capitale. Le soldat suit la fortune et l'infortune de son général, son honneur et sa religion. Le duc de Raguse n'a pas inspiré ces sentiments à ses compagnons d'armes; il est passé aux alliés. L'Empereur ne peut approuver la condition sous laquelle il a fait cette démarche; il ne peut accepter la vie ni la liberté de la merci d'un sujet. Le Sénat s'est permis de disposer du gouvernement français : il a oublié qu'il doit à l'Empereur le pouvoir dont il abuse maintenant; que

ont mis la capitale au pouvoir de l'étranger.

« L'Empereur, accouru pour la défendre, est à la tête de ses armées, si souvent victorieuses.

« Elles sont en présence de l'ennemi sous les murs de Paris.

« C'est de la résidence que j'ai choisie, et des ministres de l'Empereur, qu'émaneront les seuls ordres que vous puissiez reconnaître.

« Toute ville au pouvoir de l'ennemi cesse d'être libre; toute direction qui en émane est le langage de l'étranger, ou celui qu'il convient à ses vues hostiles de propager.

« Vous serez fidèles à vos serments; vous écouterez la voix d'une princesse qui fut remise à votre foi, qui fait sa gloire d'être Française, d'être associée aux destinées du souverain que vous avez librement choisi.

« Mon fils était moins sûr de vos cœurs au temps de nos prospérités.

« Ses droits et sa personne sont sous votre sauvegarde. »

Marie-Louise.

Blois, 3 avril 1814.

c'est lui qui a sauvé une partie de ses membres des orages de la Révolution, tiré de l'obscurité et protégé l'autre contre la haine de la nation. Le Sénat se fonde sur les articles de la constitution pour la renverser ; il ne rougit pas de faire des reproches à l'Empereur, sans remarquer que, comme le premier corps de l'État, il a pris part à tous les événements. Il est allé si loin qu'il a osé accuser l'Empereur d'avoir changé des actes dans la publication : le monde entier sait qu'il n'avait pas besoin de tels artifices ; un signe de sa part était un ordre pour le Sénat, qui toujours faisait plus qu'on ne désirait de lui. L'Empereur a toujours été accessible aux sages remontrances de ses ministres, et il attendait d'eux dans cette circonstance une justification la plus indéfinie des mesures qu'il avait prises. Si l'enthousiasme s'est mêlé dans les adresses et discours publics, alors l'Empereur a été trompé ; mais ceux qui ont tenu ce langage doivent s'attribuer à eux-mêmes les suites funestes de leurs flatteries. Le Sénat ne rougit pas de parler des libelles publiés contre les gouvernements étrangers ; il oublie qu'ils furent rédigés dans son sein. Aussi longtemps que la fortune s'est montrée fidèle à leur souverain, ces hommes sont restés fidèles, et nulle plainte n'a été entendue sur les abus du pouvoir. Si l'Empereur avait méprisé les hommes, comme on le lui a reproché, alors le monde reconnaîtrait aujourd'hui qu'il avait raison. Il tenait sa dignité de Dieu et de la nation ; eux seuls pouvaient l'en priver : il l'a toujours considérée comme un fardeau ; et lorsqu'il l'accepta, ce fut dans la conviction que lui seul était en état de le porter dignement. Aujourd'hui que la fortune s'est décidée contre lui, la volonté de la nation seule pourrait le persuader de rester plus longtemps sur le trône. S'il se doit considérer comme le seul obstacle à la paix, il fait volontiers ce dernier sacrifice à la France; il a en conséquence envoyé le prince de la Moskowa, et les ducs de Vicence et de Tarente à Paris pour entamer des négociations. L'armée peut être certaine que son honneur ne sera jamais en contradiction avec le bonheur de la France. »

Ainsi César flétrit le Sénat par ces hautaines paroles comme le Sénat a flétri César; c'est la guerre civile dans la patrie. Pendant ce temps M. de Caulaincourt, les maréchaux Ney et Macdonald arrivent à Paris avec des pleins pouvoirs, et porteurs de l'abdication de Napoléon au profit du roi de Rome. Acte habile sans doute; mais pour le soutenir il faudrait un appui dans la coalition; il ne se trouve à Paris ni l'empereur François II, ni le prince de Metternich; le Czar Alexandre a pris une telle influence dans la capitale que nul ne peut lutter avec lui; les amis de Moreau, le Sénat, M. de Talleyrand, ont la confiance de l'empereur de Russie; tout va dépendre de lui. Aussi les trois plénipotentiaires n'ont-ils rien de plus empressé que de demander un rendez-vous à M. de Nesselrode au nom de Napoléon, et ils l'obtiennent avec un empressement marqué.

Depuis cinq jours, les événements ont marché; le Sénat a travaillé de concert avec M. de Talleyrand à organiser la France en dehors de Napoléon. La cause des Bourbons est gagnée; le nom de Louis XVIII est partout; à chaque instant le parti royaliste grandit; les intérêts s'y associent avec confiance; les fonds publics cotés à 45 fr., en cinq jours se sont élevés de 25 fr., et atteignent le chiffre de 70. Tout revient à la joie et à la paix; l'opinion publique se prononce contre Bonaparte; de sanglants pamphlets sont publiés contre lui; la presse retentit de ces calomnies qui poursuivent chaque pouvoir le jour de sa défaite, saturnales de tous les temps; on jette le mépris contre ce qui est faible, on rampe sous ce qui est fort; il se fait d'abominables écrits et des chansons hideuses. Au milieu de ce débordement, tout à coup paraît une brochure que la renommée porta aux quatre coins de la France; elle avait pour titre : « *De Bonaparte et des Bourbons*», par M. de Châteaubriand. Benjamin Constant avait préparé et justifié l'invasion par sa brochure sur l'*Esprit de Conquête*, publiée en Allemagne; madame de Staël avait appelé Napoléon *le Robespierre à cheval*, M. de Pradt lui donnait l'épithète de *Jupiter Scapin*; vengeances de la presse opprimée contre son dictateur. L'écrit de M. de Châteaubriand, dans son style admirablement coloré, était un grand pamphlet politique pour déterminer la France à préférer les Bourbons à Bonaparte [1] : le pays avait tant souffert, les Bourbons avaient tant à réparer, qu'il n'est pas étonnant que des passions vives se soient attachées à la vie, au pouvoir de Napoléon pour le poursuivre à ce moment. D'ailleurs, c'était une bataille à livrer; il fallait achever la chute de l'Empereur, et alors toutes les armes étaient bonnes pour ce dessein.

On pouvait certes invoquer contre Napoléon d'inexorables griefs; tant de sang avait été versé, une effroyable

---

[1] A cette époque il y avait à Paris un engouement pour les alliés, et le 3 avril on chantait à l'Opéra (l'auteur est un écrivain fort libéral).

Vive Alexandre!
Vive ce roi des rois!
Sans nous dicter des lois,
Ce prince auguste
A ce triple renom
De héros, de juste,
De nous rendre un Bourbon.
  Vive Guillaume
Et ses guerriers vaillants!
De ce royaume
Il sauve les enfants;
Par sa victoire,
Il nous donne la paix
Et compte sa gloire
Par ses nombreux bienfaits.

consommation d'hommes s'était accomplie; on en fit le résumé exact, 2,173,000 conscrits avaient été levés et dévorés depuis l'établissement de l'Empire au profit d'une vaine ambition, sorte de dîme sanglante levée sur la population de France, parmi les hommes mâles et forts[1]. Les idées de paix et de restauration marchaient avec une grande énergie; le Sénat s'occupait de formuler une constitution qui rappellerait Louis XVIII à la couronne; on préparait une Charte de liberté; les idées de 1791 et le système anglais paraissaient partout dominer; la pensée napoléonienne de la conquête était finie.

Aussi les plénipotentiaires chargés de stipuler pour la régence de Marie-Louise, M. de Caulaincourt, les maréchaux Macdonald et Ney, furent-ils accueillis comme des importuns qui venaient déranger le mouvement des idées, la marche d'une situation. Quand un gouvernement et une société prennent certaines allures neuves et rajeunies, ceux-là qui viennent stipuler les vieux intérêts sont repoussés comme des embarras. Personnellement bien accueillis par Alexandre, M. de Caulaincourt et les maréchaux plaidèrent avec chaleur la cause de la régence. Le Czar leur dit « que c'était bien tard », mots terribles, que l'on oppose souvent à la fidélité malheureuse qui réclame les droits et les intérêts mécon-

---

[1] Conscrits levés depuis la fondation de l'Empire.

Lois du 17 janvier 1805,		60,000	— 5 octobre 1809,	36,000
Sénatus-consulte du 24 septembre 1805,		80,000	— 13 décembre 1810,	120,000
—	4 décembre 1806,	80,000	— 13 décembre 1810,	40,000
—	7 avril 1807,	80,000	— 20 décembre 1811,	120,000
—	7 avril 1807,	80,000	— 13 mars 1812,	100,000
—	21 janvier 1808,	80,000	— 1er septem. 1812,	137,000
—	10 septem. 1808,	160,000	— 11 janvier 1813,	250,000
—	18 avril 1809,	30,000	— 3 avril 1813,	180,000
—	18 avril 1809,	10,000	— 24 août 1813,	30,000
			— 9 octobre 1813,	280,000
			— 15 novem. 1813,	300,000
			Total.	2,173,000

nus. M. de Caulaincourt remplit son devoir religieusement, le maréchal Macdonald déploya une fermeté qui fait honneur à son caractère; il n'avait jamais eu à se louer de l'Empereur, si sévère pour les amis de Moreau, et il mit à honneur de lui prouver que ces souvenirs étaient entièrement effacés; loyal et ferme, Macdonald défendit chaleureusement la cause de Napoléon, jusqu'à ce point de faire presque du tapage dans les salons de M. de Talleyrand qui répondait toujours avec son inflexible sang-froid : « Les Bourbons sont un principe, tout le reste est une intrigue. » Le maréchal Ney fut plus faible, moins tenace pour défendre Napoléon; il se mit immédiatement en rapport avec M. de Talleyrand pour faire sa soumission au gouvernement provisoire. L'empereur Alexandre se défendit de proclamer la régence parce qu'il avait décidé de ne rien changer à la volonté du Sénat, pour lui l'organe de la France; et le Sénat, sous l'influence de M. de Talleyrand, venait d'appeler Louis XVIII au trône de France avec une charte ou constitution [1].

Dès ce moment, chacun songe à faire sa soumission au nouveau gouvernement; la cause de l'Empereur est délaissée par les plus fervents. M. de Caulaincourt et les maréchaux n'eurent plus à discuter avec les ministres des souverains qu'une seule question, celle des avantages qui seraient assurés à Napoléon en échange de l'abdication absolue, et ici Alexandre désira se montrer large et complétement généreux. Il voulut que Napoléon conservât son titre, c'était bien le moins pour l'homme qu'il avait traité de frère à Tilsitt, à Erfurth; Napoléon avait régné; pour l'Europe il était toujours

---

[1] Voyez mon *Histoire de la Restauration*, tome I.

empereur, il devait avoir une principauté souveraine comme résidence; mais quel lieu choisirait-on pour cet exil? On avait proposé d'abord la souveraineté de la Corse, qui paraissait fortement convenir. Pozzo di Borgo et le parti des patriotes corses s'y opposèrent vivement; ils ne voulaient point soumettre Ajaccio, Corte, aux Buonaparte, ennemis de Paoli; et que serait devenue la vendetta? L'île d'Elbe fut suggérée par les partisans d'Élisa, car elle était bien proche de la Toscane, où elle pourrait agir et se mouvoir. On fit quelque opposition à ce projet qui rapprochait trop Napoléon de France et d'Italie, et déjà l'on parla d'un établissement plus lointain pour lui dans l'Amérique et dans l'Inde; l'île d'Elbe paraissait plaire à l'Empereur déchu, presque toujours, dans ses préliminaires de paix, il se l'était réservée.

Ce traité que le Czar offrait avec empressement aux plénipotentiaires fut soumis à la condition expresse de l'abdication pure et simple de Napoléon pour lui ses successeurs et héritiers; condition rigoureuse qu'il fallait lui faire accepter. M. de Caulaincourt hésitait un peu; mais Ney, avec sa franchise brusque, déclara : « qu'il faudrait bien que Napoléon donnât son consentement à un acte qui rendait la paix à la France et le repos à l'armée. Les trois plénipotentiaires revinrent donc à Fontainebleau, avec la mission difficile d'imposer la fatale loi à leur Empereur; il n'y avait pas d'autre parti à prendre, à moins d'engager une lutte éternelle au sein de la patrie. Et ici se présente encore une question historique de la plus haute gravité : Napoléon pouvait-il, par un mouvement énergique de nationalité, se défendre et sauver l'Empire? ou bien l'abdication de Fontainebleau était-elle un acte forcé et impérieux?

NÉGOCIATION AVEC L'EMPEREUR (AVRIL 1814).

Pour répondre à cette question, il faut considérer deux périodes : 1° la situation de l'Empereur avant l'adhésion du maréchal Marmont aux actes du Sénat; 2° la position de l'armée après cet acte qui découvrait une partie de la ligne militaire.

Au 2 avril, en réunissant toutes ses troupes, Napoléon pouvait disposer de 57,500 hommes, y compris les corps de Marmont et de Mortier sur l'Essonne; c'était un beau noyau, formé de troupes d'élite, mais que pouvait-il tenter avec cela? L'armée alliée qui occupait Paris s'élevait à 180,000 hommes; 80,000 avaient passé sur la rive gauche avec Schwartzenberg; le corps de Bernadotte s'avançait par le nord, les Autrichiens pirouettaient sur Pithiviers; de nouvelles réserves passaient le Rhin et la Moselle. Bientôt Napoléon serait enveloppé de baïonnettes; une trouée était possible, mais on l'aurait poursuivi, traqué, car les populations étaient fatiguées. Fallait-il tenter un mouvement sur Paris? mais les 80,000 alliés établis sur la rive gauche de la Seine n'auraient-ils pas empêché toute communication? Les masses se seraient soulevées, dit-on, mais les faubourgs étaient dépeuplés d'hommes par les dernières levées, la garde nationale, sous le général Dessolles, avait adhéré aux actes du Sénat, Paris était fatigué de l'Empereur. On éprouvait déjà un bien-être, une prospérité remarquable; aurait-on échangé tout cela pour un saccagement de palais, de rues, un combat et un pillage? Ce sont là des calculs du lendemain, une stratégie de coin du feu. Cette pointe sur Paris devint impossible après l'adhésion de Marmont aux actes du Sénat; les généraux les plus fermes se prononçaient pour le gouvernement provisoire; Souham mena ses troupes en Normandie, pour les jeter hors de la ligne des batailles. A Fontainebleau les maréchaux étaient fatigués, la guerre de partisans ne leur convenait pas; on murmurait. Les communications avec Blois étaient interceptées de droite et de gauche; un corps d'alliés était déjà à Pithiviers.

Telle était la situation déplorable de l'Empereur, lorsque les trois plénipotentiaires vinrent lui rendre compte de l'embarras de leur mission; ils le trouvèrent renfermé dans son cabinet, plein d'impatience de les revoir, de connaître les nouvelles de Paris, et l'impression qu'avait faite l'idée de régence. Ney porta la parole, et déclara « que tout était fini pour sa famille, le repos de l'armée et de la France exigeait l'abdication pure et simple ». M. de Caulaincourt parla des sentiments personnels exprimés par le Czar Alexandre pour son bien-être d'avenir, et de l'abdication absolue en échange de la souveraineté de l'île d'Elbe, lieu de repos pour attendre des jours meilleurs; Macdonald, qui avait défendu avec tant de chaleur Napoléon, ajouta que: « dans sa loyauté il croyait la cause impériale finie; tous trois avaient échoué devant un parti pris. « Quoi! s'écria l'Empereur, non seulement mon abdication, mais encore celles de Marie-Louise et de mon fils? c'est trop à la fois. » Il demanda jusqu'au lendemain pour réfléchir, voulant surtout consulter l'armée; la réponse fut presque unanime parmi les généraux: tous désiraient en finir, excepté quelques jeunes têtes ardentes, et avec elles les vieux soldats si dévoués à leur Empereur; ceux-là voulaient mourir. Berthier, qui lui devait tant, ne fut pas le dernier à faire ses conditions avec le gouvernement provisoire; il écrivit à M. de Talleyrand, comme l'avait fait Cambacérès: sous la tente, Napoléon fut renié et blasphémé avant que le coq n'eût chanté trois fois, comme le dit l'Écriture; il put voir l'ingratitude humaine à son paroxisme, les défections qui touchent le cœur, l'ami qui s'en va, le serviteur qui fuit avec la gloire et la fortune, amantes infidèles; il souffrit aussi sa passion, car tous nous portons notre croix plus ou moins pesante sur les épaules[1]. » Il y eut des scènes pénibles entre les maréchaux et lui, on disputa. et l'on ne fut plus calme à Fontainebleau que lorsque l'abdication pure et simple fut accordée par l'Empereur.

Je l'ai tenue, cette abdication, sous mes yeux, sur un court papier, écrite en cinq lignes de la main de Napoléon; elle porte la date du 6 avril 1814 [2], les caractères en sont presque indéchiffrables; l'Empereur a souligné quatre mots, ce sont ceux-ci : « *les puissances alliées ayant proclamé* », et cela pour indiquer qu'il ne cède pas au Sénat, mais aux étrangers; au milieu de ces cinq lignes, il y a une lourde tache d'encre, quelques mots sont ajoutés au-dessus; il avait d'abord écrit qu'il renonçait au trône de France, et il ajoute au-dessus : *pour lui et ses héritiers*. Les autres mots ajoutés sont ceux-ci : « *Il n'est aucun sacrifice qu'il ne soit prêt à faire*. » On voit dans ces lignes écrites rapidement l'agitation de son âme, l'indignation de son cœur. La main est peu sûre, les caractères tracés d'une façon incomplète; Napoléon déclare qu'il se sacrifie comme le seul obstacle à la paix de l'Europe; il s'offre en holocauste, il se donne

---

[1] *Lettre adressée au président du Sénat.*
« Messieurs et sénateurs, l'armée, essentiellement obéissante, n'a pas délibéré; elle a manifesté son adhésion quand son devoir le lui a permis. Fidèle à ses serments, l'armée sera fidèle au prince que la nation française appelle au trône de ses ancêtres.
« J'adhère pour moi et pour mon état-major aux actes du Sénat et à ceux du gouvernement provisoire. »
Fontainebleau, le 11 avril 1814.
Le prince vice-connétable, major-général.   Alexandre (Berthier).

[2] *Abdication.*
« Les puissances alliées ayant proclamé que l'Empereur Napoléon était le seul obstacle au rétablissement de la paix en Europe, l'Empereur Napoléon, fidèle à son serment, déclare qu'il renonce, pour lui et ses héritiers, aux trônes de France et d'Italie, et qu'il n'est aucun sacrifice personnel, même celui de la vie, qu'il ne soit prêt à faire aux intérêts de la France.
« Fait au palais de Fontainebleau, le 11 avril 1814 (date réelle, 6 avril).
Napoléon.

comme gage. Cet abandon de ses droits sauve le pays qu'il ne peut plus défendre.

Une fois l'abdication pure et simple signée, tout marche sans difficulté vers un but définitif; les plénipotentiaires des puissances se réunissent; M. de Caulaincourt qui rédigeait naguère les grands traités avec l'Europe est maintenant appelé à la triste mission de stipuler les intérêts personnels de Napoléon sur un espace de quelques lieues. Ney est avec lui comme second plénipotentiaire; il ne signe plus *prince de la Moskowa*, son titre est Michel Ney, duc d'Elchingen; Macdonald est le troisième signataire; M. de Metternich représente l'Autriche, M. de Nesselrode la Russie et M. de Hardenberg la Prusse[1], comme dans un grand traité où il s'agirait de partager le monde; et cependant ce sont les petits intérêts de la vie personnelle de Napoléon déchu qui se discutent : le fier Empereur renonce à l'Empire et au royaume d'Italie, pour lui et ses descendants; il conservera son titre impérial; la mère, les frères, les sœurs, les neveux et nièces de l'Empereur seront princes et princesses de la famille; Napoléon ayant désigné l'île d'Elbe pour sa résidence, cette île sera érigée en principauté en sa faveur; le

---

[1] *Traité entre les puissances alliées et l'Empereur Napoléon.*

« Art. 1er. S. M. l'Empereur Napoléon renonce, pour lui et ses successeurs et descendants, ainsi que pour chacun des membres de sa famille, à tout droit de souveraineté et de domination, tant sur l'Empire français et le royaume d'Italie que sur tout autre pays.

« 2. LL. MM. l'Empereur Napoléon et l'Impératrice Marie-Louise conserveront ces titres et qualités pour en jouir leur vie durant.

« La mère, les frères, sœurs, neveux et nièces de l'Empereur conserveront également, partout où ils se trouveront, les titres de princes de sa famille.

« 3. L'île d'Elbe, adoptée par S. M. l'Empereur Napoléon pour le lieu de son séjour, formera, sa vie durant, une principauté séparée, qui sera possédée par lui en toute souveraineté et propriété.

« Il sera donné en outre en toute propriété à l'Empereur Napoléon un revenu annuel de 2,000,000 de francs en rente sur le grand livre de France, dont 1,000,000 réversible à l'Impératrice.

« 4. Toutes les puissances s'engagent à employer leurs bons offices pour faire respecter par les Barbaresques le pavillon

duché de Parme et de Plaisance est assuré à Marie-Louise et au prince impérial; deux millions de rente sont donnés à Napoléon; l'Impératrice Joséphine aura un million inscrit sur le grand livre; Eugène obtiendra un établissement hors de France; 1,500 hommes de la garde impériale serviront d'escorte à l'Empereur jusqu'au lieu de débarquement; lui qui a rêvé la grande marine de Louis XIV, recevra une corvette en propriété; lui qui a réalisé un vaste Empire, de Hambourg à l'Illyrie, sera souverain de l'île d'Elbe; en 1811 il avait un total de 650,000 hommes, et 400 soldats de la garde formeront la seule armée de l'Empereur, à Porto-Ferrajo.

Ce traité fut ratifié à Fontainebleau, et dès ce moment tout fut dit pour l'Empire. Napoléon cessait d'exister politiquement: autour de lui commençaient les déceptions et les ruines; tous se précipitaient vers Paris, à qui le premier, à qui le second; tous tendaient la main au nouveau gouvernement, parce que là étaient les faveurs, les richesses. A Blois, c'est un pêle-mêle, le grand empressement de tous est de se distribuer le trésor; on ne songe ni à Marie-Louise, ni au roi de

et le territoire de l'île d'Elbe, et pour que dans ses rapports avec les Barbaresques elle soit assimilée à la France.

« Les duchés de Parme, de Plaisance et Guastalla seront donnés en toute propriété et souveraineté à S. M. l'Impératrice Marie-Louise. Ils passeront à son fils et à sa descendance en ligne directe. Le prince son fils prendra dès ce moment le titre de prince de Parme, Plaisance et Guastalla.

« 6. Il sera réservé dans les pays auxquels l'Empereur Napoléon renonce, pour lui et sa famille, des domaines, ou donné des rentes sur le grand livre de France, produisant un revenu annuel, net, et déduction faite de toutes charges, de 2,500,000 francs. Ces domaines ou rentes appartiendront en toute propriété, et pour en disposer comme bon leur semblera, aux princes et princesses de sa famille, et seront répartis entre eux.

« Les princes et princesses de la famille de l'Empereur Napoléon conserveront en outre tous les biens, meubles et immeubles, de quelque nature que ce soit, qu'ils possèdent à titres particuliers, et notamment les rentes dont ils jouissent, également comme particuliers, sur le grand-livre de France ou le Monte-Napoléone de Milan.

« 7. Le traitement annuel de l'Impératrice Joséphine sera réduit à un million en domaines ou en inscriptions sur le grand-livre de France. Elle continuera à jouir en toute propriété de tous ses biens meubles et im-

Rome; le drame fini, on oublie les acteurs; un commissaire autrichien suffit pour que l'Impératrice Marie-Louise vienne rejoindre son père avec son fils; et le comte de Ségur, comme maître des cérémonies, lui donne la main pour monter dans sa voiture, parce qu'un maître de cérémonies doit assister même aux funérailles des dynasties. On ne vit dès lors à Blois que des chaises de poste; Joseph et Jérôme partent tous deux pour la Suisse, madame Lœtitia Ramolini et le cardinal Fesch pour Rome, Rome, l'abri dans les grandes tempêtes.

A Fontainebleau, maintenant tout est désert; quelques rares fidélités entourent Napoléon, devenu presque solitaire; sa promenade habituelle est le petit jardin réservé, entre ces pièces d'eau où se mirent les cygnes. Le printemps commençait à jeter ses feuilles, les oiseaux saluaient la nature à son réveil; Napoléon médite sur l'histoire : tantôt il se compare à Dioclétien cultivant, en philosophe désabusé, les légumes de son jardin; tantôt il se rappelle le souvenir de Charles-Quint sous les sombres voûtes d'un monastère, après avoir gouverné le monde; les vieilles chroniques ne disaient-elles pas aussi que Charlemagne s'était fait moine aux derniers

meubles particuliers, et pourra en disposer conformément aux lois françaises.

« 8. Il sera donné au prince Eugène, vice-roi d'Italie, un établissement convenable hors de France.

« 9. Les propriétés que S. M. l'Empereur Napoléon possède en France, soit comme domaine extraordinaire, soit comme domaine privé, resteront à la couronne.

« 10. Tous diamants de la couronne resteront à la France.

« 11. L'Empereur Napoléon fera retourner au trésor et aux autres caisses publiques toutes les sommes et effets qui en auraient été déplacés par ses ordres, à l'exception de ce qui provient de la liste civile.

« 12. Les dettes de la maison de S. M. l'Empereur Napoléon, telles qu'elles se trouvent au jour de la signature du présent traité, seront immédiatement acquittées sur les arrérages dus par le trésor public à la liste civile.

« 13. Les obligations du Monte-Napoléone de Milan envers tous ses créanciers, soit français, soit étrangers, seront exactement remplies, sans qu'il soit fait aucun changement à cet égard.

« 14. On donnera tous les sauf-conduits nécessaires pour le libre voyage de S. M. l'Empereur Napoléon, etc.

« 15. La garde impériale française fournira un détachement de 12 à 1,500 hom-

jours de sa vie? Il irait donc à l'île d'Elbe pour écrire les grandes choses de son règne: après les agitations, la solitude; après le bruit des camps, l'écho des rivages et le bruit des vagues lointaines. Quelquefois jetant les yeux sur le *Moniteur*, il assiste à d'étranges spectacles; il subit les vicissitudes de la fortune; ici des insultes, là des blasphèmes contre son image, des lâchetés, beaucoup de lâchetés, des trahisons, des délaissements : Napoléon buvait son calice amer; et ce qui le satisfit pleinement, c'est qu'après l'entrée à Paris de M. le comte d'Artois, le gouvernement provisoire fut contraint de remettre ses pouvoirs dans les mains des Bourbons. Il a haine de ce gouvernement provisoire, il a haine du Sénat; il explique la cause des Bourbons, il exalte le principe d'hérédité sur lequel repose leur fortune; il ne pardonne pas sa déchéance au Sénat. Pour lui, souverain irrité, ce sont des traîtres et des félons ; quand il les vit tomber il en reçut une satisfaction intime, il s'écria : « Voilà leur tour, j'en suis satisfait. »

Dans cette retraite méditative de Fontainebleau, son âme abattue fut un moment relevée par un événement

---

mes de toute arme pour servir d'escorte jusqu'à Saint-Tropez, lieu de l'embarquement.

« 16. Il sera fourni une corvette armée et les bâtiments de transport nécessaires pour conduire au lieu de sa destination S. M. l'Empereur Napoléon, ainsi que sa maison. La corvette demeurera en toute propriété à S. M.

« 17. S. M. l'Empereur Napoléon pourra emmener avec lui, et conserver po r sa garde , 400 hommes de bonne volonté, tant officiers que sous-officiers et soldats.

« 19. Les troupes polonaises de toute arme qui sont au service de France auront la liberté de retourner chez elles, en conservant armes et bagages , etc.

« 20. Les hautes puissances alliées garantissent l'exécution de tous les articles du présent traité. Elles s'engagent à obtenir qu'ils soient adoptés et garantis par la France. »

Fait à Paris, le 11 avril 1814.

Signé, Caulaincourt, duc de Vicence;
  le mar. duc de Tarente, Macdonald;
  le mar. duc d'Elchingen, Ney;
  le prince de Metternich.

(Ces mêmes articles ont été signés séparément par le comte de Nesselrode et le baron de Hardenberg, l'un pour la Russie, l'autre pour la Prusse.)

militaire qui rappelait ses grands bulletins. Le 10 avril, autour de Toulouse, s'était donnée une de ces batailles dont l'éclat retentissant allait porter au loin le nom français; le maréchal Soult défendait depuis cinq mois, pied à pied, les frontières des Pyrénées; à Orthez des forces supérieures l'avaient accablé; quand le drapeau blanc flottait déjà sur Bordeaux, le maréchal Soult paraissait à Toulouse, décidé fermement à essayer une bataille sous ses aigles; comme tant d'autres il n'avait pas brisé son épée. Pourquoi le maréchal Suchet n'avait-il pas porté aide à l'armée des Pyrénées occidentales? était-ce simple jalousie? la défection avait-elle déjà glacé ce cœur? comment ne pas répondre à l'appel d'un frère d'armes qui vous réclame au nom de la patrie?

Le maréchal Soult est arrivé le 24 mars aux environs de Toulouse; son armée fatiguée compte 27,000 hommes, il se place à quelques lieues de la ville comme dans un grand camp retranché; lord Wellington impatient de victoire se présente devant ces retranchements, les examine, les pénètre, les compare à ses lignes de Torrès-Védras. Le 10 avril, date triste et glorieuse pour Toulouse, le canon gronde; lord Wellington attaque les Français retranchés sur une ligne de trois lieues. Le maréchal Soult mène avec lui des généraux de premier ordre, Clausel, d'Armagnac, Rey, Villate; il est seul, Suchet ne l'a point rejoint. C'est une journée de manœuvres; les pertes sont considérables de part et d'autre, quelques-unes des lignes françaises sont enlevées; la terre est jonchée de morts. Le lendemain 11, les alliés sous lord de Wellington recommencent la bataille. Pendant trois jours le maréchal Soult défend intrépidement son camp retranché à Toulouse, il n'é-

BATAILLE DE TOULOUSE (10 AVRIL 1814).

vacue ses positions que pas à pas, et sur les nouvelles qui lui parviennent des événements de Paris[1]. » Cette bataille qui prit le nom de Toulouse est un des souvenirs les plus glorieux du maréchal Soult; elle a créé une confraternité militaire entre lui et le duc de Wellington. Quoi d'étonnant que deux épées qui se sont croisées sur de nobles poitrines aient cette estime réciproque qui passe à travers les passions du moment pour retentir dans la postérité? Napoléon, à ce récit de la bataille de Toulouse, dut reprendre un peu la fierté de son premier temps; abattu par l'infortune, il releva la tête; il vit qu'il y avait encore du sang généreux sous la tente. Quand tout était flétri et désenchanté autour de lui, le drapeau s'illuminait encore d'un peu de gloire.

Oui, tout était triste à Fontainebleau comme aux funérailles d'un grand Empire; les cœurs qui lui restent fidèles veulent tous l'accompagner; que feront-ils sur ce territoire de la France? ils n'ont vu, ils n'ont connu que leur Empereur. Il n'y a de patrie qu'avec lui, il n'y a plus de France sans lui; c'est le sentiment de l'émigration : dévouement noble et exalté que celui qui fait ainsi courir des hommes hors de leur pays, de leur famille, pour suivre un prince, un souverain, ou servir une idée! Les vieux soldats de sa garde, groupés autour de lui, s'offrent tous à l'accompagner; le sol est désormais sans attraits pour eux; l'air sera pesant à leurs poumons.

---

[1] Le maréchal Soult fut le dernier à abandonner la cause de Napoléon. Voici son acte d'adhésion :

« La nation ayant manifesté son vœu pour la déchéance de Napoléon et le rétablissement au trône de nos anciens rois, l'armée, essentiellement obéissante et nationale, doit se conformer au vœu de la nation.

« Ainsi, au nom de l'armée, je déclare que j'adhère aux actes du Sénat conservateur et du gouvernement provisoire, relatifs au rétablissement de Louis XVIII au trône de saint Louis et de Henri IV, et que nous jurons fidélité à Sa Majesté.

« Au quartier-général, Castelnaudary, 19 avril 1814. »

Maréchal duc de Dalmatie.

Napoléon demande 400 hommes de bonne volonté, il en aurait trouvé 5,000 parmi ces vieux grenadiers.

Le moment solennel arrive : voici les commissaires désignés pour accompagner l'Empereur déchu jusqu'à l'île d'Elbe ; le général russe comte de Schouwaloff, le général autrichien Koller, le colonel anglais Campbell et le général prussien Waldebourg ; leur attitude est respectueuse, les instructions de leurs gouvernements veulent qu'on traite Napoléon de Majesté comme souverain et Empereur ; ils prennent ses ordres pour le départ, et Napoléon désigne le 20 avril au matin. La nuit, de nouvelles défections viennent affliger son âme ; on n'attend même pas son départ ; jusqu'au Mamelouck Rustan qui l'abandonne ; le musulman croit à la fatalité ; pour lui, l'Empereur est tombé, tout est fini... Napoléon s'est résigné à sa destinée ; le bruit court qu'il a voulu s'empoisonner ; on assure même qu'il a pris la potion de Cabanis ; comme Mithridate, il résista au poison ; est-ce là une vérité ou une chronique de serviteur trop zélé, on l'ignore !

Le 20 avril, à 10 heures du matin, Napoléon s'appuyant sur le bras du général Belliard, descendit le perron du Cheval-Blanc, au vieux château de Fontainebleau ; il portait l'uniforme de chasseurs de sa garde ; sa figure était devenue plus ronde, ses chairs pendantes, ses jambes grossies et épaisses. Tout à coup il se porte rapidement jusqu'au-devant de sa garde rangée en bataille. Auprès de lui, les commissaires des puissances en grande tenue, et tous contemplant cet homme extraordinaire que le colonel Campbell voyait seul pour la première fois.

Les vieux grenadiers lui présentent les armes. A ses côtés marchent, l'œil consterné, M. Maret, secrétaire d'État (c'est un hommage que je dois rendre à sa fidélité), le général Belliard, les colonels Bussy, de Montesquiou, de Turenne, officiers d'état-major, qui ne l'ont pas délaissé dans son infortune ; parmi eux brillent même deux officiers polonais. Napoléon s'avance, tandis que les chevaux de poste hennissent en soulevant la poussière de leurs pieds vigoureux. Il fait signe qu'il veut parler; le silence est profond, et voici ses dernières et solennelles paroles : « Officiers, sous-officiers et soldats de ma vieille garde, je vous fais mes adieux. Depuis vingt ans que je vous commande, je suis content de vous et je vous ai toujours trouvés sur le chemin de la gloire. Les puissances alliées ont armé toute l'Europe contre moi ; une partie de l'armée a trahi ses devoirs, et la France a cédé à des intérêts particuliers. Avec vous et les braves qui me sont restés fidèles, j'aurais pu entretenir la guerre civile pendant trois ans; mais la France eût été malheureuse, ce qui était contraire au but que je m'étais proposé. Je devais donc sacrifier mon intérêt personnel à son bonheur, ce que j'ai fait. Soyez fidèles au nouveau souverain que la France s'est choisi; n'abandonnez point cette chère patrie, trop longtemps malheureuse ! Ne plaignez point mon sort ; je serai toujours heureux quand je saurai que vous l'êtes. J'aurais pu mourir, rien n'était plus facile ; mais non, je suivrai toujours le chemin de l'honneur : j'écrirai ce que nous avons fait. Je ne puis vous embrasser tous, mais je vais embrasser votre chef. Venez, général (il embrasse le général Petit). Qu'on m'apporte l'aigle (il l'embrasse). Chère aigle, que ces baisers retentissent dans le cœur de tous les braves! Adieu, mes enfants ! Adieu, mes braves ! Entourez-moi encore une fois ! »

Quand il a prononcé ces mots, il fait quelques pas

vers l'aigle du 1ᵉʳ régiment de la garde; le général Petit la saisit d'une main tremblante et la présente encore à l'Empereur. Un profond et morne silence règne partout. Napoléon serre de nouveau le général Petit dans ses bras et donne un baiser à ce drapeau tricolore en lambeaux qui pend sur sa tête et ombrage son front. Les vieux soldats pleurent comme des enfants délaissés; mais leurs yeux brillent encore à travers les larmes qui sillonnent leurs joues ridées; ils semblent dire: « César, ta fortune n'est pas finie; nous t'attendons encore, car tes funérailles doivent être les nôtres; nous avons une vengeance à prendre contre l'ennemi; il faut que nous mourions sur le champ de bataille; il faut que notre sang tache une fois encore ton linceul funèbre. Adieu, César, au revoir! » Dans ces visages basanés, il y a déjà l'espérance des Cent-Jours et le grand extrait mortuaire de Waterloo!

FIN DU DIXIÈME ET DERNIER VOLUME.

TABLE
DES CHAPITRES
DU DIXIÈME VOLUME.

Pages.

CHAPITRE I. — Énergie administrative de l'empire français. État de l'opinion publique. — Les adresses. — Les moqueries sur Napoléon. — Affaissement de l'esprit national. — Force de la centralisation — Premier travail de l'Empereur. — Organisation de l'artillerie. — Les canonniers de la marine. — Remonte de la cavalerie. — Offre de cavaliers par les départements. — Les gendarmes. — Les gardes d'honneur. — Organisation de l'infanterie. — Levées de conscrits. — Les cohortes. — Bans de la garde nationale. — Les finances. — Esprit du Corps législatif. — Ouverture de la session. — Mesures proposées. — Tableau mensonger de la France. — Dépouillement des communes et des hospices. — Budget de 1813. — Institution définitive de la régence. — Sénatus-consulte. — Marie-Louise régente. — Merveilleuse activité de l'Empereur. — Appauvrissement de la France. — (20 Décembre 1812 au 15 Avril 1813.) 1

CHAPITRE II. — Diplomatie de l'Europe après la campagne de Russie. — Le cabinet de Saint-Pétersbourg. — Impossibilité d'un rapprochement entre Alexandre et Napoléon. — Activité de la diplomatie russe. — L'Angleterre. — Ses prétentions. — Première idée de la France réduite à son ancien territoire et à sa vieille dynastie. — La Prusse. — Le roi Frédéric-Guillaume. — M. de Saint-Marsan à Berlin. — Dépêches et correspondances. — M. de Hardenberg. — Question d'alliance de famille. — Levées de troupes. — Fuite du roi. — Entrevue de Kalisch. — Traité d'alliance avec la Russie. — L'Autriche. — Attitude de M. de Metternich après les désastres de Russie. — Sa politique. — Première pensée de médiation armée. — M. Otto à Vienne. — Sa correspondance.—Mission de M. de Bubna.—Envoi de M. de Narbonne. —Voyage du prince de Schwartzenberg — Adoption complète du système de médiation armée. —Les États de l'Allemagne. — La Bavière. — Le Wurtemberg. — La Saxe. — La Suède. —Négociations entre Bernadotte et Napoléon. —Correspondance. — Traité de subsides et de contingent. — Le Danemarck. — Proposition pour s'unir aux confédérés. — Cause du refus. — Mauvaise tournure des négociations françaises. — (Janvier à Mai 1813.)   33

CHAPITRE III. — PREMIÈRE PÉRIODE DE LA CAMPAGNE D'ALLEMAGNE. Débris de la grande armée. — Impuissance de la réorganiser. — Démoralisation de Murat.— Il abandonne les camps à Posen. — Perplexité de Berthier. — Choix d'Eugène de Beauharnais. — Effectif de l'armée.—Marche des Russes.—Alexandre à Wilna, — à Varsovie. — Esprit de l'Allemagne. — Première apparition des Russes. —Les Cosaques de Czernicheff. — L'armée française au 28 avril. — Départ de Napoléon. — Sa puissante activité. — Réorganisation et répartition en corps. — Marche en avant. — Premiers combats d'avant-postes. — Bessières tué. — Surprise de Lutzen. — Les deux périodes de la journée. — Victoire incertaine. — Entrée à Dresde. — Retraite de l'armée alliée. — Bataille de Bautzen. — Prise des retranchements de Wurtschen. — Merveilles de cette campagne. — (Décembre 1812 à Juin 1813.)   72

CHAPITRE IV.— ARMISTICE DE PLESSWITZ. —CONGRÈS DE PRAGUE. Développement des opérations militaires. — Derniers feux de l'ennemi.— Mort de Duroc. — Réponse des alliés à la proposition d'armistice. — Discussion des bases. — Signature et conclusion. — Intervention de l'Autriche. — Véritable mobile de l'armistice.—Était-il possible d'arriver à la paix ? — Angleterre. — Russie. — Prusse. — Autriche. — Le comte de Bubna à Dresde.—La médiation. — Premières difficultés de l'Empereur. —Arrivée du comte de Metternich. — Audience de Napoléon. — Grande et solennelle conférence. —La médiation acceptée. — Fixation du lieu pour le congrès. — Désignation des plénipotentiaires. — MM. de Humboldt et d'Anstett, — Caulaincourt et

TABLE DES CHAPITRES.

Narbonne. — Question de formes sur les conférences. — Notes écrites. — Projet du médiateur. — Projet des belligérants. — Rupture du congrès. — Fin de l'armistice. — (22 Mai au 10 Août 1813.) 122

CHAPITRE V. — SITUATION DES PARTIES BELLIGÉRANTES PENDANT LE CONGRÈS DE PRAGUE. — Alexandre et Frédéric-Guillaume au quartier-général. — Esprit des armées russe et prussienne. — Développement de l'insurrection. — Les étudiants d'Allemagne. — Le poëte Kœrner. — Opposition au système de paix. — Lord Cathcart. —Sir Charles Stewart. —Conventions de Reichenbach. — Fixation de subsides. — Application éventuelle à l'Autriche. —Le comte de Stadion. —Voyages du colonel Pozzo di Borgo.— Sa mission près de Bernadotte. — Négociations d'Alexandre avec Moreau. — Arrivée du général sur le continent. — Ses conférences avec Bernadotte. —Son passage en Prusse. — Le général Jomini. — Nouvelles d'Espagne. —Bataille de Vittoria. —Effet produit sur les alliés. —Déclaration de guerre de l'Autriche. — Napoléon à Dresde. —Idée d'appeler M. de Talleyrand. — Fouché mandé. —Sa mission. —Voyage de Napoléon à Mayence. — Organisation de son armée. — (Juin à Septembre 1813.) 158

CHAPITRE VI. — DEUXIÈME ÉPOQUE DE LA CAMPAGNE DE 1813. — Plan militaire des alliés. — Les conférences de Trachenberg. — Choix du général en chef. — L'empereur Alexandre, Barclay de Tolly, Moreau — Préférence donnée à l'Autriche. — Schwartzenberg. —La grande armée de Bohême. — Blücher, armée de Silésie. — Bernadotte, armée du nord. — Plan de Napoléon. — La ligne de l'Elbe. —Position du centre. — Dresde. — Oudinot sur Berlin. —Davoust, villes anséatiques. —Ney. — Macdonald. —Premier mouvement contre Blücher. — Marche de l'armée de Bohême. — Retour de Napoléon à Dresde. — Les trois grandes journées de Dresde. — Retraite des alliés. — Mort de Moreau. — Le dernier chant du poëte Kœrner. — Echec d'Oudinot à Gross-Beeren. — Macdonald et la bataille de la Katzbach.— Défaite de Kulm. — Vandamme prisonnier. — Développement du plan des alliés. — Négociations de l'Autriche avec la Bavière. — Les Bavarois et les Wurtembergeois passent à la cause allemande. — Impossibilité pour Napoléon de rester à Dresde. — Son vaste plan pour le nord de l'Allemagne. — Conseils timides. — Retraite sur Leipsick. — La position des armées. —Première idée de la bataille *des Nations*. — Napoléon et la cause européenne. — Les Saxons. — Les batailles par journées. — Les trois jours de Leipsick. — Retraite et fuite. — Manœuvre des Bavarois sur le Mein. — Bataille de Hanau. — Napoléon à Mayence. — (Juillet à Novembre 1813.) 187

CHAPITRE VII. — GOUVERNEMENT DE L'EMPIRE ET SITUATION DE PARIS PENDANT LA CAMPAGNE DE 1813. — État de l'opinion publique. — Réveil des partis. — Organisation royaliste en France. — Démarches de Louis XVIII. — Voyage de M. le comte d'Artois. — Projet du duc de Berry sur la Normandie. — Préoccupation des fonctionnaires sur les Bourbons. — Démarches de M. de Talleyrand. — Les républicains. — Les patriotes. — Rapprochement avec les royalistes. — Marie-Louise. — Actes de la régence. — Voyages à Mayence et à Cherbourg. — Sénatus-consulte pour la conscription. — Irritation des esprits. — Les formes de la police. — Direction de l'esprit public. — Empreinte de tristesse sur Paris et la France. — La résistance des provinces. — Les conscrits réfractaires. — La révolte dans les régiments de gardes d'honneur. — Idée de faire disparaître Napoléon comme Romulus. — Distractions. — Théâtres. — Littérature. — Modes. — Commencement des chansons politiques. — *Le Roi d'Yvetot* de M. de Béranger. — Les journaux. — Insultes aux étrangers. — (Mai à Novembre 1813.) 238

CHAPITRE VIII. — LES ARMÉES ALLIÉES. — PROPOSITIONS DE FRANCFORT. — Les souverains après Leipsick. — Entrevues et conférences. — Traité pour la division des pays conquis. — Idée autrichienne. — Les limites du Rhin. — Opinion de la Prusse et de l'Allemagne sur l'Alsace et la Lorraine. — L'Angleterre. — La Russie. — Résumé des conférences. — Envoi du général Pozzo di Borgo en Angleterre. — Ouverture du parlement. — Préparatifs du voyage de lord Castlereagh sur le continent. — Délivrance de l'Allemagne. — Chute du royaume de Westphalie. — Insurrection des villes anséatiques et de la Hollande, — de l'Illyrie. — Propositions à Murat. — Situation d'Eugène. — M. de Metternich à Francfort. — Conférences avec M. de Saint-Aignan. — Bases d'une proposition. — Dépêches de M. de Saint-Aignan. — Réponses de M. Maret. — Impatience des alliés. — Négociations avec la Suisse et le Danemarck. — (Novembre et décembre 1813.) 264

CHAPITRE IX. — NAPOLÉON EN FACE DES POUVOIRS ET DE LA

FRANCE. — L'Empereur à Paris. — Dictature. — Levée arbitraire de l'impôt. — Convocation du Corps législatif. — Sénatus-consulte qui attribue le choix du président à l'Empereur. — Rapport dicté à M. Molé. — Modification au *Moniteur*. — Changement de ministère. — M. Molé grand-juge. —M. de Caulaincourt aux relations extérieures. — Le Sénat. — Présidence de M. Lacépède. — Opposition. — Réunion de Républicains. — Projet de déchéance contre Napoléon rédigé par l'abbé Grégoire. —Esprit des députés.—Parti patriote.—Majorité de résistance. — Opposition partout. — Première pensée de déclarer la guerre nationale. — Communication diplomatique au Sénat et au Corps législatif. — Influence de M. de Talleyrand. — Traité avec les infants d'Espagne et Ferdinand VII. — Délivrance du pape. — Conférences des députés. — L'avocat Régnier, président. — Altercation avec M. Lainé. — Partie secrète de la négociation. — Rapport de M. Lainé. — Colère de l'Empereur. — Dissolution du Corps législatif. — Belles et énergiques paroles de Napoléon. — Son esprit monarchique. — Levée de la garde nationale de Paris. — Choix des officiers. — Envoi dans les départements de commissaires extraordinaires. —Caractère que l'on veut donner à la résistance. — Théâtres.— L'opéra de *l'Oriflamme*. — (Novembre 1813 et Janvier 1814.) 296

CHAPITRE X. — MOUVEMENT DES ALLIÉS. — PREMIÈRE PÉRIODE DE LA CAMPAGNE DE FRANCE. — La diplomatie de Francfort. — Déclaration solennelle. —Projets pour l'invasion de la France.— Force des alliés.—Les trois corps d'armée.—Schwartzenberg.— Blücher. — Bernadotte. — Plan de marche sur Paris. — Négociations avec la Suisse. — La grande armée à Bâle. — L'armée de Silésie au-delà du Rhin. — Bernadotte en Hollande. — Progrès de lord Wellington. — Murat et l'armée d'Italie. — Unité de plan. — Travail de Napoléon à Paris. — Formation de ses huit cadres d'armée. — Organisation de la régence. — Joseph, lieutenant-général. — Instructions aux ministres. —Adieux souverains à la garde nationale. — Départ pour l'armée. — Développement des forces des alliés. — Leur progrès. — Rencontre des alliés à Brienne.—Combat. —Triste bataille de la Rothière. — Situation respective des armées. — (Décembre 1813 et Janvier 1814.) 335

CHAPITRE XI. —CONGRÈS DE CHATILLON. — DEUXIÈME PÉRIODE DE LA CAMPAGNE DE FRANCE. — Départ de lord Castlereagh pour le continent. — Rapports du général Pozzo di Borgo avec les Bourbons.—Plan diplomatique des Anglais. — Le duc d'Angoulême aux Pyrénées. — Le comte d'Artois en Lorraine — Le duc de Berry à Jersey. — Première formation du congrès de Châtillon. —Correspondance de M. de Caulaincourt avec M. de Metternich. — Protocoles et procès-verbaux.—Pleins pouvoirs de Napoléon. —Projets et contre-projets.—Développement de la campagne.— Belle résistance du maréchal Marmont sur l'Aube. — La grande semaine de Napoléon. — Champ-Aubert. —Montmirail. — Château-Thierry. — Vauchamps. — La glorieuse décade de Nangis, — de Montereau et de Troyes. — M. de Bourmont à Nogent. — Suspension d'armes avec les Autrichiens. — Situation des armées. — Lyon. — Augereau. — Italie. — Eugène. — Murat. —Pyrénées. — Suchet. — Soult. — Les garnisons. — Développement du congrès. — Nouvelles instructions de l'Empereur à M. de Caulaincourt pour séparer l'Autriche. — Sens et but du traité de Chaumont. — (Janvier à Mars 1814.)   365

CHAPITRE XII.—SITUATION DE PARIS. — TROISIÈME PÉRIODE DE L'INVASION. — L'impératrice régente. — Sa correspondance avec Napoléon et l'empereur d'Autriche. — Joseph Bonaparte. — Ses relations avec Bernadotte. — Son projet de se faire empereur. — La famille impériale. — Le Sénat. — M. de Talleyrand. — M. de Pradt. — Les fonctionnaires. — Le conseil des ministres. — Les préfets de la Seine et de police. — Esprit public. — Aspect de Paris. — Fuite des habitants des campagnes. — Publications de la police. — Les couplets patriotiques. — Les théâtres. — *Joconde.* — L'armée. — Décrets de la dictature militaire. — Napoléon à Troyes. — Exécutions contre les royalistes. — L'Empereur dans les presbytères et les chaumières. — Bataille de Craonne. — Combats de Laon et de Reims. — Triste aspect des armées françaises.—Course rapide de l'Aisne sur la Seine.— Projet de Napoléon sur les garnisons des places fortes. — Dissolution du congrès de Châtillon. — Progrès des alliés. — Lord Beresford à Bordeaux. — Retraite d'Augereau sur Lyon. — Jonction des armées de Blücher et de Schwartzenberg. — Marche simultanée sur Paris. — Situation des belligérants au 26 mars 1814. — Délibération de la régence. — Départ de l'Impératrice et du roi de Rome pour Blois. — (Février et Mars 1814.)   401

CHAPITRE XIII. — BATAILLE ET CAPITULATION DE PARIS. — DÉCHÉANCE DE NAPOLÉON. — Situation stratégique de Paris. — Ses moyens de défense. — Ses buttes. — Ses rivières. — Le vieux

TABLE DES CHAPITRES. 551

Paris. — Moyen et organisation militaire. — La journée du 29 mars. — Départ de l'Impératrice. — M. de Talleyrand et le Sénat. — Départ des ministres. — Autorités municipales. — Les préfets de police et de la Seine. — Premier symptôme de l'approche des alliés. — Publications de police. — Dénombrement de l'ennemi. — Les souverains à Bondy. — Plan d'attaque. — Les maréchaux Mortier et Marmont. — Proclamation des alliés. — Déploiement de leurs colonnes. — Attaque des buttes. — Arrivée de Blücher. — Les buttes tournées par Neuilly. — Impuissance de résister. — 180,000 hommes sous les murs de Paris. — Capitulation au nom des maréchaux Mortier et Marmont. — Le conseil municipal à Bondy. — Entrée des alliés. — Paris le 31 mars au soir. — Convocation du Sénat. — Projet de déchéance de Napoléon lu par l'abbé Grégoire. — Rapport de M. Lambrecht pour la déchéance. — Le parti républicain contre Napoléon. — Acte de déchéance. — Gouvernement provisoire. — Constitution. — Adresses et ordres aux armées pour les séparer de l'Empereur. — (29 Mars au 6 avril 1814.) 446

CHAPITRE XIV. — PARIS, FONTAINEBLEAU, BLOIS. — Mouvement militaire de Napoléon. — Son quartier-général à Saint-Dizier. — Sa pensée sur la Lorraine. — Opposition des généraux. — Retour sur Paris. — La cour de France. — Fontainebleau. — Pleins pouvoirs à M. de Caulaincourt. — Abdication au profit de la régence. — Situation de Paris. — Adhésions des autorités au gouvernement provisoire. — Les deux pouvoirs, le Sénat et l'Empereur. — Soumission de Marmont au Sénat. — Correspondances et pièces secrètes. — Situation militaire. — Les alliés. — Napoléon. — L'Empereur pouvait-il marcher sur Paris. — La régence à Blois. — Correspondance de Marie-Louise et de Napoléon. — Esprit de l'armée à Fontainebleau. — Les généraux. — Les soldats. — Désertions. — Défections. — Mission des maréchaux à Paris. — La capitale au 8 avril. — Les Bourbons. — La Constitution sénatoriale. — Enthousiasme. — La paix et la guerre. — Abdication et traité. — Dissolution de la régence. — Dernier éclat de l'armée. — La bataille de Toulouse. — Les adieux de Fontainebleau. — (1ᵉʳ avril au 20 mars 1814.) 487

FIN DE LA TABLE DES CHAPITRES.

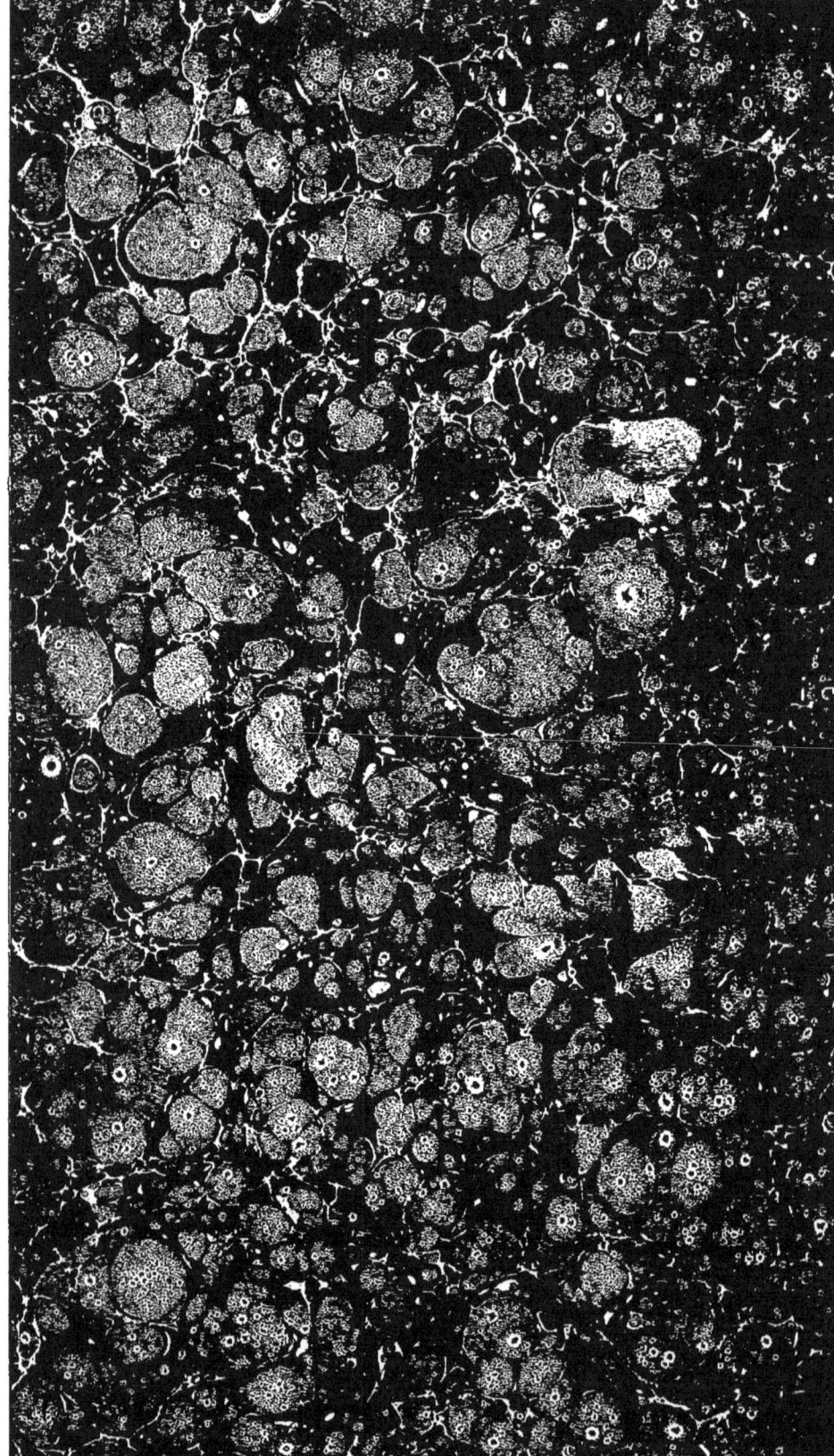

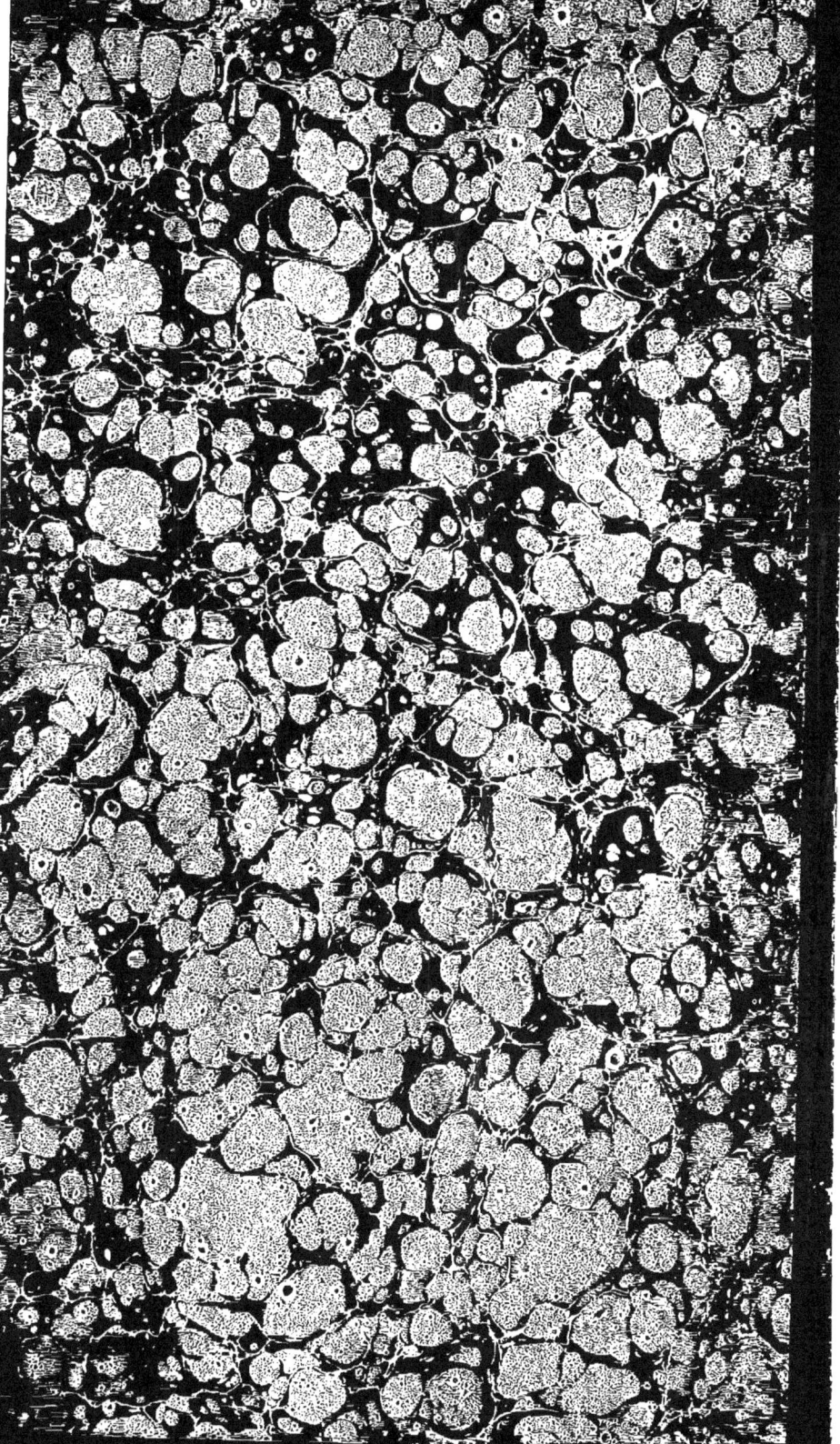

www.ingramcontent.com/pod-product-compliance
Lightning Source LLC
Chambersburg PA
CBHW071401230426
43669CB00010B/1409